Deutsches Nahrungsmittelrecht

für

Juristen, Mediziner, Chemiker und Gewerbetreibende

von

Dr. Georg Lebbin, und **Dr. Georg Baum,**
Öffentlich angestelltem und beeidigtem Chemiker im Bezirke der Handelskammer
Rechtsanwalt am Kammergericht
zu Berlin.

Erster Teil.

Berlin 1907.
J. Guttentag, Verlagsbuchhandlung,
G. m. b. H.

Handbuch

des

Nahrungsmittelrechts

von

Dr. Georg Lebbin, und Dr. Georg Baum,
Öffentlich angestelltem und beeidigtem Chemiker im Bezirke der Handelskammer
Rechtsanwalt am Kammergericht
zu Berlin.

Berlin 1907.
J. Guttentag, Verlagsbuchhandlung,
G. m. b. H.

Vorwort.

Mit dem vorliegenden Buche erscheint zum ersten Male eine systematische Behandlung des Nahrungsmittelrechts. Das Verlangen nach einer solchen ist zweifellos vorhanden, wie sich nicht nur aus der eigenen Praxis der Verfasser sondern auch aus den Berichten über die Verhandlungen vieler Körperschaften oder Interessentenverbände entnehmen läßt. Insbesondere ist von Gewerbebetreibenden oft Klage geführt worden, daß es kein Buch gäbe, aus dem sie sich kurzerhand über die Berechtigung oder Nichtberechtigung gewisser Handlungen schnell informieren könnten.

Dem Juristen soll das Buch nicht nur durch die systematische zusammenfassende Darstellung der Rechtsmaterie, sondern auch dadurch nützlich werden, daß es ihm ermöglicht, sich schnell und in kürzester Weise für technische Verhältnisse dasjenige Verständnis zu erwerben, dessen er bei der Verhandlung eines Nahrungsmittelprozesses für den jeweiligen Fall bedarf.

Der Chemiker endlich wird, wie wir hoffen, nicht nur die Schilderung der allgemeinen rechtlichen Verhältnisse sondern besonders die Kapitel über die Rechtsbegriffe mit Interesse lesen und mit Vorteil verwerten können.

Nicht zum wenigsten erwarten wir einen Nutzen unserer

Arbeit nach der Richtung, daß sie bei einer anscheinend nicht mehr fernen gesetzlichen Neuregelung der Nahrungsmittelangelegenheiten und dem Erlaß von Ausführungsbestimmungen ein brauchbares Material ergeben wird.

Die Reichsgerichtsjudikatur, soweit sie prinzipieller Natur ist, wurde eingehend berücksichtigt. Sie vollständig wiederzugeben, war bei ihrem Umfang nicht möglich. Eine Anzahl von Entscheidungen wurde ausführlicher gebracht, da das Buch nicht ausschließlich für Juristen bestimmt ist, dem Rechtslaien die bezügliche Literatur aber in der Regel nicht zur Verfügung steht.

Die Arbeitsteilung wurde in der Weise durchgeführt, daß der eine von uns den ersten Teil und die Kapitel 16 bis 20 sowie 30—32 des zweiten Teils bearbeitete, während der andere die Kapitel 14, 15 und 21—29 des zweiten Teils sowie den dritten Teil verfaßte.

Die Verfasser.

Inhaltsverzeichnis.

II. Teil. Begriffe des Nahrungsmittelrechts.

III. Teil. Systematisches Nahrungsmittelrecht.

Verzeichnis der Abkürzungen.

E. = Entscheidungen des Reichsgerichts in Strafsachen.
R. = Rechtsprechung des Reichsgerichts in Strafsachen.
R.G. = Reichsgericht.
O.L.G. = Oberlandesgericht.
L.G. = Landgericht.
V. d. K.G.A. = Veröffentl. des Kaiserlichen Gesundheitsamtes.
St.P.O. = Strafprozeßordnung.
Z.P.O. = Zivilprozeßordnung.
St.G.B. = Strafgesetzbuch.
B.G.B. = Bürgerliches Gesetzbuch.
G.O. = Gewerbe-Ordnung.
N.M.G. = Nahrungsmittelgesetz.
W.G. = Weingesetz.
M.G. = Margarinegesetz.
Fl.B.G. = Fleischbeschaugesetz.
J.W. = Juristische Wochenschrift.
D.J.Z. = Deutsche Juristen-Zeitung.

Benutzte Literatur.

Entscheidungen des Reichsgerichts in Strafsachen.

Rechtsprechung des deutschen Reichsgerichts in Strafsachen.

Drucksachen des Reichstags: Gesetzes-Vorlagen, Kommissionsberichte, Plenarverhandlungen.

Vereinbarungen zur einheitlichen Untersuchung und Beurteilung von Nahrungs- und Genußmitteln usw. für das Deutsche Reich; Entwurf einer Kommission deutscher Nahrungsmittelchemiker. Berlin 1897.

König, Chemie der menschlichen Nahrungs- und Genußmittel. 4. Auflage.

Dammer, Lexikon der Verfälschungen. Leipzig 1887.

Stenglein, Strafrechtliche Nebengesetze. Berlin 1903.

Meyer und Finkelnburg, Das Gesetz betr. den Verkehr mit Nahrungsmitteln, Genußmitteln und Gebrauchsgegenständen. Berlin 1885.

v. Buchka, Die Nahrungsmittelgesetzgebung im Deutschen Reiche; Berlin 1901.

Würzburg, Die Nahrungsmittelgesetzgebung im Deutschen Reiche und in den einzelnen Bundesstaaten. Berlin 1894.

Lebbin, Die Reichsgesetzgebung betr. den Verkehr mit Nahrungsmitteln, Genußmitteln und Gebrauchsgegenständen. Berlin 1900.

Lebbin, Das Weingesetz vom 24. Mai 1901. Berlin 1902.

Lebbin und Baum, Das Fleischbeschaugesetz von 1900. Berlin 1903.

Schneidemühl, Die animalischen Nahrungsmittel; Berlin u. Wien 1903.

Hanausek, Die Nahrungs- und Genußmittel aus dem Pflanzenreich. Kassel 1884.

Codex alimentarius Austriacus.

Veröffentlichungen des Kaiserlichen Gesundheitsamtes nebst Beilagen.

Zeitschrift für Untersuchung der Nahrungs- und Genußmittel und Gebrauchsgegenstände.

Deutsche Juristen-Zeitung.

Juristische Wochenschrift.

I. Allgemeines Nahrungsmittelrecht.

1. Kapitel.

Gesetzgebung und Verordnung.

Die Zuständigkeit der Reichsgesetzgebung für das Nahrungsmittelrecht ergibt sich aus Art. 4 der Reichsverfassung. Nach diesem unterliegen der Beaufsichtigung seitens des Reichs und der Gesetzgebung desselben

1. die Bestimmungen über den Gewerbebetrieb;
2. die Zoll- und Handelsgesetzgebung und die für die Zwecke des Reiches zu verwendenden Steuern;
13. die gemeinsame Gesetzgebung über das gesamte bürgerliche Recht, das Strafrecht und das gerichtliche Verfahren (Reichsgesetz vom 20. Dezember 1873);
15. Maßregeln der Medizinal- und Veterinär-Polizei.

Die Reichsgesetze gehen den Landesgesetzen vor. (Art. 2 der Verfassung.) Landesrechtliche Strafgesetze, welche Materien des Reichsstrafgesetzbuchs betreffen, sind ausdrücklich außer Kraft gesetzt. (Art. 2 des Einführungsgesetzes zum Strafgesetzbuch.) Durch Art. 55 des Einführungsgesetzes zum Bürgerlichen Gesetzbuch sind die privatrechtlichen Vorschriften der Landesgesetze außer Kraft gesetzt, soweit nicht im B.G.B. oder dem Einführungsgesetz desselben ein anderes bestimmt ist. Soweit nach den vorstehenden Bestimmungen die Reichsgesetzgebung nicht eingreift, bleibt die Zuständigkeit der einzelnen Bundesstaaten zur Gesetzgebung auf dem Gebiete des Nahrungsmittelrechtes nach Maßgabe ihrer Verfassungen erhalten.

Auch für das Nahrungsmittelrecht gelten zunächst die allgemeinen bürgerlichen Gesetze. In zivilrechtlicher

Beziehung sind besondere nahrungsmittelrechtliche Bestimmungen seitens der Reichsgesetzgebung fast gar nicht erlassen. Auch im Gewerberecht und Gewerbepolizeirecht greifen neben den Spezialbestimmungen der Nahrungsmittelgesetze zahlreiche allgemeine Bestimmungen der Gewerbeordnung in das Nahrungsmittelrecht ein. — Für das Strafrecht kommen aus dem Strafgesetzbuch bezüglich des Nahrungsmittelrechts in Betracht: die Bestimmungen des Allgemeinen Teils (Strafen, Versuch, Teilnahme, Gründe welche die Strafe ausschließen oder mildern, Zusammentreffen mehrerer strafbarer Handlungen. §§ 1—79) und aus dem speziellen Teil besonders die §§ 263 ff. (Betrug), § 324 (Vergiftung von Brunnen und Gebrauchsmitteln), 328 (Verletzung der Seuchenmaßregeln), 329 (Delikte an Kriegslieferungen), 367[7] (Verkauf verfälschter und verdorbener Nahrungsmittel).

Im Wege der Reichsgesetzgebung sind folgende Gesetze auf dem Gebiet des Nahrungsmittelrechts erlassen:

1. Gesetz vom 14. Mai 1879, betreffend den Verkehr mit Nahrungsmitteln, Genußmitteln und Gebrauchsgegenständen (R.G.Bl. 1879 S. 145);
2. Gesetz vom 25. Juni 1887, betreffend den Verkehr mit blei- und zinkhaltigen Gegenständen vom 25. Juni 1887 (R.G.Bl. 1887 S. 273), nebst Änderung vom 22. März 1888;
3. Gesetz vom 5. Juni 1887, betreffend die Verwendung gesundheitsschädlicher Farben bei der Herstellung von Nahrungsmitteln, Genußmitteln und Gebrauchsgegenständen (R.G.Bl. 1887 S. 277);
4. Gesetz vom 15. Juni 1897, betreffend den Verkehr mit Butter, Käse, Schmalz und deren Ersatzmitteln (R.G.Bl. 1897 S. 475), erlassen an Stelle des Gesetzes vom 12. Juli 1887,
5. Gesetz vom 3. Juni 1900, betreffend die Schlachtvieh- und Fleischbeschau (R.G.Bl. 1900 S. 547);
6. Gesetz vom 24. Mai 1901, betreffend den Verkehr mit Wein, weinhaltigen und weinähnlichen Getränken (R.G.Bl. 1901 S. 175), erlassen an Stelle des gleichnamigen Gesetzes vom 20. April 1892 (R.G.Bl. 1892 S. 597);
7. Süßstoff-Gesetz vom 7. Juli 1902 (R.G.Bl. 1902 S. 253), erlassen an Stelle des gleichnamigen Gesetzes vom 6. Juli 1898 (R.G.Bl. 1898 S. 919).

Die Gesetze zu 2 bis 5 bilden Ergänzungsgesetze des Gesetzes zu 1. Sie lassen dessen Vorschriften ausdrücklich unberührt (Blei- und Zinkgesetz § 7, Farbengesetz § 14, Margarinegesetz § 20,

Fleischbeschaugesetz § 29). Das Weingesetz läßt innerhalb seines Geltungsbereiches das N.M.G. nur insoweit unberührt, als die §§ 2 und 11 W.G. nicht entgegenstehende Bestimmungen enthalten (§ 19).

Neben der Reichsgesetzgebung ist der Reichsverordnung weiter Spielraum gelassen. Die Verordnung unterscheidet sich dadurch vom Gesetz daß sie nicht der Zustimmung des Parlamentes bedarf. Man unterscheidet Kaiserliche und Bundesratsverordnung.

Nach § 5 N.M.G. können durch Kaiserliche Verordnung mit Zustimmung des Bundenrates zum Schutze der Gesundheit Vorschriften erlassen werden. Bisher ist auf Grund dieses Paragraphen nur die Verordnung über das gewerbsmäßige Verkaufen und Feilhalten von Petroleum vom 24. Februar 1882 (R.G.Bl. 1882 S. 40) ergangen.

Nach § 6 N.M.G. kann durch Kaiserliche Verordnung mit Zustimmung des Bundesrates das gewerbsmäßige Herstellen, Verkaufen und Feilhalten von Gegenständen, welche zur Fälschung von Nahrungs- oder Genußmitteln bestimmt sind, verboten oder beschränkt werden. Auf Grund dieser Gesetzesstelle ist ein Verbot zur Herstellung von Maschinen zur Erzeugung künstlicher Kaffeebohnen vom 1. Februar 1891 (R.G.Bl. 1891 S. 11) erlassen.

Die auf Grund der §§ 5 und 6 N.M.G. erlassenen Kaiserlichen Verordnungen sind dem Reichstag, sofern er versammelt ist, sofort, andernfalls bei dessen nächstem Zusammentreffen, vorzulegen. Sie sind außer Kraft zu setzen soweit der Reichstag dies verlangt. (N.M.G. § 7.) Der besonderen Genehmigung einer Kaiserlichen Verordnung durch den Reichstag bedarf es nicht. Die Verordnung verliert ihre Wirksamkeit, wenn sie durch eine neue Kaiserliche Verordnung außer Kraft gesetzt wird, nicht etwa schon durch den die Aufhebung fordernden Reichstagsbeschluß.

Erlaß von Bundesratsverordnungen ist vorgesehen in § 11 und 12 M.G.; in §§ 6, 7, 20 und 21 W.G.; in § 3 bis 6 des Süßstoffgesetzes und in §§ 1, 4, 12, 13, 14, 15, 18, 19, 21, 22, 25 Fl.B.G.

Vorbehalte für landesrechtliche Regelung finden sich in § 4 N.M.G., betreffend die Kontrollbefugnisse der Polizeibehörden, in §§ 4 und 7 M.G., in §§ 20, 23 und 24 Fl.B.G., in § 10 W.G. Die Art des Erlasses der einzelnen landesrechtlichen Vorschriften richtet sich nach den Verfassungen der Einzelstaaten. Sie kann durch Gesetz oder Verordnung erfolgen.

2. Kapitel.

Polizeiliche Nahrungsmittelkontrolle.

Die gesetzlichen Voraussetzungen einer Beschlagnahme und Durchsuchung regelt zunächst die Strafprozeßordnung. (§ 94 ff.) Der Beschlagnahme unterliegen Gegenstände, welche als Beweismittel für eine strafrichterliche Untersuchung von Bedeutung sein können oder der Einziehung unterliegen. (§ 94.) Sie sind in Verwahrung zu nehmen oder in anderer Weise sicherzustellen. Gibt sie der Besitzer auf Verlangen nicht heraus, so ist die Beschlagnahme mit den Mitteln des Zeugniszwangsverfahrens durchzusetzen. (§ 95.) Die Anordnung der Beschlagnahme erfolgt durch den Richter, bei Gefahr im Verzuge auch durch die Staatsanwaltschaft und deren Hilfsbeamte. Bei einer Beschlagnahme ohne richterliche Handlung ist jedoch binnen drei Tagen richterliche Entscheidung nachzusuchen, falls der Betroffene nicht einverstanden war. (§ 98.)

Eine Durchsuchung (Haussuchung) kann bei dem als Täter, Teilnehmer, Begünstiger oder Hehler einer strafbaren Handlung Verdächtigen vorgenommen werden, wenn zu vermuten ist, daß sie zur Auffindung von Beweismitteln führen werde. Bei nichtverdächtigen Personen ist sie außer zum Zweck der Ergreifung des Beschuldigten nur behufs Verfolgung von Spuren einer strafbaren Handlung oder behufs Beschlagnahme bestimmter Gegenstände und nur dann zulässig, wenn Tatsachen vorliegen, aus denen zu schließen ist, daß die gesuchte Person, Spur oder Sache sich in den zu durchsuchenden Räumen befinde, oder wenn der Beschuldigte in den Räumen ergriffen worden ist, oder sie während der Verfolgung betreten hat. (§ 103.) Zur Nachtzeit (d. h. in der Zeit vom 1. April bis 30. September zwischen 9 Uhr abends und 4 Uhr morgens und in der Zeit vom 1. Oktober bis 31. März von 9 Uhr abends bis 6 Uhr morgens) dürfen Haussuchungen nur in gewissen vom Gesetz ausdrücklich hervorgehobenen Fällen stattfinden (§ 104). Die Anordnung der Durchsuchung steht dem Richter, bei Gefahr im Verzuge der Staatsanwaltschaft und deren Hilfsorganen zu. Bei der Durchsuchung sollen, wenn sie nicht im Beisein des Richters oder der Staatsanwaltschaft stattfindet, möglichst ein Gemeindebeamter oder zwei Gemeindemitglieder, die nicht Polizei- oder Sicherheitsbeamte sein dürfen, zugezogen werden. (§ 105).

Für die Beschlagnahme von Briefen und Postsendungen und die Durchsuchung der Papiere des von einer Haussuchung Betroffenen gelten schärfere Vorschriften. (§ 99, 110 St.P.O.)

Diese Bestimmungen sind zu einer wirksamen Kontrolle des Nahrungsmittelverkehrs nicht ausreichend. Eine solche ist nur durchführbar, wenn die Polizeibehörde den Verkehr bereits beaufsichtigen kann, bevor der Verdacht einer strafbaren Handlung vorliegt. Die polizeilichen Kontrollbefugnisse haben deshalb durch die §§ 2 und 3 N.M.G., die §§ 8 ff. M.G. und §§ 10 ff. W.G. eine erhebliche Erweiterung erfahren. Eine reichsgesetzliche Regelung der zuständigen Kontrollorgane, als welche im Gebiete des Nahrungsmittelgesetzes die „Polizeibeamten" bei den beiden Spezialgesetzen, daneben auch noch die „Sachverständigen" angegeben werden, ist bisher nicht erfolgt. Die Zuständigkeit regelt sich deshalb nach Landesrecht. (N.M.G. § 4, W.G. § 10.) Aufrecht erhalten bleiben landesrechtliche Bestimmungen, welche der Polizeibehörde weitere Kontrollbefugnisse geben. So hat nach preußischem Landrecht (§ 10 II 17) die Polizeibehörde das Recht den Wochenmarktverkehr in weitestem Umfang zu kontrollieren und verdächtig erscheinende Gegenstände zu beschlagnahmen. (R.G.; E. IX, 121.)

Die Polizeibeamten sind nach § 2 N.M.G. zum Zwecke der Probenentnahme befugt, in die Räumlichkeiten, in welchen Nahrungs- und Genußmittel, sowie die nach § 1 N.M.G. ihm unterstehenden Gebrauchsgegenstände, feilgehalten werden, während der üblichen Geschäftsstunden oder während die Räumlichkeiten dem Verkehr geöffnet sind, einzutreten.

Aus der Auslegung des Begriffes „Feilhalten" (Kapitel 17) ergibt sich, das dieses Kontrollrecht im wesentlichen nur dem Kleinhandel gegenüber, der den größten Teil seiner Vorräte nach außen hin erkennbar für den Verkehr bereithält, ausgeübt werden kann, nicht aber gegenüber dem Engrosverkehr, der die Vorräte zum größten Teil in dem Publikum nicht zugänglichen Lagerräumen aufbewahrt. Die üblichen Geschäftsstunden, während deren die Beamten diese Räume betreten können, sind die in dem betreffenden Geschäftszweige üblichen. Während dieser Zeit dürfen die Beamten die Räume auch dann betreten, wenn sie geschlossen sind. Die Beamten sind berechtigt, sich gewaltsam Eintritt zu verschaffen.

Die Beamten dürfen die Räumlichkeiten ferner betreten, wenn sie dem Verkehr geöffnet sind, gleichviel, ob übliche Geschäftszeit vorliegt oder nicht. Es ist nicht nötig, daß ein Geschäftsverkehr wirklich stattfindet. Ein Laden ist auch dann dem Verkehr geöffnet, wenn sich kein Kunde darin aufhält, der Inhaber aber zum Empfang und zur Bedienung von Kunden bereit ist. Unter „Verkehr" ist aber geschäftlicher Verkehr zu verstehen. Die Annahme Stengleins, der auch Öffnung für persönlichen Verkehr für genügend hält, scheint unzutreffend, andernfalls müßte, insbesondere in kleinen Verhältnissen, die Trennung von Geschäftsräumen und Wohnung nicht zulassen, der Inhaber der Räumlichkeiten das Betreten auch nach Feierabend und sogar auch zur Nachtzeit sich gefallen lassen, solange er nur die Tür nicht verschlossen hat.

Sind die Räumlichkeiten definitiv geschlossen (Konkurs, Seuchengefahr, Aufgabe des Betriebes) so findet kein Feilhalten und auch keine Öffnung für den Verkehr mehr statt.

Zur Probenentnahme sind die Polizeibeamten hinsichtlich aller Gegenstände berechtigt, welche sich in den Feilhaltungsräumen befinden, sie dürfen also auch Ausstellungsstücke, Muster, bestellte und fremde Waren, welche dem Inhaber nicht gehören, entnehmen. Sie können die Probe selbst aussuchen, und auch deren Größe bestimmen. Sie haben aber kein Recht, die Räumlichkeiten irgendwie zu durchsuchen.

Besondere Vorschriften trifft § 2 noch für Probenentnahme an öffentlichen Orten. Der Beamte darf von allen Gegenständen Proben entnehmen, welche an öffentlichen Orten, auf Märkten, Plätzen, Straßen oder im Umherziehen verkauft oder feilgehalten werden. Er darf also abweichend von der vorbezeichneten Bestimmung auch außerhalb der Geschäftszeit und auch, wenn der Verkauf und das Feilhalten beendet ist, das Kontrollrecht ausüben. Er darf also beispielsweise die Probe auch nach Schluß des Verkaufs, solange der Verkäufer noch am Verkaufsort anwesend ist, nehmen. Er darf sie aber nur aus dem entnehmen, was feilgehalten oder verkauft wird, nicht z. B. aus dem Mundvorrat oder dem Gepäck des Händlers auf dem Bahnhof.

Bei der Probenentnahme ist eine Empfangsbescheinigung auszustellen, und auf Verlangen des Besitzers ein Teil der Probe amtlich verschlossen und versiegelt zurückzulassen. Verweigert der Beamte die Ausstellung der Empfangsbescheinigung oder die Zurücklassung der Gegenprobe, oder ist er nicht im Besitze eines amtlichen Siegels oder sonstigen Verschlußmittels, so braucht die Entnahme der Probe nicht zugelassen zu werden. Die Gegenprobe steht zur freien Verfügung des Besitzers. Er wird sie zweckmäßig dazu verwenden, sich den Beweis der Identität und eine Kontrolle der polizeilichen Untersuchung durch einen unabhängigen Sachverständigen zu sichern. Er wird deshalb dafür zu sorgen haben, daß bei Entfernung des Siegels ihm der Beweis der Identität gesichert bleibe, bezw. der von ihm betraute Sachverständige die Unverletztheit des amtlichen Verschlusses konstatieren kann.

Für die entnommenen Proben ist Entschädigung in Höhe des üblichen Kaufpreises zu leisten. Die Entschädigung umfaßt auch die Gegenprobe, da diese ihrem gewöhnlichen Verwendungszweck gleichfalls entzogen wird. Das Rechtsgeschäft zwischen dem kontrollierenden Polizeibeamten und demjenigen, von dem die Probe entnommen wird, ist kein Kauf. Der Gesetzgeber vermeidet deshalb den Ausdruck Bezahlung und spricht von Entschädigung. (Vgl. R.G. II. v. 27. Februar 1902.) Kauf liegt auch dann nicht vor, wenn der Beamte die Proben nicht selbst nimmt, sondern sich geben läßt. Die Hingabe der Probe stellt daher auch kein Verkaufen im Sinne der nahrungsmittelrechtlichen Strafbestimmungen dar. Die Entschädigung braucht nicht sofort bei Entnahme der Probe geleistet zu werden. Erfolgt demnächst eine Bestrafung wegen Nahrungsmittelvergehens, so hat der Verurteilte gemäß § 16 N.M.G. auch die Kosten der Probenentnahme als Kosten der polizeilichen Untersuchung zu tragen.

Erweiterte Befugnisse erhält die Polizeibehörde in gewissen Fällen durch § 3 N.M.G. Die Polizeibeamten sind befugt, bei Personen, welche auf Grund der §§ 10, 12, 13 N.M.G zu einer Freiheitsstrafe verurteilt sind, in den Räumlichkeiten, in welchen Gegenstände der in § 1 bezeichneten Art feilgehalten werden, oder welche zur Aufbewahrung oder Herstellung solcher zum Verkauf bestimmter Gegenstände dienen, während der in § 2 angegebenen Zeit Revisionen vorzunehmen. Voraussetzung ist also zunächst, daß eine Freiheitsstrafe auf Grund der vorbezeichneten Paragraphen des N.M.G. erkannt ist. Es genügt weder eine Geldstrafe, die auf Grund des § 10 erkannt ist, noch eine Freiheitsstrafe aus einem anderen Paragraphen des N.M.G. Eine Gefängnisstrafe aus § 14, eine Haftstrafe aus §§ 8, 9 oder etwa eine Bestrafung aus einem der Nahrungsmittel-Spezialgesetze begründen das Revisionsrecht nicht. Insoweit Gesetzeskonkurrenz zwischen Nahrungsmittelgesetz und den Spezialgesetzen vorliegt, z. B. im Falle des § 26 Nr. 1 Fl.B.G., muß deshalb das Gericht ausdrücklich auf Grund des Nahrungsmittelgesetzes bestrafen, wenn es die Revisionsbefugnis der Polizeibehörde statuieren will.

Die Revisionsbefugnis beginnt mit der Rechtskraft des Urteils und erlischt mit dem Ablauf von drei Jahren von dem Tage an gerechnet, an welchem die Freiheitsstrafe verbüßt, verjährt oder erlassen ist. Eines ausdrücklichen Ausspruchs im Strafurteil bedarf es nicht. Die dreijährige Frist wird durch eine teilweise Verbüßung der Strafe nicht eröffnet. Eine weitere Verurteilung kann eine neue Frist in Lauf setzen, unterbricht aber die alte nicht.

Gegenüber dem Probenentnahmerecht des § 2 ist das Revisionsrecht zunächst hinsichtlich des Ortes erweitert. Es erstreckt sich nicht nur auf die Verkaufsräumlichkeiten, sondern auch auf die zur Aufbewahrung und Herstellung von zum Verkauf bestimmten Gegenständen dienenden Räume, aber nur auf solche, in welchen zum Verkauf bestimmte Gegenstände aufbewahrt und hergestellt werden: einem auf Grund des Nahrungsmittelgesetzes vorbestraften Landwirt darf also nicht der Vorratsraum revidiert werden, in welchem die Nahrungsmittel für das Gesinde aufbewahrt werden. Erweitert ist die Befugnis gegenüber § 2 insbesondere hinsichtlich des Umfangs: Die Revision ist eine Kontrolle im weitesten Sinne. Der Beamte darf sich beliebig lange in den Räumen aufhalten, darf auch beim Betrieb und bei der Herstellung zusehen, darf insbesondere auch Bücher und sonstige Schriftstücke einsehen, welche sich in diesen Räumen befinden. Proben darf er dagegen nur im Rahmen des § 2 mitnehmen, also nicht aus den Aufbewahrungs- und Herstellungsräumen.

Wesentlich erweitert ist das Revisionsrecht im § 8 des Margarinegesetzes für die ihm unterstehenden Waren. Es ist ganz unabhängig von einer etwaigen Vorstrafe, sogar bezüglich der Herstellungsräume von jeder Zeitbeschränkung befreit, und kann demnach auch Sonntags und Nachts ausgeübt werden. Da auch Butter Revisionsobjekt ist, unterstehen ihm alle landwirtschaftlichen Gebäude, in welchen Butter zum Verkauf hergestellt wird. Das Revisionsrecht erstreckt sich auf alle Räumlichkeiten, in welchen die vorbezeichneten Waren gewerbsmäßig hergestellt, aufbewahrt, feilgehalten oder verkauft werden. Daß es sich auf die gemäß § 7 M.G. der Behörde gemeldeten Räume beschränke, kann nicht angenommen werden.

In die Aufbewahrungs-, Feilhaltungs- und Verpackungsräume können die Beamten während der „Geschäftszeit" eintreten. Dies ist hier die konkrete Geschäftszeit des betreffenden Geschäfts, nicht die allgemein übliche.

Ein ebenso weitgehendes Kontrollrecht endlich statuiert § 10 des Weingesetzes, indem er die Beamten und Sachverständigen der Polizei für befugt erklärt, außerhalb der Nachtzeit und, falls Tatsachen vorliegen, welche annehmen lassen, daß zur Nachtzeit gearbeitet wird, auch während dieser Zeit, in Räume, in denen Wein, weinhaltige oder weinähnliche Getränke gewerbsmäßig hergestellt, aufbewahrt, feilgehalten oder verpackt werden, einzutreten, daselbst, Besichtigungen vorzunehmen, geschäftliche Aufzeichnungen, Frachtbriefe und Bücher einzusehen, auch nach ihrer Auswahl Proben zum Zwecke der Untersuchung gegen Empfangsbescheinigung zu entnehmen.

Das Kontrollrecht aus dem Weingesetz erscheint gegenüber dem aus dem Margarinegesetz insofern noch erweitert, als es auch die Einsicht geschäftlicher Aufzeichnungen, Frachtbriefe und Bücher gestattet. Als solche sind nicht nur die kaufmännischen Bücher und Rechnungen, sondern auch Rezeptbücher, Arbeitsvorschriften usw. anzusehen. Nächtliche Revisionen sind nur zulässig, wenn Tatsachen vorliegen, die Nachtarbeit vermuten lassen. Stellt sich aber die Vermutung bei begonnener Untersuchung als unrichtig heraus, so kann die einmal begonnene Revision dennoch zu Ende geführt werden, da die Richtigkeit der Vermutung nicht unbedingtes Erfordernis ist.

---

3. Kapitel.

Auskunftspflicht.

Für niemanden besteht nach allgemeinen Rechtsgrundsätzen die Pflicht, der Behörde über seine Angelegenheiten irgend welche Erklärungen abzugeben. Vielmehr ist es Sache der Behörde, sich die Informationen, welche sie zur Durchführung der Staatsaufgaben braucht, selbst zu beschaffen. Eine Auskunftspflicht besteht nur wo sie gesetzlich ausdrücklich normiert ist. Diese Normierung ist landesgesetzlich in den meisten Steuergesetzen, reichsgesetzlich im wesentlichen in der Straf- und Zivilprozeßordnung erfolgt.

Nach den Reichsprozeßordnungen besteht eine Verpflichtung, als Zeuge und Sachverständiger auszusagen, nur vor und gegenüber dem Gericht. Die Polizei- und die Staatsanwaltschaft sind zwar befugt, Zeugen und Sachverständige zu vernehmen, haben aber keine Befugnis, Aussagen zu erzwingen (R.G. 22. November 1883 E. IX., 433 R. V., 726). Dem Richter gegenüber ist die Pflicht, sich als Zeuge vernehmen zu lassen, durch die Zeugnisverweigerungsrechte eingeschränkt. Ein Zeugnisverweigerungsrecht besteht für gewisse nahe Verwandte (St.P.O. § 51, Z.P.O. § 383, 1 bis 3), Geistliche, Rechtsanwälte und Ärzte innerhalb des Berufsgeheimnisses (St.P.O. § 52, Z.P.O. § 383, 4 und 5), nach der Z.P.O. überhaupt hinsichtlich jedes Berufsgeheimnisses (Z.P.O. § 385 [5]). Es besteht ferner gegenüber Fragen, welche für den Zeugen oder nahe Angehörige, die Gefahr einer Strafverfolgung nach sich ziehen würden (St.P.O. § 54, Z.P.O. § 384 [1]), nach der Z.P.O. § 384 auch bezüglich solcher die dem Zeugen oder seinen Angehörigen einen unmittelbaren vermögensrechtlichen Schaden verursachen würden, ihm zu Unehre gereichen, oder ihn zur Offenbarung eines Kunst- oder Gewerbegeheimnisses nötigen würden. Die Verpflichtung, sich als Sachverständiger vernehmen zu lassen, besteht nur für diejenigen Personen, welche zur Erstattung von Gutachten der erforderten Art öffentlich bestellt sind, oder die Wissenschaft, die Kunst oder das Gewerbe, deren Kenntnis Voraussetzung der Begutachtung ist, öffentlich zum Erwerb ausüben, oder zur Ausübung derselben öffentlich bestellt oder ermächtigt sind oder sich dem Gericht gegenüber zur Erstattung bereit erklärt haben. (St.P.O. § 75, Z.P.O. § 407.)

Wer einer strafbaren Handlung verdächtig oder angeklagt ist, kann nach der St.P.O. überhaupt nicht zur Erteilung irgend welcher Auskunft gezwungen werden. Der Beschuldigte ist zwar bei seiner ersten Vernehmung zu befragen, ob er etwas auf die Beschuldigung erwidern wolle. Die gleiche Frage ist beim Beginn der Hauptverhandlung zu wiederholen und der Richter darf ihm vorhalten, daß aus einer Weigerung der Auslassung ungünstige Schlüsse gezogen werden können; irgend welche Zwangsmittel sind aber unzulässig.

Im Interesse einer Überwachung des Nahrungsmittelverkehrs hat sich das Bedürfnis nach einer Erweiterung der Auskunftspflicht, insbesondere zum Zwecke der Unterstützung der Polizei geltend gemacht. Im Nahrungsmittelgesetz selbst ist sie allerdings noch nicht statuiert, weder bei der Probenentnahme (§ 2) noch selbst bei der polizeilichen Revision (§ 3) ist der Betroffene zu irgend welcher Mitwirkung verpflichtet. Es bleibt den Polizeibeamten überlassen, in welcher Weise sie die geeignete Probe ausfindig machen wollen und selbst bei der Revision darf der Inhaber des Betriebes untätig dabei stehen und abwarten, ob der Spürsinn der revidierenden Beamten etwas Geeignetes ermittelt oder nicht.

Erst im Margarine- und im Weingesetz ist man dazu gekommen, eine besondere Auskunftspflicht der Polizeibehörde gegenüber festzusetzen. Nach § 9 M.G. sind die Unternehmer von Betrieben, in denen Margarine, Margarinekäse oder Kunstspeisefett gewerbsmäßig hergestellt wird, sowie die von ihnen bestellten Betriebsleiter und Aufsichtspersonen verpflichtet, der Polizeibehörde oder deren Beauftragten auf Erfordern Auskunft über das Verfahren bei Herstellnng der Erzeugnisse, über den Umfang des Betriebs und über die zur Verarbeitung gelangenden Rohstoffe, insbesondere auch über deren Menge und Herkunft zu erteilen. — Die Auskunftspflicht bezieht sich also nur auf diejenigen Betriebe, in denen Margarine, Margarinekäse oder Kunstspeisefett hergestellt wird, nicht auf die Betriebe für Butter, obwohl diese nach § 8 dem polizeilichen Revisionsrecht gleichfalls unterliegen. Sie bezieht sich nur auf die technischen Angelegenheiten des Betriebes, nicht auf die kaufmännischen, insbesondere nicht auf die Abnehmer. Dagegen kann, da Auskunft über die „Herkunft" zu erteilen ist, auch Mitteilung der Namen der Lieferanten gefordert werden. Zur Erteilung der Auskunft verpflichtet sind außer den Unternehmern auch die leitenden Personen, dagegen nicht die einfachen Arbeiter.

Beim Weingesetz geht die Auskunftspflicht noch weiter. Sie erstreckt sich gemäß § 11 auf das Verfahren bei Herstellung der Erzeugnisse über den Umfang des Betriebes, über die zur Verwendung gelangenden Stoffe, insbesondere auch über deren Menge und Herkunft sowie auf Vorlegung der Geschäftsaufzeichnungen, Frachtbriefe und Bücher. Hier unterliegen also auch kaufmännische Verhältnisse der Auskunftspflicht, wenn auch bezüglich des Verkaufs keine Erklärung, sondern nur Vorlegung der Papiere verlangt werden kann. Die Papiere darf der revidierende Beamte nur an Ort und Stelle einsehen, nicht mitnehmen. — Verweigerung der Auskunft sowie vorsätzliche oder fahrlässige unwahre Angaben werden gemäß §§ 15, 16 W.G. bestraft.

Die Auskunftspflicht im Gebiete des Margarinegesetzes geht weiter als die Zeugenpflicht auf Grund der St.P.O. Sie besteht selbst dann, wenn die Erfüllung für den Betroffenen oder seine Angehörigen eine strafgerichtliche Verfolgung nach sich ziehen würde. Im § 11 W.G. ist eine dahingehende Einschränknng getroffen. Über den Rahmen der zivilprozessualen Zeugnispflicht geht die Auskunftspflicht in beiden Gesetzen insofern hinaus, als sie vor dem Geschäfts- und Betriebsgeheimnis keinen Halt macht. Zum Schutze gegen Verrat von Betriebsgeheimnissen werden deshalb durch die gleichlautenden Bestimmungen des § 10 M.G. und § 12 W.G. die beauftragten Beamten der Polizeibehörde und die kontrollierenden Sachverständigen vorbehaltlich der dienstlichen Berichterstattung und der Anzeige von Gesetzwidrigkeiten, verpflichtet, über die Tatsachen und Einrichtungen, welche durch die Überwachung und Kontrolle der Betriebe zu ihrer Kenntnis kommen, Verschwiegenheit zu beobachten und sich der Mitteilung und Nachahmung der von Betriebsunternehmern geheim gehaltenen, zu ihrer Kenntnis gelangten Betriebseinrichtungen und Betriebsweise, so lange, als diese Betriebsgeheimnisse sind, zu enthalten. Die Polizeibeamten selbst, für die bereits durch das Amtsgeheimnis eine Verschwiegenheitspflicht besteht, sind vom Gesetzgeber nicht besonders aufgeführt. Die Beauftragten und Sachverständigen der Polizeibehörde sind auf Verschwiegenheit besonders zu beeidigen. Die Verletzung der Verschwiegenheitspflicht wird gemäß § 15 M.G. und § 14 W.G. auf Antrag des verletzten Betriebs-Unternehmers bestraft.

Ein Eingehen auf den Begriff des Betriebsgeheimnisses ist im Rahmen dieses Buches nicht möglich.

4. Kapitel.

Gewerberecht der Nahrungsmittelbetriebe.

Das Grundprinzip des deutschen Gewerberechtes ist die Gewerbefreiheit. Der Betrieb eines Gewerbes ist jedermann gestattet, soweit nicht durch die Gewerbeordnung Ausnahmen oder Beschränkungen vorgeschrieben oder zugelassen sind. (§ 1 G.O.) Alle Eingriffe in die Gewerbefreiheit bedürfen deshalb gesetzlicher Anordnung, welche für Nahrungsmittel teilweise durch die Gewerbeordnung selbst, teils durch die Nahrungsmittelgesetze getroffen ist.

1. Genehmigungspflichtige Anlagen.

Zur Errichtung von Anlagen, welche durch die örtliche Lage oder durch die Beschaffenheit der Betriebsstätte für die Besitzer oder Anwohner der benachbarten Grundstücke oder für das Publikum überhaupt erhebliche Nachteile, Gefahren oder Belästigungen herbeiführen können, ist die Genehmigung der nach den Landesgesetzen zuständigen Behörde erforderlich. (§ 16 G.O.) Das Genehmigungsverfahren regeln die §§ 17—28 G.O. Von den für das Nahrungsmittelrecht in Betracht kommenden Betrieben unterliegen dieser Genehmigung: chemische Fabriken aller Art, Stärkefabriken mit Ausnahme der Fabriken zur Bereitung von Kartoffelstärke, Stärkesyrupfabriken, Talgschmelzen, Schlächtereien, Hopfen-Schwefeldarren, Darmzubereitungsanstalten.

Nach der Judikatur werden Anstalten für künstliche Mineralwässer nicht zu den chemischen Fabriken gerechnet. Unter den Begriff „Schlächtereien" fallen nach Beschluß des Bundesrates nur die mit baulichen Einrichtungen versehenen Schlachtanstalten, andererseits aber nicht nur die öffentlichen Schlachthäuser, sondern jede, wenn auch nur von einem Einzelnen zum Schlachten benutzte Räumlichkeit, nicht dagegen Fisch- und Geflügel-Schlächtereien.

2. Konzessionspflichtige Betriebe.

Einer behördlichen Erlaubnis bedarf es zum Betriebe der Gastwirtschaft, Schankwirtschaft und des Kleinhandels mit Spiritus. Die Erlaubnis darf nach dem Reichsrecht nur versagt werden, wenn gegen den Nachsuchenden Tatsachen vorliegen, welche die Annahme rechtfertigen, daß er das Gewerbe zur Förderung der

Völlerei, des verbotenen Spiels, der Hehlerei oder der Unsittlichkeit mißbrauchen werde, oder wenn das Lokal den polizeilichen Anforderungen nicht genügt. Die Landesregierungen sind außerdem befugt, die Erlaubnis zum Ausschank von Branntwein oder zum Kleinhandel mit Branntwein und Spiritus allgemein, die Erlaubnis zum Ausschank von anderen Getränken und die Erlaubnis zum Betriebe der Gastwirtschaft in Orten mit weniger als 15000 Einwohnern, sowie in anderen Ortschaften, für welche dies durch Statut festgesetzt ist, von dem Nachweis eines Bedürfnisses abhängig zu machen. (§ 33 G.O.) Von dieser Befugnis haben die Regierungen in Preußen und Bayern Gebrauch gemacht.

Eine polizeiliche Genehmigung ist gemäß §§ 11 und 18 Fl.BG. für Fleischhändler, Gast-, Schank- und Speisewirte zu Vertrieb und Verwendung von Pferdefleisch und bedingt tauglichem Fleisch erforderlich.

3. Anzeigepflichtige Betriebe.

Personen, welche den Kleinhandel mit Bier oder den Handel mit Drogen und chemischen Präparaten, welche zu Heilzwecken dienen, beginnen wollen, haben gemäß § 35 G.O. bei der Polizeibehörde vorher Anzeige zu machen. Eine Anzeigepflicht besteht ferner gemäß § 3 Nr. 3 W.G. für Betriebe, in denen getrocknete Früchte oder eingedickte Moststoffe zur Herstellung von Dessertweinen (Süd-, Süßwein) verwendet werden sollen und gemäß § 7 M.G. für die gewerbsmäßige Herstellung von Margarine, Margarinekäse und Kunstspeisefett.

4. Untersagungsrecht der Behörden.

Gemäß § 35 G.O. kann der Handel mit Drogen und chemischen Präparaten, welche zu Heilzwecken dienen, untersagt werden, wenn seine Handhabung Leben und Gesundheit von Menschen gefährdet. Der Kleinhandel mit Bier kann untersagt werden, wenn der Gewerbetreibende wiederholt wegen Zuwiderhandlungen gegen die Vorschriften über den Ausschank oder Kleinhandel mit Branntwein bestraft ist.

5. Wandergewerbe.

Vom Ankauf und Feilbieten im Umherziehen sind von den hier interessierenden Waren gemäß § 56 G.O. ausgeschlossen:

a) geistige Getränke, soweit nicht das Feilbieten derselben von der Ortspolizeibehörde im Falle besonderen Bedürfnisses vorübergehend gestattet ist;
b) solche Mineral- und anderen Öle, welche leicht entzündlich sind, insbesondere Petroleum, sowie Spiritus;
c) Gifte und gifthaltige Waren, Arzenei- und Geheimmittel.

6. Marktverkehr.

Der Marktverkehr unterliegt der von der Ortspolizei im Einverständnis mit der Gemeindebehörde nach den örtlichen Bedürfnissen festzusetzenden Marktordnung. (§ 69 G.O.) Gegenstände des Wochenmarktverkehrs sind nach § 66 G.O.:

1. rohe Naturerzeugnisse mit Ausschluß des größeren Viehs;
2. Fabrikate, deren Erzeugung mit der Land- und Forstwirtschaft, dem Garten- und Obstbau oder der Fischerei in unmittelbarer Verbindung steht, oder zu den Nebenschäftigungen der Landleute der Gegend gehört, oder durch Tagelöhnerarbeit bewirkt wird, mit Ausschluß der geistigen Getränke;
3. frische Lebensmittel aller Art.

Die zuständige Verwaltungsbehörde ist auf Antrag der Gemeindebehörde befugt, zu bestimmen, welche Gegenstände außerdem nach Ortsgewohnheit und Bedürfnis in ihrem Bezirk überhaupt, oder an gewissen Orten zu den Wochenmarktartikeln gehören.

7. Preiskontrolle.

Polizeiliche Taxen, soweit gesetzliche Bestimmungen sie nicht ausdrücklich zulassen, dürfen nicht mehr festgesetzt werden. (§ 72 G.O.) Bäcker und Verkäufer von Backwaren können jedoch durch die Ortspolizeibehörde angehalten werden, Preise und Gewicht ihrer verschiedenen Backwaren durch einen von außen sichtbaren Anschlag im Verkaufslokal zur Kenntnis des Publikums zu bringen; ebenso können Gastwirte angehalten werden, das Verzeichnis der von ihnen festgestellten Preise in ihren Lokalen anzuschlagen. (§§ 74, 75 G.O.)

Nach § 5 des Gesetzes, betreffend den unlauteren Wettbewerb kann durch Beschluß des Bundesrates festgesetzt werden, daß bestimmte Waren im Einzelverkauf nur in vorgeschriebenen Einheiten der Zahl, der Länge und des Gewichtes oder mit einer auf der Ware oder ihrer Aufmachung entsprechenden Angabe über

Zahl, Länge oder Gewicht gewerbsmäßig verkauft oder feilgehalten werden dürfen. Für den Einzelverkauf von Bier in Flaschen oder Krügen kann die Angabe des Inhalts unter Festsetzung angemessener Fehlergrenzen vorgeschrieben werden. Für das Gebiet des Nahrungsmittelrechtes ist ein solcher Bundesratsbeschluß bisher nicht ergangen.

8. Deklarationspflicht.

Um einer Täuschung des Publikums vorzubeugen, schreiben die Nahrungsmittelgesetze bei verschiedenen Waren die ausdrückliche Bekanntgabe der Zusammensetzung oder Herkunft gewisser Waren vor. Nach § 1 M.G. müssen die Geschäftsräume und sonstige Verkaufsstellen einschließlich der Marktstände, in denen Margarine, Margarinekäse oder Kunstspeisefett verkauft oder feilgehalten werden, an in die Augen fallender Stelle die deutliche, nicht verwischbare Inschrift „Verkauf von Margarine", „Verkauf von Margarinekäse", „Verkauf von Kunstspeisefett" tragen. Ebenso müssen die Gefäße und äußeren Umhüllungen, in welchen Margarine, Margarinekäse oder Kunstspeisefett gewerbsmäßig verkauft oder feilgehalten werden, an in die Augen fallenden Stellen die deutliche, nicht verwischbare Inschrift „Margarine", „Margarinekäse", „Kunstspeisefett" tragen und außerdem mit einem bandförmigen Streifen von roter Farbe versehen sein. Endlich müssen auch die Umhüllungen beim gewerbsmäßigen Einzelverkauf gekennzeichnet sein, ebenso wie beim Verkauf der Margarine in regelmäßig geformten Stücken in jeden Würfel die Inschrift „Margarine" eingepreßt sein muß. (§ 3.) Für öffentliche Angebote, Schlußscheine und sonstige im Handelsverkehr übliche Schriftstücke ist die Anwendung der dem Margarinegesetz entsprechenden Warenbezeichnungen gleichfalls vorgeschrieben. (§ 5 M.G.)

Nach § 4 W.G. ist es verboten, Wein, welcher einen gesetzlich gestatteten Zuckerzusatz erhalten hat, als Naturwein oder unter einer Bezeichnung feilzuhalten oder zu verkaufen, welche die Annahme hervorruft, daß ein solcher Zusatz nicht gemacht sei. Gleiches gilt von Rotwein, welcher unter Verwendung eines Zusatzes wässriger Zuckerlösung zur Rotwein-Traubenmaische gemäß §§ 3, 2 Nr. 4 W.G. hergestellt ist. — Gemäß § 6 muß Schaumwein, der gewerbsmäßig verkauft oder feilgehalten wird, eine Bezeichnung tragen, welche das Land und erforderlichenfalls den Ort erkennbar macht, in welchem er auf Flaschen gefüllt ist.

Schaumwein, der aus Fruchtwein hergestellt ist, muß eine Bezeichnung tragen, welche die Verwendung von Fruchtweinen erkennen läßt.

Fleischhändler, Gast-, Schank- und Speisewirte, welche Pferdefleisch oder bedingt taugliches Fleisch verwenden oder vertreiben, müssen in ihren Schankräumen an in die Augen fallenden Stellen durch deutlichen Anschlag zu erkennen geben, daß solches Fleisch zum Vertriebe oder zur Verwendung kommt.

9. Verkaufsräume.

Nach § 4 M.G. ist in Räumen, wo Butter oder Butterschmalz gewerbsmäßig hergestellt, aufbewahrt, verpackt oder feilgehalten wird, die Herstellung, Aufbewahrung, Verpackung oder das Feilhalten von Margarine oder Kunstspeisefett verboten. Das gleiche gilt bezüglich der Räumlichkeiten, in denen Käse gewerbsmäßig hergestellt, aufbewahrt, verpackt oder feilgehalten wird, hinsichtlich des Margarinekäses. Die Bestimmung kommt in Orten mit weniger als 5000 Einwohnern für den Kleinhandel nicht zur Anwendung. Das Fl.B.G. schreibt eine Trennung der Verkaufsräume insofern vor, als nach §§ 11 und 18 bedingt taugliches Fleisch und Pferdefleisch (nach der Bundesratsbekanntmachung vom 10. Juli 1902 auch Fleisch von Eseln, Maultieren und Mauleseln) nicht in Räumen feilgehalten oder verkauft werden darf, in welchen Fleisch von anderen Tieren feilgehalten oder verkauft wird. Wer also neben regulärem tauglichem Fleisch bedingt taugliches Fleisch und Pferdefleisch verkaufen will, muß drei getrennte Verkaufsräume haben.

10. Aufbewahrung.

Nach § 2 Abs. 1 der Vorschriften betreffend den Handel mit Giften (Bundesratsbeschluß v. 29. November 1894) müssen Nahrungs- und Genußmittel, welche in denselben Räumen, wie Gift oder giftige Farben feilgehalten werden, stets über den Giften aufbewahrt werden, also weder neben noch unterhalb den Giften.

11. Untersuchungszwang.

Die Anordnung des Untersuchungszwanges ist der Kern des Schlachtvieh- und Fleischbeschaugesetzes. Nach § 1 desselben unterliegen Rindvieh, Schweine, Schafen, Ziegen, Pferde und Hunde, deren Fleisch zum Genuß für Menschen verwendet werden soll, vor und nach der Schlachtung einer amtlichen Untersuchung. Die Untersuchungspflicht ist durch die Bundesratsbekanntmachung vom 10. Juli 1902 auch auf Esel, Maultiere und Maulesel ausgedehnt worden. (Näheres s. im Kapitel „Fleisch".)

12. Einfuhr in das Zollinland.

Nach § 12 Fl.B.G. ist die Einfuhr von Fleisch in luftdicht verschlossenen Büchsen oder ähnlichen Gefäßen, von Würsten und sonstigen Gemengen aus zerkleinertem Fleisch in das Zollinland verboten. Im übrigen ist die Einfuhr nach Maßgabe der näheren Bestimmungen des § 12 Fl.B.G., der Ausführungsbestimmung D vom 30. Mai 1902 und der Bundesratsbekanntmachung vom 10. Juli 1902 geregelt. Diese verbietet noch die Einfuhr von Hundefleisch, von zubereitetem Fleisch von Pferden, Eseln, Maultieren und Mauleseln und anderen Tieren des Einhufergeschlechts, sowie von Fleisch, das mit Konservierungsmitteln der im § 5 l. c. genannten Art behandelt ist. Näheres im Kapitel „Fleisch".

Die Einfuhr von Süßstoffen oder süßstoffhaltigen Nahrungs- oder Genußmitteln verbietet § 2 des Süßstoffgesetzes.

In Betracht kommen ferner noch die auf Grund des Reichsgesetzes, betreffend die Rinderpest vom 7. April 1896, sowie auf Grund des Reichsgesetzes vom 23. Juni 1880 und 1. Mai 1894 gegen Viehseuchen erlassenen, bezw. in letzterem Gesetz enthaltenen Verbote.

Zur Bekämpfung der Reblaus ist durch die Kaiserlichen Verordnungen vom 11. Februar 1873 (R.G.Bl. S. 43), 31. Oktober 1879 (R.G.Bl. S. 303), 4. Juli 1883 (R.G.Bl. S. 153), 7. April 1887 (R.G.Bl. S. 155), nebst Bekanntmachungen vom 12. Juli 1883 (R.G.Bl. S. 142), 24. Mai 1884 (R.G.Bl. S. 51), 24. August 1884 (R.G.Bl. S. 191), 16. Juni 1886 (R.G.Bl. S. 191), 23. August 1887 (R.G.Bl. S. 431) die Einfuhr und Ausfuhr von Reben und Rebenblättern, von trockenem Rebenholz, Kompost, Düngererde, gebrauchten Weinpfählen und Weinstützen verboten, und die Einfuhr von Weintrauben, Weintrestern, bewurzelten Gewächsen aller Art, von Pflänzlichen, Sträuchern und sonstigen Vegetabilien, welche aus Pflanzschulen, Gärten oder Gewächshäusern stammen, nur unter erschwerenden Bedingungen gestattet. Durch Kaiserliche

Verordnung vom 26. Februar 1875 ist die Einfuhr von Kartoffeln, Kartoffelschalen und -Abfällen, sowie ihrer Säcke und einstigen Verpackungsmittel aus Amerika verboten, mit Ausnahme des Schiffsproviants, welcher vom Schiff nicht entfernt wird. Die Kaiserlichen Verordnungen vom 5. Februar 1898 (R.G.Bl. S. 5), 6. August 1900 (R.G.Bl. S. 791) verbieten zur Verhütung der Einschleppung der San José-Schildlaus die Einfuhr lebender Pflanzen, frischer Pflanzenabfälle, frischen Obstes und frischer Obstabfälle, sowie ihres Verpackungs- und Verwahrungsmaterials aus Amerika und Japan.

13. Monopolisierte Betriebe.

Nach § 3 des Süßstoffgesetzes ist die Ermächtigung für die Herstellung oder Einfuhr von Süßstoffen nach näherer Bestimmung des Bundesrats einem oder mehreren Gewerbetreibenden zu geben. Der Bundesrat hat hiervon Gebrauch gemacht, indem er durch § 2 Absatz 1 der Ausführungsbestimmungen lediglich die Saccharinfabrik Aktien-Gesellschaft, vorm. Fahlberg, List & Co. in Salbke-Westerhüsen zur Herstellung von Süßstoffen ermächtigt hat. Monopolisiert ist auch die Abgabe von Süßstoff; derselbe darf gemäß § 4 des Süßstoffgesetzes nur an Apotheken und an solche Personen abgegeben werden, welche die amtliche Erlaubnis zum Bezuge von Süßstoff besitzen. Die Apotheken wiederum dürfen Süßstoff gemäß § 10 der Ausführungsbestimmungen zu § 5 des Gesetzes nur gegen Vorlegung des amtlichen Bezugsscheines und vorschriftsmäßig ausgestelltem Bestellzettel oder gegen schriftliche, mit Ausstellungstag und Unterschrift versehene Anweisung eines Arztes, Zahnarztes oder Tierarztes abgeben. Gegen eine ärztliche Anweisung dürfen nicht mehr als 50 g Süßstoffe abgegeben werden, Süßstofftäfelchen von höchstens 110 facher Süßkraft in Fabrikpackung (Glasröhrchen) von nicht mehr als 25 Stück mit zusammen nicht über 0,4 g Gehalt an reinem Süßstoff dürfen auch ohne ärztliche Anweisung nicht abgegeben werden.

5. Kapitel.

Nahrungsmittel im Zivilrecht.

Die Nahrungsmittel fallen als Gegenstand des Zivilrechtsverkehrs unter den Begriff „körperliche Sachen". (§ 90 B.G.B.) Die meisten sind auch „vertretbare Sachen" (§ 91 B.G.B.), da sie im Verkehr nach Zahl, Maß oder Gewicht bestimmt zu werden pflegen. Als nicht vertretbare Sache würde höchstens etwa eine probeweise Zubereitung eines Nahrungsmittels anzusehen sein, die nur ein einziges Mal für einen ganz bestimmten Zweck hergestellt ist. Als vertretbare Sachen können die Nahrungsmittel Gegenstand des Darlehns (§ 607), des Werklieferungsvertrages (§ 651), des Depositum irregulare (§ 700), des Gesellschaftsbeitrages (§ 706) und der Anweisung (§ 783) sein.

Alle Nahrungsmittel sind „verbrauchbare Sachen" im Sinne des § 92 B.G.B., da ihr bestimmungsgemäßer Gebrauch in dem Verbrauch oder der Veräußerung besteht. Die Wirkung der Verbrauchbarkeit ist, daß derjenige, welchem ein Nutzungsrecht an einer verbrauchbaren Sache zusteht, nicht zur Rückgabe in Natur, sondern zum Wertersatz verpflichtet ist, z. B. beim Nießbrauch (§§ 1067, 1075, 1086 B.G.B.), beim Gesellschaftsbeitrag (§ 706 B.G.B.), beim eingebrachten Gut im ehelichen Güterrecht (§ 1376 ff. B.G.B.) usw.

Gegenstand des geschäftlichen Verkehrs werden die Nahrungsmittel zumeist mittelst des Kaufes (§ 433 ff. B.G.B.). Das Gesetz erwähnt ferner besonders die Gewährung der „Verpflegung" als Teil des Dienstvertrages in §§ 617, 618 B.G.B.

Im Rahmen dieses Buches kann natürlich nicht das ganze bürgerliche Recht zusammengestellt werden, welches für den Verkehr mit Nahrungsmitteln in Betracht kommt, sondern nur auf einige speziell interessierende Einzelfragen eingegangen werden. Zunächst sei hervorgehoben, welche unmittelbare Einwirkung die Nahrungsmittelgesetze auf das bürgerliche Recht haben, oder mit anderen Worten, welche Rechtswirkung der Verkehr mit Waren hat, die den Nahrungsmittelgesetzen widersprechen. Die Frage beantwortet sich verschieden, je nachdem sich sämtliche Kontrahenten des betreffenden Geschäfts des Verstoßes gegen das Nahrungsmittelgesetz schuldig machen, oder nur einer gegen das Gesetz verstößt, wobei wieder zu unterscheiden ist, ob der andere von dem Verstoß Kenntnis gehabt hat oder nicht.

Nach § 134 B.G.B. ist ein Rechtsgeschäft, das gegen ein gesetzliches Verbot verstößt, nichtig, wenn nicht ein anderes sich aus dem Gesetze ergibt. Nichtig wäre also z. B. die Gründung einer Gesellschaft zum Zwecke der Herstellung oder des Vertriebes von Maschinen zur Herstellung künstlicher Kaffeebohnen, weil sie gegen die kaiserliche Verordnung vom 1. Februar 1891 verstößt. Nichtig sind ferner alle Geschäfte über solche Waren, bei denen das Inverkehrbringen verboten ist, also z. B. gesundheitsschädliche Nahrungsmittel (§ 12 N.M.G.), Mischungen von Margarine und Butter gemäß §§ 3, 14 M.G., Fleisch, welches nicht vorschriftsmäßig der Beschau unterlegen hat (§ 27 Fl.B.G.) usw. Bei denjenigen Bestimmungen dagegen, welche sich nur gegen den Verkauf und gegen das Feilhalten von Nahrungsmitteln wenden, ist im einzelnen zu prüfen, ob sie nur den jeweiligen gutgläubigen Käufer schützen, oder das betreffende Nahrungsmittel überhaupt dem Verkehr entziehen wollen. Ist letzteres der Fall, wie z. B. bei § 14 des Blei- und Zinkgesetzes oder § 12 des Farbengesetzes, so ist das Geschäft auch dann als nichtig anzusehen, wenn der Käufer weiß, daß der ihm verkaufte Gegenstand den Bestimmungen des Gesetzes widerspricht. In dem Fall des § 10 N.M.G. dagegen wird ein Geschäft über Nahrungsmittel, die unter einer zur Täuschung geeigneten Bezeichnung feilgehalten werden, nicht als nichtig angesehen werden können, wenn der jeweilige Käufer nicht getäuscht worden ist, denn hier ergibt sich aus dem Gesetze, daß lediglich der nicht mit der Sachlage vertraute Käufer gegen Täuschung geschützt werden soll. (Vgl. auch Reichsgerichts E. in Zivilsachen Bd. 60 S. 274, Plenarentscheidung vom 27. 4. 05.)

Während die Nichtigkeit des Geschäfts vom Richter von Amts wegen zu beobachten ist, und dieser auch, wenn die Parteien die Nichtigkeit nicht gelten machen wollen, aus einem solchen Geschäft weder Klage noch Einrede zuzulassen hat, ist die Sachlage eine wesentlich andere, wenn das Geschäft nicht gegen ein Verbotsgesetz im Sinne des § 134 B.G.B. verstößt. Hier hat, wie schon hervorgehoben, der Erwerber, welcher die Verbotswidrigkeit kennt, überhaupt keinen Anspruch, der gutgläubige Käufer aber ist, — es soll hier nur auf den Kauf als auf das wesentlichste in Betracht kommende Rechtsgeschäft eingegangen werden, — neben der Anfechtung wegen Betruges auf die Gewährleistungsansprüche der §§ 459 ff. B.G.B. angewiesen.

Diese sollen in Folgendem einer nur kurzen Darstellung unterzogen werden.

Nach § 459 B.G.B. haftet der Verkäufer einer Sache dem Käufer dafür, daß die Sache zu der Zeit, zu welcher die Gefahr auf den Käufer übergeht, nicht mit Fehlern behaftet ist, die den Wert oder die Tauglichkeit zu dem gewöhnlichen oder nach dem Vertrag vorausgesetzten Gebrauch aufheben oder mindern. Der Verkäufer haftet ferner dafür, daß die Sache die zugesicherten Eigenschaften besitzt. Ein Fehler, welcher den Wert oder die Tauglichkeit zu dem gewöhnlichen Gebrauch aufhebt, liegt natürlich in jedem Falle vor, wenn die Ware den nahrungsmittelgesetzlichen oder auch nur den nahrungsmittelpolizeilichen Bestimmungen nicht entspricht. Die Haftung des Verkäufers besteht, wie schon hervorgehoben, nicht, wenn der Käufer den Mangel bei dem Abschluß des Kaufes kennt. Sie besteht aber falls nicht eine ausdrückliche Zusicherung getroffen ist, auch dann nicht, wenn dem Käufer der Mangel infolge grober Fahrlässigkeit unbekannt geblieben ist, es sei denn, daß der Verkäufer den Mangel arglistig verschwiegen hat. (§ 460 B.G.B.) Ein Käufer, der selbst Sachverständiger ist, kann also keine Rechte herleiten, wenn ihm ein verdorbenes, aber noch nicht gesundheitsschädliches Nahrungsmittel verkauft worden ist, dessen Zustand er bei einiger Aufmerksamkeit schon am Aussehen oder am Geruch hätte erkennen können. Weist die verkaufte Sache einen der vorbezeichneten Mängel auf, so kann der Käufer Rückgängigmachung des Kaufes (Wandlung) oder Herabsetzung des Kaufpreises (Minderung) verlangen. (§ 462 B.G.B.) Fehlt eine zugesicherte Eigenschaft bereits zur Zeit des Kaufabschlusses, oder hat der Verkäufer einen Mangel arglistig verschwiegen, so kann der Käufer statt der vorbezeichneten Rechte Schadensersatz wegen Nichterfüllung geltend machen, d. h. er kann nicht nur die Aufhebung des Vertrages, sondern er kann Ersatz allen Schadens verlangen, welcher ihm durch den Abschluß des Geschäftes entstanden ist, muß aber dafür den Kaufpreis zahlen. Er steht sich hierbei in der Regel natürlich viel besser, wie wenn er nur Aufhebung des Geschäftes verlangen kann. (§ 463 B.G.B.) Nimmt der Käufer die mangelhafte Sache an, obwohl er den Mangel kennt, so stehen ihm die Ansprüche nur zu, wenn er sich seine Rechte bei der Annahme vorbehalten hat (§ 464 B.G.B.)

Wegen der Einzelheiten der Gewährleistungsansprüche sei auf die §§ 465 ff. B.G.B. verwiesen. Der Anspruch verjährt bei

Nahrungsmitteln, da diese sämtlich als bewegliche Sachen anzusehen sind, im allgemeinen binnen 6 Monaten nach der Ablieferung, aber erst in 30 Jahren, wenn der Verkäufer den Mangel arglistig verschwiegen hat. Bei beiderseitigen Handelsgeschäften ist die Geltendmachung der Rechte noch davon abhängig, daß der Käufer die Ware unmittelbar nach der Ablieferung durch den Verkäufer, soweit dies nach ordnungsmäßigem Geschäftsgange tunlich ist, untersucht, und wenn sich ein Mangel zeigt, dem Verkäufer unverzüglich Anzeige macht. (H.G.B. § 377.)

Besondere Vorschriften gelten bei den sogenannten Viehmängeln, nämlich beim Verkauf von Pferden, Eseln, Mauleseln, Maultieren, Rindvieh, Schafen und Schweinen. (§ 481 B.G.B.) Hier hat der Verkäufer nur bestimmte Fehler (Hauptmängel) zu vertreten und diese nur dann, wenn sie sich innerhalb bestimmter Fristen zeigen. (§ 482 B.G.B.) Wenn sich aber ein Mangel innerhalb der Gewährfrist zeigt, so wird vermutet, daß er auch schon zu der Zeit vorhanden gewesen sei, zu welcher die Gefahr auf den Käufer übergegangen ist. (§ 484 B.G.B.) Der Käufer kann nur Aufhebung des Geschäfts, nicht Minderung des Preises verlangen. (§ 487 B.G.B.) Der Anspruch verjährt in 6 Wochen von dem Ende der Gewährfrist ab (§ 490 B.G.B.), die Hauptmängel und die Gewährfristen werden gemäß § 482 B.G.B. durch eine mit Zustimmung des Bundesrats zu erlassende Kaiserliche Verordnung bestimmt. Diese ist unter dem 27. März 1899 ergangen. § 2 derselben bestimmt:

„Für den Verkauf solcher Tiere, die alsbald geschlachtet werden sollen und bestimmt sind, als Nahrungsmittel für Menschen zu dienen (Schlachttiere) gelten als Hauptmängel:

I. Bei Pferden, Eseln, Mauleseln und Maultieren: Rotz (Wurm) mit einer Gewährfrist von 14 Tagen;

II. bei Rindvieh:

tuberkulose Erkrankung, sofern infolge dieser Erkrankung mehr als die Hälfte des Schlachtgewichts nicht oder nur unter Beschränkungen als Nahrungsmittel für Menschen geeignet ist, mit einer Gewährfrist von vierzehn Tagen;

III. bei Schafen:

allgemeine Wassersucht mit einer Gewährfrist von vierzehn Tagen; als allgemeine Wassersucht ist anzusehen der durch eine innere Erkrankung oder durch ungenügende Ernährung herbeigeführte wassersüchtige Zustand des Fleisches;

IV. bei Schweinen:

1. tuberkulose Erkrankung unter der in Nr. II bezeichneten Voraussetzung mit einer Gewährfrist von vierzehn Tagen;
2. Trichinen mit einer Gewährfrist von vierzehn Tagen;
3. Finnen mit einer Gewährfrist von vierzehn Tagen."

Außerhalb des Kontraktrechts gewinnen die Nahrungsmittelgesetze Bedeutung für das Zivilrecht für die Frage des Schadensersatzes aus unerlaubten Handlungen. Nach § 823 Abs. 2 B.G.B. trifft die Verpflichtung zum Schadensersatz jeden, welcher gegen ein, den Schutz eines anderen bezweckendes Gesetz verstößt. Als solche Gesetze sind sämtliche Nahrungsmittelgesetze und Verordnungen anzusehen, da sie das Publikum, sei es nun vor Schädigungen der Gesundheit, sei es vor Täuschungen, schützen wollen.

Endlich mag auch aus dem Sachenrecht noch aus den Bestimmungen über Erwerb und Verlust des Eigentums an beweglichen Sachen auf die Bestimmungen über Vermischung und Verarbeitung hingewiesen werden. Werden bewegliche Sachen miteinander untrennbar vermischt oder vermengt, so werden in entsprechender Anwendung der Bestimmungen des § 947 B.G.B. die bisherigen Eigentümer Miteigentümer dieser Sachen, die Anteile bestimmen sich nach dem Verhältnis des Wertes, den die Sachen zur Zeit der Vermischung oder Vermengung haben. (§ 948 B.G.B.) Vermischung kommt bei flüssigen und gasförmigen, Vermengung bei festen Körpern in Frage. Ob eine Trennung möglich ist, wird im Zweifelsfalle Sache des Sachverständigengutachtens sein. Das Gesetz bestimmt aber, daß auch dann schon Untrennbarkeit angenommen werden soll, wenn die Trennung mit unverhältnismäßigen Kosten verbunden sein würde. — — Wer durch Verarbeitung oder Umbildung eines oder mehrerer Stoffe eine neue bewegliche Sache herstellt, erwirbt das Eigentum an der neuen Sache, sofern nicht der Wert der Verarbeitung oder Umbildung erheblich geringer ist, als der Wert des Stoffes. Der Brauer, der aus Malz und Hopfen Bier herstellt, wird also Eigentümer des Bieres, wenn ihm auch die Rohstoffe nicht gehört haben, da der Wert der aufgewendeten Arbeit den Wert des Rohstoffes erheblich übersteigt. Wer dagegen nur durch Zusammensetzen verschiedener wertvoller Essenzen einen Likör herstellt, wird nicht Eigentümer werden, da hier der Wert der Rohstoffe viel größer ist. Im einzelnen, z. B. bei der Herstellung von Weinen, kann die Sache sehr zweifelhaft sein, und es wird auch hierin im wesentlichen auf das Gutachten des Sachverständigen für den konkreten Fall ankommen. Das Oberlandesgericht Karlsruhe hat z. B. angenommen, daß beim Backen der Wert des Mehls größer ist als der der zur Herstellung des Brotes erforderlichen Arbeit und der Eigentümer des Mehls deshalb Eigentümer des Brotes wird. (R. des O.L.G. Bd. 2 S. 242.) Auch, ob eine Sache als „neue Sache" anzusehen ist, ist im wesentlichen auf Grund der Verkehrsauffassung an der Hand der Sachverständigengutachten zu entscheiden. Ob eine „neue Sache" vorliegt, ist von entscheidender Bedeutung für die Frage, ob eine Verarbeitung im Sinne des § 950 oder nur eine Vermischung im Sinne des § 948 B.G.B. anzunehmen ist, d. h. ob der Verarbeiter Alleineigentum erwirbt, oder ob die Stoffeigentümer Miteigentümer werden. — Derjenige, welcher auf Grund der Verarbeitung oder Vermischung von Sachen einen Rechtsverlust erleidet, kann von demjenigen, zu dessen Gunsten die Rechtsänderung eintritt, Vergütung in Geld verlangen. (§ 951 B.G.B.) Auf die Einzelheiten kann hier nicht eingegangen werden.

---

6. Kapitel.

Besteuerte Nahrungsmittel.

Die Ausübung der Gesetzgebung über Verbrauchssteuern ist Reichssache. — Für Rechnung von Kommunen oder Korporationen dürfen vom 1. April 1910 ab Angaben auf Getreide, Hülsenfrüchte, Mehl und andere Mühlenfabrikate, desgl. auf Backwaren, Vieh, Fleisch, Fleischwaren und Fett nicht mehr erhoben werden. Auf die Erhebung von Abgaben von dem zur Bierbereitung bestimmten Malz seitens der Kommunen finden diese Bestimmungen keine Anwendung. (Zolltarifgesetz vom 25. Dezember 1902, § 13.)

Einer Reichssteuer unterliegen gegenwärtig folgende Nahrungs- und Genußmittel: Schaumwein, Branntwein, Bier, Tabak, Zigaretten, Zucker und Salz.

1. Schaumweinsteuer.

(Reichsgesetz vom 9. Mai 1902. [R.G.Bl. 1902 S. 155ff.])

Die Steuer erstreckt sich auf Schaumwein aus Trauben-, Obst- und Beerenwein, sowie auf alle schaumweinähnlichen Getränke, welche zum Verbrauch im Inland bestimmt sind und nicht bereits nachweislich der Verzollung unterlegen haben. Die Steuer ist vom Hersteller mittelst Anbringung eines Steuerzeichens an der Umschließung zu entrichten, bevor der fertige Schaumwein aus der Erzeugungsstelle entfernt oder innerhalb derselben verbraucht wird. Die Steuerzeichen sind an der Umschließung so lange zu erhalten, bis diese geöffnet wird. Für versteuerten Schaumwein, der als Probe abgegeben oder dem Hersteller vom Empfänger als unbrauchbar zur Verfügung gestellt wird, erhält der Hersteller eine Vergütung der Steuer. Der Bundesrat kann Bestimmung darüber treffen, daß für in das Ausland ausgeführten deutschen Schaumwein eine entsprechende Vergütung für verauslagten Zoll auf den zur Herstellung verwendeten Rohwein gewährt wird. Mit Rücksicht auf die Besteuerung unterliegen die Schaumweinfabriken einer besonderen Überwachung.

2. Branntweinsteuer.

Geltendes Recht ist das Branntweinsteuergesetz in der Fassung der auf Grund des Gesetzes vom 16. Juni 1895 erfolgten Veröffentlichung (R.G.Bl. S. 265) mit dem Ergänzungsgesetz vom 7. Juli 1902 (R.G.Bl. S. 243). Das Gesetz unterscheidet 1. Maisch-, Bottich- und Rohstoffsteuer, 2. Verbrauchsabgabe und 3. Brennsteuer. Es unterscheidet ferner drei verschiedene Arten von Brennereien:

1. landwirtschaftliche Brennereien, d. h. solche, welche während des Betriebsjahres nur Kartoffeln oder Getreide verarbeiten, und bei welchen sämtliche Brennrückstände in der Wirtschaft der Brennereiinhaber verfüttert werden, und der erzeugte Dünger auf dem Brennereigut verwendet wird;
2. Materialbrennereien, welche während des Betriebsjahres nur nichtmehlige Stoffe (mit Ausnahme von Melasse, Rüben und Rübensaft) verwenden (sie kommen nur im Südwesten des Reiches vor);
3. gewerbliche Brennereien, zu welchen alle übrigen, insbesondere auch die Melassebrennereien gehören.

Die Verbrauchsabgabe ist beim Übergang des Branntweins in den Verkehr von demjenigen zu entrichten, der ihn zur freien Verfügung erhält. Befreit ist der ausgeführte Branntwein und der zu gewerblichen und in öffentlichen Heilanstalten und wissenschaftlichen Anstalten verwendete. Der Bundesrat kann außerdem auch den zu wirtschaftlichen oder Heilzwecken verwendeten Branntwein frei lassen.

Die Maischbottichsteuer wird in den landwirtschaftlichen Brennereien für jedes Hektoliter Maischraum und jede Einmaischung erhoben. In den Materialbrennereien wird statt dessen die Materialsteuer vom verwendeten Material erhoben. Die gewerblichen Brennereien zahlen statt dessen einen Zuschlag zur Verbrauchsabgabe. Landwirtschaftliche und Materialbrennereien können statt der Maischbottichsteuer oder Materialsteuer gleichfalls einen Zuschlag zur Verbrauchsabgabe beantragen, der je nach der erzeugten Menge festgesetzt wird.

Die Brennsteuer wird von den größeren, über 200 Hektoliter erzeugenden Brennereien als Zuschlag zur Verbrauchsabgabe in einer nach der erzeugten Menge steigenden Progression erhoben. Die Einnahmen aus der Brennsteuer sollen zur Gewährung von Ausfuhrprämien verwendet werden.

3. Brausteuer.

(Gesetz vom 3. Juli 1906. [R.G.Bl. S. 675.])

Die Brausteuer wird von dem zur Bierbereitung verwendeten Malz und Zucker erhoben, sie kann auch von dem zur Bereitung bierähnlicher Getränke verwendeten Malz und Zucker erhoben werden. Der Brausteuer unterliegt ferner auch die Essigbereitung als Nebenbetrieb von Brauereien oder als Hauptbetrieb, wenn sie aus Malz und Zucker erfolgt.

Die Steuer wird vom Gesamtgewicht der in einem Brauereibetriebe innerhalb des Rechnungsjahres steuerpflichtig gewordenen Braustoffe zu einem staffelförmig steigenden Satz erhoben. Der Haustrunk, d. h. die Bierbereitung für den eigenen Bedarf in einem Haushalt von nicht mehr als 10 Personen über 14 Jahren ist steuerfrei. Eine Vergütung der Steuer findet statt bei Ausfuhr, und wenn die zur Einmaischung bestimmten Braustoffe vor der beabsichtigten Verwendung durch Zufall vernichtet oder unbrauchbar gemacht werden, oder sonst aus Anlaß unvorhergesehener Hindernisse die angemeldete Bierbereitung nicht stattfinden konnte.

Auf Grund der Bestimmungen des Gesetzes unterliegt der Betrieb der Brauereien einer besonderen Kontrolle. Zum Brausteuergesetz ergangen sind die Brausteuer-Ausführungsbestimmungen vom 18. Juni 1906. (Zentralblatt f. d. Deutsche Reich Nr. 38 S. 709.)

4. Tabaksteuer.

(Gesetz vom 16. Juli 1879 [R.G.Bl. 1879 S. 245] nebst Gesetz vom 5. April 1885 [R.G.Bl. 1885 S. 83] und Ausführungsvorschriften vom 1. April 1903 [Zentralblatt f. d. Deutsche Reich 1903 S. 129.])

Die Tabaksteuer wird nach Maßgabe des Gewichts des Tabaks in fermentiertem oder getrockneten fabrikationsrechten Zustande erhoben. Für Tabakpflanzungen auf Grundstücken von weniger als 4 Ar Flächeninhalt tritt statt der Gewichtssteuer die Flächensteuer ein. Der Tabakbau und die Tabakniederlagen unterliegen besonderer Kontrolle. Für Ausfuhr inländischer Tabakfabrikate kann eine Vergütung gewährt werden.

5. Zigarettensteuer.

(Gesetz vom 3. Juni 1906 [R.G.Bl. 1906, S. 631] nebst Ausführungsbestimmungen vom 16. Juni 1906, Zentralblatt f. d. Deutsche Reich Nr. 34 S. 610.)

Zigaretten, Zigarettentabak und Zigarettenhüllen unterliegen außer der auf Grund des Tabaksteuergesetzes zu erhebenden Abgaben noch einer besonderen Steuer. Die Zigarettensteuer richtet sich nach dem Kleinverkaufspreise. Die Zigarettensteuer ist vom Hersteller des Zigarettentabaks und der Zigaretten, sowie der Zigarettenhülsen und -Blättchen mittelst Anbringung von Steuerzeichen an den Packungen zu entrichten, bevor die verpackten Erzeugnisse aus der Erzeugungsstätte entfernt werden. Bei eingeführten Erzeugnissen hat die Versteuerung durch den Bezieher bei der Zollabfertigung, oder, wenn eine solche nicht stattfindet, innerhalb einer Frist von 3 Tagen nach dem Empfang zu erfolgen. Zur Durchführung des Gesetzes ist der Verpackungszwang eingeführt. Zigarettentabak, Zigaretten und Zigarettenhülsen dürfen im Inlande vom Hersteller und Großhändler nur in vollständig geschlossenen Packungen abgegeben werden. Auf jeder Packung ist der Inhalt nach Art und Menge, sowie bei Zigarettentabak und Zigaretten auch der Kleinverkaufspreis oder die Preisgrenze der Steuerkraft in Druckschrift anzugeben, sowie der Name und Sitz der Firma des Herstellers oder Großhändlers, resp. an dessen Stelle ein gesetzlich geschütztes Warenzeichen anzubringen. Im Handel sind die Steuerzeichen an den Packungen so lange zu erhalten, bis diese geöffnet werden, geöffnete oder ganz oder teilweise entleerte Packungen dürfen nicht nachgefüllt werden. Der Einzelverkauf darf nur aus den zugehörigen Umschließungen erfolgen, geleerte Umschließungen sind alsbald zu vernichten. Zur Durchführung des Steuergesetzes ist auch hier eine weitreichende Kontrollbefugnis der Steuerbehörde eingeführt und durch Strafandrohung gesichert.

6. Zuckersteuer.

Das Zuckersteuergesetz gilt jetzt in der auf Grund des Reichsgesetzes vom 7. Mai 1896 erfolgten neuen Fassung (R.G.Bl. 1896 S. 107), die wiederum durch das Gesetz vom 6. Januar 1903 (R.G.Bl. 1903 S. 1) geändert ist. Die Ausführungsbestimmungen datieren vom 18. und 25. Juni 1903 (Zentralblatt f. d. Deutsche Reich 1903 S. 283) und die Steuer wird vom Reingewicht des inländischen Rübenzuckers erhoben. Als inländischer Rübenzucker im Sinne des Gesetzes gilt aller im Inlande durch Bearbeitung von Rüben oder durch weitere Bearbeitung von Produkten, welche aus im Inland bearbeiteten Rüben bestehen, gewonnenen Saft und flüssige Zucker, einschließlich der Rübensäfte, der Füllmasse und der Zuckerabläufe (Syrup, Melasse), und zwar ohne Rücksicht darauf, ob bei der Fabrikation eine Verwendung anderer zuckerhaltiger Stoffe oder Zucker stattgefunden hat. Die Zuckersteuer ist zu entrichten, sobald der Zucker aus der Steuerkontrolle in den freien Verkehr tritt. Die Zuckerfabriken unterliegen der unausgesetzten Überwachung bei Tag und Nacht durch Steuerbeamte, solange ein Betrieb stattfindet, auch während ruhenden Betriebes nach Bestimmung der Steuerbehörde. Ausgeführter Zucker bleibt steuerfrei.

7. Salzsteuer.

(Bundesgesetz vom 12. Oktober 1867 [B.G.Bl. 1867 S. 41 ff.], Ausführungsbestimmungen vom 5. Juli 1888 [Zentralblatt f. d. Deutsche Reich S. 613], ergänzt durch Bundesratsbeschlüsse vom 10. Dezember 1891 [Zentralblatt 1892 S. 2], 16. Mai 1895 [Zentralblatt 1895 S. 176], 10. Januar 1900 [Zentralblatt 1900 S. 12] und 23. Juli 1904 [Zentralblatt 1904 S. 274]).

Das zum inländischen Verbrauch bestimmte Salz unterliegt einer Abgabe, welche von den Produzenten und bei der Einfuhr von den Einbringern zu entrichten ist. Unter Salz im Sinne des Gesetzes sind zunächst das Siede-, Stein- und Seesalz, dann aber auch alle Stoffe inbegriffen, aus welchen Salz ausgeschieden zu werden pflegt. Letztere Stoffe kann jedoch die oberste Finanzbehörde des einzelnen Bundesstaates von der Abgabe frei lassen. Befreit ist ferner das zur Ausfuhr, das zur Natronsulfit- oder Sodafabrikation und zu landwirtschaftlichen Zwecken (Viehfütterung und Düngung) bestimmte Salz; das zum Einsalzen von Heringen und ähnlichen Fischen, sowie zum Einsalzen und Einpökeln zur Ausfuhr bestimmter Gegenstände verwendete Salz; ferner das zu allen sonstigen gewerblichen Zwecken bestimmte Salz mit Ausnahme des für die Nahrungsmittelgewerbe und zur Herstellung von Tabakfabrikaten, Mineralwässern und Bädern bestimmten. Das mit Genehmigung der Staatsregierung zur Unterstützung Notleidender, sowie an Wohltätigkeitsanstalten verabfolgte Salz bleibt ebenfalls steuerfrei.

7. Kapitel.

Nahrungsmittelzölle.

Maßgebend für die Verzollung ist das am 1. März 1906 in Kraft getretene Zolltarifgesetz vom 25. Dezember 1902 (R.G.Bl. 1902 S. 303) nebst dem im § 1 des Gesetzes aufgeführten Zolltarif. Mit den meisten Kulturstaaten sind besondere Zollverträge abgeschlossen, welche den Zolltarif ändern. In diesen ist neben Zollermäßigungen oder Zollbindungen den Vertragsstaaten die Meistbegünstigung zugestanden, nach welcher jede Zollermäßigung oder Zollvergünstigung, welche einem Staate gewährt wird, auch den übrigen zu Gute kommt. Es ist deshalb an die Stelle des gesetzlichen Tarifs in Wirklichkeit ein einheitlicher Vertragstarif getreten, welcher sich aus sämtlichen vertragsmäßigen Zollvergünstigungen zusammensetzt und für alle meist begünstigten Staaten gilt. Wegen der Einzelheiten des Zolltarifs muß auf diesen selbst, und das ihm beigefügte amtliche Warenverzeichnis verwiesen werden.

Besondere Bestimmungen über die zollamtliche Behandlung des aus dem Ausland eingeführten Fleisches enthält die Fleischbeschauzollordnung vom 5. Februar 1903. (Zentr. Bl. f. d. D. R. S. 32.) (In Lebbin & Baum, das Fleischbeschaugesetz, Guttentagsche Sammlung deutscher Reichsgesetze Nr. 68 S. 286—300.)

---

8. Kapitel.

Nahrungsmittelstrafrecht.

A. Allgemeines.

Für das Nahrungsmittelstrafrecht gelten zunächst die einleitenden Bestimmungen und der erste Teil des Strafgesetzbuchs. Dieses teilt bekanntlich nach der Höhe der angedrohten Strafen (§ 1) die strafbaren Handlungen in Verbrechen, Vergehen und Übertretungen.

Als Verbrechen kommt aus dem Nahrungsmittelgesetz die qualifizierte Tat des § 12, letzter Absatz und die Tat des § 13 in Frage.

Vergehen, d. h. mit Gefängnis- oder mit Geldstrafe von mehr als 150 Mk. bedroht sind folgende Delikte: N.M.G. §§ 10, 12, 14; M.G. §§ 14, 15, 18 Abs. 2 (Rückfall); Fl.B.G. § 26; W.G. §§ 13, 14; Süßstoffgesetz §§ 7 Abs. 1, 8, 10.

Übertretungen, d. h. mit Haft oder mit Geldstrafe bis zu 150 Mk. bedroht sind: N.M.G. §§ 8, 9, 11; Blei- und Zinkgesetz §§ 4, 5; Farbengesetz § 12; M.G. §§ 16, 17, 18 Abs. 1; Fl.B.G. § 27; W.G. §§ 15, 16, 17; Süßstoffgesetz § 7 Abs. 2.

Die Unterscheidung zwischen Verbrechen, Vergehen und Übertretung hat für das Gebiet des Nahrungsmittelgesetzes folgende praktische Bedeutung:

1. Die Verjährung ist verschieden geregelt (St.G.B. § 67).
2. Der Versuch wird bei Verbrechen stets, bei Übertretungen niemals, bei Vergehen nur dann bestraft, wenn dies im

Gesetz ausdrücklich angeordnet ist; im § 12 N.M.G. ist dies geschehen.

3. Beihilfe und Begünstigungen wird bei Verbrechen und Vergehen, nicht bei Übertretungen bestraft.
4. Die Festsetzung einer Gesamtstrafe bei mehreren Freiheitsstrafen findet gemäß § 74 St.G.B. nur bei Verbrechen oder Vegehen, nicht bei Übertretungen statt.

Die Delikte gegen die Nahrungsmittelgesetze lassen sich in 3 Gruppen einteilen:

1. Delikte gegen Vorschriften zum Schutze des Publikums gegen Täuschung: N.M.G. §§ 10, 11; M.G. § 14; W.G. §§ 13, 16 Nr. 4; Fl.B.G. § 27 Nr. 4 (Zuwiderhandlungen gegen §§ 11 und 18); Süßstoffgesetz §§ 7, 8, 10.
2. Delikte gegen Vorschriften zum Schutze der Gesundheit: N.M.G. §§ 12, 13, 14; Bleigesetz §§ 4, 5; Farbengesetz § 12; Fl.B.G. § 26 Nr. 1 und 2 (Verletzung der §§ 21, 9 Nr. 2 und 4) § 27 Nr. 1; W.G. § 13 (Zuwiderhandlungen gegen § 7, vgl. R.G. vom 30. März 1903, Goldammer Bd. 50 S. 146).
3. Delikte gegen Kontrollvorschriften: N.M.G. § 9; M.G. §§ 15, 17 Nr. 1 und 2, 18; W.G. §§ 15, 16 Nr. 1 und 3; Fl.B.G. § 26 Nr. 3, 27 Nr. 2—4 (mit Ausnahme der Zuwiderhandlungen gegen §§ 11 und 18); Süßstoffgesetz § 8. Hierzu kommen als besondere Delikte die Geheimnisverletzung der kontrollierenden Beamten: M.G. § 15; W.G. § 14.

Eine Reihe von Vorschriften der Nahrungsmittelgesetze sind sogenannte „Blankettgesetze", welche Zuwiderhandlungen gegen erst zu erlassende polizeiliche Verordnungen bedrohen, z. B. N.M.G. § 8; M.G. § 18; Fl.B.G. § 27 Nr. 4 (soweit es sich auf §§ 18 Nr. 5 und 24 beziehen); Süßstoffgesetz § 10.

B. Täuschungsdelikte.

Den Ausgangspunkt der Gesetzgebung bildet § 263 St.G.B.:

„Wer in der Absicht, sich oder einem Dritten einen rechtswidrigen Vermögensvorteil zu verschaffen, das Vermögen eines anderen dadurch beschädigt, daß er durch Vorspiegelung falscher oder durch Anstellung oder Unterdrückung wahrer Tatsachen einen Irrtum erregt oder unterhält, wird wegen Betruges . . . bestraft."

Hieran knüpft § 10 N.M.G. an, welcher drei Tatbestände aufstellt:

1. Nachmachen oder Verfälschen von Nahrungs- oder Genußmitteln zum Zwecke der Täuschung im Handel und Verkehr (§ 10 Nr. 1);
2. wissentliches Verkaufen verdorbener, nachgemachter oder verfälschter Nahrungs- oder Genußmittel unter Verschweigung dieses Umstandes (§ 10 Nr. 2, erster Tatbestand);
3. Feilhalten verdorbener, nachgemachter oder verfälschter Nahrungsmittel unter Verschweigung dieses Umstandes (§ 10 Nr. 2, zweiter Tatbestand).

Die drei Delikte des § 10 haben insofern Ähnlichkeit mit dem Betruge, als die Absicht der Täuschung Voraussetzung der Strafbarkeit im Falle Nr. 1 und Nr. 3 ist, und die Verschweigung der Beschaffenheit im Falle Nr. 2 sich regelmäßig als Unterdrückung einer wahren Tatsache darstellt. Der Unterschied vom Betruge liegt darin, daß die gelungene Täuschung bei § 10 nicht wie bei vollendetem Betrug Bedingung der Strafbarkeit ist; ferner muß sich beim Betruge die Täuschung gegen eine bestimmte Person richten, während sich die Handlung des § 10 meist gegen das Publikum im allgemeinen richtet. Dies unterscheidet das Delikt gegen § 10 auch vom Betrugsversuch. Beim Verkauf im Falle des § 10 Nr. 2 richtet sich allerdings die Täuschung gleichfalls nur gegen eine bestimmte Person; hier liegt aber in vielen Fällen Betrug deshalb nicht vor, weil die Lieferung einer nicht vertragsmäßigen Ware keine Vermögensbeschädigung darstellt, weil der Empfänger zu ihrer Annahme nicht verpflichtet ist. (R.G. vom 13. November 1880 E. III, 234, R. II, 506.)

§ 10 Nr. 1 wendet sich gegen den Hersteller, Nr. 2 im ersten Tatbestande gegen den Verkäufer, im zweiten Tatbestande gegen das Feilhalten. Die Begriffe „verdorben", „nachmachen", „verfälschen", „verkaufen" und „feilhalten" werden unten besonders erörtert. Hier bedarf es daher nur eines Eingehens auf den Begriff der „Täuschung".

Die Täuschung tritt bei jedem der drei Delikte in § 10 auf verschiedene Art in den Tatbestand. Die Herstellung erfordert „Zweck der Täuschung im Handel und Verkehr", das Feilhalten „eine zur Täuschung geeignete Bezeichnung", das Verkaufen „Verschweigen der Beschaffenheit". Im ersten

Falle ist es nicht erforderlich, daß die Verfälschung selbst im Handel und Verkehr vorgenommen wird, sondern es genügt, wenn ihr Zweck die Täuschung im Handel und Verkehr ist. Für welchen Zeitpunkt der Täter die Täuschung beabsichtigt, ist gleichgültig; sie kann nach seiner Absicht vor oder bei Abschluß eines auf das Inverkehrbringen des Nahrungs- oder Genußmittels gerichteten Vertrages, sie kann aber auch erst nach Abschluß des Vertrages erfolgen. (R.G. III, 16. Juni 1890, 1398/90.)

Bei dem Herstellungsdelikt ist es nicht nötig, daß der unmittelbare Abnehmer getäuscht wird. Die Fabrikation verfolgt den Zweck der Täuschung auch dann, wenn sie bewußtermaßen dazu dient, trotz Aufklärung des unmittelbaren Abnehmers über die Beschaffenheit der Waren das aus der Hand dieses Abnehmers erwerbende Publikum zu täuschen, z. B. wenn der Fabrikant weiß, daß die von ihm fabrizierten Waren vom Wiederverkäufer dazu benutzt werden sollen, um das Publikum zu täuschen. (R.G. I. vom 17. Januar 1881 E. III, 270, R. II, 735.) Ausgeschlossen ist der Täuschungszweck, wenn die wirkliche Beschaffenheit vom Verfertiger zur allgemeinen Kenntnis gebracht wird. (R.G. vom 26. Mai 1882 R. IV, 519.)

Das Feilhaltungsdelikt erfordert eine zur Täuschung geeignete Bezeichnung. Es ist hier eine direkte, auf die Kennzeichnung des Nahrungsmittels gerichtete Tätigkeit erforderlich: das Feilhalten eines verdorbenen Nahrungsmittels an einem Orte, von welchem die Konsumenten annehmen, daß nur unverdorbene Nahrungsmittel feilgehalten werden (öffentliche Fleischbank) genügt nicht. (RG. vom 18. Juni 1885 E. XII, 301, R. VII, 405.) Die Bezeichnung muß beim Feilhalten gebraucht werden. Eine individuelle, an eine bestimmte Person gerichtete mündliche Erklärung genügt nicht, dagegen z. B. Etiketten, Aufschriften im Laden, Anpreisungen in Zeitschriften, Katalogen, Reklamen usw.; eine Bezeichnung, welche zwar die richtige Beschaffenheit andeutet, vom Publikum aber nicht in diesem Sinne verstanden wird, kann als zur Täuschung geeignete Bezeichnung angesehen werden. Richtet sich das Angebot nur an einen gewissen Personenkreis, so kommt es darauf an, ob dieser Kreis die Bedeutung der Bezeichnung erkennt. (R.G. vom 4. Mai 1883 E. XIV, 436, R. V, 315, vom 2. November 1886 R. VIII, 671.)

Bei dem Verkaufsdelikt genügt ein Verschweigen der wirklichen Beschaffenheit. Inwieweit das Verschweigen durch eine generelle Deklaration beseitigt wird, ist Tatfrage. Jedenfalls muß diese

Deklaration für das Publikum erkennbar und verständlich sein. Ein Anschlag im Laden beseitigt die Strafbarkeit nicht unter allen Umständen.

Vgl. im übrigen das Kapitel „Bezeichnung der Nahrungsmittel".

§ 11 richtet sich gegen fahrlässige Begehungen der in § 10 verzeichneten Delikte (näheres im Kapitel „Fahrlässigkeit").

Im engen Anschluß an § 10 N.M.G. wird nach § 14 M.G. bestraft:

1. wer zum Zwecke der Täuschung im Handel und Verkehr eine nach § 3 M.G. unzulässige Mischung von Butter oder Butterschmalz mit Margarine oder anderen Speisefetten herstellt;
2. wer in Ausübung eines Gewerbes wissentlich solche Mischungen verkauft, feilhält oder sonst in Verkehr bringt;
3. wer Margarine oder Margarinekäse, die ohne den nach § 6 zur Erleichterung der chemischen Untersuchung erforderlichen Zusatz hergestellt sind, vorsätzlich herstellt oder wissentlich verkauft, feilhält oder sonst in Verkehr bringt.

Die Erweiterung gegenüber dem Nahrungsmittelgesetz liegt hier darin, daß die Herstellung und das Inverkehrbringen dieser Gemische unter allen Umständen bestraft werden soll. § 10 Nr. 1 N.M.G. würde auf die Herstellung dieser Gemische an sich keine Anwendung finden, weil sie nicht ohne weiteres als Verfälschung oder Nachmachung von Butter anzusehen sind. Die Fälle der Nr. 2 und 3 weichen von den betreffenden Bestimmungen des Nahrungsmittelgesetzes dadurch ab, daß der Verkauf auch im Falle der Deklaration, und das Feilhalten auch dann bestraft wird, wenn keine zur Täuschung geeignete Bezeichnung angewendet ist. Die Bestimmung des § 14 Ziffer 2 M.G. enthält gegenüber § 10 Nr. 2 N.M.G. insofern eine Einschränkung, als sie „Verkaufen", „Feilhalten" und „Inverkehrbringen" nur bestraft, wenn es in Ausübung des Gewerbes erfolgt. Außerhalb des Gewerbes ist in jedem Falle zu prüfen, inwieweit § 10 N.M.G. zur Anwendung kommen kann. Das Margarinegesetz bestraft nur Vorsatz, nicht Fahrlässigkeit.

Die Täuschungsdelikte des Fleischbeschaugesetzes, welche gleichfalls nur bei Vorsatz in Frage kommen, betreffen die Übertretungen der §§ 11 und 18, nämlich den Vertrieb und die Verwendung von bedingt tauglichem Fleisch und Pferdefleisch, sowie des diesem gleichgestellten Fleisches durch Fleischhändler, Gast-, Schank- und Speisewirte ohne Genehmigung der Polizeibehörde, sowie den Verkauf derartigen Fleisches an solche Personen, welche die polizeiliche Genehmigung nicht besitzen, und die Verletzung der Vorschriften über das Verbot des Verkaufes derartigen Fleisches in Räumen, in welchen das Fleisch von anderen Tieren feilgehalten oder verkauft wird, und die Unterlassung des auf den Verkauf und die Verwendung derartigen Fleisches hinweisenden Anschlages. Als Fleischhändler im Sinne dieser Bestimmungen sind nach den Motiven zum Fleischbeschaugesetz auch diejenigen Gewerbetreibenden anzusehen, welche das Fleisch vor dem Verkauf erst zubereiten oder verarbeiten. Als Gastwirte gelten auch Pensionsinhaber, welche regelmäßig Beköstigung gewähren. Den vorbezeichneten Personen ist auch die Verwendung derartigen Fleisches im eigenen Haushalt verboten, wenn sie den Bestimmungen des Gesetzes widerspricht.

Die Täuschungsdelikte des Weingesetzes (§ 13) bestehen in Zuwiderhandlungen gegen die §§ 3, 4, 5. Der § 3 enthält ein positives Verbot der Verwendung einer Reihe von Substanzen und Verfahren zur Herstellung von Weinen, während der § 4 des alten Weingesetzes, dem der jetzige § 3 entspricht, die dort aufgeführten Verfahren zur Herstellung von Kunstwein lediglich als Verfälschungen im Sinne des § 10 N.M.G. erklärte. Die Herstellung von Weinen unter Verletzung der Vorschriften des § 3 ist daher jetzt auch strafbar, wenn sie nicht zum Zwecke der Täuschung erfolgt, und das Feilhalten und der Verkauf auch bei voller Deklaration. Trotzdem kann noch in Fällen, welche an sich dem § 3 W.G. unterliegen, eine Bestrafung aus dem Nahrungsmittelgesetz dann eintreten, wenn der Täter bei der Herstellung des betreffenden Getränkes gar nicht beabsichtigt hatte, Weine nachzumachen oder zu produzieren, sondern ein weinähnliches Getränk herstellen wollte, das mit Wein an sich nichts zu tun hat. — — Die Bestimmung des § 4 W.G. wendet sich gegen das Feilhalten oder Verkaufen von gezuckertem Wein als Naturwein oder unter einer anderen (in Bezug auf die Zuckerung) täuschenden Bezeichnung. Dieser Fall deckt sich in der Tendenz vollkommen mit den Bestimmungen des § 10 N.M.G. Die betreffenden Handlungen würden an sich dem Nahrungsmittelgesetz deswegen nicht unterliegen, weil kraft ausdrücklicher Bestimmungen der §§ 2 und 3 W.G. die Zuckerung in dem dort aufgeführten Umfange nicht als Verfälschung oder Nachmachung des Weines im Sinne des § 10 N.M.G. anzusehen ist. Der gezuckerte Wein wird jedoch nicht nur als Naturwein feilgehalten, wenn ihm der Name eines Naturweins beigelegt, oder wenn er ausdrücklich als Naturwein bezeichnet wird, sondern es genügt bereits, wenn Bezeichnungen, wie „selbst gekeltert", „Kreszenz des Herrn X." usw. gebraucht werden. Die vorbezeichneten Bestimmungen finden gemäß § 5 W.G. auch auf Schaumwein Anwendung. Gemäß § 16 Nr. 4 W.G. ist auch die fahrlässige Übertretung der vorbezeichneten Bestimmungen strafbar.

Bei den Delikten gegen das Süßstoffgesetz erscheint es zweifelhaft, ob die Strafbestimmungen zum Zwecke des Schutzes des Publikums gegen Täuschung oder nur gegen Verletzung eines aus wirtschaftlich-politischen Gründen erlassenen Verbotes bestimmt sind. § 2 desselben verbietet, soweit nicht in §§ 3 und 5 Ausnahmen zugelassen sind:

a) Süßstoff herzustellen oder Nahrungs- und Genußmitteln bei deren gewerblicher Herstellung zuzusetzen.
b) Süßstoff oder süßstoffhaltige Nahrungs- oder Genußmittel aus dem Auslande einzuführen.
c) Süßstoff oder süßstoffhaltige Nahrungs- oder Genußmittel feilzuhalten oder zu verkaufen.

Die Abgabe von Süßstoff darf außer an Apotheken nur an Personen erfolgen, welche amtliche Erlaubnis zum Bezuge besitzen. Näheres hierüber s. im 4. Kapitel Nr. 13.

Dieses Gesetz ist das einzige, welches neben der Herstellung, Einfuhr, Feilhalten und Verkaufen auch noch den Besitz von Süßstoffen bestraft. § 8 wendet sich gegen diejenigen, in deren Besitz oder Gewahrsam Süßstoff in Mengen von mehr als 50 g vorgefunden wird, sofern sie nicht den Beweis erbringen, daß sie den Süßstoff nach Inkrafttreten des Gesetzes von einer zur Abgabe befugten Person bezogen haben. Der Strafbestimmung liegt die Vermutung zu Grunde, daß eine Quantität Süßstoff, deren erlaubte Bezugsquelle nicht nachgewiesen werden kann, auf gesetzwidrige Weise hergestellt oder vom Ausland eingeführt ist. Den Beweis ordnungsmäßigen Erwerbes hat nicht die Anklagebehörde, sondern deren Besitzer zu führen. Zum Begriff des Vorfindens ist nicht erforderlich, daß die Quantität von Organen der Staatsgewalt körperlich entdeckt und ergriffen wird, es genügt schon der Nachweis, das eine Person eine größere Quantität im Besitz hatte, auch wenn ein Teil verbraucht ist. Unter Süßstoff im Sinne der Bestimmung ist nur reiner Süßstoff zu verstehen, die Bindemittel Natron usw., welche zur Herstellung der Süßstofffabrikate dienen, sind bei der Berechnung des Gewichtes von 50 g nicht mitzuzählen. (R.G. vom 2. Dezember 1904 E. XXXVII, 339, J.W. 1905 S. 248.)

Besonderer Erörterung bedarf noch das Verhältnis der Strafvorschriften des Nahrungsmittelgesetzes zu § 367 Abs. 7 St.G.B.

Nach § 367 Abs. 7 St.G.B. wird bestraft

„wer verfälschte oder verdorbene Eßwaren, insbesondere trichinenhaltiges Fleisch feilhält oder verkauft".

Die Bestimmung ist, soweit es sich um verdorbenes, insbesondere trichinenhaltiges Fleisch handelt, zweifellos neben dem Nahrungsmittelgesetz in Kraft geblieben. (Vgl. R.G. E. VI, 34, 271, XII, 301, XXVI, 419.) Sie erfordert nicht, daß das Feilhalten unter Verschweigung des Verdorbenseins oder unter einer zur Täuschung geeigneten Bezeichnung erfogt. § 367 Abs. 7 St.G.B. kann insbesondere auch angewendet werden, wenn die amtliche Untersuchung das Vorhandensein von Trichinen nicht ergeben hat.

Verfälschte Nahrungsmittel sind dagegen nur solche, welche in der Absicht hergerichtet sind, jemanden über ihren wahren Zustand zu täuschen. Eine objektive Fälschung gibt es überhaupt nicht. Der zu Täuschende braucht allerdings nicht der direkte Gegenkontrahent des Fälschers zu sein. Es ist denkbar, daß der Fälscher die Ware für einen Wiederverkäufer anfertigt, der selbst nicht getäuscht wird, aber seine Abnehmer täuschen will. Es gehört aber dann zum Tatbestand der Fälschung, daß sich der Hersteller der Möglichkeit dieser Verwendung bewußt war. Dies ist der einzige Fall, in welchem § 367 Abs. 7 St.G.B. wegen Verkaufs gefälschter Nahrungsmittel noch auf einen Tatbestand angewendet werden kann, der nicht unter die §§ 10, 11 fällt. Fehlt dem Täter das oben bezeichnete Bewußtsein, so ist ein Feilbieten und Verkauf unter Bekanntgabe der Beschaffenheit kein Verkauf gefälschter Nahrungsmittel. (Vgl. Wittich, Gerichtssaal 51, S. 142 ff., Lebbin, Bl. f. Rechtspflege im Bezirk des Kammergerichts, Jahrg. 1901, S. 93, dagegen K.G. vom 6. Mai 1901 Deutsche Jur.Ztg. 1901, S. 535.)"

C. Gesundheitsdelikte.

Die Gesundheitsdelikte des Nahrungsmittelrechts nehmen ihren Ausgang von den §§ 223 ff., 325 St.G.B. Die Bestimmungen über die vorsätzliche und fahrlässige Körperverletzung (§§ 223 ff.)

kommen nur in dem Fall zur Anwendung, wenn tatsächlich ein Gesundheitsschade eingetreten ist. Mit der bloßen Gefährdung der Gesundheit beschäftigt sich dagegen § 324, der lautet:

„Wer vorsätzlich Brunnen- oder Wasserbehälter, welche zum Gebrauche Anderer dienen, oder Gegenstände, welche zum öffentlichen Verkaufe oder Verbrauche bestimmt sind, vergiftet, oder denselben Stoffe beimischt, von denen ihm bekannt ist, daß sie die menschliche Gesundheit zu zerstören geeignet sind, ingleichen wer solche vergiftete oder mit gefährlichen Stoffen vermischte Sachen wissentlich und mit Verschweigung dieser Eigenschaft verkauft, feilhält oder sonst in Verkehr bringt, wird mit Zuchthaus bis zu zehn Jahren und, wenn durch die Handlung der Tod eines Menschen verursacht worden ist, mit Zuchthaus nicht unter zehn Jahren oder mit lebenslänglichem Zuchthaus bestraft."

Bei Erlaß des Nahrungsmittelgesetzes erschien es nicht genügend, nur solche Stoffe ins Auge zu fassen, welche die Gesundheit zu zerstören und nicht auch diejenigen, welche sie zu beschädigen geeignet sind. Es erschien auch nicht gerechtfertigt, das entscheidende Gewicht nur darauf zu legen, ob die beigemischten Stoffe an sich schon gesundheitsgefährlich sind. Vielmehr beabsichtigte man, die Bestrafung darauf zu richten, ob das Ganze, welches durch die Bemischung entstanden ist, gesundheitsschädliche Eigenschaft besitzt. Es erschien auch gleichgültig, ob der hergestelle Gegenstand durch die Bemischung eines anderen Stoffes oder auf andere Weise namentlich durch das Herstellungsverfahren gesundheitsgefährlich ist, ebenso wie es für die Beurteilung desjenigen, der einen gesundheitsgefährlichen Stoff feilhält, verkauft oder sonst in Verkehr bringt, gleichgültig schien, ob die Gesundheitsgefährlichkeit durch die Handlung eines Menschen oder ob sie durch inneren Verderb des Gegenstandes entstanden war. Es erschien ferner unrichtig, die Bestimmung zum öffentlichen Verkauf oder Verbrauch als Bestimmung der Strafbarkeit hinzustellen, denn der Verkauf im Wege des Hausierens fällt unter denselben Gesichtspunkt, wie der Verkauf im Laden. Es schien auch für die Gemeingefährlichkeit, in welcher die Strafbarkeit der Handlung begründet ist, gleichgültig, ob ein öffentlicher Verbrauch in Aussicht genommen ist oder nicht. Endlich bestraft § 324 St.G.B. das Inverkehrbringen von mit gesundheitsgefährlichen Stoffen vermischten Sachen nur dann, wenn derjenige, der sie in Verkehr bringt, die Gesundheitsschädlichkeit verschwiegen hat und es schien deshalb nötig ein Vorgehen gegen den Fabrikanten oder Grossisten, welcher dem Zwischenhändler die gesundheitsschädliche Beschaffenheit mitgeteilt hat, zu ermöglichen.

Von diesem Gesichtspunkte ausgehend, wird nach § 12 Nr. 1 N.M.G. bestraft:

„wer vorsätzlich Gegenstände, welche bestimmt sind, anderen als Nahrungs- oder Genußmittel zu dienen, derartig herstellt, daß deren Genuß die menschliche Gesundheit zu beschädigen geeignet ist, ingleichen, wer wissentlich Gegenstände, deren Genuß die menschliche Gesundheit zu beschädigen geeignet ist, als Nahrungs- oder Genußmittel verkauft, feilhält oder sonst in Verkehr bringt."

Der Abs. 2 des § 12 enthält die gleiche Strafbestimmung bezüglich der Gebrauchsgegenstände. Es sind hierbei fast dieselben Gegenstände, wie in § 1 des Nahrungsmittelgesetzes aufgeführt, nur sind die Farben weggelassen, weil diese, wenn sie auch unter Umständen gesundheitsschädlich wirken können, unter anderen Umständen, z. B., wenn sie zum Anstreichen von Gartenzäunen verwendet werden, ganz unbedenklich sind, und dabei ihre Herstellung und Verkauf nicht schlechthin unter Strafe gestellt werden kann. Dagegen sind die in § 1 N.M.G. nicht genannten Bekleidungsgegenstände aufgeführt.

Die Begriffe „Gesundheitsschädlichkeit", „Nahrungs- und Genußmittel", „herstellen", „verkaufen", „feilhalten" und „Inverkehrbringen" sind an anderer Stelle besonders erörtert. Es bedarf an dieser Stelle daher nur einer Erörterung der Begriffe „Vorsatz" und „Wissentlichkeit".

Zum Vorsatz ist im Falle der ersten Tat des § 12 Nr. 1 (Herstellung) das Bewußtsein erforderlich, daß der Gegenstand geeignet ist, die menschliche Gesundheit zu beschädigen, und daß er als Nahrungs- oder Genußmittel dienen soll. Es genügt jedoch auch der sogenannte eventuelle Dolus desjenigen, der zwar nicht weiß, daß die Gegenstände gesundheitsgefährlich sind, weil er zweifelt, oder sich der Wissenschaft von ihrer Beschaffenheit absichtlich entzieht, aber auch ihren Verkauf auch dann will, wenn sie gesundheitsgefährlich sind. (R.G. 17. Februar 1888 R. X, 157). Dieser eventuelle Dolus muß aber tatsächlich festgestellt werden. Es genügt beispielsweise nicht, wenn der Angeklagte gewußt hat, daß das von ihm verwendete Fleisch von einem kranken Tier herrührt, er muß auch gewußt haben, daß dieses Fleisch infolge der Krankheit wirklich geeignet war, die Gesundheit zu beschädigen. (R.G. 1. Oktober 1888 E. XVIII, 135.)

In dem zweiten Fall des § 12 Nr. 1 muß sich die Wissentlichkeit sowohl auf die Gesundheitsschädlichkeit, wie auf das Inverkehrbringen als Nahrungs- oder Genußmittel beziehen. Auch hier genügt eventueller Dolus. Nicht erforderlich ist es, daß der Täter die Absicht hat, dem Erwerber die gesundheitsschädliche Beschaffenheit zu verheimlichen. Die Mitteilung gesundheitsschädlicher Eigenschaften eines Nahrungsmittels an den nächsten Käufer schließt nicht unbedingt aus, daß der Verkauf desselben als Nahrungsmittel erfolgt, und strafbar ist. (R.G. 4. Januar 1882 R. IV, 10.)

Ohne Belang ist auch die Absicht, welche der Erwerber beim Ankauf eines Nahrungsmittels verfolgt. (R.G. 25. Januar 1882 R. IV, 67.)

Bezüglich des Deliktes aus § 12 Nr. 2 gelten hinsichtlich des Vorsatzes und der Wissentlichkeit dieselben Normen.

Eine besondere Erschwerung der Strafe findet statt, wenn durch die Handlung eine schwere Körperverletzung oder der Tod eines Menschen herbeigeführt worden ist. Eine schwere Körperverletzung liegt vor, wenn der Verletzte ein wichtiges Glied des Körpers, das Sehvermögen auf einem oder beiden Augen, das Gehör, die Sprache, oder die Zeugungsfähigkeit verliert, oder in erheblicher Weise dauernd entstellt wird, oder in Siechtum, Lähmung oder Geisteskrankheit verfällt. (St.G.B. § 224.) In dem Begriff des Verursachens liegt, daß die Tat Ursache der schweren Körperverletzung bezw. des Todes gewesen sein muß. Haben mehrere zu dem Erfolge mitgewirkt, z. B. der Hersteller, Verkäufer und Wiederverkäufer, so ist der Kausalzusammenhang eines schließlich eingetretenen Erfolges mit den Handlungen aller einzelnen anzunehmen, durch deren Hände der Gegenstand gegangen ist; eine auf den Eintritt jedes Erfolges gerichtete Absicht des Täters ist ebensowenig erfordert, wie daß der Erfolg vorauszusehen war oder von dem Täter fahrlässiger Weise verschuldet ist. Vorsatz und Wissentlichkeit müssen vielmehr lediglich in dem oben hervorgehobenen Umfange vorhanden sein. Geht die Absicht des Täters von vornherein auf eine schwere Körperverletzung oder auf Tötung, so finden die §§ 225 ff., 211 des Strafgesetzbuchs Anwendung.

Eine weitere Strafschärfung enthält § 13, welcher Zuchthausstrafe bis zu 10 Jahren androht, wenn in dem Fall des § 12 der Genuß oder Gebrauch des Gegenstandes die menschliche Gesundheit zu zerstören geeignet und diese Eigenschaft dem Täter bekannt war. Ist durch die Handlung der Tod eines Menschen verursacht worden, so tritt Zuchthausstrafe nicht unter 10 Jahren oder lebenslängliche Zuchthausstrafe ein. Es tritt also zum Dolus des § 12 hier noch das weitere Erfordernis, daß der Täter die Eignung des Gegenstandes zur Zerstörung der menschlichen Gesundheit gekannt hat. Dagegen ist es auch hier nicht erforderlich, daß die Absicht des Täters auf eine Gesundheitszerstörung gerichtet war.

In den Fällen des § 12 ist auch der Versuch für strafbar erklärt. (Näheres über den Versuch des Herstellens, Verkaufens, Feilhaltens und Inverkehrbringens s. bei den einzelnen Begriffen.) In den Fällen des § 13 ist, da es sich um Verbrechen handelt, der Versuch ohne weiteres strafbar. § 14 bedroht die fahrlässige Begehung der in § 13 bezeichneten Handlungen mit Strafe. Die Strafe ist auch hier wieder erhöht, wenn durch die Handlung ein Schaden an der Gesundheit eines Menschen verursacht worden ist, und noch mehr erhöht, wenn durch sie der Tod eines Menschen verursacht wird.

§ 367 Nr. 7 St.G.B. bleibt auch neben §§ 12 und 14 N.M.G. voll in Geltung, ebenso auch § 324 St.G.B., da beide Delikte verschiedene Voraussetzungen haben. (Vgl. Stenglein S. 351.)

Die Nahrungsmittelspezialgesetze suchen den Schutz gegen Gesundheitsgefährdung noch dadurch zu erhöhen, daß sie die Anwendung gewisser Stoffe und Verfahrensarten schlechthin unter Strafe stellen, gleichviel, ob das damit hergestellte Objekt im konkreten Fall geeignet ist, die menschliche Gesundheit zu beschädigen.

In diesem Sinne verbietet § 14 des Blei- und Zinkgesetzes das Herstellen, Verkaufen und Feilhalten der den Vorschriften der §§ 1 und 3 widersprechenden Gegenstände; aber nur insoweit, als das Herstellen, Aufbewahren und Verpacken gewerbsmäßig erfolgt. Sofern eine wirkliche Gesundheitsschädlichkeit eingetreten ist, bleiben daneben die Vorschriften der §§ 12—14 N.M.G. in Kraft. In § 14 Nr. 3 wird dann außerdem noch die gewerbsmäßige Verwendung von Druckvorrichtungen, welche den Vorschriften des § 1 Abs. 3 des Gesetzes nicht entsprechen, zum Ausschank von Bier, oder die Verwendung bleihaltiger Schläuche zur Leitung von Bier, Wein und Essig unter Strafe gestellt, aber auch diese nur, wenn sie gewerbsmäßig erfolgt. Endlich bestraft § 5 die Verwendung von Mühlsteinen, welche unter Verwendung von Blei oder bleihaltigen Stoffen an der Mahlfläche hergestellt sind.

Von den Strafbestimmungen des § 12 des Farbengesetzes gilt dasselbe. Neben dem Herstellen, Aufbewahren, Verpacken, Verkaufen und Feilhalten wird nach § 12 Nr. 3 auch die Verwendung arsenhaltiger Wasser- und Leimfarben zum Anstreichen von Fußböden, Decken, Wänden, Türen, Fenstern der Wohn- und Geschäftsräume, von Roll-, Schutz- oder Klappläden oder Vorhängen, von Möbeln und sonstigen häuslichen Gebrauchsgegenständen bestraft. Diese Verwendung fällt nicht nur demjenigen zur Last, welcher den Anstrich physisch vornimmt, sondern auch dem, der ihn vornehmen läßt, wie Baumeister, Bauherren usw. Nicht strafbar ist dagegen derjenige, welcher ein Haus, in welchem verbotswidrige Anstriche vorkommen, kauft und wieder verkauft, auch wenn er den Handel mit Häusern zum Zwecke fortgesetzten Erwerbes betreibt, denn das ganze Haus kann nicht als ein dem § zuwider hergestellter Gegenstand angesehen werden. (Stenglein S. 367.)

Eine Bestimmung zum Schutz der Gesundheit ist auch der im § 13 Nr. 1 unter Strafschutz gestellte § 7 W.G. (Vgl. R.G. vom 30. März 1903, Goldtammer Bd. 50 S. 146.) Der Zusatz der dort aufgeführten Stoffe bei der Herstellung von Wein, weinhaltigen oder weinähnlichen Getränken ist schlechthin strafbar, wenn sie dazu bestimmt sind, anderen als Nahrungs- oder Genußmittel zu dienen. Gewerbsmäßige Verwendung ist nicht erforderlich, also auch der Haustrunk unter Strafe gestellt. Dagegen ist es niemanden verwehrt, Getränke, welche solche Stoffe enthalten, sei es, daß der Handelnde sie selbst oder ein Dritter zugesetzt hat, selbst zu trinken.

Auch § 21 Fl.B.G., dessen vorsätzliche Verletzung durch § 26 Nr. 1, und dessen fahrlässige Verletzung durch § 27 Nr. 1 unter Strafe gestellt ist, erweitert gleichfalls den Gefährdungsschutz dadurch, daß er gewisse vom Bundesrat zu bestimmende Stoffe und Verfahrensarten schlechthin verbietet, die nach Ansicht des Bundesrates geeignet sind, der Ware eine gesundheitsschädliche Beschaffenheit zu verleihen, oder eine gesundheitsschädliche oder minderwertige Beschaffenheit der Ware zu verdecken. Hier wird, während im Bleigesetz und im Farbengesetz das Gesetz selbst die Stoffe aufführt, welche gesundheitsschädlich wirken können, die Ermächtigung zur Feststellung der betreffenden Stoffe dem Bundesrat übertragen. Eine richterliche Nachprüfung, ob die betreffenden Stoffe wirklich gesundheitsschädlich sind, ist für das Gebiet des Fleischbeschaugesetzes ausgeschlossen, dagegen ist sie, wenn es sich um Prüfung der Idealkonkurrenz im § 12 N.M.G. handelt, nach wie vor erforderlich.

Dem Schutze der Gesundheit dienen ferner die durch § 21

Nr. 1, § 27 Nr. 1 unter Strafschutz gestellten § 9 Abs. 2 und 4 bezüglich der Behandlung des untauglichen Fleisches und § 10 Abs. 2 und 3 bezüglich des bedingt tauglichen Fleisches. Bei den unter Strafe gestellten Einfuhrvorschriften der §§ 12, 13, 15 des Gesetzes kann es zweifelhaft erscheinen, ob es sich um Schutz gegen Gesundheitsgefährdung oder um wirtschaftspolitische Maßregeln handelt, deren Durchführung durch Strafschutz ermöglicht werden soll.

D. Delikte gegen die Überwachungsvorschriften.

a) Gegen das polizeiliche Kontrollrecht.

Nach § 9 N.M.G. wird mit Geldstrafe von 50 bis zu 150 Mark oder mit Haft bestraft, wer den Vorschriften der §§ 2 bis 4 zuwider den Eintritt in die Räumlichkeiten, die Entnahme einer Probe oder die Revision verweigert. Die Strafbestimmung bezieht sich lediglich auf passiven Widerstand. Wird aktiver Widerstand durch Gewalt oder durch Bedrohung mit Gewalt geleistet, so tritt die Bestimmung des § 113 St.G.B. ein, der Gefängnis von 14 Tagen bis zu zwei Jahren, bei mildernden Umständen Gefängnisstrafe bis zu einem Jahre oder Geldstrafe bis zu 1000 Mark androht. Strafbar ist, wer den Eintritt in die Räume, die Entnahme der Probe und die Vornahme der Revision verweigert. Strafbar ist aber auch, wer sie durch Nichteinlaß unmöglich macht oder durch unwahre Ableugnung des Besitzes verhindert. Als Täter kommt sowohl der Inhaber des Betriebes wie seine Angestellten in Betracht. Bestrafung tritt nur bei Vorsatz ein. Strafbar ist die Verweigerung auch, wenn sie ohne Erfolg bleibt. Durch § 16 Nr. 1 und 2 M.G. und § 15 Nr. 1 und 2 W.G. werden die durch diese Gesetze erweiterten polizeilichen Kontrollrechte unter die gleichen Strafbestimmungen gestellt. Da die Auskunftspflicht auf Grund dieser Gesetze nur den Unternehmern, Betriebsleitern und Aufsichtspersonen obliegt, können sich auch nur diese wegen unwahrer Erteilung der Auskunft strafbar machen. Gemäß § 17 Nr. 2 M.G. und § 16 Nr. 3 W.G. ist auch die fahrlässige Erteilung unwahrer Auskunft unter Strafe gestellt. Als Korrelat zu der Auskunftspflicht stellen § 15 M.G. und § 14 WG. auch die Verletzung der Verschwiegenheitspflicht seitens der kontrollierenden Personen unter Strafe. § 15 M.G. bezieht sich auf die „Beauftragten der Polizeibehörde“, § 14 W.G. gemäß § 12 ibid. nur auf die Sachverständigen, indem das Weingesetz davon ausgeht, daß die kontrollierenden Beamten ohnedies zur Amtsverschwiegenheit verpflichtet und wegen Verletzung der Amtsverschwiegenheit disziplinarisch strafbar sind. — Die Tat kann nur vorsätzlich, nicht fahrlässig begangen werden. Die Verschwiegenheitspflicht bezieht sich auf alle Einrichtungen, welche die betreffenden Personen gelegentlich der Ausübung der Kontrolle wahrgenommen haben, nicht bloß auf die ihnen direkt offenbarten. Die Tat ist vollendet mit der unbefugten Mitteilung an einen andern, gleichviel, ob die Mitteilung zum Bewußtsein des andern kommt, z. B., wenn er die Mitteilung nicht versteht oder den Brief nicht liest. Strafbar ist auch die Nachahmung von Betriebsgeheimnissen, welche die betreffenden Personen gelegentlich der Kontrolle kennen gelernt haben. Die Verfolgung der Verletzung der Verschwiegenheitspflicht tritt nur auf Antrag des Betriebsunternehmers ein. Über den Antrag gelten die Vorschriften der §§ 61 ff. St.G.B. Er muß binnen einer Frist von drei Monaten gestellt sein, welche mit dem Tage beginnt, an welchem der zum Antrag Berechtigte von der Handlung und von der Person des Täters Kenntnis erlangt hat. Eine Zurücknahme des Antrags ist nicht zulässig.

b) Delikte gegen die Überwachungsvorschriften der einzelnen Spezialgesetze.

Margarinegesetz.

§ 14 bedroht mit Gefängnis bis zu 6 Monaten oder Geldstrafe bis zu 1500 Mk. oder mit einer dieser Strafen denjenigen, der Margarine oder Margarinekäse ohne den gemäß § 6 des Gesetzes erforderlichen Zusatz von Sesamöl vorsätzlich herstellt oder wissentlich verkauft und feilhält. Im Wiederholungsfalle, d. h. bei Begehung einer neuen Straftat innerhalb eines Zeitraums von drei Jahren seit Verbüßung oder Erlaß der für eine frühere Zuwiderhandlung erkannten Strafe tritt Gefängnisstrafe bis zu 6 Monaten ein, neben welcher auf Geldstrafe bis zu 1500 Mk. erkannt werden kann. — Die Unterlassung der Anzeige an die Behörde, welche gemäß § 7 M.G. vor Beginn eines auf die gewerbsmäßige Herstellung von Margarine, Margarinekäse oder Kunstspeisefett gerichteten Betriebes erforderlich ist, wird gemäß § 17 Nr. 1 mit Geldstrafe bis zu 150 Mk. oder mit Haft bis zu 4 Wochen bestraft. Zuwiderhandlungen gegen die übrigen Vorschriften des Gesetzes, insbesondere also gegen die Vorschriften über die Bezeichnung der Gefäße und Umhüllungen,

Trennung der Verkaufsräume, Bezeichnungen auf Frachtbriefen usw. sowie gegen die vom Bundesrat zu erlassenden Bestimmungen über das Verkaufen und Feilhalten von Butter, deren Fett-, Wasser- oder Salzgehalt sich nicht innerhalb gewisser Grenzen hält und die sonstigen Ausführungsbestimmungen des Bundesrats werden mit Geldstrafe bis zu 150 Mk. oder mit Haft bestraft. Im Wiederholungsfalle, d. h. bei Begehung einer neuen Tat innerhalb drei Jahren nach Verbüßung oder Erlaß der ersten Strafe tritt Geldstrafe bis zu 600 Mk. oder Haft oder Gefängnisstrafe bis zu drei Monaten ein.

Weingesetz.

Das Weingesetz bestraft in § 16 Nr. 1 die Unterlassung der durch § 3 Abs. 1 Nr. 3 vorgeschriebenen Anzeige mit Geldstrafe bis zu 150 Mk. oder mit Haft. Es handelt sich hier um Betriebe, in welchen getrocknete Früchte oder eingedrückte Moststoffe zur Herstellung von besseren Weinen verwendet werden sollen. Die gleiche Bestimmung bestraft auch das gewerbsmäßige Verkaufen, Feilhalten oder Anbieten von Schaumwein, welcher nicht die gemäß § 6 erforderliche Bezeichnung des Landes oder des Ortes enthält, in welchem er auf Flaschen gefüllt ist (Bundesrats-Bekanntmachung vom 2. Juli 1901), so von Obstschaumwein, der nicht eine Bezeichnung trägt, welche seine Herkunft aus Obstwein erkennen läßt.

Fleischbeschaugesetz.

Umfangreiche Strafbestimmungen zum Schutze seiner Kontrollvorschriften enthält das Fleischbeschaugesetz. Es bestraft mit Gefängnis bis zu sechs Monaten oder mit Geldstrafe bis zu 1500 Mk. oder mit einer dieser Strafen.

a) Nach § 26 Nr. 1:

1. das in Verkehrbringen von untauglichem Fleisch, dessen Untauglichkeit als Nahrungs- und Genußmittel für Menschen sich bei der Untersuchung ergeben hat (§ 9, 2);
2. das in Verkehrbringen solchen Fleisches vor polizeilicher Zulassung oder unter Verletzung der polizeilichen Sicherheitsmaßregeln (§ 9 Abs. 4);
3. das in Verkehrbringen von bedingt tauglichem Fleisch als Nahrungs- oder Genußmittel für Menschen vor Vornahme der polizeilichen Sicherungsmaßregeln (§ 10 Abs. 2);

4. die Einfuhr von Fleisch, Würsten oder sonstigen Gemengen aus zerkleinertem Fleisch in das Zollinland (§ 12 Abs. 1).

b) Nach § 26 Nr. 2:

1. das in Verkehrbringen von verbotswidrig eingeführtem Fleisch in Büchsen, Würsten und sonstigen Gemengen (entgegen den Vorschriften des § 12 Abs. 1);
2. das in Verkehrbringen von unbrauchbar gemachten Fleisch als Nahrungs- und Genußmittel für Menschen.

Gemäß § 27 Nr. 1 werden die vorbezeichneten Delikte, wenn sie fahrlässig begangen sind, mit Geldstrafe bis zu 150 Mk. oder mit Haft bestraft. Nach § 27 wird ferner bestraft:

1. die Schlachtung ohne Vornahme einer erforderlichen Untersuchung;
2. das in Verkehrbringen von Fleisch vor Vornahme der vorgeschriebenen Fleischbeschau;
3. die gewerbsmäßige Verwendung von Fleisch aus Hausschlachtungen, bei welchen die Fleischbeschau gemäß § 2 unterblieben ist;
4. die Beseitigung der Teile eines geschlachteten Tieres vor der Untersuchung (§ 8 Abs. 2);
5. der Vertrieb von bedingt tauglichem Fleisch ohne eine erkennbar machende Bezeichnung;
6. der Verkauf solchen Fleisches durch Fleischhändler, Gast- und Schankwirte ohne Genehmigung der Polizeibehörde, die Abgabe solchen Fleisches an solche Gewerbetreibende, wenn ihnen keine solche Genehmigung erteilt ist, den Verkauf solchen Fleisches durch Fleischhändler in Räumen, in welchen taugliches Fleisch feilgehalten wird und die Unterlassung des Anschlages, welcher auf den Vertrieb bedingt tauglichen Fleisches hinweist, in den Verkaufsräumen;
7. die Einfuhr von Fleisch unter Verletzung der Einfuhrbestimmungen des § 12 Abs. 2 und der in dieser Beziehung erlassenen Ausführungsbestimmungen, sowie der weitergehenden Einfuhrverbote und Einfuhrbeschränkungen des Bundesrats (§ 15);
8. die Verletzung der Bestimmung, nach welcher die Einfuhr von Fleisch nur über bestimmte Zollämter erfolgen darf;

9. die Verletzung der Bestimmungen über die Einfuhr und den Vertrieb von Pferdefleisch (§ 18).*)

Einer besonderen Erörterung bedarf die Bestimmung des § 26 Nr. 3, nach welcher mit Gefängnis bis zu 6 Monaten oder mit Geldstrafe bis zu 1500 Mk. oder mit einer dieser Strafen bestraft wird, wer Kennzeichen der in § 19 vorgeschriebenen Art über das Ergebnis der Untersuchung oder über die Einführung des Fleisches aus dem Auslande fälschlich anbringt, verfälscht, oder wer wissentlich Fleisch, an welchem die Kennzeichen fälschlich angebracht, verfälscht oder beseitigt worden sind, feilhält oder verkauft. Die im § 19 vorgeschriebenen Kennzeichen sind öffentliche Urkunden (vgl. R.G. 2. November 1899, D.J.Z. 1900 S. 142). Ihre Fälschung würde daher an sich nach §§ 267, 270 St.G.B. mit Gefängnis, und wenn sie — was regelmäßig der Fall sein wird — in gewinnsüchtiger Absicht erfolgt ist, mit Zuchthaus bis zu 10 Jahren bestraft werden. Da dies zu übermäßigen Härten führen würde, erschien es gerechtfertigt, hier eine besondere Strafvorschrift aufzustellen, zumal es sich in erster Linie um Handlungen gegen eine rein polizeiliche Kontrollmaßregel handelt. Der Entwurf hatte anschließend an § 363 St.G.B. nur Übertretungsstrafe, wie jetzt in § 27, vorgesehen. Auf Vorschlag der Reichstagskommission, der diese Ahndung zu gering schien, ist das jetzige Strafmaß eingeführt. Das Reichsgericht ist trotz des in dieser Weise erkennbar gewordenen Willens des Gesetzgebers der Ansicht, daß die Fälschung der Fleischbeschauerstempel unter den Begriff der öffentlichen Urkundenfälschung fällt. Es hat desgemäß in einem Falle, wo ein Fleischbeschauer wegen falscher Anbringung von Stempeln angeklagt war, ausgeführt: „Die von einem Fleischbeschauer durch Aufdruck eines Stempels auf das ihm zur Untersuchung vorgelegte Fleisch bewirkten Stempelabdrücke sind öffentliche Urkunden. Ihre Fälschung fällt unter § 348 St.G.B. Das Gesetz vom 3. Juni 1900 betreffend die Fleischbeschau schließt nicht etwa als lex specialis die Anwendung des Strafgesetzbuchs der Art aus, daß nunmehr gemäß § 348 St.G.B. § 26 Ziffer 3 Fl.B.G. anzuwenden wäre." (R.G. III vom 15. Januar 1906, J.W. 1906 S. 492.) Es

*) Die einzelnen Fälle sind dieselben wie bei bedingt tauglichem Fleisch. Die Strafbestimmungen finden auch Anwendung auf andere seltener zur Schlachtung gelangende Tiere gemäß Anordnung des Bundesrates. (Esel, Maultiere, Maulesel und andere Einhufer, gemäß Bekanntmachung des Bundesrats vom 10. Juli 1902.)

handelte sich hier allerdings um den speziellen Fall eines Beamtendelikts. Über die Frage, ob auch im übrigen die Bestimmungen über Urkundenfälschung zur Anwendung zu bringen sind, hat sich das Reichsgericht bisher noch nicht ausgesprochen. Wollte man auf die Fälschung des Fleischbeschaustempels stets die Vorschriften über Urkundenfälschungen zur Anwendung bringen, so würde § 26 Nr. 3 Fl.B.G. überhaupt gegenstandslos. Im übrigen läßt der Paragraph die Bestimmungen des Strafgesetzbuchs unberührt. Insbesondere macht sich des Betruges schuldig, wer als untauglich gekennzeichnetes Fleisch nach Fälschung des Kennzeichens weiter verkauft. (§ 263 St.G.B.) Da Idealkonkurrenz vorliegt (§ 73 St.G.B.) erfolgt in diesem Falle Bestrafung nur wegen Betruges, nicht wegen Vergehens gegen § 26 Abs. 3.

Die Beseitigung der Kennzeichen wird im Fall der Nr. 3 nicht als selbständiges Delikt bestraft. Dies schließt nicht aus, daß derjenige, der die Kennzeichen beseitigt, damit ein anderer das Fleisch in diesem Zustande verkaufe, als Gehilfe oder Mittäter bestraft werden kann. Ist es aber nicht zum Feilhalten oder Verkauf gekommen, so kann das bloße Beseitigen der Kennzeichen mangels einer Haupttat nicht bestraft werden.

Fälschliches Anbringen ist gegeben, wenn an dem Fleisch ein Zeichen angebracht wird, das die Bestimmung hat, als Zeichen des Fleischbeschauers zu gelten. Ob es einem wirklichen Zeichen entspricht, ob die Fälschung mehr oder minder gelungen ist, ob sie überhaupt zur Täuschung geeignet ist, ist unerheblich.

Verfälschung liegt vor, wenn einem echten Zeichen durch Veränderung eine andere Bedeutung gegeben wird, als es nach dem Willen des Fleischbeschauers haben sollte. Z. B. Veränderung des Zeichens für bedingt taugliches Fleisch in das für taugliches. Eine Veränderung, die ein undeutliches Zeichen nur deutlicher macht, fällt nicht unter § 26 Abs. 3 (vgl. Stenglein, strafrechtl. Nebengesetze S. 391).

9. Kapitel.

E. Zusammentreffen mehrerer strafbarer Handlungen.

1. Idealkonkurrenz liegt vor, wenn eine und dieselbe Handlung mehrere Strafgesetze verletzt. Hier kommt nur das-

jenige Gesetz in Anwendung, welches die schwerste Strafe und bei ungleichen Strafarten dasjenige Gesetz, welches die schwerste Strafart androht. (St.G.B. § 73.) Idealkonkurrenz liegt z. B. vor, wenn jemand Nahrungsmittel, von denen er weiß, daß sie verfälscht und gesundheitsschädlich sind, unter einer zur Täuschung geeigneten Bezeichnung feilhält. (§ 10 Nr. 2 und § 12 Nr. 1 N.M.G.) In diesem Falle erfolgt die Bestrafung aus § 12, da dieser die schwerste Strafe androht.

Von der Idealkonkurrenz zu unterscheiden ist die Gesetzeskonkurrenz. Sie liegt vor, wenn der Gesetzgeber einen an sich unter ein anderes Strafgesetz fallenden Tatbestand aus besonderen Gründen einer speziellen Regelung unterzogen hat. Dies ist z. B. der Fall bei den Delikten gegen § 26 Nr. 3 des Fleischbeschaugesetzes, welche an sich den Tatbestand der Urkundenfälschung im Sinne der §§ 267, 270 Strafgesetzbuchs erfüllen, bei denen es aber dem Gesetzgeber ungerechtfertigt erschien, sie mit der durch das Strafgesetzbuch angedrohten hohen Strafe zu belegen. Bei Gesetzeskonkurrenz kommen nur die Strafen des Spezialgesetzes zur Anwendung. Gesetzeskonkurrenz liegt im allgemeinen nicht vor, wenn ein Tatbestand zugleich unter eines der Spezialgesetze und unter das Nahrungsmittelgesetz fällt, da die Spezialgesetze die Bestimmung enthalten, daß das Nahrungsmittelgesetz durch sie unberührt bleibt. Anders ist es nur beim Weingesetz, da dieses das Nahrungsmittelgesetz nur unberührt läßt, soweit das Weingesetz keine entgegenstehenden Bestimmungen enthält. Keine Gesetzeskonkurrenz liegt vor, zwischen den Täuschungsdelikten und den Gesundheitsdelikten, sie können vielmehr in idealer Konkurrenz begangen werden. (Reichsgericht 11. Dezember 1888, Jur. Wochenschrift 1889 S. 60.) Auch zwischen dem Betrug im Sinne des § 263 Strafgesetzbuchs und den Nahrungsmitteldelikten kann Idealkonkurrenz vorliegen. (Vgl. Reichsgericht 6. März 1896, Jur. Wochenschrift 1896 S. 483 und S. 544.)

2. Realkonkurrenz liegt vor, wenn der Täter durch mehrere selbständige Handlungen mehrere Straftaten oder dieselbe Straftat mehrmals begangen hat. In diesem Fall ist gemäß § 74 Strafgesetzbuchs, sofern es sich um Freiheitsstrafen bei Verbrechen oder Vergehen handelt, auf eine Gesamtstrafe zu erkennen, welche in einer Erhöhung der verwirkten schwersten Strafe besteht. Im Gegensatz zu den „mehreren selbständigen Handlungen" steht die einheitliche Handlung. Einheitliche Handlungen sind insbesondere die sogenannten Kollektivdelikte, welche Gewerbs-

mäßigkeit oder Gewohnheitsmäßigkeit zur Voraussetzung haben. Als einheitliche Handlungen gelten auch sogenannte fortgesetzte Handlungen, welche als sukzessive Ausführungen eines einheitlichen Willens erscheinen. Fortgesetzte Handlung liegt z. B. in der Regel vor, wenn der Täter auf Grund eines einheitlichen Entschlusses ein Nahrungsmittel verfälscht, dieses unter einer zur Täuschung geeigneten Bezeichnung feilhält und sodann unter Verschweigung dieses Umstandes verkauft. Um eine Realkonkurrenz anzunehmen, bedarf es einer besonderen Darlegung der Selbstständigkeit der Handlungen. Es muß die Unabhängigkeit des auf jede der einzelnen Handlungen gerichteten Vorsatzes nachgewiesen werden (Reichsgericht 28. Dezember 1889, Jur. Wochenschrift 1890 S. 59), z. B. also, daß der Verkauf einem besonderen, bei der Herstellung noch nicht gefaßten Willensakte entsprang. Eine einheitliche Handlung wird in der Regel vorliegen, wenn der Täter zu gleicher Zeit gegen verschiedene Bestimmungen des § 26 des Fleischbeschaugesetzes verstoßen hat, z. B., wenn er bedingt taugliches Fleisch und untaugliches Fleisch, dessen Einfuhr verboten ist, zu gleicher Zeit in Verkehr gebracht hat. Denkbar ist es aber auch, daß die verschiedenen Straftaten auf verschiedenen Entschlüssen beruhen, z. B., daß der Täter bei der Einfuhr noch nicht entschlossen war, das Fleisch in Verkehr zu bringen. Stets als einheitliche Handlung ist ein Vergehen gegen § 13 des Weingesetzes anzusehen, wenn der vom Täter hergestellte Wein in verschiedenen Beziehungen unter Verletzung der Vorschriften des § 3 des Weingesetzes hergestellt ist.

---

10. Kapitel.

Strafen.

(Insbesondere Einziehung.)

Über die in den Nahrungsmittelgesetzen angedrohten Freiheitsstrafen (Zuchthaus, Gefängnis, Haft) und Geldstrafen gelten lediglich die allgemeinen Bestimmungen der §§ 14 ff. St.G.B.

Besonders geregelt sind nur einige Nebenstrafen insbesondere die Einziehung und die Veröffentlichung des Urteils.

Die Nebenstrafe der Einziehung kennt das St.G.B. bereits in § 40; welcher lautet:

„Gegenstände welche durch ein vorsätzliches Verbrechen oder Vergehen hervorgebracht oder welche zur Begehung eines vorsätzlichen Verbrechens oder Vergehens gebraucht oder bestimmt sind, können sofern sie dem Täter oder wenn Teilnehmer gehören, eingezogen werden.

Die Einziehung ist im Urteile auszusprechen".

Erweiternd ist in § 367 Abs. 2 St.G.B. bestimmt, daß auf die Einziehung der verfälschten oder verdorbenen Getränke oder Eßwaren erkannt werden kann, ohne Unterschied, ob sie dem Verurteilten gehören oder nicht. Für die Nahrungsmittelgesetzgebung erschienen diese Bestimmungen unzureichend. Es stellte sich einerseits das Bedürfnis heraus, die Einziehung in gewissen Fällen obligatorisch zu machen und sie andererseits nicht bloß auf Verbrechen und Vergehen zu beschränken. Mit Rücksicht hierauf bestimmt zunächst § 15 N.M.G.:

„In den Fällen der §§ 12 und 15 ist neben der Strafe auf Einziehung der Gegenstände zu erkennen, welche den betreffenden Vorschriften zuwider hergestellt, verkauft, feilgehalten oder sonst in Verkehr gebracht sind, ohne Unterschied, ob sie dem Verurteilten gehören oder nicht; in den Fällen der §§ 8, 10, 11 kann auf die Einziehung erkannt werden."

Diese Bestimmung unterscheidet sich von § 40 des St.G.B. dadurch, daß sie einerseits die Einziehung in gewissen Fällen obligatorisch macht, andererseits aber nur die Einziehung der verbotswidrig hergestellten, verkauften usw. Gegenstände, nicht aber die Einziehung der zur Begehung der Tat gebrauchten Hilfsmittel, also beispielsweise der zur Fälschung benutzten Maschinen gestattet. Die Einziehung dieser Gegenstände kann bei Vergehen gegen das Nahrungsmittelgesetz auch nicht auf Grund des § 40 St.G.B. erfolgen, denn § 15[1] N.M.G. stellt für den Bereich der unter dieses Gesetz fallenden Straftaten statt der Norm des § 40 St.G.B. eine besondere diesen ersetzende Bestimmung auf. (R.G. vom 11. Mai 1882 E. VI, 296, R. IV, 473, R.G. vom 21. Dezember 1882 E. VII, 428, R. IV, 886, a. M. Stenglein S. 353.) Bei Idealkonkurrenz des Vergehens gegen § 10 N.M.G. mit Betrug kann die Einziehung nicht nach § 15 N.M.G. sondern nur nach § 40 St.G.B. angeordnet werden, da die Einziehung eine Nebenstrafe und gemäß dem die Idealkonkurrenz regelnden § 73 St.G.B. nur § 62 St.G.B. als das härtere Strafgesetz zur Anwendung kommt. (R.G. vom 24. Januar 1905 E. XXVI, 406.) Die Einziehung ist, soweit es sich um gesundheitsschädliche Nahrungsmittel handelt, unbedingt geboten; bei den Fälschungsdelikten (§§ 8, 10, 11) ist sie nur fakultativ. Soweit eine Kaiserliche Verordnung auf Grund des § 6 die Herstellung von Gegenständen verbietet, welche zur Fälschung von Nahrungsmitteln bestimmt sind, können diese Gegenstände natürlich gleichfalls auf Grund des § 15 eingezogen werden, nicht aber, wenn durch Kaiserliche Verordnung gemäß § 5 N.M.G. nur die Fälschung des Nahrungsmittels selbst, nicht aber der Verkauf und die Herstellung von Fälschungsmitteln verboten ist. Über die Nachprüfung der fakultativen Anordnung oder Nichtanordnung der nur gebotenen Einziehung äußerte sich das Reichsgericht am 5. Dezember 1881 (E. V, 37): „Der Umstand, daß nach § 15 die Einziehung in den Fällen des § 10 nicht geboten ist, dagegen verfügt werden kann, bewirkt nur, daß in diesen Fällen die Anwendung dieser Befugnis in das Ermessen des urteilenden Gerichts gestellt ist. Ob im einzelnen Fall hierzu Anlaß vorlag, ist der Nachprüfung des Revisionsgerichts entzogen."

Besondere Bestimmungen über die Einziehung enthalten auch sämtliche Spezialgesetze. Im Weingesetz § 6, im Farbengesetz § 13 und im Margarinegesetz § 19, ist die Einziehung nur fakultativ. Im § 18 W.G. ist sie obligatorisch für die Fälle des § 13^1, d. h. bei Anwendung der in §§ 3 und 7 verbotenen Zusätze, sofern die Tat vorsätzlich geschehen ist. Fakultativ ist sie bei fahrlässigem Zuwiderhandeln, bei vorsätzlichem oder fahrlässigem Verkaufen und Feilhalten von gezuckertem Rotwein unter einer Bezeichnung, welche die Annahme hervorruft, daß er nicht gezuckert sei und beim Verkaufen und Feilhalten von Schaumwein ohne die durch § 6 vorgeschriebenen Deklarationen. In § 28 Fl.B.G. ist die Einziehung obligatorisch in den Fällen des § 26 Nr. 1 und 2 und § 27 Nr. 1, das ist in denjenigen Fällen, in welchen zum Genuß untaugliches oder nur bedingt taugliches Fleisch eingeführt ist. Fakultativ ist die Einziehung in den Fällen des § 26^3 und § 27 Nr. 2 bis 4, d. h. bei Fälschungsdelikten gegen die vom Beschauer angebrachten Kennzeichen und bei Übertretung der Vorschriften über die Vornahme der Beschau. Das Süßstoffgesetz endlich (§ 9) ordnet obligatorisch die Einziehung der Gegenstände an, mit Bezug auf welche die Zuwiderhandlung begangen worden ist, d. h. alles Süßstoffs, welcher dem Gesetz zuwider eingeführt, feilgehalten oder verkauft worden ist. Mit Ausnahme des Blei- und Zinkgesetzes und des Süßstoffgesetzes ist in allen Nahrungsmittelgesetzen bei der Einziehung ausdrücklich bestimmt, daß sie erfolgen kann, gleichviel, ob die Gegenstände dem Täter gehören oder nicht. Es muß jedoch auch bei diesen beiden Gesetzen angesichts der allgemeinen Fassung der Bestimmung angenommen werden, daß hier ein Unterschied bezüglich der Eigentumsverhältnisse nicht gemacht werden soll. Es macht auch keinen Unterschied, ob der Eigentümer der Gegenstände gutgläubig ist (R.G. vom 2. Juli 1888 R. X, 437, E. XVIII, 43). Der gutgläubige Eigentümer ist, soweit die Entscheidung fakultativ ist, hier nur dadurch geschützt, daß das Gericht bei Prüfung der Frage, ob die Einziehung angemessen erscheint, auch den guten Glauben des Eigentümers vernünftigerweise mit in Rechnung ziehen wird. Im übrigen ist der gutgläubige Eigentümer auf die Geltendmachung zivilrechtlicher Ansprüche gegen den Schuldigen verwiesen.

Für die Einziehung kennen sämtliche Nahrungsmittelfolgegesetze auch das sogenannte objektive Strafverfahren, das N.M.G. selbst allerdings nur in den Fällen der §§ 12 und 14, also nicht bei den Fälschungsdelikten. Auch hier ist die Regelung abschließend erfolgt, so daß ein objektives Verfahren im Falle des § 10 N.M.G. nicht etwa auf Grund des § 42 St.G.B. angeordnet werden kann. (R.G. vom 11. Mai 1882 E. VI, 296.) Auf die Einziehung kann nach dem übereinstimmenden Wortlaut der betreffenden Vorschriften selbständig erkannt werden, wenn die Verfolgung oder Verurteilung einer bestimmten Person nicht ausführbar ist. Voraussetzung des objektiven Strafverfahrens ist der Nachweis des vollen Deliktstatbestandes einschließlich des Vorsatzes oder der Fahrlässigkeit des Täters. (R.G. vom 21. Dezember 1882 E. VII, 428, R.G. vom 5. April 1883 E. VIII, 242, R. V, 218.) Das objektive Verfahren ist also unzulässig, wenn der Täter zur Zeit der Begehung der Tat geisteskrank oder strafunmündig war. Die **Verfolgung** ist nicht ausführbar wegen Exterritorialität, Todesverdacht, Unauffindbarkeit, Abwesenheit oder einer nach der Tat eingetretenen Geisteskrankheit. Die **Verurteilung** ist unausführbar, wenn die Verfolgung unausführbar machende Umstände eintreten, nachdem die Sache schon spruchreif geworden ist, z. B. wenn der Verfolgte kurz vor der Verurteilung geisteskrank wird, stirbt oder die Flucht ergreift.

Bei Verjährung der Strafverfolgung bleibt das objektive Strafverfahren zulässig. (R.G. vom 15. Oktober 1886 E. XIV, 328, vom 7. Januar 1887 R. IX, 15.)

Die Unausführbarkeit der Verfolgung und Verurteilung ist nicht ein der richterlichen Feststellung bedürftiges Tatbestandsmerkmal sondern unterliegt ausschließlich der Prüfung der Staatsanwaltschaft. Das Gericht hat nur festzustellen, ob der Tatbestand einer strafbaren Handlung auch in subjektiver Richtung vorliegt, ob aber gegen eine bestimmte Person Anklage zu erheben ist, hat nur die Staatsanwaltschaft zu prüfen. Das Gericht kann daher zwar aus materiell rechtlichen Gründen den Antrag des Staatsanwalts auf Einziehung im objektiven Verfahren zurückweisen, nicht aber, weil es die Verfolgung oder Verurteilung einer bestimmten Person für ausführbar hält, die Einstellung des Verfahrens beschließen. (R.G. vom 21. Dezember 1882 E. VII, 428, R. IV, 826, 5. April 1883 E. VIII, 238, R. V, 215.)

Das Objektivstrafverfahren selbst richtet sich nach §§ 477 bis 479 St.G.B. Zuständig ist dasjenige Gericht, welches für den Fall der Verfolgung einer bestimmten Person zulässig sein würde. An die Stelle des Schwurgericht (§ 13 N.M.G.) tritt die an dessen Sitzungsort bestehende Strafkammer. Eingeleitet wird das Verfahren auf Antrag der Staatsanwaltschaft. Ein Eröffnungsbeschluß ergeht nicht, es wird sofort Termin zur Hauptverhandlung angesetzt. Zum Termin sind die Personen, welche einen rechtlichen Anspruch auf den Gegenstand der Vernichtung, Einziehung, Unbrauchbarmachung haben, soweit dies ausführbar zu machen scheint, zu laden. Durch ihr Nichterscheinen wird die Urteilsfällung nicht aufgehalten. Die vorbezeichneten Personen können alle Befugnisse ausüben, welche einem Angeklagten zustehen, sich insbesondere auch durch einen mit schriftlicher Vollmacht versehenen Anwalt vertreten lassen und gegen das ergehende Urteil Rechtsmittel einlegen. Das objektive Strafverfahren kann auch mit dem Verfahren gegen eine bestimmte Person verbunden werden. Es ist auch denkbar, daß das Gericht neben dem Urteil auf Freisprechung oder Einstellung des Verfahrens auf Einziehung erkennt, wenn sich herausgestellt hat, daß zwar eine an sich strafbare Tat vorliegt, der Täter aber nicht verfolgt oder verurteilt werden kann, z. B. weil er nach der Tat geisteskrank geworden ist.

11. Kapitel.

Bekanntmachung des Urteils.

Das Strafgesetzbuch kennt die Bekanntmachung der Verurteilung nur als eine dem Verletzten zugebilligte Befugnis bei der falschen Anschuldigung (§ 165) und der öffentlichen Beleidigung (§ 200). Im Nahrungsmittelrecht hat der Gesetzgeber nach französischem, belgischem und englischem Vorbild die Bekanntmachung der Verurteilung für ein besonders geeignetes Strafmittel gehalten.

Da jedoch die Anwendung der Strafbestimmungen des Gesetzes mancherlei Verschiedenheiten bietet, und es zugegeben werden muß, daß die Maßregel der Veröffentlichung unter Umständen für den Bedrohten eine unverhältnismäßige Härte enthalten kann, so hat man es in § 16 N.M.G. für angemessen erachtet, die Anordnung der Urteilsveröffentlichung in das Ermessen des Richters zu stellen, ebenso wie die Art der Bekanntmachung und die Bestimmung, inwieweit sich die Veröffentlichung auf die Urteilsgründe zu erstrecken hat. Die Anordnung der Veröffentlichung steht also im freien pflichtgemäßen Ermessen des Richters, ihre Unterlassung enthält keine Gesetzesverletzung und begründet nicht die Revision. (R.G. vom 20. Januar 1898 E. XXX, 405.)

Die Ausführung der Publikation ist Sache der Strafvollstreckungsbehörde. Die Publikation kann außer durch Urteil, auch durch richterlichen Strafbefehl angeordnet werden. Auch die Polizei kann nicht daran verhindert werden, innerhalb ihrer landesrechtlichen Kompetenz eine Verurteilung bekannt zu machen.

Die Anordnung der Publikationsbefugnis kann nur bei einer Verurteilung auf Grund des Nahrungsmittelgesetzes erfolgen. Sie darf nicht angeordnet werden, wenn im Falle der Idealkonkurrenz die Strafe nicht auf Grund des Nahrungsmittelgesetzes, sondern wegen Betruges auf Grund des § 263 St.G.B. erfolgt. (R.G. Vereinigte Straffenate 17. April 1882 E. VI, 180, R. IV, 133; 3. März 1884 E. X, 206, R. VI, 166.)

Gemäß § 16 Abs. 2 N.M.G. muß das Gericht auf Antrag des freigesprochenen Angeschuldigten die öffentliche Bekanntmachung anordnen. Die Anordnung erfolgt nicht im Urteil selbst, da die Befugnis erst mit der Rechtskraft des Urteils entsteht. Der Antrag kann, da eine Frist füglich nicht vorgesehen ist, jederzeit gestellt werden; gegen seine Zurückweisung steht dem Antragsteller die Beschwerde zu. (§ 346 St.P.O.) Die Bekanntmachung erfolgt auch hier durch die Strafvollstreckungsbehörde, und zwar auf Kosten der Staatskasse, sofern nicht gemäß § 501 der St.P.O. dem Anzeigenden die Kosten auferlegt sind, weil das Verfahren durch eine wider besseres Wissen gemachte oder auf grober Fahrlässigkeit beruhende Anzeige veranlaßt ist. Die Bestimmungen des Nahrungsmittelgesetzes über die Bekanntmachung der Verurteilung und Freisprechung sind mit Ausnahme des Süßstoffgesetzes in sämtlichen Spezialgesetzen für entsprechend anwendbar erklärt (Blei- und Zinkgesetz § 7, Farbengesetz § 14, Margarinegesetz § 20, Fleischbeschaugesetz § 29, Weingesetz § 19.) § 20 des Margarinegesetzes macht jedoch die öffentliche Bekanntmachung im Falle des Verstoßes gegen § 14 desselben obligatorisch.

---

12. Kapitel.

Kosten des Strafverfahrens.

Jedes in einem Strafprozeß ergehende Urteil muß Bestimmungen darüber treffen, von wem die Kosten des Verfahrens zu tragen sind. (§ 496 St.P.O.) Der zur Strafe verurteilte Angeklagte hat die Kosten mit Einschluß der durch die Vorbereitung der öffentlichen Klage oder die Strafvollstreckung entstandenen zu tragen. (§ 497.) Einem Freigesprochenen oder außer Verfolgung gesetzten Angeschuldigten sind nur solche Kosten aufzuerlegen, welche er durch schuldhafte Versäumnis verursacht hat. (§ 499.) Im Falle der Freisprechung können auch die dem Angeschuldigten erwachsenen notwendigen Kosten der Staatskasse auferlegt werden. Wenn ein Angeklagter in einer Untersuchung, welche mehrere strafbare Handlungen umfaßt, nur in Ansehung eines Teiles derselben verurteilt wird, durch die Verhandlung der übrigen Straffälle aber besondere Kosten entstanden sind, ist er von Tragung der letzteren zu entbinden. Mitangeklagte, welche in Bezug auf dieselben Strafen verurteilt sind, haften für die gerichtlichen Auslagen als Gesamtschuldner. (§ 498.) Dagegen werden die Gerichtsgebühren der Kosten der Strafvollstreckung und der Untersuchungshaft für jeden besonders berechnet. (§ 61 G.K.G., § 498 St.P.O.) Stirbt ein Verurteilter vor eingetretener Rechtskraft des Urteils, so haftet der Nachlaß nicht für die Kosten. (§ 497.)

Nach § 16 Abs. 4 N.M.G. fallen dem Verurteilten auch die Kosten der polizeilichen Untersuchung von Umständen, in deren Folge die Verurteilung eingetreten ist, zur Last. Diese Bestimmung ist beigefügt, weil es zweifelhaft geworden war, ob die Kosten der polizeilichen Untersuchung auch dann zu den Kosten des Verfahrens gehören, wenn diese nicht im Auftrage der Staatsanwaltschaft gemäß § 159 St.G.B. sondern von der Polizeibehörde aus freien Stücken vorgenommen war, und wenn die Untersuchung erst das strafrechtliche Einschreiten veranlaßt hatte. Im letzteren Falle waren in vielen Bundesstaaten diese Kosten als sächliche Kosten der örtlichen Polizeiverwaltung behandelt worden, und es lag, da die Ortspolizei meist für Rechnung der Gemeinden von den Gemeindebehörden geführt wird, die Gefahr nahe, daß, um die Gemeinden durch die verhältnismäßig beträchtlichen Untersuchungskosten nicht zu sehr zu belasten, ein polizeiliches Vorgehen gegen das Feilhalten verdächtiger Nahrungsmittel, wenn nicht überhaupt unterlassen, so doch auf eine Anzeige bei der Staatsanwaltschaft beschränkt und zunächst deren etwaiger Auftrag abgewartet werden würde. Das hat den Gesetzgeber zu der ausdrücklichen Aufnahme dieser Bestimmung veranlaßt. Zieht die polizeiliche Untersuchung keine strafgerichtliche Verurteilung nach sich, oder sind die Untersuchungskosten von dem Verurteilten nicht zu erlangen, so gelten über die Erstattung der Untersuchungskosten die bisher geltenden Vorschriften. Die vorstehenden Vorschriften sind in sämtlichen Nahrungsmittelgesetzen, mit Ausnahme des Süßstoffgesetzes für entsprechend anwendbar erklärt.

Gerichtlich erkannte Geldstrafen gehen im allgemeinen in die Staatskasse. Hiervon weichen die Nahrungsmittelgesetze ,teilweise ab. Zu ihrer Durchführung besteht das Bedürfnis, technische Untersuchungsstationn einzurichten. Das Verlangen nach Einrichtung solcher Anstalten tritt im wesentlichen an die größeren Stadtgemeinden heran; da die Einrichtungskosten, aber ebenso wie die Unterhaltungskosten nicht unbedeutend sind, will der Gesetzgeber, um die Einrichtung zu fördern, den Kommunen, welche solche Anstalten einrichten, ein Äquivalent dadurch zukommen lassen, daß er den § 17 N.M.G. geschaffen hat.

Als öffentliche Anstalt ist jede vom Staat, einer Gemeinde, oder einem sonstigen öffentlichen Verbande bestellte Anstalt, insbesondere auch eine solche, welche mit einer Universität, einer technischen Hochschule usw. in Verbindung steht, anzusehen. Die Anstalt braucht nicht gerade in dem Orte der Tat errichtet zu sein, es genügt, wenn sie für den Ort der Tat errichtet ist. Zufallen können der Anstalt aber nur die dem Staate zustehenden Geldstrafen, das sind die Strafen, welche durch Urteil oder richterlichen Strafbefehl auferlegt sind. Die durch polizeiliche Strafverfügung festgesetzten Strafen fließen meistens in die Kasse derjenigen Gemeinden oder Verbände, welche die Kosten der örtlichen Polizeiverwaltung zu tragen haben. Der Gesetzgeber wollte diese Kosten den kleineren Gemeinden nicht entziehen. — Die Bestimmung bezieht sich nur auf Strafen, welche auf Grund des Nahrungsmittelgesetzes erkannt sind. § 17 kann also z. B. nicht zur Anwendung kommen, wenn bei Idealkonkurrenz zwischen Nahrungsmittelfälschung und Betrug auf Grund des § 263 St.G.B. auf Strafe erkannt ist. § 17 ist entsprechend anwendbar erklärt für Vergehen gegen das Blei- und Zinkgesetz (§ 7), das Farbengesetz (§ 14), das Margarinegesetz (§ 20) und das Weingesetz (§ 19). Das Süßstoffgesetz und das Fleischbeschaugesetz haben keine dahingehende Bestimmung. Im Gebiete des Fleischbeschaugesetzes fallen daher die Kosten nur dann an die gemäß § 17 N.M.G. zuständige Kasse, wenn bei Idealkonkurrenz zwischen den Delikten gegen beide Gesetze auf Grund des N.M.G. erkannt wird. Dies ist besonders wichtig in Fällen des § 21 Fl.B.G. bei Benutzung verbotener Konservierungsmittel. (R.G. 14. Juni 1887 R. IX, 373.)

---

13. Kapitel.

Behörden.

1. Gesundheitsamt.

Es untersteht dem Reichsamt des Innern und hat lediglich beratenden Charakter. Es besteht zur Zeit aus einem Präsidenten, 2 Direktoren und 14 Mitgliedern. Ihm zur Seite steht der unter dem Präsidium des Präsidenten des Kaiserlichen Gesundheitsamtes stehende Reichsgesundheitsrat. Das Gesundheitsamt ist gemäß einer dem Reichshaushaltsetats von 1876 beigegebenen Denkschrift mit der Aufgabe errichtet:

„Das Reichskanzleramt (Reichsamt des Innern) sowohl in der Ausübung des ihm verfassungsmäßig zustehenden Aufsichtsrechts über die Ausführung der in den Kreis der Medizinal- und Veterinärpolizei fallenden Maßregeln, als auch in der Vorbereitung der weiter auf diesem Gebiete in Aussicht zu nehmenden Gesetzgebung zu unterstützen, zu diesem Zwecke von den hierfür in den einzelnen Bundesstaaten bestehenden Einrichtungen Kenntnis zu nehmen, die Wirkungen der im Interesse der öffentlichen Gesundheitspflege ergriffenen Maßnahmen zu beobachten und in geeigneten Fällen den Staats- und den Gemeindebehörden Auskunft zu erteilen, die Entwicklung der Medizinalgesetzgebung in außerdeutschen Ländern zu verfolgen, sowie eine genügende medizinische Statistik für Deutschland herzustellen."

2. Gerichte.

A. Strafsachen.

1. **Schöffengerichte** urteilen in der Besetzung mit einem Amtsrichter und zwei Schöffen. Zuständigkeit im Gebiete des Nahrungsmittelrechts (Gerichts-Verfassungs-Gesetz § 27).

1. Für alle Übertretungen (Handlungen, die mit Haft oder Geldstrafe bis zu 150 Mk. bedroht sind): St.G.B. § 367 Abs. 7; N.M.G. §§ 8, 9, 11; Bl.G. § 4; F.G. § 12; M.G. §§ 16, 17, 18 (außer der Strafverschärfung bei Rückfall); Fl.B.G. § 27; W.G. §§ 15, 16, 17; S.St.G. §§ 7 Abs. 2, 8 Abs. 2;
2. für diejenigen Vergehen, welche nur mit Gefängnis von höchstens 3 Monaten oder Geldstrafen von höchstens 600 Mk. allein, oder neben Haft oder in Verbindung miteinander oder in Verbindung mit Einziehung bedroht sind . . .: M.G. § 18 (Rückfall); S.St.G. § 10;
3. für das Vergehen des Betruges (§ 263 St.G.B.), wenn der Schaden 150 Mk. nicht übersteigt.

Die Strafkammer kann bei Eröffnung des Hauptverfahrens wegen derjenigen Vergehen, welche nur mit Gefängnisstrafe von höchstens 6 Monaten oder Geldstrafe von höchstens 1500 Mk.

allein oder neben Haft oder in Verbindung mit Einziehung bedroht sind, auf Antrag der Staatsanwaltschaft die Verhandlung und die Entscheidung dem Schöffengericht, soweit dies nicht schon zuständig ist, überweisen. In Betracht kommen: N.M.G. §§ 10, 14 mit Ausnahme des qualifizierten Tatbestandes; M.G. §§ 14, 15; Fl.B.G. § 26; WG. § 14; S.St.G. § 7 Abs. 1, § 8 Abs. 1.

In den zur Zuständigkeit der Schöffengerichte gehörigen Sachen kann durch Strafbefehl des Amtsrichters ohne vorherige Verhandlung eine Strafe festgesetzt werden, wenn die Staatsanwaltschaft schriftlich hierauf anträgt. Der Strafbefehl darf jedoch keine höhere Strafe als Geldstrafe von höchstens 150 Mk. oder Freiheitsstrafe von höchstens 6 Wochen, sowie eine verwirkte Einziehung festsetzen. Gegen den Strafbefehl kann der Beschuldigte binnen einer Woche nach der Zustellung schriftlich oder zu Protokoll des Gerichtsschreibers Einspruch erheben, in diesem Falle findet die Hauptverhandlung vor dem Schöffengericht statt. (§§ 447 ff. St.P.O.)

Die Strafprozeßordnung erklärt auch polizeiliche Strafverfügungen nach Maßgabe der Landesgesetze für zulässig, jedoch nur bei Übertretungen; auch kann die Polizeibehörde keine andere Strafe, als Haft bis zu 14 Tagen oder Geldstrafe und diejenige Haft, welche für den Fall der Uneinbringlichkeit der Geldstrafe an deren Stelle tritt, sowie eine etwa verwirkte Einziehung verhängen. In Preußen beschränkt sich die Strafverfügungsgewalt der Polizeibehörde dahin, daß sie nur Geldstrafe bis zu 30 Mk. und Haftstrafe bis zu 3 Tagen, sowie Einziehung verfügen kann. (Gesetz vom 23. April 1883.) Die Verfügung tritt außer Kraft, wenn binnen einer Woche nach der Bekanntmachung auf gerichtliche Entscheidung angetragen wird; diese erfolgt wiederum durch das Schöffengericht.

2. Strafkammern. Sie sind mit 5 Richtern besetzt und werden in der Regel bei den Landgerichten (§ 59 G.V.G.), ausnahmsweise durch Anordnung der Landesjustizverwaltung auch bei Amtsgerichten (§ 78 G.V.G.) gebildet.

Sie sind zuständig für alle Vergehen, soweit diese nicht zur Zuständigkeit der Schöffengerichte gehören, oder die Verhandlung von der Strafkammer dem Schöffengericht überwiesen ist: St.G.B. § 263; N.M.G. §§ 12, 14 (qualifizierter Tatbestand); W.G. § 13; ferner für diejenigen Verbrechen, welche mit Zuchthaus von höchstens 5 Jahren allein oder in Verbindung mit anderen Strafen bedroht sind: N.M.G. § 12 Abs. 2; und für Verbrechen der Personen, welche zur Zeit der Tat das 18. Lebensjahr noch nicht vollendet haben. (§ 73 G.V.G.)

3. Die Schwurgerichte werden bei den Landgerichten gebildet; sie bestehen aus 3 Richtern und 12 Geschworenen. Sie sind zuständig für Verbrechen, welche nicht zur Zuständigkeit der Strafkammern gehören (§ 80 G.V.G.): St.G.B. · § 324; N.M.G. § 13.

Gegen die Urteile der Schöffengerichte ist Berufung an die Strafkammer zulässig, gegen die Urteile der Strafkammer in der Berufungsinstanz Revision an den mit 5 Richtern besetzten Strafsenat des Oberlandesgerichts; gegen die Urteile der Strafkammer I. Instanz und gegen die Urteile der Schwurgerichte geht die Revision an das Reichsgericht, dessen Strafsenat in einer Besetzung von 7 Mitgliedern entscheidet.

B. Zivilsachen.

In Zivilsachen entscheiden in I. Instanz die Amtsgerichte über vermögensrechtliche Ansprüche, deren Gegenstand an Geld oder Geldeswert die Summe von 300 Mk. nicht übersteigt. Außerdem sind den Amtsgerichten ohne Rücksicht auf den Wert des Streitgegenstandes eine Reihe der in § 23 Nr. 2 des Gerichts-Verfassungs-Gesetzes aufgeführten Streitigkeiten zu überweisen, von welchen hier insbesondere die Streitigkeiten über Viehmängel interessieren. Alle anderen Zivilrechtsstreitigkeiten gehören in I. Instanz vor das Landgericht, welches in der Besetzung mit einem Vorsitzenden und zwei Beisitzern zu entscheiden hat. Bei den Landgerichten können Kammern für Handelssachen gebildet werden, vor welche handelsrechtliche Streitigkeiten, insbesondere die Ansprüche gegen Kaufleute aus beiderseitigen Handelsgeschäften zu bringen sind. (G.V.G. § 100 ff.) Die Kammern für Handelssachen entscheiden in der Besetzung mit einem Mitglied des Landgerichts als Vorsitzenden und zwei ehrenamtlichen Handelsrichtern (Kaufleuten oder Schiffahrtskundigen).

Die Berufung gegen die Urteile der Amtsgerichte geht an die Zivilkammer des Landgerichts, die Berufung gegen die erstinstanzlichen Urteile der Landgerichte an den mit 5 Mitgliedern besetzten Zivilsenat des Oberlandesgerichts. Gegen die Urteile der Landgerichte in der Berufungsinstanz ist ein weiteres Rechtsmittel nicht zulässig, gegen die Urteile der Oberlandesgerichte dagegen findet die Revision an das Reichsgericht statt, falls der Beschwerdegegenstand den Betrag von 2500 Mk. übersteigt. (C.P.O. § 546 ff.) Der Zivilsenat des Reichsgerichts entscheidet in einer Besetzung von 7 Mitgliedern.

C. Verwaltungsgerichtsbarkeit.

Die Gerichtsbarkeit in Verwaltungssachen ist ausschließlich Landessache. Verwaltungsgerichte bestehen bisher in Preußen, Bayern, Sachsen, Württemberg, Baden, Hessen und Anhalt.

In Reichssachen besteht noch keine ausgebildete Verwaltungsgerichtsbarkeit. Nur in gewissen Spezialzweigen findet ein richterliches Verfahren statt. Von diesen interessiert hier höchstens die Tätigkeit des Reichspatentamtes, insofern dieses zur Entscheidung über Nichtigkeit von Patenten berufen ist. (Reichspatent-Gesetz vom 7. April 1891, R.G.Bl. 1891 S. 79 ff.)

II. Begriffe des Nahrungsmittelrechts.

14. Kapitel.

Der Begriff des Nahrungs- und Genußmittels.

(Einschließlich Rohstoffe, Halbfabrikate und Hilfsstoffe.)

Der Begriff des Nahrungs- und Genußmittels ist nicht erst durch das Nahrungsmittelgesetz von Bedeutung für die Rechtspflege geworden. Das Strafgesetzbuch für das Deutsche Reich enthielt ihn bereits im § 370 Ziffer 5, ebenso das Patentgesetz im § 1. Die bekannte Stelle des § 367 Ziffer 7 enthält diese Worte nicht, sondern spricht vielmehr nur von Getränken und Eßwaren. Daß hiermit ein viel engerer Kreis von Handelsartikeln betroffen wird, zeigt schon der allgemeine Sprachgebrauch, der zweifellos eine Zigarre als Genußmittel auffaßt, sie jedoch weder als Eßware noch als Getränk rubrizieren kann. In vielen Fällen wird der Unterschied weniger deutlich hervortreten, immer aber zeigen, daß der Ausdruck „Nahrungs- und Genußmittel" der umfassendere ist; das ist wesentlich. Denn es folgt daraus, daß zwar „Eßwaren und Getränke" das bedeutet, was gegessen und getrunken wird, daß diese Auslegung aber für den Begriff des Nahrungs- und Genußmittels nicht ausreichend erscheint.

Es ist zunächst zu fragen, ob die Zweiteilung des gesetzgeberischen Objektes in Nahrungsmittel und Genußmittel von Einfluß ist. Diese Frage ist kurzerhand zu verneinen. Es ist zwar in der großen Mehrzahl aller Fälle ein sicherer Unterschied zwischen ihnen zu machen, indem das Nahrungsmittel eben bestimmt ist vorzugsweise ernährend zu wirken, während das Genußmittel in erster Linie einen Genuß bereiten soll, aber, abgesehen von der Schwierigkeit alle hierher gehörigen Objekte mit Sicherheit der einen oder der anderen Kategorie zuzuweisen, besteht gar kein praktisches Bedürfnis dazu, weil das Gesetz nie den einen oder den anderen Begriff allein braucht. Vielmehr finden wir ausschließlich eine Vereinigung beider. Für die Unterstellung einer Ware unter die Bestimmungen des Gesetzes vom 14. Mai 1879 genügt daher die Feststellung, daß sie einer von beiden Kategorien zugehört, daß sie „Nahrungs- oder Genußmittel" sei.

Wenn wir unter einem Nahrungsmittel alles das begreifen wollen, was zur Nahrung dient, so haben wir noch die Vorfragen zu beantworten, was Nahrung ist und wessen Nahrung in Rede steht, das letztere um so mehr, als alles was lebt, also auch die Pflanze, der Nahrungszufuhr bedarf.

Die zweite Frage ist die einfachere. Sie findet zwar im Gesetz vom 14. Mai 1879 selbst keine direkte Antwort aber der Umstand, daß Tiere und Pflanzen im allgemeinen nur in ihrer Eigenschaft als menschliches Rechtsgut geschützt werden, in Verbindung mit den präziseren Angabe des § 13 des Margarinegesetzes vom 15. Juni 1837 und des § 17 des Fleischbeschaugesetzes vom 3. Juni 1900, läßt keine andere Deutung zu, als daß es sich um den Schutz menschlicher Nahrungsmittel handelt.

§ 13 M.G.: Die Vorschriften dieses Gesetzes finden auf solche Erzeugnisse der im § 1 bezeichneten Art, welche zum Genusse für Menschen nicht bestimmt sind, keine Anwendung.

§ 17 Fl.B.G.: Fleisch, welches zwar nicht für den menschlichen Genuß bestimmt ist, aber dazu verwendet werden kann, darf zur Einfuhr ohne Untersuchung zugelassen werden, nachdem es zum Genusse für Menschen unbrauchbar gemacht ist.

Die konstante Rechtsprechung des Reichsgerichts hierüber hat gleichfalls zu Zweifeln niemals Anlaß gegeben.

Die Beantwortung der ersten Frage ist schwieriger.

Nahrung ist der Inbegriff alles dessen, was ein lebender Körper durch seine natürlichen Öffnungen in sich aufzunehmen pflegt. Im engeren Sinne, wie im vorliegenden Falle, beschränkt sich der Begriff der Nahrung jedoch auf alle diejenigen festen, flüssigen oder gasförmigen Stoffe, welche zur Vermehrung oder zur Erhaltung unseres Körpers bestimmt sind und den Magen zugeführt werden.

Die Nahrung setzt sich zusammen aus den einzelnen Nahrungsmitteln, welche sich demnach als die zur Herstellung der Nahrung bestimmten Materialien bezeichnen lassen. Um als Nahrungsmittel in Betracht zu kommen, müssen aber wieder einige Vorbedingungen erfüllt werden: es müssen Nährstoffe darin enthalten sein. Die Nahrungsmittel sind außerordenlich verschieden nach Herkunft, äußerer Beschaffenheit und inneren Wert. Sie werden uns fast ausschließlich von der Natur geboten, jedoch meist in einem Zustande, daß sie nicht ohne weiteres genossen werden können. Nur wenige, wie Obst, Früchte, Milch bedürfen keiner dem Genuß vorangehenden Zubereitung. Bei der übergroßen Mehrzahl der Nahrungsmittel bedarf es aber einer Vorbehandlung, welche auf zwei Ziele gerichtet ist. In erster Linie soll das Nahrungsmittel in eine Form gebracht werden, welche den Verdauungsorganen die Nutzbarmachung derselben erleichtert oder gar erst ermöglicht, in zweiter Linie ist es auf ein Schmackhaftmachen abgesehen, das ebenfalls nicht nur als angenehmer Gaumenkitzel sondern auch als ein erheblich verdauungsbefördernder Eingriff anzusehen ist. Die Notwendigkeit und die besondere Art der Umwandlung des natürlichen Nahrungsmittels in die genußfertige Speise ist im Einzelfalle abhängig von den Grundstoffen aus welchen es sich zusammensetzt. Das sind eben jene Nährstoffe.

Man teilt die Nährstoffe, welche bestimmte chemische Körper, also Individuen sind, gewöhnlich in 5 Klassen ein:

1. Wasser;
2. Eiweißstoffe;
3. Fette;
4. Kohlehydrate;
5. Mineralstoffe.

Diese Einteilung ist keineswegs erschöpfend, sondern entspricht nur der Rolle der genannten 5 Klassen als Hauptnährstoffe, die fast in allen Nahrungsmitteln in den wechselndsten Verhältnissen unterhalten sind. Beispielsweise sind die sehr verbreiteten Alkohole (der gewöhnliche, einfach „Alkohol“ genannte Äthylalkohol, das Glyzerin, der Mannit usw.) dabei vernachlässigt, ebenso wie die besonders in vegetabilischen Produkten oft in beträchtlichen Mengen anzutreffenden organischen Säuren und sogenannten (chemisch meist noch unbekannten) Extraktivstoffe.

Trotzdem liefert eine Übersicht der in einem Produkt enthaltenen Mengen jener 5 Hauptklassen meist einen hinreichenden Anhalt zu ihrer Wertschätzung. Da ferner das Wasser keinen Marktwert besitzt, so entscheiden wir aus den übrigen vier über die Eigenschaft als Nahrungsmittel. Finden sich von ihnen praktisch schätzbare Mengen in einem Natur- oder Kunstprodukt vor, und ist dasselbe zur Nahrung bestimmt, so ist es ein Nahrungsmittel.

Hieraus folgt:

1. Die Zweckbestimmung allein kann einen Stoff nicht zum Nahrungsmittel machen. Durch Verkauf gänzlich ungeeigneter Substanzen als Nahrungsmittel kann kein Nahrungsmittelvergehen begangen werden. Es kann Betrug oder eine andere strafbare Handlung vorliegen;
2. die Eignung eines Rohstoffes oder einer Zubereitung zur Nahrung macht dasselbe erst dann zum Nahrungsmittel, wenn es dazu bestimmt wird;
3. die erforderliche Vorbereitung zum Genuß ist eine Handlung, die den Charakter als Nahrungsmittel sowohl für den Rohstoff, wie für die Zubereitung unberührt läßt;
4. Eine Zubereitung, welche aus technischen oder sonstigen praktischen Gründen nicht vollendet ist, sondern noch in der Mitte zwischen dem Rohmaterial und dem zum Genuß fertigen Nahrungsmittel steht, ist ein Halbfabrikat, welches ebenfalls Nahrungsmittel ist, wenn es die Zweckbestimmung hat, bei der Nahrung verbraucht zu werden.

Alle Nahrungsmittel sind bestimmt genossen zu werden. Wir haben gesehen, daß bei Wegfall dieser Bestimmung von einem Nahrungsmittel nicht mehr gesprochen werden kann. Das deutsche Wort „genießen“ ist aber nicht ausschließlich synonym mit essen, verzehren.

Ein **Genußmittel** ist deshalb auch nicht nur eine Sache, die genossen wird, im Sinne des Gegessen-werdens, Verzehrtwerdens. Wir können auch eine Speise genießen, ohne dabei einen Genuß zu haben. Dieser scheinbare Widerspruch löst sich durch die doppelte Bedeutung des Wortes. Genießen ist auch ein Ausdruck für eine angenehme sinnliche Empfindung, die unseren Nerven in der verschiedenartigsten Weise, nämlich durch alle fünf Sinne, fühlbar werden kann.

Wir empfinden einen Genuß mit dem Auge bei schönen Bildwerken, bei guter Musik mit dem Ohr, bei feinen Stoffen,

Möbeln mit dem Gefühl, bei Parfüms mit der Nase und endlich bei gewissen zum Verzehren bestimmten Stoffen mit der Zunge.

Es ist klar, daß ein Nahrungsmittelgesetz mit Musik außer Zusammenhang steht. Das Genußmittel des Gesetzes vom 14. Mai 1879 kann darum zwar jedes Mittel bedeuten, das genossen **wird**, aber nicht jedes, das Genuß **bereitet**. Nach Lage der Sache sind die Genuß bereitenden Mittel bezüglich unseres, hier erörterten Gesetzes auf die durch die Zunge empfundenen beschränkt.

Genußmittel sind darum Stoffe, die genossen zu werden pflegen oder einen mit der Zunge, dem Geschmack, empfundenen Genuß bereiten. Bei beiden Abarten wird das Genußmittel verbraucht.

Es ist klar, daß sich die Eigenschaft als Nahrungsmittel getrennt von der als Genußmittel finden kann. Das trifft besonders bei all denen, die bei weitem größte Menge ausmachende Art von Stoffen zu, die wir vor dem Verzehren erst noch einer Zubereitung zu unterwerfen pflegen. Die bereits oben erwähnte Vorbereitung eines Nahrungsmittel zur Verleihung einer größeren Schmackhaftigkeit ist wie wir nun sehen, darauf gerichtet, diesem Nahrungsmittel auch Eigenschaften eines Genußmittels zu verleihen. Es gibt aber auch Stoffe, die **nur** Genußmittel sind. Sie werden meist als Zusätze bei der Zubereitung von unfertigen, noch unschmackhaften Nahrungsmitteln gebraucht, z. B. die Gewürze. Es gibt fernerhin Genußmittel, die für sich genossen werden. Meist besitzen sie einen gewissen Gehalt an Nährstoffen, der aber von so geringer Menge ist, daß ausschließlich der Charakter als Genußmittel für ihre Bewertung entscheidend ist, z. B. Kaviar.

Im Zucker, speziell dem gewöhnlichen Rohr- oder Rübenzucker, besitzen wir übrigens einen Stoff, der nicht nur die Eigenschaften des Nahrungs- und Genußmittels in hohem Maße in sich vereinigt, sondern auch als Typus eines reinen Nährstoffes (Kohlehydrat) sowie auch genußfertigen Stoffes gelten kann.

Neben denjenigen Genußmitteln, welche, wie die meisten Gewürze, sich zum Verzehren für sich allein, ohne irgend welchen Nahrungsmitteln zugemischt zu werden, nicht eignen, gibt es noch eine Anzahl von Stoffen, welche ebenso den Charakter als **Hilfsstoffe** haben. Dazu gehören eben jene Gewürze, ferner Farbstoffe, chemische Konservierungsmittel, Hefe, Backpulver u. a. Wenn man von den Stoffen absieht, die **selbst**, wenn auch im Verein mit anderen Stoffen, einen mit der Zunge wahrnehmbaren Genuß bereiten sollen, ist es kaum möglich sie unter die Bestimmungen des Gesetzes vom 14. Mai 1879 zu bringen.

Sie enthalten einerseits keine irgendwie beträchtlichen Nährstoffe, andrerseits sind sie selbst nicht bestimmt einen geschmacklichen Genuß zu bereiten; das ist höchstens den mit ihrer Hilfe bereiteten Nahrungs- oder Genußmitteln vorbehalten.

Soweit nicht das Gesetz vom 5. Juli 1887, betreffend die Verwendung gesundheitschädlicher Farben oder die Bundesratsverordnung vom 18. Februar 1902 eine Handhabe bietet, gibt es keinen gesetzlichen Weg auf die Beschaffenheit dieser Hilfsstoffe Einfluß zu nehmen. Es dürfte vielmehr Aufgabe der gesetzgebenden Körperschaften sein, diese klaffende Lücke zu beseitigen.

Die gegenteilige Auffassung des Kaiserlichen Gesundheitsamtes und des Reichsgerichts bezüglich der Hefen ist bekannt. Vgl. am Ende dieses Kapitels und das Kapitel Hefe im III. Teil. Das Nahrungsmittelgesetz nebst Folgegesetzen betreffen eben, außer den zitierten Ausnahmen, nur die Nahrungsmittel selbst. An diesen kann natürlich geprüft werden, ob sie durch Zusatz ungehörig zusammengesetzter Hilfsstoffe eine ungesetzliche Beschaffenheit erhalten haben.

Meyer und Finkelburg (2. Aufl. 1885) wollen den Genußmittelbegriff auch auf Parfüms, sowie überhaupt auf durch die Nase aufgenommene Genußmittel ausdehnen. Sie begründen diese Ansicht in folgender Weise:

„Die Judikatur der höchsten Gerichtshöfe hat für die Abgrenzung des Begriffs eine mittlere Linie eingehalten. Dem Feuerungsmaterial (Brennholz) ist die Qualität eines Genußmittels — zum Teil im Widerspruch mit der Ansicht der Instanzgerichte — nicht zugestanden. [Erk. des Ober-Appellationsgerichts zu Dresden vom 8. November 1872; des obersten Gerichtshofes in München vom 17. April 1875; 3. Dezember 1875 (Stenglein, Zeitschr. für Gerichtspraxis, II S. 207; V, 187, 188; VI, 89).] In der Begründung der Entscheidungen ist ausgeführt, daß unter Genußmitteln nur Gegenstände verstanden werden können, welche „durch eines der menschlichen Sinnesorgane genossen" werden könnten, also z. B. auch Tabak und Zigarren; aus der Gleichstellung der Genußmittel mit den Nahrungsmitteln folge, daß es sich hier um Stoffe handele, „welche, wenn sie auch nicht zur Ernährung des menschlichen Körpers bestimmt sind, gleichwohl, wie die Nahrungsmittel, dem menschlichen Körper durch den Geschmack- oder Geruchssinn zugeführt, „genossen", nicht aber um solche, welche durch mittelbare oder unmittelbare Berührung mit dem Körper demselben nur ein Wohlbehagen zu verschaffen geeignet sind, nur „empfunden" werden." Mit dieser Auffassung stimmt die Ansicht der juristischen Doktrin überein, welche zu den Genußmitteln außer Tabak und Zigarren namentlich auch Parfüms rechnet (Oppenhof, Strafgesetzbuch, 9. Aufl., Note 18 zu § 370 Nr. 5; Rüdorff, Strafgesetzbuch, 2. Aufl., Note zu § 370 Nr. 5; Schwarze, Strafgesetzbuch, Note zu § 370 Nr. 5)."

„Die Genußmittel dagegen dienen keinem solchen naturgemäßen Bedürfnis, sondern sie werden in den Körper mehr oder weniger gewohnheitsgemäß aufgenommen zum Zwecke der Hervorrufung entweder allgemeiner oder örtlicher Erregungszustände im Nervensysteme, welche entweder an sich angenehm empfunden werden oder zur Unterdrückung unangenehmer Empfindungen dienen (Roth und Lex, Handbuch der Militär-Gesundheitspflege, Berlin 1875 S. 549 ff.). Aus diesen Einzel-Begriffsbestimmungen ergibt sich die beiderseitige äußere Begrenzung des Gesamtbegriffs der Nahrungs- und Genußmittel hinreichend, während die Zwischengrenze zwischen diesen beiden Kategorien, deren Durchführung bezüglich mancher Einzelgegenstände, z. B. der geistigen Getränke, des Kaffees u. a. noch wissenschaftliche Schwierigkeiten darbietet, für die Zwecke des vorliegenden Gesetzes aus dem oben angeführten Grunde gänzlich irrelevant ist. Mit der oben dargelegten Auffassung der Jurisprudenz stimmt demnach die vorstehende naturwissenschaftliche Abgrenzung des Begriffs: „Genußmittel" insofern überein, als nicht bloß etwa Tabak und Zigarren, sondern auch die eigentlichen Geruchs-Genußmittel (Parfüms, Räuchermittel usw.) nur vermöge ihrer Einführung in den Körper genossen werden. Eine Ausdehnung des Begriffs „Genußmittel" auf Dinge, welche durch andere Sinnesorgane als die mit den Ernährungs- und Atmungsorganen verbundenen, also nicht durch den Geschmack und Geruch, sondern durch Gesicht, Gehör oder Hautgefühl angenehm empfunden werden, würde nach dem Sprachgebrauch der Naturwissenschaft nicht zulässig sein. Eine dementsprechende Beschränkung des Begriffs „Genußmittel" steht auch durchaus im Einklange mit dem Geiste und den Zwecken des vorliegenden Gesetzes, welches bei der überall durchgeführten Gleichstellung der Nahrungs- und Genußmittel und ihrer sanitären Bedeutung offenbar die Aufnahme der beiden Kategorien von Substanzen in den menschlichen Körper zur Voraussetzung nimmt."

Reichsgericht. 1) Vom 2. Oktober 1880. (R. II, 294.)

Viehfutter fällt nicht unter das Nahrungsmittelgesetz.

2) Vom 7. März 1882. (R. IV, 231.)

Nur menschliche Nahrungsmittel fallen unter das Gesetz.

3) Vom 24. Februar 1880. (R. I, 365; E. I, 223.)

Zur Saat ausgesteckte Kartoffeln, solange sie noch nicht untauglich geworden sind, sind Nahrungsmittel im Sinne des Gesetzes.

4) Vom 2. Juli 1881. (R. III 456).

Ganze Weizenkörner, auch Gerste sind ein menschliches Nahrungsmittel.

5) Vom 11. Dezember 1888. Veröffentl. d. R.G.Bl. 1889 S. 551.

Sodann ist aber der Revision darin nicht beizutreten, daß durch die von der Vorinstanz festgestellte Tatsache, es habe O. die 5 Sack Gerste von V. „zur Saat" gekauft, die Anwendbarkeit des § 10 des N.M.G. ausgeschlossen gewesen sei. . . .

Hiernach erscheint bei einem Verkauf von Gegenständen, welche objektiv die Beschaffenheit von Nahrungs- oder Genußmitteln haben, der § 10 Ziffer 2 nicht ausgeschlossen, wenn der Verkäufer nicht wußte, zu welchem Zweck der Käufer den Gegenstand kaufe und verwenden werde, somit nach der Qualität desselben seinen Verbrauch zu Nahrungs- oder Genußzwecken annehmen mußte. Der Paragraph bleibt auch in dem Falle anwendbar, wenn unter den Kontrahenten bei dem Kaufsabschluß über die spätere Verwendung zu anderen Zwecken kein Zweifel herrscht, dem Verkäufer also bekannt ist, daß der Gegenstand nicht wegen seiner Beschaffenheit als Nahrungs- oder Genußmittel gekauft wird.

6) Vom 1. Juni 1893.

Die weitere Beschwerde des Angeklagten stellt in Frage, ob Getreide ein Nahrungsmittel sei, auf welches das G. vom 14. Mai 1879 Anwendung zu finden habe, obgleich es erst durch Mahlen und Backen zum Nahrungsmittel werde; es sei nur ein Rohstoff. Allein das Gesetz bezieht sich nicht nur auf das zum Genuß fertiggestellte Nahrungsmittel, sondern auch auf diejenigen Rohstoffe, aus welchen stets oder doch häufig Nahrungsmittel bereitet werden, sofern diese Verwendung nicht durch besondere Umstände ausgeschlossen ist und insofern das Verdorbensein sich auf die Zubereitung des Rohstoffes als Nahrungsmittel übertrüge. Es fällt deshalb auch das Fleisch von Schlachttieren, obgleich diese erst geschlachtet und zerteilt werden müssen und das Fleisch in der Regel erst der Zubereitung bedarf, unter den Begriff der Nahrungsmittel, ebenso Vegetabilien aller Arten, welche nur in besonderer Form als Nahrungsmittel dienen.

7) Vom 2. Dezember 1886 (R. VIII, 721; Veröffentl. d. K.G.A. 1887 S. 543) und

8) vom 1. Juli 1884 (R. VI, 488); sowie

9) vom 6. Oktober 1892 (E. XXII, 242).

Lebende Tiere, die als Schlachtvieh in den Handel kommen, sind Nahrungsmittel im Sinne des Gesetzes.

10) Vom 16. April 1888.

Der Begriff des Nahrungs- und Genußmittels im Sinne des R.G. vom 14. Mai 1879 erfordert nicht, daß das Nahrungs- oder Genußmittel schon in seiner natürlichen Beschaffenheit ohne jede Zubereitung oder Bearbeitung zum Genuß für Menschen geeignet sei. Der allgemeine Sprachgebrauch begreift unter der Bezeichnung Nahrungs- oder Genußmittel auch diejenigen Gegenstände, welche nur erst nach vorgängiger Verarbeitung oder Zubereitung von Menschen genossen werden. Weder der Wortlaut des N.M.G. noch die Entstehungsgeschichte des letzteren ergeben aber, daß der Gesetzgeber den Begriff des Nahrungs- oder Genußmittels in einem gegen den allgemeinen Sprachgebrauch beschränkten Sinne verstanden habe. (Vgl. R. III, 456; IV, 684.) Erscheint jedoch hiernach die Strafvorschrift in § 10 des Gesetzes auch in dem Falle anwendbar, wenn der einzelne in Frage stehende Gegenstand, um für Menschen genießbar zu sein, einer besonderen Vorrichtung oder Zubereitung bedarf, so kann auch kein Bedenken dagegen obwalten, dem Begriffe des Nahrungs- und Genußmittels im Sinne des Gesetzes auch lebende Tiere, welche im allgemeinen zur Nahrung oder zum Genusse für Menschen dienen, selbst wenn diese Tiere nicht sofort roh und ohne jedwede Zubereitung, sondern nur erst, wenn sie getötet und besonders vorgerichtet worden sind, genossen zu werden pflegen, zu unterstellen, und die Vorschriften der §§ 10 und 11 des Gesetzes, erscheinen im konkreten Falle die sonstigen im Gesetz bezeichneten Tatbestandsmerkmale gegeben, für anwendbar zu erklären, vorausgesetzt nur, daß dasselbe alsbald getötet und von Menschen genossen werden solle, verkauft oder sonst im Verkehr gebracht worden ist. In diesem Sinne hat das Reichsgericht auch bereits mehrfach erkannt (R. VII, 726) und es liegt kein Anlaß vor, von der in jenen Entscheidungen befolgten Rechtsmeinung abzugehen. Im vorliegenden Falle ist von den Instanzrichter ausdrücklich festgestellt worden, daß der A. bei dem Verkauf des fraglichen Schweines gewußt habe, daß dasselbe geschlachtet und wenigstens zum Teil sofort von Menschen genossen werden solle. Aus letzterem Grunde war auch eine Feststellung darüber, ob das Tier bei geeigneter Pflege würde haben genesen können oder nicht, völlig entbehrlich.

11) Vom 10. Juli 1882. (R. IV, 684.)

Wie für den Begriff des Nahrungsmittels ist es auch für den des Genußmittels gleichgültig, ob eine vorhergehende Zubereitung erforderlich ist. Hopfen ist ein Genußmittel, obgleich er auch noch mit anderen Stoffen erst verbunden werden muß.

12) Vom 9. April 1881. (R. III, 220, E. IV, 72.)

Unter Nahrungsmitteln sind diejenigen Mittel zu verstehen, welche — sei es in fester oder flüssiger Gestalt — der Ernährung des menschlichen Körpers dienen, auch wenn zu ihrer Genießbarkeit eine vorherige Zubereitung erforderlich ist.

Der Begriff der Genußmittel ist weiter. Er umfaßt alle Mittel bezw. Stoffe, welche, auch ohne der Ernährung zu dienen, von Menschen genossen zu werden pflegen.

Der Begriff von Genießen ist im eigentlichen, nicht im uneigentlichen Sinne zu nehmen. Genußmittel im Sinne des Gesetzes sind nur solche, welche durch die menschlichen Organe dem Körper wirklich zugeführt und mit dem Genusse verbraucht werden. Gegenstände, welche, ohne diesem Erfordernisse zu entsprechen, für die menschlichen Sinne lediglich eine angenehme Empfindung, ein Wohlbehagen, einen Genuß in uneigentlicher Bedeutung hervorrufen, einen „Genuß bereiten", fallen darunter nicht. . . . Blumen gehören nicht zu den Genußmitteln. Das Empfinden des Wohlgeruches, welchen duftende Blumen verbreiten, ist kein Genuß, wie ihn das Gesetz meint; der Genuß des Riechens ist kein Verbrauch der Blume.

(Ähnlich R.G. vom 12. Juli 1883. R. V, 514; s. hierunter Nr. 14.)

13) Vom 31. März 1881. (R. III, 848.)

Zigarren sind Genußmittel.

14) I. Strafsenat vom 12. Juli 1883. (R. V, 514.)

Brennmaterialien gehören nicht zu den Genußmitteln.

15) Vom 17. September 1896. (D.J.Z. I, 424. Beil. z. d. V. d. K.G.A. IV S. 122.)

Angeklagter habe weder das Brot, noch das Brotöl hergestellt, sondern nur mit letzterem gehandelt. Dasselbe habe bei der Herstellung des Brotes eine nebensächliche Verwendung gefunden und sei dadurch weder selbst Nahrungs- oder Genußmittel geworden, noch bestimmt gewesen, als solche zu dienen. Im Gegenteil sei sich Angeklagter bewußt gewesen, daß es dazu nicht geeignet sei. Dadurch, daß Teile des Öls in die Rinde des Brotes eingedrungen und mit diesem genossen seien, sei das Öl nicht selbst Nahrungs- oder Genußmittel geworden. Da niemand es dazu bestimmt habe, das Eindringen vielmehr gegen die allgemeine Annahme erfolgt sei, sei das Öl nur diejenige Substanz gewesen, welche das Brot unter Umständen habe gesundheitsschädlich wirken lassen. Das Gift werde aber nie selbst zum Nahrungs- oder Genußmittel. Ferner habe der Angeklagte das Mineralöl nicht als Nahrungs- oder Genußmittel, das Brot aber überhaupt nicht verkauft. Wäre ein nachteiliger Einfluß festgestellt worden, so hätte er wegen fahrlässiger Körperverletzung oder Tötung, bei vorsätzlichem Handeln der Bäcker unter Umständen als Gehilfe verfolgt werden können. (Ein Kaufmann war verurteilt worden, weil er Brotöl, ein Destillat aus den Rückständen bei Reinigung von Erdöl, das zum Bestreichen der Brote beim Backen behufs Verhinderung des Zusammenbackens der Brote oder Festklebens an den Platten dient, an Bäcker abgesetzt hatte.)

16) Vom 28. Mai 1900. E. XXXIII, 301,

17) vom 29. September 1900. E. XXXIII, 386

erkennen beide Hefe als Genußmittel an. Auszüge im dritten Teil Kapitel Hefe.

15. Kapitel.

Gebrauchsgegenstände.

Gebrauchsgegenstände bilden den Gegensatz zum Nahrungs- und Genußmittel. Würde dieser Begriff keine Einschränkung erleiden, so unterstände dem Nahrungsmittelgesetz fast alles, womit wir Menschen in Berührung kommen. Eine derartige Ausdehnung sollte dem Gesetz betreffend den Verkehr mit Nahrungsmitteln, Genußmitteln und Gebrauchsgegenständen vom 14. Mai 1879 nicht gegeben werden. Die unvermeidlichen Belästigungen vieler Geschäftskreise hätten in keinem Verhältnis zu dem zu erwartenden Nutzen gestanden. Zutreffend führten daher die Motive zu dem Gesetz S. 12 aus: „Es konnte nicht zweifelhaft sein, daß der Entwurf, wenn er sich nur auf den Kreis der Nahrungs- und Genußmittel beschränkte, dem von vielen Seiten laut gewordenen weitergehenden Bedürfnisse nicht gerecht werden würde. Eine Anzahl von Gebrauchsgegenständen sind, wie die Darstellung der von dem Kaiserlichen Gesundheitsamt berufenen Kommission näher angibt, unter Umständen ebenso geeignet, die menschliche Gesundheit zu gefährden, wie Nahrungs- und Genußmittel. Dennoch war es notwendig hier eine Grenze zu ziehen, wenn nicht in den gewerblichen Verkehr über das Maß des Notwendigen hinaus und zwar in einer Weise eingegriffen werden sollte, deren Folgen sich nicht übersehen lassen. Der Entwurf hat daher, und zwar in wesentlicher Übereinstimmung mit den Beschlüssen der von den Kaiserlichen Gesundheitsamt berufenen Kommission, nur solche Gebrauchsgegenstände in den Kreis seiner Vorschriften gezogen, welche vermöge ihrer Bestimmung mit dem menschlichen Organismus in so nahe Berührung kommen, daß sie infolge derselben einen positiv schädigenden Einfluß auf denselben zu äußern geneigt sind. Diese Gegenstände sind bestimmt verzeichnet, um jeden Zweifel auszuschließen. Soviel liegt auf der Hand, daß es nicht möglich ist, alle Gegenstände, deren Gebrauch die menschliche Gesundheit gefährden kann, durch das Gesetz zu treffen. Dies gilt insbesondere auch von den sogenannten kosmetischen Mitteln. Indessen sind diese mit den vorerwähnten Gegenständen schon deshalb nicht in eine Linie zu stellen, weil sie entbehrlich und nur in beschränktem Grade gebräuchlich sind."

In diesem Rahmen hat sich die Gesetzgebung weiter bewegt. Außer in der Überschrift kommt deshalb das Wort „Gebrauchsgegenstände" beim Gesetz vom 14. Mai 1879 nicht vor. Des Gesetzes Titel ist daher in Übereinstimmung mit Motiven sowie der bekannten Doktrin überhaupt dahin zu verstehen, daß nur die genannten Gebrauchsgegenstände den Vorschriften unterliegen. Das Gesetz vom 5. Juli 1887 gebraucht das Wort gleichfalls in der Überschrift (Gesetz, betreffend die Verwendung gesundheitschädliche Farben bei der Herstellung von Nahrungsmitteln, Genußmittel und Gebrauchsgegenständen) in gleicher Bedeutung wie das Muttergesetz von 1879, sowie noch einmal in der Strafbestimmung des § 12 Ziffer 1:

„Mit Geldstrafe bis zu einhundertundfünfzig Mark oder mit Haft wird bestraft:

1. wer den Vorschriften der §§ 1 bis 5, 7, 8 oder 10 zuwider Nahrungsmittel, Genußmittel oder Gebrauchsgegenstände herstellt usw."

Diese Bestimmung ist gleichfalls nur auf die an den zitierten Stellen besonders genannten Gebrauchsgegenstände zu beziehen.

Der allerdings sehr umfassende Ausdruck im § 9 desselben Gesetzes „sonstige häusliche Gebrauchsgegenstände" gibt zu Auslassungen schon darum keinen Anlaß, weil es sich a. a. O. nur darum handelt, die wasserlöslichen Wasser- oder Leimfarben möglichst weitgehend zu beschränken.

Einer Umschreibung des gesetzlichen Begriffes bedarf es daher nicht; nur die ausdrücklich genannten Gebrauchsgegenstände werden betroffen und auch diese nur insoweit, als ganz bestimmte Eigenschaften von ihnen verlangt werden. Es liegt in der Natur der Sache, daß die geforderten Eigenschaften meist negativer Art sind.

Die durch die Nahrungsmittelgesetzgebung zur Zeit betroffenen Gebrauchsgegenstände sind in der folgenden Übersicht aufgeführt. Die über sie vorhandenen speziellen Gesetzesstellen sind mit angegeben. Einzelheiten vergleiche man im dritten Teil beim gleichnamigen Kapitel, ebenso die bezügliche Rechtsprechung.

(N. = Nahrungsmittelgesetz vom 14. Mai 1879; B. = Blei- und Zinkgesetz vom 25. Juni 1887; F. = Farbengesetz vom 5. Juli 1887.

Die Zahlen bedeuten die Paragraphen.)

16. Kapitel.

Verkaufen.

Durch den Kaufvertrag wird der Verkäufer verpflichtet, dem Käufer die Sache zu übergeben und das Eigentum zu verschaffen, der Käufer den vereinbarten Kaufpreis zu zahlen und die Sachen abzunehmen. (B.G.B. § 433.) Der „Verkauf" ist vollendet mit der Einigung zwischen Käufer und Verkäufer über sämtliche Punkte des abzuschließenden Geschäfts. Die Ansicht, daß schon derjenige eine Sache „verkauft" habe, welcher in ausreichender Form einem anderen den Willen zu erkennen gegeben habe, ihm das Eigentum einer Sache gegen Zahlung eines Preises abzutreten und daß einem solchen „Verkaufe" gegenüber die Annahme des Angebotes von der anderen Seite den „Kauf" im engeren Sinne darstelle, verkennt völlig die zweiseitige Natur des rechtlich ein Ganzes bildenden Kaufvertrages, welcher zwar vom Standpunkte des einen Kontrahenten als Verkauf und von demjenigen des anderen als Kauf bezeichnet wird, stets aber die erfolgte Willenseinigung beider Teile zur notwendigen Voraussetzung hat. R.G. vom 26. April 1887. Veröffentl. 1887, 634.

Dagegen ist die Verkaufsofferte als Versuch des Verkaufs anzusehen und strafbar, soweit das Gesetz die Strafbarkeit des Versuchs bestimmt (§ 43 R.St.G.B.), z. B. § 12 N.M.G.; dagegen nicht §§ 26, 27 dieses Gesetzes und § 10 N.M.G.

Nicht zum Tatbestand des Verkaufs gehört dagegen die Erfüllung, d. i. die Übergabe an den Käufer oder die Zahlung des Preises. (R.G. III. 6. Oktober 1890, 1983, 90; a. M. R.G. 30. März 1881 E. IV, 92; 26. September 1892, E. II, 151; Stenglein, Anm. 10 zu § 10 N.M.G.) Es fehlt jeder Anhalt dafür, daß der Begriff hier ein anderer ist als im Zivilrecht. Der Zweck der Verkaufsverbote im vorliegenden Gesetze ist vielmehr, gewisse Sachen überhaupt dem Handel zu entziehen, d. h. zu verhindern, daß sie überhaupt Gegenstand von Kaufverträgen werden. Wenn der Käufer nach Abschluß des Vertrages einseitig zurücktritt, so ist das für den Tatbestand des Verkaufs ebenso gleichgültig, als wenn die Übergabe durch Einschreiten der Polizeibehörde verhindert worden wäre. (R.G. III. 6. Oktober 1890, 1983, 90.)

Gewährung von Kost und Wohnung gegen Gesamtentschädigung ist Verkauf der Kost. (R.G. 23. Januar 1893 E. XXIII, 386.

Der Kaufpreis braucht nicht in Geld zu bestehen. Auf den Tausch finden die Vorschriften über den Kauf entsprechende Anwendung. (B.G.B. § 515.)

Als Kauf gilt auch die Veräußerung, welche nach außen hin in der Form einer unentgeltlichen Zugabe zu einem verkauften Gegenstand gekleidet ist (R.G. 2. Dezember 1904; J.W. 1905, 248 betr. „Zugabe" von Süßstofftabletten zum Bier), namentlich dann, wenn Hauptgegenstand und „Zugabe" dergestalt Gegenstand der Privatabrede sind, daß als Preis für beide nur die schon in dem Preise des Hauptgegenstandes enthaltenen Vergütung mitzugelten hat. Es ist dann gleichgültig, ob nach außenhin die Form einer selbständigen und unentgeltliche Zugabe gewählt ist. (R.G. 11. Juli 1904 E. XXXVII, 242.)

Die Entnahme von Proben durch den visitierenden Beamten gemäß § 2 N.M.G. ist kein Kauf (vgl. R.G. II. in Sachen Rathgen u. Gen. vom 27. Februar 1902; a. M. Stenglein Anm. 7 zu § 10 N.M.G.; auch dann nicht, wenn der Beamte die Proben nicht selbst nimmt, sondern sich geben läßt. Es wird hier nur eine gesetzliche Pflicht erfüllt, während zum Tatbestand des Kaufs ein auf freie Willen beruhender Vertragsschluß gehört.

Ob der Verkauf an den Konsumenten direkt, oder den Zwischenhändler und Wiederverkäufer erfolgt, ist gleichgültig. (R.G. IV. 5. Juni 1885, 1169, 85.

---

17. Kapitel.

Feilhalten.

Feilhalten ist das nach außen hin erkennbare Bereithalten einer Sache in der Absicht des Verkaufs.

Das Bereithalten braucht nicht für jedermann erkennbar

zu sein. Es ist nicht ausgeschlossen, daß die Ware vor gewissen Personen, z. B. revidierenden Polizeibeamten versteckt gehalten wird. (Vgl. R.G. 5. Juli 1887. Veröff. 1888 S. 279.) Es ist auch nicht notwendig, „daß das Bereithalten oder das Darbieten eines Gegenstandes zum Verkauf in der Form einer öffentlichen Schaustellung sich manifestiere. Viele Gegenstände, die einer sorgfältigen und besonders gearteten Aufbewahrung bedürfen, werden täglich und auch gewerbsmäßig feilgehalten, ungeachtet sie durch die Art der Aufbewahrung den Blicken des Publikums entzogen bleiben und nur dem es verlangenden Kauflustigen vorgezeigt werden." (R.G. 8. Februar 1882 R. IV, 137.)

Noch weniger ist ein Anpreisen erforderlich. (R.G. 8. Februar 1882 R. IV, 137.) Es braucht nicht einmal ein bestimmter Preis bekannt gegeben zu werden. (R.G. 8. Mai 1884 bei Meyer-Finkelnburg S. 18.)

Erforderlich ist die Absicht des Verkaufs, dieselbe kann jedoch beschränkt, von Voraussetzungen und Bedingungen abhängig gemacht sein. (R.G. 4. Juni 1881 R. III, 373; E. IV, 274.) Der Verkäufer will z. B. das Fleisch nur als Nahrungsmittel für Tiere oder nur zum Kochen weiter verkaufen. Ein Feilhalten zu anderen Zwecken findet dann nicht statt. Es ist ferner möglich, daß nur für einen bestimmten Teil des Publikums (z. B. nur für Wiederverkäufer) feilgehalten wird. (R.G. 4. Mai 1883 R. V, 315.)

Nicht erforderlich ist, daß die Ware sich in dem Raum befindet, in welchem sie verkauft werden soll. Meistens werden allerdings die Waren sich unmittelbar zur Hand befinden (R.G. III. 8. Mai 1884), aber auch Ausstellung in einem vom Verkaufslokal entfernten Ausstellungsraum oder Schaukasten, ist Feilhalten, wenn es in der Verkaufsabsicht geschieht.

Nicht erforderlich ist ferner, daß der Raum, in welchem sich die Ware befindet, für das Publikum zugänglich ist. (K.G. 29. März 1900; D.J.Z. 1900 S. 463; K.G. 4. Juli 1898; D.J.Z. 1899 S. 22 Nr. 17; R.G. 9. April 1894 XXV, 242.) Es kann unmöglich für die Strafbarkeit einen Unterschied machen, ob die Ware im Verkaufsraum oder in einem anstoßenden Lagerraume zum Verkaufen bereit liegt. Ein Weinkeller ist nicht bloß dann Feilhaltungslokal, wenn er als Verkaufskeller dient, es genügt, wenn der in ihm lagernde Wein dem Publikum durch

Preislisten, Proben oder in anderer Weise angeboten wird. (R.G. 20. März 1904 E. XXXV, 169; J.W. 1905 S. 145.)

Daß der vielleicht alleinige Verkäufer event. zur Herbeischaffung der Waren das Geschäftslokal verlassen und damit die Aufsicht über die dem Publikum zugänglich gemachten Waren preisgeben muß, schließt das Feilhalten der außerhalb des Verkaufsraumes lagernden Waren nicht aus und kann bei den hier in Betracht kommenden Bestimmungen zum Schutze des Publikums keinen Unterschied begründen, die etwaigen Schwierigkeiten, mit denen der Verkauf für den Verkäufer verknüpft ist, sind unerheblich. — § 3 N.M.G. kann nicht etwa für eine entgegengesetzte Ansicht herangezogen werden. Derselbe setzt allerdings die „zur Aufbewahrung und Herstellung bestimmten Räume" im Gegensatz zu „Räumen, in denen feilgehalten wird". Der Unterschied liegt aber darin, daß das Feilhalten nur stattfindet, wenn sich die betr. Gegenstände noch in den Räumen befinden, während bei den zur Aufbewahrung bestimmten Räumen nicht erforderlich ist, daß sie in concreto zur Aufbewahrung benutzt werden. Noch viel weniger ist erforderlich, daß das Publikum die feilgehaltenen Sachen an dem zu seinem Aufenthalt bestimmten Platze sehen kann. (R.G. 4. Dezember 1903; J.W. 1904 S. 142, das verdorbene Nahrungsmittel stand in einer Schüssel unter dem Ladentisch.)

Vollendet ist das Feilhalten, wenn die vollständige Bereitschaft zur Abgabe an das Publikum eingetreten und die Ware zur Abgabe bereit ist.

Feilhalten findet noch nicht statt durch bloßes Öffnen des Ladens vor der Verkaufszeit, weil es nach dem Willen des Verkäufers erst noch von einer Untersuchung der im Laden befindlichen Waren abhängen sollte, welche zum Verkauf gestellt werden sollen. (R.G. 14. Januar 1886. Veröffentl. 1886, 410.) Verrichtungen, welche nach Absicht des Geschäftsmannes zu erfolgen haben, ehe die Ware dem Publikum zugänglich zu machen ist, wie das Einbringen von event. krankem Fleisch in den gewöhnlichen Zurichteraum, fallen nicht unter den Begriff des Feilhaltens. (R.G. vom 11. Mai 1886. Veröffentl. 1886, 683.)

Dagegen liegt in den beiden letzten Fällen ein — nur im Falle des § 12 N.M.G. strafbarer — Versuch vor. Versuch des Feilhaltens ist vorhanden, wenn mit der Bereitstellung der Waren zum Verkauf begonnen ist. (R.G. vom 5. Juni 1890. Lebbin, Nahrungsmittelgesetz S. 4.)

Es wurde z. B. als vorliegend erachtet, als ein Fleischer gesundheitsschädliches Fleisch mit Kenntnis dieser Eigenschaft erworben hatte, in sein Verkaufslokal schaffte und dort zur Beseitigung des üblen Geruchs mit Wasser abwusch. (R.G. III. vom 15. Februar 1881. Lebbin, Nahrungsmittelgesetz S. 4.)

Ferner in dem Zerlegen von Fleisch, d. h. Herrichtung zum Verkauf. (R.G. I vom 1. November 1881 und R.G. II vom 6. Mai 1890. Lebbin, Nahrungsmittelgesetz S. 4.)

Der bloße Besitz der Ware ist noch kein Versuch des Feilhaltens. (R.G. III vom 10. November 1884. Lebbin, Nahrungsmittelgesetz S. 4.)

Das Feilhalten braucht nicht gewerbsmäßig zu sein. Es findet kein Unterschied statt zwischen Groß- und Kleinhandel, Feilhalten auf offenem Markt oder für einen beschränkten Abnehmerkreis. (Stenglein Anm. 11 zu § 10 N.M.G.; R.G. vom 4. Mai 1883; R. V, 315; R.G. vom 2. November 1886; R. VIII, 671.)

18. Kapitel.

Inverkehrbringen.

Der Begriff umfaßt Feilhalten, Vertrieb und Verkauf, geht aber noch bei weitem über diese Begriffe hinaus: Er bedeutet „jede Hingabe zum Gebrauch an andere in irgend einer Weise und das Darbieten hierzu".

Kaufmännische oder gewerbsmäßige Tätigkeit ist nicht erforderlich. Es genügt Überlassung an Angehörige des eigenen Haushalts, Familienmitglieder, Gesinde usw. zum Verzehr (R.G. vom 8. Mai 1882 R. IV, 448; R.G. vom 27. Oktober 1882 R. IV, 768; Sen. 8. Januar 1883, 3101, 82), auch an einen Gewerbegehilfen zum Zwecke des Abschmeckens (R.G. IV vom 16. Januar 1885. Lebbin, Nahrungsmittelgesetz S. 7.)

Auch das Verschenken kann „Inverkehrbringen" sein. (R.G. vom 13. Dezember 1880 R. II, 633, E. III, 119; 3. Str.-Sen. vom 10. Februar 1887.) Ebenso ist zwangsweiser Verkauf durch den Gerichtsvollzieher als Inverkehrbringen anzusehen. R.G. vom 21. April 1896 E. XXVIII, 316.

Als Inverkehrbringen ist auch die Rückgabe an den Verkäufer anzusehen, wenn der Käufer im Bewußtsein der Möglichkeit handelt, der Verkäufer werde das zurückgegebene Fleisch weiter veräußern oder selbst genießen. — Daß der Verkäufer zivilrechtlich zur Rücknahme verpflichtet ist, schließt die Strafbarkeit nicht aus. (R.G. vom 23. September 1887 R. IX, 462, E. XVI, 191. 4. Sen. vom 5. Juli 1889, 1462, 80; a. M. Reiffel bei Goldammer Bd. 39, S. 109.)

Inverkehrbringen ist auch die Duldung der Wegnahme durch einen Dritten, sofern man nicht zu dieser Duldung rechtlich verpflichtet ist. (R.G. vom 7. Juni 1877. Veröffentl. 1888 S. 280.)

Das „Inverkehrbringen" ist vollendet, wenn dem Willen des Handelnden entsprechend einem Dritten die aktuelle Möglichkeit der Verwendung des Gegenstandes als Nahrungs- oder Genußmittel verschafft worden ist. (R.G. II vom 23. März 1886 E. XIV, 35.)

Versendete Waren sind nicht in Verkehr gebracht, solange der Absender noch über sie verfügen kann. (R.G. vom 1. November 1888 R. X, 611.)

Der Transport kann aber Versuch des Inverkehrbringens (R.G. II vom 2. Mai 1884, 957, 84; R.G. III. vom 10. November 1884, 2639, 84) unter Umständen aber auch nur Vorbereitungshandlung sein. (Bloße Vorbereitungshandlung, wenn der Täter die gesundheitsschädlichen Sachen auf dem Bahnhof der Stadt transportiert, wo er sie feilzuhalten beabsichtigt, in der Stadt selbst aber noch keine Verkaufsstelle besitzt. (R.G. III vom 24. Oktober 1887, 1936, 87.)

Als Vollendung des Inverkehrbringens kann es angesehen werden, wenn verdorbenes Fleisch dem Gaste vorgesetzt oder auf die Speisekarte gesetzt wird. Das Hinschaffen solcher Ware an die Verbrauchsstätte und die Aufbewahrung im Vorratsraum für die Verwendung ist Anfang der Ausführung des Inverkehrbringens und erfüllt den Tatbestand des Versuchs. (R.G. II vom 17. Februar 1888, 307, 88.)

Im „Verkehr" befindet sich ein Nahrungsmittel von der Fertigstellung zum Weitervertrieb seitens des Produzenten bis zum Verkauf an den Konsumenten. (K.G. vom 29. November 1900. Johow 21 C. 44. Vgl. auch R.G. vom 23. März 1886. Veröffentl. 1886 S. 651.)

19. Kapitel.

Vertrieb und Verwendung.

Der Begriff „Vertrieb" erscheint im Fl.B.G. §§ 11, 18 zum erstenmal in der Nahrungsmittelgesetzgebung. Er umfaßt jede auf die Veräußerung gerichtete Tätigkeit im Gegensatz zur Verwendung, d. i. zum Verbrauch für eigene Zwecke.

„Vertrieb" setzt im Gegensatz zum Inverkehrbringen nicht voraus, daß sich die Gegenstände bereits im Besitz des Täters befinden. Ein Fleischhändler „vertreibt" z. B. bereits Pferdefleisch im Sinne des § 18, wenn er Fleisch weiter zu verkaufen sucht, das er erst anzuschaffen beabsichtigt.

Gewerbsmäßigkeit und kaufmännischer Betrieb sind auch zum Vertriebe nicht erforderlich, ebensowenig ist zwischen Klein- und Großvertrieb ein Unterschied zu machen.

Verwendung ist jede Verwertung innerhalb des eigenen Wirtschaftsbetriebes gleichviel, ob zum Zwecke des Haushalts oder Gewerbebetriebs z. B. Fl.B.G. §§ 11, 18, Bl.G. § 5. Die Nahrungsmittelgesetze gebrauchen den Ausdruck meist, wenn mit der Benutzung der betreffenden Substanz für den Täter erst indirekt ein wirtschaftlicher Erfolg erzielt werden soll. — Auch Verwendung zum eigenen Genuß wird nicht auszuschließen sein. Von gewerbsmäßiger Verwendung spricht § 4 Nr. 3 des Blei- und Zinkgesetzes. (Druckvorrichtungen zum Ausschank von Bier und Schläuche zur Leitung von Bier, Wein und Essig.) Am meisten kommt der Ausdruck im Farbengesetz vor. Hier ist allerdings nicht von gewerbsmäßiger Verwendung die Rede, wohl aber müssen die Gegenstände, auf die sich das Farbengesetz bezieht — mit der Ausnahme des Falles des § 9 — zum Verkauf bestimmt sein.

Verwendung zur Herstellung eines Nahrungsmittels liegt vor, wenn der betreffende Stoff mit dem Nahrungsmittel so verbunden ist, daß er mit demselben genossen wird. Es macht keinen Unterschied, ob der Stoff direkt in das Nahrungsmittel gebracht wird oder ob er erst als Bestandteil eines andern Stoffes in dieses hineingelangt. Es macht keinen Unterschied ob der Stoff das ganze Nahrungsmittel durchsetzt oder nur zur Verzierung verwendet ist (Färbung von Konditorwaren kann unter § 1 des Farbengesetzes fallen, vgl. Stenglein, S. 362). Dagegen liegt eine Verwendung zur Herstellung eines Nahrungsmittels nicht vor, wenn der mit dem betreffenden Stoff behandelte Teil des Gegenstandes nicht zur Nahrung bestimmt ist. Das Kammergericht hat z. B. die Anwendung des Farbengesetzes, bezüglich eines Weihnachtsmännchens mit Bäumchen, abgelehnt, weil nur das Männchen aus Marzipan zum Genuß bestimmt war, nicht aber das Bäumchen, bei dem die verbotenen Farben verwendet waren.

---

20. Kapitel.

Gesundheitsbeschädigung und Gesundheitszerstörung.

Der Begriff der Gesundheitszerstörung findet sich bereits in §§ 229, 334 St.G.B., der Begriff der Gesundheitsbeschädigung in §§ 223, 229 ebenda. Im Nahrungsmittelrecht findet sich die Gesundheitsbeschädigung in §§ 12, 14 N.M.G. und daneben in §§ 21, 26 Nr. 4 Fl.B.G. (Gesundheitsschädlichkeit) behandelt. Der Begriff der Gesundheitszerstörung findet sich in § 13 N.M.G.

Gesundheitsbeschädigung ist jeder Eingriff in die körperliche Unversehrtheit eines anderen, welcher nicht bloß von ganz vorübergehender Natur ist. Olshausen (St.G.B. § 223 Anm. 5) nimmt an, daß Gesundheitsschädigung nur dann vorliege, wenn eine Krankheit eingetreten ist, d. h. ein pathologischer Zustand, der entweder überhaupt nicht, oder nur durch einen längeren oder kürzeren Heilungsprozeß wieder beseitigt werden kann. Wenn man auch nicht so weit geht, so wird man doch einen ganz vorübergehenden Schmerz, Übelbefinden oder Mißbehagen noch nicht als Gesundheitsschädigung ansehen können. (Vgl. R.G. vom 5. Mai 1882 E. VI, 258; 1. Oktober 1888 E. XVIII, 130; 6. Februar 1890 E. XX, 254.) Nicht ohne weiteres als Gesundheitsschädigung anzusehen ist die Erregung von Ekel. Gesundheitsschädlichkeit darf insbesondere nicht angenommen werden, wenn das Gefühl des Ekels nicht durch den

Gegenstand selbst, sondern erst durch eine besondere Mitteilung hervorgerufen wird. Die Möglichkeit, daß Personen nach dem Genusse des von einem kranken Tiere herrührenden Fleisches von seiner Herkunft hören, aus Ekel an ihrer Gesundheit geschädigt werden können, genügt demnach nicht, um das Fleisch als ein gesundheitsschädliches Nahrungsmittel anzusehen. (R.G. vom 20. April 1891; J.W. 1891, 296 Nr. 8; 1. Oktober 1888 Bd. 18 S. 135.) Anders ist es dagegen, wenn das Nahrungsmittel nach seiner objektiven Beschaffenheit geeignet ist, bei demjenigen, der es genießt, Ekel und infolgedessen Übelkeit und Erbrechen hervorzurufen. (R.G. vom 8. Dezember 1893; J.W. 1894, 53 Nr. 8.)

Während das Strafgesetzbuch den Begriff der Gesundheitsbeschädigung in §§ 223, 229 enthält, beschäftigt sich das Nahrungsmittelrecht mit ihm hauptsächlich insoweit, als die Eignung zur Gesundheitsbeschädigung einer Sache anhaftet. Die Gesundheitsschädlichkeit im Sinne des Nahrungsmittelrechts ist ein rein objektiver Begriff. Sie ist vollkommen unabhängig davon, ob in einem bestimmten Falle eine Gesundheitsschädigung möglich war, oder eingetreten ist; sie ist vielmehr nach allgemeinen Grundsätzen zu beurteilen. Der Verkauf von zuckerhaltigem Wein an bestimmte, dem Verkäufer bekannte Diabetiker, ist kein Verkauf gesundheitsschädlicher Nahrungsmittel im Sinne des § 12 N.M.G. (R.G. vom 5. November 1898 E. XXXI, 299.) Wohl aber kann bei Nahrungsmitteln, welche für Kranke, Rekonvaleszenten oder Kinder bestimmt sind, auch deren körperliche Beschaffenheit für die Frage der Gesundheitsschädlichkeit in Berücksichtigung gezogen werden. (R.G. vom 20. Mai 1889 E. XIX, 226.)

Die Gesundheitsgefährlichkeit muß in dem Nahrungsmittel selbst liegen. Sie wurde z. B. nicht darin erblickt, daß Stecknadeln in leicht erkennbarer Weise in einem zum Verkauf bestimmten Brot sich befanden. (R.G. vom 11. November 1898 E. XXXI, 325.) — Ausschlaggebend ist das fertige Produkt. Es ist unerheblich, ob der Hersteller an sich unschädliche Stoffe durch die Zubereitung zu schädlichen gestaltet, oder, ob von vornherein für die menschliche Gesundheit schädliche Stoffe mit unschädlichen Ingredienzen verarbeitet werden. (R.G. vom 27. Oktober 1882 E. VII, 151.) Es ist auch gleichgültig, ob die Gesundheitsschädlichkeit mit oder ohne menschliches Zutun eingetreten ist. Gesundheitsschädlich ist ein Gegenstand auch dann, wenn nur ein fortgesetzter Genuß oder ein Genuß in nicht geringen Quantitäten schädlich wirkt. Nicht gesundheitsschädlich ist der Gegenstand aber, wenn er nur durch übermäßigen Genuß schädlich wirkt, weil die Gesundheitsschädlichkeit dann nicht mehr eine objektive Eigenschaft des Gegenstandes ist. (R.G. vom 9. Juni 1880 E. II, 177; 17. Oktober 1881 E. IV, 384.) Gleichgültig ist es, ob die Gesundheitsschädlichkeit durch gewisse Zubereitungen, z. B. durch starkes Kochen, beseitigt werden kann, weil dadurch eine andere Verwendung nicht ausgeschlossen ist. (R.G. vom 26. Februar 1884 R. VI, 157; 15. Januar 1885 E. XI, 378; 21. März 1888 R. X, 262.) Der Tatbestand des Verkaufs gesundheitsschädlicher Nahrungsmittel wird nicht einmal immer durch eine Vereinbarung mit dem Erwerber über die Mittel zur Unschädlichmachung, oder durch ein Bekanntgeben der Notwendigkeit, solche Mittel anzuwenden, ausgeschlossen. (R.G. vom 15. Januar 1885 E. XI, 375; 21. März 1888 R. X, 262; dagegen R.G. 4. Sen. vom 15. Januar 1889, 3199, 88, der Angeklagte wird entlastet, wenn er bei dem Feilhalten ersichtlich und gleichzeitig durch irgend welche Anstalten erkennbar macht, daß das Fleisch nur nach vorangegangenem Einpökeln als Nahrungsmittel verwendbar sei und nur unter der Bedingung des Einpökelns als Nahrungsmittel verkauft werden.) Der Verkäufer wird aber entlastet, wenn das Nahrungsmittel auf eine ganz außergewöhnliche Art genossen wird, z. B. Dinge, die nur in gekochtem Zustande genossen zu werden pflegen, roh gegessen werden. (R.G. vom 6. Juni 1880 E. II, 178.) Für Verwendungen, welche nur bei einem Verschulden des Gebrauchenden, oder sogar nur im Falle einer kriminellen Tat vorkommen können, ist der Veräußerer nicht verantwortlich. (R.G. I vom 19. Februar 1885.)

Die Gesundheitszerstörung ist ein bleibender, nicht wieder gut zu machender Nachteil für die menschliche Gesundheit. Gleichgültig ist es, ob der zur Zerstörung der Gesundheit geeignete Stoff chemisch, oder wie etwa gestoßenes Glas, mechanisch wirkt.

Die Frage, ob ein Nahrungsmittel geeignet ist, die menschliche Gesundheit zu schädigen oder zu zerstören, unterliegt im Allgemeinen der freien Beweiswürdigung des Richters, der zwar in der Regel Sachverständige vernehmen wird, an deren Gutachten aber nicht gebunden ist. Zur Herbeiführung einer gewissen Einheitlichkeit der Rechtssprechung auf diesem Gebiet dienen von den Spezialgesetzen das Farbengesetz und das Blei- und Zinkgesetz. Die Verbote der §§ 1—3 des Blei- und Zinkgesetzes und der §§ 1—5, 7, 8, 10 des Farbengesetzes sind absoluter Natur. Wer derartig verbotswidrige Gegenstände herstellt, gewerbsmäßig verkauft oder feilhält, unterliegt der Strafe, ohne daß es einer Feststellung ihrer Gesundheitsschädlichkeit bedarf. — Während bei diesen beiden Gesetzen der Gesetzgeber den Ausdruck „Gesundheitsschädlichkeit" im Gesetz überhaupt vermieden und sofort die konkreten Fälle unter Strafe gestellt hat, hat er bei den gleichfalls absoluten Verboten in § 21 Fl.B.G. wiederum den Ausdruck „gesundheitsschädliche Beschaffenheit" gebraucht. Aber auch hier greift die freie richterliche Beweiswürdigung nicht Platz, vielmehr ist es Sache des **Bundesrats**, die Stoffe und Verfahrensarten zu bestimmen, welche dem Fleisch eine gesundheitsschädliche Beschaffenheit zu verleihen vermögen und deshalb bei seiner gewerbsmäßigen Zubereitung nicht verwendet werden dürfen. Es kommt auch erst darauf an, ob im Einzelfall das verwendete Quantum gesundheitsschädliche Wirkungen hervorbringen kann. (R.G. vom 10. Juli 1903. Goldtammer Archiv Bd. 50 S. 395.) Bezüglich der in der Bundesratsverordnung vom 18. Februar 1902 aufgeführten Stoffe fällt das Recht der freien richterlichen Prüfung weg. Der Richter muß, soweit es sich um die Anwendung des § 21 Fl.B.G. handelt, auch bestrafen, wenn er selbst auf Grund wissenschaftlicher Gutachten die Ansicht des Bundesrats nicht teilt. Die gesetzliche Feststellung des Gesundheitsschädlichkeit der betreffenden Substanzen und Verfahrensarten gilt aber nur für das Gebiet des Fleischbeschaugesetzes, nicht für die Anwendung der §§ 12, 13 N.M.G.

Über die Frage, ob ein Stoff geeignet ist, die menschliche Gesundheit zu beschädigen, pflegen besonders bei chemischen Stoffen die Ansichten der Sachverständigen stark zu divergieren. Es wäre daher im Interesse der Einheitlichkeit des Verkehrs zu wünschen, daß möglichst viel von dem Mittel der Kaiserlichen Verordnung gemäß § 5 des Nahrungsmittelgesetzes Gebrauch gemacht wird, nach welchem bestimmte Arten der Herstellung, Aufbewahrung und Verpackung, sowie der Verkauf und das Feilhalten von Nahrungsmitteln einer bestimmten Beschaffenheit verboten werden kann.

21. Kapitel.

Die Bezeichnung der Nahrungsmittel.

Der Name einer Ware soll in kürzester Form dem Verkäufer die bestimmten Wünsche des Käufers in der Art übermitteln, daß daraus sichere Schlüsse über die erwarteten inneren und äußeren Eigenschaften der begehrten Ware entnommen werden können. In der übergroßen Mehrzahl aller Fälle werden sich für das Verständnis zwischen Käufer und Verkäufer nach dieser Richtung kaum Schwierigkeiten ergeben, wenn beide die gleiche Sprache, besonders dieselben lokal nuancierte Sprache sprechen. Sobald aber eine Ware aus einer entlegenen Gegend in neue Regionen einzudringen sucht, können schon Schwierigkeiten entstehen. Die Bezeichnung kann zunächst beiden Parteien entweder fremd oder doch nicht völlig verständlich sein. Während alsdann der Händler sich bald orientiert und den Zusammenhang zwischen Wesenheit und Namen der Ware bald gefunden haben dürfte, wird ein großer Teil der Käufer sich mehr oder weniger falsche Vorstellungen machen und diese immer mehr in sich befestigen.

Mißverständnisse kommen auch in der Art zu stande, daß im Laufe der Zeit eine Ware sich ändert, entweder weil die Zufuhr- oder die Produktionsverhältnisse andere geworden sind, während der Name blieb. Schließlich haben wir eine nicht geringe Zahl von Fällen, in denen der Verkäufer zwar mit dem falschen Namen, den seine Kunden aus Bequemlichkeit anwenden, andere, richtige Begriffe verbindet, aber doch genau weiß, was gemeint ist und stillschweigend die gemeinte, aber unrichtig geforderte Ware hergibt.

Aus allen diesen Verhältnissen entspringen Falschbezeichnungen, d. h. Namen, welche der Wesenheit nicht mehr ganz entsprechen. Damit sind die Vorbedingungen zu einem Nahrungsmittelprozeß um so leichter gegeben, als die übergroße Mehrzahl derselben lediglich das Mißverhältnis zwischen der Ware und der ihr beigelegten Bezeichnung betrifft. Bei der dürftigen Anzahl von Ausführungsbestimmungen zum Nahrungsmittelgesetz ist die Summe positiver Vorschriften selbstverständlich gering. Wenn man daher von der Verletzung solcher positiver Anordnungen und den ebenfalls wenig häufigen Anklagen wegen Herstellung bezw.

Vertrieb gesundheitschädlicher Lebensmittel absieht, so ergibt sich, daß bei richtiger Bezeichnung der Waren die Zahl der Nahrungsmittelprozesse eine verschwindend kleine sein müßte, weil die Herstellung und der Vertrieb beliebig konstruierter Nahrungsmittel, abgesehen von den genannten beiden Ausnahmen, durchweg erlaubt ist.

Um Anklagen wegen Nahrungsmittelverfälschungen zu vermeiden, ist es daher von höchster Wichtigkeit, daß die gewählte Bezeichnung erkennen läßt, welcher Art die entsprechende Ware sei.

Am besten ist es, wenn man stets eine ganz abstrakte Definition aufstellen kann, an der sich dann erheblich leichter abmessen läßt, ob die allgemeine Bezeichnung genügt, ob Zusätze, sogenannte Deklarationen, erforderlich sind oder endlich ob auch mit deren Hilfe keine zutreffende Kennzeichnung mehr möglich ist, so daß zu einer anderen Bezeichnung gegriffen werden muß.

Dieser Weg ist in den Kapiteln des systematischen Teils überall beschritten worden, wo er gangbar erschien.

Definitionen sind streng sachlich abzuleiten, ohne auf bloße Wünsche der Interessenten oder gar eine erst anzustrebende künftige Gesetzgebung Rücksicht zu nehmen, lediglich aus objektiven Momenten heraus: unter Berücksichtigung des Sprachgebrauchs, etwaiger positiver gesetzlicher Bestimmungen und der allgemeinen technischen Verhältnisse, genau so wie der Richter das Gesetz anzuwenden hat, ohne auf etwas anderes als eben das Gesetz dabei Rücksicht zu nehmen. Ist das Gesetz schlecht, so trifft nicht den Richter die Schuld. Ebenso wollen auch wir durch die gegebenen Definitionen nicht etwa zum Ausdruck bringen, daß wir bei etwaiger gesetzlicher Neuregelung gerade diese Begriffsbestimmungen vertreten möchten. Im Gegenteil würde die gesetzliche anderweitige Festlegung bei verschiedenen Nahrungsmitteln im Interesse der beteiligten Kreise liegen. Mangels solcher gesetzlich zugelassener Abweichungen von dem Begriffe des allgemeinen Sprachgebrauchs muß es jedoch einstweilen bei diesen Definitionen bewenden. Trifft die abstrakte Definition nicht zu, kann sie wegen gesetzlicher Hindernisse nicht mehr zutreffen, so müssen die betroffenen Kreise auf Änderung des Gesetzes bedacht sein.

Bis zur Erreichnung einer solchen gesetzgeberischen Handlung kann sich Handel und Industrie in den meisten Fällen dadurch vor strafrechtlichen Nachteilen bewahren, daß die Abweichungen von der strengen Definition dem Abnehmer mitgeteilt, deklariert werden.

Die Deklaration ist darum ein gewichtiges Moment in der Warenbezeichnung und damit auch für die Auslegung des Nahrungsmittelgesetzes. Um strafrechtlichen Schutz zu gewähren, muß die Deklaration nicht nur ausreichend, verständlich und sichtbar sein, vor allem muß sie die Grundbedingung erfüllen, gegen die oft gefehlt wird: sie soll nicht den ganzen Charakter der Ware ändern, soll nicht angeben, daß die gewählte Bezeichnung überhaupt unzutreffend ist, sondern soll eben nur jene Abweichungen von der Definition enthalten, die eines Tages durch gesetzliche Festlegung ihre Sanktion erhalten können. Die Deklaration darf also eine Ware mit bestimmten Eigenschaften nicht in eine Ware mit ganz anderen Qualitäten verwandeln, sie darf die Eigenart nicht ändern. Wird die Eigenart geändert, dann können in den meisten Fällen noch legale Produkte entstehen, aber es entsteht dann eine neue Spezies, welche einen neuen Namen, nicht eine Deklaration verlangt.

Ein Beispiel mag diese Verhältnisse erläutern: Himbeersyrup ist zu definieren als der durch hohe Zusätze von Rohrzucker, von Invertzucker oder von beiden dickflüssig, süßschmenckend und haltbar gemachte Saft (Preßsaft) der Himbeerenfrucht. Über die Ableitung dieser Definition vergleiche man an der betreffenden Stelle des systematischen Teiles.

Aus technischen Gründen muß meist ein konservierter Rohsaft benutzt werden. Es kann auch ein mit Wasser verdünnter Saft Anwendung gefunden haben, mit sogenannter Nachpresse. Endlich kann der Syrup mit einem geeigneten Farbstoff nachgefärbt sein. Immer wird der Syrup eine Ware bleiben, die mit Recht als „Himbeersyrup" verkauft werden kann, wenn nur dem Kosumenten über die Konservierung, die Nachpresse, die Nachfärbung Aufschluß gegeben wird.

Sobald dem Himbeersyrup aber Säfte oder Syrupe einer anderen Frucht zugesetzt werden, so deckt die Bezeichnung „Himbeersyrup" nicht mehr, auch nicht bei Deklaration. Es ist eine neue Ware, eine Mischung entstanden, die mit dem gleichen Rechte auch nach dem zweiten Fruchtbestandteil benannt werden könnte. Eine Ware, die zwei verschiedene Namen führen kann, ist aber ein Unding und darum sind beide Bezeichnungen falsch. Richtig ist nur ein Namen, der beide Früchte nennt, oder etwa allgemein

„Fruchtsaftgemisch“ lautet oder in anderer Weise die Ware, auf welche die Definition des Himbeersyrups gar nicht mehr paßt, bezeichnet.

In dem Himbeersyrup haben wir auch ein Beispiel für gewohnheitsmäßige Falschbezeichnung aus Nachlässigkeit, insofern der größte Teil des Publikums ihn nicht als Himbeersyrup sondern als Himbeersaft von seinem Lieferanten fordert. Der Himbeersaft ist im allgemeinen aber gar kein Artikel des Kleinhandels (s. „Fruchtsäfte“) sondern der aus ihm hergestellte Syrup. Der Händler weiß aber, was sein Kunde will und gibt stillschweigend statt der verlangten die erwartete Ware.

Wenn die Deklaration ihren Zweck erfüllen soll, so muß sie deutlich, sichtbar und verständlich sein.

Deutlich wird sie durch zweckmäßige Wahl der Buchstaben. Man darf erwarten, daß sie in Lettern mitgeteilt wird, die wenigstens $^1/_3$ so groß sind, wie die der Hauptbezeichnung.

Sichtbar wird sie durch angemessene Platzanweisung und Fernhaltung verdunkelnder Farbenkombinationen. Dadurch wird manche Mitteilung dem Auge schwer auffindbar.

Verständlich wird sie durch Benutzung von Worten, die bei dem Käufer möglichst wenig technische Erfahrung voraussetzen. „Kapillärsyrup“, „Bonbonsyrup“, wird nur in den seltensten Fällen verstanden, während „Stärkesyrup“ eine Bezeichnung ist, bei der sich auch ein Laie etwas denken kann.

Gewisse Scheindeklarationen sind natürlich für Aufklärung des Publikums überhaupt nicht bestimmt, sondern lediglich zur Verschleierung gewisser Manipulationen, die den Betreffenden selbst nicht einwandfrei erscheinen dürften; sie würden sonst nicht auf Irreführung beziehungsweise Verdunkelung bedacht sein.

Ich erinnere mich eines Puddingpulvers, das „garantiert frei von Kartoffelmehl und Weizenstärke“ sein sollte, aber aus dem noch billigeren Maismehl in der Hauptsache bestand.

Anders geartet aber ebenfalls gänzlich nichtssagend sind jene häufig anzutreffenden runden Blättchen eines Verbandes, die dem Leser einen Einblick in die allgemeine Fabrikation gewähren, dafür aber sich über dasjenige Nahrungsmittel, welchen sie aufgeklebt sind, um so vollständiger ausschweigen: „Obstkonserven sind hergestellt mit Raffinade und Wein- oder Zitronensäure nach Maßgabe des Geschmacks, Capillairsyrup, soweit er für die Konsistenz notwendig ist, und Konditorrot, wo Farbe verlangt wird.“

Solche Angaben sind natürlich für eine Anwendung des Nahrungsmittelgesetzes auf die betreffenden Waren wertlos und eintretenden Falles als nicht vorhanden zu betrachten.

Eine Art von Falschbezeichnungen hat der allgemeine Gebrauch sanktioniert, das sind jene, die eine Anzahl von Nahrungsmitteln nach einem charakteristischen Bestandteil benennen. Pars pro toto. Die Blutwurst ist nicht ganz aus Blut, sondern nur unter Verwendung desselben als integrierenden Bestandteil gemacht. Ebenso Leberwurst, Grützwurst, Malzbier, Malzzucker (in Stangen) usw. Solche Namen haben Heimatsrecht erworben und sind im Sonderfalle auf ihre Berechtigung durch Anhören der beteiligten Verkehrskreise zu prüfen.

Endlich ist noch eine Art von Falschbezeichnungen zu nennen, die den Ursprung einer Ware in örtlicher Beziehung andeuten. Eine große Zahl von ihnen hat sich zu einem Gattungsbegriff ausgewachsen und lassen bei niemand mehr den Gedanken an eine bestimmte örtliche Provenienz aufkommen.

Wiener Wurst, Kasseler Rippespeer, Münchener Bier, Pilsener, Kopenhagener Prezeln, Nordhäuser, Schweizerkäse und zahllose andere ähnlich gebildete Namen besagen weiter nichts, als daß das betreffende Lebensmittel entweder nach Art der in jenem Bezirk hergestellten gemacht ist oder anfangs vorzugsweise von dort in den Verkehr kam.

Eine Ursprungsbezeichnung kann bei vielen nur dann als vorliegend angenommen werden, wenn entweder besonders darauf hingewiesen oder das Wort „echt" dazugesetzt ist.

Echter Schweizerkäse soll daher aus der Schweiz stammen, echter Nordhäuser oder Steinhäger aus Nordhausen oder Steinhagen.

Ein Grundsatz darf beim Nachprüfen aller dieser Möglichkeiten jedoch nicht aus dem Auge gelassen werden: die berechtigten Erwartungen des Publikums sind nicht an jenem Teil der Käufer festzustellen, der sich gar keine Mühe gibt über das, was er erhält, nachzudenken, oder keine Gelegenheit benutzt, sich zu unterrichten. Maßgebend können nur die sein, die die üblicher Weise gebotenen Mittel, sich zu unterrichten, auch in verständiger Weise benutzen.

Eine Deklaration wird nicht unwirksam, wenn der Käufer ein Analphabet oder ein kleines Kind ist oder weil er keine Zeitung liest, ebenso wie ein Gesetz nicht darum versagt, weil es einem Kontravenienten nicht besonders verkündet ist.

Daß durch unberechtigte Namenbeilegung nicht nur eine Verletzung des Nahrungsmittelgesetzes zu Stande kommen kann, sondern auch ein Verstoß gegen § 263 Str.G.B., das Gesetz zum Schutze der Warenbezeichnungen vom 12. Mai 1894 und das Gesetz zur Bekämpfung des unlauteren Wettbewerbs vom 27. Mai 1896 begangen werden kann, sei nur der Vollständigkeit halber erwähnt. Die nähere Erörterung dieser gesetzlichen Bestimmungen liegt jedoch nicht mehr im Rahmen des vorliegenden Buches.

Reichsgericht. 1) Vom 14. Juli 1881. E. IV, 435. III. Sen. auch R. III, 486.

Lediglich durch falsche Etikettierung, Benennung oder dgl. braucht keine Nahrungsmittelverfälschung begangen zu sein, diese setzt vielmehr eine Manipulation an der Sache selbst voraus. Eine Nachmachung liegt nur dann vor, wenn die *Herstellung* zum Zwecke der Täuschung stattgefunden hat.

Die bloße Bezeichnung von Rübenzucker durch einen *Händler* als Kolonialzucker ist weder eine Nachahmung noch eine Verfälschung.

„Der § 10 Nr. 2 verlangt, daß die verkauften oder unter einer zur Täuschung geeigneten Bezeichnung feilgehaltenen Nahruugs- oder Genußmittel verdorben, nachgemacht oder verfälscht sind." Das „Nachmachen" ist der Akt der Herstellung einer Sache in der Weise und zu dem Zwecke, daß sie eine *andere* Sache zu sein scheint. Auch die Verfälschung ist ein Akt, der an der Sache selbst vorgenommen sein muß, indem sie durch Entziehen oder Zusatz einer substantiellen Veränderung unterworfen wird. Solche Fälle, in welchen weder ein Gegenstand dem andern (echten) in der Weise nachgebildet worden ist, daß er den Schein, das Aussehen, obschon nicht das Wesen des andern hat, noch die Beschaffenheit der Sache selbst, die verkauft oder feilgeboten wurde, einer Einwirkung unterworfen worden, sondern es *ausschließlich* um die Bezeichnung desselben sich handelt, gehören also nicht unter die Strafvorschrift des zitierten § 10 Nr. 2. Sie *können* den Tatbestand des *Betruges* enthalten.

Die Angeklagten haben anstatt des ausgebotenen indischen Zuckers Rübenzucker feilgehalten und verkauft. Eine *Verfälschung* des indischen oder Rohrzuckers stellt die Anfertigung des Rübenzuckers nicht dar, da die Substanz des ersteren dabei überall nicht in Frage steht. Eine *Nachmachung* des indischen oder Rohrzuckers kann die Anfertigung des Rübenzuckers allerdings enthalten, aber nicht schon an sich, insofern in dem Rübenzucker ein dem indischen Zucker in gewissen Beziehungen ähnlicher Gegenstand hergestellt wird, sondern nur unter der Voraussetzung, daß die Herstellung den Zweck hat, das Produkt, welches Rübenzucker ist, als indischen Zucker erscheinen zu lassen, und zu diesem Zwecke eine Ähnlichkeit nach Form oder Stoff hervorzubringen, so daß dem Produkt der Anschein des indischen Zuckers verliehen wird. Wäre die normale auf Erzeugung eines falschen Scheins nicht berechnete Produktion des Rübenzuckers dahin gelangt, dem letzteren Eigenschaften zu geben, welche seine Unterscheidung vom indischen Zucker äußerst schwierig machen, so würde solche Art der Herstellung nicht ein Nachmachen in dem Sinne sein, welchen der § 10 Nr. 2 mit diesem Worte verbindet, da dieser Begriff das Merkmal der auf Hervorrufung eines falschen Scheines gerichteten Absicht als ein notwendiges einschließt. Vgl. auch R.G. III. Str.Sen. 3. März 1884. R. VI, 166. E. X, 206.

2) Vom 2. November 1886. (Danziger Weinprozeß.)

Eine Verfälschung des Weines kann darin allein nicht gefunden werden, daß ihm durch das bloße Aufkleben einer Etikette auf die Flasche, in welcher der Wein zum Verkaufe gelangen soll, der Schein einer besseren Beschaffenheit verliehen wird; denn die Verfälschung ist ein Akt, der an der Sache selbst vorgenommen sein muß (E. IV, 435). Die Fassung des ersten und zweiten Entwurfes sieht zwar eine Verfälschung in der Weise vor, daß das Nahrungs- und Genußmittel auch ohne Entnahme oder Zusetzen von Stoffen durch die bloße Bezeichnung mit dem Scheine einer besseren Beschaffenheit versehen wird. Diese Bestimmung ist aber bei der Beratung im Reichstage als zu weitgehend angefochten und schließlich aufgegeben. Die Fassung des Gesetzes erheischt eine Nachahmung oder Verfälschung des Nahrungs- und Genußmittels. Dieses selbst ist aber durch das bloße Aufkleben einer Etikette weder nachgemacht noch verfälscht.

3) Vom 9. April 1891. Beilage z. d. Ver. d. R.G.A. II, 116.

Eine Verletzung des angewendeten Strafgesetzes will der Beschwerdeführer darauf gründen, daß der Begriff des Nachmachers verkannt sei, weil es sich im vorliegenden Falle um ein Kunstprodukt handle und der Richter unterlassen habe, zu prüfen, ob der Angeklagte durch seine Herstellungsweise den technischen Regeln zuwider gehandelt habe. Dieser Angriff geht fehl, denn ist auch Himbeer- und Johannisbeersaft, so wie er in den Handel kommt, ein Kunstprodukt, da er ohne Hinzunahme eines andern Stoffes zu den Früchten und ohne technische Manipulation nicht gewonnen werden kann, so ist es doch eine willkürliche Folgerung, welche der Angeklagte an das Wort „Kunstprodukt" knüpft, daß nunmehr lediglich die Regeln der Technik darüber entscheiden sollen, ob ein Produkt unter seinem Namen hergestellt und in den Handel gebracht werden darf. Im Gegenteil muß sich die Technik nach dem Gesetz richten, welches vorschreibt, daß Nahrungs- und Genußmittel nicht zum Zwecke der Täuschung nachgemacht werden dürfen, eine Vorschrift, mit der die Fortschritte der Technik leicht vereinbart werden können, wenn dabei der Gebrauch des zur Täuschung geeigneten Namens aufgegeben und offen angegeben wird, woraus das Prodnkt besteht oder daß es wenigstens nicht aus demjenigen Stoffe besteht, unter dessen Namen es feilgehalten wird.

Wird aber ein Produkt unter dem Namen und Äußeren eines bestimmten Fruchtsaftes in der Weise hergestellt, daß es von diesem Fruchtsaft nichts oder so gut wie nichts enthält, so ist damit der Begriff des Nachmachens im Sinne des Gesetzes erfüllt.

4) Vom 13. Januar 1903. Veröffentl. des K.G.A. Beil. VI, 204.

(Betrifft zwar § 16 des Warenzeichengesetzes, gehört aber zu vorstehenden Motiven.)

Die Vorinstanz nimmt an, der Angeklagte habe nicht die Absicht, zu täuschen, und nicht das Bewußtsein gehabt, daß er seine Abnehmer durch die Bezeichnung des fraglichen Weines als Steinberger Kabinett über die

Beschaffenheit und den Wert des Weines täuschte. Unter den Gründen für diese Annahme führt sie auch den an, daß sein Verfahren den allgemeinen Handelsgebrauch im Weinhandel darstelle. Schon diese Begründung der hervorgehobenen Feststellung gibt dem Verdachte Raum, daß der Vorderrichter bei Bildung seiner Überzeugung unter dem Einflusse von Rechtsirrtum, und zwar insoweit hinsichtlich der Tragweite des Abs. 2 des § 16 des Gesetzes zum Schutze der Warenbezeichnungen vom 12. Mai 1894 gestanden habe.

Der § 16 geht von dem Gedanken aus, daß, wenn der Herkunftsort einer Ware angegeben werden soll, die Angabe wahr sein müsse. Eine Ausnahme gestattet er hinsichtlich der „Verwendung von Namen, welche nach Handelsgebrauch zur Benennung gewisser Waren dienen, ohne deren Herkunft bezeichnen zu sollen". Die Zulässigkeit des Verfahrens des Angeklagten, welcher 1895er Winkler Jesuitengarten unter der Bezeichnung 1895er Steinberger Kabinett verkauft und in Preislisten angekündigt hat, hing hiernach davon ab, ob nach Handelsgebrauch der Name Steinberger Kabinett zur Benennung von Weinen dient, ohne deren Herkunft bezeichnen zu sollen. Diese Frage hat das angefochtene Urteil völlig unerörtert gelassen. Unter dem „allgemeinen Weinhandel", den das Verfahren des Angeklagten dargestellt haben soll, kann es nur den von den beiden Sachverständigen übereinstimmend bekundeten verstehen, deren Aussage es dahin mitteilt, es sei im Weinhandel allgemein üblich, da ein gesetzlicher Zwang für die Etikette fehle, durch die Etikette nicht den Ort der Herkunft sondern den Charakter des Weines zu bezeichnen. Wenn darauf Wert gelegt werden solle, daß die Bezeichnung wirklich dem Orte der Herkunft entspreche, so würde dies durch Zusätze, wie Kreszenz X X. oder Originalgewächs und dergleichen kenntlich gemacht. Dieser allgemeine Geschäftsgebrauch sei so bekannt, daß eine Täuschung ausgeschlossen sei. Diesen allgemeinen Geschäftsgebrauch nimmt der Vorderricheer offenbar, den Aussagen der Sachverständigen folgend, als bestehend an. Er spricht sich nicht darüber aus, ob er in ihm einen Handelsgebrauch der im Abs. 2 des § 16 des Gesetzes bezeichneten Art erblickt. Er hat möglicherweise nur sagen wollen, daß das Bestehen des wenn auch gesetzwidrigen Geschäftsgebrauches und sein allgemeines Bekanntsein die Möglichkeit einer Täuschung des Publikums ausschließe, und daß hieraus darauf zu schließen sei, dem Angeklagten habe das Bewußtsein davon, daß er Abnehmer täusche, gefehlt. Indessen besteht doch der Verdacht, daß er auch objektiv in dem Geschäftsgebrauche einen Handelsgebrauch des erwähnten Inhalts erblickt; es spricht hierfür auch, daß er angesichts des § 16 des Gesetzes, aus dem die Anklage erhoben war, mit keinem Worte eine Mißbilligung jenes Geschäftsgebrauchs, den er auch geradezu Handelsgebrauch nennt, ausspricht. Dieser Geschäftsgebrauch stellt aber, was den Weinhandel betrifft, das gerade Gegenteil eines der allgemeinen gesetzlichen Bestimmung entsprechenden Zustandes dar. Nach jenem Gebrauche besteht im Weinhandel keine Verpflichtung zur Wahrheit in der Herkunftsangabe. Es steht frei, jedem Weine einen beliebigen Namen beizulegen, wenn dieser nur dem Charakter des Weines entspricht, es gilt dies von den edeln wie von den gewöhnlichen Sorten, keine Herkunftsangabe darf als ernstlich gemeint angesehen werden, es sei denn, daß die Ernstlichkeit der Angabe auf der Etikette (in dem Preisverzeichnisse) noch ausdrücklich versichert ist. So weitgehende Handelsgebräuche hat das Gesetz nicht anerkennen wollen, wie nach seiner Entstehungsgeschichte nicht zweifelhaft sein kann, und hat solches auch nicht zum Ausdrucke gebracht. Es hat, von der Forderung der Wahrheit der Herkunftsangabe ausgehend, doch solche allgemeine Herkunftsbezeichnungen, welche sich für Waren gewisser Art eingebürgert haben, als zulässig bestehen lassen wollen; beispielsweise hatte sich im Weinhandel die Gewohnheit gebildet, die Weine, insbesondere geringerer Beschaffenheit, nicht mit dem oft wenig bekannten Orte, an dem sie gewachsen, sondern nach dem Hauptorte des Weinbaubezirks, dem der Herkunftsort angehörte, oder mit einem Namen zu bezeichnen, der nur den Charakter des Weines angeben sollte; es handelt sich hierbei aber um einzelne bestimmte Bezeichnungen, die im Handel mit Wein den Charakter als wirkliche Herkunftsbezeichnungen verloren und sich als Gattungsnamen herausgebildet hatten oder sich auch nach dem Erlasse des Gesetzes als solche herausbilden mögen. Keineswegs ist es die Absicht des Gesetzgebers gewesen, zu gestalten, daß im Weinhandel eine zum Verkaufe gestellte Quantität mit dem Namen irgend eines anderen Weines oder auch nur mit demjenigen eines in der Nähe seines Ursprungsortes oder mit dem eines Weines von ähnlichem Charakter bezeichnet werde, wenn nur ein dahingehender Gebrauch im Weinhandel sich gebildet haben würde; ein solcher Gebrauch könnte nur als ein Mißbrauch angesehen werden, dem das Gesetz gerade hat entgegentreten wollen. Es war hiernach unzulässig, den in der Lage „Winkler Jesuitengarten" gewachsenen Wein mit dem Namen „Steinberger Kabinett" zu bezeichnen, wenn nicht gerade der Name Steinberger Kabinett nach Handelsgebrauch zur Benennung von Weinen dient, ohne deren Herkunft bezeichnen zu sollen.

Das angegriffene Urteil führt ferner für den Mangel des Bewußtseins des Angeklagten davon, daß er seine Abnehmer täusche, an, daß der geforderte Preis (nämlich 1,35 Mk. per Flasche) den wirklichen Wert dargestellt und der Charakter des angebotenen Weins der Aufschrift entsprochen habe. Es muß zweifelhaft erscheinen, ob der Vorderrichter aus diesen Umständen einen so weitgehenden Schluß hat ziehen wollen, daß der Angeklagte nun die Täuschung aller und jeder Käufer für ausgeschlossen gehalten hätte. War dem Angeklagten bewußt, daß ein Teil seiner Abnehmer — das kann bereits genügen, vgl. Entsch. des Reichsgerichts in Straff. Bd. 34 S. 33 — dem ihnen angebotenen Weine um der Bezeichnung als Steinberger Kabinett willen einen besonderen Wert beigelegt habe, so war ihm auch bewußt, daß diese Abnehmer über den Wert der Ware im Sinne des § 16 des Gesetzes ist vorzugsweise ihr Herkunftsort bestimmend (vgl. Entsch. des Reichsgerichts a. a. O. Bd. 28 S. 371 ff.). Ebensowenig wurde das Bewußtsein, über die Beschaffenheit des Weines zu täuschen, durch die Annahme des ersten Richters ausgeschlossen, daß der Charakter des angebotenen Weines der Aufschrift entsprach, weil die Gleichheit des Charakters beider Weine nicht bedingte, daß der als Steinberger Kabinett angebotene Winkler Jesuitengarten in der Güte seiner Beschaffenheit wirklichem Steinberger Kabinett entsprach. In seinen in den Urteilsgründen wiedergegebenen Auslassungen spricht der Angeklagte aber auch geradezu von denen, die nichts von Wein verständen. Er behauptet, daß solche um so weniger getäuscht werden könnten, als die Anmerkung im Preisverzeichnisse: „Das Etikett bedeutet weniger den beschränkten Ort der Erzeugung, als gewisse Eigenschaften des Weins, für deren Beurteilung jedoch der Preis maßgebend ist", sie genügend aufkläre, und auch die Urteilsgründe schöpfen die Annahme, daß der Angeklagte seine Abnehmer nicht habe täuschen wollen, mit daraus, daß der Angeklagte im Preiskurant ausdrücklich darauf hingewiesen habe, daß die Etikette nicht maßgebend sei. Allerdings kann das Rechtsmittel der Revision nicht auf die Behauptuug gestützt werden, daß der erste Richter auf Grund des ihm vorliegenden Beweismaterials nicht zu seiner tatsächlichen Annahme hätte gelangen können; allein da angesichts der allgemeinen Erfahrungen des täglichen Lebens der Vorderrichter unmöglich der Meinung gewesen sein kann, daß ein jeder Käufer von Wein die ihm übergebenen Preiskurante vor oder bei Abschluß des Geschäfts durchliest und Kenntnis von den in ihnen enthaltenen Bevorwortungen nimmt, und daher auch eine solche Meinung nicht wohl bei dem Angeklagten vorausgesetzt haben kann, ist der Verdacht nicht abzuweisen, daß der Vorderrichter sich nicht klar gemacht hat, was der Angeklagte sich denn hinsichtlich derjenigen Käufer, welche keine Kenntnis von der im Preisverzeichnisse befindlichen Anmerkung genommen haben sollten oder nehmen würden, gedacht hat, und daß ein etwa beim Angeklagten vorhandenes Bewußtsein, solche würden getäuscht werden, für unerheblich gehalten ist, weil der Verkäufer einen Anspruch darauf habe, daß seine Preisverzeichnisse durchgelesen würden, und die Käufer es daher sich zuzuschreiben hätten, wenn sie getäuscht würden. Diese letztere Ansicht würde rechtsirrtümlich sein; es kommt nur darauf an, ob der Zweck der Täuschung bestanden hat; auf den Einfluß des Wissenmüssens, auf das zivilrechtliche Verhältnis zwischen Käufer und Verkäufer kann es um so weniger ankommen, als der § 16 des Gesetzes wesentlich gewisse Arten des unlauteren Wettbewerbs bekämpfen, also die Interessen der Produzenten der echten Ware und nicht lediglich die des kaufenden Publikums schützen will. (Vgl. Ensch. des Reichsgerichts in Straff. Bd. 31 S. 291 unter 2.)

Die vorstehenden Erwägungen mußten zur Aufhebung des freisprechenden Urteils führen. Für die erneute Verhandlung und Entscheidung ist darauf hinzuweisen, daß das bloße Bewußtsein, es könnten andere Personen getäuscht werden, nicht genügt, auch wenn für diesen Fall der Angeklagte die Täuschung in seinen Willen aufgenommen hat, daß jedoch der Zweck, die Absicht zu täuschen, dann vorliegen würde, wenn der Angeklagte gewußt hat oder auch nur der Meinung gewesen ist, daß andere getäuscht werden würden, und diese von ihm als bevorstehend angenommene Täuschung gewollt hat. (Vgl. Entsch. des Reichsgerichts in Straff. Bd. 24 S. 255.) Auch kann nicht wohl unerörtert bleiben, ob nicht etwa der § 4 des Gesetzes zur Bekämpfung des unlauteren Wettbewerbs vom 27. Mai 1896 anwendbar ist. (Vgl. Entsch. des Reichsgerichts in Straff. Bd. 31 S. 293 unter 4.)

---

22. Kapitel.

Verfälschen.

Die Feststellung der Verfälschung eines Nahrungsmittels hat zur Voraussetzung, daß es sich um einen Akt handelt, der an dem Nahrungsmittel selbst vollzogen wurde. Wenn daher einem Naturprodukte oder einem sonst an sich einwandfreien Fabrikate ein falscher Name beigelegt wird, so kann zwar durch die täuschende Handlung ein Betrug oder anderes unter Strafe gestelltes Delikt vollendet werden, aber das Nahrungsmittel selbst ist mangels eines objektiven Eingriffes unverfälscht geblieben. Die Bezeichnung, Etikettierung, Verpackung oder sonstige außerhalb des Nahrungsmittels selbst liegende, zur Täuschung anlaßgebende Tat bildet darum fast stets das subjektive Moment im Nahrungsmittelvergehen.

Die Feststellung der objektiven Verfälschung bedingt das Vorliegen einer Veränderung am normalen oder echten Produkt und bietet in vielen Fällen sehr erhebliche Schwierigkeiten, insofern sie die strafbare Abweichung von einem festehenden Typus, einer Normalware zur Voraussetzung hat. Bei wirklichen Naturprodukten ist das meistens nicht schwer, da die Natur eben selbst den Typus in jedem ihrer Erzeugnisse wiederholt. Sobald jedoch durch menschlichen Eingriff aus dem natürlichen Rohprodukt ein Fabrikat geschaffen wird, ist das Ergebnis abhängig von der qualitativen wie quantitativen Art des Eingriffs.

Um solche Handlungen bewerten zu können, muß ein Maßstab vorhanden sein. Als solcher dient eben die echte oder die normale Ware, welche jedoch keineswegs immer ohne weiteres festgestellt werden kann, um so weniger, als nach Brauch und Gewohnheit in vielen Gegenden etwas als normal gilt, was anderswo als Abweichung aufgefaßt wird.

Das Normale ist auch keine ewige Wahrheit, da die Geschmacksrichtung sich ändert, die wissenschaftlich-technische Einsicht wächst und die Produktionsbedingungen sich ebenso wie die Zufuhrverhältnisse verschieben können.

Die Feststellung der Normalware kann noch dadurch erschwert werden, wenn der herkömmliche Gebrauch bei näherem Zusehen sich als herkömmlicher Mißbrauch herausstellt.

In allen Fällen bleibt nur der Ausweg, den Begriff der jeweils in Rede stehenden Normalware, soweit er sich nicht durch eine abstrakte Definition (vgl. Kapitel „Bezeichnung") ableiten läßt, aus den beteiligten Verkehrskreisen in der Art festzustellen, daß nicht nur die Gepflogenheiten der reellen Produzenten, sondern auch die berechtigten Erwartungen des kaufenden Publikums geprüft werden.

Im 3. Teil dieses Buches ist der Versuch gemacht worden,

für möglichst viel Lebensmittel derartige abstrakte Definitionen aufzustellen, erläutert durch die technischen und sonst beträchtlichen Verhältnisse.

Setzte die Verfälschung eines Lebensmittels eine objektive Veränderung an demselben voraus, so sieht man bei näherer Betrachtung unschwer, daß solche Veränderungen auf mancherlei Art und Weise vollbracht werden können.

Zwei grundsätzlich verschiedene Wege stehen zur Verfügung.

1. Ein an und für sich unverändert bleibendes Lebensmittel wird durch **Verleihung anderer äußerer Eigenschaften** mit dem Anschein einer anderen Ware versehen. Der Akt kann nach beiden möglichen Seiten einen Erfolg haben: die neuen äußeren Eigenschaften können das Nahrungs- oder Genußmittel begehrenswerter als zuvor erscheinen lassen, oder aber auch weniger begehrenswert als zuvor. Der letztere Erfolg ist meist ein ungewollter und auf ungeschicktes Operieren zurückzuführen. Es kann sich aber auch um einen mit Absicht ausgeführten Vorgang handeln, wie z. B. bei der Denaturierung mancher Lebensmittel aus steuertechnischen Gründen.

Das Ziel des Nahrungsmittelfälschers bleibt natürlich eine Verbesserung der äußerlichen Verhältnisse seiner Ware, um sie leichter absetzen zu können. Gewinnt das betreffende Lebensmittel durch den Akt eine Außenseite, die ein anderes inneres Wesen, als tatsächlich vorhanden ist, vermuten läßt, und war dieses Mißverhältnis vor dem Eingriff noch nicht vorhanden, so ist die Handlung geeignet, eine Täuschung der Konsumenten zu vollbringen und kann als objektive Handlung im Sinne des § 10 N.M.G. ausgelegt werden.

Die Zahl der Einzelmöglichkeiten, um einer Ware den Anschein einer besseren Beschaffenheit, als ihrem inneren Wesen wirklich entspricht, zu verleihen, ist groß. Die bei weitem größte Zahl der Delikte wird jedoch durch den Zusatz von Farbstoffen oder farbstoffhaltigen anderen Lebensmitteln begangen. Wenn von der seltenen Verwendung effektiv giftiger Farben und der durch das Gesetz vom 5. Juli 1887 verbotenen abgesehen wird, so kann bezüglich ihrer immer nur von der Verleihung des Anscheins einer besseren Beschaffenheit gesprochen werden. Mit Rücksicht auf den Umfang der erforderlichen Ausführungen ist die Färbefrage zum Gegenstand eines besonderen Kapitals gemacht worden.

Der gleiche Gesichtspunkt trifft auch für einige Konservierungsmethoden zu, welche im Zusammenhang im Kapitel „Konservieren" abgehandelt sind.

Von den sonstigen Möglichkeiten, durch Veränderung äußerer Eigenschaften eine zu Täuschungen geeignete Handlung zu begehen, mögen noch einige hier erwähnt werden. Die Erfahrung lehrt jedoch, daß immer neue Methoden erdacht werden, so daß eine vollständige Aufzählung unmöglich erscheint. Viele Manipulationen bleiben, obgleich sie die Gerichte beschäftigt haben, dadurch fast unbekannt, daß die Sache vor einem Amtsgericht verhandelt wird und dadurch von der Beurteilung durch das Reichsgericht ausgeschlossen bleibt, die Durcharbeitung der gesamten Amtsgerichts-, Landgerichts- und Oberlandesgerichtsjudikatur aber aus den verschiedensten Gründen untunlich ist.

Der Anschein einer besseren Beschaffenheit kann einem Lebensmittel auch durch die Formgebung verliehen werden.

Es gibt eine ganze Anzahl von Erzeugnissen, die wir gewohnt sind, in einer bestimmten äußeren Form zu erhalten, ebenso wie es gewisse Formen gibt, die sofort den Schluß auf ein bestimmtes Nahrungsmittel gestatten. Die täuschende Formgebung muß aber in Beziehung auf § 10 N.M.G., wie wiederholt erinnert wird, am Nahrungsmittel selbst stattgefunden haben. Als Beispiel sei an Margarine erinnert, die des öfteren in der bekannten Form länglicher Rollen als Butter feilgeboten wurde, so daß ihre äußere Form der für Butter den Hausfrauen geläufigen entsprach. Da Margarine ein an und für sich „echtes" Nahrungsmittel ist, so kann von einer durch Veränderung an der inneren Beschaffenheit der Ware selbst begangenen Fälschung keine Rede sein, wohl aber (abgesehen von einer mit geringerer Strafe bedrohten Übertretung des § 18 M.G.) von der Verleihung des Anscheins einer besseren Beschaffenheit. Daß die Möglichkeit der Anwendung des § 263 Str.G.B. gegeben ist, sei nur erwähnt.

Die Verpackung kann ausnahmsweise ebenfalls ein Delikt gegen das Nahrungsmittelgesetz mit sich bringen. Das ist dann der Fall, wenn sie mit zum Nahrungsmittel gehört, was sich in der Weise feststellen läßt, daß sie beim Auswiegen nicht entfernt, sondern als zugehörig mitgewogen und bezahlt wird. Ein Beispiel ist in der (bei uns zurzeit allerdings „echt" nicht mehr einführbaren) Mailänder Salamiwurst gegeben. Die eigentümliche Art der Einschnürung gilt als charakteristisch. Eine Täuschung ist um so eher möglich und auch in zahllosen Fällen durchgeführt, als der bei weitem größte Teil des Publikums, insbesondere die

Frauen, von dem Einfuhrverbot des Fleischbeschaugesetzes nichts weiß und infolge der Aufmachung „echte" Mailänder Salami zu kaufen glaubt.

Eine Art, die äußere Beschaffenheit zu verschönern, ist das Polieren gewisser landwirtschaftlicher Erzeugnisse mit Talkum. Ob die glänzenden Erbsen usw. vom kaufenden Publikum für besser gehalten werden, ist Gegenstand der jedesmaligen tatsächlichen Feststellung, da die Frage kontrovers ist.

Die „Homogenisierung" von Milch und Sahne läßt ebenfalls die Möglichkeit zu, über den Fettgehalt dieser Erzeugnisse irrige Ansichten aufkommen zu lassen.

Von besonderer Wichtigkeit ist diejenige Beeinflussung der äußeren Beschaffenheit, welche auf der Beseitigung gewisser Eigenschaften beruht. Die äußeren Eigenschaften werden nicht nur mit dem Auge, sondern auch mit anderen Sinnesorganen, insbesondere der Nase, festgestellt. Die Beseitigung üblen Geruches bei Fleischwaren ist nicht selten durch Abwaschen, meist unter Verwendung von Chemikalien, ausgeführt worden. Während die üblichen Konservierungsmittel eine Beseitigung der Anzeichen beginnender Fäulnis nicht ermöglichen, gibt es doch einige Stoffe, welche desodorierende Wirkungen entfalten. Insbesondere gilt dies vom übermangansauren Kali. Es ist nicht zweifelhaft, daß solche Stoffe in jedem Stadium der Verwendung unzulässig sein müssen, da sie auch die Wahrnehmung wichtiger, erst später eintretender Veränderungen verhindern können.

In gleicher Weise kann durch einen Klärungsprozeß ein Irrtum erregt werden. Denn während kein Zweifel darüber herrscht, daß solche im Wege der regulären Herstellung benutzte Klärverfahren, die die stoffliche Zusammensetzung der betreffenden Lebensmittel nicht ändern, zulässig sind, muß die gleiche Handlung als trügerischen Zwecken dienend bezeichnet werden, wenn sie zum Ziele hat, etwa durch Krankheiten trübe gewordenem Wein oder Bier die ursprüngliche Klarheit und damit das äußere Ansehen der Unversehrtheit zu geben.

2. **Durch Veränderung der inneren, stofflichen Beschaffenheit** eines Lebensmittels können mannigfache Fälschungen vollendet werden. Die Vornahme der Handlung erschöpft sich in drei Möglichkeiten:

a) Zusatz eines Stoffes, der nicht zu den normalen oder erwarteten Bestandteilen gehört;

b) Entnahme eines zu den normalen oder erwarteten Bestandteilen gehörenden Stoffes;

c) Nicht-Entfernung oder ungenügende Entfernung eines im ordnungsmäßigen Gange der Herstellung zu entfernenden Bestandteiles.

Bei Erörterung dieser drei Möglichkeiten bleibt jedoch zu beachten, daß nicht jede theoretische Verschiebung der Zusammensetzung eines Lebensmittels eine Verfälschung in sich birgt. Es gibt gewisse, nicht immer zahlenmäßig ausdrückbare Verschiebungen, denen das dolose Moment vollständig fehlt und die auch keinen praktischen Wert beanspruchen können. Denn die Veränderung der stofflichen Zusammensetzung ist als Nahrungsmittelverfälschung im allgemeinen gleichbedeutend mit einer Verschlechterung.

Wenn etwa ein Händler eine Flasche mit Wasser ausspült, um sie unmittelbar darauf mit Milch, Wein, Branntwein oder einem anderen Getränk zu füllen, so bringt er zweifellos etwas Wasser in das betreffende flüssige Lebensmittel hinein, aber er verändert die stoffliche Zusammensetzung des Getränkes nicht in einer Weise, die das Interesse seines Kunden erregen kann. Er verschlechtert nicht das betreffende Getränk, das könnte nur in ganz besonderen Fällen zutreffen, wenn etwa der Ausspülungsprozeß besonders darauf gerichtet ist, recht viel Wasser im Gefäß zurück zu lassen.

Im Butterhandel ist ein derartiges betrügerisches Beschweren allerdings keine Seltenheit. Denn abgesehen von dem eigentlichen Wassergehalt der Butter haben sich eine Anzahl von Detailgeschäften zum Schaden der Käufer und der reellen Händler gewöhnt das ohnehin meist verdächtig schwere Pergamentpapier, das „als Butter" mitgewogen wird, noch derart mit Wasser zu beschweren, daß die Verkäuferinnen in anscheinend ganz zufälliger Weise die stets in Wasser getauchte Abstecktelle auf das Einwickelpapier abspritzen. Nach Mitteilungen aus der Branche wird der Gewinn hieraus auf 7% des Butterpreises geschätzt.

Solche Auswüchse sind aber doch die Ausnahme und können nur als solche betrachtet werden.

Im W.G. vom 24. Mai 1901, § 2 Ziffer 1, ist bekanntlich das Ausspülen der Weinflaschen mit Alkohol gestattet, auch wenn dabei Alkoholmengen bis zu einem Raumteil auf 100 Raumteile Wein in diesen gelangen.

Man wird daher zweckmäßig an diese gesetzliche Bestimmung

anknüpfend Verschiebungen in der Zusammensetzung von Lebensmitteln als von Belang erst annehmen, wenn der Effekt größer ist als ein Prozent der Gesamtmasse. Unberührt bleiben hierdurch natürlich andere Gesichtspunkte, insbesondere die Verleihung des Anscheins einer besseren Beschaffenheit oder gar die Verleihung gesundheitsschädlicher Eigenschaften, event. auch die Beurteilung besonders teurer Waren, wie echter Kaviar.

Bedingt ist die Verschlechterung durch Verschiebung der Zusammensetzung durch die Rücksicht auf den Nährwert. Wenn man in Betracht zieht, in wie weiten Grenzen die natürliche Zusammensetzung der einzelnen Lebensmittel sich bewegt, so wird die zulässige Verschiebung des Gesamtwertes um 1 % infolge menschlichen Eingriffes jedenfalls nicht zu hoch gegriffen erscheinen, wenn auch trotz der weiten natürlichen Grenzen von jedem, Abweichungen bedingenden menschlichen, willkürlichen Eingriff gefordert werden kann, daß er sich auf das absolut Notwendige beschränkt.

Zu der sub. a genannten Eventualität ist daher zu bemerken, daß die Zugabe dritter Stoffe prinzipiell zu unterbleiben hat. Ausnahmen haben sich auf die Erfüllung einer bestimmten Aufgabe zu beschränken.

Die Zahl der Beispiele könnte groß sein, einige wenige werden aber genügen.

Der Zusatz eines Konservierungsmittels soll keine Vermehrung der Masse mit sich bringen, übersteigt dieselbe 1 %, so muß außer der Würdigung gesundheitlicher Momente doch stets ein Vergehen gegen § 10 N.M.G. angenommen werden. Sind kleinere Mengen als 1 % ausreichend, wie fast ausnahmlos der Fall, so ist die Begrenzung je nach der Sachlage noch enger zu fassen. Vgl. im übrigen das Kapitel „Konservieren".

Zusätze von 15—20 % Alkohol zu Fruchtsäften, lediglich zu Konservierungszwecken, erscheinen hiernach unzulässig. Die Preisverhältnisse des Zusatzes haben für diese Beurteilung keine Bedeutung.

Der Zusatz eines stark gefärbten Fruchtsaftes zu einem weniger farbstoffreichen bringt eine Vermehrung der Menge mit sich, wenn mehr als 1 % dazu erforderlich sind. Zusätze von 7—25 % Kirschsaft zu Himbeersäften können darum als „Auffärbung" allein nicht mehr angesehen werden.

Bei alkoholfreien Getränken ist die Forderung absoluter Abwesenheit von Alkohol meist nicht zu erfüllen. Die praktisch bedeutungslose Menge von höchstens 1 % dürfte gleichmäßig den Anforderungen der Konsumenten und dem Können der Fabrikanten entsprechen.

Von sonstigen dem Publikum oft unbekannt bleibenden Hilfsstoffen mag noch der Zuckerkalk erwähnt werden, der in geringfügigen Mengen bei Bereitung der Schlagsahne Anwendung findet, um sie besser „stehen" zu lassen oder die bereits zuvor genannten Klärungsmittel.

Für alle diese **Hilfsstoffe**, die das Wesen des Lebensmittels nicht ausmachen, ihm aber sonst mangelnde schätzbare Eigenschaften verleihen sollen, hat sich die Quantität auf das Mindestmaß zu beschränken, ohne aber die allgemeine Höchstgrenze von 1 % zu überschreiten. Bedarf es größerer Mengen, so rückt der Hilfsstoff zum integrierenden Bestandteil auf, dessen Gegenwart in der Benennung des nunmehr zu einer anderen Ware gewordenen Lebensmittels zum Ausdruck zu gelangen hat. Zitronensaft mit 12 % Alkohol kann daher nicht mehr einfach als „Zitronensaft" gehen, auch wenn an irgend einer bei Aufwendung von Aufmerksamkeit auffindbaren Stelle der Zusatz angegeben ist. Es ist die neue Ware „alkoholhaltiger Zitronensaft" entstanden.

Ähnlich verhält es sich mit anderen Zusätzen. Bei Milch haben wir bereits gesehen, daß die geringen Rückstände beim Ausspülen einer Flasche eine ganz andere Beurteilung erfordern als der auf Vermehrung berechnete Wasserzusatz. Auch hier besteht der Unterschied in der Quantität. Irgendwo muß aber eine Grenze sein, die stets willkürlicher Natur ist, wie alle Grenzen, auch die im Weingesetz vorgesehene. In der „Säuglingsmilch" haben wir freilich eine erheblich gewässerte „Milch" vor uns, aber der Wasserzusatz ist hier erwartet und kommt im Namen genügend zum Ausdruck.

Bei der Wurstbereitung kommt gelegentlich ein Zusatz von Bindemitteln in Frage. Beschränkt er sich auf die Erzielung der mangelnden Bindigkeit der Masse, so kann er als Beschwerung nicht gelten. Geht sein Quantum über 1 % hinaus, oder soll er noch andere Aufgaben erfüllen, etwa einen höheren Wassergehalt der Wurst ermöglichen, so liegt ein veränderter Gesichtspunkt vor.

Einer Gewichtsvermehrung gleichzusetzen ist die Verwendung minderwertigen Materials an Stelle des erwarteten mehrwertigen.

Wer anstatt Rohrzucker, dort wo dieser erwartet wird, Stärkezucker ganz oder doch zum Teil gibt, oder wer unreinen Stärkezucker dort anwendet, wo reiner erfordert wird, ersetzt den wertvolleren Bestandteil durch einen minderwertigen und verschlechtert damit sein Erzeugnis.

b) Durch Entnahme von Bestandteilen, welche normaler Weise erwartet werden, kann eine erhebliche Verschiebung der stofflichen Zusammensetzung bewirkt werden.

Die Unredlichkeiten im Milchhandel werden meist durch Entnahme des Fettes, des wertvollsten Bestandteiles, ausgeführt.

Im Betriebe der Fruchtsaftpressereien kommen derartige Verstöße insofern nicht selten vor, als zur Marmeladenfabrikation vielfach mehr oder weniger vom Saft befreite Früchte Verwendung finden. Der Saft ist aber das kostbarste von der Frucht und die Rückstände von der Saftbereitung haben einen erheblich geringeren Wert. Das gerügte Verfahren war früher bei uns allgemein geübt und hat den ausländischen Fabrikaten ermöglicht, sich den deutschen Markt zu erobern, obgleich die Produktionsbedingungen bei uns in jeder Beziehung günstigere waren. Erst neuerdings ist eine Wendung zum Besseren eingetreten.

Eine Entnahme wertvoller Bestandteile läßt sich auch darin finden, wenn etwa bei einem Gewürz, Pfeffer, ein erheblicher Teil der guten Teile ausgelesen und der Rest für sich allein zu „Pfefferpulver" vermahlen wird, so daß diesem nunmehr eine ungebührlich hohe Menge von Verunreinigungen beigemischt bleibt.

Nicht jede Entnahme wertvoller Bestandteile schafft ein Nahrungsmittelvergehen. Bei manchen Nahrungsmitteln ist diese Entnahme die übliche. Nicht nur daß auch Magermilch ein reeller Handelsartikel ist, wenn sie nicht als noch unentrahmte Vollmilch ausgegeben oder mit dieser vermischt wird; im Müllergewerbe ist es die normale Handlungsweise, die feinsten Teile des Kornes vorweg zu nehmen und geringere „Nach"mehle, die ebenfalls „Mehl" sind, zu produzieren.

c) Der Fall des Pfefferpulvers kann auch durch Nichtentnahme ordnungsmäßig zu entnehmender Stoffe geschaffen werden, wenn ein hochgradig verunreinigter Pfeffer ohne vorherige Entfernung der Schalen, des Sandes usw. in Pulver verwandelt wird.

Butter ist oft dadurch mit Wasser beschwert worden, daß sie nicht genügend ausgeknetet wurde und dadurch von vornherein einen höheren Wassergehalt aufwies, als ihr bei normaler Zubereitung zukam.

Tabak ist als verfälscht anzusehen, wenn die ordnungsgemäß zu entfernenden Blattrippen in dem Tabak verbleiben.

Wenn man von den erörterten Möglichkeiten absieht, so bleibt nur noch die Frage übrig, ob die Mischung gleichartiger Waren untereinander eine zulässige Handlung darstellt.

Die Verhältnisse liegen hier ziemlich einfach. Wenn ein Kaufmann zwei Warenposten hat, die beide von gleicher und guter Beschaffenheit sind, so ist nicht einzusehen, weshalb er nicht beide zu einem Posten vereinigen soll. Sind beide Posten nicht gleichartig, aber jeder an sich gut und unverdorben, so steht einer Vermischung gleichfalls nichts im Wege, wenn nicht die Mischung nur nach dem einen der beiden Komponenten benannt wird. Eine Mischung von weißem Pfeffer mit schwarzem ist zweifellos auch „Pfeffer", aber nicht mehr weißer und nicht mehr schwarzer. Bei Flüssigkeiten ist es gerade so: Wein + Wein gibt wieder Wein. Aber Rheinwein + Moselwein gibt nur noch Wein, nicht mehr „Moselwein" und nicht mehr „Rheinwein", höchstens noch Rheinwein-Verschnitt oder Moselwein-Verschnitt. Auch bei Bier, Spirituosen, Fruchtsäften trifft dasselbe zu.

Ist aber der eine Teil nicht mehr in einem Zustande, daß er für sich allein als normale Ware nicht mehr gelten kann, dann handelt es sich nicht mehr um reelle Verschnitt- oder Mischware, sondern um eine Pantscherei, die als Resultat ein als „verdorben" zu bezeichnendes Produkt ergibt.

Das Zusammengießen kleiner Reste, Neigen, ist darum stets als unerlaubt angesehen worden; ebenso das Auffüllen schal gewordenen Bieres mit frischem, oder das Vereinigen des sogenannten Kippbieres, das ist der in den Tonnen verbliebenen, beim Umkippen derselben herausfließenden Reste.

Unberührt von diesen allgemeinen Ausführungen bleiben natürlich alle diejenigen Fälle, in denen durch Gesetz authentisch das Vorliegen oder Nicht-Vorliegen einer Nahrungsmittelverfälschung erklärt ist.

In optima forma ist das insbesondere im Weingesetz geschehen. In seinem § 2 werden eine ganze Anzahl von Eingriffen als nicht kollidierend mit § 10 N.M.G. erklärt, während § 3 einige Manipulationen nicht nur als Weinnachmachung erläutert, sondern diese Verfahren sogar bei völlig richtiger Bezeichnung verbietet.

Auslegungen des § 10 N.M.G. durch Prohibitivbestimmungen

finden sich noch im § 7 a. a. O., im F.G. vom 5. Juli 1887 § 1, im M.G. vom 15. Juni 1897 § 3, im Fl.B.G. vom 9. Juni 1900 § 21 und der dazu ergangenen Verordnung vom 18. Februar 1902, im Süßstoffgesetz vom 7. Juli 1902 § 2, sowie im Brausteuergesetz vom 3. Juni 1906 § 1 und § 3 Abs. 2.

Alle in diesen Bestimmungen nicht vorgesehenen Handlungen sind nach den allgemeinen Gesichtspunkten zu beurteilen und unterliegen jedesmaliger richterlicher Nachprüfung.

Während bei den nicht durch gesetzliche Bestimmung erläuterten Lebensmitteln die richtige Bezeichnung der Ware vor Konflikten mit dem Nahrungsmittelgesetz schützt, ist bei den anderen aufgezählten Strafe auf jeden Fall der verbotenen Herstellung gesetzt und es besteht nur insofern ein Unterschied, daß bei Kontraventionen mit Verschweigen der unerlaubten Handlung die härtere Strafe des § 10 zur Anwendung kommen kann, während die meist mildere für die Übertretung des Verbotes bei Wegfall des täuschenden Momentes eintritt.

Reichsgericht. 1) Vom 18. Februar 1882. (E. VI, 51, R. IV, 171.)

Bei der Beratung des N.M.G. hat bei allen Faktoren darüber volle Übereinstimmung geherrscht, daß die durch das Gesetz zu bestrafende Verfälschung von Nahrungs- und Genußmitteln in den beiden Richtungen einer verheimlichten Verschlechterung der ursprünglichen Ware durch Entnehmen oder Zusetzen von Stoffen, und einer scheinbaren Verbesserung einer minder guten oder minder gut gewordenen Ware durch Anwendung künstlicher Mittel auf die Ware selbst, im Gegensatz zur bloßen Etikettierung oder Emballage, begangen werden kann. Der Entwurf von 1878 hatte den jetzigen § 10 dahin gefaßt:

1. wer zum Zwecke der Täuschung im Handel und Verkehr Nahrungs- oder Genußmittel, nachmacht oder mit dem Schein einer besseren Beschaffenheit versieht oder dadurch verschechtert, daß er sie mittels Entnehmens oder Zusetzens von Stoffen oder in anderer Weise verfälscht;
2. wer wissentlich Nahrungs- oder Genußmittel, welche verdorben oder nachgemacht oder fälschlich mit dem Schein einer besseren Beschaffenheit versehen oder durch Verfälschung verschlechtert sind, unter Verschweigung dieses Umstandes verkauft oder unter einer zur Täuschung geeigneten Bezeichnung feilhält.

Die Motive des damaligen Entwurfes erörterten, daß strafbare Verfälschung dann vorliege, wenn das der Ware gegebene Aussehen, die Benennung, Bezeichnung, überhaupt der Schein ihrem Wesen nicht entspreche, und dieser Mangel an Übereinstimmung zwischen beiden Momenten könne entweder dadurch entstehen, daß das künstliche Fabrikat als Naturprodukt ausgegeben, der Ware der Anschein einer besseren Beschaffenheit gegeben werde, als ihrem Wesen entspreche oder dadurch, daß eine Verschlechterung, welche in ihrem Wesen eingetreten sei, verheimlicht, verdeckt, nicht erkennbar gemacht werde, gleichgültig, ob diese Verschlechterung in einem menschlichen Tun oder in einem natürlichen Prozesse ihre Ursache habe. Beispielsweise versieht nach den Motiven derjenige, welcher rohem, nicht mehr frischem Fleische durch künstliche Mittel den Anschein von frisch geschlachtetem gibt, dasselbe mit dem Anschein einer besseren Beschaffenheit. In demselben Sinne äußerten sich über den Begriff der Verfälschung Vertreter des Bundesrates und Mitglieder der Kommission. Die letztere schlug vor, dem Paragraphen die Fassung zu geben:

1. wer zum Zweck der Täuschung im Handel und Verkehr Nahrungs- oder Genußmittel nachmacht oder dadurch *verfälscht*, daß er *dieselben mittels Entnehmens oder Zusetzens von Stoffen verschlechtert oder den bestehenden Handels- oder Geschäftsgebräuchen zuwider mit dem Schein einer besseren Beschaffenheit versieht;*
2. wer wissentlich Nahrungs- oder Genußmittel, welche verdorben oder nachgemacht *oder im Sinne der Nr. 1 verfälscht* sind, unter Verschweigung dieses Umstandes verkauft oder unter einer zur Täuschung geeigneten Bezeichnung feilhält.

Der neue Entwurf von 1879 legte in dieser Fassung den Paragraphen wieder vor, nur mit Weglassung der Worte „den bestehenden Handels- oder Geschäftsgebräuchen zuwider“, nahm also den Begriff der Verfälschung wiederum in dem erwähnten zweifachen Sinne, worin schon frühere Gesetze, namentlich das St.G.B. (vgl. §§ 267, 363 über Urkundenfälschung und §§ 146, 147 über Münzfälschung) ihn genommen hatten. Als weiteres Beispiel einer Verfälschung durch Verleihung des Scheines einer besseren Beschaffenheit findet sich der Fall angegeben, wenn schlechter Milch durch Zusatz von Stoffen das Aussehen guter Milch gegeben werde. Der Entwurf erhielt die Zustimmung der Kommission. Die Schlußworte der Nr. 1 des Paragraphen hatten das Bedenken erregt, daß sie in der Richtung mißverstanden werden könnten, als solle ein Akt der Verfälschung auch darin gefunden werden, daß jemand durch den Gebrauch einer irreführenden Etikette oder Emballage der Ware eine bessere Beschaffenheit beilege, ohne die Eigenschaften der Ware selbst zu verändern. Schließlich verzichtete das Plenum des Reichstags auf Definition der Verfälschung, aber nicht, weil die Definition des Entwurfs zu weit gehe, sondern teils aus dem eben erwähnten Bedenken eines möglichen Mißverständnisses der Schlußworte der Nr. 1, teils aus Abneigung vor gesetzlichen Definitionen überhaupt, teils aus Besorgnis, daß, wenn man hier eine Definition gebe, während andere Gesetze sie nicht gegeben hätten, die Praxis der Gerichte zu unbegründeten Schlüssen möchte verleitet werden. Demnach ist kein Zweifel daran gestattet, daß die Verfälschung nach § 10 des Gesetzes in den hervorgehobenen beiden Arten des Verfahrens bestehen kann.

Sowohl diese Arten der Verfälschung als auch die, welche durch Hervorrufung des Scheins einer besseren Beschaffenheit begangen wird, setzt eine bestimmte Norm der Ware voraus, von welcher abgewichen wird, da der Hauptzweck des § 10 ein wirtschaftlicher und dahin gerichtet ist, der Unlauterkeit im Verkehr durch Täuschung der Abnehmer eines Nahrungs- oder Genußmittels entgegenzuwirken, muß jene Norm, sobald es sich um bereits zum Abschluß gelangte Geschäfte handelt, vorzugsweise aus der Intention der Parteien, also daraus entnommen werden, welche Eigenschaften der Ware bei reellem Verkehr unter den Umständen, die bei dem einzelnen abgeschlossenen Geschäft obwalteten, zu erwarten gewesen wären. Auch fällt unter den Begriff der Verfälschung dasjenige Verfahren nicht, welches durch bekannte als bekannt vorauszusetzende, an sich nicht verwerfliche Geschäftsgebräuche hergebracht ist, sofern es nicht der Vereinbarung im konkreten Fall widerspricht; der Abnehmer einer Ware kann sich nicht als hintergangen bezeichnen, wenn er dasjenige erhalten hat, was er unter den gegebenen Umständen zu erwarten berechtigt war, und er ist, abgesehen von ausdrücklicher Vereinbarung, nicht berechtigt, eine andere Interpretation seines Geschäfts mit dem Abgeber oder eine andere Art der Herstellung der Ware zu erwarten, als sie dem soliden Geschäftsherkommen entspricht. Andererseits darf er sich aber auf das letztere, wenn es ihm günstig ist, auch seinerseits berufen, solange er nicht in eine Abweichung von demselben eingewilligt hat.

2) Vom 1. Oktober 1885. (E. XII, 406, R. VII, 546.)

(Aufhebung des freisprechenden Erkenntnisses der Vorinstanz gegen einen Bierpantscher, der Neigenbier und frisches Bier zusammengemischt hatte.)

Die Verfälschung im Sinne des § 10 N.M.G. ist, wie sich aus der Entstehungsgeschichte der Vorschrift klar ergibt und wie dies vom Reichsgericht bereits in zahlreichen Urteilen dargelegt wurde, nicht auf Veränderung eines Nahrungs- oder Genußmittels durch Stoffe anderer Art beschränkt, sondern begreift jede auf Täuschung berechnete Veränderung der normalen Beschaffenheit desselben, durch welche entweder dem Genußmittel der Schein einer besseren, als seiner wirklichen Beschaffenheit, verliehen oder dessen normale Beschaffenheit verschlechtert wird. Der Begriff einer bestimmten Art von Nahrungs- oder Genußmitteln setzt regelmäßig als wesentliches Merkmal einen gewissen Grad ihrer Brauchbarkeit voraus, die mit „Güte" bezeichnet werden kann. Jede wesentliche Veränderung der Sache, welche diese Qualität der Sache herabsetzt, somit eine Verschlechterung enthält, über welche im Handel und Verkehr getäuscht werden soll, fällt unter den Begriff der Fälschung. Die Grenze für die Zulässigkeit einer Veränderung ergibt sich aus der Beschaffenheit der Ware, welche der Abnehmer nach dem Maßstabe des reellen Verkehrs zu fordern berechtigt ist. Eine Behandlung der Ware, welche auf bekanntem, an sich nicht verwerflichem Geschäftsgebahren beruht, wird an sich nicht als Fälschung erscheinen, wogegen Veränderungen, infolgederen der Abnehmer eine Ware erhält, deren Qualität unter die normale herabgesunken ist und deren Abgabe er bei einem soliden Geschäftsbetriebe als ausgeschlossen annehmen kann, unbedenklich unter den Fälschungsbegriff zu subsumieren sind. Welcher Art die Stoffe sein sollen, durch deren Beimengung eine Verschlechterung des Produktes bewirkt wird, bestimmt das Gesetz nicht und unterscheidet insbesondere nicht zwischen Verschlechterung bezw. Verfälschung durch gleichartige oder durch fremdartige Stoffe. Es ist darum nicht abzusehen, warum eine als Verfälschung anzusehende Verschlechterung der normalen Beschaffenheit nicht durch Beimengung verdorbener in unzulänglichem Maße minderwertiger Stoffe gleicher Art sollte bewirkt werden können.

Vgl. auch Entscheidung des I. Senats vom 29. November 1889. Beilage zum Reichsanzeiger 1890, Nr. 2, S. 148.

3) Vom 13. November 1880. (E. III, 234, R. II, 506.)

Die Revision bestreitet die Anwendbarkeit des § 10_2, um deswillen, weil die Vermischung des Weizengrieses mit Maisgries die Ware nicht zu einer verfälschten mache. Dem widerspreche schon der Umstand, daß eine so gemischte Ware ein auch im reellen Handelsverkehr vorkommender und als Nahrungsmittel begehrter Artikel sei . . .

Auch wenn ferner die vom Angeklagten gelieferte Ware ein im reellen Handel vorkommender und als Nahrungsmittel begehrter Artikel war, kann sie unter den § 10 Nr. 2 fallen, sofern sie derjenige Artikel nicht war, auf welchen die Bestellung des Käufers und die Lieferungsverpflichtung des Verkäufers ging, sondern sich dieser Bestellung gegenüber als eine gefälschte Ware darstellt. Daß sie als Nahrungsmittel unbrauchbar oder schädlich gewesen sein müsse, ist als Merkmal des Tatbestandes in den § 10 nicht aufgenommen; zwar bildete die Sorge für die menschliche Gesundheit das Hauptmotiv des Gesetzes vom 14. Mai 1879, es ist jedoch von den gesetzgebenden Faktoren und in den Motiven desselben bestimmt und oftmals anerkannt worden und wird durch den Wortlaut der §§ 10 und 11 im Vergleich mit dem der §§ 5, 12, 13, 14, 15 bestätigt, daß durch jene Paragraphen auch ein Schutz gegen die im Verkehr mit Nahrungs- und Genußmitteln zutage tretende Unredlichkeit geschaffen werden sollte, gegen welche man die Betrugsstrafen nicht als ausreichend ansah, da der für Verhängung derselben notwendige Beweis des Kausalzusammenhanges zwischen Vorspiegelung, Fälschung oder Unterdrückung wahrer Tatsachen, Irrtumserregung und Vermögensbeschädigung öfters zu schwierig, auch eine Vermögensschädigung häufig nicht vorhanden sei; es sollte daher die Strafbestimmung des § 367 Nr. 7 Str.G.B. ausgedehnt und verschärft werden (vgl. Motive zu § 10 S. 18 und 19).

Daß eine Fälschung, wie der § 10 sie voraussetzt, auch durch Vermischung einer Ware mit einer anderen von geringerem Wert vorgenommen werden kann, leidet keinen Zweifel; der Entwurf von 1878 wollte die Fälschung geradezu als „Verschlechterung durch Entnahme oder Zusetzen von Stoffen", die Kommission in ähnlicher Weise definieren, und dieses wurde nur deshalb aufgegeben, weil man die Gerichte nicht durch Definitionen beschränken wollte.

4) Vom 24./31. Januar 1888. (E. XVII, 99, R. X, 64.)

Eine Verfälschung kann auch dadurch begangen werden, daß gewisse Bestandteile bei der Herstellung von Nahrungs- oder Genußmitteln nicht genügend entfernt werden, z. B. Wasser in der Butter, so daß der Effekt derselbe wird, als wenn Butter mit normalem Wassergehalt durch Wasserzusatz verfälscht wird.

5) Vom 4. Juni 1881. (E. IV, 311, R. III, 376.)

Eine Tabakverfälschung kann auch dadurch herbeigeführt werden, daß die unbrauchbaren, nikotinfreien, holzigen Teile der Tabakpflanze mit braunem Farbstoff versehen und dem Tabak zugemischt werden, also die brauchbaren Teile einer Pflanze mit den unbrauchbaren versetzt werden.

6) Vom 21. April 1885. (R. VII, 239.)

Die Feststellung, daß eine Frucht (Reine Claude) infolge Zusatzes von Blaustein als Nahrungs- oder Genußmittel verfälscht werde, unterliegt keinen rechtlich begründeten Bedenken. Ein Verfälschen von Nahrungsmitteln im Sinne des Gesetzes (§ 10 a. a. O.) liegt alsdann vor, wenn entweder mit der ursprünglichen Ware durch Entnehmen oder Zusetzen von Stoffen eine äußerlich nicht erkennbare Verschlechterung vorgenommen, oder einer minder gut gewordenen Ware durch Anwendung künstlicher Mittel der Schein einer besseren Ware gegeben ist.

7) Vom 7. Januar 1887. (E. XV, 161.)

Der erste Richter hat festgestellt, daß der Angeklagte den von ihm hergestellten Würsten einen Zusatz von Stärkemehl und zwar im Verhältnisse zur Fleischmasse von 4 bis 5 % gab, daß eine so mit Stärkemehl vermengte Wurst auch ungleich mehr Wasser enthält, als eine nur aus Fleisch bereitete, indem sich durch das Stärkemehl eine Mehrung des Wassergehaltes von 10 bis 18 % ergebe, daß außerdem, wenn zu den Würsten minder gutes, sogenanntes dunstiges Fleisch genommen werde, durch den Zusatz von Stärkemehl die dem dunstigen Fleische fehlende Bindekraft ersetzt und hierdurch der Wurst ein besseres Aussehen verliehen werde, daß also Angeklagter sich durch den Zusatz in die Lage versetzt habe, geringeres Fleisch für besseres, Mehl- und Wasserbestandteile für Fleischbestandteile, mit anderen Worten, eine geringerwertige Ware um den Preis einer mehrwertigen zu verkaufen.

Hierauf konnte der vorige Richter ohne Rechtsirrtum die Annahme stützen, daß das fragliche Nahrungsmittel durch den Zusatz verschlechtert und beziehungsweise demselben der Schein einer besseren Beschaffenheit gegeben, dasselbe also verfälscht worden sei.

Die Revision vermißt nun zwar einen sicheren Anhaltspunkt für die Vergleichung, indem nicht feststehe, welches die Beschaffenheit des normalen Produktes sei, da sich der erste Richter hierbei nur auf die unterstellte Anschauung des Konsumenten, nicht aber auf die Gepflogenheit der Herstellenden bezogen habe, welche hierfür entscheidend sein müsse. Überhaupt handle es sich hier um ein Nahrungsmittel, das nicht nur lokal verschieden, sondern auch verschieden für die Bedürfnisse und Kaufkraft verschiedener Volksklassen hergestellt werde, so daß es nicht zulässig sei, eine einzelne, besonders gute Bereitungsart als Norm anzusehen.

Diese Ausführungen sind nicht geeignet, die Feststellungen des ersten Richters zu erschüttern.

Richtig ist, daß bei Nahrungsmitteln, welche aus verschiedenen Stoffen zusammengesetzt sind, die als normal anzusehende Zusammensetzung durch den Geschäftsgebrauch beeinflußt werden kann. — Aber dieser letztere wird nie einseitig, nur nach den Wünschen und Gewohnheiten des Produzenten, sondern zugleich mit Berücksichtigung der berechtigten Erwartungen des Publikums zu bilden und darum auch mit Rücksicht auf diese verschiedenen Faktoren zu ermitteln sein.

Wo das Publikum herkömmlich gewöhnt ist, daß den begriffsmäßig ursprünglichen Stoffen stets bestimmte fremde Stoffe beigemischt werden und diese Beimischung der fremden Stoffe eine durch allgemeines Herkommen geduldete war, erscheint wohl regelmäßig die Fälschung, wie die Absicht einer solchen ausgeschlossen.

Es darf aber, wie schon die Motive zum Gesetze vom 14. Mai 1879 hervorheben, unter Handels- und Geschäftsgebrauch nicht jede üblich gewordene, vielleicht auf Täuschung berechnete Manipulation, sondern nur der in dem soliden, reellen ehelichen Verkehre üblich gewordene, aus der Natur dieses Verkehrs sich ergebende Gebrauch verstanden werden.

Ein solcher liegt aber hier nach den für das Revisionsgericht bindenden tatsächlichen Feststellungen des ersten Richters offenbar nicht vor. Der Instanzrichter unterzog die örtlichen Verhältnisse einer eingehenden Prüfung und stellte fest, daß zwar einzelne Schweinemetzger eingeräumt hätten, in früherer Zeit und bis vor einem halben Jahre in gleicher Weise wie Angeklagter manipuliert zu haben, daß aber andere Inhaber gleicher Geschäfte glaubhaft versichert hätten, daß sie niemals Stärkemehl zur Bereitung von Würsten verwendet hätten, so daß von einer allgemein üblichen Verwendung, auch bis vor einem halben Jahre, keine Rede sein könne.

Nebstdem stellt das Urteil fest, daß ein Zusatz von Stärkemehl nicht der normalen Beschaffenheit der Würste entspreche, wie sie aus den Verkaufsläden der Schweinemetzger und Charkutiers als Fleischwaren vom Publikum gekauft werden wollen und im allgemeinen gekauft werden.

Die Feststellungen lassen entnehmen, daß zwischen den Produzenten früher verschiedene Anschauungen herrschten und befolgt wurden, daß aber auch diejenigen, welche früher den Beisatz machten, von einer Berechtigung zu dessen Vornahme offenbar nicht überzeugt waren, weil sie angeblich seit einem halben Jahre davon absahen, und daß insbesondere das Publikum es als eine Abweichung von der normalen Beschaffenheit ansieht, wenn den Würsten als Fleischwaren Zerealien beigemengt werden. Unter diesen Umständen konnte nach den lokalen Verhältnissen ohne Rechtsirrtum die Wurst ohne Zusatz von Mehl als die normale und die mit dem Zusatz versehene und dadurch, wie gleichfalls feststeht, verschlechterte, als verfälscht angesehen werden.

Der Einwand der Revision, daß das Nahrungsmittel verschieden für die Bedürfnisse und für die Kaufkraft verschiedener Volksklassen hergestellt werden müsse, kann schon deshalb nicht durchschlagen, weil weder ersichtlich, noch auch nur behauptet ist, daß Angeklagter die mit Stärkemehl vermengten und darum minderwertigen Würste um einen billigeren Preis abgegeben habe, als dies in anderen Geschäften mit nur aus Fleischwaren hergestellten geschah.

Gerade darin, daß Würste, die einen geringeren Fleischgehalt hatten, als dies in anderen Geschäften der Fall ist, um denselben Preis und unter denselben Bezeichnungen verkauft wurden, wurde mit Grund ein gewichtiger Anhaltspunkt dafür gefunden, daß Angeklagter von der Norm abgewichen sei und — weil er die Abweichung und beziehuugsweise die Minderwertigkeit nicht in irgend einer Form andeutete — das Publikum getäuscht habe.

Gerade weil es sich hier nicht um ein auf geringere Kaufkraft berechnetes, d. h. billigeres Nahrungsmittel handelte, konnte der erste Richter unbedenklich die Beschaffenheit der dem Publikum von der Mehrzahl der Produzenten („im allgemeinen") gebotenen guten Waren als Ausgangspunkt für seine Vergleichung nehmen und das gute Produkt als das normale, das gleich teuere verschlechterte aber im Verhältnisse zu jenem als das verfälschte ansehen.

Wenn die Revision beanstandet, daß das Urteil auch darin eine Verfälschung der Würste gefunden habe, daß denselben bei Benützung eines sogenannten dunstigen Fleisches durch den Mehlzusatz dasselbe Aussehen, wie den aus gutem Fleische bereiteten Würsten, also der Schein einer besseren Beschaffenheit gegeben worden sei und daß hiermit jede Verbesserung der Fabrikation ausgeschlossen und der Fortschritt des Gewerbe und Fabrikbetriebes unter das Strafgesetz gestellt sei, so kommt dem entgegen zu beachten: einmal, daß Angeklagter nach der erstrichterlichen Feststellung allen, also auch den aus gutem Fleische hergestellten Würsten das Stärkemehl beisetzte, während bei gutem Fleische für den Zusatz kein Bedürfnis besteht, derselbe daher in diesen Fällen nicht die Bedeutung eines gewerblichen Fortschrittes, sondern nur die eines unerlaubten Geschäftsgewinnes durch Lieferung eines minderwertigen Produktes um den Preis eines wertvolleren haben kann, ferner aber, daß die Produktion minderwertiger Nahrungsmittel, die mit dem Scheine vollwertiger versehen sind und als solche vollwertig, beziehungsweise normale in Verkehr gebracht werden sollen, allerdings stets den Fälschungsbegriff im Sinne des Nahrungsmitelgesetzes erschöpfen wird, daß daher der Produzent die Veräußerung solcher Gegenstände ohne Kollision mit dem Gesetze nur dann unternehmen kann, wenn er durch Bezeichnung, Preis oder sonstige zur Aufklärung des Publikums dienende Merkmale kund gegeben hat, daß solche minderwertige Produkte gewerblichen Fortschrittes nicht an Stelle der wertvolleren herkömmlichen und normalen Waren gegeben werden sollen.

Vgl. auch Urteile vom 23. September 1886 R. VIII, 552 bei Kapitel Fleisch; vom 4. Oktober 1883 und vom 21. Dezember 1882.

8) Vom 10. Januar 1893. (E. XXIII, 383.)

Der Zusatz eines an und für sich zur Zubereitung gehörenden Stoffes in einem Stadium, in welchem das nicht mehr ordnungsgemäß ist, wie der von Wasser zu *fertigem* Bier, ist eine Verfälschung.

9) Vom 4. März 1884. (R. VI, 170.)

Der Zusatz von *unreinem* (unvergährbare Substanzen enthaltendem und die Bildung von Fuselöl ermöglichendem) *Traubenzucker* bei der Bierbereitung ist ungeachtet des Umstandes, daß das Brausteuergesetz v. 31. März 1872 Traubenzucker als Malzsurrogat nennt, eine *Bierverfälschung*.

10) Vom 30. März 1885. (R. VII, 374.)

Farbstoffzusatz zu *bayrischem* Bier ist eine Verfälschung.

11) Vom 5. Juli 1883. (R. V, 495, E. VIII, 434.)

Klärungsmittel für Bier, die an sich unschädlich sind, insbesondere die Substanz des Getränkes in keiner Weise zu alterieren vermögen und auch dem Getränke nicht den Schein einer besseren als der wirklichen Qualität verleihen, können nicht als Verfälschungsmittel im Sinne des Nahrungsmittelgesetzes angesehen werden. Sie können auch gegebenen Falls die charakteristische Beschaffenheit als „bayrisches Bier" nicht in Frage stellen. Vgl. auch das folgende Urteil.

12) Vom 21. Mai 1885. (R. VII, 314.)

Natron als Bierentsäuerungsmittel ist unzulässig, sofern durch die quantitativen Verhältnisse eine Veränderung des normalen Bieres herbeigeführt wird.

Vgl. auch Urteil vom 30. November 1885. (R. VII, 705.)

13) Vom 20. Januar 1888. (Veröffentl. d. K.G.A. 1888 S. 696.)

Zusatz von altem verschimmelten Brot zu frischem Brotteig ist eine Verfälschung.

14) Vom 28. Februar 1887 (Veröffentl. d. K.G.A. 1887 S. 369).

I. Die Bezugnahme der Revision auf das früher in dieser Sache ergangene Urteil des Reichsgerichts vom 21. Oktober 1886 erscheint nicht geeignet, die Bemängelung des dermalen angefochtenen neuen erstrichterlichen Urteils zu unterstützen.

Das Revisionsgericht wies damals darauf hin, daß der Vorderrichter weder die Herstellung eines bloßen Fabrikates, noch eine Veränderung der Substanz, noch auch eine Verschlechterung des Weines festgestellt, vielmehr anscheinend nur angenommen habe, daß Angeklagter bezweckt habe, dem Wein eine andere Farbe zu geben.

Hierin aber, d. h. in der Anwendung eines bloßen, die Substanz des Weines in keiner Richtung alterierenden Färbemittels, könne eine Verfälschung im Sinne des Gesetzes nur dann gefunden werden, wenn der Wein durch die Färbung mit dem Scheine einer besseren Beschaffenheit versehen worden wäre.

Ganz anders gestaltet sich jedoch die Sache nach den tatsächlichen Feststellungen des nunmehr angefochtenen erstrichterlichen Urteils. —

Der Vorderrichter stellt fest, daß der Angeklagte, um dem Weine eine bessere Farbe zu geben und dessen schlechten „stickigen" Geschmack zu beseitigen und zu verbessern, zu 10 Ohm Wein ca. 1½ Ohm (also 15%) Hollunderbeerensaft gegossen habe, daß hierdurch der Naturwein den Geschmack und Charakter des Traubenweins verloren habe, daß die Quantität des Weines um die angeführte Menge des Hollunderbeerensaftes vermehrt und durch die Vermehrung mit diesem minderwertigen Safte die Mischung weniger wert geworden sei, als die entsprechende Quantität des ursprünglichen Weines und daß überdies die Beschaffenheit des Weines durch den Zusatz verschlechtert worden sei. —

Da das Urteil hiezu feststellt, daß Angeklagter die „gekennzeichnete Verfälschung" zum Zwecke der Täuschung in Handel und Verkehr vorgenommen habe, insbesondere sich bewußt gewesen sei, daß das Publikum, an welches er denselben veräußern wollte, eine solche Mischung von Wein und Hollunderbeerensaft wissentlich nicht als Wein annehmen würde und daß in dem Zusatze mit Flieder eine Verschlechterung der Beschaffenheit des Weines liege, so sind alle Merkmale festgestellt, welche zur einer Verurteilung aus § 10 Ziffer 1 des G. vom 14. Mai 1879 notwendig waren. —

Die Unterstellung, als habe das reichsgerichtliche Urteil vom 21. Oktober 1886 eine Bestrafung nur dann für zulässig erkärt, wenn dem Weine der falsche Schein einer besseren Beschaffenheit gegeben worden sei, erledigt sich schon durch die obige Anführung, daß auf dieses Moment nur unter der Voraussetzung entscheidendes Gewicht gelegt wurde, daß es sich um ein bloßes Färbemittel handle. — Nach den nunmehrigen tatsächlichen Feststellungen ist dies aber keineswegs der Fall; es handelt sich vielmehr — wenn auch neben der beabsichtigten, aber nicht gelungenen Färbung — auch um eine wirkliche Verschlechterung des Produktes durch Beimengung eines minderwertigen Stoffes in erheblicher Quantität und daß diese den Begriff der Fälschung objektiv erschöpft, bedarf keiner näheren Darlegung.

Wenn die Revision meint, die Absicht des Angeklagten sei auf Verbesserung von Farbe und Geschmack, also auf Verbesserung des Weines oder höchstens auf Verleihung eines besseren Scheines für denselben, aber nicht auf die in Wahrheit eingetretene Verschlechterung gegangen; — wegen des letzteren, gar nicht beabsichtigen Erfolges könne daher Angeklagter nicht bestraft werden und die erste Absicht sei nicht realisiert, also höchstens im Stadium des, übrigens straflosen, Versuchs geblieben, so ist dies irrig. —

Zum Tatbestande des § 10 Nr. 1 N.M.G. gehört objektiv die Verfälschung — und diese ist hier durch die konstatierte Verschlechterung des Weines unanfechtbar festgestellt —, subjektiv die Absicht, über die Qualität des Produktes im Handel und Verkehr zu täuschen, d. h. das verfälschte Produkt als echtes in den Verkehr zu bringen — und auch diese steht hier fest. —

Daß die Absicht gerade auf die „Verschlechterung" als solche gegangen sei, ist nicht nötig, und wird sogar der Natur der Sache nach regelmäßig ausgeschlossen sein. Die Absicht geht auf Täuschung des Publikums, das Mittel der Täuschung ist die Verfälschung, d. h. die Alterierung der echten Qualität des Nahrungsmittels, in der Regel durch Zusatz oder Entnahme von Stoffen, und der Erfolg dieser Tätigkeit zeigt sich je nach Umständen in dem Scheine einer besseren oder in einer schlechteren Beschaffenheit des verfälschten Gegenstandes. —

Die Verschlechterung an sich wird, da mit derselben eine Täuschung verbunden sein soll, ein Selbstzweck sein. — Dieselbe kann immer nur in verdeckter Form beabsichtigt sein; denn, wenn sie offensichtlicht ist, schließt sie die Täuschung notwendig aus. —

Wer aus Eigennutz ein Produkt mit schlechteren, minderwertigen Stoffen mischt und dadurch quantitativ vermehrt, qualitativ verschlechtert, kann dies nur mit der Absicht tun, über die Verschlechterung zu täuschen, sie unbemerkt bleiben zu lassen oder vielleicht sogar mittelst derselben durch äußerliche Verbesserung, wie hier durch die gleichzeitig beabsichtigte Färbung der Sache den Schein einer bessern, als der ursprünglichen Beschaffenheit zu geben.

Verschlechterung und scheinbare Verbesserung schließen daher weder in der Absicht des Täters, noch im Erfolge einander aus, können vielmehr sehr wohl nebeneinander bestehen. —

Wenn hier der erste Richter feststellte, daß der Angeklagte die Absicht hatte, seinem Wein durch den Zusatz von Hollunderbeerensaft den Schein einer besseren Beschaffenheit zu geben, aber auch das Bewußtsein der qualitativen Verschlechterung des Getränkes, so liegt hierin kein Widerspruch. —

Jedenfalls involvieren der vom Angeklagten beabsichtigte, wie der wirklich eingetretene Erfolg das für die Strafbarkeit erforderliche Moment einer unzulässigen Veränderung des echten Produktes und erweisen sich nur äußerlich als verschiedene Erscheinungsformen eines und desselben gesetzlichen Tatbestandsmerkmales der Verfälschung.

Wer sich eines ungehörigen Mittels bedient, um einem Nahrungsmittel den Schein einer besseren Beschaffenheit zu verleihen, will ebenso dasselbe verfälschen, als derjenige, welcher durch das Mittel eine (verdeckte) Verschlechterung herbeizuführen beabsichtigt. —

Es wird daher durch den gewollten, wie durch den tatsächlich eingetretenen Erfolg, wenn auch beide verschiedenartig in die Erscheinung treten, immer nur ein und dasselbe Merkmal des objektiven Tatbestandes erfüllt. —

Wenn insbesondere eine Verfälschung, bei welcher die Verleihung des Scheines einer besseren Beschaffenheit beabsichtigt war, sich tatsächlich zu einer Verschlechterung des Produktes gestaltet, so ist um deswillen die Verfälschung objektiv nicht minder vollendet, wenn auch vielleicht zur Erreichung des erstrebten Zweckes weniger geeignet. —

Der subjektive dolus hat ohnehin, wie bereits erörtert, eine andere Richtung.

II. Ob jede Änderung des Anscheines eines Lebensmittels den Begriff der Fälschung erschöpfe, ist hier nicht zu untersuchen, da der erste Richter die Frage selbst nicht entschied, sondern dahingestellt sein ließ und nach Lage der Sache auch keinen Anlaß hatte, sie zu entscheiden, weil er nicht eine Veränderung des Scheines, sondern eine wirkliche Verschlechterung des Lebensmittels tatsächlich feststellte.

Zu einer Prüfung, ob und in welchen der festgestellten Tatsachen ein strafbarer Versuch liege, bestand gleichfalls keine Veranlassung, da der erste Richter — und zwar, wie erörtert, mit Recht — eine vollendete Tat annahm. —

Daß ein Widerspruch zwischen der Feststellung, Angeklagter habe ursprünglich dem Weine den Schein einer besseren Beschaffenheit geben wollen, tatsächlich aber eine Verschlechterung erzielt und der daraus gezogenen Schlußfolgerung, er habe den Wein verfälscht, nicht vorliegt, sowie daß die Grundsätze über den für das Vorgehen aus § 10 Ziffer 1 N.M.G. erforderlichen dolus nicht verletzt sind, ergibt sich aus dem zu I Erörterten. —

Die Revision war daher zu verwerfen.

15) Vom 1. Juni 1886. (Veröffentl. d. K.G.A. 1887 S. 69.)

Zusatz von menstruellem Blut zu Nahrungsmitteln.

16) Vom 2. Dezember 1881. (E. V, 178, R. III, 761.)

Rotfärbung von Dorschkiemen zum Zwecke der Täuschung über den Erhaltungszustand. (Vgl. auch bei Kapitel „Färben".)

17) Vom 1. Oktober 1886. (Veröffentl. d. K.G.A. 1887 S. 83.)

Ein auf Täuschung gerichtetes positives Verhalten erfordert der § 10 Nr. 2 nur für den Fall des Feilhaltens, während für den Fall des Verkaufs verdorbener Ware das negative Merkmal der Nichtangabe dieser Beschaffenheit regelmäßig genügt. . . .

Allerdings würde in der Nichtangabe ein Verschweigen darin nicht zu finden sein, wenn tatsächlich dem Käufer der fragliche Zustand des verkauften Gegenstandes bekannt wäre und der Verkäufer um diese Kenntnis wüßte, weil überhaupt nur — wenigstens nach dem Bewußtsein des Täters — Unbekanntes verschwiegen werden kann.

18) Vom 20. Januar 1888. (Veröffentl. d. K.G.A. 1888, 696.)

Denn durch die Feststellung, daß der auf Anordnung des Angeklagten in seinem Geschäfte durch Zusatz verschimmelter Backwaren bereitete Teig und das daraus hergestellte Gebäck die menschliche Gesundheit zu beschädigen geeignet und Angeklagter, obgleich ihm dies bekannt war, diese Waren feilgehalten und verkauft hat, ist die Anwendung des § 12 Nr. 1 a. a. O. begründet. Die Annahme, daß auf diese Weise gleichzeitig die Backwaren verfälscht und unter Verschweigung dieses Umstandes verkauft, entspricht auch dem Begriffe im Sinne des § 10 daselbst, weil für erwiesen erachtet ist, daß dem mit schimmeliger Substanz versetzten Teig durch das Verbacken der Schein einer besseren Beschaffenheit gegeben, die eingetretene Verschlechterung also verdeckt wurde. Vgl. auch E. V, 178.

19) Vom 14. November 1887. (E. XVI, 316.)

Die normale Beschaffenheit einer Ware ist nach den berechtigten Erwartungen des konsumierenden Publikums zu beurteilen.

Eine lokale Übung in Zusammensetzung eines Nahrungs- oder Genußmittels kann nur dann berücksichtigt werden, wenn der Verkauf und der Konsum auf den Ort der Übung beschränkt bleibt.

20) Vom 1. März 1898. (E. XXXI, 72.)

Die Zusammensetzung eines Nahrungs- oder Genußmittels, die an einem Ort normal ist, kann an einem andern anormal sein.

21) Vom 17. Januar 1881. (E. III, 274, R. II, 735.)

Außer der Fabrikation eines nachgemachten oder verfälschten Nahrungs- oder Genußmittels ist die Vornahme einer weiteren Handlung, sondern der Zweck, den die Handlung der Fabrikation verfolgt, also ein innerer Moment, entscheidend. Ferner ist es nicht erheblich, wem gegenüber, ob etwa einem bestimmten Abnehmer oder ob überhaupt dem unmittelbaren Abnehmer gegenüber die Täuschungsabsicht bestanden hat, es genügt, daß sie überhaupt bestanden hat.

22) Vom 7. Februar 1889. (Veröffentl. d. K.G.A. 1890 S. 9.)

Die Feststellungen des Instanzrichters rechtfertigen vollkommen die Anwendung des § 10 Ziffer 1 und 2 des R.G. vom 14. Mai 1879, die Aufstellung der Revision, daß die Beimischung gleicher Stoffe,

Pfefferstaub und Schalen, niemals eine Verfälschung sein könne, ist unrichtig. Das Reichsgericht hat wiederholt, z. B. auch Bd. XII, S. 400 ausgesprochen, daß ein Nahrungs- oder Genußmittel auch durch Beimengung minderwertiger Qualitäten desselben Nahrungs- oder Genußmittels verfälscht werden könne. Verfälschung im Sinne des § 10 N.M.G. ist jede auf Täuschung berechnete Veränderung der normalen Beschaffenheit desselben, durch welche entweder dem Genußmittel der Schein einer besseren als seiner wirklichen Beschaffenheit verliehen, oder dessen normale Beschaffenheit verschlechtert wird.

23) Vom 4. Mai 1883. (R. V, 315.)

(In einem Falle des Feilhaltens von Muskatfaßon, Muskatlikör, Süßweinfaßon an Wein-Großhändler hatte der Instanzrichter das Feilhalten auf den Kreis von Großhändlern beschränkt, was das Reichsgericht billigte.) Tatsächlich konnte aber, wie geschehen, ohne Rechtsirrtum festgestellt werden, daß die Bezeichnungen „Muskatfaßon, Muskatlikör und Süßweinfaßon" für diejenigen, die es vorliegend anging, d. h. für „Großweinhändler", denen allein die Ware in Gebinden angeboten ist, genügt haben, um sie erkennen zu lassen, daß sie nicht echten Muskatwein erhielten, da diese aus der Bezeichnung klar wurde, daß es sich um eine Nachahmung handelte. Es reichte hin, daß die gewählte Bezeichnung geeignet war, die Täuschung derjenigen, für welche das Fabrikat bestimmt war, fern zu halten, daß es sich um Naturwein und nicht um Kunstwein handle.

(Am Schlusse des Urteils heißt es, daß die Beurteilung anders ausfallen müßte, wenn die Angeklagten die Nachahmung zu dem Zwecke und mit der Kenntnis vorgenommen hätten, daß die weiteren Abnehmer getäuscht werden sollten.)

24) Vom 3. November 1890. (Veröffentl. d. K.G.A. Beilage II, 116.)

Endlich würde zu erwägen gewesen sein, ob zu dem infolge des Geschäftsgebrauchs nicht getäuschten Publikum nicht bloß die unmittelbaren Abnehmer des Angeklagten, die Wiederverkäufer, sondern auch deren Abnehmer gehörten, denn es kann nach feststehender Praxis des Reichsgerichts der Tatbestand des § 10 Ziffer 1 N.M.G. auch dann gegeben sein, wenn eine Täuschung des unmittelbaren Abnehmers nicht beabsichtigt ist, sofern nur der Täter auf Täuschung der weiteren Abnehmer rechnet.

Den Begriff der Nahrungsmittelverfälschung behandeln ferner folgende Reichsgerichtserkenntnisse:

Vom 7/17 Dezember 1896. (E. XXIX, 258.)
Vom 3. Januar 1898. (E. XXX, 393.)
Vom 2. März 1893. (E. XXIV, 36.) (Saccharinzusatz zu Bier.)
Vom 3. Januar 1898. (E. XXX, 393.) (Farbzusatz.)
Vom 1. November 1880. (E. II, 418.) (Wein.)
Vom 12. Dezember 1887. (Wein.)
Vom 11. Dezember 1884. (R. VI, 796.) (Milch.)
Vom 6. Mai 1897. (E. XXX, 100.) (Milch.)
Vom 21. Dezember 1899. (E. XXXIII, 26.) (Milch.)
Vom 6. März 1896. (D.J.Z. I, 201.) (Bierneigen.)

Vom 31. Januar 1888. (R. XVII, 99, R. X, 64.) (Butter.)
Vom 21. Mai 1885. (R. VII, 314.)
Vom 2. März 1893. (E. XXIV, 26.) (Bier.)
Vom 18. Dezember 1882. (E. VII, 314.) (Bier.)
Vom 11. Juni 1885. (R. VII, 374.) (Bier.)
Vom 21. Mai 1885. (R. VII, 314.) (Bayrisches Bier.)
Vom 15. Dezember 1884. (R. VI, 814, 819, E. XI, 294.) (Bayrisches Bier.)
Vom 31. März 1884. (E. X, 266, R. VI, 249.) (Bayrisches Bier.)
Vom 18. Februar 1882. (E. VI, 55.)
Vom 24. Februar 1882. (R. IV, 194.)
Vom 5. Juni 1885. (R. VII, 351.)
Vom 5. Februar 1894. (E. XXV, 117.)
Vom 1. März 1898. (E. XXXI, 72.)
Vom 25. März 1901. (E. XXXIV, 230.)
Vom 26. Mai 1882. (R. IV, 519.)

23. Kapitel.

Nachmachen.

Um etwas nachmachen zu können, muß zunächst dieses „etwas" vorhanden sein. Es wird also notwendigerweise ein Vorbild vorausgesetzt, dessen Nachbildung behauptet ist.

Diese Nachbildung kann bei sehr geschicktem Arbeiten so vollkommen sein, daß eine Gleichwertigkeit resultiert. Sie kann hinter dem Original zurückbleiben, wenn sie weniger geschickt ausgeführt wird, sie kann aber auch unter Umständen besser als die echte Ware ausfallen.

Für die Anwendung des Nahrungsmittelgesetzes ist diese Verschiedenheit des Wertes unbeträchtlich, wenn sie nur zum Zwecke der Täuschung erfolgt, also wenn das echte Produkt unter Verschweigen der Unterschiebung durch das nachgemachte ersetzt wird. Für einen urteilsfähigen Sachverständigen könnte ja in bestimmten Fällen durch das Bessermachen oder wenigstens durch das Gleichgutmachen des imitierten Produktes gegenüber dem echten, das strafrechtliche Moment entfallen. Wenn aber, wie im allgemeinen zutreffen dürfte, das Laienpublikum die beteiligten

Verkehrskreise bildet, so verbindet es mit dem Orginal ein gewisses, auf Erfahrung basiertes Vertrauen, welches eben dem nachgemachten Produkt ermangelt.

Allerdings ist ein solches Nachmachen nicht etwa vorliegend, wenn zwei Leute die gleiche „echte“ Ware vertreiben und der eine nur den Namen und die Verpackung des anders nachmacht. Das beträfe lediglich das Gesetz zum Schutze der Warenbezeichnungen. Wenn eine Ware ganz allgemein, oder doch wenigstens nicht vereinzelt in gleicher Weise hergestellt wird, so kann keines der Fabrikate beanspruchen, echter zu sein als die andern. Die Nachmachung im Sinne des Gesetzes vom 14. Mai 1879 setzt stets voraus, daß die Ware, nicht ihre Etikette nachgemacht ist.

Der Regel nach wird sich jedoch mit dem Begriff der Nachmachung eine Unterschiebung schlechterer oder billigerer Fabrikate verbinden. In diesem Falle geht der Begriff über in den der Verleihung des Anscheins einer besseren Beschaffenheit, also den der Nahrungsmittelverfälschung.

Ist von dem „echten“ Produkt bei Herstellung des nachgemachten ein Teil mitverwendet, so wird es sich meist um eine Nahrungsmittelverfälschung handeln, da die Nachahmung sich gerade dadurch von der Verfälschung unterscheidet, daß sie die Verwendung ausschließlich oder fast ausschließlich anderer Stoffe voraussetzt.

Reichsgericht. 1) Vom 14. Juli 1881. (E. IV, 434, R. III, 486.)

Das Nachmachen ist der Akt der Herstellung einer Sache in der Weise und zu dem Zwecke, daß sie eine andere Sache zu sein scheint. Auch die Verfälschung ist ein Akt, der an der Sache selbst vorgenommen sein muß. . . .

Solche Fälle, in denen weder ein Gegenstand dem andern (echten) in der Weise nachgebildet worden ist, daß er den Schein, daß Aussehen, obschon nicht das Wesen des andern hat, noch die Beschaffenheit der Sache selbst, die verkauft oder feilgehalten wurde, einer Einwirkung unterworfen worden, sondern es ausschließlich um die Bezeichnung desselben sich handelt, gehören also nicht unter die Strafvorschrift des zitierten § 10 Nr. 2. können den Tatbestand eines Betrugs enthalten. . . .

2) Vom 15. Mai 1882. (R. IV, 485.)

Von einem „nachgemachten“ Nahrungs- oder Genußmittel kann begrifflich nur die Rede sein, wenn bereits im Verkehrsleben ein als Nahrungs- oder Genußmittel benutzbarer und benutzter Gegenstand vorhanden ist, welcher den Namen trägt, der von dem aus § 10 N.M.G. Beschuldigten seinem Fabrikate beigelegt wird und welcher, wie im Verkehr bekannt ist und vorausgesetzt wird, regelmäßig aus ganz bestimmten

Stoffen besteht und dem eben deshalb bestimmte, seine Eigenschaft als Nahrungs- oder Genußmittel begründende Eigenschaften beiwohnen.

„Nachmachen" ist deshalb die Herstellung eines Nahrungsmittels in der Weise und zu dem Zwecke, daß es ein anderes zu sein scheint, als es in Wirklichkeit ist,

„Nach dem angefochtenen Urteile steht fest, daß der Angeklagte in der Absicht, seine Abnehmer irre zu führen und in den Glauben zu versetzen, das von ihm verfertigte und als ordinärer roter Schwartenmagen bezeichnete Fabrikat entspreche wie nach seiner äußeren Erscheinung und seiner Bezeichnung auch seiner stofflichen Zusammensetzung nach den Bestandteilen des unter dieser Bezeichnung nach allgemeiner örtlicher Übung begriffenen Fabrikats, sowohl Bestandteile, welche in der Zusammensetzung erwartet werden müßten (Fleisch, Schwarte, Speck), entzogen, als Bestandteile, welche nach dem Ortsgebrauche und dem Preise nicht erwartet werden müßten (unverdauliche Sehnen und elastische Bänder) zugesetzt habe. Es handelt sich somit keineswegs um eine minder gute oder minder sorgfältige Bereitung, als sie hätte stattfinden können, wie die Revision geltend macht. Der von derselben hervorgehobene Umstand, es seien die Bestandteile des fraglichen Schwartenmagens von jedem Laien sofort für das erkennbar gewesen, was sie in der Tat waren, würde, wenn es, wie es nicht der Fall ist, vom Urteile festgestellt wäre, rechtlich nicht als erheblich erscheinen, da es für den Begriff des Nachmachens ohne Bedeutung ist, ob die täuschenden Mittel leicht und von jedermann oder nur schwer und nur von Sachverständigen zu erkennen sind."

3) Vgl. auch das Urteil vom 2. November 1886 bei Kap. 1.

4) Vom 20. Mai 1889. (Veröffentl. d. K.G.A. 1890 S. 162.)

Die Verurteilung stützt sich auf den § 10 Nr. 1 und 2 des Nahrungsmittel- usw. Gesetzes vom 14. Mai 1879 unter Annahme einer einheitlichen Handlung.

Die Revision behauptet unrichtige Anwendung des Gesetzes; eine Nachahmung liege nicht vor. Sie konnte jedoch nicht von Erfolg sein.

Nach dem festgestellten Sachverhalte verlangte Th. von dem Angeklagten, dessen regelmäßiger Abnehmer er war, 40 Flaschen böhmisches Schankbier. Dies ist ein von der Waldschlößchenbrauerei zu Dresden in bekannter Stärke, bekanntem Geschmack und zu bekanntem Preise hergestelltes Brauprodukt. Der Angeklagte, welcher solches Bier nicht auf Lager, auch keine Aussicht hatte, solches in nächster Zeit zu erhalten, füllte 40 Flaschen zu $^3/_4$ mit Lager- und zu $^1/_4$ mit einfachem Bier, beklebte die Faschen mit Etiketten, worauf „böhmisches Bier" stand und lieferte die 40 Flaschen als böhmisches Schankbier an Th. Das verwendete Lager- und einfache Bier waren auch aus der genannten Brauerei. Dieselbe braut als verschiedene Sorten böhmisches Bier, Lagerbier, einfaches Bier. Das Brauverfahren bei diesen Sorten ist dasselbe, sie unterscheiden sich aber durch die zur Herstellung verwendete größere oder geringere Menge von Malz und Hopfen. Jede Sorte ist ein unmittelbares, selbständiges Brauprodukt.

Es erscheint nicht rechtsirrig, wenn das Gericht in dem Verhalten des Angeklagten ein Nachahmen im Sinne des fraglichen Gesetzes findet. Der Vorrichter nimmt an, daß durch die Mischung, welche der Angeklagte in der Absicht der Täuschung des Abnehmers bewirkte, das Wesen beziehungsweise der Gehalt des von der Waldschlößchenbrauerei als ein fertiges, selbständiges Brauprodukt hergestellten böhmischen Schankbieres nicht erzeugt wurde; der Mischtrank sei kein böhmisches Schankbier gewesen, es sei der zusammengegossenen Flüssigkeit nur äußerlich der Schein eines solchen gegeben worden. Der Begriff der Nachahmung ist dabei nicht verkannt. Als nachgemacht gilt die Sache, welche in der Weise und zu dem Zwecke hergestellt ist, daß sie nach Form oder Stoff eine andere Sache zu sein scheint, als sie wirklich ist; vgl. E. des R.G. IV, 435, XIV, 432. Das durch Mischung hergestellte Getränk war ein anderes als Th. bestellt hatte, letzterer wollte nicht Bier, überhaupt, nicht gemischtes Bier, sondern gerade die unter der Bezeichnung böhmisches Schankbier bekannte Biersorte. Die Nachahmung erfordert nicht eine Beimischung fremdartiger Stoffe (vgl. E. XIV, 429 bezüglich der Zusammensetzung verschiedener Weine). Zutreffend legt der Vorrichter dem Umstande keine Bedeutung bei, daß das vom Angeklagten hergestellte Gemisch — in Betracht des höheren Gehaltes an Stammwürze im Lagerbier — ihm vielleicht teurer zu stehen kam, als das aus der genannten Brauerei bezogene böhmische Schankbier; denn es muß ihm beigetreten werden, daß der Begriff „Nachmachen" nicht erfordert, das hergestellte Produkt sei ein schlechteres als das echte. Anders ist es bei Verfälschung im Sinne des fraglichen § 10, indem diese die Verschlechterung eines Nahrungs- oder Genußmittels, oder die Verleihung des Scheins einer besseren als der wirklichen Beschaffenheit voraussetzt; E. XIV, 429.

Die Revision macht besonders geltend: Wesen und Gehalt des Biers seien stofflicher Natur; von Nachahmung einer Biersorte einer bestimmten Brauerei aus Bier derselben Brauerei könne nur Rede sein, wenn zugleich festgestellt werde, daß durch das Verfahren eine Übereinstimmung bezüglich des Wesens und Gehalts nicht erzielt worden. Hier habe aber eine derartige Übereinstimmung stattgefunden, indem eine Berechnung des Malz- und Hopfengehaltes einer Mischung von $^3/_4$ Lager- und $^1/_4$ einfachem Bier ergebe, daß dasselbe dem Gehalte des böhmischen Bieres gleichkomme, dasselbe sogar übersteige. Danach liege hier nur eine andere Art der Herstellung vor; der Verkauf eines so gewonnenen Produkts als Originalprodukt verstoße gegen das Gesetz nicht. — Dieser Angriff ist nach den im ersten Urteile getroffenen Feststellungen nicht stichhaltig. Das Gericht geht entsprechend davon aus, daß der Stoff, das Wesen des bestellten Bieres nicht bloß durch den Stärkegehalt bestimmt werde, sondern durch die unmittelbare technische Art der Herstellung, und daß ein mechanisch zusammengegossenes Getränk eine andere Sache sei, als eine durch ursprüngliche Verarbeitung gewonnene. Verfehlt ist es auch, wenn die Beschwerde Gewicht darauf legt, daß das durch die Mischung gewonnene Bier das böhmische Bier an Stärkeinhalt noch übersteige; dem Besteller beziehungsweise dessen Kunden kann es gerade auf den Genuß eines nicht starken Bieres ankommen.

Die Revision war mithin zu verwerfen.

5) Vom 13. Juli 1893.

Der Angeklagte gibt zu seit Sommer 1890 von der ausgepreßten

Abkochung aus Amerika eingeführter Schnitze, Kerngehäuse und Schalen von Äpfeln unter Zusatz von Rübenzücker und Kartoffelstärkesyrup eine Speise hergestellt und unter dem Namen „feinstes (Ia) amerikanisches Äpfelgelee" in den Verkehr gebracht zu haben, die dem in Deutschland unter dem Namen Äpfelgelee oder Äpfelkraut bekannten Erzeugnisse aus dem eingedickten Safte frischer Äpfel an Aussehen, Geruch und Geschmack ähnlich ist. Das Urteil stellt auf Grund der Beweiserhebungen zugleich das Verhältnis des verwendeten Zuckers und Stärkesyrups dahin fest: „daß dadurch der wesentliche Bestandteil des Äpfelkrautes, nämlich der Obstsaft, vollständig in den Hintergrund gedrängt wird", so daß die Ware als ein Gemisch erscheint, in welchem dem Stärkezucker durch die Abkochung von getrockneten Obstabfällen das Aussehen und der Geschmack des echten Äpfelkrautes, nämlich der Obstsaft, vollständig in den Hintergrund gedrängt wird", so daß die Ware als ein Gemisch erscheint, in welchem dem Stärkezucker durch die Abkochung von getrockneten Obstabfällen das Aussehen und der Geschmack des echten Äpfelkrautes und hiermit der Anschein einer besseren Beschaffenheit gegeben ist.

Es ist nicht rechtsirrtümlich, unter diesen Umständen das Fabrikat als Nachahmung des in Deutschland herkömmlichen Äpfelkrautes zu erachten, mag letzteres ohne oder mit etwas Zuckerzusatz bereitet werden, und da diesem ein so bedeutender Zusatz von Stärkesyrup, einem minderwertigen Stoffe, fremd ist, so hat das Urteil auch ohne Rechtsirrtum eine Nachahmung von schlechterer Beschaffenheit angenommen, und kann davon abgesehen werden, ob auch die bloße Verwendung von getrocknetem statt frischem Obst eine Verschlechterung begründen würde.

Irrig ist dagegen die Meinung der Revision, daß für den Begriff der Nachahmung bei einem Genußmittel im Gegensatz zu einem Nahrungsmittel nur der Wohlgeschmack in Verbindung mit Farbe und Ansehen entscheide. Wie es unmöglich ist, den Begriff eines Nahrungs- und den eines Genußmittels überall scharf zu unterscheiden, beide vielmehr ohne erkennbare Grenze ineinander übergehen oder je nach subjektiven Verhältnissen wechseln, so hat auch das Gesetz vom 14. Mai 1879 beide Begriffe stets zusammengefaßt und gleichmäßig behandelt, und ist der Begriff der Nachahmung hier wie dort der gleiche: Herstellung einer Sache mit dem Scheine und Namen einer im Verkehr bereits befindlichen, aber von geringerer als der hiernach zu erwartenden Beschaffenheit. Da nun der Wohlgeschmack und das Aussehen weder in der Theorie noch im Sinne der Konsumenten ausschließlich den Wert eines Genußmittels begründet, so erweist sich die Behauptung als hinfällig, daß die Verwendung von Rohprodukten, deren verschlechternder Einfluß nicht auf dem Gebiete des Wohlgeschmackes und der Farbe liegt, der Qualität des Genußmittels überhaupt keinen Eintrag tue. Auch der Einwand, der Angeklagte habe nicht eine Nachahmung, sondern die Einführung eines neuen Genußmittels beabsichtigt, ist erfolglos.

Selbstverständlich will das Strafgesetz der Vergrößerung des Gebietes der Genußmittel nicht im Wege stehen, und zweifellos kann eine Neueinführung unter Umständen aus volkswirtschaftlichen und anderen Gründen nur willkommen sein. Ob dies gerade bei dem fraglichen Fabrikate aus Kartoffelstärkesyrup zutrifft, muß hier unerwogen bleiben. Jedenfalls aber darf die Einführung nicht in der Form und unter dem Namen eines bereits im Verkehr befindlichen besseren Nahrungs- oder

Genußmittels geschehen, zur Täuschung des Publikums. Nur hierin liegt die Strafbarkeit des Angeklagten, da im angefochtenen Urteile sowohl sein Bewußtsein von dem täuschenden Scheine seines Fabrikates als auch sein Zweck, damit zu täuschen, festgestellt ist. Zwar geht das Gesetz vom 14. Mai 1879 nicht, wie das Urteil annimmt, so weit, von dem Nahrungs- und Genußmittelfabrikanten zu verlangen, daß er alles tue, um seinen Abnehmern und dem konsumierenden Publikum über die wahre Beschaffenheit seiner Waren Klarheit zu verschaffen. Das Gesetz verbietet nur die tatsächliche Verfälschung und Nachahmung zum Zwecke der Täuschung im Handel und Verkehr, ohne im übrigen dem Fabrikanten Beschränkungen aufzuerlegen. Wäre z. B. zwischen dem Safte getrockneter und dem Safte frischer Äpfel kein das fertige Gelee beeinträchtigender Unterschied, so würde das Gesetz den Fabrikanten nicht verpflichten, „Klarheit zu verschaffen", ob er diese oder jene verarbeitet hat.

Aber hier handelt es sich nicht um ein Verschweigen, sondern um die wissentliche Anfertigung und den Verkauf eines aus anderen, schlechteren Stoffen bestehenden Erzeugnisses, unter dessen vom Angeklagten ihm beigelegten Namen eine Speise aus bestimmten, im Verkehr bis dahin ausschließlich verwendeten Rohstoffen verstanden wird, also um Täuschung. Vergeblich betont die Verteidigung den angeblichen Unterschied von Äpfelgelee und Äpfelkraut. Die Feststellung, daß beide Bezeichnungen gleichbedeutend seien oder doch von den Abnehmern des Äpfelkrautes nicht unterschieden zu werden pflegen, ist tatsächlicher Natur, kann daher nicht nachgeprüft werden. Übrigens konnte die Verteidigung nicht behaupten, daß Stärkesyrup mit Zusätzen von Äpfelsaft den berechtigten Erwartungen eines Käufers von Äpfelgelee entspreche. Mit Recht erklärt das Urteil ferner den Beisatz „amerikanisches" Äpfelgelee für nicht geeignet, die Täuschung zu verhüten. Solche Beiworte bezeichnen bald den Ursprungs- oder Erzeugungsort, bald die am angegebenen Orte übliche Herstellungsweise, ohne über letztere irgend eine Auskunft zu geben. Wegen dieser Mehrdeutigkeit und Unbestimmtheit ist ein geographisches Beiwort in solcher Anwendung regelmäßig nicht geeignet, irgend eine Vorstellung über die Beschaffenheit der betreffenden Ware, namentlich nicht die Vorstellung einer Abweichung ihrer Beschaffenheit oder ihrer Grundstoffe von der bereits bekannten, vom Publikum erwarteten Beschaffenheit zu erregen. Wo dies anders liegt, beruht der Unterschied eben darauf, daß dort die Besonderheit der örtlich bezeichneten Waren bereits im Bewußtsein des Publikums eingebürgert ist, die Bezeichnung also etwas Bestimmtes angibt.

Keinesfalls ist es rechtsirrtümlich, daß der vorige Richter den Beisatz „amerikanisch" nicht für genügend erachtet hat, schlechthin anzudeuten, daß in der damit bezeichneten Ware nicht die gewöhnlich darunter verstandene, sondern eine Nachahmung, und zwar eine schlechtere Nachahmung derselben (Surrogat), angeboten werde. . . Die angebliche Schwierigkeit, eine Bezeichnung für das dem Äpfelgelee ähnliche Erzeugnis zu finden, die keine Täuschung darüber hervorruft, daß es kein Äpfelgelee ist, kann offenbar auf die Schuldfrage keinen Einfluß üben.

6) Vom 24. Februar 1882. (R. IV, 194.)

Ein Nahrungs- oder Genußmittel gilt als nachgemacht, wenn es dem echten nachgebildet ist, so daß es nur den Schein, nicht das Wesen und den Inhalt der echten Ware hat, indem es ganz oder doch wesentlich aus fremdartigen Stoffen künstlich hergestellt ist, also entweder vollständig oder doch der Hauptsache nach aus anderen Stoffen besteht, als die echte Ware. Der in Rede stehende Himbeerlikör würde dann als nachgemacht angesehen sein, wenn er entweder lediglich oder der Hauptsache nach aus Sprit, Fruchtäther und Fuchsin hergestellt wäre, so daß die Beifügung einer geringfügigen Menge natürlichen Himbeersaftes nichts darin geändert hätte. Vgl. auch RG. I vom 9. April 1891; J.W. 1891, Nr. 7 S. 296.

7) Vom 18. Mai 1888.

Nachgemachter Kognak wurde als vorliegend angesehen bei einer Flüssigkeit, die ein Gemisch aus Sprit, Essenz, Gerbsäure, Farbstoff usw. enthielt.

8) Vom 12. Mai 1891. (E. XXI, 437.)

Wurst aus Hundefleisch ist eine Nachmachung.

9) Vom 5. Februar 1894. (E. XXV, 117.)

Aufgequollene Kaffeebohnen, um sie als bessere Qualität erscheinen zu lassen, sind eine Nachmachung.

10) Vom 14. Juli 1881.

Die bloße Bezeichnung von Rübenzucker als Kolonialzucker ist weder eine Nachahmung noch eine Verfälschung. (Ausführlicher mitgeteilt bei Kapitel 1 und oben sub 1.)

11) Vom 2. November 1886. (Veröffentl. d. K.G.A. 1889 S. 368.)

(Danziger Weinprozeß. Nicht nur die Gattung „Wein" unterliegt der Nachahmung, auch bestimmte Sorten.) Der erste Richter erachtet danach eine Nachmachung von Wein nur dann für vorliegend, wenn das Produkt überhaupt keinen Traubensaft enthält, als nachgemachter französischer Wein soll nur ein Produkt gelten, das überhaupt keinen Saft aus französischen Trauben enthält, und die Nachmachung einer bestimmten Sorte französischen Weines soll nur vorliegen, wenn zu dem Gemische überhaupt kein Wein von dieser Sorte verwendet ist. Daß der Entscheidungsgrund so aufzufassen, ergibt sich zweifellos aus einer anderen Stelle des Urteils, an welcher in Bezug auf einen „Sherry" des Angeklagten B. ausgeführt wird: Nachmachung liege selbstverständlich nicht vor, da der Wein nicht künstlich aus lauter fremden Stoffen zusammengesetzt sei. Diese Ansicht ist unhaltbar. Die Herstellung eines sogenannten Kunstweines ist nur eine Art der Nachmachung von Wein. Der Schein von Wein kann aber auch hergestellt werden durch Mischung von Naturwein mit Kunstwein oder sonstigen fremdartigen Stoffen in der Art, daß das Produkt dem Wesen nach nicht mehr als Wein gelten kann. Ebenso ist eine Nachmachung französischen Weines auch unter Verwendung französischen Traubensaftes möglich. Hier steht aber nicht die Nachmachung von Wein, auch nicht die Nachmachung französischen Weines, sondern die Nachmachung bestimmter Unterarten des französischen Weines in Frage. Eine solche wäre begrifflich auch dann nicht ausgeschlossen, wenn zur Nachmachung der bestimmten Unterart auch Wein von dieser speziellen Sorte mit verwendet wurde, gerade um dem mit einer bestimmten Marke als eine bestimmte Sorte bezeichneten Weine den Schein dieser Sorte zu geben, während das so gebildete Gemisch eben wegen der Beifügung noch anderer Stoffe in Wirklichkeit als die bestimmte Sorte, für welche er ausgegeben wurde, nicht mehr angesehen werden kann.

Es beruht also auf einer Verkennung des Begriffes „Nachmachung", wenn der erste Richter eine Nachmachung von „Château Léoville", „St. Emilion" usw. dadurch für ausgeschlossen ansieht, daß zu dem Gemische auch „Château Léoville", „St. Emilion" usw. mit verwendet wurde, und es wäre vielmehr bei den vorgezeichneten sechs Weinsorten, welche als „Delhomme Ponjeaux" und resp. „St. Emilion", „Château Léoville", „Listrac", „Bas-Médoc" und „Cahors" von den Angeklagten bezeichnet wurden, zu prüfen gewesen, ob die Absicht der Angeklagten bestand, eben die bestimmten Sorten und Marken nachzumachen, wenn auch zu diesem Zwecke Wein von der gewählten Bezeichnung eben zur Erregung des Scheines mit verwendet wurde, beispielsweise zur Fabrikation von 62 Oxhoft mit der Marke „Château Léoville" bezeichneten Weines eine Quantität von 28 Oxhoft „alt Léoville vom Vorverschnitte". Von dieser Prüfung hat sich aber der erste Richter durch die offenbar rechtsirrtümliche Auffassung des Begriffes „Nachmachung" abhalten lassen.

12) Vom 15. Mai 1891. (E. XIV, 439.)

Die Begriffe Nachmachen und Verfälschen gehen ineinander über. Wenn daher die Anklage den einen, das Urteil den andern Ausdruck braucht, so liegt kein veränderter rechtlicher Gesichtspunkt vor.

13) Vom 25. März 1889. (E. XIX, 151.)

Gefärbte Margarine als nachgemachte Butter.

14) Vom 17. März 1894. (E. XXV, 183.)

Die Herstellung eines Gemisches von Talg und Speiseöl ist nachgemachtes Schweineschmalz.

15) Urteil des **Kammergerichts** vom 13. Januar 1902. (Veröffentl. d. K.G.A. Beil. VI, 227.)

Die Revision bekämpft zunächst die Annahme, daß auch neu erfundene Nahrungsmittel nachgemacht oder verfälscht werden könnten. Sie bemängelt weiter die Festsetzung betreffs des Hämatogens als widerspruchsvoll, da sie zu einer Identität von Hämatogen und Hämoglobin gelange, und meint eventuell, daß für die Feststellung, was Hämatogen sei, nicht die Auffassung des Verkehrs, sondern nur die in der Wissenschaft maßgebend sein könne. Die Annahme des Berufsgerichts, daß jemand, der ein neues Nahrungsmittel unter selbstgewähltem Namen herstellt, dieses nachmacht oder verfälscht, wenn er es in einer diesem Namen nicht entsprechenden Weise herstellt, kann nicht beigetreten werden. Jede Nachmachung einer Ware setzt voraus, daß eine bereits gemachte, nicht eine bloß gedachte und einem Namen oder einer Beschreibung entsprechend vorausgesetzte Ware im Handelsverkehr vorhanden ist, und daß dieser vorhandenen echten Ware eine andere in der Weise nachgebildet wird, daß sie der echten dem Scheine, aber nicht dem Wesen nach entspricht. Ebenso setzt jede Verfälschung einer Ware voraus, daß im Verkehr eine echte Ware vorhanden ist, welche durch Entnehmen oder Zusätzen von Stoffen in einer für das Publikum unkenntlichen Weise verschlechtert oder mit einem Schein besserer Beschaffenheit versehen wird (vgl. das Urteil des R.G. vom 18. Februar 1882 R. IV, 144 ff., bes. 146). Da es nun nach den Feststellungen des Vorderrichters im Verkehr außer dem von S. hergestellten „Hämatogen-Nährkakao" ein Produkt dieses Namens nicht gibt, so kann S. auch „Hämatogen-Nährkakao" nicht nachgemacht oder verfälscht haben. Allerdings kann durch Herstellung eines neuen Produkts zum Zweck der Täuschung in Handel und Verkehr eine Nachmachung oder Verfälschung begangen werden, aber nur eine Nachahmung oder Verfälschung eines bereits im Verkehr vorhandenen Produktes. . . . Ebenso kann hier in Frage kommen, ob der von S. hergestellte und vertriebene „Hämatogen-Nährkakao" als eine Nachmachung oder Verfälschung von Kakao oder aber von Hämatogen zu erachten ist. In letzterer Beziehung wird namentlich zu prüfen sein, ob die ausweislich der Analyse im Lokalanzeiger dem Hämatogen hinzugefügten Kohlehydrate als Verfälschungen des Hämatogens anzusehen sind. Nach diesen beiden Richtungen hat das angefochtene Urteil die Sachlage nicht geprüft; behufs Erörterung dieser Frage war die Sache unter Aufhebung des angefochtenen Urteils in die Vorinstanz zurückzuverweisen.

Wird angenommen, daß eine Nachmachung oder Verfälschung von Kakao nicht vorliegt, so muß geprüft werden, ob der § 4 R.G. zur Bekämpfung des unlauteren Wettbewerbs vom 27. Mai 1896 Anwendung finden kann, und ob der hierzu erforderliche Strafantrag rechtzeitig gestellt ist. Einer ferneren Prüfung ist die Frage zu unterziehen, ob nicht § 263 St.G.B. Platz greift. Der Vorderrichter hat bedenkenfrei festgestellt, daß S. von vornherein auf Täuschung des Publikums ausgegangen ist und auch seinen unmittelbaren Abnehmern die Nichtübereinstimmung des ihnen gelieferten Produktes mit der Bezeichnung „Hämatogen-Nährkakao" verschwiegen hat. Er hat auch zutreffend ausgeführt, daß über die Frage, was unter „Hämatogen" zu verstehen ist, lediglich die Verkehrsanschauung entscheidet. Es muß nun geprüft werden, ob in dem Verhalten des S. gegenüber seinen Abnehmern eine Vorspiegelung falscher oder Entstellung oder Unterdrückung wahrer Tatsachen zu finden ist, und ob er durch diese Irrtumserregung das Vermögen seiner Abnehmer beschädigt oder zu beschädigen versucht hat. . . .

---

24. Kapitel.

Verderben.

Der Begriff des Verderbens ist nur insofern von dem der Verfälschung durch Verschlechtern einer Ware verschieden, als er an Stelle des menschlichen Eingriffs eine ohne menschliches

Zutun sich vollziehende Verschlechterung durch Abweichen von der Normalbeschaffenheit voraussetzt.

Ebenso wie die Verfälschung sich darin finden läßt, daß durch unvollständige Herstellung ein Nahrungsmittel mit vom Normalen abweichenden Eigenschaften gewonnen wird, wie die Beispiele der ungenügend ausgekneteten Butter und des von Blattrippen ungenügend befreiten Tabaks zeigen, so kann auch das Verderben bereits vor Erlangung der Normalbeschaffenheit eintreten, wenn der Prozeß der Reife bezw. Vollendung unterbrochen wird. In diesem Sinne kann, abweichend von der gewöhnlichen Bedeutung des Wortes, das Fleisch eines noch ungeborenen oder zu früh geborenen Kalbes als verdorben aufgefaßt werden. Auch unreifes Obst, wenn es nicht als Kochobst feilgeboten oder verkauft wurde, kann diesergestalt auch dann unter die Strafandrohung des § 10 N.M.G. gebracht werden, wenn keine besonderen Polizeiverordnungen darüber vorhanden sind.

Der gewöhnliche Sprachgebrauch setzt allerdings voraus, daß die Verschlechterung des Verderbens erst nach Erreichung der Normalbeschaffenheit eintreten kann und ein Verderben somit ein konkretes fertiges Objekt zur Voraussetzung hat; allein diese Auslegung ist durch die Betrachtung der quantitativen Verhältnisse leicht zu erklären, weil im praktischen Leben uns eher 1000 Fälle des Verderbens vorher gebrauchsreif gewesener Lebensmittel begegnen werden als ein Fall infolge mangelnder Reife. Bei Fleisch schließt die Fleischbeschau meist schon solche Delikte aus, bei Obst und Früchten die Marktpolizei. Der prävenierende Schutz der Aufsichtsbehörde ist also die Veranlassung, daß unsere Sprache sich gewöhnt hat, das Wort nach nur einer Richtung anzuwenden.

Andererseits kennt die Sprache auch ein Verderben in durchaus anderem Sinne, nämlich nicht als Bezeichnung eines natürlichen verschlechternden Vorgangs sondern als Ausdruck einer zu weit gegangenen menschlichen Handlung, welche die Brauchbarkeit des betreffenden Nahrungs- oder Genußmittels in ähnlicher Weise herabsetzt wie das natürliche Verderben. Ein häufiges Verderben in diesem Sinn in das „Versalzen“. Es ist allerdings stets schwer und in vielen Fällen geradezu unmöglich, anzugeben, wo die Grenze liegt. Grenzstreitigkeiten bilden aber die Regel und nicht die Ausnahme. Allgemeine Grundsätze lassen sich nur insofern aufstellen, als gefordert werden muß, daß

1. das Lebensmittel keinerlei gesundheitliche Gefahren in sich bergen darf;
2. die Gebrauchsfähigkeit zu dem bezeichneten Zwecke erhalten ist;
3. ekelerregende Eigenschaften fehlen;
4. eine Nährwertsminderung nicht eingetreten ist; und
5. die allgemeine Geschmacksrichtung nicht verletzt ist.

Von der Feststellung dieser auf tatsächlichem Gebiete liegenden Momente wird im Einzelfall eine Entscheidung abhängig sein. Mangels anderweitiger Anhaltspunkte ist auch hier die Normalbeschaffenheit aus den berechtigten Erwartungen des Käufers abzuleiten. (Vgl. R.G. vom 5. Oktober 1881 E. V, 290, R. III, 594 hierunter.)

Freilich ist nicht jede Veränderung oder Verminderung des Nährwertes und der Gebrauchsfähigkeit als Verderben aufzufassen, die Anwendbarkeit dieses Begriffes setzt vielmehr auch voraus, daß eine erhebliche Abweichung vom Normalen vorhanden ist, ohne daß diese Abweichung etwa bis zur Ungenießbarkeit gehen dürfte.

Die am meisten zu Meinungsverschiedenheiten führenden Auslegungen des Begriffes „Verdorben" bei Fleisch sind durch das Fleischbeschaugesetz und die dazu ergangenen Ausführungsbestimmungen erfreulicher Weise auf ein Mindestmaß zurückgeführt.

Reichsgericht. 1) Vom 5. Oktober 1881. (E. V, 290, R. III, 594.)

„Nach dem Vorgange des § 345[5] des preuß. Strafgesetzbuches findet sich der Ausdruck schon im § 367[7] des deutschen Strafgesetzbuches in der Zusammenstellung mit „verfälscht", im Gesetze vom 14. Mai 1879 in der Zusammenstellung mit den Worten „verfälscht" und „nachgemacht". Der Ausdruck „verfälscht" weist auf eine absichtliche, in der Wegnahme oder dem Zusatze von Stoffen bestehende, eine Verschlechterung bewirkende menschliche Handlung; im Gegensatz hierzu der Ausdruck „verdorben" auf eine Eigenschaft, die nicht infolge einer absichtlichen unter den Begriff der Verfälschung fallenden menschlichen Handlung entstanden. Das positive Moment des Verdorbenseins besteht in einer Veränderung des ursprünglich vorhanden gewesenen oder des normalen Zustandes des Nahrungs- oder Genußmittels zum Schlechteren mit der Folge verminderter Tauglichkeit und Verwertbarkeit zu einem bestimmten Zweck. In Beziehung auf welchen Zweck diese Verminderung eingetreten sein muß, ergibt sich aus der bei Erlaß des Gesetzes vom 14. Mai 1879 vom Gesetzgeber gehegten Absicht, welche in erster Linie dahin ging, die menschliche Gesundheit vor gewissen, aus dem Verkehr mit Nahrungs- und Genußmitteln und mit gewissen Gebrauchsgegenständen erwachsenen und ferner befürchteten Gefahren besser zu schützen, als es nach der bis dahin geltenden Gesetzgebung (vgl. besonders §§ 263, 367[7] des Str.G.B.) möglich gewesen war. Ist durch jene Verschlechterung eines Nahrungs- oder Genußmittels das letztere gesundheitsgefährlich geworden, und hat der Verkäufer usw. desselben dies gewußt oder fahrlässigerweise nicht gewußt, so greifen die §§ 12, 13, 14 des Gesetzes Platz; die §§ 10, 11 beziehen sich auf ein Verdorbensein, welches entweder objektiv nicht geeignet ist, Gefahr für die menschliche Gesundheit herbeizuführen, oder bei welchem diese Gefährdung wenigstens außerhalb derjenigen Kenntnis geblieben ist, die beim Verkäufer vorhanden war oder bei genügender Achtsamkeit und Aufmerksamkeit vorhanden gewesen sein würde. Minder tauglich und verwertbar muß, nach der bezeichneten Absicht des Gesetzes, das Nahrungs- oder Genußmittel für den Zweck geworden sein, dem es als solches zu dienen hatte, also für den Zweck der Ernährung bezw. des Genusses. Für die Beantwortung der Frage, in welchen Fällen, namentlich auch bei welchem Grade eingetretener Verschlechterung die §§ 10, 11 anwendbar sind, kommt der weitere Zweck des Gesetzes in Betracht, der aus eigennützigen Motiven entspringenden Unreellität im Verkehr entgegen zu wirken; der Kauflustige soll über die wirkliche Beschaffenheit der Ware nicht im Unklaren gelassen werden; die Strafbarkeit der Handlung des Verkäufers ist dadurch bedingt, daß derselbe dem Kauflustigen die wirkliche Beschaffenheit derselben verschwiegen oder verborgen und denselben hierdurch verleitet hat, etwas zu kaufen, was er, wenn er seine Beschaffenheit gekannt, nicht als ein ihm passendes Nahrungs- oder Genußmittel erachtet haben würde. Als zum Genuß ungeeignet oder minder geeignet, mit anderen Worten, als verdorben, müssen auch diejenigen Gegenstände bezeichnet werden, deren Genuß infolge einer Veränderung der beschriebenen Art Ekel erregt und zwar nicht bloß bei dieser oder jener einzelnen Person, nach dem individuellen Geschmack derselben, sondern nach der gemeinen Anschauung oder doch nach der Anschauung derjenigen Bevölkerungsklasse, welcher der Kauflustige angehört.

Weitergehende Einschränkungen des Begriffs des Verdorbenseins, als die aus dem Vorstehenden sich ergebenden, finden im Gesetz und auch in dem üblichen Sprachgebrauch keine Stütze. Es ist insbesondere unbegründet, daß, wenn ein Gegenstand als verdorben gelten solle, die in ihm eingetretene Verschlechterung auf innerer Zersetzung beruhen müsse. Sie kann vielmehr auch in einer bloß quantitativen Veränderung der Bestandteile bestehen, aus denen der Gegenstand zusammengesetzt ist, und diese Veränderung kann auch die Folge einer menschlichen Handlung sein, vorausgesetzt, daß die letztere nicht unter den Begriff der Verfälschung fällt. Es ist sehr wohl möglich, daß eine Sache, auch ein Nahrungs- oder Genußmittel, durch einen Zufall von außen her oder durch ein menschliches Versehen, verdorben wird, ohne daß im einen oder andern Fall ein chemischer Zersetzungsprozeß verursacht worden wäre. Ebenfalls möglich ist es, daß durch Erkrankung eines Tieres, oder durch Infizierung desselben mit Parasiten, die nicht notwendig eine Erkrankung zur Folge zu haben braucht, das Fleisch des Tieres für die menschliche Ernährung und den menschlichen Genuß verdorben wird, auch wenn eine Gefährdung der menschlichen Gesundheit dabei nicht zu befürchten, oder wenn sie ursprünglich zu befürchten war, durch geeignete Mittel wieder beseitigt worden ist. Auch in Fällen dieser Art handelt es sich, wenn die Abweichung vom Normalen, die das Wesen des Verdorbenseins ausmacht, bestimmt werden soll, vor allem um die Bestimmung des Normalen selbst, wofür der vermutliche Wille der den

Verkauf schließenden Parteien, die Erwartung, welche der Käufer nach den Umständen des Falls hinsichtlich der Beschaffenheit der Ware hegen durfte, als Ausgangspunkt zu dienen hat. Einen positiven Anhalt dafür, daß die Definition des Begriffs „verdorben“ durch den Instanzrichter zu eng ist, liefert der § 367⁷ des Str.G.B. Das trichinenhaltige Fleisch wird darin, wie aus dem Worte „insbesondere“ hervorgeht, als ein Beispiel zu dem Hauptsatze „wer verfälschte oder verdorbene Eßwaren feilhält oder verkauft“ angeführt; da nun das Behaftetsein mit Trichinen sich keinenfalls als eine „Verfälschung“ des Fleisches darstellt, kann es nur als ein Beispiel für das „Verdorbensein“ desselben angeführt sein, ungeachtet sich dabei an innere Zersetzung nicht denken läßt. Zwar gehört jetzt mit noch lebenden Trichinen behaftetes Fleisch nach dem Gesetze vom 14. Mai 1879 nicht unter die verdorbenen Nahrungsmittel der §§ 10, 11, sondern unter die gesundheitsgefährlichen der §§ 12 bis 14, aber bloß deshalb, weil der Verkauf dieses letzteren unter eine schwerere Strafe gestellt worden ist; daß sich dagegen der Sprachgebrauch des Gesetzgebers in Beziehung auf das Wort „verdorben“ seit Erlaß des Strafgesetzbuches bis zum Erlaß des Gesetzes vom 14. Mai 1879 geändert haben sollte, dafür ist nicht der geringste Grund ersichtlich.

Eine ungerechtfertigte Beschränkung dieses Begriffs durch den vorigen Richter liegt ferner darin, daß die Ungenießbarkeit des Nahrungsmittels gefordert wird, wenn es als verdorben gelten solle. Da die Ungenießbarkeit nicht gleichbedeutend mit Gesundheitsgefährlichkeit genommen worden ist, läßt sie sich nur als Unmöglichkeit des Genusses verstehen. Gesetz und allgemeiner Sprachgebrauch wenden aber den Ausdruck „verdorben“ nicht ausschließlich auf den denkbar höchsten Grad der Abweichung vom Normalen an, lassen vielmehr verschiedene Stufen der Verderbnis zu und verkennen nicht, daß auch bei verdorbenen Nahrungsmitteln die Möglichkeit des Genusses bestehen bleiben kann. So ist z. B. trichinenhaltiges Fleisch nach dem Vorstehenden verdorbenes, zugleich auch gesundheitsgefährliches, aber nicht ungenießbares Fleisch.“

2) Vom 12. Januar 1882. (E. V, 343.)

Ein Nahrungsmittel erscheint dann als verdorben, wenn es infolge von Veränderungen des normalen Zustandes nach allgemeiner Ansicht zum Genusse von Menschen ungeeignet ist. Dies steht hinsichtlich des Fleisches bezw. Fettes jener Kuh nicht fest. Zur Versetzung in die Kategorie verdorbenen Fleisches berechtigt nicht der bloße Umstand, daß das Tier, von welchem das Fleisch usw. herrührt, ohne Schlachtung gestorben ist. Entscheidend hierfür ist auch nicht ein bloßer bezüglich des etwaigen Vorhandenseins einer inneren Krankheit aus der Ununtersuchtheit der Kuh vor ihrer Zerteilung sich ergebender Verdacht, da das Gesetz nicht schon an den bloßen Verdacht mangelhafter Beschaffenheit oder an die Unterlassung der Beobachtung gewisser Vorschriften oder Regeln zur Prüfung der Mangellosigkeit den Begriff des Verdorbenseins geknüpft hat und auch nicht etwa die allgemeine Anschauung schon hierin ein Verdorbensein desselben erblickt.

3) Vom 3. Januar 1882. (E. V, 287, R. IV, 8.)

(Auch eine noch nicht normal gewordene Sache kann als verdorben angesehen werden.)

Rechtlich steht demnach nichts entgegen, das Fleisch ungeborener Kälber, welches, durch den Tod der Mutter in seinem natürlichen Entwickelungsprozesse zum normalen Fleische gehindert, auf einer Stufe geringeren Nahrungswertes im Verhältnis zum letzteren steht und dem Publikum angeboten und verkauft wird, wenn auch nicht als geeignet, die menschliche Gesundheit zu beschädigen in Sinne des § 12, Ziff. 1, so doch als verdorbenes Kalbfleisch zu erachten und, wenn die übrigen Voraussetzungen des gedachten § 10, Ziff. 2 zutreffen, diesen zur Anwendung zu bringen.

4) Vom 27. September 1883. (R. V, 552.)

Desgl. das Fleisch zu früh geborener Tiere.

5) Vom 28. September 1885. (E. XII, 407.)

Eine bloße Ansicht des Publikums, daß ein Nahrungsmittel minderwertig oder mindertauglich zur Nahrung sei, während es möglich bleibt, daß dasselbe in Wahrheit gleichen Nahrungswert und gleiche Tauglichkeit zur Nahrung, wie ein normales, besitzt, genügt zur Annahme der Eigenschaft des Verdorbenseins nicht. Soweit es überhaupt auf die Ansicht des Publikums ankommt, kann dieselbe nur in Verbindung mit einer objektiven Eigenschaft des Nahrungsmittels, wodurch eine die Benützung desselben zur Nahrung beeinträchtigende Wirkung tatsächlich herbeigeführt wird, entscheiden. Es genügt zwar, wenn beispielsweise das Fleisch, weil es nicht hinreichend ausgeblutet war, nachgewiesenermaßen den Ekel des Publikums erregt, obgleich vielleicht nicht lediglich vermöge seiner physiologischen Wirkung, sondern erst vermöge der hinzukommenden Rückwirkung der Vorstellungen von dem zu großen Blutgehalte auf die körperlichen Organe.

(Dasselbe Urteil spricht sich dahin aus, es sei zur Erfüllung des Tatbestandes notwendig, daß die verdorbene Beschaffenheit zur Zeit des Verkaufs zugegen sei.)

6) Vom 2. November 1886.

Verdorbensein im Sinne des § 10² des Gesetzes vom 14. Mai 1879 ist auch dann anzunehmen, wenn die Abweichungen von der normalen Beschaffenheit ihren Grund in einer vor dem Schlachten vorhanden gewesenen Krankheit haben und mit Wertverminderung und Ekelerregung bei dem Publikum im allgemeinen verbunden sind. (Es handelte sich um den Verkauf einer krank geschlachteten Kuh, deren Eingeweide und Innenseite der Rippen, nicht das Fleisch selbst, beim Ausweiden voll von Tuberkeln waren, als gesundes, unverdorbenes Fleisch nach Entfernung der „ekelerregenden Geschwüre".)

7) Vom 25. März 1884.

Ein Gegenstand ist verdorben, wenn sein Genuß Ekel erregt, und zwar nicht bloß etwa bei dieser oder jener einzelnen Person nach deren individuellem Geschmack, sondern nach der allgemeinen Anschauung oder doch nach der Anschauung derjenigen Bevölkerungsklasse, welcher die Kauflustigen angehören. Von diesem Gesichtspunkt ist es für nicht rechtsirrtümlich erachtet, das ausgesottene Fett von einem finnigen Schweine, auch wenn nicht gerade feststeht, daß gerade in den verarbeiteten Fettteilen sich Finnen befunden haben, für verdorben zu erachten, indem davon ausgegangen wird, daß dasselbe, wenn es auch als Nahrungsmittel an und für sich nicht ungeeignet ist, doch vermöge des dabei verwendeten Grundstoffes und des dadurch im kaufenden Publikum bestehenden Widerwillens oder Ekels dagegen, bei Kenntnis des wahren Sachverhalts entweder gar nicht gekauft oder wenigstens nicht mit dem bei normaler Herkunft dafür zuzubilligenden Preis bezahlt würde.

8) Vom 9. Juli 1883. (R. V, 510.)

Nicht jede quantitative Veränderung bezw. Verringerung des normalen Nährwertes eines Nahrungsmittels kann mit dem Prädikat „verdorben" bezeichnet werden. Insbesondere hat Fleisch diese Eigenschaft nicht notwendig schon dann, wenn es mager oder sehr mager und vielleicht nicht in demselben Maße nahrhaft ist, wie Fleisch von größerem Fettgehalt, weil diese Eigenschaft auch in der mangelhaften Ernährung oder in dem hohen Alter eines völlig gesunden Tieres ihren Grund haben kann.

9) 5. Februar 1895. (E. XXVI.)

(Der Begriff des Verdorbenseins im Sinne des § 367^{7} St.G.B. ist analog demjenigen im Sinne des § 10^{2} N.M.G.)

„Als verdorben im Sinne des einen und des anderen der oben angezogenen Gesetze gelten Nahrungsmittel, die entweder nach ihrer fertigen Herstellung oder bereits in ihrem Entwickelungsstadium nachteilige Veränderungen erlitten haben, durch welche ihre Tauglichkeit und Verwertbarkeit entweder ganz aufgehoben oder im Vergleiche zu dem normalen Zustande gemindert worden ist. ... Allein insoweit das Verdorbensein einer zum Verkaufe gebrachten Ware nur aus der Abweichung von dem Normalen hergeleitet werden soll, muß der vermutliche Wille der den Verkauf schließenden Personen, die Erwartung, welche nach den Umständen des Falles der Käufer hinsichtlich der Beschaffenheit der Ware hegen durfte, für die Bestimmung des Normalen als maßgebend angesehen werden. Da nun nach den hier (im vorliegenden Falle) getroffenen Feststellungen das von dem Angeklagten verkaufte Fleisch zum Genusse für Menschen nicht überhaupt untauglich war, eine Abweichung von dem normalen Zustande nur insofern vorlag, als das Fleisch weniger haltbar war und die Käufer von dem Tatumstande, in welchem die Minderung der Haltbarkeit ihren Grund hatte, in Kenntnis gesetzt worden waren, eine bessere Beschaffenheit der gekauften Waren also nicht erwarten konnten, so fehlt es an der notwendigen Voraussetzung für die Annahme des Verdorbenseins ..."

10) Vom 9. Mai 1882. (E. VI, 269, R. IV, 149.)

Die Revision der Staatsanwaltschaft scheint begründet.

1. Die Strafkammer hat der vom Angeklagten am 3. September v. J. feilgehaltenen, mit Hydatiden durchsetzten Hammellunge und -leber die

Eigenschaft eines verdorbenen Nahrungsmittels im Sinne des § 367 Ziffer 7 St.G.B. abgesprochen, weil die Hydatiden, wenn sie auch manchen Personen bei dem Anblicke des rohen damit behafteten Fleisches Eckel erregen, doch bei dem Kochen platzen und verschwinden, das Fleisch mithin, zumal wenn die Hydatiden nicht in stärkerem Maße vorhanden sind als im vorliegenden Falle, sich nicht in einem nach allgemeiner Ansicht zum Genusse nicht geeigneten Zustande befunden habe. Die Strafkammer ist dabei von der an sich richtigen Meinung ausgegangen, daß es für die Frage, ob ein Nahrungsmittel als verdorben zu erachten, nicht auf den Widerwillen bloß einzelner Personen dagegen, welcher möglicherweise nur auf höchst individuellen Anschauungen und Geschmacksrichtungen beruht, ankomme und auch die ekelerregende Wirkung, welche der Anblick des rohen Fleisches hie und da ausübt, nicht als allein entscheidend zu erachten sei, sondern zunächst und in erster Linie es auf die Anschauungen des gesamten Publikums oder desjenigen Teiles desselben, welcher den Gegenstand zu genießen pflegt, über dessen volle oder verminderte Verwendbarkeit als Eß- oder Trinkware in Betracht komme.

Dagegen ist diese Anschauung nicht richtig zur Durchführung gelangt, indem zugleich angenommen ist, daß es für die normale nicht verdorbene Beschaffenheit des feilgehaltenen Fleisches entscheidend sei, das dasselbe im Augenblicke des Genusses die Eigenschaften nicht mehr an sich trage, welche zur Beanstandung desselben als Eßware führen, weil durch das Kochen die Hydatiden verschwinden. Dieser Gesichtspunkt mag für die Frage der Gesundheitsgefährlichkeit im Sinne des N.M.G. vom 14. Mai 1879 eine gewisse Berechtigung haben, für den Begriff des „Verdorbenseins" im Sinne des § 367 Ziffer 7 a. a. O. dagegen kann er nicht in Betracht kommen, indem daselbst auch rohes trichinenhaltiges Fleisch zu den verdorbenen Nahrungsmitteln gerechnet wird, obschon den Trichinen durch Kochen des Fleisches ihre Einwirkung auf den menschlichen Organismus erfahrungsmäßig benommen werden kann. Es ist vielmehr davon auszugehen, daß für Gegenstände, welche als Eßware bestimmt sind, zur vollen Gebrauchsfähigkeit jedoch noch einer besonderen Zubereitung durch Kochen usw. bedürfen, der dieser Zubereitung vorausgehende, zur Zeit des Feilhaltens oder Verkaufes bestehende rohe Zustand entscheidet und nichts darauf ankommt, ob die zu diesem Zeitpunkte bestehenden Mängel, welche den Gegenstand als verdorben erscheinen lassen, durch die Zubereituug selbst oder eine anderweite Behandlung sich beseitigen lassen. Es wird sich kaum in Zweifel ziehen lassen, daß z. B. verdorbener Wein nicht deshalb zu einem unverdorbenen wird, weil der frühere normale Zustand durch gewisse mechanische oder chemische Manipulationen einer Wiederherstellung fähig ist. Denn indem das Gesetz das Feilhalten und Verkaufen verdorbener Getränke und Eßwaren verbietet und den letzteren auch trichinenhaltiges rohes Fleisch beizählt, erkennt es zunächst nicht bloß an, daß unter den Begriff der Eßwaren auch unzubereitete Gegenstände dieser Art fallen, sondern auch weiter, daß die Eigenschaft des Verdorbenseins im Momente des Feilhaltens oder Verkaufes vorliegen müsse, was mit Notwendigkeit dahin führt, daß auch solche Gegenstände, welche vielleicht in späterer Zeit den vollen Nahrungswert wieder erlangen können, denselben aber augenblicklich noch nicht oder nicht mehr besitzen, sofern bei ihnen im übrigen der Begriff des Verdorbenseins zutrifft, der Strafvorschrift unterliegen.

Die Strafkammer hätte deshalb ihr Augenmerk darauf richten müssen, ob die in Frage stehende Lunge und Leber mit Rücksicht auf die ihnen beim Feilhalten am 3. September 1881 anhaftenden Eigenschaften, wonach sie in Wasserblasen die Zeichen kranken Fleisches an sich trugen, damals bereits als verdorbenes Fleisch zu erachten gewesen sind, und nicht das entscheidende Gewicht darauf legen dürfen, daß nach der Zubereitung nur die äußeren Symptome des kranken Fleisches verschwinden. Ob letzterem Umstande nach der in Betracht kommenten regelmäßigen Ansicht des Publikums bei der Frage, ob das in seiner Eigenschaft als krankes Fleisch unverändert gebliebene Nahrungsmittel zum menschlichen Genuß geeignet ist, wesentliche Bedeutung beigemessen werden kann, wäre zu prüfen gewesen. Da diese Erwägungen unterblieben, so unterliegt das angefochtene Erkenntnis der Aufhebung.

11) Vom 9. November 1886. (Veröffentl. d. K.G.A. 1887 S. 511.)

Außerdem sucht die Revision auszuführen, daß als verdorben nur ein Nahrungsmittel angesehen werden könne, wenn es, nachdem es Nahrungsmittel geworden, eine Veränderung zum Schlechteren durchgemacht habe. Diese Unterscheidung findet aber weder im gewöhnlichen Sprachgebrauch, noch sonst in dem Gesetze einen Anhalt. Wesentlich für den Begriff des Verdorbenseins ist nur die Abweichung vom Normalen und für die Bestimmung des Normalen ist der zu vermutende Wille der Beteiligten, die Erwartung, welche der Käufer, bezw. das kauflustige Publikum hinsichtlich der Beschaffenheit der Ware hegen durfte, als Ausgangspunkt zu nehmen. Die Zeit, in welcher der Zustand der Verdorbenheit eingetreten war, ist nicht von Belang (vgl. E. V, 287) . . .

12) Vom 25. Januar 1886. (Veröffentl. d. K.G.A. 1886 S. 485.)

Ein völlige Unbrauchbarkeit erfordert der Begriff „verdorben" nicht.

13) Vom 3. Juli 1894. (Goltdammer 42, 263.)

(Fleisch kranker Tiere.)

14) Vom 7. März 1895. (Goltdammer 43, 42.)

(Fleisch einer perlsüchtigen Kuh. Der Begriff ist in der Anwendung von tatsächlichen Momenten abhängig. Da der Begriff ein reichsgesetzlicher ist, dürfen landesgesetzliche Bestimmungen nicht maßgebend sein.)

15) Vom 30. Januar 1893. (E. XXIII, 409.)

(Bier, bei dessen Zubereitung eine Katze mitgekocht wurde.)

16) Vom 22. März 1898. (Goltdammer 46, 138.)

(Durch die Abmagerung eines Tieres kann sein Fleisch dann verdorben werden, wenn es des Nährwertes gänzlich entbehrt.)

17) Vom 17. Mai 1897. (D.J.Z. II, 426.)

18) Vom 29. Juni 1905. (J.W. 765.)

Wenn auch der Käufer beim Ankauf „angestoßener" Früchte als einer Ware in einem gewissen Grade mit einem Verdorbensein derselben rechnen muß und insoweit, weil das Merkmal des Verschweigens des Verdorbenseins entfällt, ein strafbarer Verkauf eines verdorbenen Nahrungsmittels im Sinne des § 10, 2 N.M.G. nicht vorliegt, so ist der Tatbestand eines solchen Vergehens doch jedenfalls dann gegeben, wenn das Verdorbensein der Ware den vertragsmäßigen Grad der Mangelhaftigkeit dermaßen übersteigt, daß der Verkäufer ein Einverständnis der Ware nicht mehr annehmen kann, wenn der Verkäufer dieses dem Käufer verschweigt.

19) R.G. vom 5. Dezember 1901. (Veröffentl. d K.G.A. Beilage VI, 536.)

Die Revision der Staatsanwaltschaft, welche das vorderrichtliche Urteil seinem vollen Umfange nach mit der Rüge der Verletzung des materiellen Rechts und des § 266 St.P.O. angreift, erscheint begründet.

Nach den dem angefochtenen Urteile zu Grunde liegenden Feststellungen hat der Angeklagte S. am 15. September 1900 auf dem Neumarkte in K. einen Schinkenrest im Gewichte von etwa $1^1/_2$ Pfund, welchen er am Morgen des gleichen Tages von dem Mitangeklagten G. erhalten hatte und welcher verdorben war, unter Verschweigung des letzteren Umstandes aus Fahrlässigkeit um den Preis von 0,45 Mk. an den Polizeikommissar Gr. in K. verkauft. Gleichwohl hat der erste Richter eine Bestrafung in Anwendung des § 10^2 N.M.G. abgelehnt, weil der Schinken von dem Polizeibeamten nicht als Nahrungsmittel, sondern zum Zwecke der Untersuchung gekauft wurde und dies dem Angeklagten S. bekannt gewesen sein mußte. Der erste Richter ist hiernach der Ansicht, daß der Verkauf eines verdorbenen Nahrungsmittels als solches ein wesentliches Tatbestandsmerkmal des § 10^2 N.M.G. bilde, bei dessen Fehlen eine Bestrafung auf Grund dieser gesetzlichen Bestimmung ausgeschlossen erscheine.

Die Ansicht des vorigen Richters muß indessen als eine rechtsirrtümliche bezeichnet werden. Durch dieselbe wird in den Tatbestand des § 10^2 N.M.G. ein ihm völlig fremdes Moment hineingetragen. Die Unrichtigkeit der von dem ersten Richter vertretenen Rechtsauffassung ergibt sich schon aus dem an sich klaren Wortlaut des § 10^2, welcher das Feilhalten und den Verkauf verdorbener, nachgemachter oder verfälschter Nahrungs- und Genußmittel ohne jede Rücksicht auf die dabei von dem Feilhaltenden, dem Verkäufer oder Käufer in Bezug auf die Verwendung der betreffenden Nahrungsmittel erfolgten Zwecke schlechthin verbietet, sofern nur das Feilhalten unter einer zur Täuschung geeigneten Bezeichnung oder der Verkauf unter Verschweigung des Umstandes des Verdorbenseins der verkauften Ware stattfindet.

Die Unhaltbarkeit der erstrichterlichen Ansicht ist aber auch aus der Entstehungsgeschichte des § 10^2 N.M.G. zu folgern. Wenn bei der Schaffung der fraglichen Gesetzesbestimmung zum Teil auch sanitäre Rücksichten und Erwägungen insofern bestimmend mitgewirkt haben mögen als dadurch der Zuführung von Nahrungsmitteln mit vermindernder Nährkraft an das Publikum entgegengewirkt werden sollte, so steht doch andererseits außer Zweifel, daß § 10^2 N M G. hauptsächlich bezweckt, Täuschungen des Publikums über die Beschaffenheit der feilgebotenen oder verkaufen Nahrungsmittel tunlichst fernzuhalten und in dieser Hinsicht eine mit Rücksicht auf die Verkehrsverhältnisse von der Gesetzgebung für erforderlich erachtete Ergänzung des in Fällen der hier vorliegenden Art nicht immer anwendbaren § 263 St.G.B. zu bilden. Von diesem Gesichtspunkte aus muß es, solange wenigsten die Möglichkeit einer Täuschung des kaufenden Publikums besteht und mit derselben gerechnet werden muß, als rechtlich belanglos erachtet werden, von welchen Absichten im übrigen die bei dem Feilhalten, Verkauf und Ankauf beteiligten Personen geleitet werden und welche Zwecke sie dabei verfolgen. Daß aber die Möglichkeit einer Täuschung des Käufers über die Eigenschaft der gekauften Ware ausgeschlossen und dies dem Verkäufer bereits im Zeitpunkte des Verkaufes bekannt gewesen wäre, in welchem Falle § 10^2 N.M.G. allerdings keine Anwendung hätte finden können, erscheint in dem angefochtenen Urteile nicht festgestellt. (E. XXVI, 114.)

Gegen die Rechtsmeinung des vorigen Richters spricht endlich auch ein Vergleich des § 10^2 mit § 12^1 N.M.G. Während die letztere Vorschrift, welche abweichend von § 10^2 nicht der Gefahr einer Täuschung des Publikums, sondern den Nachteilen begegnen will, welche diesem aus dem Verkaufe und Inverkehrbringen sowie dem Genusse gesundheitsschädlicher Nahrungsmittel drohen, mit Rücksicht hierauf den Verkauf, das Feilhalten und das sonstige Inverkehrbringen von Gegenständen, deren Genuß die menschliche Gesundheit zu beschädigen geeignet ist, nur unter der Voraussetzung verbietet und unter Strafe stellt, daß diese Gegenstände als Nahrungsmittel oder Genußmittel verkauft werden usw. ist eine solche Bestimmung in den § 10^2 nicht aufgenommen worden. Die Judikatur des Reichsgerichts hat sich denn auch bereits (R. VI, 795) in dem Sinne ausgesprochen, daß die Absicht der Verwendung eines Nahrungs- oder Genußmittels zu Nahrungs- oder Genußzwecken kein Tatbestandsmerkmal des § 10 N.M.G. bildet, und der gegenwärtige Fall, bezüglich dessen nur noch bemerkt werden mag, daß die Absicht, ein gekauftes Nahrungsmittel zunächst auf seine Beschaffenheit untersuchen zu lassen, je nach dem künftigen Ergebnis dieser Untersuchung dessen Verwendung zu Genußzwecken keineswegs unbedingt ausschließt, bietet keinen Anlaß, von dieser Judikatur abzugehen. Was von der Absicht des Käufers gilt, trifft auch auf die von dem Verkäufer verfolgten Zwecke zu und begründet keinen Unterschied in der rechtlichen Beurteilung. Demgemäß war die Aufhebung des angefochtenen Urteils zunächst bezüglich des Angeklagten S. geboten, welcher zu Unrecht nur wegen Übertretung des § 367^7 St.G.B. verurteilt wurde, der unter dem Verkaufe verdorbener Eßwaren auch nichts anderes versteht, als § 10^2 N.M.G.

20) RG. vom 12. Februar 1904. (Beilage z. d. Veröffentl. d. K.G.A. VI, 504.)

Als verdorben kann ein Nahrungsmittel unter Umständen bei einer sehr geringen Verunreinigung angesehen werden, wenn eine solche nach der ihm bei dem Publikum zugestandenen Schätzung es zum Genusse untauglich machen würde, insbesondere weil es, wenn die wahre Beschaffenheit bekannt wäre, Ekel erregen würde. Immer jedoch kann das Nahrungsmittel nur um seiner Beschaffenheit, um einer objektiven Eigenschaft willen als verdorben bezeichnet werden. Nach Feststellung der Vorinstanz ist in den beiden für die Anklage in Betracht kommenden Fällen eine Veränderung in der Beschaffenheit des Nahrungsmittels nicht eingetreten. Ein Gefühl des Ekels würde in den Verbrauchern oder anderen Personen, die von den in Rede stehenden Vorgängen Kenntnis erhielten, nicht durch die gegenwärtige Beschaffenheit des Fleisches, sondern durch den Gedanken an diese Vorgänge hervorgerufen sein, welche in der Beschaffenheit des Fleisches eine Änderung nicht bewirkt haben. (E. XXIII, 409, 412; XII, 407.)

Das Rechtsmittel war zu verwerfen.

21) RG. vom 2. Januar 1902. (Beilage z. d. Veröffentl. d. K.G.A. VI, 25.)

In einem dem vorliegenden sehr ähnlichen Falle hat das Reichsgericht (E. XXIII, 409) ausgeführt, daß für die Beantwortung der Frage, ob ein Nahrungs- oder Genußmittel „verdorben“ ist, nicht allein die chemische Zusammensetzung desselben, sondern auch die Anforderungen des Publikums an ein normales Produkt maßgebend sind, daß für diese Frage die Unschädlichkeit nicht verwertet werden kann und daß auch unschädliche Beimischungen als Verschlechterungen zu gelten haben, wenn das Publikum sie als solche empfindet, namentlich auch dann, wenn sie geeignet sind, beim Konsumenten Ekel zu erregen und hierdurch die Tauglichkeit zur Nahrung oder zum Genusse zu schmälern; die objektive Eigenschaft des Nahrungsmittels, welche tatsächlich die Benutzung desselben zur Nahrung beeinträchtigt, ist dann das Ekelerregende der Beimischungen bei Annahme der Vorstellung der unreinen Dinge, welche in Wahrheit zu Bestandteilen des zu genießenden Stoffes gemacht worden waren seitens dessen, der letzteren genießen soll; dabei ist es selbstredend unerheblich, daß das Publikum von der Beimischung nichts weiß und nichts wahrnimmt, da ja das Gesetz gerade der Täuschung über die Beschaffenheit und Herstellung des Nahrungs- und Genußmittels entgegentreten will.

22) R.G. II vom 31. Januar 1890. Die Annahme in dem Urteil der Strafkammer, daß das Fleisch kranker Tiere nicht von normaler Beschaffenheit und dieserhalb verdorbenes Fleisch sei, ist in dieser Allgemeinheit nicht richtig. Allerdings ist der Zustand eines kranken Tieres kein normaler, daraus folgt aber noch nicht, daß das Fleisch eines solchen Tieres unter den Begriff „verdorbene Eßwaren“ fällt. Es gibt Krankheiten, namentlich äußere, wie Knochenbrüche und dergleichen, die, wenn die Tötung des Tieres rechtzeitig erfolgt, den Nährungswert des Fleisches überhaupt nicht beeinträchtigen; es gibt ferner Krankheiten, die nicht anders wirken, wie mangelhafte Verpflegung und Ernährung, und den Nahrungswert zwar vermindern, aber bei rechtzeitiger Tötung des Tieres dem Fleisch die Beschaffenheit eines gesunden und zum Genusse von Menschen geeigneten Nahrungsmittels nicht nehmen. Solche minderwertige, jedoch zur Ernährung von Menschen dienliche und brauchbare Eßwaren bezeichnet der Sprachgebrauch nicht als verdorben, es wäre unwirtschaftlich, sie dem Verkehr zu entziehen, und es ist dies vom Gesetzgeber nicht beabsichtigt. Werden dergleichen Eßwaren ohne Täuschung und ohne Verschweigung ihrer Mängel verkauft oder feilgehalten, so entbehren sie nicht der normalen Beschaffenheit, welche der Erwerber bei Nahrungsmitteln dieser Art erwarten darf. Der Verkauf entspricht dann dem Interesse der Volkswirtschaft und verstößt nicht gegen das Strafgesetz. Notwendige Voraussetzung bleibt es freilich stets, daß es sich um Nahrungsmittel handelt, welche ihrer Beschaffenheit nach sowohl für die menschliche Gesundheit unschädlich, wie auch zum Genusse von Menschen geeignet sind; fehlt es an diesen Voraussetzungen, hat das Nahrungsmittel

eine Veränderung erfahren, die es zum Genusse von Menschen ungeeignet macht, so ist es verdorben im Sinne des § 367 Nr. 7 St.G.B. (Vgl. E. V, 343.) Nicht im Widerspruch mit dieser Auffassung steht das Urteil des IV. Sen. vom 27. Mai 1887 (R. IX, 355), welches ausführt, daß der Rechtsbegriff des Verdorbenseins eine völlige Unbrauchbarkeit oder Untauglichkeit des Nahrungsmittels nicht erfordert, und den § 367 Nr. 7 in einem Falle für anwendbar erachtet, in welchem der Angeklagte Fleisch, welches wegen seiner ekelerregenden Beschaffenheit und wegen der Gefahr einer Übertragung von Krankheitsstoffen zum gewöhnlichen Genusse ungeeignet war, feilgehalten hatte. Zum Genuß ungeeignet können auch Nahrungsmittel sein, welche noch nicht völlig unbrauchbar oder untauglich sind. Urteil des II. Sen. vom 31. Januar 1890, 3418, 89.

---

25. Kapitel.

Die Bedeutung des Farbstoffzusatzes.

An **gesetzlichen Bestimmungen** kommen für die Färbefrage in Betracht:

1. Das Gesetz vom 5. Juli 1887, betr. die Verwendung gesundheitsschädlicher Farben.
2. Das Weingesetz vom 24. Mai 1901.
3. Die Bekanntmachung des Bundesrats vom 18. Februar 1902, betr. gesundheitsschädliche und täuschende Zusätze zu Fleisch und dessen Zubereitungen.

Diese drei Gesetze enthalten gewisse positive Bestimmungen dahin gehend:

1. Gesundheitsschädliche Farben, d. h. solche, welche Antimon, Arsen, Baryum, Blei, Kadmium, Chrom, Kupfer, Quecksilber, Uran, Zink, Zinn, Gummigutti, Korallin, Pikrinsäure enthalten, dürfen bei der Herstellung von zum Verkauf bestimmten Nahrungs- und Genußmitteln nicht verwendet werden.

2. Kermesbeeren und Teerfarbstoffe dürfen zu Wein, weinhaltigen oder weinähnlichen Getränken, welche bestimmt sind, andern als Nahrungs- oder Genußmittel zu dienen, nicht zugesetzt werden.

3. Farbstoffe jeder Art sind bei der gewerbsmäßigen Zubereitung von Fleisch im Sinne des § 4 des Fleischbeschaugesetzes verboten. Ausgenommen von diesem Verbot bleibt ihre Verwendung zur Gelbfärbung der Margarine und zum Färben der Wursthüllen, sofern diese Verwendung nicht anderen Vorschriften zuwiderläuft.

Wenn man von diesen spärlichen Bestimmungen absieht, ist es in jedem Einzelfalle der richterlichen Würdigung überlassen, ob er in dem außerordentlich weit verbreiteten Färben der Nahrungsmittel eine Verfälschung erblicken will oder nicht. Da es nicht möglich ist, diese wichtige Frage einfach mit ja oder nein zu beantworten, so soll in Folgendem versucht werden, der Angelegenheit gewisse grundsätzliche Gesichtspunkte abzugewinnen, um durch Systematesierung einige Ordnung in die anscheinend ganz regellose Frage zu bringen.

Die Gründe, welche für das Färben maßgebend sind, sind bei vielen Nahrungsmitteln ganz verschieden von denen, aus welchen die Berechtigung zum Färben bei anderen abgeleitet wird. Objektiv betrachtet lassen sich folgende äußere Gründe feststellen:

1. An reeller Ware:

a) Der Farbstoffzusatz soll in dem Konsumenten ein gewisses Gefühl der Begehrlichkeit auslösen, insofern bei vielen Nahrungsmitteln, um ihnen Appetit zu machen, von seiten zahlreicher Menschen ein bestimmtes äußeres Gewand verlangt wird. Gerade so wie etwa der Gänsebraten von vielen seiner Verehrer nur begehrt ist, wenn er eine braune, appetitliche Farbe hat, während er in heller Farbe diese Beschauer kaum reizen dürfte, so wirkt auch ein nicht rotgefärbter Rosenlikör abstoßend auf die Geschmacksnerven zahlloser Genießer.

Diese Art der Nahrungsmittelfärbung mag die rein ästhetische heißen.

b) Der Farbstoffzusatz soll einer Gewöhnung des Auges entgegenkommen. Bei manchen Rohmaterialien haben sich die Produktions- oder die Zufuhrverhältnisse geändert. Das gewohnte Äußere, welches der meist mit den eingetretenen Änderungen der früheren Verhältnisse nicht vertraute Käufer weiter verlangt, wird von den Fabrikanten durch Färbung erreicht.

Als Beispiel mag an die veränderten Aufzucht- und Fütterungsverhältnisse der deutschen Viehzucht erinnert werden. Während früher ein Schwein erst mit etwa einem Jahre schlachtreif wurde, ermöglichen die modernen Schnellmastmethoden, daß die Schweine bereits im Alter von 8—9 Monaten ein dem Mäster genügendes Gewicht erreichen. Dadurch ist ein erheblicher Teil des im Handel befindlichen Schweinefleisches eine ganz anders geartete Ware geworden, als er früher war. Wie sich aus dem jedermann möglichen Vergleich zwischen Kalbfleisch und Rindfleisch ergibt, setzt das Vorhandensein größerer Farbstoffmengen im Muskelfleisch ein höheres Alter der Tiere voraus. Aus dem Fleisch 8 Monate alter Schweine kann daher keine Wurst von gleichem Äußern wie die aus dem Fleisch einjähriger Tiere erwartet werden. (Die sonstigen durch die Schnellmast bedingten Unterschiede in der Beschaffenheit des Fleisches interessieren an dieser Stelle nicht.) Will der Käufer daher, daß die von ihm verlangte Wurst das gleiche Aussehen zeige, so muß der Wurstmacher eben nach einem Ausgleich der Farbstoffdifferenz suchen. Bis zu dem 1902 erlassenen strikten Verbot tat er dies auch.

c) An und für sich gute Ware, die aber Schönheitsfehler hat, wird durch sogenanntes „Egalisieren", vulgo Auffärben in eine leichter verkäufliche, daher besser verwertbare Ware umgewandelt. Wenn beispielsweise Erbsen geschält werden, so resultiert meist ein Fabrikat, das, obwohl aus gänzlich einwandfreier Ware bestehend, doch dem Auge durch die große Verschiedenheit des Farbtones der einzelnen Erbsen mißfällt. Durch Verleihung einer gleichmäßigen Farbe wird ein ansehnlicheres Produkt erhalten, welches in seinen sonstigen Qualitäten keine Einbuße erlitten hat. Die Wirkung auf das Auge ist also ungefähr so, als wenn ein Haufe von äußerst verschiedenartig und meist wenig geschmackvoll gekleideten Männern in Uniformen gesteckt wird. Die Männer sind die gleichen geblieben, aber das Auge ruht auf ihnen mit wesentlich gesteigerter Gefälligkeit.

d) Endlich werden ganz reelle Waren gefärbt, ohne daß überhaupt ein anderer Grund dafür vorhanden wäre, als der herkömmliche Gebrauch, die Gewohnheit. Wir sind beispielsweise an gefärbten Käse gewöhnt, ohne, daß andere als Gewohnheitsgründe sich dafür auffinden ließen.

2. An unreeller Ware.

a) Der Farbstoffzusatz kann dazu dienen, in dem Käufer die Ansicht zu erregen, als habe er eine andere Ware vor sich als tatsächlich der Fall ist. Zum Kuchen werden bekanntlich die Eier nicht der Farbe wegen zugesetzt, sondern um ihm einen höheren Gehalt und auch sonst verschiedene wesentliche Eigenschaften zu verleihen, die dem ohne Eier erbackenen Kuchen fehlen. Das Färben des Kuchens ist daher geeignet, in dem Käufer die irrige Vorstellung zu erwecken, daß dieser Kuchen alle diejenigen Eigenschaften aufweise, welche ein entsprechender Zusatz von Eiern ihm zu verleihen pflegt. Wenn daher von den billigen Gebäcken, welche durch ihre niedrigen Verkaufspreise das vorgefaßte Urteil wieder korrigieren, abgesehen wird, so muß das Auffärben der sogenannten feinen Gebäcke mit gelber Farbe als eine auf Täuschung gerichtete Handlung angesehen werden.

b) Der Farbstoffzusatz kann dazu dienen, gewisse Merkmale, die zur Beurteilung eines Nahrungsmittels herangezogen zu werden pflegen, zu verdecken.

Von vielen Käufern toter Fische, die besonders bei Seefischen im Inlande nicht den Charakter im Gebrauchswert geminderter Ware haben, wird der Zustand des Fisches bezüglich seiner Eignung zur menschlichen Nahrung nach der Beschaffenheit der Augen und Kiemen beurteilt. Von den letzteren erwartet er, daß sie noch lebhaft rot sind, da weiße Kiemen oder ergraute oder erheblich verblaßte ihm als Anzeichen dafür gelten, daß der betreffende Fisch nicht mehr gut sei. Durch Auffärben derartig veränderter Kiemen wird daher, obgleich diese selbst nicht genossen zu werden pflegen, dem Fische der Anschein größerer Frische gegeben, was für seine Wertschätzung durch den Erwerber von Bedeutung ist.

c) Endlich kann der Farbstoffzusatz dazu dienen, eine künftig eintretende Veränderung der Ware, die fast ausnahmslos mit einer Verschlechterung derselben gleichbedeutend ist, dem Auge unsichtbar zu machen. Von besonderer Bedeutung wird dieser Zweck des Farbstoffzusatzes dann, wenn die Farbenveränderung mit anderen sinnlich nicht wahrnehmbaren Änderungen wesentlicher Eigenschaften gleichzeitig einhergeht. In solchen Fällen geht dem Konsumenten das einzige Merkmal, an dem er die nun eingetretene Unbenutzbarkeit oder Minderwertigkeit erkennen kann, verloren, indem der zugesetzte Farbstoff selbst an den Zersetzungen nicht teilzunehmen pflegt und daher den ganzen Vorgang verbirgt. Als Beispiel kann die Krebsbutter gelten. Man vergleiche die unten folgende Aufzählung gefärbter Lebensmittel.

Wir werden daher die unter 2. a—c aufgezählten Fälle in diesem Kapitel nicht weiter zu erörtern haben, da ihre auf Täuschung gerichtete Verwendung nicht zweifelhaft ist.

Fraglich kann nur erscheinen ob ihre Strafbarkeit dadurch ausgeschlossen werden kann, wenn der Tatbestand dem Käufer mitgeteilt, deklariert ist.

Offenbar trifft dies bei dem einfachen Zusatz „gefärbt“ oder ähnlich nicht immer zu. Der Empfänger wird, als der ganzen Angelegenheit natürlich unkundig, die Bekanntgabe des Farbstoffzusatzes dahin auffassen, daß sie ausschließlich im Interesse einer erhöhten äußeren Schönheit erfolgt sei. Würde ihm bekannt sein, daß er damit auch des manchmal einzigen Weges beraubt wird, den ferneren guten Zustand des gekauften Lebensmittels zu kontrollieren, so ist mit Sicherheit anzunehmen, daß der Käufer auf den Erwerb verzichten würde, wenn nicht der sofortige Verbrauch in Aussicht genommen ist. Aber auch diese letztere Einschränkung hat zur Voraussetzung, daß die größte Frische des Fabrikates gewährleistet ist, eine Bedingung, die nur ausnahmsweise als erfüllt anzusehen sein dürfte.

Natürlich ist für solche Verhältnisse ein striktes Färbeverbot das gesündeste. Bei der augenblicklichen Lage der Gesetzgebung muß jedoch Straflosigkeit angenommen werden, sofern die Deklaration sich in solchen Fällen auch auf die Bekanntgabe der Wirkung des Farbstoffzusatzes erstreckt.

Anders liegen die Umstände bei den zu 1. a—d skizzierten Vorgängen. Bei ihnen wird die Zulässigkeit der Färbung (auch de lege ferenda) nach dem Grundsatz zu regeln sein, daß alle Färbungen als gestattet anzusehen sind, die entweder ausschließlich einen ästhetisch-kulinarischen Zweck, oder doch reelle kaufmännische Ziele durch äußerliche Aufschönung der Ware verfolgen. Freilich hat sich auch hier insofern ein Übermaß herausgebildet, als sogar Halbfabrikate (vgl. Kapitel „Nahrungsmittel“) aufgeschönt werden. Bei ihnen, die doch als solche gar nicht zum unmittelbaren Genuß bestimmt sind, fehlt aber jeder ästhetische Gesichtspunkt. Sie sind daher von der folgenden Betrachtung ausgeschlossen. Einzelheiten suche man in der übrigens nicht ganz vollständigen Zusammenstellung am Ende dieser Ausführungen.

Die Betrachtung der einzelnen gefärbten Lebensmittel läßt erkennen, daß folgende Abarten des Färbens vorkommen:

1. Direkte Färbung durch Zusatz eines Farbstoffes zu farblosen bezw. wenig gefärbten Stoffen. Sie bedient sich der Teerfarbstoffe, Pflanzenfarbstoffe, tierischer Farbstoffe, Erdfarben und auch gewisser Pflanzenpulver.

2. Ergänzungsfärbung durch Vertiefen eines vorhandenen natürlichen, aber quantitativ unzureichend erscheinenden Farbtones. Die Hilfsmittel sind die gleichen wie zu 1.

3. Komplementärfärbung, indem ein gefärbtes Lebensmittel mit der Komplementfarbe, d. i. derjenigen, mit welcher sie sich optisch zu weiß ergänzt, versetzt wird. Von Lebensmitteln kommt wesentlich nur die Behandlung des gelben Zuckers mit Ultramarinblau in Betracht.

4. Chemische Färbung, indem mit Hilfe von Chemikalien, die an und für sich keinen Farbstoffcharakter besitzen, aus natürlichen Bestandteilen der Lebensmittel Farben erzeugt werden. Kochsalz, Salpeter, Kupfersalze, schwefligsaure Salze, Natriumbicarbonat, Kohlenoxyd sind die wichtigsten Agentien.

5. Mechanische Färbung endlich kann man ein Verfahren nennen, welches durch Zerkleinern oder ähnliche mechanische Manipulationen einen Lichteffekt und damit Farbveränderungen hervorruft. Die seit alters übliche Methode, durch Rühren eine feinere Verteilung der Partikelchen zu erzielen und damit z. B. manchen Fetten ein schöneres Ansehen zu geben, ist neuerdings durch das sog. Homogenisieren von Milch und Sahne weiter ausgedehnt worden.*)

Diese Methoden und Hilfsstoffe finden in bunter Reihe bei einer großen Anzahl von Nahrungs- und Genußmitteln Anwendung; es läßt sich auch nicht verkennen, daß dieser gänzlich regellose Zustand nicht im Interesse der Konsumenten und daher auch nicht im Interesse der reellen Produzenten und der Überwachung des Lebensmittelmarktes liegt. Man darf jedoch hoffen, daß es durch die oben begonnene Systematisierung des Färbeprozesses

*) Vgl. auch bei „Milch" S. 242. u. 247.

leichter als bisher sein wird, in die ganze Angelegenheit rationelle Gesichtspunkte zu bringen.

Die direkte Färbung wird im allgemeinen überall zulässig sein, sofern die benutzten Farbstoffe den Anforderungen des Gesetzes vom 5. Juli 1883 entsprechen. Der Zusatz des Wortes „künstlich gefärbt" auf den Etiketten dürfte ausreichen.

Die Ergänzungsfärbung ist zugelassen, wenn nicht der natürliche Farbstoff nach Art und Menge ein wesentlicher Faktor für die Beurteilung des betreffenden Lebensmittels ist und der Farbzusatz nicht zeitige oder zukünftige Mängel verbergen soll. Bei künftiger gesetzlicher Regelung sollten zur Ergänzungsfärbung nur solche Farbstoffe erlaubt sein, welche durch einfache chemische oder andere Hilfsmittel sich wieder entfernen bezw. unschädlich machen lassen, um erforderlichen Falles die ursprüngliche Beschaffenheit der Farbe zum Zwecke einer Beurteilung wieder herstellen zu können. Die Deklaration heißt „nachgefärbt".

Die Komplementärfärbung kommt zur Zeit fast nur für Zucker in Frage. Die Deklaration könnte „gebläut" oder ähnlich lauten.

Die chemische Färbung findet mannigfachste Verwendung bei verschiedenen Nahrungsmitteln und in sehr verschiedenartiger Weise. Immer aber ist sie ohne weiteres, auch dem Laienauge, erkennbar. Die Salzungs- und Salpeterröte ist jedermann an gepökelten Fleischwaren, wobei sie ausschließlich erzeugt wird, bekannt; die Anwendung der Sulfite ist jetzt für ähnliche Zwecke verboten; die Kohlenoxydfärbung bei Rauchfleisch, neben Salzröte ist allgemein gekannt und gewürdigt.

Diese Arten der chemischen Färbung gelten daher kaum als eigentliche Färbeverfahren, weil sie nicht ihrer selbst willen hervorgerufen werden. Sie gehen vielmehr, wenn auch alserngesehene Begleiterscheinung bei gewissen Zubereitungsarten nebenher. Ihre Kombination mit der Ergänzungsfärbung ist zur Zeit durch die Bekanntmachung des Bundesrats vom 18. Februar 1902 bezw. § 21 des Fleischbeschaugesetzes verboten.

Ähnlich liegen die getzlichen Verhältnisse bei den gegrünten Gemüsen, Bohnen, Erbsen, Gurken usw. Wenn man von den Pfeffergurken absieht, handelt es sich um Fabrikate, die fast nur für das wohlhabende Publikum bestimmt sind. Dieses ist von den allgemein als vorzüglich anerkannten französischen Produkten dieser Art gewöhnt, sie in derselben schöngrünen Farbe zu erhalten, wie sie frisches, junges Gemüse zeigt. Das Büchsengemüse büßt jedoch notwendig von seiner ursprünglichen Farbe ein und erhält ein fahles, blasses Ansehen. Die Franzosen haben in sehr einfacher Weise diesen Fehler behoben, indem sie einen kupfernen Kessel zum Vorkochen (Blanchieren) benutzen oder aber die Gemüse kurze Zeit in ein sehr dünnes Bad von Kupfersulfat bringen. Es bildet sich dabei eine prächtig grüne Verbindung, die so fest gefügt ist, daß es nicht möglich ist, das Kupfer auch mit Säuren wieder herauszuziehen. Abgesehen von der geringfügigen Menge muß daher auch mit Sicherheit angenommen werden, daß die Verdauungssäfte gleichfalls das Kupfer nicht wieder heraus bekommen. Die Befürchtungen, welche 1887 zu dem gesetzlichen Verbot der Kupfergrünung geführt haben, sind dann auch einige Jahre später allgemein als irrig erkannt worden. Trotzdem besteht das Gesetz vom 5. Juli 1887 noch heute und die Kupfergrünung ist eine strafbare Handlung.

Allerdings soll nach Erlassen der einzelnen Bundesregierungen (der preußische ist vom 20. Oktober 1896) die Absicht bestanden haben „einem seitens der Konservenfabrikanten schon seit längerer Zeit gehegten Wunsch entgegenzukommen und das Färben ihrer Erzeugnisse mit Kupferverbindungen innerhalb bestimmter Grenzen wieder zu gestatten. Von den beteiligten Industriellen wird hierauf um so mehr Wert gelegt, als sie in der Wiederzulassung dieses Färbeverfahrens das einzige Mittel erblicken, durch welches die Lieferung einer den Anforderungen der Konsumenten entsprechenden, gefällig aussehenden Ware ermöglicht und die Konkurrenzfähigkeit der inländischen Erzeugnisse mit den Fabrikaten des Auslandes, woselbst das Kupfern der Konserven ungehindert erfolgen könne, wiederhergestellt wird. Es ist deshalb in Aussicht genommen, alsbald eine entsprechende Abänderung der oben erwähnten Bestimmung des R.G. vom 5. Juli 1887 herbeizuführen. Mit Rücksicht hierauf erscheint es erwünscht, daß für die nächste Zeit ein allzu scharfes Vorgehen der Behörden im Fall der etwaigen Entdeckung kupferhaltiger Gemüsekonserven vermieden wird und insbesondere vor der Einleitung von Strafverfolgungen eine eingehende Prüfung des Sachverhaltes erfolgt. Es empfiehlt sich dies auch deshalb, weil nach dem Ergebnisse zuverlässiger Untersuchungen geringere Mengen Kupfer sehr häufig schon als natürlicher Bestandteil in Gemüsen, Früchten und ähnlichen Bodenerzeugnissen sich vorfinden, und weil bei der Zubereitung in kupfernen oder kupferhaltigen Gefäßen Spuren von Kupfer, selbst bei tadellos blanker Oberfläche der Gefäße, unvermeidlich in die betreffenden Nahrungsmittel hineingelangen, so daß nicht in jedem Falle, wo Gemüsekonserven als kupferhaltig befunden werden, ohne weiteres die Annahme gerechtfertigt ist, daß ein unzulässiger, künstlicher Zusatz von Kupfer zu Färbungszwecken stattgefunden hat".

In den seither vergangenen 10 Jahren ist jedoch nichts von Schritten bekannt geworden, die auf eine Abänderung des für unberechtigt erkannten Verbots hingezielt hätten.

Nach stillschweigendem Übereinkommen werden aber bei uns 55 mg Kupfer pro Kilo Gemüse geduldet, die in Österreich gesetzlich als Maximalgehalt zugelassen sind.

Endlich kommt noch die Verwendung von Natriumbicarbonat als chemisches Färbemittel in Frage. Es wird (als gänzlich unbedenklicher) Zusatz in der Herstellung gewisser Dörrgemüse gebraucht, ebenfalls um Bohnen und andere grüne Gemüse in ansehnlicher Farbe zu erhalten.

Soweit diese chemisch gefärbten Konserven und Fleischwaren ohne verhüllende Verpackung in den Verkehr kommen, erscheint eine besondere Deklaration darum unnötig, weil das Auge, auch des Nichtfachmannes, sie sofort erkennt. Bei in Büchsen eingeschlossenen gegrünten Gemüsen ist ein entsprechender Vermerk anzubringen.

Bei einzelnen Lebensmitteln ist bezüglich des Färbens noch kurz folgendes zu sagen:

Anchovispaste. Roter Ton wird herkömmlich als dazugehörig betrachtet.

Backwaren. Safran und Eigelbfarben werden benutzt. Für sogenannte feine Backwaren ist ihre Anwendung nicht zu billigen, sofern sie nicht lediglich äußerliche Verwendung auf der Oberfläche des Kuchens finden. Bezüglich fertiger Mischungen zum Kuchenbacken gilt dasselbe. Vergleiche aber auch unter Puddingpulver.

Bier. Andere färbende Zusätze als Farbmalz sind ausgeschlossen, auch die sogenannte Biercouleur.

Butter. Orleansextrakt, Mohrrübensaft, Teerfarbstoffe. In den Monaten Mai bis August ist die Färbung geeignet die höher geschätzte Maibutter vorzutäuschen.

Dörrgemüse. Nur Natriumbicarbonat zum Grünen der Bohnen usw. ist zulässig.

Eigelbkonserve. Teerfarbstoffe kommen vor, sind jedoch unzulässig. Das „Egalisieren" ist ein nicht stichhaltiger Grund, da jedermann weiß, daß Eier Einzelindividuen sind, die nicht genau übereinstimmen können. Die chemische Färbung durch Borsäure, welche früher oft beobachtet wurde, dürfte als durch die Bekanntmachung des Bundesrats vom 18. Februar 1902 erledigt zu erachten sein

Erbsen. Gelbe Teerfarbstoffe bei geschälten Erbsen und Splittererbsen, grüne bei grünen Erbsen, kommen häufig vor.

Essig und Essigessenz werden mit Zuckercouleur gefärbt.

Fleischwaren. Chemische Färbung durch Sulfite, ebenso die Ergänzungsfärbung sind durch die Bundesratsverordnung vom 18. Februar 1902 verboten. Die anderen chemischen Färbeverfahren sind auch ohne Deklaration allgemein geübt. Zum äußerlichen Färben von Wursthüllen sind Teerfarbstoffe im Gebrauch. Zusätze von Paprika zu Wurstwaren sind als Gewürzzusätze mit zufälliger geringer Farbwirkung nicht unter das Verbot zu begreifen. Zusatz von Möhrenschnitzeln und ähnlichen Vegetabilien ist nur unter ganz besonderen Umständen als erlaubt, als Färbeverfahren aber nie anzusehen.

Frucht- und Obstdauerwaren. Für Fruchtsäfte ist jede Färbung, sowohl durch eigentliche Farbstoffe wie durch andere Säfte auszuschließen, weil sie nur Halbfabrikate sind, für welche eine ästhetisch-kulinarische Ursache zum Färben noch nicht besteht. Fruchtsyrupe sind zur Ergänzungsfärbung (s. d.) frei. Wegen „Fruchtsaft" und „Fruchtsyrup" vgl. man das betr. Kapitel. Fruchtmus und Fruchtgelee sind wie Syrupe zu behandeln. Zusatz von Produkten anderer Früchte ist nicht als Färbung, sondern als Herstellnng einer (natürlich zulässigen) Mischware anzusehen. Obstkonserven sind direkter Färbung, Ergänzungsfärbung und vereinzelt auch chemischer Färbung (mit Essig) unterworfen. Die letztere als ein Verfahren, welches den ganzen Charakter der Ware beeinflußt, ist nicht deklarationspflichtig.

Zitronensaft ist gelegentlich gefärbt, aber nur wenn er verfälscht oder nachgemacht ist. Die Färbung erscheint unzulässig, da sie bei echten Säften nicht beobachtet wird und auch keinen Zweck bei diesen hat.

Gemüsekonserven. Färbungen direkter Art und Ergänzungsfärbung kommen bis jetzt nicht vor. Chemische Färbung in Form von Kupfern gewisser Gemüse und Pickles ist gebräuchlich. Als Maximalkupfergehalt sind 55 mg pro Kilo anzusehen. Sie sind als „gegrünt" oder ähnlich zu bezeichnen. Die sog. Pfeffergurke ist ebenso zu beurteilen.

Hirse. Nur natürliche rote Hirse ist zulässig, die ebenso leicht und so billig zu haben ist wie weiße. Ein Bedürfnis zum Färben ist daher nicht anzuerkennen.

Kaffee. Ungebrannter Kaffee ist noch ein Rohstoff, der erst einer Vorbereitung tiefeingreifender Art, auch für sein Äußeres, bedarf. Einer Färbung desselben fehlt daher jeglicher ästhetischer Gesichtspunkt. Für gebrannten Kaffee liegen die Verhältnisse anders. Ergänzungsfärbung ist bei Kaffeeaufguß fast ganz allgemein üblich. Entsprechend deklarierte Bohnen gebrannten Kaffees sind darum nicht zu beanstanden, wenn nicht andere Gründe dafür sprechen. Überziehen der Bohnen mit Zucker ist ein Konservierungsverfahren, die teilweise Karamelisierung nicht die Hauptsache.

Kaffeesurrogate. Nur Karamel als Farbstoff ist zulässig.

Käse. Die gleichen Farbstoffe wie bei Butter kommen in Betracht. Der Zusatz vom gepulvertem blauen Steinklee zu Kräuterkäse geschieht nicht zu Farbezwecken, sondern zur Aromatisierung. Die Färbung ist meist eine direkte oder auch Ergänzungsfärbung. Deklaration muß gefordert werden. Die äußerliche rote Färbung des Edamer ist als die einer nicht mitzugenießenden Hülle irrelevant und etwa der Färbung der Eierschalen zu vergleichen.

Krebsbutter. Der Farbstoff soll nur aus dem Krebs selbst stammen. Fremde Farbstoffe zum Zwecke der Ergänzungsfärbung erscheinen schon deshalb überflüssig, weil nur ein Halbfabrikat vorliegt, welches in der Küche erst mit anderen Gewürzen und Zutaten verarbeitet wird. Bei der geringen Haltbarkeit der Krebsbutter ist das Verblassen der Farbe (bei Fernhaltung direkten Sonnenlichtes) außerdem ein guter Indikator für die beginnende Zersetzung. Ergänzungsfärbung erscheint daher gemäß 2. c obiger Ausführungen auch bei einfacher Angabe des Farbzusatzes unzulässig. Krebssuppenextrakt oder ähnlich benannte küchenfertige Präparate dürften auch „nachgefärbt" passieren.

Limonaden und Limonadensyrupe sind gleich Fruchtsyrupen zu stellen. Brauselimonaden und Brauselimonadensyrupe können als Phantasiegetränke beliebig zusammengestellt sein. Tragen sie Namen, welche sich von farbstoffhaltigen Früchten ableiten, so genügt der Zusatz „gefärbt“ oder „nachgefärbt“ nicht. Entweder soll es heißen z. B.: „künstliche Himbeerlimonade, gefärbt“ oder bei Verwendung natürlichen Aromas: Himbeerlimonade mit künstlichem Farbstoff.

Milch und Sahne werden durch Homogenisieren weißer. Farbstoffzusätze sind unzulässig.

Puddingpulver und ähnliche Präparate (Eispulver, Geleepulver usw.) haben, falls sie das Wort „Ei“ bei der Bezeichnung in irgend einer Form gebrauchen, gelbe Farbstoffe nicht zu enthalten. Andere färbende Zusätze sind je nach Herkunft zu deklarieren, also entweder „mit natürlichem Farbstoff“ oder „mit künstlichem Farbstoff“.

Senf, Mostrich, wird oft gefärbt.

Spirituosen. Sie enthalten meist Farbstoffzusätze. Die große Mehrzahl sind Phantasieprodukte und können demnach auch beliebig gefärbt sein. Ausgenommen sind einige wenige, die entweder nach Herkommen oder ihrer Bezeichnung nach bestimmte Eigenschaften besitzen müssen.

Teigwaren (Nudeln usw.) werden oft gelb gefärbt. Eierteigwaren sollen von der Nachfärbung ausgeschlossen sein.

Tee wird vielfach gefärbt. Die Färbung ist ganz unnötig und hat daher zu unterbleiben. Sie dient nur unredlichen Zwecken. Oft genug verstößt sie außerdem gegen das Farbengesetz.

Weine, auch Fruchtweine. Eine andere Färbung als durch Verschnitt mit anderen, gefärbten Weinen bezw. Fruchtweinen ist durch Gesetz ausgeschlossen und auch sonst nicht zu billigen.

Wurst siehe Fleischwaren.

Zucker wird selten direkt gefärbt, z. B. roter Zucker, und ist dann entsprechend bezeichnet. Sehr häufig ist dagegen die Komplementärfärbung mit Ultramarin.

Zuckerwaren werden im weitesten Umfang direkt gefärbt.

Alle diese Farbstoffzusätze, soweit nicht eine direkte Färbung, welche ohne weiteres als künstliche sich kundgibt oder sichtbare chemische Färbung vorliegt, sind zu deklarieren. Bezüglich der Bedeutung dieser Deklaration muß neben dem 21. Kapitel noch auf die Erörterung des Begriffes der Nahrungsmittelverfälschung (Kap. 22) und des Verhältnisses des § 367 Ziffer 7 zum Nahrungsmittelgesetz S. 38 verwiesen werden.

Reichsgericht.

1) Vom 16. Dezember 1904. (Nach Original.)

Ein Konservenfabrikant hatte außer anderen Konserven auch eine Konserve in den Handel gebracht, die er in seinen Anpreisungen und auf den Konservenbüchsen selbst: „Krebsbutter aus feinsten Edelkrebsen" nannte. Über den Konservenbüchsen war ein kleiner runder Zettel angeklebt, auf dem in sehr kleiner Schrift als Bestandteile dieser von ihm so genannten Krebsbutter wörtlich folgendes angegeben war: „Hergestellt aus besten Edelkrebsen, Tafelbutter und Zutaten, — leicht gefärbt mit gänzlich giftfreier unschädlicher Farbe." Das Landgericht Berlin II erkannte den Angeklagten des Vergehens gegen das Nahrungsmittelgesetz für schuldig.

Das Reichsgericht hat die Revision des Angeklagten aus folgenden Gründen verworfen:

Nicht auf das Gutachten des Sachverständigen B. und der Handelskammer zu F. kommt es an, sondern auf das was das erkennende Gericht für feststehend angenommen hat. Darnach ist Krebsbutter ein Genußmittel, das nach der allgemeinen Verkehrsanschauung rein und unverfälscht lediglich aus Krebsen und Butter hergestellt sein muß und im reellen Verkehr in der Tat so hergestellt wird. Daß im Großbetrieb eine derartige Herstellung unmöglich sei, ist eine Behauptung der Revision, die sich in einen unzulässigen Widerspruch mit dem Urteil setzt. Der Angeklagte hat statt reiner Butter ein minderwertiges Gemisch von Butter und Rindertalg verwendet, hat ein geringeres Krebsmaterial genommen, als zur Erzeugung der Farbe notwendig war, und hat auf Kosten des Aromas und des Geschmackes ein billigeres Färbemittel, einen Anilinfarbstoff, zugesetzt. Mit Recht hat der Vorderrichter hierin eine Verfälschung erblickt, sowohl in der Richtung, daß hierdurch der vom Angeklagten hergestellten und in den Verkehr gebrachten „Krebsbutter" der Schein einer besseren Beschaffenheit, als die ihr wirklich eigen war, verliehen wurde, als auch in der, daß die normale Beschaffenheit des Genußmittels verschlechtert wurde. Alles was die Revision hiergegen vorbringt, stellt sich als Angriff auf die Beweiswürdigung dar, der in der Revisionsinstanz unbeachtet bleiben muß. Ausdrücklich ist festgestellt, daß der Angeklagte nicht im guten Glauben gehandelt hat, daß er sich bewußt gewesen ist, eine Verfälschung vorzunehmen, daß er sie zwecks Täuschung des Publikums im Handel und Verkehr vorgenommen und daß er seine verfälschte Ware unter Verschweigung der Fälschung verkauft hat. Die untergeklebten Zettel hatten nicht den Zweck, das kaufende Publikum in dieser Beziehung aufzuklären, waren zu solcher Aufklärung nicht geeignet und haben auch eine Aufklärung nicht herbeigeführt. Auf Grund dieser Feststellungen, die den Anforderungen des § 266 der Strafprozeßordnung entsprechen, rechtfertigt sich die Verurteilung des Angeklagten gemäß § 10 Nr. 1 und 2 des Gesetzes vom 14. Mai 1879.

2) Vom 21. Mai 1898.

Die Revisionen der beiden Angeklagten sind nicht begründet.

Nach den Feststellungen des Urteils gewährt der Zusatz von Karminfarbstoff zu Würsten nicht der Ware bloß ein besseres äußeres Aussehen, vielmehr verleiht ihr die Färbung ein dem Scheine der Wahrheit nicht entsprechendes Aussehen, sofern die materielle Wirkung des Zusatzes dieses Farbstoffes darin besteht, daß er die Farbe einer frischen nicht schon länger gelagerten Ware auch für eine Zeit ihr erhalte, zu welcher ohne ihn sich durch Veränderung der natürlichen roten Farbe ins Graue zeigen müßte, daß die Ware nicht mehr frisch sei. Durch den Farbzusatz sei somit einer älteren Ware der Anschein einer frischen verschafft. Was daher zunächst die von den beiden Angeklagten vorgenommenen Verkaufsgeschäfte betreffe, so hätten ihre Abnehmer die Lieferung frischer Wurst verlangt. Mittelst des Zusatzes des Farbstoffes, den die Abnehmer der Wurstwaren als einen Bestandteil derselben weder erwarteten noch erwarten mußten, seien sie durch Hervorrufung des Scheins einer besseren, nämlich ihrer frischen Beschaffenheit über die wirkliche Qualität derselben getäuscht worden. Es stehe außer Zweifel, daß die von den Angeklagten gelieferte Wurst an deren Abnehmer unter solchen Umständen verkauft wurde, bei welchen eine normale Wurstware ins Graue verfärbt gewesen wäre. Eine grau gewordene Wurst habe aber, wenn auch Qualität ihres in Fleisch und Speck bestehenden Inhalts noch keine ihre Güte beeinträchtigende Änderung erlitten habe, gleichwohl gegenüber der frischen Wurst einen geringeren Genußwert, so daß ältere in der Farbe grau gewordene Wurststücke seitens des Verkäufers in besseren Geschäften jeweils zur Seite gelegt und auch von den Konsumenten nicht verzehrt würden. Daß frische Wurst einen höheren Genußwert habe, als grau gewordene, und daß die den Abnehmern gelieferte Wurst, wäre sie, was sie erwarteten und erwarten durften, nicht gefärbt gewesen, ein graues Aussehen gezeigt haben würde, hätten die Angeklagten gewußt. Somit liege eine Verfälschung des Nahrungsmittels durch scheinbare Verbesserung seiner Hinsicht des Genußwertes minder guten beziehungsweise minder gut gewordenen Beschaffenheit vor.

Aber auch eine Verfälschung durch verheimlichte Verschlechterung der Ware sei den Abnehmern gegenüber erfolgt. Denn der Genußwert der Wurstwaren hänge nicht bloß von der objektiven Beschaffenheit ihres Inhaltes an Fleisch und Speck ab, sondern werde zugleich durch die an den Inhalt der Wurst anknüpfende Durchschnittsmeinung des konsumierenden Teils des Publikums bestimmt und habe nicht allein physische, sondern auch psychische Voraussetzungen. Gefärbte Wurst werde vom Publikum, sobald es von der Tatsache der Färbung Kenntnis erhalte, allgemein zurückgewiesen; es lege der gefärbten Wurst, ganz abgesehen von ihrem substanziellen Nahrungs- und Genußwert, schon wegen des in ihr enthaltenen, an sich ihr fremden Farbstoffes einen verminderten Genußwert bei Demzufolge hätten die Angeklagten durch Beimischung des Farbstoffes, der als Bestandteil einer Wurst nicht vorausgesetzt werde und ihnen verheimlicht wurde, ein Nahrungsmittel hergestellt beziehungsweise verkauft, dessen Genußwert für die mit seiner Zusammensetzung bekannten Personen für geringer erachtet werde, als derjenige einer Ware, die bei übrigens gleicher Beschaffenheit von der Beimischung der Farbe frei ist.

Indessen wurde nach den Urteilsgründen nicht bloß der Genußwert ein geringerer, sondern das Nahrungsmittel als solches erlitt durch den Zusatz eine Verschlechterung seines Wesens. Eine mit Karmin gefärbte Wurstware läßt nämlich in ihrem äußeren Aussehen ein etwa eintretendes Verderben erst in einem ziemlich vorgeschrittenen Stadium erkennen, während eine ungefärbte Wurst ein solches schon in den allerersten Anfängen durch Farbveränderung kundgibt. Diese gerade für Eßwaren besonders wertvolle Eigenschaft sei der Wurstware der Angeklagten durch den Farbzusatz entzogen und die Verschlechterung der normalen Ware den Abnehmern verheimlicht worden. Demzufolge seien die objektiven Tatbestandsmerkmale eines Vergehens gegen § 10 Ziffer 2 des N.M.G., beiden Angeklagten gegenüber gegeben; da sie aber nach den Urteilsgründen auch wissentlich gehandelt haben, so erklärt sie das Urteil im Sinne dieser Gesetzesvorschrift für schuldig.

Was sodann die Anfertigung der Ware durch den Angeklagten Sch. betrifft, so erklärt das Urteil, daß nach dem soliden und vom Publikum für reell geachteten Gebrauch bei Herstellung von Wurstwaren im Handel und Verkehr die normale Beschaffenheit einer Fleischwurst in einer Zusammensetzung von Fleisch und Speck ohne Zusatz von Farbstoffen bestehe. Übereinstimmend sei bekundet, daß gefärbte Wurst vom Publikum allgemein zurückgewiesen werde, sobald es von der Tatsache der Färbung Kenntnis erhalte, weil es der Wurst schon wegen des in ihr enthaltenen fremden Stoffes einen verminderten Genußwert zuschreibe. Da inhaltlich des Urteils der Angeklagte Sch. die Färbung der von ihm fabrizierten Wurstware zum Zwecke der Täuschung im Handel und Verkehr mit dem Bewußtsein, daß seine Ware von der normalen abweiche, vorgenommen hat, erklärt ihn das Urteil auch des Vergehens im Sinne des § 10 Ziff. 1 des N.M.G. für schuldig.

Die Revisionen der beiden Angeklagten greifen die Verurteilung unter der Behauptung an, daß, da die aus Fleisch und Speck bestehenden Bestandteile der Wurst trotz des Karminzusatzes unverändert gut geblieben seien, es sich nur um eine Verbesserung ihres Aussehens, nicht um eine Veränderung ihres Genußwertes handeln könne. Der Angriff kann jedoch gegenüber den Feststellungen des Urteils keinen Erfolg haben. Daß der Angeklagte Sch. die Wurst färbte, um ihr den Anschein der Frische auch über die Zeitdauer bei normaler Ware zu erhalten, hat das Urteil, wie aus den Gründen erhellt, wiederholt ausgesprochen. Die vom Urteil festgestellte Durchschnittsmeinung des gesamten konsumierenden Publikums über den Genußwert der Wurstware, daß eine in ihrer Farbe grau gewordene Wurst einen geringeren Genußwert habe, als eine noch die rote Farbe der frischen Ware tragende, knüpft an die gewöhnliche Erfahrung hinsichtlich der Beschaffenheit grau gewordener Ware an. Es mag der Revision des Angeklagten D. zugegeben werden, daß, wenn ein Teil der Konsumenten eine fleischreiche Wurst der fetteren vorziehe, den Angeklagten daraus kein Vorwurf gemacht werden könne, daß der Inhalt ihrer Würste an Speck durch die Färbung demjenigen des Fleisches ähnlich geworden sei. Denn einerseits hatten die Abnehmer ein bestimmtes Verhältnis des Gehalts der Würste an Fleisch und Speck nach den Intentionen der Verträge in ihrer Ware nicht zu erwarten, andererseits würde nur das Übergewicht der fetten über die Fleischbestandteile der Wurst deren Wert bei diesen Konsumenten vermindert haben und hätte es sich nicht um eine Verfälschung des Nahrungsmittels als solchen durch verheimlichte Verschlechterung oder scheinbare Verbesserung mittels Zusetzens eines seiner normalen Beschaffenheit fremden Bestandteils gehandelt. Wenn aber auch die Gründe des Urteils nach dieser Richtung die Verurteilung der Angeklagten nicht rechtfertigen würden, und auch die sonstigen Ausführungen nicht durchweg zu billigen sein mögen, so wird dasselbe gleichwohl durch seinen oben hervorgehobenen Grund getragen, daß die gelieferte Wurst tatsächlich bei den Abnehmern unter solchen Umständen verkauft wurde, unter welchen bei einer nicht gefärbten Wurst eine Verfärbung ins Graue eingetreten gewesen wäre und, da die Beschlagnahme bei Einzelnen erst Monate lang nach der Lieferung erfolgte, durch das Färben solcher Wurst, welche als minder gut erachtet werden mußte, der Schein einer besseren Beschaffenheit gegenüber einer, im gleichen Stadium befindlichen, nicht gefärbten Wurst verliehen wurde. — Die Revision des Angeklagten Sch. bestreitet endlich sowohl, daß er zum Zwecke der Täuschung im Handel und Verkehr die Verfälschung vorgenommen, als auch, daß er wissentlich die Färbung der Wurst verschwiegen habe. Damit setzt sie sich in Widerspruch mit dem tatsächlichen Inhalt der Entscheidungsgründe und kann keinen Erfolg haben.

3) Vom 11. Februar 1895.

Einem im gebrannten Zustande verkauften Kaffee war 1 Teelöffel Ocker auf 150 Pfund zugesetzt; es erfolgte Freisprechung von der Anschuldigung einer Verletzung des § 10_1 N.M.G. Das Reichsgericht führte aus, es sei zwar richtig, daß der Begriff der Verfälschung eines Nahrungs- oder Genußmittels auch erfüllt werde, wenn der Ware der Schein einer besseren Beschaffenheit verliehen werde. Unter dieser Beschaffenheit sei aber nicht das bloße Aussehen der Ware ohne Rücksicht auf deren eigenes Wesen zu verstehen, sondern es müsse das äußere Ansehen den Schluß auf ein besseres Wesen, auf eine Qualität, die mehrwertig sei, als die in Wirklichkeit vorhandene, berechtigt erscheinen lassen. Der Ocker sei zugesetzt worden, um die Verflüchtigung des Aromas durch die Poren der Kaffeebohnen zu verhindern, andererseits um dem Kaffee ein besseres gleichmäßiges Aussehen zu geben. Der erste Zweck würde, wenn erreicht, den Kaffee nur verbessern und komme hier nicht in Frage. Aus der zweiten Erwägung aber könne nur der Schluß gezogen werden, daß nicht über Wesen und Wert des Kaffees getäuscht, sondern nur das Aussehen an sich habe verbessert werden sollen und verbessert worden sei. Daß der Vorderrichter von dieser Ansicht ausgehe, sei sowohl daraus zu entnehmen, daß er dem Kaffee in seinem ursprünglichen Zustande ein unansehnliches, zerstückeltes Äußere beilege und hervorhebe, daß nur um dieses Äußere zu verbessern, nicht also um dem Kaffee den Anschein besserer Qualität zu verleihen, die Portoriko- und Guatemala-Kaffees bereits gefärbt exportiert würden, als auch aus der ferneren Ausführung, daß der Wert des Kaffees überhaupt nicht nach dem Aussehen, sondern nach dem Geruch und Geschmack zu beurteilen sei. Die staatsanwaltliche Revision ziehe mit Unrecht den Schluß, daß, wenn die Färbung des Kaffees vorgenommen sei, um der Ware ein besseres gleichmäßiges Aussehen zu geben, schon deshalb ihr der trügerische Anschein einer höherwertigen und besseren Beschaffenheit habe verliehen werden sollen. Zuzugeben sei, daß, weil es sich darum handele, ob der Ware der Schein einer besseren Beschaffenheit verliehen, der Standpunkt des kaufenden Publikums wenn auch nicht entscheide, so doch zu berücksichtigen sei. Nicht zu übersehen sei aber gleichzeitig, daß für den Tatbestand der fraglichen Strafvorschrift auch das Bewußtsein des Täters erforderlich sei, daß er nicht bloß das äußere Ansehen der Ware verändert, sondern auch durch die Änderung der Ware selbst in ihrem Wesen und Werte einen besseren Schein beigelegt habe, als beides in Wirklichkeit gewesen sei.

4) Vom 2. Dezember 1881. (II. Str.Sen.)

Das Rotfärben der Kiemen bei Fischen, um ihnen den Anschein einer frischeren Ware zu geben, ist eine Verfälschung im Sinne des § 10, obgleich die stoffliche Zusammensetzung des Fischfleisches dadurch nicht berührt wird.

5) Vom 26. Mai 1882. (II. Str.Sen.)

Ein mit Anilinfarbstoffen aufgefärbter Himbeersaft braucht nicht notwendig als Verfälschung erscheinen, insbesondere dann nicht, wenn ihm dadurch nicht der Anschein einer besseren Beschaffenheit, höheren Fruchtgehaltes oder größeren Wertes verliehen werden soll.

6) Vom 4. März 1895. (Veröffentl. d. K.G.A. Beil. IV, 102.)

Erfordernis für die Feststellung des Begriffs der Verfälschung von Nahrungs- oder Genußmitteln im Sinne des § 10 N.M.G. ist, daß der Waare der Schein einer besseren Beschaffenheit verliehen werde, als sie in Wirklichkeit besitzt; es ist deshalb notwendig, daß die Einwirkung auf die Ware zum Zwecke ihrer besseren Verkäuflichkeit eine solche ist, daß durch sie der Schein eines besseren, mehrwertigen Wesens der Ware hervorgerufen wird. Von diesen Gesichtspunkten ist auch das Vorderurteil ausgegangen, denn es stellte fest, daß unter dem brasilianischen Kaffee, um den es sich handelt, viele dürre Bohnen befindlich, daß diese nicht vollständig gut seien und deshalb das von dem Angeklagten bewirkte Färben des Kaffees mit Ocker (3 Eßlöffel auf 120 Pfund) und Öl den Zweck verfolgt hat, dem Kaffee den Schein einer besseren, nämlich die gleichmäßige Färbung besserer Sorten zu geben, daß ferner die dürren Bohnen in dem brasilianischen Kaffee stets etwa 10 bis 15 Prozent ausgemacht hätten und diese nicht voll gleichwertig seien mit den nicht dürren Bohnen, und daß endlich durch das Färben auch den dürren Bohnen der Anschein normaler Beschaffenheit gegeben werde. Ebensowenig ist ein Rechtsirrtum in der Folgerung einer Täuschungsabsicht des Angeklagten ersichtlich. Die von letzterem gewählte Bezeichnung des Kaffees mit W. 8, W. 6 usw. hat die Wiener Röstart, d. h. reinen Kaffee, kenntlich machen sollen. Ob die Täuschung in jedem Falle gelungen, ist gleichgültig; das Handeln zum Zwecke der Täuschung genügt. Dadurch ferner, daß der Angeklagte die teueren Sorten gar nicht gefärbt, der geringsten Sorte aber, der sogen. Triage, eine erheblich größere Menge Farbstoff zugesetzt hat, ist der minderwertigen Sorte der Schein des höheren Wertes verliehen und nichts steht entgegen, daraus zu schließen, daß diese Täuschung auch bezweckt sei. Das vom Angeklagten zu seinen Gunsten angezogene Urteil des Reichsgerichts vom 11. Februar 1895 (s. hierüber Nr. 3) anlangend, so beruht dasselbe auf der Feststellung, daß die Ockerfärbung in einer Menge von 1 Teelöffel auf 150 Pfund Kaffee den ausschließlichen Zweck verfolgt habe, das Aussehen des Kaffees zu bessern, nicht aber ihm den Schein einer besseren Qualität zu verleihen, auch ist dort von minderwertigen dürren Bohnen keine Rede gewesen.

7) Vom 18. Februar 1882. (III. Str.Sen.)

Der Zusatz einer Farbe zu Fleischwaren, welcher der normalen Beschaffenheit der Ware nicht entspricht, ist eine Verfälschung derselben, wenn er ihr den Anschein einer besseren Beschaffenheit, z. B. nicht vorhandener Frische, oder den Genußwert der Ware verringert, wenn auch nur in der Meinung der den Zusatz kennenden Abnehmer. (Ausführlicher bei „Verfälschen" sub. Nr. 1.)

8) Vom 3. Februar 1890. (I. Sen.)

Wenn die Färbung des Bieres (bei der Herstellung desselben in der Brauerei) mit Farbholz gestattet ist, so folgt daraus nicht, daß auch die dunklere Farbgebung durch jedes andere unschädliche Mittel zugelassen werden müsse. Farbholz ist Malz, also einer der zur Bierbereitung dienlichen Stoffe, anders liegt die Sache bei dem hier verwendeten Färbemittel, das aus Kartoffeln, einem zur Bierbereitung unzulässigen Gegenstande, gewonnen ist. Die Unschädlichkeit des Färbemittels ist ohne Belang, da nicht §§ 12, 14 des N.M.G. angewendet sind.

---

26. Kapitel.

Die Nahrungsmittelkonservierung.

Der Konservierungsprozeß bezweckt, den Genuß bestimmter Nahrungsmittel zu einer so späten Zeit zu ermöglichen, zu welcher es ohne das Konservierungsverfahren bereits der Verderbnis anheimgefallen wäre. Ein solches Erhaltungsverfahren ist um so vollkommener, je weniger es die Eigenschaften des betreffenden frischen Lebensmittels beeinflußt. Eine Konservierung ohne jede Beeinflussung ist schon theoretisch unmöglich, wie sich aus der einfachen Betrachtung ergibt, daß ohne diese Einflußnahme eben das Nahrungsmittel verdirbt.

Es gibt aber sehr zahlreiche und sehr verschiedenartige Methoden, um das angestrebte Ziel zu erreichen. Genau betrachtet, erreicht es keine einzige vollständig, da auch die Wirksamkeit der besten Verfahren einmal ein Ende nimmt. Das praktische Ziel ist aber der Regel nach nur ein kurz gestecktes. Wenn von den extremen Verhältnissen einer Expedition in unbewohnte Gegenden abgesehen wird, so genügt es vollkommen, wenn eine Ware so lange hält, bis sie entweder den Ort des Verbrauchs erreicht und dort einige Zeit bis zum Genuß gelagert hat oder bis die Jahreszeit wieder da ist, zu der es frisches Material gibt. Ein bis eineinhalb Jahr sind also die Zeit, während der eine gute Konserve genießbar bleiben muß. Tatsächlich haben wir Konserven, welche diesen Zeitraum ganz erheblich überdauern und auf der Wiener Weltausstellung sollen sogar Konserven aus dem zweiten Jahrzehnt des 19. Jahrhunderts geöffnet worden sein, die nach etwa 65jährigem Lagern sich noch als gut und brauchbar erwiesen haben.

Das Verderben der Nahrungsmittel besorgen kleine, mikroskopische Lebewesen, Bakterien, und neben ihnen manche Arten Pilze. Die Bestrebungen aller Verfahren sind deshalb darauf gerichtet diese Bakterien entweder zu vernichten oder doch in ihrem Entwicklungsprozeß zu hemmen, sowie ferner nach Erreichung dieses ersten Zieles, eine Invasion der Lebensmittel durch neue lebenskräftige Fäulniserreger zu verhindern.

Das geschieht in der Weise, daß man entweder durch physikalische Hilfsmittel, Temperaturen, die für die weitere Entwicklung der Bakterien von störendem Einfluß sind, einwirken läßt, oder durch chemische Methoden eine Vergiftung oder eine Hemmung der weiteren Vermehrung erzielt.

Von den physikalischen Methoden haben bisher praktische Bedeutung nur die erlangt, die auf der Anwendung entweder sehr niederer oder sehr hoher Temperaturen beruhen.

Die Kühlverfahren verdienen kaum die Bezeichnung „Konservierung", sie charakterisieren sich besser durch das reinsprachlich allerdings ähnlich zu bewertende, aber doch anders nuancierte Wort „Frischhaltung". Im praktischen Leben ist es das Verfahren zur Lebensmittelerhaltung für einige Tage. Es ist die Rolle des Eisschrankes im Haushalt. Allerdings gibt es sehr vorzügliche Anlagen für größere und große Verhältnisse, aber sie bedürfen einer beständigen Überwachung, sind nur mit sehr großen Kosten und nur in großen Städten ausführbar. Auch hier ist die Wirkung nur eine sehr kurze, höchstens einige Wochen ausreichende. Denn schließlich zeigt sich, daß die Kälte zwar eine weitere Entwicklung der Bakterien, so lange sie anhält, aufhalten kann, aber sie wird bald *selbst* zum Verderber, indem sie das Fleisch, für welches die Kühlhäuser vorzugsweise in Betracht kommen, zu mürbe macht und in seinem Genußwert schließlich ganz wesentlich herabsetzt. Die einst mit großen Hoffnungen gebauten Kühlschiffe, große Dampfer mit vollendetsten Kühl- und Gefrieranlagen, die uns das billige Fleisch Amerikas und Australiens bringen sollten (ohne chemische Zusätze natürlich) haben sich nicht bewährt. In England sollen zwar noch einige in Betrieb sein, aber eine Ausbeutung der so gut scheinenden Idee scheitert daran, daß das Eisfleisch nur in den Küstenstädten bezw. bezw. den Hafenorten verwertet werden kann. Sobald es nämlich aufgetaut ist, fällt es nach allerkürzester Frist einem geradezu rapiden Verderben anheim. Darum ist es nur für Plätze nützlich, die es sofort verbrauchen können.

Das *Kochverfahren* hat dagegen eine erhebliche Bedeutung erlangt. Es besteht aber ein großer prinzipieller Gegensatz zwischen den Kühl- und den Kochverfahren. Die Kälte muß nämlich *andauernd*, wie wir gesehen haben, einwirken, da sie die kleinen Lebewesen nicht tötet, sondern nur in eine Art Beharrungszustand versetzt. Schwindet das *Entwicklungshindernis*, dann geht der unterbrochene Prozeß einfach weiter und zwar um so schneller, je günstiger inzwischen durch Zermürbung die Ernährungsverhältnisse der Mikroben geworden sind.

Die *Hitze* vermag dagegen direkt vernichtend auf Bakterien zu wirken, muß aber andererseits als ausschließlich *vorübergehend* anwendbar betrachtet werden. Wie allgemein bekannt, ist die mürbemachende Wirkung des Kochprozesses eine sehr große. Die Konservierung soll aber nicht nur Bakterien töten, sondern vor allen Dingen die Nahrungsmittel brauchbar erhalten.

Das Kochverfahren muß daher so eingerichtet werden, daß ein Ersatz der getöteten Lebewesen durch neue, lebenskräftige nicht eintreten kann. Das geschieht bekanntlich in der Weise, daß das zu konservierende Nahrungsmittel nach sonst erforderlicher Zubereitung in ein hermetisch abschließbares Gefäß, Glas, Blechbüchse oder auch anderes, gebracht, der Verschluß sorgfältig ausgeführt und nun das Nahrungsmittel in der Umhüllung gekocht wird. Ist der Kochprozeß richtig geleitet, so ist der Bücheninhalt keimfrei geworden und gleichzeitig durch den vollständigen Abschluß nach außen auch vor der Einwanderung neuer vermehrungsfähiger Keime bewahrt, solange der Abschluß anhält. Das Nahrungsmittel befindet sich nun in einem Ruhezustand, allerdings in einem gekochten Zustand, der höchstens dadurch Veränderungen erleiden kann, daß chemische Prozesse eintreten können. Beispielsweise übt das in den meisten Konserven enthaltene Kochsalz einen zwar recht langsamen, unter Umständen aber sicheren verderblichen Einfluß auf die äußere und innere Beschaffenheit aus. Bei Fleischkonserven aus nicht gepökeltem (also nicht rotem) Fleisch zeigt sich dieser Einfluß bald in sehr störender Weise, indem die Fleischstücke sich röten, sie nehmen die Salzungsröte an, erscheinen äußerlich wie gepökelt.

Dieses Kochverfahren, nach dem französischen Konditor Appert, der es zuerst anwandte, benannt, hat neben seinen unleugbaren Vorzügen einige Mißstände an sich, die von Bedeutung sind für die spätere rechtliche Behandlung der Konservierungsfrage. Neben den durch das Kochen, Salz usw. bedingten Veränderungen ist das Verfahren nämlich insofern beschränkt, als es nur für verhältnismäßig recht kleine Packungen, bis etwa höchstens 5 kg, praktisch ausführbar ist und deshalb eine verhältnismäßig hohe Verteuerung der Waren mit sich bringt, die natürlich um so größer wird, je kleiner das einzelne Gefäß beschaffen ist. Für den kleinsten Haushalt ist darum die Verteuerung am größten.

Dieser Kardinalfehler haftet allen Sterilisierverfahren an, die daher für Selbstzwecke der Industrie fast gar keine Bedeutung haben, sondern ausschließlich auf die Zwecke des Kleinhandels zugeschnitten sind.

Neben den physikalischen Verfahren bedienen wir uns der chemischen. Sie gliedern sich in zahlreiche Unterarten, die drei Hauptabarten erkennen lassen.

1. Konservierung durch Umwandlung in eine Zubereitung (vgl. das Kapitel Zubereitung), indem Stoffe zugesetzt werden, die entweder in einem späteren Stadium der Verwendung doch notwendig wären oder indem eine neue Ware mit neuen Eigenschaften entsteht.

2. Konservierung durch Entziehung gewisser, leicht wieder zu ersetzender Bestandteile, wodurch nunmehr eine dem Verderben weniger ausgesetzte Handelsware entsteht.

3. Konservierung durch Zusatz gewisser Stoffe, welche auf die Bakterien wie ein Gift wirken und die ursprünglich vorhandenen ebenso wie später sich noch anfindende in ihrer Entwicklung hemmen. Es ist dies die chemische Konservierung im engeren Sinne.
4. Endlich gibt es Methoden, die in einer Kombination mehrerer der hier erwähnten chemischen und physikalischen Verfahren bestehen.

Zu 1. Die Konservierung durch Umwandlung in eine Zubereitung ist sehr verbreitet. Sie findet sich vorzugsweise in der Fruchtverwertungsindustrie. Die wenig haltbaren Früchte werden entweder zu Marmeladen, Fruchtmus usw. unter Zuckerzusatz umgewandelt oder die abgepreßten Säfte unter Zuckerzusatz in Fruchtsyrupe. Die Herstellnng von Essigfrüchten gehört ebenfalls in diese Kategorie sowie zahlreiche andere.

Zu 2. Durch Entziehung von Wasser werden aus vielen Rohstoffen, welche infolge eines besonders reichen Gehalts daran leicht verderben, ganz oder fast ganz entwässerte Fabrikate erhalten, welche nunmehr den zerstörenden kleinen Lebewesen keinen geeigneten Nährboden mehr gewähren. Diese durch Trocknen oder Dörren erhaltenen Waren, besonders Gemüse, gewinnen daher als Trocken- bezw. Dörrgemüse den Charakter einer Dauerware. Die Methoden sind ziemlich hoch entwickelt und mit verhältnismäßig geringen Fehlern behaftet, die durch die Billigkeit des Verfahrens und das Fortfallen der besonderen und besonders guten Umhüllung reichlich aufgewogen werden. Freilich lassen sich Verluste an Aroma und oft auch an äußerer Schönheit nicht immer vermeiden.

Zu 3. Die chemische Konservierung im engeren Sinne beruht auf folgenden Beobachtungen.

Für jedes Lebewesen gibt es Stoffe, die, wenn sie sich in seiner Nahrung oder der umgebenden Luft oder anderem Medium befinden, imstande sind, seine weitere Lebenstätigkeit entweder ganz zu sistieren oder doch unter so ungünstige Bedingungen zu bringen, daß eine normale Erfüllung der Lebensfunktionen, besonders die Vermehrung aufhört.

Die vollständige Vernichtung der bakteriellen Lebewesen nennt man Desinfektion, während die Konservierung nur eine Hemmung beansprucht. Die Desinfektion ist für die von ihr betroffenen Lebewesen etwas Definitives, da getötete Bakterien nicht wieder aufleben können. Die Konservierung setzt ein

Definitivum nicht voraus, sondern kann in ihrer Wirkung für die von ihr betroffenen Mikroben nur vorübergehend sein. Gesetzt ein chemischer Körper wirke in der Konzentration von 1 : 100 tötlich auf Fäulnisbakterien, aber 1 : 1000 noch entwicklungshemmend. Verdünnt man das 1 : 1000 konservierte Nahrungsmittel so, daß nunmehr die Proportion 1 : 2000 entsteht, so ist die Hemmung behoben und die kleinen Zerstörer beginnen die unterbrochen gewesene Tätigkeit wieder.

Der Fall hat praktische Bedeutung, weil die Änderung der Proportion nicht nur durch Zugabe neuer konservierungsbedürftiger Mengen bewirkt werden kann. Die tägliche Erfahrung lehrt vielmehr, daß häufiger eine Verschiebung durch chemische Veränderung des Konservierungsmittels eintritt, die mit einer Verminderung der wirksamen Substanz meist gleichbedeutend ist.

Die Auswahl der chemischen Konservierungsmittel setzt besondere Sorgfalt voraus, da ein Stoff, der bestimmt ist, auf andere, wenn auch niedere Lebewesen giftig zu wirken, naturgemäß in entsprechend vergrößerter Dosis auch für den Genießer derartig konservierter Lebensmittel nachteilig werden kann. Da es aber absolute Gifte, d. i. Stoffe, die immer und in jeder auch noch so kleinen Dosis giftig wirken, nicht gibt, vielmehr jeder Stoff andere Erscheinungen zeitigen kann, so läßt sich über chemische Konservierungsmittel ein summarisches Urteil nicht fällen; vielmehr muß jedes einzelne eine genaue Überprüfung durchmachen.

Zu 4. Kombinierte Verfahren. Es soll nur an einigen besonders typischen Beispielen ihre Art gezeigt werden, da die allgemeinen Gesichtspunkte sich nach der Art der Kombination richten.

Eine der ältesten Methoden der Nahrungsmittelkonservierung ist die Salzpökelung. Sie bewirkt durch den hohen Gehalt an Salz nicht nur eine durchgreifende echte chemische Konservierung, sondern wirkt auch durch das Bestreben des Salzes, sich aufzulösen, in gewissem Grade wasserentziehend. Da hochprozentige Salzlösungen ferner auf Eiweißkörper (vgl. das Kapitel „Nahrungsmittel") verändernd einwirken, so entsteht ein Nahrungsmittel, das so tiefgreifende Änderungen aufzuweisen hat, daß es in die ursprüngliche Rohware nicht wieder zurückverwandelt werden kann, sondern eine Zubereitung (s. d.), eine neue Ware darstellt.

Pökelfleisch ist ein von frischem Fleisch ganz verschiedenes, neues Produkt, Salzheringe sind eine andere Handelsware als frische, sogenannte grüne Heringe.

Noch weitergehende Zubereitungen, die bis zur genußfertigen Speise gehen können, sind Räuchern, einlegen in Essig, Sülzen usw.

Auf Grund dieser technischen Ausführungen lassen sich nunmehr die rechtlichen Verhältnisse der Konserven betrachten.

Folgende **gesetzliche Bestimmungen** sind besonders beachtlich.

a) aus dem Weingesetz vom 24. Mai 1901.

§ 2. Als Verfälschung oder Nachmachung des Weines im Sinne des § 10 des Gesetzes, betreffend den Verkehr mit Nahrungsmitteln, Genußmitteln und Gebrauchsgegenständen vom 14. Mai 1879 (R.G.Bl. S. 145) ist nicht anzusehen:

1. die anerkannte Kellerbehandlung einschließlich der Haltbarmachung des Weines, auch wenn dabei Alkohol oder geringe Mengen von mechanisch wirkenden Klärungsmitteln (Eiweiß, Gelatine, Hausenblase und dergleichen), von Tannin, Kohlensäure, schwefliger Säure oder daraus entstandener Schwefelsäure in den Wein gelangen; jedoch darf die Menge des zugesetzten Alkohols, sofern es sich nicht um Getränke handelt, die als Dessertweine (Süd-, Süßweine) ausländischen Ursprunges in den Verkehr kommen, nicht mehr als ein Raumteil auf einhundert Raumteile Wein betragen.
2. usw.

§ 7. Die nachbenannten Stoffe, nämlich: lösliche Aluminiumsalze (Alaun und dergleichen), Baryumverbindungen, Borsäure, Glyzerin, Kermesbeeren, Magnesiumverbindungen, Salizylsäure, Oxalsäure, unreiner (freien Amylalkohl enthaltender) Sprit, unreiner (nicht technisch reiner) Stärkezucker, Strontiumverbindungen, Teerfarbstoffe oder Gemische, welche einen dieser Stoffe enthalten, dürfen Wein, weinhaltigen oder weinähnlichen Getränken, welche bestimmt sind, anderen als Nahrungs- oder Genußmittel zu dienen, bei oder nach der Herstellung nicht zugesetzt werden.

Der Bundesrat ist ermächtigt, noch andere Stoffe zu bezeichnen, auf welche dieses Verbot Anwendung zu finden hat.

Hierzu kamen durch die Bekanntmachung des Reichskanzlers vom 2. Juli 1901.

III. Zu § 7. Das Verbot des § 7 Abs. 1 des Gesetzes findet auch auf lösliche Fluorverbindungen und Wismutverbindungen sowie auf Gemische, welche einen dieser Stoffe enthalten, Anwendung.

b) Aus dem Fleischbeschaugesetz vom 3. Juni 1900.

§ 12. Die Einfuhr von Fleisch in luftdicht verschlossenen Büchsen oder ähnlichen Gefäßen, von Würsten und sonstigen Gemengen aus zerkleinertem Fleische in das Zollinland ist verboten.

Im übrigen gelten für die Einfuhr von Fleisch in das Zollinland bis zum 31. Dezember 1903 folgende Bedingungen:

1. Frisches Fleisch darf in das Zollinland nur in ganzen Tierkörpern, die bei Rindvieh, ausschließlich der Kälber, und bei Schweinen in Hälften zerlegt sein können, eingeführt werden.

   Mit den Tierkörpern müssen Brust- und Bauchfell, Lunge, Herz, Nieren, bei Kühen auch das Euter in natürlichem Zusammenhang verbunden sein; der Bundesrat ist ermächtigt, diese Vorschrift auf weitere Organe auszudehnen.

2. Zubereitetes Fleisch darf nur eingeführt werden, wenn nach der Art seiner Gewinnung und Zubereitung Gefahren für die menschliche Gesundheit erfahrungsgemäß ausgeschlossen sind oder die Unschädlichkeit für die menschliche Gesundheit in zuverlässiger Weise bei der Einfuhr sich feststellen läßt. Diese Feststellung gilt als unausführbar insbesondere bei Sendungen von Pökelfleisch, sofern das Gewicht einzelner Stücke weniger als vier Kilogramm beträgt; auf Schinken, Speck und Därme findet diese Vorschrift keine Anwendung.

   Fleisch, welches zwar einer Behandlung zum Zwecke seiner Haltbarmachung unterzogen worden ist, aber die Eigenschaften frischen Fleisches im wesentlichen behalten hat oder durch entsprechende Behandlung wieder gewinnen kann, ist als zubereitetes Fleisch nicht anzusehen; Fleisch solcher Art unterliegt den Bestimmungen in Ziffer 1.

§ 21. Bei der gewerbsmäßigen Zubereitung von Fleisch dürfen Stoffe oder Arten des Verfahrens, welche der Ware eine gesundheitsschädliche Beschaffenheit zu verleihen vermögen, nicht angewendet werden. Es ist verboten, derartig zubereitetes Fleisch aus dem Ausland einzuführen, feilzuhalten, zu verkaufen oder sonst in Verkehr zu bringen.

Der Bundesrat bestimmt die Stoffe und die Arten des Verfahrens, auf welche diese Vorschriften Anwendung finden.

Der Bundesrat ordnet an, inwieweit die Vorschriften des Abs. 1 auch auf bestimmte Stoffe und Arten des Verfahrens

Anwendung finden, welche eine gesundheitsschädliche oder minderwertige Beschaffenheit der Ware zu verdecken geeignet sind.

Hierzu die Bekanntmachung vom 18. Februar 1902. (R.G.Bl. S. 48.)

Auf Grund der Bestimmungen im § 21 des Gesetzes, betr. die Schlachtvieh- und Fleischbeschau, vom 3. Juni 1900 (R.G.Bl. S. 547) hat der Bundesrat die nachstehenden Bestimmungen beschlossen:

Die Vorschriften des § 21 Abs. 1 des Gesetzes finden auf die folgenden Stoffe sowie auf die solche Stoffe enthaltendeu Zubereitungen Anwendung:

Borsäure und deren Salze,
Formaldehyd,
Alkali- und Erdalkali-Hydroxyde und -Karbonate,
Schweflige Säure und deren Salze sowie unterschwefligsaure Salze,
Fluorwasserstoff und dessen Salze,
Salizylsäure und deren Verbindungen,
Chlorsaure Salze.

Hierzu aus den Ausführungsbestimmungen vom 30. Mai 1902.

§ 2. (1) Als frisches Fleisch ist anzusehen Fleisch, welches, abgesehen von einem etwaigen Kühlverfahren, einer auf die Haltbarkeit einwirkenden Behandlung nicht unterworfen worden ist, ferner Fleisch, welches zwar einer solchen Behandlung unterzogen worden ist, aber die Eigenschaften frischen Fleisches im wesentlichen behalten hat oder durch entsprechende Behandlung wieder gewinnen kann.

(2) Die Eigenschaft als frisches Fleisch geht insbesondere nicht verloren

durch Gefrieren oder Austrocknen, ausgenommen bei getrockneten Därmen (§ 3 Abs. 4),
durch oberflächliche Behandlung mit Salz, Zucker oder anderen chemischen Stoffen,
durch bloßes Räuchern,
durch Einlegen in Essig,
durch Einhüllung in Fett, Gelatine oder andere, den Luftabschluß bezweckende Stoffe,
durch Einspritzen von Konservierungsmitteln in die Blutgefäße oder in die Fleischsubstanz.

§ 5. In das Zollinland dürfen nicht eingeführt werden:

3. Fleisch, welches mit einem der folgenden Stoffe oder mit einer solche Stoffe enthaltenen Zubereitung behandelt worden ist:

a) Borsäure und deren Salze,
b) Formaldehyd,
c) Alkali- und Erdalkali-Hydroxyde und -Karbonate,
d) Schweflige Säure und deren Salze sowie unterschwefligsaure Salze,
e) Fluorwasserstoff und dessen Salze,
f) Salizylsäure und deren Verbindungen,
g) Chlorsaure Salze,
h) Farbstoffe jeder Art, jedoch unbeschadet ihrer Verwendung zur Gelbfärbung der Margarine und zum Färben der Wursthüllen, sofern diese Verwendung nicht anderen Vorschriften zuwiderläuft.

Das Verbot bestimmter Konservierungsmittel durch die Bekanntmachung vom 18. Februar 1902 ist durch eine nachträglich im Reichsanzeiger publizierte Begründung als aus sanitären Gründen erfolgt bezeichnet worden. Auch wenn man dieser Begründung nicht in allen Punkten zustimmen kann, so muß man doch im Interesse des Ansehens unserer Rechtspflege, welche unter ungleicher Behandlung der einzelnen Nahrungsmittel natürlich leiden muß, wünschen, daß dieses Verbot eben wegen seiner, wenn auch irrtümlichen, Begründung mit gesundheitlichen Motiven gleichmäßig für alle anderen Nahrungsmittel durch Kaiserliche Verordnung ausgedehnt oder aber abgeändert wird.

Es wirkt sehr eigentümlich, wenn etwa die Giftigkeit des Formaldehyds nur für Fleischwaren vorhanden sein soll.

Für Borsäure muß, sogar bei fehlender Zustimmung zur Begründung des Verbotes, doch anerkannt werden, daß fast alle Kulturstaaten ein ähnliches Verbot erlassen haben.

Für die schweflige Säure besteht allerdings ein Schisma. Die Bekanntmachung des Bundesrats erklärt sie in Fleischwaren als in jeder, auch der kleinsten Menge, für gesundheitsschädigend. Andererseits ist sie aber für Wein, sogar ohne Limit, durch § 2 des Gesetzes vom 24. Mai 1901 (s. oben) ausdrücklich zugelassen. Für Dörrobst und Dörrgemüse ist sogar durch Erlasse in den einzelnen Bundesstaaten ein ziemlich erheblicher Gehalt (0,125 %) schwefliger Säure gestattet worden.

Der gemeinsame **Erlaß des preußischen Handelsministers** und des **Kultusministers** vom 12. Januar 1904 (also 2 Jahre nach dem Verbot für Fleisch) lautet:

„Seit mehreren Jahren werden aus dem Auslande, besonders aus Amerika, in großen Mengen gedörrte Früchte, namentlich Aprikosen und Prünellen, eingeführt, welche zur Konservierung mit schwefliger Säure behandelt sind. Solche Früchte sind von den Polizeibehörden nicht selten beanstandet worden. Im Interesse eines möglichst gleichmäßigen Verfahrens wollen wir nach dem Vorgang anderer Bundesstaaten und vorbehaltlich der im einzelnen Falle den Gerichten zustehenden Entscheidung Bedenken dagegen nicht erheben, daß bis auf weiteres seitens der mit der Nahrungsmittelkontrolle betrauten Organe ein Zusatz von schwefliger Säure bei Dörrobst bis zu dem Höchstbetrage von 0,125 Prozent nicht beanstandet werde. Bei einem höheren Gehalt an schwefliger Säure ist jedoch in allen Fällen das Strafverfahren nach Maßgabe der Vorschriften des Gesetzes vom 14. Mai 1879 (R.G.Bl. S. 145) herbeizuführen. Wir ersuchen hiernach ergebenst, das weitere gefälligst zu veranlassen und insbesondere die Polizeibehörden mit entsprechender Weisung zu versehen."

Bei diesem weiten Entgegenkommen gegen ausländische Produkte ist das absolute Verbot für deutsches Fleisch natürlich als nicht angemessen begründet anzusehen. Man wird daher nicht umhin können, dieselbe Maximalgrenze, die dem amerikanischen Obst zugebilligt ist, auch für deutsche Landesprodukte in Anspruch zu nehmen und für das direkte **Verbot** bei Fleischwaren ebenfalls eine höchste **Grenze** bei etwaiger Neuregelung zu wünschen.

Die manchmal aufgestellte Behauptung, daß die chemische Konservierung (im engeren Sinne) stets ein Vergehen gegen das Nahrungsmittelgesetz bedeute, braucht bei dieser Sachlage nicht besonders gewürdigt zu werden.

Wenn man von den direkt verbotenen Chemikalien absieht, wird es sich vielmehr ausschließlich darum handeln können, ob der Zusatz verheimlicht ist oder ob er etwa einen Verstoß gegen die §§ 12 und 14 involviere.

Reichsgericht. 1) Vom 19. Februar 1901.

Das **Urteil des Landgerichts II zu Berlin** vom 29. **Oktober** 1900 **hat das Reichsgericht**, Zweiter Strafsenat, am 19. Februar 1901 auf die vom Angeklagten eingelegte **Revision** nebst den demselben zu Grunde liegenden Feststellungen **aufgehoben** und die Sache zur anderweiten Verhandlung und Entscheidung an die Vorinstanz zurückverwiesen.

Gründe: 1. Nicht, wie die Revision meint, die von dem Polizeibeamten beim Angeklagten entnommene Probe, sondern das vom Angeklagten hergestellte, feilgebotene und verkaufte Hackfleisch, von dem die Probe entnommen ist, bildet den Gegenstand des dem Angeklagten zur Last gelegten Vergehens. Damit werden ohne weiteres hinfällig die Bemerkungen der Beschwerdeschrift, welche in den Ausführungen der Vorinstanz über die Gesundheitsgefährlichkeit des Fleisches die Angabe bemängeln, daß die Menge des dem Hackfleisch beigemischten Präservesalzes deshalb keine Rolle spiele, da man nicht wissen könne, wieviel grade jemand davon ißt, und daß die Menge des Salzes ungleich verteilt sein und sich größere Klumpen im Fleische befinden könnten.

Die Gesundheitsgefährlichkeit des Fleisches hat das Instanzgericht angenommen, weil nach dem Gutachten des Kreisphysikus Kl. auch der geringste Zusatz von Präservesalz gesundheitsschädlich sei, da es giftig und sein Genuß geeignet ist, Darm- und Magenkatarrh hervorzurufen. Vergeblich ist das Bemühen der Revision, einen unlösbaren Widerspruch zu diesen Ausführungen herzuleiten aus dem späteren Ausspruche der Urteilsgründe, daß in den einzelnen Fällen bei der Art der Erkrankungen sich gar nicht ärztlich feststellen lasse, ob sie auf den Genuß von Präservesalz oder andere Umstände zurückzuführen sind. Der Beschwerdeführer übersieht, daß die Gesundheitsschädlichkeit eines Stoffes nicht notwendig aus den als solche erkennbaren Wirkungen in einzelnen Erkrankungsfällen erkannt werden muß, vielmehr, wie hier geschehen, schon auf Grund der im gegebenen Falle als „giftig" bezeichneten chemischen Eigenschaften des Stoffes festgestellt werden kann.

Die Rüge einer mangelhaften Feststellung der Gesundheitsschädlichkeit geht hiernach fehl.

2. Dagegen ist der Revision darin beizutreten, daß der Vorderrichter das Tatbestandsmerkmal der Fahrlässigkeit nicht einwandsfrei begründet hat. Der gesetzgeberische Zweck der Vorschriften in den §§ 12, 14 N.M.G. geht dahin, zu verhindern, daß Gegenstände, deren Genuß die menschliche Gesundheit zu beschädigen geeignet ist, als Nahrungs- oder Genußmittel hergestellt und als solche durch Verkauf, Feilhalten oder sonst in Verkehr gebracht werden. Soweit das Gesetz Strafe androht für den Fall, daß eine dieser Handlungen aus Fahrlässigkeit begangen ist, wird vorausgesetzt, daß der Täter entweder über die Gesundheitsgefährlichkeit der hergestellten oder in Verkehr gebrachten Gegenstände sich in einer von ihm verschuldeten Unkenntnis befindet oder daß er zwar die Gesundheitsgefährlichkeit der Gegenstände kannte, es aber durch Außerachtlassung der im konkreten Falle gebotenen Vorsicht und Sorgfalt verschuldet, daß die Gegenstände als Nahrungs- oder Genußmittel in den Verkehr gelangen. (R. VI, 381, E. IX, 31.) Nur die erste Alternative kommt hier in Frage.

Der Vorderrichter zieht daraus, daß der Angeklagte Kenntnis von früheren gerichtlichen Verurteilungen wegen Beimischung des Präservesalzes und von den Erörterungen in der Fachpresse der Fleischer hatte und daß er vor dem Gebrauche des Präservesalzes polizeilich gewarnt worden war, die Schlußfolgerung, daß der Angeklagte über die Gesundheitsgefährlichkeit der Beimischung dieses Salzes in Zweifel sein mußte, und er hält ihn deshalb für verpflichtet, über die schädlichen gesundheitlichen Wirkungen Erkundigungen einzuziehen. Diese Feststellungen genügen nicht, weil daraus nicht hervorgeht, ob nach der Annahme des Vorderrichters der Angeklagte, als er dem Hackfleisch das Präservesalz beimischte und das Fleisch in Verkehr brachte, sich über dessen Gesundheitsgefährlichkeit tatsächlich in Zweifel befunden hat, oder ob nicht trotz der Momente, welche nach Meinung des Vorderrichters zu Zweifeln Anlaß geben mußten, der Angeklagte doch auf Grund der weiteren, vom Vorderrichter erwähnten Umstände nach Beseitigung jener Zweifel der festen Überzeugung gewesen ist oder gewesen sein kann, daß die Beimischung des Präservesalzes, wenigstens in der verwendeten Menge, dem Fleisch die Eigenschaft eines gesundheitsgefährlichen Nahrungsmittels nicht verlieh. War aber Angeklagter zu dieser Überzeugung gelangt, so ist nicht abzusehen, wodurch er noch zur Einziehung weiterer Erkundigungen veranlaßt sein und durch deren Unterlassung die ihm vermöge seines Gewerbes obliegende pflichtmäßige Sorgfalt außer acht lassen konnte. Ebensowenig ist ersichtlich, weshalb der Angeklagte verpflichtet war, dem Ausspruche des Kreisphysikus mehr Gewicht beizulegen, als den ihm bekannt gewordenen freisprechenden Urteilen. Nur wenn der Vorderrichter zu der Feststellung gelangte, daß der Angeklagte über die Gesundheitsgefährlichkeit des mit Präservesalz vermischten Fleisches nicht nur in Zweifel sein mußte, sondern auch in Zweifel war, konnte in dem Unterlassen von Erkundigungen ohne Rechtsirrtum eine Verletzung der im konkreten Falle gebotenen Aufmerksamkeit und Sorgfalt gefunden und eine verschuldete Unkenntnis angenommen werden. (R. III, 622.)

Es lag dann aber auch die weitere Prüfung nahe, ob das schuldhafte Verhalten des Angeklagten dadurch, daß er die Möglichkeit der Gesundheitsgefährlichkeit des Nahrungsmittels und dessen Übgergang in den Verkehr in seine Vorstellung und in seinen Willen aufnahm, aus dem Gebiete der Fahrlässigkeit in dasjenige des Vorsatzes hinübertrat. (E. XXXIII, 4.)

Das Urteil war hiernach aufzuheben.

In der erneuten Hauptverhandlung hat das Landgericht II zu Berlin am 2. Juli 1902 nicht nur gegen den Angeklagten K., sondern zugleich auch gegen die Schlächtermeistier H. zu S., He. zu N., G zu W., Her. zu Ha., Hei. zu S. und Kö. zu C. verhandelt und folgenden Sachverhalt festgestellt.

In der Zeit vom 26. Juni 1900 bis 24. September 1901 wurden bei den Angeklagten Hackfleischproben, bei He. auch eine Probe Braunschweiger Wurst entnommen. Erstere enthielten sämtlich Präservesalz mit 0,085% bis zu 0,297% schwefliger Säure, letztere einen unschädlichen Farbstoff. Kö. bestritt, den Zusatz selbst bewirkt zu haben. Er hatte das zur Untersuchung gelangte Hackfleisch in Gegenwart des Polizeiwachtmeisters D. von einem im Laden hängenden Stück Fleisch zubereitet, ohne Präservesalz zuzusetzen. Nach Aussage des Dr. Ne. ist es möglich, daß das Stück Fleisch schon von dem Lieferanten des Kö., einem Großschlächtermeister, mit dem Salz eingerieben worden ist und Kö. hiervon keine Kenntnis hatte. Das Gericht erachtete weder eine fahrlässige Nahrungsmittelverfälschung für erwiesen. Kö. wurde daher freigesprochen.

Die übrigen Angeklagten gaben die festgestellten Zusätze zu. In

Übereinstimmung mit dem Gutachten, welches das Königliche Medizinalkollegium der Provinz Brandenburg in dem erneuten Verfahren gegen K. abgegeben hat, ist das Gericht aus eigener Sachkunde davon ausgegangen, daß ein sicherer Nachweis dafür fehlte, daß mit Präservesalz in den festgestellten Mengen vermischtes Hackfleisch die menschliche Gesundheit zu beschädigen geeignet sei. Wohl aber wurde von dem Gerichte sowohl in dem Zusatze des Präservesalzes wie in dem des Farbstoffes eine Verfälschung erblickt; denn durch den ersteren wird das Hackfleisch, das der Käufer ganz frisch, also nicht von grauer Farbe haben will, zwar nicht in seinem Nahrungswert oder Geschmack verändert, wohl aber wird ihm durch diesen Zusatz die wirtschaftlich wertvolle Eigenschaft der Veränderlichkeit der Farbe und der dadurch bedingten Erkennbarkeit einer etwaigen späteren Zersetzung ganz oder teilweise genommen. Ebenso war auch das Färben der Wurst durch Zusatz eines roten, an sich unschädlichen Farbstoffes als eine Verfälschung im Sinne des § 10 N.M.G. anzusehen.

Dennoch erachtete das Gericht in keinem Falle ein Vergehen gegen § 10 N.M.G. für vorliegend. Bei K. kam nur eine Übertretung des § 367[7] St.G.B. in Frage, weil er durch Aushängen eines Plakats in seinem Laden den Zusatz den Käufern offenkundig gemacht hat. Die übrigen Angeklagten aber traf nur ein fahrlässiges Verschulden. Es war nicht erwiesen, daß sie sich einer Verschlechterung ihrer Waren durch den Zusatz des Präservesalzes oder des Farbstoffes bewußt gewesen waren. Die Erörterung der Zulässigkeit des Präservesalzes in Schlächterkreisen drehte sich zumeist, wenn nicht ausschließlich, um die Frage, ob das Salz für den Menschen gesundheitsschädlich sei oder nicht. Daß durch einen derartigen Zusatz oder Farbstoff den Fleischwaren eine wesentliche Eigenschaft genommen oder insofern eine Verschlechterung derselben herbeigeführt wird, ist erst nach Einleitung der vorliegenden Strafverfahren gerichtlich klargestellt und unter den Schlächtermeistern insbesondere durch Veröffentlichungen in ihrer Fachpresse allgemeiner bekannt geworden. H., He., G., Her. und Hei. hätten sich jedoch bei Ausübung der ihnen obliegenden Aufmerksamkeit auf Grund ihrer vieljährigen Erfahrung über die nachgewiesenen Folgen des beigemischten Präservesalzes bezw. Farbstoffes klar werden können; sie haben diese nur infolge ihrer Fahrlässigkeit nicht erkannt und sich somit gegen § 11 N.M.G. vergangen. Eine Verurteilung konnte jedoch in keinem Falle wegen eingetretener Verjährung der Straftaten erfolgen. Das Verfahren wurde daher eingestellt.

2) Vom 27. Februar 1902 wieder die Schlachtermeister H. und B., beide zu L.

Auf die Revision der Staatsanwaltschaft hat das Reichsgericht, Dritter Strafsenat, am 27. Februar 1902 das Urteil des Landgerichts zu Lüneburg vom 14. November 1901 nebst den demselben zu Grunde liegenden Feststellungen aufgehoben und die Sache zur anderweiten Verhandlung und Entscheidung an die vorige Instanz zurückverwiesen.

Gründe: Der Revision der Staatsanwaltschaft war Erfolg nicht zu versagen. Zutreffend geht der Vorderrichter davon aus, daß die Verfälschung eines Nahrungsmittels im Sinne des § 10 N.M.G. auch dadurch bewerkstelligt werden kann, daß ihm der Schein einer besseren Beschaffenheit beigelegt wird. Die Gründe aber, aus denen er für den vorliegenden Fall das Vorliegen dieser Voraussetzung verneint hat, sind nicht frei von Rechtsirrtum. Er stützt sich bei dieser Annahme auf das Gutachten hervorragender Sachverständiger, wonach dem schwefligsauren Natron, welches dem Hackfleisch zugesetzt ist, die Eigenschaft beiwohnt, den hellroten Farbstoff des Blutes, Oxyhämoglobin, länger zu erhalten, als dies ohne den Zusatz der Fall sein würde, da er an der Luft in kürzerer Zeit durch Verlust von Sauerstoff in das dunkler gefärbte Hämoglobin übergehe. Dieser Farbenwechsel beeinträchtige — führt er aus — in keiner Weise den Nähr- und Nutzungswert des Fleisches, uud die künstliche Erhaltung der hellroten Farbe durch das Salz sei ausgeschlossen, sobald das Fleisch beginne sich zu zersetzen und zu verderben. So lange das Fleisch als unverdorben, also als frisch anzusehen sei, erleide es in dieser Beziehung durch den Zusatz keine nachteilige Veränderung, sondern vielmehr insofern eine Verbesserung, als die Zersetzung des Oxyhämoglobins aufgehalten werde. Wie die sonst gebräuchliche Anwendung eines Kühlverfahrens erhalte das Präservesalz (schwefligsaures Natron) das Fleisch länger frisch, und der Käufer solchen Fleisches werde in keiner Weise über den ihm vielmehr unverändert beiwohnenden Nähr- und Nutzungswert getäuscht, sondern erhalte es so frisch, wie er es zum alsbaldigen Verbrauche erwarten dürfe.

Diese letztere Feststellung kann nicht etwa als eine tatsächliche dahin verstanden werden, daß das kaufende Publikum nach der Übung des Verkehres in keinem Falle zu der Erwartung berechtigt wäre, anderes Hackefleisch, als solches, welches ohne den Zusatz seine ursprüngliche Farbe bereits verloren hat, zu erhalten. Dem widerspricht die fernere ausdrückliche Feststellung, daß das Publikum sich für die Frische des Fleisches an die hellrote Farbe halte, und daß es so aussehendes als frisches lieber kaufe, als solches, welches bereits einige Zeit der Luft ausgesetzt gewesen ist, und deshalb dunkele Farbe zeige.

Jene Feststellung steht vielmehr im innersten Zusammenhange mit dem aus dem Gutachten der Sachverständigen übernommenen Gedankengange, der Käufer erhalte, wie erwartet, frisches Fleisch, weil das durch Präservesalz in seiner hellen Farbe erhaltene Fleisch dieselbe Zusammensetzung und denselben Wert habe, wie das in kurzer Frist nach dem Schlachten verkaufte, von der Einwirkung der Luft noch nicht berührte Fleisch.

Dieser Gedankengang ist aber für das Gebiet des § 10[1] u. [2] N.M.G. nicht unbedingt zu verwerten. Diese Bistimmungen des Gesetzes bezwecken den Schutz des Verkehrs mit Nahrungsmitteln vor Täuschung, ohne daß es darauf ankommt, ob mit einer solchen Täuschung zugleich durch Minderung des Nähr- und Genußwertes eine Vermögensbeschädigung bewirkt wird. Für das Gebiet dieser Bestimmungen läßt sich der Mehr- oder Minderwert eines Nahrungsmittels, hier des Hackfleisches, nicht allein von dem physiologisch-chemischen Standpunkte aus bemessen, vielmehr sind dafür wesentlich Rücksichten des Verkehres maßgebend. Insbesondere wird dieser Wert daher durch die mehr oder minder berechtigte Auffassung des in Betracht kommenden Konsumentenkreises beeinflußt. Es läßt sich aus diesem Grunde nicht mit Recht behaupten, daß die Erhaltung der hellroten Farbe des Fleisches durch ein Kühlverfahren grundsätzlich zu demselben Verkehrswerte führen müsse, als wenn dasselbe Ergebnis durch den Zusatz eines fremden, zur normalen Zusammensetzung des Fleisches nicht gehörigen, wenn auch unschädlichen Stoffes erreicht ist.

Im vorliegenden Falle deutet nun die schon erwähnte Feststellung der Vorliebe des Publikums für frisches Fleisch in dem Sinne, daß eine geringere Zeit zwischen dem Schlachten und dem Verkaufe vergangen ist, als für die Einwirkung der Luft erforderlich ist, es seiner ursprünglichen Farbe zu berauben, unverkennbar daraufhin, daß eine höhere Bewertung solchen Fleisches durch den Verkehr mindestens nicht ausgeschlossen ist. Damit entfallen aber alle Erwägungen des Vorderrichters, welche der Verfälschung des Fleisches durch Beilegung des Anscheines einer besseren Beschaffenheit und der Feststellung des Zwecks der Täuschung im Verkehr entgegenstehen sollen, und sie sind nicht geeignet, die erkannte Freisprechung zu tragen.

Das Urteil unterlag somit der Aufhebung.

In der erneuten Hauptverhandlung stellte das Landgericht zu Lüneburg am 5. Juni 1902 fest, daß bei den Angeklagten am 9. Mai 1901 durch einen Polizeibeamten von dem am Morgen zum Verkauf hergestellten Hackfleisch je eine Probe desselben entnommen ist. In diesen Proben hat das L.'er Untersuchungsamt für Nahrungsmittel einen Zusatz von schwefligsaurem Natron vorgefunden, und zwar enthielt die H.'sche Probe einen Zusatz von 2,891 g auf 1 kg Hackfleisch, entsprechend 0,734 g schwefliger Säure, die B.'sche Probe einen solchen von 1,114 g auf 1 kg Hackfleisch, entsprechend 0,283 g schwefliger Säure. Die Angeklagten gaben zu, dem von ihnen hergestellten Hackfleisch, das sie in der Regel in einer Menge von 10 bis 20 Pfund auf einmal zubereiten ließen, ein paar Körner Meat Preserve Krystall zugesetzt zu haben, häufig sogar auf ausdrückliches Verlangen der Käufer. Mit diesem Zusatz hätten sie dem Fleisch die frische rote Farbe erhalten wollen. Nach der nicht widerlegten Angabe der Angeklagten ist das am Morgen hergestellte Hackfleisch fast regelmäßig bereits am Mittag desselben Tages verkauft gewesen, es ist jedoch auch noch am folgenden Tage davon verkauft worden. Hierdurch sollen die Angeklagten gegen § 10 N.M.G. verstoßen haben.

Eine Verfälschung besteht entweder in einer Verschlechterung der Ware durch Entnahme oder Zusetzung von Stoffen, oder darin, daß die Ware mit dem Scheine einer besseren Beschaffenheit versehen wird. Eine Verschlechterung des Hackfleisches durch den Zusatz des Präservesalzes liegt nach dem überzeugenden Gutachten der Sachverständigen Prof. Dr. Li. und Dr. Le. zweifellos nicht vor. Ob eine scheinbare Verbesserung und damit eine Verfälschung insofern, als dem Hackfleisch, das ohne den Zusatz des Präservesalzes nicht mehr das Aussehen von vor wenigen Stunden erst gehackten Fleisches gehabt haben würde, durch den Zusatz des chemischen Mittels dieses Aussehen gegeben ist, was darauf beruht, daß dem dem Hackfleisch zugesetzten schwefligsauren Natron die Eigenschaft beiwohnt, den Blutfarbstoff länger vor Zersetzung zu bewahren, kann dahingestellt bleiben, denn jedenfalls fehlt es an dem weiteren Erfordernis, daß die Verfälschung zum Zwecke der Täuschung geschehen ist bezw. unter Verschweigung des Umstandes der Verfälschung das Hackfleisch verkauft ist.

Die Angeklagten behaupten, und diese Behauptung erscheint nach der Bekundung der beiden Sachverständigen jedenfalls nicht widerlegt, daß dem Publikum, speziell demjenigen Teil der Bevölkerung, der hauptsächlich das in den Schlachterläden zum Verkauf vorrätig gehaltene Hackfleisch kauft, sehr wohl bekannt ist, daß dem in größeren Mengen in den Schlachterläden vorrätig gehaltenen rohen Hackfleisch Präservesalz zugesetzt ist, damit es sich länger hält, vor allem die frische rote Farbe länger behält. Für die Kenntnis von dem Zusatz des Mittels seitens der in Betracht kommenden konsumierenden Bevölkerungskreise spricht auch der Umstand, daß die Tatsache ganz allgemein bekannt ist, daß rohes gehacktes Fleisch, wenn es einige Zeit bei gewöhnlicher Ladentemperatur der Luft ausgesetzt ist, die frische rote Farbe verliert und ein graues unansehnliches Aussehen annimmt, und daß sich jeder Käufer sagen muß und wird, daß in solchen wie den in Frage kommenden Schlächterläden nicht alle paar Stunden größere Mengen von Hackfleisch frisch hergestellt werden, daß diesen vielmehr durch künstliche Mittel das Aussehen von frisch gehaktem Fleisch gegeben ist. Hiernach ist eine zum Zwecke der Täuschung vorgenommene Verfälschung, bezw. Verschweigung einer solchen nicht nachgewiesen. Die Angeklagten waren daher freizusprechen.

3) Vom 30. März 1885. (R. VII, 206.)

(Durch Veröffentl. d. K.G.A. 1887 S. 151.)

Was nun die Salizylsäure anlangt, so wird dieselbe als Desinfektions- und als Konservierungsmittel verwendet. Wird sie beim Mälzen dem Weichwasser, um die Bildung von Pilzen zu verhüten, und bei Sieden der Würze, um allenfalls vorhandene Spaltpilze zu töten oder deren Bildung zu verhüten und um hierdurch die Gärung zu regulieren zugesetzt, so gelangt von demselben nichts oder nur ganz minimale Bestandteile in das Bier, da sie im erstern Falle, wenn sie nicht schon mit dem Weichwasser abgegossen wird, sich auf der Malzdarre mit dem Wasser verflüchtigt und im letzteren Falle durch den Gärungsprozeß ausscheidet. Ist daher das Produkt, dem sie zugesetzt wird, an sich gut und normal und bezweckt der Zusatz derselben nur, daß dieses Produkt nicht schlecht wird, als es ohne diesen Zusatz werden könnte, so kann in dem Zusetzen der Salizylsäure ein Verfälschen nicht gefunden werden. Anders aber verhält es sich, wenn die Salizylsäure dem bereits auf den Lager- oder Schenkfässern befindlichen vergorenem Biere beigesetzt wird, um dasselbe haltbarer zu machen. In diesem Falle verbleibt dieselbe in dem Biere, gibt demselben eine andere stoffliche Zusammensetzung, als ein aus Hopfen, Malz und Wasser erzeugtes Bier hat, und ist daher ein Fälschungsmittel.

27. Kapitel.

Ähnlichkeit.

Der Begriff der Ähnlichkeit erlangt in immer höherem Maße in der Nahrungsmittelgesetzgebung Verbreitung und Bedeutung.

Im Gesetz vom 12. Juli 1887, betreffend Ersatzmittel für Butter, hieß es zum ersten Male: Margarine im Sinne dieses Gesetzes sind diejenigen der Milchbutter ähnlichen Zubereitungen, deren Fettgehalt nicht ausschließlich der Milch entstammt.

Im Gesetz vom 15. Juni 1897, welches an die Stelle des eben erwähnten trat, treffen wir bereits drei Definitionen, die sich auf die Ähnlichkeit mit Milchbutter, Käse und Schweineschmalz stützen.

Inzwischen hatte das (bereits wieder aufgehobene) Weingesetz von 1892 den Begriff der weinähnlichen Getränke geschaffen, den das neue W.G. vom 24. Mai 1901 beibehalten hat. Das Fl.B.G. vom 3. Juni 1900 bedient sich des Ausdruckes zwar auch, aber doch in anderem Zusammenhang. Dagegen hat das neue Brausteuergesetz vom 3. Juni 1906 den Begriff der bierähnlichen Getränke geschaffen.

Da in keinem der genannten Gesetze Anhaltepunkte dafür gegeben sind, in welcher Weise die gesetzlich geforderte Ähnlichkeit der betroffenen Lebensmittel festzustellen sei, so muß der Begriff abgeleitet werden.

Am 3. Juni 1899, erklärte das Reichsgericht, I. Strafsenat, (E. XXXVII, 203) in der Sache gegen P. aus München (vgl. auch Kapitel „Zubereitung"), daß der Begriff der Ähnlichkeit allerdings außerordentlich unbestimmt sei. Im gewöhnlichen Sprachgebrauch, also abgesehen von der hier nicht verwertbaren fachwissenschaftlichen Bestimmung des Begriffs Ähnlichkeit in der Geometrie, bezeichnet man als Ähnlichkeit die Übereinstimmung mehrerer Merkmale (Adelung), allenfalls mit dem Beisatze: sich der Gleichheit nähernd (Sanders), der Übereinstimmung nähernd (Weigand), an das Gleiche rührend, nicht völlig gleich (Grimm). Es besteht kein Grund für die Annahme, die Sprache des Gesetzes habe sich von diesem Sprachgebrauche entfernen wollen; vielmehr wurde eine sich so sehr der völligen Gleichheit aller Merkmale nähernde Übereinstimmung der Margarine mit der Butter, daß sie mittelst schwieriger chemischer Untersuchung unterschieden werden können, als nicht seltener Grad der Ähnlichkeit beider Stoffe bezeichnet. (Vgl. Stenographischen Bericht des Reichstags 1895/97, Bd. VII, S. 5483; Drucksachen des Reichstags 1887 Bd. I Nr. 16, S. 32.) Das ist nun freilich die oberste Grenze nach der Seite der Gleichheit; bis zur untersten, wo die Ähnlichkeit aufhört und die Unähnlichkeit anfängt, ist ein weiter Spielraum, diese Grenze selbst aber ist fließend und schlechthin unbestimmbar. Denn selbst eine Abgleichung zwischen den nicht übereinstimmenden Merkmalen allein führt nicht zum Ziele, da nicht nur die Zahl, sondern auch die innere Bedeutsamkeit der einzelnen Merkmale zu beachten ist und diese ein der arithmetischen Abgleichung entgegengesetztes Ergebnis haben kann. Daraus ergibt sich, daß die Feststellung der Ähnlichkeit nicht nur die Äußerlichkeit, sondern auch die innere Beschaffenheit berücksichtigen muß und auf deren Vergleichung beruht, somit Sache der Beweisprüfung und wegen dieser tatsächlichen Natur der Revision entzogen ist.

Diese Beweisführung hat (in dem vorliegendem Falle) die Strafkammer (zu München) zu der Feststellung geführt, daß „Rollenfett nicht butterschmalzähnlich sei“.

Der aufgestellte Rechtssatz, Rollenfett sei dem Butterschmalz ähnlich, sobald es in der Farbe dem Butterschmalz gleiche, ist rechtsirrig, denn sonst würde auch Speiseöl von dieser Farbe unter jenen Begriff fallen. Auch der Gebrauchswert ist kein Ähnlichkeitsmerkmal, weil er mit dem Begriff eines Ersatzmittels von selbst notwendig verbunden ist, aber dessen besondere Eigenschaft, dem Butterschmalz ähnlich zu sein, nicht vertritt. Mit Recht hat die Strafkammer den ganzen „Komplex“ der wahrnehmbaren Erscheinung in Betracht gezogen und nach dem daraus gewonnenen Eindruck entschieden. Die von der Revision angeführte Stelle der technischen Erläuterungen zum Entwurfe des Gesetzes sagt ausdrücklich: Margarineschmalz ähnelt in Farbe, Aussehen, äußerer Beschaffenheit sowie dem Geruch und Geschmack dem . . . Butterschmalz . . . Unter der „äußeren Beschaffenheit“ neben der Farbe, dem Aussehen usw. kann nicht wohl etwas anderes verstanden werden, als was die Strafkammer die Konsistenz, das Gefüge nennt. Wenn sie dagegen Farbe, Geruch und Geschmack für nicht entscheidend erklärt, so kann dies, falls diese Eigenschaften im gegebenen Falle weder für noch gegen die Schmalzähnlichkeit sprechen — was Tatfrage ist — nicht für rechtsirrig erklärt werden. Ob nicht auch die innere stoffliche Beschaffenheit zur Begründung des Urteils hätte herangezogen werden können (vgl. Drucksachen des Reichstags 1887, Nr. 105, S. 73, H. II und S. 74 H. III) kann dahingestellt bleiben, da das Urteil schon durch die dafür angegebenen Gründe getragen wird."

Am 9. Juni 1904 hat der I. Strafsenat des Reichsgerichts über die Weinähnlichkeit eines alkoholfreien Traubenmostes in folgender Weise entschieden.

Nach den Feststellungen der Vorinstanz bringen die Angeklagten, Inhaber der Firma „Deutsche Weinmostkellerei alkoholfreien Obst- und Traubensaftes H. L. & Co. in W.", den unvergorenen, daher gänzlich alkoholfreien Saft weißer und roter Weintrauben in Flaschen gefüllt unter der Bezeichnung „alkoholfreier Traubensaft" in den Handel. Dem aus roten Trauben gewonnenen Saft hat der Angeklagte H. L., um dem Wunsche der Kundschaft entsprechend dem an sich bräunlichen Most eine schöne rote Farbe zu geben, eine kleine Menge — auf 2000—3000 Flaschen einen Teelöffel voll — sogenannten „Himbeerrotes", eines giftfreien, gesundheitsunschädlichen, im Konditoreigewerbe vielfach verwendeten Teerfarbstoffes zugesetzt, wodurch der Saft ein gefälligeres Aussehen erhielt, ohne im Geschmack und in seiner Güte eine Veränderung zu erleiden.

Im Eröffnungsbeschluß war den Angeklagten zur Last gelegt, im Jahre 1903 zum Zwecke der Täuschung im Handel und Verkehr ein weinähnliches Genußmittel durch Zusatz von Teerfarbstoffen verfälscht und unter Verschweigung dieses Umstandes der Verfälschung verkauft und feilgehalten zu haben (vgl. § 10, Nr. 1 und 2 N.M.G. und die §§ 7, 8, 13 des Gesetzes vom 24. Mai 1901, den Verkehr mit Wein usw. betreffen).

In der Begründung ihres freisprechenden Erkenntnisses hat die Strafkammer in Übereinstimmung mit dem Gutachten der vernommenen Sachverständigen angenommen, daß angesichts der Begriffsbestimmung von „Wein" im § 1 W.G. von 1901, als des „durch alkoholische Gärung aus dem Safte der Weintraube hergestellten Getränkes", der wie oben beschriebene, von den Angeklagten bereitete Saft weder als Wein noch als weinhaltig, noch als weinähnlich zu betrachten sei. Als charakteristische Eigenschaft der weinähnlichen Getränke sieht sie ihren Gehalt an Alkohol an und findet die Weinähnlichkeit nicht schon dann vorliegend, wenn das Getränk aus Weintraubensaft gewonnen ist.

Sie führt hierzu aus, daß bei der Vergleichung mit Wein der unvergorene Saft der Weinbeeren nicht anders zu beurteilen sei als derjenige anderer Beeren z. B. der Himbeere, Heidelbeere, Johannisbeere, während das im Wege alkoholischer Gärung aus dem Safte dieser Beeren hergestellte Getränk (Johannisbeerwein, Heidelbeerwein) weinähnlich sei. Damit scheide die Anwendbarkeit der §§ 7, 8, 13 W.G. von 1901, die Beurteilung des Verfahrens der Angeklagten als einer Zuwiderhandlung gegen das Verbot des Teerfarbstoffzusatzes zu Wein, weinhaltigen oder weinähnlichen Getränken aus. Das Gesetz vom 5. Juli 1887, betr. die Verwendung gesundheitsschädlicher Farben, greife wegen der Unschädlichkeit des in Frage stehenden Zusatzes nicht Platz, und auch ein Vergehen gegen § 10 N.M.G. liege nicht vor, weil der Farbzusatz lediglich geschehen sei, um dem Traubensaft den Wünschen der Käufer entsprechend ein gefälligeres Aussehen zu geben, nicht aber etwa zu dem Zwecke, Schäden und Mängel des Nahrungsmittels zu verdecken, ihm den Anschein besserer Beschaffenheit zu geben und so eine Täuschung des Publikums zu bewirken.

Der in der Revisionsschrift des Staatsanwaltes unternommene Nachweis, daß die Strafkammer das Wesen der Weinähnlichkeit eines Getränkes verkannt habe, kann nicht als gelungen angesehen werden. Es kann dahingestellt bleiben, ob die Annahme der Strafkammer, daß der aus der alkoholischen Gärung der Johannisbeere, Heidelbeere usw. gewonnene Beerenwein (Johannisbeerwein, Heidelbeerwein) in jedem Falle als „weinähnlich" sich betrachten läßt, da es sich um solchen hier nicht handelt; andererseits aber ist auch nicht zuzugeben, es bedürfe, wie der Staatsanwalt meint, keiner Ausführung, das Obstweine überhaupt nicht zu den weinähnlichen Getränken gehören (vgl. Lebbin, Das Weingesetz von 1901, Note 1 zu § 7, S. 56; Windisch, Weingesetz, S. 91). Denn, ob ein solches als weinähnlich sich betrachten läßt, bemißt sich im einzelnen Falle nach seinem Aussehen, der Art seiner Zusammensetzung, seinem Geschmack. Rechtlich unbedenklich ist es jedenfalls, wenn die Strafkammer einem Getränk ohne jeden Alkoholgehalt Weinähnlichkeit abspricht schon aus dem Grunde, weil ein Gehalt an Alkohol als eine wesentliche Eigenschaft des Weines im Gesetze selbst dadurch anerkannt ist, daß Wein als das durch alkoholische Gärung aus dem Weintraubensaft gewonnene Getränk bezeichnet, also die Verwandlung des Zuckers durch die Gärung in Alkohol in dem Getränk vorausgesetzt ist.

Ohne Grund beruft sich der Staatsanwalt, ohne nähere Erläuterung hierfür, zur Unterstützung seiner Ansicht auf die Begründung des Regierungsentwurfes zu § 3 des neuen Weingesetzes. Denn, wenn dort zur Rechtfertigung der Beschränkung der in § 3 verbotenen Herstellungsweisen auf Wein gesagt ist, daß in das Verbot nicht Getränke einzubeziehen seien, bei denen trotz ihres Alkoholgehaltes eine Verwechselung mit Traubenwein ausgeschlossen sei, so steht damit die Strafkammer durchaus im Einklang, wenn sie die Weinähnlichkeit eines Getränkes nicht anerkennt, das nicht einmal Alkohol enthält.

Indem endlich die Strafkammer feststellt, daß der Zusatz des Farbstoffes nur die Verdeckung eines Schönheitsfehlers bezweckte, ohne dem Getränke den Schein einer besseren Beschaffenheit zu verleihen, so steht sie mit der Verneinung des Tatbestandes des § 10 N.M.G. auf dem Boden der reichsgerichtlichen Rechtsprechung.

Vgl. insbesondere R. IV 519, Urteil des erkennenden Senats vom 16. Dezember 1899 g. H., Rep. 4142/99 u. a.

Die Revision war daher dem Antrag des Ober-Reichsanwaltes entsprechend zu verwerfen."

Am 28. Februar 1905 erließ das Reichsgericht das E. XXXVII, 422 mitgeteilte Urteil wider Sch. und Genossen, aus welchem folgende Stellen von Bedeutung wiederzugeben sind:

„Es kann nicht rechtlich einwandfrei für festgestellt gelten, daß das in Frage stehende Getränk die Eigenschaft eines „weinähnlichen" an sich getragen hat.

Die Urteilsbegründung bewegt sich in einem Rechtsirrtum, insofern gesagt ist, es könne darüber kein Zweifel bestehen, daß das Gesetz, betreffend den Verkehr mit Wein, weinhaltigen und weinähnlichen Getränken vom 24. Mai 1901, insbesondere dessen § 3 die Herstellung von Kunstwein nicht verbiete, wobei anscheinend davon ausgegangen ist, dieses Gesetz enthalte ein derartiges Verbot ebensowenig, wie das Gesetz gleichen Betreffs vom 20. April 1892. Im Gegenteile kann nach Entstehungsgeschichte und Wortlaut des ersteren Gesetzes nicht bezweifelt werden, daß ein Hauptzweck bei Änderung der Vorschriften des Gesetzes von 1892, das im § 4 die sog. Kunstweine nur für Verfälschung von Wein erklärte und deren Feilhalten usw. ohne Deklaration untersagte, der war, ein Verbot der gewerbsmäßigen künstlichen Erzeugung (Herstellung oder Nachahmung) von Wein im Sinne des § 1 des neuen

Gesetzes, also von Kunstwein als Nachahmung des Traubenweins einzuführen: ein Verbot, das im § 3 des letzteren, in welchem die gebräuchlichen Arten der „Fabrikation“ dieser Art „Wein“ aufgeführt sind, seinen klaren Ausdruck gefunden hat. Das Gesetz von 1901 scheidet aber eben zwischen Wein im eigentlichen Sinne als dem durch alkoholische Gärung aus dem Safte der Weintraube hergestellten Getränk (Traubenwein, Naturwein) und zwischen Getränken, welche weinhaltig oder weinähnlich sind. Nur die gewerbsmäßige Herstellung oder Nachahmung des Weins in dieser speziellen Bedeutung des § 1 unter Verwendung der in den Nummern 1—6 des § 3 aufgeführten Verfahren und Stoffe, sowie das Feilhalten und der Verkauf derart hergestellter Getränke unterliegt dem Verbote. Herstellung, Nachahmung, Feilhalten und Verkauf von weinhaltigen oder weinähnlichen Getränken, die nicht unter den Begriff der Nachahmung des Weins im Sinne des § 3 fallen, sind nur insofern eingeschrankt, als verboten ist, diesen Getränken die im § 7 aufgeführten oder gemäß dessen Abs. 2 vom Bundesrate bezeichneten Stoffe zuzusetzen und so hergestellte Getränke feilzuhalten, zu verkaufen oder in Verkehr zu bringen (§ 8 Abs. 1).

Welche Getränke als *weinähnlich* anzusehen sind, dafür sind bestimmte Normen so wenig wie im Gesetze von 1892 in dem von 1901 aufgestellt. Für die Entscheidung der Frage sind, von der Aufnahme der eingeschränkteren Definition des Begriffes Wein abgesehen, im neuen Gesetze wesentlich andere Grundlagen nicht gegeben, als sie im Gesetze von 1892 enthalten waren. Der Entscheidung wird daher hauptsächlich die Verkehrsanschauung zu Grunde zu legen sein, wobei auf alle Unterscheidungsmerkmale von „Wein“ gegenüber anderen Getränken Rücksicht zu nehmen ist. Die äußere Erscheinung in Aussehen, Geschmack, Flüssigkeitsgrad, wie der innere Gehalt an Zutaten usw., die Gebrauchsbestimmung und die etwa daraus hergeleitete Bezeichnung werden besonders ins Auge zu fassen und danach der Gesamtcharakter des Getränks und die Ähnlichkeit dieses Gesamtcharakters mit dem bei Betrachtung der entsprechenden Eigenschaften des „Weins“ sich für letzteres Getränk ergebenden Gesamtcharakter zu bestimmen sein. Innerhalb der Beratung des Gesetzentwurfs von 1901 wie seiner Vorläufer ist unzweideutig und widerspruchslos zum Ausdruck gelangt, daß ebenso ganz allgemein die sog. Kunstweine, wie auch die Obst- und Beerenweine unter den Begriff der weinähnlichen Getränke zu zählen seien. Man hat also ebensowenig erfordert, daß zu einem derartigen Getränke Traubensaft zur Verwendung gelange, wie daß es im Wege alkoholischer Gärung erzeugt sei. Denn die Herstellung des Kunstweins auf sog. kaltem Wege, nämlich ohne jede Gärung durch einfach mechanische Mischung von Wasser, Sprit, Weinsäure, Glyzerin, Farb- und Bukettstoffen usw. nimmt im Gebiete dieser Fabrikation einen breiten Raum ein.

Rechtlich steht also auch nichts entgegen, einer Nachahmung von Obst- und Beerenweinen, deren Gesamtcharakter dem des reinen und natürlichen Obst- oder Beerenweins gleichkommt, und die zu dessen Ersatz bestimmt ist, Weinähnlichkeit zuzuschreiben.

Dagegen kann auch dasjenige nicht ins Feld geführt werden, was innerhalb der Kommissionsberatung zum Entwurfe des jetzt geltenden Gesetzes betreffs der Stellung der schlesischen sog. „Gewürzweine" Aussprache gefunden hat, wobei ganz dahinzustellen ist, ob es sich im vorliegenden Falle um ein Getränk dieser Art handelt. Schon in der Begründung des Entwurfs vom 2. Februar 1901 war zu dessen § 4 (S. 8) gesagt: das auszusprechende Verbot solle sich nur beziehen auf die Herstellung und Nachahmung von Traubenwein; auch solche Getränke in das Verbot einzubeziehen, bei denen nach der Art ihrer Zusammensetzung, nach Aussehen und Geschmack eine Verwechselung mit Traubenwein ausgeschlossen sei, liege kein Bedürfnis vor. Hierher zählten z. B. Obstwein, Getränke wie sie von Mäßigkeitsvereinen zur Eindämmung des Branntweingenusses in einigen Gegenden eingeführt seien, bestehend aus einem Gemisch von Zucker, Alkohol, Weinsteinsäure und Gewürzen, insbesondere Nelken und Zimt, zuweilen auch von Kirschsaft, ferner likörähnliche Getränke. Auf diese Begründung zu § 4 (im Kommissionsentwurfe § 3) wurde seitens des Regierungskommissars auch in der Kommissionsberatung verwiesen, als ein Kommissionsmitglied anfragte, ob unter das Verbot auch diejenigen künstlichen Weine fielen, welche auf Veranlassung der katholischen Geistlichkeit und einiger Mäßigkeitsvereine „als Ersatz für Branntwein" in den Provinzen Posen und Westpreußen, sowie in Oberschlesien hergestellt und als künstliche Gewürzweine bezw. Kirschweine in den Verkehr gebracht würden. Der Regierungskommissar betonte, das Verbot begreife nur die Herstellung und Nachahmung von „Wein", nicht aber die Herstellung von Getränken der hier erwähnten Art, die ihrem Aussehen und Geschmacke nach mit Traubenwein gar nicht verwechselt werden könnten und gar nicht geeignet seien, bei dem Verbraucher die irrige Meinung hervorzurufen, daß sie Traubenwein darstellten.

Es tritt klar zutage, daß es sich bei diesen Erörterungen überall nur um die Frage handelt, ob derartige Getränke als Nachahmung von „Wein" im Sinne von § 1 des Gesetzes von 1901 dem Herstellungsverbote unterlägen. Für den Begriff der Nachahmung, deren Wesen in der Verleihung des Anscheins gleicher Beschaffenheit mit dem Nachgeahmten besteht (E. IV 434 flg.), war von Bedeutung, ob es möglich sei, sie im Verkehr mit „Wein" zu verwechseln. Ganz unberührt läßt dies alles die Frage, ob Getränke dieser Art im Sinne des § 7 des Gesetzes als weinähnlich anzusehen sind. Ähnlichkeit ist begrifflich nicht erst da gegeben, wo Verwechselungsmöglichkeit besteht, und indem das Gesetz zwischen verbotener Nachahmung von „Wein" und zwischen erlaubter Herstellung weinähnlicher Getränke unterschied und bei letzterer nur die Verwendung gewisser Stoffe für unzulässig erklärte, gab es selbst zu erkennen, daß auch in seinem Sinne der „Ähnlichkeit" ein weiteres Feld zukomme, als der im Begriffe der Nachahmung liegenden „Verwechselungsfähigkeit."

Mit der hier ausgesprochenen Anschauung tritt auch nicht die Entscheidung des 1. Strafsenats des Reichsgerichts vom 9. Juni 1904,*) Rep. 900/04 (E. XXXVII, 203 flg.), in Widerspruch. In dieser handelt es sich um ein aus unvergorenem Traubensafte ohne jeden Alkohol bestehendes Getränk. Das Reichsgericht sprach aus, daß dieses Getränk mit Recht als nicht weinähnlich angesehen sei, weil als eine wesentliche Eigenschaft des „Weins" im Sinne des § 1 des Gesetzes irgend ein Gehalt an Alkohol zu betrachten sei. Dahingestellt wurde die Frage gelassen, ob der aus alkoholischer Gärung von Beeren gewonnene Beerenwein in jedem Falle als weinähnlich betrachtet werden müsse. Das Reichsgericht hat also nicht entschieden, daß nur Getränke, die im Wege einer alkoholischen Gärung erzeugt seien, als „weinähnlich" in Frage kommen können. Diese alkoholische Gärung ist doch auch nicht der einzige Weg, auf dem Alkohol in ein Getränk zu bringen ist.

Ob nun aber in dem hier der Entscheidung zu Grunde liegenden Falle dem Getränk „Weinähnlichkeit" zuzuschreiben ist, bleibt nach den Ausführungen der Strafkammer Zweifeln unterworfen.

---

*) Hierüber im Auszuge mitgeteilt.

Bei der Erörterung der Schuldfrage gegenüber dem Angeklagten K. wird bemerkt: Das als „Heidelbeerwein“ — später in zwei Fakturen als „Heidelbeergewürzwein“ — bezeichnete Getränk war nicht durch Vergärenlassen von Heidelbeersaft hergestellt, sondern ein aus Wasser, Alkoholzusatz und Zucker im wesentlichen fabriziertes, durch Fruchtäther stark parfümiertes, völliges Kunstprodukt, das nicht einmal den Farbstoff der Heidelbeere enthielt, sondern mit Teerfarbstoff rot gefärbt und seiner tatsächlichen Zusammensetzung nach als rot gefärbter Branntwein oder Likör zu bezeichnen war. Andererseits ähnelte es nach Aussehen und Geschmack dem Heidelbeerwein dergestalt, daß einem Laien, der nicht zur Vergleichung echten Heidelbeerwein zur Verfügung hatte, die Unterscheidung schwer fiel.

Späterhin wird noch bestimmter davon gesprochen, daß das Getränk eine Nachahmung des echten Heidelbeerweins war: „es hatte nach Aussehen, Geschmack und Bezeichnung den Anschein echten Heidelbeerweins“, es war ein „Ersatzprodukt“ für diesen. Daß aber die Kunden K.'s nicht dieses Ersatzprodukt, sondern echten Heidelbeerwein zu erhalten wünschten, wird wiederum daraus hergeleitet, daß sie wußten, K. habe nicht die Konzession zum Handel mit Branntwein oder gleichartigen Getränken.

Das sind Widersprüche, die in die Beurteilung Unklarheit bringen. Es liegt auf der Hand, daß ebensowenig, wie einerseits alkoholfreie Fruchtsäfte, Limonaden und dergleichen Getränke, welche bestimmungsgemäß denjenigen, denen der Weingenuß Gefahr bringt, und die etwas anderes als Wein genießen wollen, einen unschädlichen Ersatz bieten sollen, als weinähnlich bezeichnet werden können, ebensowenig andererseits diese Bezeichnung auf Branntwein und Liköre in deren eigentlicher und gebräuchlicher Beschaffenheit, oder auf ihnen ähnliche Getränke zutrifft. Das Weingesetz greift auch (vgl. § 3 Abs. 3 das.) in die Branntwein- und Likörbereitung nicht ein. Hiernach unterliegt die Verurteilung des Sch. der Aufhebung.“

Endlich liegt noch ein Bericht über eine Reichsgerichts-Entscheidung vom 29. Mai 1906 vor.

Ein Fabrikant war angeklagt, weil er einen „Apfelwein“ aus unvergorenem Apfelsaft, Sprit und Salizylsäure bereitet hatte. Das Reichsgericht erachtet es als vom Vorderrichter zu Recht festgestellt, daß das zum Genußmittel für Menschen bestimmte Getränk ein „weinähnliches“ im Sinne des Reichsgesetzes, betreffend den Verkehr mit Wein, weinhaltigen und weinähnlichen Getränken vom 24. Mai 1901 ist.

Die Einwendungen des Angeklagten, daß „Weinähnlichkeit“ eine alkoholische Gärung voraussetze, und daß Getränke, die nicht mittels solcher erzeugt seien, auf dem Gebiete der Nahrungsmittel-Chemie nicht als „weinähnliche“ anerkannt seien, konnten das Reichsgericht zu einer Änderung der Rechtsanschauung nicht veranlassen. Es wurde von dem Angeklagten fernerhin zum Beweise der irrigen Rechtsauffassung angeführt, daß schon bei der Beratung des Weingesetzes einzelne Referenten darauf hingewiesen haben, daß die Herstellung der Obst- und Beeren-Weine aus dem Bereiche des Weingesetzes auszuscheiden sei, da diese sonst auch den Bestimmungen über die Keller-Kontrolle unterliegen müßten. Demgegenüber führt das Reichsgericht aus, daß der Begriff der „weinähnlichen“ Getränke nicht aus der Technologie hinübergenommen, sondern vom Gesetze zwecks praktischer Zusammenfassung ziemlich heterogener Dinge eingeführt ist, und daß die dem Gesetze vorangegangenen Gesetzentwürfe keinen Zweifel lassen, daß man „Obstweine“ zu den „weinähnlichen“ Getränken rechnen müsse. Das Reichsgericht kommt zu dem Schluß, daß, wenn das Gesetz nicht anders als dahin verstanden werden kann, daß es unter „weinähnlichen“ Getränken auch Obstweine begreift, der Angeklagte sich gegen das Gesetz durch den Zusatz von Salizylsäure, die nach diesem Gesetz ausdrücklich verboten ist, vergangen hat und seine Verurteilung zu Recht erfolgt ist.

Ein älteres Reichsgerichtsurteil vom 12. Februar 1895 wider den Weinhändler G. zu M., ergangen auf Revision gegen ein Urteil des Landgerichts Beuthen O.-S. vom 3. Dezember 1894, sei nur der Vollständigkeit halber erwähnt. (Danach ist Kunstwein zweifellos ein weinähnliches Getränk.)

Endlich liegt bezüglich „bierähnlicher Getränke“ als Material das neue Brausteuergesetz vom 3. Juni 1906 und die dazu gehörigen, dem Reichstage vorgelegten Motive vor. In den letzteren heißt es Seite 23:

„Über die Frage, welche Zubereitungen als Bier im Sinne des Brausteuergesetzes anzusehen seien, haben wiederholt Meinungsverschiedenheiten zwischen den Gerichten und den Steuerbehörden bestanden. Die Gerichte sind im wesentlichen den Ansichten der Techniker gefolgt — vgl. insbesondere das Urteil des RG. vom 24. Februar 1891 E. XXI, 446 — und haben demgemäß nur gegorne Getränke zum Bier gerechnet. Hierdurch wird nicht nur die steuerliche Behandlung der oft ungegorenen Färbe- und Süßbiere, der Braunschweiger Mumme sowie der sogenannten Malzbiere, sondern streng genommen auch die des schon vorher erwähnten Jungbiers wenigstens für den Fall in Frage gestellt, daß dieses Bier, wie es häufig geschieht, unmittelbar nach dem Ablassen vom Kühlschiff, also in ungegorenem Zustande, verkauft wird. Es erschien notwendig, die Versteuerung der zur Bereitung der bezeichneten Bierarten verwendeten Stoffe sicherzustellen, was dadurch erreicht werden soll, daß man in das Gesetz neben dem Begriffe „Bier" noch den Begriff der aus Malz oder Malzersatzstoffen hergestellten „bierähnlichen Getränke" einfügte, unter den die ebenbezeichneten Getränke, auch wenn sie nicht als Bier im technischen Sinne angesprochen werden sollten, zweifellos gebracht werden können.

Die Vorschrift des Abs. 1 bezweckt ferner, eine gleichmäßige steuerliche Behandlung der in neuerer Zeit immer häufiger auftauchenden Bierersatzgetränke herbeizuführen, die, zum Teil im gewöhnlichen Sudverfahren aus Malz gewonnen oder wenigstens mit Malzauszügen versetzt, an dem Bier eigentümlichen Malzgeschmack aufweisen, ohne indes alle sonstigen Eigenschaften des Bieres zu besitzen.

Das Surrogatverbot wird auch den Bierersatzgetränken gegenüber Platz zu greifen haben.

Der Abs. 2 erschien erforderlich mit Rücksicht auf die in den letzten Jahren gemachten zahlreichen Wahrnehmungen, nach denen Bier zum Verkauf unter Umgehung der Steuerpflicht in erheblichem Umfange mittelst sogenanntem Bierextrakts hergestellt wird. Dieser in der Regel aus Malzextrakt, Zuckercouleur und Gewürzen zusammengesetzte, mitunter auch Hopfenauszüge oder sonstige Bitterstoffe enthaltende Bierextrakt wird fast im ganzen Brausteuergebiete, teilweise in recht erheblichen Mengen mittelst starker Inanspruchnahme der Zeitungreklame zum Absatze gebracht.

Es erschien geboten, der in dieser Art Bierbereitung vorzubeugen, womit gleichzeitig auch der Volksgesundheit gedient sein wird. Der eingeschlagene Weg verdiente den Vorzug vor der sehr belästigenden und schwer durchführbaren Beaufsichtigung des Verbrauchs."

28. Kapitel.

Begriffe der Zubereitung und der Frische.

(Herstellen.)

Der Begriff der Zubereitung ist in mehreren Gesetzen und Verordnungen wiederkehrend. In den Allerhöchsten Verordnungen betreffend den Verkehr mit Arzneimitteln außerhalb der Apotheken (zur Zeit derjenigen vom 22. Oktober 1901) bildet sie den ständigen Gegensatz zur Droge und zum chemischen Präparat. Gleichzeitig zählen diese Verordnungen 12 verschiedene Formen der pharmazeutischen Zubereitungen auf. Eine Begriffsbestimmung der „Zubereitung" gibt jedoch weder die allerhöchste Verordnung noch ein anderes Gesetz. Die Bedeutung des Wortes aus dem allgemeinen Sprachgebrauch schien ausreichend und war es auch. Die Bestimmungen des M.G. von 1897 und des Fl.B.G. von 1900 haben diese Lage jedoch etwas verschoben. Die betreffenden Gesetzstellen sollen deshalb zunächst hier folgen.

Margarinegesetz.

§ 1. Margarine im Sinne dieses Gesetzes sind diejenigen, der Milchbutter oder dem Butterschmalz ähnlichen Zubereitungen, deren Fettgehalt nicht ausschließlich der Milch entstammt.

Margarinekäse im Sinne dieses Gesetzes sind diejenigen käseartigen Zubereitungen, deren Fettgehalt nicht ausschließlich der Milch entstammt.

Kunstspeisefett im Sinne dieses Gesetzes sind diejenigen, dem Schweineschmalz ähnlichen Zubereitungen, deren Fettgehalt nicht ausschließlich aus Schweinefett besteht.

Fleischbeschaugesetz.

§ 4. Fleisch im Sinne dieses Gesetzes sind Teile von warmblütigen Tieren, frisch oder zubereitet, sofern sie sich zum Genusse für Menschen eignen. Als Teile gelten auch die aus warmblütigen Tieren hergestellten Fette und Würste, andere Erzeugnisse nur insoweit, als der Bundesrat dies anordnet.

§ 12. 1. Frisches Fleisch darf in das Zollinland nur

in ganzen Tierkörpern, die bei Rindvieh, ausschließlich der Kälber, und bei Schweinen in Hälften zerlegt sein können, eingeführt werden.

2. Zubereitetes Fleisch darf nur eingeführt werden, wenn nach der Art seiner Gewinnung und Zubereitung Gefahren für die menschliche Gesundheit erfahrungsgemäß ausgeschlossen sind oder die Unschädlichkeit für die menschliche Gesundheit in zuverlässiger Weise bei der Einfuhr sich feststellen läßt, usw.

Fleisch, welches zwar einer Behandlung zum Zwecke seiner Haltbarmachung unterzogen worden ist, aber die Eigenschaften frischen Fleisches im wesentlichen behalten hat oder durch entsprechende Behandlung wieder gewinnen kann, ist als zubereitetes Fleisch nicht anzusehen.

§ 21. Bei der gewerbsmäßigen Zubereitung von Fleisch dürfen Stoffe oder Arten des Verfahrens, welche der Ware eine gesundheitsschädliche Beschaffenheit zu verleihen vermögen, nicht angewendet werden. Es ist verboten, derartig zubereitetes Fleisch aus dem Ausland einzuführen, feilzuhalten, zu verkaufen oder sonst in Verkehr zu bringen.

In den Motiven heißt es zu § 4 Fl.B.G.:

„Es soll hierher auch das zubereitete Fleisch zählen, also das eingesalzene, gepökelte, getrocknete, geräucherte, gefrorene oder sonstwie haltbar gemachte Fleisch, ferner gekochtes, gebratenes Fleisch, sowie das Konservenfleisch (Büchsenfleisch). Außer dem Fleische im engeren Sinne sollen aber auch die zu Genußzwecken für Menschen bestimmten Fette von warmblütigen Tieren, z. B. Schweineschmalz, den Bestimmungen des Gesetzes unterworfen werden und sind daher besonders erwähnt, während Pflanzenfette, sowie das Fleisch und Fett von Fischen nicht mit einbegriffen sind. Ferner sind die Würste dem Fleische ausdrücklich gleichgestellt, weil diese Erzeugnisse nach den gemachten Erfahrungen usw."

In den Ausführungsbestimmungen D. ist festgesetzt:

§ 2. (1) Als frisches Fleisch ist anzusehen Fleisch, welches, abgesehen von einem etwaigen Kühlverfahren, einer auf die Haltbarkeit einwirkenden Behandlung nicht unterworfen worden ist, ferner Fleisch, welches zwar einer solchen Behandlung unterzogen worden ist, aber die Eigenschaften frischen Fleisches im wesentlichen behalten hat oder durch entsprechende Behandlung wieder gewinnen kann.

(2) Die Eigenschaft als frisches Fleisch geht insbesondere nicht verloren

durch Gefrieren oder Austrocknen, ausgenommen bei getrockneten Därmen (§ 3 Abs. 4),

durch oberflächliche Behandlung mit Salz, Zucker oder anderen chemischen Stoffen,

durch bloßes Räuchern,

durch Einlegen in Essig,

durch Einhüllung in Fett, Gelatine oder andere, den Luftabschluß bezweckende Stoffe,

durch Einspritzen von Konservierungsmitteln in die Blutgefäße oder in die Fleischsubstanz.

§ 3. (1) Als zubereitetes Fleisch ist anzusehen, alles Fleisch, welches infolge einer ihm zuteil gewordenen Behandlung die Eigenschaften frischen Fleisches auch in den inneren Schichten verloren hat und durch eine entsprechende Behandlung nicht wieder gewinnen kann.

(2) Hierher gehört insbesondere das durch Pökelung, wozu auch starke Salzung zu rechnen ist, oder durch hohe Hitzegrade (Kochen, Braten, Dämpfen, Schmoren) behandelte Fleisch.

(3) Als zubereitetes Fett sind anzusehen ausgeschmolzenes oder ausgepreßtes Fett mit oder ohne nachfolgende Raffinierung, insbesondere Schmalz, Oleomargarin, Premier jus und ähnliche Zubereitungen; ferner die tierischen Kunstspeisefette im Sinne des § 1 Abs. 4 des Gesetzes, betreffend den Verkehr mit Butter, Käse, Schmalz und deren Ersatzmitteln, vom 15. Juni 1897 (R.G.Bl. S. 475), sowie Margarine.

Es läßt sich hiernach nicht erkennen, daß die Bestimmungen des Fleischbeschaugesetzes unter einer Zubereitung etwas anderes verstehen, als das Margarinegesetz. In diesem steht die Zubereitung ähnlich wie in den Arzneimittelverordnungen im Gegensatz zum Rohstoff und setzt voraus, daß eingreifende Veränderungen, meist durch Hinzukommen dritter Stoffe vorgenommen sind. Eine veränderte äußere Form ist dabei stillschweigende Voraussetzung, sofern es sich nicht um die Herstellung von Gemischen handelt. Auch die lediglich auf die Gewinnung einer gereinigten Ware gerichteten Manipulationen gelten nicht als Zubereiten. Während bei Margarinekäse und Kunstspeisefett das Wesen der

Zubereitung durch ein Mischungsverfahren begründet wird, ist bei Margarine noch eine Formgebung mit einbegriffen, nämlich die Umwandlung in eine Emulsion.*)

Das Fleischbeschaugesetz setzt jedoch stets die Eigenschaft als zubereitete Ware in Gegensatz zur frischen. Dadurch wird insofern ein Moment der Unklarheit in den Begriff gebracht, als gerade „frisches Fleisch" etwas sehr Verschiedenes sein kann.

Frisches Fleisch ist durch seine verschiedenartige Bedeutung in häufigen Fällen gerade Veranlassung zu Urteilen geworden, die bei richtiger sachverständiger Darlegung anders ausgefallen wären.

Es kann nämlich bedeuten:

1. Fleisch von frisch geschlachtem Vieh.
2. Frisch zubereitetes Fleisch.
3. Frisches, unverdorbenes Fleisch.
4. Frisches rohes Fleisch.

Zu 1. Was diesen Punkt anbetrifft, wieviel Zeit seit der Schlachtung des betreffenden Tieres verflossen ist, so ist zu beachten, daß die Grenzen, innerhalb welcher das Fleisch für genußfähig betrachtet wird, ganz außerordentlich weite sind. Während manches Fleisch unmittelbar nach der Tötung der Tiere zum Genusse fertig gemacht wird, vergehen in andern Fällen mehrere Wochen, bis das Fleisch seiner Bestimmung zugeführt wird. Die modernen Schlachthäuser verfügen alle über Kühlräume ausgezeichneter Konstruktion, welches Fleisch, wenn es im richtigen Moment in die Räume gebracht wird, viele Wochen lang so erhalten, daß es in seiner äußeren Beschaffenheit dem Fleisch von eben geschlachteten Tieren gleichkommt. Für sehr vieles Fleisch ist eine derartige Aufbewahrung geradezu erforderlich, weil das Fleisch kurz vorher, also frisch geschlachteter Tiere meistens eine zähe Beschaffenheit zeigt, welche sich durch die Behandlung in der Küche nur schwer verliert. Beim Hängenlassen des Fleisches tritt eine Lockerung des Gewebes infolge Bildung

*) Emulsionen nennt man Mischungen von Stoffen miteinander, die im gewöhnlichen Sinne des Wortes als nicht mischbar gelten, z. B. von Fetten mit Wasser. Sie werden durch die höchst feine Verteilung der Komponenten erzielt, entweder durch Zugabe verbindender, emulgierender Stoffe oder durch weitgehende mechanische Behandlung, derart, daß die Mischung für längere Zeit sich nicht wieder trennt. Eine natürliche Emulsion ist Milch. Butter ist eine starre Emulsion.

von Milchsäure ein, wodurch das Fleisch die stets gewünschte zarte, weiche Beschaffenheit erhält, welche die Fleischermeister und unsere Frauen mit dem Wort „altgeschlachtet" bezeichnen. Für den Konsumenten ist es gleichgültig, ob er Fleisch von einem Tiere erhält, welches vor drei oder acht Tagen geschlachtet ist. Für ihn ist nur erheblich, sein Fleisch in dem Stadium zu erhalten, in welchem es sich zum Genusse am besten eignet. Die Zeit, welche zwischen der Tötung eines Tieres und dem Verkauf seines Fleisches liegt, kann darum für den Begriff „frisch" im Sinne der Nahrungsmittel-Gesetze im allgemeinen nicht verwendet werden.

Zu 2. Frisches Fleisch bedeutet auch, besonders bei gehacktem, f r i s c h g e h a k t e s bezw. überhaupt f r i s c h z u b e r e i t e t e s Fleisch. Auch diese zeitliche Bedeutung des Wortes ist für den Konsumenten von geringerem Interesse, da er auch hier auf die (allerdings wesentlich kürzer als bei 1. zu bemessende) Zeit, die seit der Zerkleinerung oder (bei Bratwurst beispielsweise) Mischung mit den sonstigen Zutaten verflossen ist, kein Gewicht legen kann. Wenn auch hier die Verhältnisse anders als bei „frisch geschlachtet" liegen, weil das Erwarten des Eintretens einer Verbesserung entfällt, so kann andererseits der Käufer doch nicht annehmen, daß sein frisches Hackfleisch, eben, unmittelbar vor der Abgabe an ihn, f r i s c h g e h a c k t sei. Auch wenn man den Spielraum noch soweit einengen wollte, etwa auf $^1/_2$ Stunde, so müßte wenigstens innerhalb dieser Grenze ein Gegensatz zwischen „frischem Hackfleisch" und „frisch gehacktem Fleisch" entstehen.

Die zeitliche Bedeutung des Wortes „frisch" kann also bei Anwendung der Nahrungsmittelgesetze ausschließlich dann berücksichtigt werden, wenn sie aus näheren Angaben erhellt. Beim Handel mit geschlachteten Geflügel dürfte das öfter zutreffen.

Zu 3. F r i s c h e s F l e i s c h ist fast ausschließlich der Ausdruck der beteiligten Verkehrskreise für u n v e r d o r b e n e s F l e i s c h. Man sagt: das Fleisch ist n o c h frisch. Es ist also eine meist unbekannte und auch gar nicht interessierende Zeit vergangen, aber das Fleisch ist noch nicht verdorben, es ist noch gut, genießbar, f r i s c h. Darauf allein sind die berechtigten Erwartungen der Käufer gerichtet, wenn sie frisches Fleisch, gleichgültig ob zerkleinert ob nicht, verlangen.

Zu 4. F r i s c h e s F l e i s c h bedeutet auch r o h e s F l e i s c h. Es ist der Gegensatz zum veränderten Fleisch. Die sprachliche

Anwendung in diesem Sinne ist aber wenig häufig. Darum ist im Interesse größerer Klarheit zu bedauern, daß das Fleischbeschaugesetz den Ausdruck gerade in diesem Sinne stets braucht. Es stellt das zubereitete Fleisch und das frische an zahlreichen Stellen gegenüber. Besser wäre gewesen, wenn es statt dessen regelmäßig „rohes Fleisch" geheißen hätte. Das preußische Ausführungsgesetz vom 28. Juni 1902 (G.S. S. 229) hat in dieser Beziehung den klareren Ausdruck gewählt. § 2 sagt: „Rohes oder zubereitetes Fleisch von Schweinen und Wildschweinen . . . ist amtlich auf Trichinen zu untersuchen."

Für die Auslegung des Zubereitungsbegriffes ergibt sich darnach, daß im Margarinengesetz nichts weiter darunter verstanden werden kann, als die Herstellung von Mischungen, eventuell verbunden mit neuer Formgebung.

Anders im Fleischbeschaugesetz. Die Motive wollten eine Zubereitung von Fleisch schon als vorliegend ansehen, wenn man das Fleisch frieren ließ. Diesen Mißgriff beseitigte jedoch die Kommission und das Plenum des Reichstags. Der in dem Entwurf noch nicht vorhanden gewesene § 12 geht sogar soweit, gewisse chemische Konservierungsverfahren von dem Begriffe der Zubereitung auszuschließen, obgleich zweifellos hierdurch eine Mischung entsteht bezw. eine Veränderung des Fleisches eintritt. Die Ausführungsbestimmungen erläutern diesen Gedanken weiter und setzen fest, daß der Zubereitungsbegriff bezüglich des Fleisches soweit eingeengt wird, daß alle Konservierungsverfahren, chemische wie physikalische, diesen Begriff nicht begründen, sofern nur der Gesamtcharakter, die wesentlichen Eigenschaften erhalten bleiben bezw. wiederhergestellt werden können. Als besondere Beispiele der Zubereitnng werden genannt: Pökeln, Einsalzen, Kochen, Braten, Dämpfen, Schmoren. Mechanische Zerkleinerung ist nicht genannt.

Bei Fetten soll die Zubereitung bereits am Schmalz, Oleomargarin, Premier jus und ähnlichen stets angenommen werden, gleichgültig ob sie, ebenso wie ausgeschmolzenes oder ausgepreßtes Fett, einen Raffinierungsprozeß durchgemacht haben oder nicht.

Es fällt bei dieser Ausdehnung des Begriffes Zubereitung auf Fabrikate, die sonst gemeiniglich als neue Erzeugnisse gelten, gegenüber der einschränkenden Bestimmung beim Fleisch im engeren Sinne schwer, den Begriff einheitlich zu definieren.

Das Reichsgericht hat sich in diesem Dilemma in der Weise geholfen, daß es in einem Erk. vom 28. November 1904 (E. XXXVII, 342) erklärte, die in § 12 Ziffer 2 der Ausführungsbestimmungen D. gegebene einschränkende Auslegung des Begriffes des zubereiteten Fleisches hätte nur für Einfuhr in das Zollinland Geltung, daß dagegen § 21 Fl.B.G. unter einer Zubereitung ganz allgemein jede Handlung begreift, die bestimmt ist, das Fleisch in die Form, in der es in den Verkehr kommen soll, zu bringen.

Diese Auslegung erscheint aber nicht zutreffend. Da zum Schlachten bestimmte Tiere nach Auslegung des Reichsgerichts (s. Kapitel Nahrungs- und Genußmittel) „Nahrungsmittel" im Sinne des Gesetzes vom 14. Mai 1879 sind, auch nach § 4 Fl.B.G. beispielsweise Tierhälften als „Fleisch" im Sinne dieses Gesetzes zu gelten haben, so könnte das Zerlegen dieser Hälften, ja sogar schon das Schlachten des noch lebenden „Nahrungsmittels" eine Zubereitung sein, die unter die Definition des Reichsgerichts fällt. Anderes Fleisch als zerlegtes kommt aber, wenn von Hasen, Geflügel und Ähnlichem abgesehen wird, gar nicht in den Kleinverkehr. Eine rohe Kalbskeule dürfte doch kaum jemand als zubereitetes Fleisch ansprechen, obgleich sie der Fleischer durch Auslösen aus dem Fell, Lostrennen vom Rücken und Befreien von nicht mitzugenießenden Häuten in die Form gebracht hat, in der sie in den Verkehr kommt und in der sie die Hausfrau kauft.

Die Auslegung des Reichsgerichts ist daher zu weit.

Nicht jeder Zerkleinerungsprozeß ist eine Zubereitung. Die Zerlegung eines Kalbsrückens kann der Beginn einer Zubereitung sein, wenn ihn die Köchin zerlegt, etwa um jedes Stück als gesondertes Kotelett zu braten. Es liegt aber lediglich eine vorbereitende Handlung vor, wenn der Fleischer ein Kotelett oder mehrere zum Verkauf abschneidet.

Ein Zerkleinerungsprozeß ist darum nur eine Vorbereitung, wenn nicht gleichzeitig die Zerkleinerungsform auch die genußfertige äußere Form ist. Das ist beispielsweise bei solchem in Würfel geschnittenen Fleisch der Fall, das zu Gulasch werden soll oder bei Fleisch, das eine Zerkleinerungsmaschine, sog. Wolf, passiert hat. Bei letzterem Verfahren findet gleichzeitig mehr oder weniger vollkommen eine Durchmischung statt. Dagegen vollendet der Zusatz irgend einer Substanz oder die Vornahme stofflicher Veränderungen regelmäßig den Begriff der Zubereitung.

Der Zugabe einer neuen Substanz steht die Entnahme eines Bestandteils, und zwar die vollständige sowohl wie die unvollständige gleich.

Reinigungsverfahren schaffen meist keine Zubereitung. Die mechanische oder chemische Entfernung verunreinigender Bestandteile ist nicht gleichbedeutend mit der Entnahme eines zugehörigen Bestandteiles.

Zu **definieren** wäre also, daß eine Zubereitung entweder durch stoffliche Veränderungen oder Herstellung von Gemischen oder Entnahme zugehöriger Bestandteile entsteht.

Wegen **„Herstellen"** vergleiche man das letzte diesem Kapitel angehängte Reichsgerichtsurteil und Kap. 32 S. 206.

Reichsgericht. 1) Vom 7. Juli 1905. (E. XXXVIII, 141.)

Der Angeklagte ist in dem angefochtenen Urteile des Vergehens gegen § 21 Abs. 1, § 26 Nr. 1 des Fl.B.G. vom 3. Juni 1900 für schuldig erachtet und dementsprechend verurteilt worden. Seine Revision ist verworfen.

Aus den Gründen: Der Vorderrichter hat das festgestellte Vergehen darin erkannt, daß der Angeklagte zur Konservierung der von ihm gewerbsmäßig hergestellten sog. Frankfurter Würstchen der Salzbouillon, die die Würstchen in den Versandblechbüchsen umgibt, die im Urteile näher bezeichnete Menge Borsäure zugesetzt habe. Die Anwendung der §§ 21, 26 Nr. 1 des Fl B.G. vom 3. Juni 1900 auf dieses Sachverhältnis gibt zu Rechtsbedenken keinen Anlaß. — Ob die Ansicht des Vorderrichters, daß die Verpackung der zum Versand gelangenden Fleischwaren zu deren Zubereitung gehöre, in dieser Allgemeinheit als richtig anzuerkennen ist, kann bei Lage der Sache auf sich beruhen bleiben. Denn die Annahme, daß dem Angeklagten eine verbotswidrige Anwendung von Borsäure bei der Zubereitung seiner Ware zur Last falle, findet auch, abgesehen hiervon, in den Feststellungen des angefochtenen Urteils ihre hinreichende Begründung. Die Gegenausführungen der Revision gehen fehl. — Daß die Herstellung der Würstchen selbst eine Zubereitung von Fleisch im Sinne des § 21 a. a. O. darstellt, begegnet keinerlei rechtlichem Bedenken. Daraus folgt aber keineswegs, daß jede weitere Behandlung dieser Fleischwaren außerhalb des Rahmens einer Zubereitung fällt. So wenig wie der Begriff der Zubereitung von Fleisch dadurch ausgeschlossen wird, daß die erfolgte Verarbeitung oder sonstige Behandlung noch keine genußfertige Speise liefert, so wenig erschöpft sich der Begriff in der Tatsache, daß durch die Behandlung eine an sich genußfähige Fleischware hergestellt ist. Ob in Fällen dieser Art die Zubereitung beendet und abgeschlossen ist, hängt ganz von den Umständen ab; es entscheiden darüber wesentlich die gewerblichen Zwecke, die der Hersteller mit der Herstellung verfolgte. Will er die an sich genußfertige Ware lediglich zum alsbaldigen Genusse vertreiben, so wird er von einer weiteren Behandlung der Ware absehen können, die Zubereitung also als abgeschlossen betrachten. Bestimmt er sie dagegen erst zu späterem Verbrauche, wie bei Herstellung zum Versand, und würde, danach in der Zwischenzeit die Gefahr des Verderbens entstehen, so wird er sich mit der Erzielung bloßer Genußfertigkeit nicht begnügen können, vielmehr eine weitere Behandlung der Ware eintreten lassen müssen, um ihr die seinen gewerblichen Zwecken entsprechende Haltbarkeit zu geben. Erst die so behandelte Ware stellt sich dann als das gewerbliche Erzeugnis dar, das er hervorbringen und vertreiben wollte. Dient hiernach die weitere Behandlung lediglich der Fertigstellung der Ware für den Vertrieb, und kann sie deshalb mit der vorausgegangenen Behandlung nur als die durch den einen gewerblichen Zweck zusammengehaltene einheitliche Tätigkeit des Herstellens der Ware angesehen werden, so unterliegt es keinem Zweifel, daß auch sie von dem Begriffe der Zubereitung mit umfaßt wird. (Vgl. E. XXXVII, 344—346.) Welche der technisch möglichen Behandlungsweisen für den Zweck der Haltbarmachung gewählt werden, begründet rechtlich keinen Unterschied. Wesentlich ist allein, daß die gewählte Behandlungsweise diesem Zweck dienen soll.

Mit Recht hat hiernach der Vorderrichter jedenfalls auch die — wie er feststellt — vom Angeklagten bemerkte Haltbarmachung der Würstchen durch unmittelbare Umgebung mit borsäurehaltiger Salzbouillon zur Zubereitung der Fleischware gerechnet. Unter dieser Voraussetzung aber verstieß das Zusetzen der Borsäure zu der Bouillon gegen die in Ausführung des § 21 Abs. 2 a. a. O. ergangene Bekanntmachung des Bundesrats vom 18. Februar 1902 (R.G.Bl. S. 48). Da der Angeklagte das Zusetzen nach den Feststellungen des Urteils wissentlich bewirkt hat, ist hiernach der Tatbestand des § 21 Abs. 1, § 26 Nr. 1 das. zutreffend als erfüllt angesehen.

Was die Revision hiergegen geltend macht, ist ebenfalls nicht stichhaltig. Sie verkennt zunächst Inhalt und Bedeutung der gedachten Bekanntmachung des Bundesrats. Nach § 21 Abs. 2 a. a. O. bestimmt der Bundesrat die Stoffe, auf welche die Vorschriften des Abs. 1 daselbst Anwendung finden. Den Gegenstand dieser Vorschriften aber bilden Verbote der Verwendung von Stoffen, welche der Ware eine gesundheitsschädliche Beschaffenheit zu verleihen vermögen. Nach dem Zusammenhange mit Abs. 2 liegt hierin lediglich eine gesetzliche Anweisung für den Bundesrat. Dieser ist danach vor dem Gesetz allerdings verpflichtet, gemäß Abs. 2 nur solche Stoffe zu bestimmen, die die bezeichnete Eigenschaft haben. Ob aber ein Stoff den gedachten Voraussetzungen entspricht, ist ausschließlich seiner Prüfung und Entscheidung zu überlassen. Die Bestimmung der betreffenden Stoffe hängt mithin lediglich von seinem pflichtgemäßen Ermessen ab. Ist sie ergangen, so steht damit im Sinne des Gesetzes endgültig fest, daß die bezeichneten Stoffe die in Abs. 1 vorausgesetzten Eigenschaften haben, und daß daher auf sie schlechthin die dort ausgesprochenen Verbote Anwendung finden. Die Richtigkeit der vom Bundesrate getroffenen Bestimmung ist danach richterlicher Nachprüfung entzogen. (Vgl. E. XXXVII, 342.) Im Gegensatze zu § 12 N.M.G. kommt es mithin nicht darauf an, ob der angewendete Stoff nach Art und Menge im Einzelfalle wirklich geeignet war, gesundheitsschädliche Wirkungen hervorzubringen. Es genügt vielmehr, daß er zu den gemäß § 21 Abs. 2 des Fl.B.G. bestimmten Stoffen gehört. Das aber trifft auf Borsäure uneingeschränkt zu. . . .

Unerheblich ist auch, ob der Angeklagte eine Vorstellung davon hatte und wußte, daß die angewandte Borsäure durch die Därme hindurch in das Innere der Wurst eindringen könne. Denn die Vorsetzlichkeit seiner Handlungsweise würde auch durch die Unkenntnis dieser Tatsache nicht in Frage gestellt werden. Sie liegt bereits darin, daß, wie erörtert, schon die Umgebung der Würste mit borsäurehaltiger Bouillon, um sie haltbar zu machen, zur Zubereitung dieser Ware gehört, und daß Angeklagter inhalts des Urteils der Bouillon die Säure vorsätzlich zu diesem Zwecke hinzugefügt hat. Mit Recht nimmt der Vorderrichter auch an, daß, wenn Angeklagter, diese seine Tätigkeit nicht als „Zubereitung" im Sinne des Gesetzes angesehen hätte, dies ein ihn nicht entlastender Strafrechtsirrtum wäre. Damit erledigen sich die auf § 59 St.G.B. bezüglichen Ausführungen der Revision.

Die Frage, ob sich Würste der in Betracht kommenden Art ohne Zusatz einer gewissen Menge Borsäure nicht lange in unverdorbenem Zustand erhalten, ist bedeutungslos,. da, wie ausgeführt, das Zusetzen von Borsäure gesetzlich schlechthin verboten ist. . . .

An dem in Rede stehenden Verbote scheitert endlich auch die Ausführung der Revision, daß die Anwendung von Borsäure, schon mit Rücksicht auf die übliche Herstellungsart der Frankfurter Würstchen, bei der an einzelne Stellen der Würste die desinfizierenden Stoffe des Rauches nicht gelangen konnten, geboten erscheinen. Der darauf bezügliche Beweisantrag des Angeklagten erscheint deshalb belanglos. . . .

2) Vom 3. Juni 1899. Wider den Kaufmann C. P. in München. I. Strafsenat. Die Revision gegen das Urteil des Kgl. Landgerichts München I vom 20. Februar 1899 wird verworfen; der Kgl. bayrischen Staatskasse werden die Kosten des Rechtsmittels auferlegt.

Gründe: I. . . .

II. Der Staatsanwalt stützt jedoch seine Revision weiterhin auf die iBehauptung, der Begriff der dem Butterschmalz ähnlichen Zubereitung im Sinne des § 1 Abs. 2 des M.G. sei verkannt. So eng diese Bechwerde mit rein tatsächlichen Fragen zusammenhängt, so ist sie doch zulässig, weil die Gesetzesanwendung von der Richtung der Auffassung jenes Begriffes nach dem Willen des Gesetzes abhängt. Über den Begriff einer Zubereitung kann kein Zweifel bestehen.

Jede menschliche Tätigkeit, durch welche ein Naturerzeugnis zur wirtschaftlichen Verwendung erst geeignet gemacht oder ihm eine Verwendungsfähigkeit verschafft wird, die ihm als Rohprodukt nicht zusteht, ist Zubereitung. Daher gehören sowohl Butter und Butterschmalz wie Margarine zu den Zubereitungen im Sinne des Gesetzes, aber auch das „Rollenfett" im Gegensatz zum Rohprodukt „Rindstalg". Das Reinigen (Raffinieren) ist hier, weil nicht in bloß äußerlicher Trennung nicht dazugehöriger Bestandteile bestehend, sondern mittelst Schmelzens herbeigeführt, Zubereitung.

Bei dem Rollen- oder raffiniertem Rinderfett kommt nach der Schilderung in den Entscheidungsgründen noch ein Pressen und die Beobachtung bestimmter Temperaturgrade beim Erkalten hinzu, so daß die Ansicht der Strafkammer, im Rollenfett liege, abgesehen vom Farbzusatz, ein reines Naturprodukt vor, nur im Sinne des Gegensatzes zu einer Verfälschung, aber nicht im Sinne eines Gegensatzes zum Begriff einer Zubereitung richtig ist. . . .

3) Vom 28. November 1904. (E. XXXVII, 342.)
Vgl. auch Jurist. Wochenschrift 1905 S. 248.

4) Vom 27. Oktober 1882. (E. VII, 151, R. IV, 768.)

„Richtig ist zwar, daß die Herstellung eine menschliche Tätigkeit erfordert, wodurch Gegenstände, welche vorher überhaupt nicht zu den Nahrungsmitteln, oder zu einer anderen Klasse oder Qualität derselben gehörten, zu Nahrungsmitteln umgeschaffen werden, und daß ohne eine solche durch menschliche Tätigkeit herbeigeführte Veränderung der ursprünglichen Stoffe in Beziehung auf ihre Beschaffenheit je nach den Anforderungen, welche durch die Eigenschaften des herzustellenden Nahrungsmittels bedingt werden, von einer Herstellung desselben nicht die Rede sein kann. Aber diese Veränderung muß sich nicht notwendig auf die innere qualitative Beschaffenheit beziehen, derart, daß ein an und für sich gesunder Stoff erst durch seine Behandlung, Zusammensetzung mit anderen Stoffen usw. zu einem gesundheitsschädlichen umgestaltet wird; eine derartige Beschränkung würde dem Gesetze einen guten Teil seiner Bedeutung nehmen. Ein Nahrungsmittel, welches geeignet ist, die menschliche Gesundheit zu beschädigen, stellt vielmehr auch derjenige her, welcher einem schon ursprünglich gesundheitsgefährlichen Stoffe, welcher auch bei normaler Qualität in dieser Beschaffenheit als Nahrungsmittel genossen werden kann oder genossen zu werden pflegt, eine derartige Form verleiht, welche ihn zum menschlichen Genusse geeignet erscheinen läßt. Unter „Herstellen" eines Nahrungsmittels ist dessen Fertigstellung zum Genusse verstanden und diese Herstellung ist auch dann derartig, daß der Genuß die Gesundheit zu beschädigen geeignet ist, erfolgt, wenn dem hergestellten Nahrungsmittel ohne Rücksicht auf die Art der Bereitung diese Eigenschaft anhaftet. Es muß nur das Produkt der Herstellung ein gesundheitsgefährliches Nahrungsmittel sein. Wer aus verdorbenem Getreide ein Mehl fabriziert, welches dieselben gesundheitsbeschädigenden Eigenschaften besitzt, wie das rohe Getreide selbst, sofern jemand auf den Gedanken kommen sollte, dasselbe zu genießen, bringt durch seine Herstellungstätigkeit ein gesundheitsbeschädigendes Nahrungsmittel nicht weniger zur Existenz, wie derjenige, welcher erst durch ungeschickte oder böswillige Zusätze zu dem gesunden Rohstoffe die Schädlichkeit des daraus bereiteten Produkts herbeiführt. So kann es auch füglich nicht bezweifelt werden, daß der Fleischer, welcher das Fleisch erkrankten Viehs zur Bereitung gesundheitsschädlicher Wurst verwendet, sich damit der Herstellung eines gesundheitsschädlichen Nahrungsmittels auch dann schuldig macht, wenn die sonstige Herstellungsweise der Wurst und die sonstigen dazu verwendeten Stoffe den normalen Anforderungen entsprechen."

---

29. Kapitel.

Arzneimittel und Nahrungsmittelgesetz.

Die Frage ob Arzneimittel den Bestimmungen des Nahrungsmittelgesetzes unterliegen, hat gelegentlich die Gerichte beschäftigt und dürfte dadurch eine erhöhte Bedeutung gewinnen, daß das preußische Kammergericht am 5. Oktober 1903 in der Strafsache gegen zwei Drogenhändler ein verurteilendes Erkenntnis des Landgerichts II Berlin (5. Strafkammer) aufhob und den Grundsatz aussprach, daß Arzneimittel (es handelte sich um Brusttee) als Vorbeugungsmittel auch dann außerhalb der Apotheken frei verkäuflich seien, wenn diese Verkehrsfreiheit auf dieselbe Ware zu Heilzwecken nicht zuträfe. Da die Vorbeugungsmittel oft genug auch den Charakter der Genußmittel haben können, ist die Frage ihres Verhältnisses zum Nahrungsmittelgesetz von Bedeutung.

Tatsächlich gibt es eine nicht geringe Zahl von Zubereitungen und Stoffen, welche mehrere Funktionen dem menschlichen Körper gegenüber übernehmen. Wir werden uns ihrer Doppelnatur mangels genügender Aufmerksamkeit und mangels genügenden Interesses oft nicht bewußt. Jeder Mensch ist auch mehr oder weniger geneigt, alle Dinge vom Standpunkte seines Berufs vorzugsweise zu betrachten, das um so mehr, je lebhafter er beruflich beschäftigt ist. Ein Arzt wird darum leicht geneigt sein, die Nicht-Heilmittelnatur eines ihm nur als Heilmittel geläufigen Körpers zu leugnen, ebenso wie uns der Heilmittelcharakter einer Tasse Kaffee, eines Branntweins oder irgend eines anderen Lebensmittels meist nicht zum Bewußtsein gelangt. Ebenso wie wir zahlreiche Dinge mit Doppelfunktionen haben, gibt es auch solche die sich mit Sicherheit überhaupt nicht unterbringen lassen (nach ihrer Hauptverwendung). Es sind das die *diätetischen Nahrungsmittel*, die trotz ihres Namens häufiger Arzneimittel als Nahrungsmittel *allein* sind, meist beides zu gleicher Zeit.

Es wäre natürlich mißlich, heute einen Magenbittern als Genußmittel dem Gesetz vom 14. Mai 1879 zu unterstellen und morgen denselben Schnaps als ohne Beziehung zu diesem Gesetz zu erklären. Das ist um so weniger angängig, als der Kaufmann, der einen Schnaps als Genußmittel verkauft hat, sich damit auch der

Verfügungsgewalt über ihn begibt und seine arzneiliche Verwendung nicht hindern kann. Umgekehrt kann ein Brusttee auch dann Genußmittel werden, wenn er als Arzneimittel verkauft ist. Wenn es sich daher nicht um Arzneimittel handelt, die nur ganz ausnahmsweise mal als Genußmittel Verwendung finden, so müssen die Stoffe mit verschiedenen Funktionen für die Eigenschaften, die jedem Verwendungszwecke zustehen, aufkommen, es sei denn, daß der eine beim Verkauf ausdrücklich ausgeschlossen ist.

Tatsächlich werden Arzneimittel öfter zu Genußmitteln als gewöhnlich angenommen zu werden pflegt. Werden doch Hoffmannstropfen direkt als Schnaps genossen, viele Baldriantropfen nur des Alkohols wegen in großen Mengen „eingenommen" und sogar viel Eau de Cologne als Alkoholicum genossen.

Arzneimittel, die als innerlich zu verwendende Vorbeugungs- oder Genußmittel dienen, müssen darum die Bestimmungen des Nahrungsmittelgesetzes auf sich anwenden lassen.

Reichsgericht. 1) Vom 13. Juli 1881. III. Straffenat. (E. VI, 393.)

Heilmittel können auch den Charakter als Nahrungs- oder Genußmittel besitzen. (Es handelte sich um Lebensbitterlikör.)

2) Vom 9. Oktober 1902: „Die Begriffe der Arznei und des Genußmittels schließen sich keineswegs grundsätzlich aus. Eine Arznei kann die Eigenschaft eines Genußmittels haben, es muß dies aber nicht der Fall sein. Ob im Einzelfalle einer Arznei, sei es nach einer verbreiteten Lebensgewohnheit, sei es nach der besonderen Geschmacksrichtung einzelner Konsumenten oder gewisser Kreise unter denselben, die Eigenschaft eines Genußmittels zukommt, welches, wenn auch nicht zu eigentlichen Ernährungszwecken so doch zum Zwecke der Bereitung angenehmer Sinnesempfindung oder sonstigen Genusses dem Körper zugeführt wird, ist wesentlich Tatfrage."

(Durch „Das Recht" S. 537. Goldtammer Bd. 50 S. 103.)

3) Vom Landgericht Köln wurde am 7. September 1905 der Apotheker E. wegen Vergehens gegen das N.M.G. zu einer Geldstrafe von 30 Mk. verurteilt, während der Mitangeklagte L. freigesprochen wurde. Die Firma E. & L. stellt Arzneimittel her und setzt sie an Grossisten ab. Im Jahre 1904 wurden Proben beschlagnahmt und geprüft, wobei sich ergab, daß einige nicht den Anforderungen entsprachen, welche die Pharmakopöe stellt. Das Gericht hat festgestellt, daß teilweise bei der Herstellung nicht gewissenhaft verfahren worden ist; doch ist Wissentlichkeit nicht erwiesen. E. habe die Arzneien nicht genügend geprüft. Das Gericht hat angenommen, daß E. Genußmittel, welche verfälscht waren, aus Fahrlässigkeit verkauft oder feilgehalten hat. — Auf die Revision Essers hob das Reichsgericht den ihn betreffenden Teil des Urteil auf und verwies die Sache an das Landgericht zurück. Das Landgericht habe nicht geprüft, ob Arzneimittel auch Nahrungs- oder

Genußmittel sind. Aus dem Gesetze gehe bezüglich der Arzneien nichts hervor. Genußmittel seien solche Stoffe, die gewohnheitsmäßig in den Körper aufgenommen werden. Das sei bei Arzneien nicht ohne weiteres der Fall. (Nach Leipziger Tageblatt.)

30. Kapitel.

Gewerbsmäßig.

(Rechtsverhältnisse des Täters.)

Täter bei einem Nahrungsmitteldelikt kann im allgemeinen jedermann sein. Nur die Delikte der §§ 27 Nr. 4, 11 und 18 Fl.B.G. können lediglich von Fleischhändlern, Gast-, Schank- und Speisewirten begangen werden. Als Fleischhändler im Sinne dieser Bestimmungen gelten auch diejenigen Gewerbetreibenden, welche das Fleisch vor dem Verkauf erst zubereiten (Herstellung von Fleischkonserven, Würsten usw.), als Speisewirte auch Pensionsinhaber, welche regelmäßige Beköstigung gewähren.

Dagegen spielen hinsichtlich der Person des Täters im Nahrungsmittelrecht die Begriffe „gewerbsmäßig" und „gewerblich" eine umfassende Rolle. Das Nahrungsmittelgesetz selbst macht zwar keinen Unterschied zwischen gewerblicher und nichtgewerblicher Tätigkeit, dagegen wird durch das Blei- und Zinkgesetz nur die gewerbsmäßige Tätigkeit, durch das Farbengesetz mit Ausnahme der Bestimmungen über die Herstellung, Aufbewahrung und Verpackung von Nahrungs-, Genußmitteln und Gebrauchsgegenständen, sowie den Verkauf von Tuschfarben und die Verwendung arsenhaltiger Farben zum Anstrich gleichfalls nur gewerbsmäßige Tätigkeit unter Strafe gestellt.

Im Fleischbeschaugesetz ist die Verwendung der gesundheitsschädlichen oder zur Verdeckung minderwertiger Beschaffenheit geeigneten Stoffe und Verfahrensarten gemäß § 21 nur bei gewerbsmäßiger Zubereitung, bei Fleisch, welches auf Grund der Bestimmungen des § 2 über Hausschlachtungen von der Untersuchung befreit ist, nur die gewerbsmäßige Verwendung verboten, im übrigen macht es keinen Unterschied für die Strafbarkeit, ob die Handlung gewerbsmäßig erfolgt ist, oder nicht.

Das Margarinegesetz verbietet im § 14 den Verkauf von Mischungen von Butter mit Margarine oder anderen Speisefetten nur, wenn er in Ausübung des Gewerbes erfolgt. Im übrigen wird ein Unterschied zwischen gewerbsmäßiger und nichtgewerbsmäßiger Tätigkeit nicht gemacht.

Das Weingesetz verbietet in § 3 die Verwendung der dort aufgeführten verbotenen Substanzen nur bei der gewerbsmäßigen Herstellung, ebenso die Unterlassung der erforderlichen Deklaration beim Schaumweinverkauf nur im Falle des gewerbsmäßigen Verkaufes. Im übrigen macht es bezüglich der Delikte aus dem Weingesetz, namentlich, wenn das Feilhalten oder Verkaufen in Frage kommt, keinen Unterschied, ob Gewerbsmäßigkeit vorliegt. Das Feilhalten und Verkaufen von Weinen mit nach § 3 des Gesetzes verbotenen Zusätzen ist auch verboten, wenn die Herstellung nicht gewerbsmäßig erfolgt.

Das Süßstoffgesetz endlich erwähnt die gewerbliche Herstellung nur beim Zusatz von Süßstoffen zu Nahrungs- und Genußmitteln, im übrigen wird auch hier kein Unterschied gemacht.

Der Begriff der Gewerbsmäßigkeit ist derselbe, wie er im allgemeinen Strafrecht von der Judikatur namentlich zu §§ 260 ff. St.G.B. entwickelt ist.

Gewerbsmäßig ist eine auf die Erzielung von Vermögensvorteilen sich richtende Tätigkeit mit der Absicht, sie nicht bloß einmal, sondern fortgesetzt, wenn auch nur bei günstiger Gelegenheit vorzunehmen. (R.G. R. I, 654, E. IV, 184; XII, 388.) Die Gewerbsmäßigkeit erfordert nicht notwendig eine Mehrzahl Handlungen, weil sie durch die auf die Fortsetzung gerichtete Absicht ihr charakteriristisches Merkmal erhält. Zur Annahme des Merkmals kann ein einzelner Fall genügen. (R.G. E. XXII, 388; XXVII, 138.) Es können deshalb zum Nachweis der Gewerbstätigkeit auch bereits abgeurteilte Fälle herangezogen werden, die zur Verurteilung geführt haben (R.G. E. I, 118), sogar frühere Fälle, in denen rechtskräftige Freisprechung ausgesprochen war, wenn der jetzt beurteilende Richter eine andere Auffassung gewinnt (R.G. E. XXXIII, 303), ebenso auch bereits verjährte Fälle (R.G. R. III, 716) und im Ausland begangene, dort vielleicht straflose Fälle, ja sogar unter einer anderen Gesetzgebung begangene Fälle, wenn die Handlung damals nicht strafbar, ja sogar nicht einmal verboten war (R.G. E. V, 369), endlich sogar an sich nicht widerrechtliche Einzelfälle, die, soweit es sich um die Gewerbsmäßigkeit handelt, einen auf Gewinn abzielenden Betrieb dartun. So ist das einmalige Herstellen von Kunstwein gemäß § 3 Nr. 1. W.G. strafbar, wenn es im Betriebe eines Gewerbes geschieht (R.G. vom 15. November 1903; J.W. 1904, S. 128; E. XXXVII, 427).

Für den Begriff der Gewerbsmäßigkeit ist es natürlich nicht nötig, daß der Täter beabsichtigt, unmittelbar aus der Tat einen Gewinn zu erzielen. Sonst würde beispielsweise die Verwendung verbotswidriger Druckvorrichtungen gemäß § 4 Nr. 3 des Blei- und Zinkgesetzes niemals bestraft werden können, da aus ihr kein unmittelbarer Gewinn, sondern nur eine Erleichterung des Gewerbebetriebes erzielt wird. Die Vollführung der Tat gelegentlich der Ausübung eines anderen Gewerbes ist als gewerbsmäßige Tätigkeit anzusehen.

Hinsichtlich der Person des Täters ist besonders wichtig die Frage, ob bei größerem Umfang des Betriebes der Prinzipal oder die Angestellten verantwortlich sind.

Besonders erwähnt ist die Verantwortlichkeit der betriebsleitenden Angestellten (Betriebsleiter und Aufsichtspersonen) neben den Unternehmern bei der Auskunftspflicht in § 9 W.G. und § 11 W.G. Im übrigen muß daran festgehalten werden, daß zunächst der Unternehmer des Betriebes als Täter anzusehen ist, und zwar sämtliche Unternehmer, bei einer juristischen Person (Aktiengesellschaft, Genossenschaft, Gesellschaft mit beschränkter Haftung) sämtliche gesetzlichen Vertreter. Es ist nicht erforderlich, daß der Unternehmer selbst bei der Tat mitgewirkt hat, es genügt, wenn er die Tat geschehen ließ, um daraus Gewinn zu erzielen. Geschäftsteilnehmer sind Mittäter, wenn sie nach gemeinschaftlichem Beschluß einen auf ein Nahrungsmittelvergehen gerichteten Betrieb unternehmen. (R.G. vom 17. Januar 1881 E. III, 274, R. II, 735.) Bei mehreren Geschäftsteilnehmern oder mehreren gesetzlichen Vertretern entschuldigt die Unterwerfung unter einen Majoritätsbeschluß noch nicht, es muß vielmehr jeder sein Möglichstes tun, um die strafbare Handlung zu verhindern. Anders liegt der Fall, wenn nach dem Statut oder Gesetz die Verantwortlichkeit des Einzelnen sich nur auf einen Teil des Betriebes beschränkt und ihm in den anderen Teilen keinerlei Einfluß zusteht.

Der Geschäftsinhaber ist insbesondere auch Täter derjenigen Handlungen, welche seine Angestellten mit seinem Wissen und

Willen vornehmen. Er ist fahrlässiger Täter, soweit er die genügende Aufsicht und Kontrolle versäumt hat. (Vgl. R.G. vom 10. Januar 1893 E. XXXIII, 383; J.W. 1806, 519 und 1904, 589.)

Die Arbeiter, Handlungsgehilfen, Betriebsbeamten usw. sind Selbsttäter, wenn sie unter Benutzung der Arbeitsgelegenheit einen strafbaren Tatbestand herbeiführen. (Oberlandesgericht Kiel, vom 1. März 1895, Goldtammer Bd. 44, S. 291.) Sie sind Mittäter, wenn diese Handlungen mit Wissen und Willen des Unternehmers geschehen. Bei den Delikten gegen § 10 N.M.G. sind die Angestellten nur als Gehilfen strafbar, wenn sie Nachahmungen oder Verfälschungen vornehmen und sich dabei bewußt sind, daß der Unternehmer die Produkte zum Zwecke der Täuschung im Handel und Verkehr verwenden will. Eine bloße Mitwisserschaft macht das Personal nicht strafbar.

Über die Begrenzung der Verschuldung zwischen Geschäftsinhaber und Geschäftsleiter hat sich das Reichsgericht in einem Falle, in welchem der Ehemann als Geschäftsleiter des der Ehefrau gehörigen Geschäfts gesundheitsgefährliche Wurst hergestellt und verkauft hat, wie folgt, ausgesprochen:

„Im vorliegenden Strafrechtsgebiete wird nicht eine bloße formale Verantwortlichkeit für eine objektiv illegale Handlung, sondern V e r s c h u l d u n g vorausgesetzt. Wie daher den Geschäftsinhaber (Eigentümer) als solchen strafgesetzliche Haftbarkeit nicht treffen kann, wenn jene Vetschuldungsmomente in seiner Person nicht vorliegen, so kann der Geschäftsleiter nicht hiervon deshalb entbunden werden, weil die Vorteile seiner Handlung nicht unmittelbar ihm, sondern dem ersteren zukommen, während er selbst vorsätzlich, bezw. wissentlich die Herstellung oder den Verkauf bewirkt hat. Auch ist es gleichgültig, ob er beim Verkauf unmittelbar mitgewirkt oder denselben durch Dritte bewirkt oder jede Vorkehrung zur Verhinderung desselben unterlassen hat.“ R.G. vom 20. Mai 1881 E. IV, 182.)

31. Kapitel.

Fahrlässigkeit.

Fahrlässigkeit ist die Nichtvoraussicht des Erfolges, den der Täter hätte voraussehen können oder sollen. Fahrlässige Handlung ist die Verursachung oder Behinderung eines nicht vorausgesehenen oder vorauszusehenden Erfolges durch willkürliche Willensbetätigung. (v. Liszt, Lehrbuch des Deutschen Strafrechts, S. 179.) Der Begriff der Fahrlässigkeit findet sich in §§ 11 und 14 N.M.G., in § 27 Nr. 1 Fl.B.G., in § 16 Nr. 3 und 4 W.G. und im § 7 des Süßstoffgesetzes.

„Auch im Gebiete der Nahrungsmittelgesetzgebung ist der Begriff der Fahrlässigkeit derselbe, wie im sonstigen Strafrecht, dessen Wesen darin besteht, daß durch Nichtanwendung der nach den Umständen gebotenen Sorgfalt und Umsicht von dem Handelnden ein vom Recht reprobierter Erfolg seines Handelns herbeigeführt worden ist." (R.G. vom 5. Februar 1882 E. VI, 41, R. IV, 165.)

Das Maß der erforderlichen Sorgfalt ist nach der Verkehrsauffassung und den Umständen des einzelnen Falles festzustellen. Die Möglichkeit, über die schädliche Beschaffenheit eines Nahrungsmittels Erkundigungen einzuziehen, genügt nicht zur Begründung der Fahrlässigkeit, es muß vielmehr auch die Verpflichtung bestehen, solche Erkundigungen einzuziehen. Ob eine solche Verpflichtung zur Untersuchung besteht, kann nicht nach polizeilichen oder sonstigen Vorschriften, sondern lediglich nach der Lage des einzelnen Falles beurteilt werden. Der Täter kann im konkreten Fall zu einer Untersuchung verpflichtet gewesen sein, trotzdem eine solche nicht ausdrücklich vorgeschrieben war, und umgekehrt. (R.G. vom 5. Februar 1882 E. VI, 41, R. IV, 165.) So wurde nach dem Umstande des konkreten Falles eine Fahrlässigkeit gefunden in der Unterlassung der Prüfung des zur Fabrikation von Kunstwein verwendeten Traubenzuckers (R.G. vom 17. Januar 1881 E. III, 273, R. II, 735; dagegen Fahrlässigkeit verneint bei einem Grossisten, welcher amerikanisches Schweinefleisch bezogen und abgegeben hatte, ohne es auf Trichinen untersuchen zu lassen vor dem Inkrafttreten des Fleischbeschaugesetzes, R.G. vom 27. März 1882 E. VI, 121, R. IV, 282).

Fahrlässigkeit wurde auch verneint bei dem Verkauf von nicht untersuchtem trichinenhaltigen Fleisch, wenn der Verkäufer nach der konkreten Sachlage überzeugt sein konnte, daß das Fleisch erst nach gehörigem Kochen genossen werden würde. (R.G. vom 7. Mai 1888 E. XVII, 427.) Auch der Umfang der Untersuchungspflicht muß sich in den durch die Verkehrsauffassung und die Lebensverhältnisse gebotenen Grenzen halten. In einem Falle, wo es sich um den Verkauf gefälschter Milch handelt, deren Verfälschung weder von dem Angeklagten vorgenommen, noch diesem bekannt war, führt das Reichsgericht aus:

„Die Strafkammer nimmt an, die Angeklagten hätten bei dem Verkauf der gefälschten Milch fahrlässig gehandelt, weil es die Pflicht jeden Verkäufers von Nahrungsmitteln sei, sich jederzeit über den Zustand seiner Ware zu unterrichten. Mit Recht greift die Revision diese Auffassung der Fahrlässigkeit an. Wer die Milch von seinen eigenen Kühen gewinnt, und ohne sie selbst zu verfälschen, verkauft, wird in der Regel keine Veranlassung zu Zweifeln über die Unverfälschtheit der Milch haben. Ein Grund für die Verpflichtung, sie gleichwohl vor dem Übergang aus seinen Händen in die eines anderen zu prüfen, läßt sich nicht absehen, es sei denn, daß Umstände eingetreten sind, die den Verdacht begründen, daß ein anderer inzwischen die Milch verfälscht habe. Eine so allgemeine Forderung, wie sie das Urteil aufstellt, wäre mit den tatsächlichen Lebensverhältnissen unvereinbar." (R.G. I vom 30. Januar 1902, J.W. 1903 S. 142.)

Auch eine Verpflichtung, sich über die Frage der Gesundheitsschädlichkeit eines Nahrungsmittels zu erkundigen, besteht nicht unbedingt. Sie besteht insbesondere dann nicht, wenn der Täter nach sorgfältiger Prüfung von der Unschädlichkeit überzeugt ist; in dieser Beziehung vgl. das Reichsgerichtserkenntnis vom 19. Februar 1901, abgedruckt im Kapitel „Konservieren", ferner Reichsgericht vom 25. Februar 1901, J.W. 1901 S. 507.

„Zu erheblichen Bedenken führt die Feststellung der dem Angeklagten zur Last gelegten Fahrlässigkeit. Der Vorderrichter hat selbst festgestellt, daß die Angeklagten auf Grund ihrer praktischen Erfahrungen von der Unschädlichkeit der Beimengung von Präservesalz, das öffentlich ohne Beanstandung in Packungen für die Schlächter verkauft werde, überzeugt waren, und daß sie diese, ihre praktischen Erfahrungen wissenschaftlichen Bedenken, welchen überdies ein umfangreiches Material nicht zu Grunde zu liegen scheine, vorangestellt haben. Weshalb aber eine durch einen Rechtssatz verbotene Bevorzugung der Ergebnisse einer unmittelbar aus der Praxis geschöpften Erfahrung gegenüber Bedenken, welche von wissenschaftlicher Seite dagegen aufgestellt sind, und gegenüber einer Bekanntmachung des Regierungspräsidenten, welche das Präservesalz für möglicherweise gesundheitsgefährlich erklärten, unter allen Umständen eine Fahrlässigkeit in sich schließen sollte, hat der Vorderrichter nicht nachgewiesen. War dadurch die Feststellung der Überzeugung des Angeklagten die Annahme des sogenannten Eventualdolus ausgeschlossen, so folgt daraus noch nicht von selbst das Vorhandensein fahrlässigen Verhaltens gegenüber dem eingetretenen rechtswidrigen Erfolge. Welcher Art aber die den Angeklagten nach ihrer Individualität zuzumutende Aufmerksamkeit war, die sie schuldbar außer Augen gesetzt haben sollen, und ob bei Anwendung dieser Aufmerksamkeit die Angeklagten ihre Überzeugung geändert hätten, und somit der Erfolg vermieden wäre, ist ungeprüft geblieben."

Bezüglich der Verwendung des Präservesalzes als Zusatz zum Fleisch kommt es allerdings jetzt gemäß § 21 Fl.B.G. und der Bundesratsbekanntmachung vom 18. Februar 1902 nicht mehr darauf an, ob der Täter von der Unschädlichkeit überzeugt ist.

Die Entscheidungen behalten jedoch ihre präjudiizelle Bedeutung hinsichtlich des Glaubens an die Unschädlichkeit von Konservierungsmitteln, soweit das Nahrungsmittelgesetz zur Anwendung kommt. R.G. II vom 21. Oktober 1902. J.W. 1902 S. 142.

„Eine Fahrlässigkeit des Angeklagten ist darin gefunden worden, daß er von der Schädlichkeit sich keine Kenntnis verschafft habe: „Es war Sache des Angeklagten, sagt das Urteil, über eine Frage von so einschneidender Bedeutung, über die insbesondere in Fachzeitschriften so vielfach geschrieben worden ist, sich zu informieren." Diese Erwägung würde jedoch eine Fahrlässigkeit des Angeklagten nur unter Voraussetzungen begründen, deren Vorhandensein dem Urteil nicht zu entnehmen ist. Einerseits ist nicht ersichtlich, welcher besondere Anlaß für den Angeklagten vorlag, über die Frage der etwaigen Schädlichkeit des Präservesalzes, dessen Anwendung nicht gebräuchlich und nicht verboten war, Informationen einzuziehen, falls er nicht hinsichtlich der Schädlichkeit bereits im Zweifel war oder nach Lage der Verhältnisse sein mußte; weder dies noch jenes geht aus dem Urteil hervor. Andererseits würde die Verabsäumung geeigneter Erkundigungen den

Angeklagten nur dann verantwortlich erscheinen lassen, wenn feststände, daß im Falle solcher Erkundigungen dem Angeklagten die Überzeugung von der unbedingten Schädlichkeit des Präservesalzes sich hätte aufdrängen müssen. Das aber die Dinge so liegen, ist weder vom Vorderrichter ausgesprochen, noch ist es notorisch."

Was die Fahrlässigkeit bei den einzelnen Delikten betrifft, so kann bei dem Verkaufsdelikt aus §§ 10, 11 N.M.G. die Fahrlässigkeit nicht darin bestehen, daß der Täter die wahre Beschaffenheit des Nahrungsmittels nicht gekannt hat, trotzdem er sie hätte kennen müssen, denn das Gesetz verlangt beim Verkauf ein „Verschweigen dieses Umstandes", verschweigen kann man aber nur das, was man weiß. Die Fahrlässigkeit kann sich also hier nur auf den Verkauf der betreffenden Gegenstände als Nahrungs- oder Genußmittel beziehen, wenn z. B. der Täter sich nicht die Möglichkeit überlegt hat, daß die betreffenden Gegenstände als Nahrungsmittel verwendet werden würden, oder auch darauf, daß der Täter den Kaufvertrag zustande bringt, ohne sich recht zu überlegen, daß wirklich ein solcher Vertrag zustande kommen soll. Beim Feilhalten dagegen besteht die Fahrlässigkeit in der Regel darin, daß sich der Verkäufer über die wahre Beschaffenheit des Nahrungsmittels in pflichtwidriger Weise nicht orientiert hat. Das Reichsgericht nimmt allerdings an, daß es auch hier ein fahrlässiges Verschweigen gibt. (II. vom 21. April 1885 R. VII, 239.) Bei den Fahrlässigkeitsdelikten des § 14 N.M.G. kann die Fahrlässigkeit sowohl in verschuldeter Unkenntnis der Gesundheitsschädlichkeit (R.G. vom 27. Mai 1884 E. XX, 410), als auch in Nichtkenntnis des Umstandes bestehen, daß die betreffende Ware als Nahrungsmittel verkauft wird (R.G. vom 28. Juni 1883 E. IX, 31).

Bezüglich der Fahrlässigkeitsdelikte gegen das Wein-, Fleischbeschau- und Süßstoffgesetz genügt der Hinweis auf die früheren Ausführungen über die entsprechenden Vorsatzdelikte.

32. Kapitel.

Herstellung, Aufbewahrung, Verpackung.

Herstellung eines Nahrungsmittels ist diejenige menschliche Tätigkeit, durch welche Gegenstände, welche vorher überhaupt nicht zu den Nahrungsmitteln oder zu einer anderen Klasse oder Qualität derselben gehören, zu Nahrungsmitteln umgeschaffen werden. Hergestellt ist das Nahrungsmittel, wenn es zum Genuß fertig gestellt ist. (R.G. vom 27. Oktober 1882 E. VII, 151, R. IV, 768.) S. S. 195. Unter den Begriff der Herstellung fällt auch die Wiederherstellung, z. B. das Aufkochen ungenießbar gewordener Nahrungsmittel und die Reparatur von Gebrauchsgegenständen; letzteres wurde im Reichstag bei der Beratung des Bleigesetzes besonders betont. Es gehören aber dazu außer der Bereitung im engeren Sinne auch alle Handhabungen, welche an dem Nahrungsmittel bis zur Abgabe an den Käufer vorgenommen werden, z. B. das Aufblasen des Fleisches oder die Schaumerzeugung im Bier. Die Herstellung ist vollendet, sobald sich das Nahrungsmittel in demjenigen Zustande befindet, in welchem es nach Absicht des Täters dem Genuß oder dem Verkehr übergeben werden soll. Es ist nicht nötig, daß bereits Anstalten getroffen worden sind, um es wirklich dem Genuß oder dem Verkehr zugänglich zu machen.

Die Veränderung, welche den Tatbestand der „Herstellung" bildet, muß sich nicht notwendig auf die innere qualitative Beschaffenheit beziehen, insbesondere gehört zur Herstellung eines gesundheitsschädlichen Nahrungsmittels nicht notwendig, daß ein an und für sich gesunder Stoff erst durch seine Behandlung, Zusammensetzung mit anderen Stoffen usw. zu einem gesundheitsschädlichen umgestaltet wird.

„Ein Nahrungsmittel, welches geeignet ist, die menschliche Gesundheit zu beschädigen, stellt vielmehr auch derjenige her, welcher einem schon ursprünglich gesundheitsgefährlichen Stoff, welcher auch bei normaler Qualität in dieser Beschaffenheit als Nahrungsmittel genossen werden kann oder genossen zu werden pflegt, eine derartige Form verleiht, welche sie zum menschlichen Genusse geeignet erscheinen läßt . . . Die Herstellung ist auch dann derartig erfolgt, daß der Genuß die

Gesundheit zu beschädigen geeignet ist, wenn dem hergestellten Nahrungsmittel ohne Rücksicht auf die Art der Bereitung diese Eigenschaft anhaftet. Es muß nur das Produkt der Herstellung ein gesundheitsgefährliches Nahrungsmittel sein. Wer aus verdorbenem Getreide ein Mehl fabriziert, welches dieselben gesundheitsbeschädigenden Eigenschaften besitzt, wie das rohe Getreide selbst, sofern jemand auf den Gedanken kommen sollte, dasselbe zu genießen, bringt durch seine Herstellungstätigkeit ein gesundheitsbeschädigendes Nahrungsmittel nicht weniger zur Existenz, wie derjenige, welcher erst durch ungeschickte oder böswillige Zusätze zu dem gesunden Rohstoff die Schädlichkeit des daraus bereiteten Produktes herbeiführt. So kann es auch füglich nicht bezweifelt werden, daß der Fleischer, welcher das Fleisch erkrankten Viehes zur Bereitung gesundheitsschädlicher Wurst verwendet, sich damit der Herstellung eines gesundheitsschädlichen Nahrungsmittels auch dann schuldig macht, wenn die Herstellungsweise der Wurst und die sonst dazu verwendeten Stoffe den normalen Anforderungen entspricht." (R.G. vom 27. Oktober 1882 E. VII, 151, R. IV, 768.)

Von gewerbsmäßiger Herstellung spricht § 4 Nr. 1 des Bleigesetzes. Hierunter ist neben der Herstellung für den Vertrieb auch die Herstellung für den eigenen Gebrauch zu verstehen, wenn sie gewerbsmäßig erfolgt.

Der Ausdruck „Verwendung zur Herstellung" wird in den meisten Bestimmungen des Blei- und Farbengesetzes gebraucht. Es handelt sich hier um eine Tätigkeit, welche nicht direkt, sondern erst mittelbar dem von dem Täter erstrebten wirtschaftlichen Erfolge dient. Bei der Verwendung zur Herstellung macht es keinen Unterschied, ob die betreffende Substanz direkt oder erst als Bestandteil einer anderen Substanz angewendet wird. (Vgl. unter „Verwendung".)

Als „Hersteller" gilt nach dem allgemeinen Sprachgebrauch der Meister, welcher Waren in seinem Gewerbebetriebe oder unter seiner Leitung zubereiten läßt, ohne Rücksicht darauf, ob und eventl. in welchem Umfange er bei der Zubereitung selbst mit Hand anlegt. Immerhin schaffen die Nahrungsmittelgesetze keine bloße formale Verantwortlichkeit. Der Betriebsinhaber, welcher von einer vorgenommenen verbotenen Herstellung nichts weiß, ist bei Vorsatzdelikten durch die Tatbestandsmerkmale der „Wissentlichkeit" und „Vorsätzlichkeit" unbedingt, bei den Fahrlässigkeitsdelikten insoweit geschützt, als er bei ordnungsmäßiger Überwachung von den vorgekommenen Gesetzwidrigkeiten keine Kenntnis erlangen konnte.

Die Begriffe „Aufbewahrung" und „Verpackung" spielen im Bleigesetz und im Farbengesetz hinsichtlich der hierzu benutzten Mittel, im Margarinegesetz und im Weingesetz hinsichtlich der hierzu dienenden Räumlichkeiten eine Rolle.

Die Bestimmungen über Aufbewahrungs- und Verpackungsmaterialien begreifen die Aufbewahrung und Verpackung im weitesten Umfange. Es ist nicht nötig, daß das verwendete Material unmittelbar mit der darin aufbewahrten oder verpackten Ware in Berührung kommt. Z. B. fällt eine bleihaltige Metallfolie, die zur Verpackung von Schnupf- und Kautabak oder Speisen dient, auch dann unter das Bleigesetz, wenn dazwischen noch ein Blatt Pergamentpapier liegt. § 3 Abs. 1 des Bleigesetzes (Geschirr und Gegenstände zur Verfertigung von Getränken und Fruchtsäften) bezieht sich allerdings kraft ausdrücklicher Bestimmungen nur auf diejenigen Teile, welche bei bestimmungsgemäßem oder vorauszusehendem Gebrauche mit dem Inhalt in unmittelbare Berührung kommen. Das Farbengesetz findet auf den äußeren Anstrich von Gefäßen aus wasserdichten Stoffen keine Anwendung.

Auf Dauer und Zweck der Aufbewahrungs- und Verpackungsmittel kommt es nicht an. Umhüllungen, die nur der Reklame und der Verzierung dienen, fallen ebenso unter die gesetzlichen Bestimmungen, wie feste Umhüllungen, Gefäße aller Art oder Schutzbedeckungen, welche die Ware auf die Dauer gegen Einflüsse von Luft, Licht oder Feuchtigkeit schützen sollen.

Der § 8 des Süßstoffgesetzes enthält noch eine besondere Bestimmung gegen denjenigen, in dessen Besitz oder Gewahrsam Süßstoff in Mengen von mehr als 50 Gramm vorgefunden wird. Entscheidend ist hier die bloße Tatsache des Besitzes, ohne daß eine besondere, auf die Verwahrung gerichtete Tätigkeit erfordert wird. (R.G. vom 2. Dezember 1904 E. XXXVII, 339.)

III. Systematisches Nahrungsmittelrecht.

33. Kapitel.

Butter und Butterersatzstoffe.

1. Butter und Butterschmalz.

Gewinnung. Die Butter wird aus Milch gewonnen, und zwar aus Kuhmilch. Andere Butterarten kommen bei uns nicht in den Handel. Sollte trotzdem die Butter aus der Milch eines anderen Säugetieres in Frage kommen, so wäre der Speziesname dazu zu setzen, z. B. Pferdebutter, Ziegenbutter. Nach Art der Herstellung und Beschaffenheit der Milch unterscheidet man Zentrifugenbutter, wenn zunächst der Rahm aus der Milch mittelst Zentrifuge zur Abscheidung gebracht wurde und Süßrahmbutter, wenn Milch bezw. der Rahm noch nicht sauer, sondern noch süß waren. Butter aus saurem Rahm pflegt nicht besonders gekennzeichnet zu werden. Daneben gibt es Milchbutter, das ist solche, die ohne vorherige Rahmabsonderung aus Milch direkt erhalten wurde. Aus technischen Gründen steht hier nur saure Milch in Frage.

Der abgesonderte Rahm oder die saure Milch werden andauernd heftig geschüttelt, bezw. erschüttert, wodurch die Fettkügelchen des Rahms, ohne ihre Sonderexistenz aufzugeben, zusammenkleben und dabei noch Rahm- oder Milchteile einschließen. Es entsteht hierdurch eine starre, äußerst fettreiche Emulsion (vgl. bei Zubereitung S. 188).

Diese Form einer starren Emulsion ist das Wesentliche an der Butter. Ihr verdankt sie ihre Streichbarkeit, ihre Fähigkeit sich formen zu lassen und auch ihren Geschmack zum erheblichen Teil. Denn wenn das Milchfett ganz rein für sich abgeschieden wird, erhält man eine Substanz mit ganz anders gearteten Eigenschaften, das sog. Butterschmalz. In Norddeutschland ist dieses Fett fast gar nicht gebraucht, dagegen viel in Süddeutschland und heißt dort auch Rindsschmalz oder auch nur einfach Schmalz.

Das besonders an der Butter geschätzte Aroma und der „Buttergeschmack" verdanken ihr Vorhandensein gar nicht dem Fett, sondern den noch vorhandenen Rahmanteilen und zwar besonders den sauren.

Gesetzliche Bestimmungen sind im Margarinegesetz enthalten.

1. § 3 verbietet die Vermischung von Butter oder Butterschmalz mit Margarine oder andern Speisefetten zu Zwecken des Handels. Solche Mischungen dürfen demnach auch nicht bei Deklaration vertrieben werden. Zum Zwecke der eigenen, auch gewerbsmäßigen Verwendung in Küchen, Backstuben usw. ist die Herstellung solcher Mischungen nicht untersagt.
2. § 4 verbietet das gleichzeitige Feilhalten, Herstellen, Aufbewahren und Verpacken von Butter und Butterschmalz in denselben Räumen mit Margarine und Kunstspeisefett. Abs. 2 läßt in Orten unter 5000 Einwohnern Ausnahmen zu.
3. § 11 in Verbindung mit der Bekanntmachung des Bundesrats vom 1. März 1902 setzt fest, daß Butter wenigstens 80 % Fett enthalten muß. Der Wassergehalt darf bei gesalzener Butter bis 16 %, bei ungesalzener bis 18 % betragen.
4. Die Bekanntmachung des Reichskanzlers vom 1. April 1898 gibt eine Anweisung zur chemischen Untersuchung der Butter. Dieselbe ist im Beiheft S. 24 ff. abgedruckt.
5. Das Fleischbeschaugesetz erwähnt Butter nicht direkt. Nach unserer Auffassung ist Butter und besonders Butterschmalz ein unter den § 4 des Fleischbeschaugesetzes fallendes, weil aus warmblütigen Tieren hergestelltes Fett. (Vgl. unsern Kommentar, Guttentagsche Sammlung Deutscher Reichsgesetze Nr. 68 S. 42, 43 und 203.) Der Bundesrat

hat aber in der Ausführungsbeſtimmung D. vom 30. Mai 1902, § 1 Abſ. 3 beſtimmt, daß das zitierte Geſetz auf beides keine Anwendung habe. Demnach wäre der Inhalt der Bekanntmachung vom 18. Februar 1902 nicht auf Butter zu beziehen und die Färbung dieſer lediglich aus dem Nahrungsmittelgeſetz zu beurteilen.

6. Die zugeſetzten Farbſtoffe müſſen dem G. vom 5. Juli 1887 entſprechen.

Definitionen. Butterſchmalz iſt das faſt waſſerfreie, ausgeſchmolzene Fett aus der Kuhmilch.

Butter iſt in ſtarrer Emulſion befindliches Milchfett, mit wenigſtens 80 % Butterſchmalz neben Waſſer und ſonſtigen Milchbeſtandteilen. Ein Salzgehalt iſt zuläſſig bis zur Höhe von 4 % einſchließlich noch vorhandener waſſerfreier, nichtfettiger Milchbeſtandteile. Salzhaltige Butter darf 16 % Waſſer enthalten, ungeſalzene 18 %.

Marktware wird unter folgenden Bezeichnungen gehandelt:

Friſche Butter (Tafelbutter): mit den Unterarten Süßrahmbutter, Milchbutter oder einfache „Butter“. Ihre Unterſcheidung ſiehe oben unter „Herſtellung“. Sie kann „geſalzen“ und „ungeſalzen“ ſein. Sie iſt vielfach pfundweiſe ausgewogen und in Pergamentpapier oder andere Hüllen eingeſchlagen.

Kochbutter: dieſelbe Butter in einem etwas vorgeſchrittneren Stadium.

Dauerbutter: die gleiche Butter, aber infolge höheren Salzgehaltes einige Wochen haltbar. Die Marine ſoll „Dauerbutter“ bis mit $3\frac{1}{2}$ % Salz abnehmen.

Exportbutter: iſt meiſt mit Chemikalien behandelt aud auch ſonſt den Bedürfniſſen des Empfängers entſprechend zubereitet. Sie iſt meiſt in Blechbüchſen verpackt und der Regel nach ſo beſchaffen, daß ihr Vertrieb im Inlande unzuläſſig erſcheint.

Vorbruchbutter: eine etwas geringere Butter, die als Nebenprodukt in ſolchen Gegenden gewonnen wird, die umfangreiche Fabrikation fetter Hartkäſe betreiben.

Verfälſchungen und dgl.

1. Das Färben der Butter iſt allgemein üblich, beſonders in Norddeutſchland. Soweit dabei Farbſtoffe Verwendung

finden, die weder unter das Farbengesetz fallen, noch sonst bedenklich sind, ist gegen diesen Brauch nichts zu erinnern. Doch bleibt zu beachten, daß die frische Grasbutter, welche im Mai bis August auf den Markt kommt und welche gelber und wohlschmeckender als andere Butter ist, vom Publikum höher bewertet wird (Maibutter). Zu dieser Jahreszeit sind daher durch das Färben Täuschungen möglich.

2. Gesalzene Butter ist in Norddeutschland die gewöhnliche Handelsware, ungesalzene im Süden. 12,5—15 g Salzzusatz pro Pfund sind normal. Zu hoher Salzgehalt wäre nicht nur ein Verstoß gegen obige Bekanntmachung bezw. die im § 18 M.G. angedrohte Strafe, sondern kann auch ein Vergehen gegen § 10 N.M.G. sein. Bei übermäßiger Salzung könnte bei der großen Preisdifferenz zwischen Salz und Butter auch § 263 St.G.B. zutreffen.

3. Konservierungsmittel wie Borsäure, Salizylsäure kommen gelegentlich vor, sind aber unzulässig. Salpeterzusatz ist gleichfalls häufig, aber ebenso ungehörig.

4. Mischungen von Butter mit Margarine sind seltener geworden. Dafür sind Verfälschungen der Butter mit Kokosfett desto häufiger. Leider ist der Nachweis dieser Betrügerei noch nicht sicher genug.

Das Butterfett ist zwar im allgemeinen anderen tierischen Fetten außerordentlich ähnlich zusammengesetzt, enthält aber eine verhältnismäßig sehr hohe Menge (2 %) von Fettsäuren, die mit Wasserdämpfen flüchtig (destillierbar) sind. Kein anderes tierisches Fett enthält auch nur annähernd soviel davon. Der in Wasser lösliche Anteil dieser Fettsäuren wird mit einer Lauge von bestimmtem Gehalt gemessen und die für eine bestimmte Menge Fett verbrauchte Anzahl Kubikzentimeter als „Reichert-Meißlsche Zahl" bezeichnet. Je höher der Gehalt an wasserlöslichen flüchtigen Fettsäuren, desto höher auch diese Zahl. Bei Butter beträgt sie normaler Weise 26—32, bei anderen Fetten ganz erheblich weniger, in der Regel nicht über 2. Bei Mischungen treten daher Verschiebungen nach unten auf.

Das Kokosfett (s. unten) ist in gewissem Grade mit einem höheren Gehalt an diesen Säuren ausgestattet; seine Reichert-Meißelsche Zahl beträgt etwa 7,5—8, so daß eine Butter mit einer Reichert-Meißelschen Zahl von 30 bei Zusatz von 25 % Margarine mit einer Zahl von 2 auf 23 sinkt, während ein Zusatz von 25 % Kokosfett eine Zahl von 24,5 zur Folge hat. Da man 24 als etwa unterste Grenze für Butter betrachtet, könnte die letztere Fälschung nach dieser Methode nicht sicher entdeckt werden.

Man kann jedoch von folgenden Verhältnissen Gebrauch machen: Alle Fette enthalten geringe Menge eines unverseifbaren Stoffes, aber der tierische Körper gestaltet ihn etwas anders als der pflanzliche, wenn auch die Unterschiede nur geringe sind. Diese Verbindung heißt Cholesterin im Tierfett, Phytosterin im Pflanzenfett. Böhmer-Münster (Westf.) hat ein zuverlässiges Verfahren zu ihrer Abscheidung und Differenzierung zwar neuerdings bekannt gegeben, aber es ist noch zu teuer und umständlich, als daß es für die landläufige Kontrolle Verwendung finden könnte. Doch ist es mit Nutzen bei geeigneten strittigen Fällen angewendet worden.

5. Ranzige Butter ist als Koch- und Bratbutter ein häufiger Handelsartikel. Doch sollen nur geringe Grade von Ranzigkeit geduldet werden, höhere sind als Verderben anzusehen.

6. Beschwerungen sind am häufigsten durch Wasser. So grobe Untermischungen, wie sie früher beobachtet wurden, mit Stärkepräparaten und Wasser, kommen nicht mehr vor.

Dafür wird nach andern „besseren" Methoden gearbeitet. In Berlin wenigstens wird das Publikum in erheblichem Umfange in der Weise benachteiligt, daß stets „brutto für netto" verkauft wird. Wer z. B. 1/4 Pfd. Butter kaufen will, erhält kaum 100 g statt der zu erwartenden 125 g. Ein Pergamentpapier von möglichster Dicke und etwa 15—20 g schwer, im Einkaufswert von etwa 30—40 Pf. pro 1/2 kg, wird zum Butterverkaufswert, also im Durchschnitt 1,20 Mk. pro 1/2 kg, mitgewogen und natürlich als Butter mitbezahlt. Durch Abspritzen der Abstechstelle, die stets in Wasser aufbewahrt bezw. getaucht wird, kommen noch etwa 10 g Wasser auf das Papier, so daß tatsächlich ein Mindergewicht von ungefähr 20 % geliefert wird. Vgl. auch S. 103.

Das Auswiegen kleiner Quantitäten wie 1/4 Pfd. macht natürlich mehr Unkosten als dasjenige größerer Mengen, darum bleiben aber doch 125 g zum Viertelpfund gehörig und der Verkäufer muß seine Mehrkosten in anderer Weise zu decken bestrebt sein, nicht durch falsches Gewicht.

7. Die Butter kann außer durch Ranzidität, auch durch gewisse Krankheiten, welche bereits aus dem Rahm stammen, verderben: speckige, talgige, käsige Butter. Butter mit pathogenen Bakterien ist gesundheitsgefährlich.

Verschimmelte Butter ist gleichfalls häufig.

8. Manches Kuhfutter wirkt ungünstig auf den Geschmack der Milch und der Butter, z. B. Rübenfutter. Solche Butter ist zwar nicht stets als verdorben aber doch als minderwertig anzusehen und daher besonders zu bezeichnen.

9. Aufgefrischte Butter ist gelegentlich Handelsware. Ranzige bezw. andere verdorbene Butter wird durch geeignete Verfahren wieder in einen Zustand gebracht, daß sie guter, frischer Butter gleicht.

Wenn auch nicht bestritten werden kann, daß in vielen Fällen eine wirkliche Wiederherstellung möglich ist, so muß doch berücksichtigt werden, daß mit dem Beseitigen der äußeren Anzeichen der Verderbnis die vollständige Wiederherstellung nicht notwendig verbunden sein muß. Die Verfahren zum Wiederauffrischen sind darum wohl geeignet, die Käufer über die wirkliche Beschaffenheit die Ware zu täuschen.

Sibirische Butter, Packbutter, Faktoreibutter sind vielfach derartige Produkte, denen bei der „Auffrischung" meist auch noch ein Zusatz von Wasser und Salz gegeben wird, die den ursprüglichen Gehalt übersteigt.

Holländische Butter ist vielfach als verfälschte, mit Margarine usw. versetzte Ware erkannt worden.

2. Margarine.

Herstellung. Margarine wird so ziemlich überall nach gleichen Grundsätzen gewonnen, nur daß Schwankungen bei der Qualität der Rohmaterialien und der Mischungsverhältnisse der einzelnen Zutaten auf die Beschaffenheit und den Preis der fertigen Ware Einfluß haben. Die Zeit, in der man Margarine für gleichbedeutend mit Abfallverwertung fettiger Stoffe hielt, ist längst vorüber. Die Fabrikation ist hoch entwickelt und liefert vorzügliche, saubere und hygienisch einwandfreie Erzeugnisse.

Als Rohmaterialien dienen

1. Oleomargarin als Hauptausgangsmaterial. Es wird aus einem besonders gereinigten, Premier jus genannten Rindertalg durch eine Pressung bei bestimmter Temperatur gewonnen. Dadurch werden die härtesten Anteile des Talges, das Stearinfett, zum großen Teil abgeschieden. Vgl. S. 223.
2. Neutral-Lard, ein aus Amerika kommendes Schweinefett, das aus dem Netz- und Gekrösefett des Schweines in gleicher Weise gewonnen wird, wie der Premier jus aus rohem Rindertalg, also durch ein besonderes Reinigungsverfahren.
3. Baumwollsamenöl, das aus dem Samen der Baumwollstaude gewonnene, raffinierte Öl. Es ist strohgelb und schmeckt nußartig.
4. Sesamöl, das aus dem Sesamsamen gepreßte Öl.
5. Erdnußöl, das fette Öl der Erdnußsamen.
6. Saurer Rahm bezw. saure Milch oder süßer Rahm und süße Milch.
7. Farbstoff wie zur Butter.
8. Salz.
9. Mannigfache Zusätze, die sich meist bei der Namengebung schon kund tun und fast alle den Zweck verfolgen, der Margarine die Eigenschaft zu verleihen, ebenso wie Milchbutter beim Braten zu bräunen, eine Eigenschaft, die ihr sonst abgeht und von den Hausfrauen mit Recht als größter Unterschied von der Butter aufgefaßt wird. Es werden verwendet: Eigelb, Mandelmilch, Zuckerarten und Ähnliches.

Aus diesen Bestandteilen wird unter Anwendung sehr präzise arbeitender Maschinen eine der Milchbutter ähnliche starre Emulsion hergestellt. Diese Butterähnlichkeit hat zur Voraussetzung

1. Es muß zwecks Erzielung einer butterartigen Konsistenz eine erstarrte Emulsion eines oder mehrerer Fette mit einer wässerigen oder milchigen Flüssigkeit vorliegen. Die Emulsionsform ist wesentlich, ebenso die Anwesenheit von wässeriger Flüssigkeit. Dadurch erst entstehen ebenso wie bei der Butter die Streichbarkeit für Brot und die sonstigen plastischen Eigenschaften.
2. Geruch und Geschmack müssen butterartig sein. Sie stammen beide nicht aus den Fetten, sondern den säuerlichen Produkten der vorhandenen Milchreste.
3. Die Farbe muß der der Butter entsprechen.

Gesetzliche Bestimmungen finden sich im Margarinegesetz, Fleischbeschaugesetz, Farbengesetz.

1. § 1 M.G. sagt im Abs. 2: Margarine im Sinne dieses Gesetzes sind diejenigen der Milchbutter oder dem Butterschmalz ähnlichen Zubereitungen, deren Fettgehalt nicht ausschließlich der Milch entstammt.
2. § 3 Abs. 2 ebenda: Auf 100 Gewichtsteile Fett, welche nicht der Milch entstammen, dürfen 100 Gewichtsteile Milch oder eine entsprechende Menge Rahm zugesetzt werden.
3. § 3 ebenda: Die Vermischung von Butter oder Butterschmalz mit Margarine zum Zwecke des Handels mit diesen Mischungen ist verboten.
4. § 6 ebenda in Verbindung mit der Bekanntmachung des Bundesrats vom 4. Juli 1897: Margarine, welche zu Handelszwecken bestimmt ist, muß einen Zusatz von Sesamöl haben, der wenigstens 10 % der Gesamtfettmenge betragen soll.
5. Margarine ist zu bezeichnen je nach der Verpackungsart:
   a) nach § 2 Abs. 4 bei regelmäßig geformten Stücken, die Würfelform besitzen müssen, durch Einpressen der Inschrift: M a r g a r i n e in die Fettmasse;
   b) nach § 2 Abs. 3 und 1 bei Einzelverkauf in nicht geformten Stücken auf dem Einwickelpapier und dem Verkaufsgefäß;
   c) nach § 2 Abs. 2 bei gewerbsmäßigem Verkauf oder Feilhalten in ganzen Gebinden oder Kisten auf diesen, an in die Augen fallenden Stellen durch die deutliche, nicht verwischbare Inschrift „Margarine“.
6. Die Margarineherstellung ist nach weiteren Bestimmungen des Margarinegesetzes in umfassender Weise behördlicher Kontrolle unterstellt.
7. Über die Untersuchung der Margarine ist durch die Bekanntmachung des Reichskanzlers vom 1. April 1898 (Zentralblatt f. d. Deutsche Reich 1898 S. 201—216) Anweisung ergangen. Sie ist im Beiheft S. 24 ff. abgedruckt.
8. Das Fl.B.G. vom 3. Juni 1900 erstreckt sich nach § 4 desselben auch auf alle aus warmblütigen Tiere hergestellten Fette, also auch auf Premier jus, Oleomargarin, Neutral-Lard. Nach § 1 Abs. 3 der Ausführungsbestimmungen D. dazu vom 30. Mai 1902 gehören auch die Fettgemische dazu, welche jene Zwischenmaterialien enthalten.

9. Die Bekanntmachung des Bundesrats vom 18. Februar 1902, erlassen gemäß § 21 Fl.B.G., läßt die Gelbfärbung von Margarine zu, sofern diese Verwendung nicht anderen Vorschriften zuwiderläuft. Als solche kämen in Betracht:
   a) das Gesetz vom 5. Juli 1887, sofern durch dieses gewisse Farbstoffe ausgeschlossen sind;
   b) das N.M.G. § 10, falls die Färbung den Zweck verfolgt, einen Mangel zu verdecken.
10. Durch dieselbe Bekanntmachung sind die dort aufgeführten Konservierungsmittel bei Margarine ausgeschlossen.
11. Wegen der Verkaufsräume für Margarine vgl. auch die Bestimmungen für Kunstspeisefett im folgenden Kapitel.

Definition. Margarine sind diejenigen der Milchbutter oder dem Butterschmalz ähnlichen Zubereitungen, welche Milchfett bis höchstens 4 % enthalten dürfen, Sesamöl einer bestimmten Beschaffenheit aber wenigstens 10 % enthalten müssen, beides bezogen auf den Fettgehalt. (Für Margarineschmalz ist es nicht notwendig, daß es die Emulsionsform passiert hat.)

Marktware gibt es in zahllosen Abarten. Dem Bäcker genügt es schon, daß sein Backfett sich fein verteilen läßt; ihm ist also die Emulsionsform der Margarine die Hauptsache; Butteraroma, Fähigkeit beim Erhitzen zu bräunen sind ihm ebenso wie die Farbe gleichgültig. Für ihn gibt es daher sogenannte Wassermargarine, welche für andere Zwecke nicht brauchbar wäre.

Die meisten Abarten verdanken ihre Entstehung dem Bestreben, ein für Bratzwecke geeignetes, bräunendes Fett zu erzielen. Kuhmilch, Pflanzenmilch (Mandelemulsion), Eigelb sowie andere eiweißreiche Zusätze und „Zuckerarten" werden zu dem Zwecke gewählt, sind vielfach patentiert und oft im Namen angedeutet.

Bessere Marken geben ein Datum auf jedem Packet an, aus dem sich ergibt, wie lange die Haltbarkeit garantiert wird. Nicht nur die Konsumenten, sondern auch durch die Zwischenhändler wird nämlich vielfach übersehen, daß Margarine ebenso wie Milchbutter bald an Qualität und schließlich an Brauchbarkeit einbüßen muß, und daß deshalb auch hier die frischere Ware die bessere ist.

Verfälschungen und dgl.

1. Konservierungsmittel. Borsäure, welche früher in der Margarineindustrie eine große Rolle spielte, ist jetzt ebenso wie Salizylsäure und einige andere verboten.

2. Verwendung von verdorbenen Fetten und Fetten kranker Tiere.

Es sind die gleichen Gesichtspunkte maßgebend wie bei aufgefrischter Butter (s. d.). Da die spätere Erkennung meist sehr schwierig, wenn nicht unmöglich ist, so ist die Gefahr doppelt groß und sollte durch geeignete Verbote geregelt werden. (Verwendung nur solcher Fette, die von im Inlande in Schlachthäusern ordnungsgemäß geschlachteten und voll für den Verkehr freigelassenen Tieren stammen.)

3. Verwendung verdorbener bezw. kranker Milch.

4. Verwendung von Sesamöl, das den vorgeschriebenen Bedingungen nicht genügt.

5. Das Wasser und der sonstige Nicht-Fettgehalt bewegen sich in zu weiten Grenzen, ähnlich wie früher bei Butter.

Ein Höchstgehalt an diesen Stoffen wird darum ebenfalls festzulegen sein. Bis dahin wird der durch die Bekanntmachung des Bundesrats vom 1. März 1902 für Butter zugelassene Höchstgehalt von 20 % Nichtfett sinngemäße Anwendung auch für Margarine zu finden haben, zumal diese Grenze eine sehr liberale ist.

6. Andere Beschwerungsmittel, die nicht zum Zwecke der Bräunung zugesetzt sind, müssen als ausgeschlossen gelten.

3. Kokosfett.

Das auch unter vielen Phantasienamen vertriebene Fett stammt aus der Samenschale der bekannten Kokosnüsse, der Früchte der in den Tropen sehr gemeinen Kokospalme. Diese Samenschalen, welche die „Kokosmilch" umschließen, kommen entweder als Kopra nach Europa oder werden bereits an Ort und Stelle auf den Fettgehalt verarbeitet. Das geschieht nach zwei Methoden. Entweder nämlich werden die Schalen einfach gebrüht oder gekocht, wobei das Fett nach oben steigt und dann abgeschöpft wird, oder die Kopra wird gepreßt. Das letztere ist das bessere Verfahren. Das frische Fett ist süßlich und wohlschmeckend aber wenig haltbar. Alle bei uns angewandten patentierten und sonstigen Verfahren haben lediglich zum Zweck, die Produkte der Ranzidität und sonstigen Veränderung zu entfernen.

Das Kokosfett ist das einzige, in technischer Beziehung in Frage kommende Fett, welches ähnlich der Butter erhebliche Mengen flüchtiger Fettsäuren enthält und deshalb in ausgedehntem Maße zu Butterverfälschungen Verwendung findet.

Das Kokosfett ist als ein reines Pflanzenfett keine „der Milchbutter ähnliche Zubereitung", demnach auch nicht den Bestimmungen des Margarinegesetzes unterworfen.

Die Bezeichnung als Kokos„butter" ist eine irreführende und soll nur die butterartige Konsistenz andeuten. Kokos„fett" ist richtiger. Da aber die Mehrzahl der Fabrikate einen Trivialnamen führt: Palmin, Vegetaline usw., so ist die Falschbezeichnung jedenfalls ohne Bedeutung.

Gesetzliche Bestimmungen sind für Kokosfett besonders nicht erlassen.

Einer **Definition** bedarf es nicht. Nur bleibt zu beachten, daß Kokosfett als menschliches Nahrungsmittel stets das gereinigte Fett bezeichnet. Das in Fässern importierte Kokosöl ist lediglich ein Rohstoff.

Reichsgericht. 1) Vom 25. März 1889.

Das Gesetz vom 12. Juli 1887 bietet kein Hindernis dar, den Fall, wenn jemand wissentlich Margarine, welcher der äußere Anschein von Milchbutter gegeben worden ist, unter Verschweigung des wahren Sachverhalts verkauft oder unter einer zur Täuschung geeigneten Bezeichnung feilhält, der Vorschrift des § 10 Nr. 2 des N.M.G. vom 14. Mai 1879 zu unterstellen, insbesondere kann Margarine, mag sie immerhin an sich eine ehrliche Ware sein, dann, wenn ihr durch Behandlung ihres Stoffes oder ihrer Form der äußere Anschein von Milchbutter verliehen worden ist, als nachgemachtes Nahrungsmittel der letzteren Art angesehen werden.

2) Vom 3. Juni 1899 betr. die Butterähnlichkeit von Rollenfett. S. im Kapitel „Ähnlichkeit" und Kapitel „Zubereitung".

3) Vom 16. Dezember 1904 betr. Krebsbutter; s. Kapitel „Farbstoffzusätze".

4) Vom 24./31. Januar 1888 im Kapitel „Verfälschen".

5) Vom 5. Juni 1902. Margarine mit unsaubern Bestandteilen ist ein verfälschtes Nahrungsmittel. Beilage zu der V. d. K.G.A. Bd. VI, 27.

6) Vom 25. März 1898. V. d. K.G.A. Beil. V, 2. Verurteilung aus § 263 wegen Verkaufes von Mischbutter als „garantiert reine Naturbutter", da erhebliche Preisdifferenz im Großhandel.

7) Vom 2. Januar 1902. (I.) Wider den Kaufmann K. zu Däneldorf: „In einem dem vorliegenden sehr ähnlichen Falle hat das R.G. (E. XXIII, 409) ausgeführt, daß für die Beantwortung der Frage, ob ein Nahrungs- oder Genußmittel „verdorben" ist, nicht allein die chemische Zusammensetzung desselben, sondern auch die Anforderungen des Publikums an ein normales Produkt maßgebend sind, daß für diese

Frage die Unschädlichkeit nicht verwertet werden kann, und daß auch unschädliche Beimischungen als Verschlechterung zu gelten haben, wenn das Publikum sie als solche empfindet, namentlich auch dann, wenn sie geeignet sind, beim Konsumenten Ekel zu erregen und hierdurch die Tauglichkeit zu Nahrung und zum Genusse zu schmälern; die objektive Eigenschaft des Nahrungsmittels, welche tatsächlich die Benutzung desselben zur Nahrung beeinträchtigt, ist dann das Ekelerregende der Beimischungen bei Annahme der Vorstellung der unreinen Dinge, welche in Wahrheit zu Bestandteilen des zu genießenden Stoffes gemacht worden waren seitens dessen, der letzteren genießen soll; dabei ist es selbstredend unerheblich, daß das Publikum von der Beimischung nichts weiß und nichts wahrnimmt, da ja das Gesetz gerade der Täuschung über die Beschaffenheit und Herstellung des Nahrungs- und Genußmittels entgegentreten will.

Von diesen Gesichtspunkten aus hätte der erste Richter prüfen müssen, ob nicht alles dasjenige, was erwiesenermaßen auf Veranlassung des Angeklagten H. mit der Margarine vorgenommen wurde und wodurch der letzteren unreine und ungehörige Bestandteile, deren vollständige Beseitigung aus der Margarine weder festgestellt noch auch nach dem erwiesenen Sachverhalt ohne weiteres anzunehmen ist, beigemischt worden waren, das Nahrungsmittel in den Augen der Konsumenten verdorben hat, und ob nicht das Publikum, wenn es jene Beimischungen gekannt hätte, die Margarine für zur Nahrung untauglich oder doch schlecht gehalten haben würde."

[Die Margarine war mit vielen grünen, auch gelben und roten Flecken bedeckt; die grünen erkannten Sachverständige als Schimmelpilze.]

8) **Andere Gerichte.**

a) § 2, 1 M.G. bezieht sich nur auf die Gefäße aus denen der Verkauf stattfindet, nicht auf die zum Einfüllen der Margarine übersandten Gefäße der Käufer. O.L.G. Hamburg, 12. Juli 1900. Goldt. 48, 159.

b) § 2, 2 M.G. Das Gebinde usw. soll dasjenige Abzeichen tragen, das der Fabrikant zur Kennzeichnung der Beschaffenheit des darin befindlichen Erzeugnisses bisher angewandt hatte und welches dadurch dem Publikum als Kennzeichen einer bestimmten Qualität bekannt war. Kammergericht 13. Januar 1901. D.J.Z. 275.

c) §§ 2 und 5. Zusätze (Süßrahm-Margarine), die nicht geeignet sind, die Täuschung hervorzurufen, daß die Ware Butter sei, sind nicht verboten. O.L.G. Celle, 15. Dezember 1902. Goldt. 52, 110.

d) § 4, 1 M.G. Ein Schrank, in dem die Margarine aufbewahrt und abgewogen wird, stellt nicht einen von dem übrigen Verkaufslokal getrennten Raum dar. O.L.G. Köln, 24. August 1900. Goldt. 49, 153.

e) Das gleichzeitige Transportieren von Margarine und Butter auf demselben Wagen ist nicht als „Aufbewahrung" im gleichen Raume anzusehen. O.L.G. Hamburg, 12. Juli 1900. Goldt. 48, 159.

34. Kapitel.

Schmalz, Talg, Kunstspeisefette.

1. Schweineschmalz.

Gewinnung. Schmalz ist eine allgemeine Bezeichnung für leicht streichbare einfache Fette. Das Schweineschmalz, Schweinefett, Schmer oder einfach Schmalz genannte Fett stammt von dem frischen Fleisch des Hausschweines. Durch Auslassen des Fettgewebes bestimmter Körperpartien erhält man Unterarten, welche im Spezialfalle entsprechend benannt werden: Netz-, Nieren-, Rücken-, Gekröse- usw. Fett. Aus nicht frischen Organen gewonnenes Schmalz muß entsprechend bezeichnet werden, also z. B. Schmalz aus gepökelten Schweinefleisch, Schinkenfett usw.

Das Schweineschmalz verdankt seine außerordentlich verbreitete Anwendung hauptsächlich seiner Konsistenz; es ist streichbar ähnlich der Butter. Es ist aber auch ein verhältnismäßig recht haltbares Produkt, wenn es gut zubereitet und besonders von Wasser befreit ist. Je weißer es ist, für desto reiner gilt es.

Ein meist bräunliches, bei höherer Temperatur und unter Gewürzzusatz gewonnenes Fett ist das Bratenschmalz.

Da die deutsche Produktion den Bedarf lange nicht deckt, so werden alljährlich große Quantitäten besonders aus Amerika eingeführt.

Die Qualität der letzteren ist nicht immer einwandsfrei, wenn natürlich auch sehr gute amerikanische Ware zu uns kommt. Die beste Marke ist das Neutral-Lard aus dem Netz und Gekröse nach besonderen Reinigungsverfahren mit Sorgfalt gewonnen. (S. bei Margarine.)

Die allgemeine amerikanische Ware unterscheidet sich von der unserigen durch zwei Punkte: erstens wird nämlich in der Regel eine höhere Temperatur angewandt, indem das Auslassen in Verschlußgefäßen bei mehreren Atmosphären Überdruck geschieht, während bei uns Temperaturen über 100° kaum angewendet werden und zweitens sind dort die Schweine noch viel fetter als bei uns, so daß nicht einzelne Partien sondern das ganze Tier auf Fett verarbeitet wird.

Gesetzliche Bestimmungen.

1. Im Magarinegesetz ist nur (§ 1) die Rede von „dem Schweineschmalz ähnlichen Zubereitungen".
2. Unter dem 1. April 1898 ist eine „Anweisung zur chemischen Untersuchung von Fetten und Käsen" erlassen, die unter Nr. III die Untersuchung von Schweineschmalz behandelt. (S. im Beiheft S. 40 ff.)
3. Schweineschmalz fällt gemäß § 4 Fl.B.G. unter den gesetzlichen Begriff „Fleisch".
4. Die Bekanntmachung des Bundesrats vom 18. Februar 1902 findet daher auf Schmalz volle Anwendung.
5. Für die Untersuchung von Schmalz nach dieser Richtung ist in den Ausführungsbestimmungen D. zum Fleischbeschaugesetz (vom 30. Mai 1902) im zweiten Abschnitt eine Anweisung zur Untersuchung von zubereiteten Fetten, denen das Schweineschmalz zugezählt wird, enthalten. (S. Beiheft S. 48 ff.)

Definition. Schweineschmalz ist das durch Ausschmelzen gewonnene Fett aus frischem Fleisch des Hausschweines.

Verfälschungen und dgl. 1. Ein geringfügiger Wassergehalt kann von der Zubereitung zurückgeblieben sein. Er ist jedoch von nachteiligem Einfluß auf die Haltbarkeit und soll nicht mehr als 1 % betragen. 2. Schmalz mit Bratengeschmack, Gewürzen, etwas Salz, ist als Bratenschmalz handelsüblich. 3. Fremde Fette, Talg sowohl wie Pflanzenfette sind unter jeglichem Gesichtspunkt, auch bei Deklaration ausgeschlossen. Es würde eine neue Warengattung „Kunstspeisefett" entstehen. 4. Gewichtsvermehrende Stoffe jeglicher Art sind unzulässig. 5. Das Weißermachen des Schmalzes durch fleißiges Rühren, wodurch viele Luftbläschen in das Fett gebracht werden und infolge der zahlreichen Lichtbrechung eine hellere Farbe erzielt wird, ist ein altgeübtes, bekanntes Verfahren, das zu Täuschungen keinen Anlaß gibt. 6. Konservierungsmittel sind bei Deklaration zulässig, soweit es sich nicht um die durch die Verordnung vom 18. Februar 1902 verbotenen handelt und kein gesundheitsschädliches Schmalz entsteht. 7. Ranziges Schmalz ist verdorbenes Fett.

2. Gänseschmalz.

Das aus der zahmen Gans gewonnene, ausgeschmolzene Fett bildet nur einen untergeordneten Handelsartikel, der aber trotzdem der Verfälschung in großem Umfange unterliegt. Mit Rücksicht auf den hohen Preis (etwa das doppelte des Schweineschmalzpreises) und den ziemlich niederen Schmelzpunkt werden oft fremde Fette insbesondere Schweinefett und Rinder- bezw. Kalbsfett zugesetzt. Natürlich ist ein gemischtes Fett mehrerer Tierspezies nicht mehr „Gänsefett".

Gesetzliche Bestimmungen. Gänsefett ist „Fleisch" im Sinne des Fleischbeschaugesetzes und deshalb den bei Schweineschmalz erörterten Bestimmungen unterworfen.

3. Rindertalg, Hammeltalg.

Talg ist eine allgemeine Bezeichnung für konsistente, bei gewöhnlicher Temperatur feste, brüchige Fette. „Talg" ohne Zusatz bedeutet den Rindertalg. Der Hammeltalg findet in der Nahrungsmittelbereitung wegen seines unangenehmen Geruchs und Geschmacks nur geringe Verwendung.

Das Rinderfett wird nicht aus dem Muskelfleische gewonnen — das ist das teurere „Bouillonfett", sondern aus dem Fettgewebe. Talg heißt es erst nach dem Ausschmelzen, wobei eine Trennung des Zellgewebes vom Fett bewirkt wird. Bessere Sorten werden mit Wasser ausgelassen, geringere ohne dieses. Wiederholt mit Wasser und Kochsalzlösung gereinigtes Rinderfett heißt Premier jus und bildet das Hauptrohmaterial für die Margarinefabrikation (s. d.).

Talg ist von gelblicher Farbe und schmilzt erst bei 37—38°. Läßt man den geschmolzenen Talg vorsichtig bei bestimmter Temperatur erkalten, so kristallisiert der an schwersten schmelzbare Anteil, das sog. Stearin, zuerst aus. Unterwirft man den Talg in diesem Moment der Pressung, so fließen die noch nicht erstarrten Anteile ab. Sie heißen Oleomargarin oder Margarin und finden Verwendung in der Kunstfettindustrie besonders für Margarine. Der Rückstand ist viel härter als der ursprüngliche Talg und heißt Preßtalg.

Schmilzt der Talg bei 37—38°, so hat das Oleomargarin einen Schmelzpunkt von 20—25° und Preßtalg einen solchen von 40—50°. Man erhält durchschnittlich von beiden gleichviel.

Preßtalg geht ebenfalls teilweise in die Kunstfettfabriken zur Vermischung mit flüssigen Ölen. Seine Hauptmenge verarbeitet aber die Kerzenfabrikation, die nach weiterer chemischer Behandlung aus ihm das Glyzerin und die Stearinkerzen herstellt.

Gesetzliche Bestimmungen.

1. Talg ist „Fleisch" im Sinne des § 4 Fl.B.G. Die hieraus sich ergebenden Folgerungen sind bei „Schweineschmalz" angeführt.
2. Die Ausführungsbestimmungen D. zum Fl.B.G. vom 30. Mai 1902 zählen in § 1 (1) Abs. 3 Talg noch besonders auf und unterwerfen ihn damit der amtlichen Untersuchungs-Vorschrift in Anlage c; Abgedruckt im Beiheft S. 48 ff.
3. In zolltechnischer Beziehung hat der Bundesrat am 6. Februar 1896 Vorschriften über Talg, schmalzartige Fette und Kerzenstoffe erlassen, die im Beiheft S. 71 ff. abgedruckt sind.

Definitionen. Talg sind die vom Zellgewebe befreiten Fettteile des Rindes. Talg anderer Tiere ist stets besonders zu bezeichnen: Hammeltalg.

Verfälschungen und dgl.

1. Wassergehalt und Gehalt an fremden Fetten sollen nicht vorhanden sein, doch sind mit Rücksicht auf die Verhältnisse des praktischen Lebens bis 1 % von beiden zusammen zu dulden.
2. Talg wird in erheblichem Umfange Entfärbungsverfahren unterworfen. Soweit von den angewendeten Mitteln nichts zurückbleibt ist gegen den Vertrieb des „gebleichten Talgs" nichts einzuwenden. Die Komplementärfärbung (s. Kapitel Farbstoffzusatz S. 145) mit Indigo oder andern blauen Farbstoffen erscheint ebenso entbehrlich wie beim Zucker. Die Bundesratsverordnung vom 18. Februar 1902 verbietet sie übrigens ebenso wie sie Reste von schwefliger Säure usw. streng ausschließt. „Raffinierter" Talg kann als Bezeichnung für chemisch behandeltes Rinderfett nicht gelten, da sie im allgemeinen für ‚Premier jus' gebräuchlich ist, also ein lediglich mechanisch gereinigtes Fett. Vielmehr muß die vorangegangene chemische Behandlung aus den Namen zweifelsfrei hervorgehen.
3. Als Beschwerungsmittel kommt Wasser und Kochsalz vor.
4. Von fremden Fetten wird dem Rindertalg hauptsächlich der sonst fast unverkäufliche Hammeltalg zugesetzt. Ohne Angabe ist die Zumischung unzulässig. Die einfache Bezeichnung „Talg" deckt keine Mischungen sondern nur eine bestimmte

Konsistenz. Fehlt die Speziesangabe, so gilt dasselbe wie für „Schmalz": es ist die übliche Ware zu verstehen, also Rindertalg bezw. Schweineschmalz. Für Talg mehrerer Tierarten ist mindestens die Bezeichnung „Mischtalg" zu erwarten.

5. Talg kranker Tiere ist zu Genußzwecken nicht zulässig, da er leicht verdirbt und gesundheitsschädlich werden kann.
6. Bei der recht guten Haltbarkeit richtig bereiteten Talges ist Ranzidität stets ein Zeichen zu hohen Alters oder falscher Zubereitung und daher auch in geringem Grade schon zu verwerfen.

4. Kunstspeisefette.

Gewinnung. Kunstspeisefette werden durch Zusammenschmelzen mehrerer verschiedener Fette erhalten. Meist handelt es sich sich darum, gewissen Ölen vegetabilischen Ursprungs durch Zusatz konsistenterer Fette oder Fettanteile die äußere Beschaffenheit des Schweineschmalzes zu geben. Zur äußeren Beschaffenheit des Schweineschmalzes oder zur schweineschmalzähnlichen Beschaffenheit ist erforderlich, daß das Fett äußerlich wie solches Schmalz aussieht, also weiß, fettglänzend, von weicher, schmalziger Beschaffenheit ist, bei leichtem Anwärmen zu einer klaren, gelben, öligen Flüssigkeit schmilzt und keine Emulsionsform aufweißt wie die Margarine.

Das Hauptrohmaterial ist das Baumwollsamenöl, ein recht billiges Fett. Nach meist vorangegangener Entfärbung durch Walkerde, einem seifenartig sich anfühlenden Ton, wird das Öl in den vorher geschmolzenen Preßtalg, Talg, Stearin usw. unter Rühren eingegossen und bis zum Erkalten und Erstarren fortwährend gerührt.

Die „Schweineschmalzähnlichkeit" schließt einen Gehalt an echtem Schmalz nicht aus. Da dieser Gehalt gesetzlich nicht ausgeschlossen ist, so enthalten auch sehr viele Kunstspeisefette mehr oder minder große Mengen davon.

Gesetzliche Bestimmungen.

1. § 1 Abs. 4 M.G. Kunstspeisefett im Sinne dieses Gesetzes sind diejenigen, dem Schweineschmalz ähnlichen Zubereitungen, deren Fettgehalt nicht ausschließlich aus Schweinefett besteht. Ausgenommen sind unverfälschte Fette bestimmter Tier- oder Pflanzenarten, welche unter den ihrem Ursprung entsprechenden Bezeichnungen in den Verkehr gebracht werden.

2. § 2 ebenda: Gefäße und Umhüllungen, aus denen Kunstspeisefett gewerbsmäßig verkauft oder feilgehalten wird, müssen die deutliche, nicht verwischbare Inschrift: Kunstspeisefett an in die Augen fallender Stelle tragen. Ebenso Gebinde, Kisten, Umhüllungen für den Einzelverkauf.
3. Mischungen von Kunstspeisefett mit Butter dürfen zum Zwecke des Handels gemäß § 3 Abs. 1 M.G. nicht hergestellt werden.
4. In denselben Räumen dürfen Butter und Butterschmalz einerseits, Kunstspeisefette andererseits nicht hergestellt, feilgehalten, aufbewahrt oder verpackt werden.
5. § 5 M.G. regelt die Bezeichnung von Kunstspeisefett auf Geschäftspapieren und §§ 7, 8, 9 regeln die Anmeldung und Überwachung von Kunstspeisefettfabriken.
6. Die Bekanntmachung des Bundesrats vom 4. Juli 1898 regelt in den Ziffern 3—7 und 9 die äußere Bezeichnung der Kunstspeisefett enthaltenden Gefäße.
7. Grundsätze über die Trennung der sub 4 erwähnten Räume hat der Bundesrat aufgestellt, die in den einzelnen Bundesstaaten im Verordnungswege zur Geltung gebracht sind. Ihr Hauptinhalt ist dieser:
   1. Es ist nicht erforderlich, daß die Räume je einen besonderen Zugang für das Publikum besitzen. Es ist vielmehr zulässig, das ein gemeinschaftlicher Eingang für die verschiedenen Räume besteht.
   2. Wenn auch die Scheidewände nicht aus feuerfestem Material hergestellt zu sein brauchen, so müssen sie immerhin einen so dichten Abschluß bilden, daß jeder unmittelbare Zusammenhang der Räume, soweit er nicht durch Durchgangsöffnungen hergestellt ist, ausgeschlossen wird. Als ausreichend sind beispielsweise zu betrachten abschließende Wände aus Brettern, Glas, Zement- oder Gipsplatten. Dagegen können Lattenverschläge, Vorhänge, weitmaschige Gitterwände, verstellbare Abschlußvorrichtungen nicht als genügend betrachtet werden. Bei offenen Verkaufsständen auf Märkten können jedoch auch Einrichtungen der letzteren Art geduldet werden. Die Scheidewände müssen in der Regel vom Fußboden bis zur Decke reichen und den Raum auch in seiner ganzen Breite oder Tiefe abschließen.
   3. Die Verbindung zwischen den abgetrennten Räumen

darf mittels einer oder mehrerer Durchgangsöffnungen hergestellt sein. Derartige Öffnungen sind in der Regel mit Türverschluß zu versehen.

8. Für die Untersuchung von Kunstspeisefett ist die vom Bundesrat festgesetzte Anweisung vom 1. April 1898 (Beiheft S. 24 ff.), sowie die Ausführungsbestimmungen zum Fleischbeschaugesetz (Beiheft S. 48 ff.) maßgebend.

9. Für schmalzartige Stoffe ist in zolltechnischer Beziehung die Anweisung vom 6. Februar 1896 (Beiheft S. 71 ff.) zu beachten.

10. Kunstspeisefette, die unter Verwendung von Preßtalg, Schweineschmalz oder anderen tierischen Fetten hergestellt sind, unterliegen auch den Bestimmungen der §§ 4, 21 Fl.B.G. und der Verordnung vom 18. Februar 1902.

Definition. Kunstspeisefette sind alle jene gemischten Fette von schweineschmalzähnlicher Beschaffenheit, die weder ein ungemischtes natürliches Fett, noch Margarine oder Margarineschmalz sind.

Verfälschungen und dgl. Da Kunstspeisefett mehr ein negativer Begriff ist, so kommen objektive Verfehlungen kaum vor. Lediglich nach der Seite der Auswahl der Rohmaterialien ist eine sehr sorgfältige Überwachung am Platze, da die Kunstspeisefabrikation anscheinend denselben Reinigungsprozeß durchmachen zu müssen scheint, wie einst die Margarineindustrie.

Gerade so wie diese fast an den unreellen Machenschaften einiger Weniger zu Grunde gegangen wäre, glauben auch jetzt wieder einige Gleichgesinnte, daß zur Surrogatfabrikation jedes sonst nicht mehr verwertbare Material noch Verwendung finden dürfte, sehr zum Schaden der reellen Fabrikanten und des auf billige, aber saubere und gesunde Nahrungsmittel angewiesenen Teils der ärmeren Bevölkerung. Die chemische Untersuchung des fertigen Produktes nützt in solchen Fällen nur wenig. Strenge und fortgesetzte Überwachung der Fabrikation schaffen allein Abhilfe.

Konservierungsmittel sind bei guter Zubereitung unnötig. Die mit solchen Fetten, die unter das Fleischbeschaugesetz fallen, hergestellten Kunstspeisefette dürfen weder Farbstoffe noch die mittelst Verordnung vom 18. Februar 1902 verbotenen Konservierungsmittel enthalten.

Judikatur. 1) Landgericht Ulm, am 10. April 1905.

Der Angeklagte Kfm. B. zu K. führte „garantiert reines einheimisches Schweineschmalz" und „vegetabilisches Schweineschmalz", aus 90 % Kokosfett und 10 % Sesamöl bestehend. Dem „garantiert reinen" Schmalz wurden beim Umgießen 3—10 % Estol zugesetzt, in früherer Zeit 1 % Palmin Verurteilung aus § 10 N.M.G. zu 200 Mk. Geldstrafe.

2) Landgericht Hamburg vom 30. April 1903. Die Angeklagten S., R. und N. wurden verurteilt, weil sie „Kunstspeisefett" in Einwickelpapier mit dem Aufdruck „Margarine" abgaben. Übertretung des § 2 Abs. 3 MG. Danach soll die Umhüllung des Papiers stets seinen Inhalt deutlich angeben. Dieser Vorschrift wird gewiß nicht dadurch genügt, daß bei dem Verkauf dieser Produkte ein Papier mit beliebiger Aufschrift gewählt wird. Vielmehr muß gerade die passende Aufschrift gewählt werden. Dies entspricht auch der ratio des Gesetzes. Wenn ein Käufer Kunstspeisefett in einem Papier mit der Aufschrift „Margarine" erhält und erkennt, daß es sich tatsächlich nicht um Margarine handelt, so braucht er deshalb noch keineswegs zu wissen, daß die Ware irgend ein anderes Kunstprodukt ist, vielmehr kann er leicht glauben, daß das Produkt wirklich Schmalz sei.

---

35. Kapitel.

Speiseöle.

Als Speiseöle kommen eine Reihe pflanzlicher, flüssiger Fette in den Handel, die in den Küchen als Salatöle oder Majonesenöle Verwendung finden. Vereinzelt findet sich auch ein anderer Verbrauch. So werden in manchen Gegenden gewisse Öle (Leinöl, Mohnöl, Olivenöl) auf Brot gestrichen gegessen oder auch zum Backen verwendet. Jedenfalls gehören zu den Speisenölen nur die küchenmäßig benutzten flüssigen Fette, nicht die arzneilich gebrauchten (Lebertran) und die lediglich industriell verwendeten

Es kommen hauptsächlich folgende in den Verkehr:

1. Olivenöl, Baumöl, Provenceröl, Jungfernöl, Nizzaöl usw.

Es wird aus den Oliven, dem Samen des Ölbaumes gewonnen, der ein sehr ausgedehntes Verbreitungsgebiet hat. Nach der Art der verwendeten Frucht ist auch das gewonnene Öl verschieden an Qualität. Je reifer die Oliven und je niedriger die beim Pressen angewendete Temperatur und der Druck sind, desto hellfarbiger und damit desto besser wird das Öl. Die feinsten Sorten (Jungfernöl, Nizzaöl) kommen aus der Provence. Da das Olivenöl das teuerste und begehrteste Speiseöl ist, so unterliegt es vielfachen Fälschungen, die zum großen Teil schon im Ursprungslande vorgenommen werden. Zusätze von Baumwollsamenöl, Sesamöl, Erdnußöl sind die gewöhnlichsten, doch kommen auch andere vor. Die geringen Sorten dienen technischen Zwecken.

Der Nachweis einer Fälschung ist oft sehr schwer zu führen. Es kommen zwar aus der Provence noch andere Speiseöle zu uns, doch bezieht sich die Bezeichnung „Provencer Öl" nur auf das Baumöl.

Künstlich gebleichte Olivenöle sollen für Nahrungsmittelzwecke keine Verwendung finden.

Gesetzliche Vorschriften. Eine amtliche Prüfungsvorschrift für Baumöl enthält die Anleitung für die Zollabfertigung, abgedruckt im Beiheft S. 57ff.

2. Erdnußöl, Arachisöl ist das aus den unterirdischen Früchten der Arachis hypogäa gepreßte Öl, das äußerlich dem Olivenöl recht ähnlich, sich ebenso wie dieses durch einen sehr milden Geschmack auszeichnet, der sogar etwas nußartiges an sich hat. Auch hier ist die Art der Pressung von höchstem Einfluß auf die Qualität. Nur die erste kalte Pressung liefert ein gutes Speiseöl, die späteren geben nur technisch brauchbare Fette.

Geradeso wie das Erdnußöl zur Verfälschung des Olivenöls Verwendung findet, so wird es selbst durch noch billigere Öle verschnitten: Sesamöl, Mohnöl, Baumwollsamenöl sind die häufigsten.

Gesetzliche Vorschriften über die Beschaffenheit von Erdnußöl gibt es nicht, doch enthält die bei Olivenöl erwähnte Untersuchungsvorschrift eine Methode, um Erdnußöl in jenem nachzuweisen.

3. Sesamöl ist das kalt gepreßte Öl aus den Samen von Sesamum orientale und indicum. Es hat mit den beiden vorbesprochenen Ölen manche Ähnlichkeit und wird darum zu deren Verfälschung benutzt. Doch kommt auch, je nach der Preislage und Qualität, das umgekehrte war. Es ist ein gut haltbares, wenig zur Ranzidität neigendes Öl, das sich durch eine charakteristische chemische Reaktion auszeichnet. Wenn man es nämlich mit einer Furfurollösung und Salzsäure durchschüttelt, so gibt es der Salzsäure eine kräftige Rotfärbung (Baudouinsche Reaktion). Diesem Verhalten sowohl wie seiner geringen Neigung zum Verderben verdankt das Sesamöl die wichtige Rolle, welche ihm in Ausführung des § 6 M.G. die Bundesratsverordnung vom 4. Juli 1897 zuweist. Danach muß Margarine und Margarinekäse einen wenigstens 10 % und 5 % der Gesamtfettmenge betragenden Zusatz von Sesamöl enthalten, das die Baudouinsche Reaktion in bestimmter Weise gibt. Die Vorschrift lautet:

1. Um die Erkennbarkeit von Margarine und Margarinekäse, welche zu Handelszwecken bestimmt sind, zu erleichtern (§ 6 des Gesetzes, betreffend den Verkehr mit Butter, Käse, Schmalz und deren Ersatzmitteln, vom 15. Juni 1897), ist den bei der Fabrikation zur Verwendung kommenden Fetten und Ölen Sesamöl zuzusetzen. In 100 Gewichtsteilen der angewandten Fette und Öle muß die Zusatzmenge bei Margarine mindestens 10 Gewichtsteile, bei Margarinekäse mindestens 5 Gewichtsteile Sesamöl betragen.

Der Zusatz des Sesamöls hat bei dem Vermischen der Fette vor der weiteren Fabrikation zu erfolgen.

2. Das nach Nr. 1 zuzusetzende Sesamöl muß folgende Reaktion zeigen:

Wird ein Gemisch von 0,5 Raumteilen Sesamöl und 99,5 Raumteilen Baumwollsamenöl oder Erdnußöl mit 100 Raumteilen rauchender Salzsäure vom spezifischen Gewicht 1,19 und einigen Tropfen einer 2 prozentigen alkoholischen Lösung von Furfurol geschüttelt, so muß die unter der Ölschicht sich absetzende Salzsäure eine deutliche Rotfärbung annehmen.

Das zu dieser Reaktion dienende Furfurol muß farblos sein.

4. **Baumwollsamenöl,** Kottonöl, aus dem Baumwollsamen gewonnen, unterliegt stets zuvor einer tiefgreifenden Reinigung, da das Rohöl sich schon wegen seines sehr dunklen Äußern für Speisezwecke nicht eignet. Nach energischem Waschen mit Sodalösungen erhält man ein nußartig schmeckendes, ziemlich helles Öl, das gereinigte Baumwollsamenöl. Ein kleiner Teil von diesem findet Verwendung als Speiseöl, die Hauptmenge geht in die Margarine- und Kunstspeisefettfabriken.

Das Kottonöl wird auch ähnlich dem Rindertalg in Margarin und Stearin zerlegt und entsprechend verwendet.

Gesetzliche Vorschriften über Kottonöl gibt es nicht. Die bei Olivenöl S. 229 erwähnte Prüfungsvorschrift enthält eine Methode zum Nachweis von Baumwollsamenöl.

5 **Leinöl,** das aus Leinsamen auf kaltem Wege gewonnene ziemlich helle Öl wird nur in einigen Gegenden genossen. Wegen seiner geringen Haltbarkeit wird nur frischgepreßtes (geschlagenes) Öl zu Speisezwecken genommen. In der Technik findet es bekanntlich wegen seiner „trocknenden" Eigenschaften ausgedehnteste Anwendung. Verfälschungen des Nahrungsmittels Leinöl sind nicht bekannt geworden. Das technische Produkt wird mannigfach gefälscht.

6. **Mohnöl,** das Produkt der ersten Pressung der Mohnsamen, ein schwach goldgelbes Öl, findet gleichfalls Verwendung als Speiseöl in bestimmten Gegenden.

Noch einige andere fette Öle finden in geringem Umfange Anwendung zu Küchenzwecken. Alle haben sich frei von Zusätzen irgendwelcher Art zu halten und nur das zu sein, was der Name sagt.

Salatöl, Speiseöl, Tafelöl sind Bezeichnungen, welche neben der Öl-Qualität nur einen Verwendungszweck angeben und demnach einfacher oder zusammengesetzter Art sein können, sofern sie sich nur überhaupt zu dem genannten Zweck eignen und weder verdorben noch gesundheitlich bedenklicher Art sind.

Bei der Beurteilung von Ölen auf Grund chemischer Untersuchung bleibt zu berücksichtigen, daß gröbere Verfälschungen meist erkannt werden können, daß dagegen andere Veränderungen vorsichtig beurteilt werden wollen, da unsere Kenntnisse auf diesem schwierigen Gebiete noch außerordentlich lückenhaft sind.

Rechtsprechung von prinzipieller Bedeutung ist in der Literatur nicht bekannt geworden.

36. Kapitel.

Milch, Rahm, Milchkonserven, Milchzucker.

1. Milch.

Gewinnung und Eigenschaften. Die im Anschluß an einen Geburtsakt aus den Brustdrüsen weiblicher Säugetiere abgesonderte

Milch ist das einzige vollkommene Nahrungsmittel, das uns die Natur liefert. Sie bildet daher eine vollständige Nahrung, weil sie alle für die Ernährung notwendigen Stoffe enthält. Tatsächlich bildet sie im Beginne des Daseins vielen Lebewesen für längere Zeit die einzige Nahrung. Da die Milch der einzelnen Säugetierarten im Allgemeinen aus den gleichen Nährstoffen zusammengesetzt ist, die sich nur in verschiedenen Mischungsverhältnissen befinden, so ergibt sich daraus die leichte Vertretbarkeit einer Milchart durch eine andere. Auf dieser allgemeinen Nutzbarkeit beruht die Wichtigkeit der Milch als Handelsartikel.

Die Milch enthält Repräsentanten aus allen Nährstoffklassen (s. Kapitel Nahrungsmittel) und zwar in einem Verhältnis, wie wir dieser für die Erhaltung und Förderung unseres Körpers bedürfen: Eiweißstoffe in Form von Kaseïn und Albumin, Kohlehydrate in Form von Milchzucker, Fettstoffe in Form von Butterfett, Mineralstoffe in Form notwendiger Basen, die an die erforderlichen Säuren, insbesondere Phosphorsäure gebunden sind.

Kuhmilch, welche als Handelsmilch fast ausschließlich in Frage kommt und darum, wenn besondere erläuternde Zusätze fehlen, auch nur allein unter „Milch" verstanden wird, enthält diese Stoffe in folgenden Verhältnissen:

3,0—5,5 % Kaseïn,
2,5—4,5 % Fett,
3,0—5,5 % Milchzucker,
0,7—0,8 % Mineralstoffe.

Abbauprodukte der Eiweißkörper finden sich noch in Spuren vor, der Rest ist Wasser.

Die Mineralstoffe setzen sich zusammen aus

ca. 27,7 % Phosphorsäure,
15,0 % Chlor,
0,4 % Schwefelsäure,
22,6 % Kalk,
33,5 % Kali,
10,5 % Natron,
2,8 % Magnesia,
0,3 % Eisenoxyd.

Außerdem finden sich in der Milch noch gasförmige Bestandteile: 100 Raumteile frisch gemolkene Milch enthalten:

0,10 Volumen Sauerstoff,
0,75 „ Stickstoff,
7,50 „ Kohlensäure.

Diese ganzen Stoffe bilden zusammen keine vollkommene Lösung, sondern das Kaseïn befindet sich in einem Zustande, der in der Mitte zwischen hohen Quellungsgraden und Lösung steht, und das Fett schwimmt in Form höchst kleiner Tropfen in dem Ganzen umher. Die Milch ist eine Emulsion. (Vgl. Anmerkung S. 88 im Kapitel „Zubereitung".)

Der Emulsionszustand ist aber kein vollkommener; bei ruhigem Stehen gehen die Fettkügelchen an die Oberfläche, so daß auf einer unteren fettarmen Flüssigkeit sich eine sehr fettreiche Schicht bildet; die Milch rahmt ab.

Während die in ihrer Gesamtheit noch unveränderte frische Milch die besondere Bezeichnung „Vollmilch" führt, heißt die von Fett fast befreite Milch „Magermilch" oder „abgerahmte Milch", die fettreiche abgehobene Schicht heißt „Rahm" oder „Sahne". Aus Vollmilch und Magermilch entsteht „Halbmilch".

Die Milch der Säugetiere ist nicht zu allen Zeiten gleichmäßig zusammengesetzt. Unmittelbar nach der Geburt wird noch keine brauchbare Milch abgesondert und speziell bei Kühen können bis 14 Tage vergehen, bis man eine einwandfreie Milch erhält. Bereits einige Tage vor der Geburt sondern die Euter eine schleimige, klebrige, salzige und oft auch saure Flüssigkeit ab, von gelblicher Farbe, eigentümlich riechend. Sie hat meist einen hohen Gehalt an festen Bestandteilen (14—38 %) mit soviel Eiweiß, daß beim Kochen Gerinnung eintritt. Diese Colostrum genannte Flüssigkeit, auch Biestmilch geheißen, wird von Tag zu Tag milchähnlicher und erreicht meist nach 8, oft erst nach 14 Tagen die normale Beschaffenheit.

Die Milch ist während der Dauer der Laktationsperiode keineswegs nun immer gleichmäßig. Je weiter der Geburtsakt zurückliegt, desto mehr verringert sich die Qualität und die Quantität der Milch.

Was zunächst die Quantität anbetrifft, so sind folgende Durchschnittswerte ermittelt worden.

Während eine Frau etwa 1300 ccm Milch täglich produziert, eine Ziege nach Größe 0,3—3 Liter, geben die Kühe, unsere eigentlichen Milchlieferanten, ganz beträchtliche Mengen, die je nach der Dauer der im ganzen etwa 300 Tage betragenden Milchperiode schwanken.

Für 10 Kühe vom Holländer Schlag ermittelten Fleischmann und Hittscher folgende Mengen:

1	Monat	nach	dem	Kalben	täglich	durchschnittlich	17,07	Kilo
2	"	"	"	"	"	"	15,17	"
3	"	"	"	"	"	"	14,50	"
4	"	"	"	"	"	"	11,59	"
5	"	"	"	"	"	"	11,34	"
6	"	"	"	"	"	"	10,17	"
7	"	"	"	"	"	"	8,20	"
8	"	"	"	"	"	"	6,95	"
9	"	"	"	"	"	"	6,05	" .

Im Durchschnitt kann man pro Kilogramm Kuh einen täglichen Milchertrag von 16 g rechnen, während diese Quote für Ziegen 30 g beträgt.

In Übereinstimmung mit dieser Feststellung, welche 3030 Liter Gesamtertrag ersehen läßt, befinden sich Ermittelungen für bestimmte Rassen, die folgende Gesamtproduktion für die Dauer der ganzen Laktationsperiode ersehen lassen:

Holländische	Rasse (wie oben)	3000	Liter
Oldenburgische	"	2800	"
Schwyzer	"	2600	"
Allgäuer	"	2500	"
Mürzthaler	"	1900	"
Graue ungarische	"	800	"
Mittlere Leistung unserer Milchkühe		2350	" .

So verschieden wie die Erträgnisse bei den einzelnen Rassen, so sehr unterscheidet sich auch die Milch selbst. Im allgemeinen gilt der Satz: mehr Milch, weniger Fett und umgekehrt. Die holländischen und oldenburgischen Kühe liefern darum fettärmere Milch als die anderen 3 Rassen.

Das Futter der Kühe beeinflußt selbstverständlich Art und Menge der Milch in erheblichem Maße. Die Individualität und sonstigen Verhältnisse der Tiere spielen gleichfalls eine nicht zu unterschätzende Rolle.

Wird ferner berücksichtigt, daß selbst die Milch einer Melkung ungleichartig ist, da die erstgemolkene Milch die fettärmste ist und bis zum Ende immer fettreicher wird, so daß zu einer Melkung die *ganze Menge* gehört, so könnte bei den außerordentlich weiten Grenzen, die sich diesergestalt ermitteln ließen, leicht die Meinung entstehen, daß es um die Überwachung des Milchhandels schlecht bestellt sein muß. Allein der Umstand, daß nicht die Milch einer einzelnen Kuh und noch viel weniger die Milch einer einzigen Abmelkung auf den Markt gebracht wird, bedingt, daß die **Marktmilch** das Mischprodukt aus der Milch einer Mehrzahl von Kühen ist, bei dem sich die Einzelunterschiede in hohem Maße verwischen und in dem ein Erzeugnis von recht gleichmäßiger Beschaffenheit vorliegt. Milch einzelner Individuen, eventuell sogar einzelner Abmelkungen liefern dagegen die kleinen Molkereien, bei denen darum keine Durchschnittsmilch erwartet werden darf, die aber auch wieder einer sehr leichten Nachprüfung durch die Stallprobe unterliegen.

Je häufiger eine Kuh gemolken wird, desto fettreicher wird ihre Milch. Der Fettgehalt während einer Laktationsperiode bleibt etwa in den ersten vier Monaten in gleicher Höhe, um dann mit Abnahme der Milchmenge langsam anzusteigen, allerdings auf Kosten des Gehaltes an Eiweißstoffen.

Da Fett bekanntlich leichter als Wasser ist, so ist das Raumgewicht der Milch, ihr *spezifisches Gewicht*, desto niedriger (bei gleichem Gehalt an anderen Stoffen) je höher der Fettgehalt ist. Demnach steigt das spezifische Gewicht nach der Entrahmung, fällt aber wieder nach Zusatz von Wasser, welches ebenfalls etwas leichter als Milch ist.

Da ein Liter Milch (Marktmilch) bei 15° C. 1028,5 bis 1032,5 g wiegt, sagen wir, daß das *spezifische Gewicht* 1,0285—1,0325 betragen soll. Von Einzelmilch abgesehen ist dieser Wert recht konstant und es bedarf der eben kurz erwähnten doppelten Verfälschung um ein richtiges spezifisches Gewicht nach der Entrahmung für Vollmilch wieder zu erhalten.

Der *Fettgehalt* schwankt, wie oben gezeigt, zwischen 25 und 45 g im Liter. Da das Milchfett der teuerste Bestandteil in der Milch ist, so sind die Bestrebungen der Milchfälscher fast ausschließlich auf Entnahme des Fettes gerichtet unter gleichzeitigem Bestreben, diese Entnahme zu verdecken.

Die *anderen Bestandteile* haben nur einen geringen Geldwert und kommen für die rechtliche Beurteilung der Milch darum kaum in Betracht.

Die vollständig abgemolkene Milch ist 37° C. warm (Körpertemperatur) und soll möglichst schnell gekühlt und von den Gasen (s. oben) befreit werden. Das geschieht mittelst Durchseihens durch Tücher, indem man die durchlaufende Milch dabei eine gewisse Höhe niederfallen läßt und sie dergestalt durchlüftet. Bei dieser Gelegenheit werden auch die beim Melken leider meist in die Milch geratenden Schmutzteile zum größten Teil wieder entfernt.

Eine durch diesen **Schmutz** bewirkte Infektion bleibt jedoch zurück und die infolge der hierbei eingeführten Milchsäurebakterien bewirkte geringe Haltbarkeit der Milch ist lediglich eine Folge der landläufigen Unsauberkeit beim Melkgeschäft. Die Polizeiverordnungen, welche ein gewisses Höchstmaß von Schmutz zulassen und die Unsauberkeit dadurch geradezu sanktionieren, erscheinen daher nicht nur ganz unverständlich, sondern dürften in dieser Beziehung auch der Gültigkeit entraten. Schmutz ist zweifellos ein noch schlimmerer Verderber und Verschlechterer der Milch als Wasser. Verschlechterte Milch ist aber verfälschte bezw. verdorbene und derartige Nahrungsmittel kann gegenüber den Bestimmungen des Nahrungsmittelgesetzes keine Polizeiverordnung für den Verkehr zulassen. Die Sauberkeit ist nicht nur ein absolut notwendiges Desiderat, sie ist auch im Kuhstall ebenso gut durchzuführen wie in anderen Nahrungsmittelbetrieben.

Die nähere Erörterung dieser Angelegenheit fällt nicht in den Rahmen dieses Buches. Nur darauf möchte verwiesen sein, daß die Einführung besonderer Melkräume wesentliche Verbesserungen bringen dürfte.

Bei der besonderen Wichtigkeit, welche der Kuhmilch für den menschlichen Haushalt zukommt und unter Berücksichtigung des Umstandes, daß gerade die gewöhnliche Marktmilch in den Kreisen der Minderbemittelten die fast ausschließliche Nahrung der kleinen Kinder bildet — Verwendung der teuren „Kindermilch“ ist nur Wohlhabenderen möglich — soll auf die Krankheiten der Milch noch kurz eingegangen werden.

Die **Milchkrankheiten**, die sogenannten Milchfehler, sind fast alle bakteriellen Ursprungs.

Die wichtigste, weil häufigste Infektion, ist die bereits erwähnte mit Milchsäurebazillen. Sie kommen ganz allgemein bereits im Stall in die Milch. Durch Kühlung wird zwar ihre Vermehrung etwas aufgehalten, aber bald haben sie soviel Milchzucker in Milchsäure umgewandelt, daß die Milch sauer schmeckt und gerinnt. Sie sind die Hauptmilchverderber und können nur durch ganz energische Sauberkeitsmaßregeln ferngehalten werden. Denn die Milch im Tierkörper ist eine gänzlich bakterienfreie Flüssigkeit (von den noch zu erörternden Krankheitsfällen, die die Verwendung der Milch ausschließen, abgesehen), die ohne Verunreinigung von außen keineswegs so übermäßig schnell verdirbt, wie wir es gewohnt sind.

Schleimige oder fadenziehende Milch verdankt ihre Veränderung mehreren Bakterienarten. Die Milch läßt sich dabei zu langen Fäden ausziehen, wie ein sehr dicker Klebgummi.

Blaue Milch entsteht durch die Tätigkeit des Bazillus cyanogenus, der aber die Anwesenheit von Milchsäurebakterien für sich voraussetzt.

Rote Milch kann bluthaltig sein. Dann ist die Rötung aber sofort nach dem Melken vorhanden und meist sofort an roten Streifen sichtbar. Durch bakterielle Lebenstätigkeit wird Rötung erst nach einiger Zeit hervorgerufen, da eine angemessene Vermehrung der kleinen Lebewesen eintreten muß; Sarcina rosea, der Micrococcus Prodigiosus und andere an sich harmlose Bakterien sind die Ursache.

Seifige Milch schmeckt laugenhaft, seifenartig, gerinnt nicht mehr. Der bacillus lactis saponacei verschuldet diesen Zustand.

Bittere Milch ist stets verwerflich, wenn auch der spezifische Krankheitserreger noch nicht aufgefunden wurde und gelegentlich die Futterverhältnisse die Schuld tragen mögen.

Übelriechende Milch ist im Stall durch Anziehen der Gerüche verunreinigt oder von arzeneilich behandelten Tieren stammend.

Alle Milch mit diesem und ähnlichen Fehlern ist als verdorben zu bezeichnen. Saure Milch, die unter dieser Bezeichnung feilgehalten bezw. verkauft wird, ist aber ein regulärer Handelsartikel.

Milch von Kühen mit ansteckenden Krankheiten oder mit kranken Eutern ist stets gesundheitsgefährlich und zu verwerfen. (Vgl. den folgenden, auszugsweise wiedergegebenen Preußischen Erlaß.)

Die **Haltbarkeit** der Milch ist bereits als eine recht kurze erwähnt. Durch Fernhaltung verderblicher Keime und ausgibige Benutzung von Kühleinrichtungen dürfte sie sich mit Leichtigkeit soweit steigern lassen, daß den Bedürfnissen des praktischen Lebens genügt wird. Eines Zusatzes von chemischen Konservierungsmitteln bedarf es daher für Milch nicht, um so weniger als aus den oben bereits ausgeführten Gründen, die vollständige Trennung von Säuglingsmilch und der für andere Zwecke bestimmten undurchführbar ist.

Gesetzliche Bestimmungen. Ein Milchgesetz ist bisher nicht zu Stande gekommen. Im Jahre 1882 arbeitete zwar eine Kommission „Technische Materialien zum Entwurfe einer Kaiserlichen Verordnung, betreffend die polizeiliche Kontrolle der Milch“ aus, es stellten sich aber bis heute unüberwindlich gebliebene Hindernisse in den Weg. 1884 wurden die „Materialien“ zur Grundlage eines preußischen Ministerial-Erlaßes gemacht, an dessen Stelle 1899 ein neuer, den neueren Fortschritten mehr Rechnung tragender trat, der 1902 in einigen wenigen Punkten ergänzt wurde. Er folgt hier im Auszuge. Vollständig enthält ihn die Nr. 54 der Guttentagschen Sammlung deutscher Reichsgesetze, S. 220 ff. Ein Teil desselben ist im Beiheft S. 75 ff. mitgeteilt.

A. Aus dem **Runderlaß** vom 27. Mai 1899, mit Berücksichtigung der am 29. Mai 1900 getroffenen Änderungen.

2. Frische Kuhmilch darf als Vollmilch, Halbmilch und Magermilch in den Verkehr gelangen. Soweit die örtlichen Verhältnisse es gestatten, ist die Halbmilch wegen der Schwankungen ihrer Eigenschaften (spezifisches Gewicht, Fettgehalt) allmählich vom Verkehr auszuschließen.

   a) Als Vollmilch ist eine nach dem Abmelken in keiner Weise entrahmte oder sonst veränderte Milch zu erachten, welche ein spezifisches Gewicht von mindestens 1,028 und einen Fettgehalt von mindestens 2,7 % hat.

   b) Halbmilch, welche durch Mischen von voller mit entrahmter Milch oder durch teilweise bewirktes Entrahmen hergestellt wird, soll ein spezifisches Gewicht von mindestens 1,030 und einen Fettgehalt von 1,5 % haben.

   c) Magermilch, durch Abnehmen des durch längeres Stehen ausgeschiedenen Rahms oder mittelst Zentrifugen entrahmte Vollmilch, soll ein spezifisches Gewicht von mindestens 1,032 und einen Fettgehalt von mindestens 0,15 haben.

7. Abgekochte und sterilisierte Milch sind nur unter dieser Bezeichnung in den Verkehr zu bringen.

Lediglich abgekochte Milch darf nicht als sterilisierte Milch bezeichnet werden. Als abgekocht gilt diejenige Milch, welche bis auf 100° C. erhitzt oder einer Temperatur von 90° durch mindestens 15 Minuten ausgesetzt worden ist.

Als sterilisiert darf solche Milch bezeichnet werden, welche sofort nach dem Melken von Schmutzteilen befreit und spätestens 12 Stunden nach dem Melken in von geeigneten Sachverständigen als wirksam anerkannten Apparaten ordnungsmäßig behandelt und während des Erhitzens mit luftdichtem Verschluß versehen worden ist, welcher bis zur Abgabe der Milch an den Konsumenten unversehrt bleiben muß.

8. Vom Verkehr auszuschließen ist:

a) Milch, die wenige Tage vor dem Abkalbetermin und bis zum sechsten Tage nach dem Abkalben abgemolken ist.

b) Milch, von Kühen, welche an Milzbrand, Lungenseuche, Rauschbrand, Tollwut, Pocken, Krankheiten mit Gelbsucht, Ruhr, Euterentzündungen, Blutvergiftung, namentlich Pyämie, Septizaemie, fauliger Gebärmutterentzündung oder anderen fieberhaften Erkrankungen leiden, sowie von Kühen, bei denen die Nachgeburt nicht abgegangen ist, oder bei denen krankhafter Ausfluß aus den Geschlechtsteilen besteht.

c) Milch von Kühen, die mit giftigen Arzneimitteln, welche in die Milch übergehen (Arsen, Brechweinstein, Nießwurz, Opium, Eserin, Pilokarpin und anderen Alkaloiden) behandelt werden.

d) Milch von Kühen, welche an Eutertuberkulose oder an mit starker Abmagerung oder Durchfällen verbundener Tuberkulose leiden.

e) Milch, welche fremdartige Stoffe, wie Eis, insbesondere irgend welche chemische Konservierungsmittel enthält,

f) welche blau, rot oder gelb gefärbt, mit Schimmelpilzen besetzt, bitter, faulig, schleimig oder sonstwie verdorben ist, Blutreste oder Blutgerinsel enthält.

9. Milch von Kühen, welche an Maul- und Klauenseuche, oder an Tuberkulose, welche nicht unter Ziffer 8a fällt, erkrankt

sind, darf nur abgekocht oder sterilisiert in Verkehr gebracht werden.

10. Saure und Buttermilch darf nicht aus Milch der unter Ziffer 8a bis f bezeichneten Herkunft bereitet, und nur unter richtiger Bezeichnung in den Verkehr gebracht werden.

B. Auf Grund dieses Erlasses ist eine große Zahl von lokalen Polizeiverordnungen ergangen. Aus der **Berliner Polizeiverordnung** vom 15. März 1902 mögen einige Stellen zur Ergänzung des obigen Ministerial-Erlasses hier Platz finden.

§ 4. Kuhmilch, die in den Landespolizeibezirk Berlin eingeführt, dort feilgehalten oder verkauft wird, muß folgende Bedingungen erfüllen: „Marktmilch" muß einen Fettgehalt von mindestens 2,7 % und ein spezifisches Gewicht von mindestens 1,028 % entsprechend 14° des polizeilichen Milchprobers bei 15° C. haben.

Milch, deren Fettgehalt unter der für Marktmilch vorgeschriebenen Mindestgrenze bleibt, darf nur als „Magermilch" bezeichnet werden. Als „Kindermilch", „Milch für Kinder", „Säuglingsmilch", „Sanitätsmilch", „Milch unter tierärztlicher Kontrolle", „Kurmilch", „Vorzugsmilch", „Milch von Kühen mit Trockenfutter" oder mit ähnlichen Namen, durch welche der Glaube erweckt werden kann, daß die Milch in gesundheitlicher Beziehung besonders hervorragende Eigenschaften habe, darf nur Milch bezeichnet werden, der nichts genommen und nichts hinzugesetzt ist, die mindestens 3,0 % Fett enthält und die von Milchkühen gewonnen ist, welche hinsichtlich ihres Gesundheitszustandes und ihrer Pflege den Anforderungen des § 13 genügen.

§ 5. Gefrorene, abgekochte oder sterilisierte Markt-, Mager- oder Kindermilch ist als solche besonders zu bezeichnen. Als „abgekocht" gilt diejenige Milch, welche bis 100° C. erhitzt oder einer Temperatur von 90° C. durch mindestens 15 Minuten ausgesetzt worden ist.

Als „sterilisierte" Milch ist solche Milch zu bezeichnen, die, nachdem sie sofort nach dem Melken in entsprechenden, vom Polizeipräsidenten in Berlin als leistungsfähig anerkannten Apparaten ordnungsmäßig behandelt und während des Erhitzens mit luftdichtem Verschluß versehen worden ist, der das Datum der Sterilisation tragen und bis zur Abgabe der Milch an den Konsumenten unversehrt bleiben muß.

§ 6. Milchpräparate dürfen nur unter ausdrücklicher Bezeichnung ihrer Zusammensetzung oder Herstellungsart auf den Verkaufsgefäßen eingeführt, feilgehalten oder verkauft werden. Buttermilch und saure Milch darf nur unter richtiger Bezeichnung in den Verkehr gebracht werden.

§ 13. e) Die erste Milch ist aus den Zitzen auf den Boden, nicht in die Hände zu streichen und nicht in den Kübel zu melken.

f) Die Milch ist sofort nach dem Melken durch Seihen oder Zentrifugieren von Schmutzteilen zu reinigen und auf 12° C. abzukühlen.

h) Kindermilch usw. (§ 4 Abs. 4), die von auswärts bezogen wird, muß beim Abgehen an die Konsumenten, ohne zu gerinnen, das Abkochen oder die Alkoholprobe (Mischung von 70prozentigem — Volumprozent — Alkohol mit Milch zu gleichen Teilen) aushalten.

§ 14. Sahne, die in dem Landespolizeibezirk Berlin eingeführt, dort feilgehalten oder verkauft wird, muß reiner, von fremden Bestandteilen freier Milchrahm sein.

Kaffeesahne und saure Sahne müssen einen Fettgehalt von mindestens 10 %, Schlagsahne einen solchen von mindestens 25 % haben.

3. Eine amtliche Untersuchungsvorschrift für eingedickte Milch ist in den Ausführungsbestimmungen zum Zuckersteuergesetz enthalten und im Beiheft S. 182 abgedruckt.

Marktware. Handelsläufig sind folgende Milchsorten:

Marktmilch, Vollmilch, Stallmilch, Magermilch, Buttermilch, abgerahmte Milch; ferner Morgen-, Mittag-, Abendmilch.

Kindermilch; gekochte Milch; sterilisierte Milch.

Dabei soll „Marktmilch" eigentlich gleich Vollmilch sein.

Stallmilch ist ebenfalls Vollmilch, doch keine Marktmilch.

Magermilch ist entrahmte Milch.

Buttermilch ist durch Buttern fast ganz entfettete Milch von meist säuerlicher Beschaffenheit.

Morgen-, Mittag-, Abendmilch beziehen sich auf die Zeit der Abmelkung und gewähren darum einen gewissen Rückschluß auf das Alter der Milch.

Die anderen Bezeichnungen sind in den mitgeteilten Auszügen aus dem preußischen Runderlaß und der Berliner Polizeiverordnung klar genug erläutert,

besonderer **Definitionen** bedarf es daher nicht weiter.

Verfälschungen. 1. Zusatz von Wasser zu Vollmilch ist die einfachste Verfälschung und wahrscheinlich eine der ältesten auf der Welt. Da sie leicht nachzuweisen ist, wird sie meist von Leuten ausgeführt, die keine Wahl haben, vorzugsweise von Milchkutschern, Austrägern u. dgl. 2. Entrahmen der Milch ist ebenso gewöhnlich. Vollmilch ist auch dann verfälscht, wenn sie nach der Entrahmung noch den vorgeschriebenen Mindestgehalt an Fett hat. 3. Die kombinierte Verfälschung von 1. und 2. ist besonders im Schwunge, um das veränderte spezifische Gewicht dadurch wieder einzustellen, weil die Marktpolizeibeamten gerade dieses nachzuprüfen pflegen. 4. Vermischung von Vollmilch mit entrahmter Milch, mit und ohne Wasserzusatz, ist ebenso zu beurteilen wie die sub. 3. skizzierte Handlungsweise. Besonders beliebt ist das Verfahren, die Abendmilch über Nacht stehen zu lassen, abzurahmen und mit der frischen Morgenmilch zu verschneiden. 5. Konservierungsmittel sind nur ganz ausnahmsweise und dann nur bei vollständiger qualitativer und quantitativer Deklaration zulässig. Bei Kindermilch sind sie stets auszuschließen. 6. Entsäuerungsmittel (doppeltkohlensaures Natrium, Kreide usw.) sind stets bestimmt, über das Alter und die Beschaffenheit der Milch zu täuschen. 7. Das Homogenisieren der Milch (vgl. Kapitel Farbstoffzusätze S. 145) ist mit Deklaration zulässig. 8. Milch mit Schmutzteilen jeder Menge ist zum Rohgenuß nicht geeignet und sollte nur gekocht zugelassen werden. 9. Eismilch ist nur dann nicht als verdünnt anzusehen, wenn das Eis aus gefrorener, einwandfreier Vollmilch hergestellt ist.

Reichsgericht. 1) Vom 6. Mai 1897. (E. XXX, 100.)

Die Revision geht von der unrichtigen Annahme aus, die zu 65 % mit Wasser verdünnte, ohne Rechtsirrtum als verfälscht erachtete Milch sei nicht zum Zwecke der Täuschung im Handel und Verkehr verfälscht worden, weil die Angeklagte sie erst nach Vermischung mit ihrem übrigen Milchvorrate verkaufen wollte. Sollte die verdünnte Milch verkauft werden, so war es gleichgültig, ob vorher noch eine weitere Mischung stattfinden sollte oder nicht; die Verdünnung geschah immer zum Zwecke des Verkaufes und der Täuschung beim Verkaufe. Verfälschung lag vor, ob es bei der 65 prozentigen Verwässerung bleiben oder ob diese zu einer 2 prozentigen gemindert werden sollte, und die Revision behauptet nicht,

— was auch den Feststellungen gegenüber vergeblich wäre, — daß die hochgradig verdünnte Milch nicht selbst als verfälschtes Nahrungsmittel mit und in der übrigen Milch in den Verkehr gebracht werden sollte. Die Sache liegt nicht anders, als wenn die zu 65 % mit Wasser verdünnte Milch statt mit anderer Milch mit Nahrungsmitteln anderer Art, z. B. mit Mehl gemischt im Brote, hätte in Verkehr gebracht werden sollen.

Die Gesetzesanwendung im angefochtenen Urteile ist somit frei von Rechtsirrtum.

2) Vom 21. Dezember 1899. (E. XXXIII, 27.)

Daß teilweises Entrahmen der Milch, d. h. Entziehung eines Teiles ihrer natürlichen Nährbestandteile (des Fettes) eine Wertsminderung der Milch begründet und, wenn diese als Vollmilch in Betracht kommt, eine Verfälschung bildet, haben die den Motiven des Gesetzes beigegebenen technischen Materialien dargetan, und wurde von der Strafkammer ohne Rechtsirrtum angenommen. Die Revision meint, Verfälschung hätte nur dann als vorliegend erachtet werden können, wenn festgestellt wäre, daß die von den Angeklagten in den Verkehr gebrachte Milch denjenigen Fettgehalt nicht mehr gehabt habe, den eine Milch haben muß, um als Vollmilch zu gelten. Es bestehe die Möglichkeit, daß besonders fettreiche Milch trotz teilweiser Entrahmung noch begrifflich als Vollmilch gelten könne. So haben sich die Angeklagten in der Hauptverhandlung laut der Entscheidungsgründe nicht verteidigt, das Gericht war darum nicht veranlaßt, auf diesen Gesichtspunkt einzugehen. Die Angeklagten hatten nur behauptet, sie hätten das richtige Verhältnis wieder hergestellt durch Wegnahme der (fettarmen sogenannten) Bodenmilch, und diese Behauptung hat das Gericht für unglaubhaft erklärt.

Allein der Revisionsangriff ist auch rechtlich verfehlt. *Unter Vollmilch ist Milch zu verstehen in ihrer ursprünglichen vollen Zusammensetzung, Milch, der nichts von ihren natürlichen Bestandteilen entzogen und an der nichts durch Zusätze oder weitere künstliche oder natürliche Einwirkungen verändert ist, also im Gegensatze z. B. zu Rahm, zu Mager-, Butter-, saurer Milch u. dgl., kurz — wenn von Kuhmilch die Rede ist, — wie sie von der Kuh kommt.*

Solche Milch hat laut der Materialien zur technischen Begründung des Gesetzes „nach den vielen in allen Teilen der Welt angestellten Analysen eine sehr gleichförmige Zusammensetzung, die um so konstanter ist, wenn, wie meist der Fall, nicht die Milch einer einzelnen Kuh, sondern die zusammengeschüttete Vollmilch vieler Kühe zum Verkauf gelangt". Hiernach würde obige Behauptung schon tatsächlich unrichtig sein, weil dann jede Wegnahme oder Verminderung eines Bestandteiles bei jeder Milch der normalen Zusammensetzung des allgemeinen Begriffes Vollmilch Eintrag tut, so daß sie nicht mehr als solche gelten kann.

Es kommt jedoch hierauf nicht an. Milch ist ein Naturerzeugnis, auf das wie auf alle reinen Naturerzeugnisse „normal" im Sinne von „vorschrifts- oder ordnungsgemäß" nicht anwendbar ist, sondern nur im Sinne von „gewöhnlich, in der Regel". Denn sie lassen sich zwar in gewissem Maße von Menschen beeinflussen, aber nicht unter menschliche Vorschrift beugen. Sie können darum gut oder schlecht ausfallen, auch wenn sie gewissen Anforderungen nicht entsprechen, vom Verkehre ausgeschlossen werden, aber in ihrem ursprünglichen Zustande nie verfälscht sein, während umgekehrt jede Veränderung dieses ursprünglichen Zustandes zum Schlechteren durch Entnahme oder Zusatz von Stoffen unter den Begriff der Verfälschung des betreffenden Nahrungsmittels fällt, ohne Rücksicht darauf, ob die so hergestellte schlechtere Beschaffenheit bei einem anderen individuell davon verschiedenen Nahrungsmittel derselben Art schon ursprünglich vorkommen kann und vorkommt oder nicht. Die von der Wissenschaft ermittelten oder in dem Bedürfnisse oder den Ansprüchen des Publikums begründeten Grenzwerte in dem Verhältnisse der Bestandteile eines Nahrungs- oder Genußmittels zueinander haben gegenüber reinen Naturprodukten nur Bedeutung für deren Wert und Verkehrsfähigkeit, und können nur für die kraft menschlicher Tätigkeit und in diesem Sinne künstlich entstandenen Erzeugnisse den zulässigen Spielraum ausstecken, jenseits dessen die Herstellung als Verfälschung gelten soll. Mit Recht hat daher die Strafkammer davon abgesehen, irgend einen bestimmten ziffermäßigen Maßstab an den Fettgehalt der von den Angeklagten als Vollmilch verkauften Milch anzulegen; denn der einzig zulässige Maßstab war die unveränderte Beschaffenheit dieser Milch, wie sie die Natur geliefert hatte; und daß diese durch vorsätzliche Tätigkeit der Angeklagten verschlechtert wurde und nicht mehr die „volle" d. i. vollständige Milch war, als die sie verkauft wurde, ist im Urteil festgestellt.

Da auch alle subjektiven Voraussetzungen des § 10 N.M.G. rechtsirrtumsfrei festgestellt sind, war das Rechtsmittel zu verwerfen.

3) Vom 21. April 1898. (Veröffentl. d. K.G.A. Beil. V, 113.)

Das Urteil des Kaiserl. Landgerichts zu Straßburg vom 15. Januar 1898 hat festgestellt, daß in der seit dem 1. Februar 1895 bestehenden, oben bezeichneten Molkerei-Genossenschaft, deren Betriebsleiter seit dem 2. August 1895 der Angeklagte M. war und deren Vorstand die drei anderen Angeklagten bildeten, in den Jahren 1895 und 1896 regelmäßig gewöhnliche Vollmilch zu einem höheren Preise als Kindermilch verkauft worden, daß der Milchfahrer, wenn er Kindermilch haben wollte, sich aus einem Kühlapparate, in welchem ein Teil der von den Genossen gelieferten Milch geschüttet wurde, oder aus irgend einer beliebigen anderen Kanne die Flasche mit Milch füllte und daß er sich dann von dem Betriebsleiter eine rote Etikette mit der Aufschrift „Kindermilch" geben ließ, die er auf die Flasche aufklebte. Lediglich durch die Etikette und durch den höheren Preis unterschied sich die Kindermilch von der gewöhnlichen Milch, die in Flaschen mit schwarzer Etikette mit der Aufschrift „Vollmilch" den Kunden überbracht wurde. Das Urteil hat weiter als erwiesen erachtet, daß als Kindermilch allgemein diejenige Milch angesehen wird, die besonders sorgfältig behandelt wird und von Kühen herstammt, die besonders gute, insbesondere nur Trockenfütterung erhalten und in Bezug auf ihren Gesundheitszustand einer besonderen ärztlichen Kontrolle unterstehen. Und es hat endlich festgestellt, daß die von der Genossenschaft gelieferte Milch eine solche nicht gewesen ist.

Auch die subjektive Seite des Handelns der Angeklagten, daß sie insbesondere wußten, daß die Abnehmer der Milch mit dem Begriffe der Kindermilch die im Urteile niedergelegten Eigenschaften verbanden und daß sie ferner die beim Verkaufe angewendeten Täuschungsmaßnahmen kannten, ist im Urteile festgestellt und ausreichend begründet. In der ersten Richtung hat das Urteil es ebenfalls als unbestreitbar und überdies noch aus anderen aufgeführten Umständen als erwiesen angesehen, daß auch den Angeklagten der im Urteile näher beschriebene Begriff der Kindermilch bekannt gewesen, daß sich die Angeklagten auch der Verpflichtung bewußt gewesen, eine solche Milch zu liefern, wie sie dem allgemein bekannten Begriffe der Kindermilch entsprach. In der zweiten Richtung ist festgestellt, daß die Angeklagten die Bereitung einer jenen Eigenschaften entsprechenden Kindermilch „der damit verbundenen Kosten und Umstände halber unterlassen haben“, daß die Angeklagten die im Urteile beschriebene „Art und Weise des Verkaufs der Kindermilch gewollt haben“, daß der so gekennzeichnete Verkauf, „auf die gemeinschaftliche Anordnung der Angeklagten zurückzuführen ist“.

Ein Rechtsirrtum ist nicht ersichtlich. Die Revision mußte daher zurückgewiesen werden.

4) Vom 10. Juni 1901. (Beil. z. d. V. d. K.G.A. Bd. VI, 112.)

Daß die Verschlechterung eines Nahrungsmittels durch Entziehen von Stoffen als Verfälschung im Sinne des § 10[1] N.M.G. anzusehen, und daß das Entrahmen von Milch als eine solche Verfälschung zu betrachten ist, wurde bereits bei Beratung des Gesetzes erwogen (Motive S. 20, 53) und entspricht den Anschauungen des Verkehrs. Durchaus zutreffend und keineswegs unlogisch, wie Beschwerdeführer meint, hat daher die Strafkammer erklärt, daß, nachdem über die Qualität der vom Angeklagten an Ma. zu liefernden Milch eine besondere Vereinbarung nicht getroffen worden, diesem unveränderte Vollmilch geliefert werden mußte, wie Ma. auch nur solche erwartete, und die ihm von den Angeklagten zugesandte Mischung von entrahmter Milch und Vollmilch nicht als vertragsmäßig angenommen haben würde. Die Unterstellung der Strafkammer, daß, wer Milch kauft, nicht verfälschte Milch erwartet, bedarf also weiterer Rechtfertigung nicht. Ein Eingehen auf die Behauptungen der Beschwerdeführer von einem von ihnen durch sogen. Kraftfütterung erzielten erhöhten Fettgehalte der Milch und auf die hieraus abgeleiteten Folgerungen ist schon darum in dieser Instanz ausgeschlossen, weil das angefochtene Urteil über diese tatsächlichen Verhältnisse nichts enthält. Auch die Feststellungen der Merkmale des Betrugs und beziehungsweise der Beihilfe hierzu geben zu rechtlichen Bedenken keinen Anlaß. In dem Verschweigen der stattgehabten Verfälschung der Milch, die sie selbst vorgenommen hatten, bei deren Lieferung an Ma. hat mit Recht die Strafkammer ein Unterdrücken der wahren Tatsache ihrer vertragswidrigen Verschlechterung gefunden. (E. XXIX, 369.) Sie ist bei der Bemessung der Vermögensbeschädigung des Ma. zutreffend von der durch den Vertragsabschluß mit Angeklagtem R. geschaffenen Vermögenslage des ersteren ausgegangen, zufolge dessen ihm ein Anspruch auf Vollmilch zustand, der in der Lieferung der entrahmten Milch einen vollwertigen Ausgleich nicht fand. (Vgl. E. XVI, 3.) Einer ziffermäßigen Feststellung der Wertdifferenz bedurfte es nicht, da jede Vermögensbeschädigung des Getäuschten das Begriffsmerkmal erfüllt. . . . Die von der Revision selbst zugegebenen Rechte der Ehefrau an der ehelichen Errungenschaftsgemeinschaft . . . rechtfertigen die Unterstellung ihrer Absicht, sich einen rechtswidrigen Vermögensvorteil im Wege ihres betrügerischen Verfahrens zu verschaffen. . . . Die Revision konnte hiernach Erfolg nicht haben.

5) Vom 30. Januar 1902. (J.W. 1903.)

In der Hauptverhandlung wurde festgestellt, daß die beiden Eheleute Milch verkauft haben, die durch Wasserzusatz gefälscht war. Es ist als nicht erweisbar erachtet worden, daß sie die Milch selbst verfälscht haben oder daß sie von der Verfälschung Kenntnis hatten. Die Strafkammer nimmt aber an, sie hätten bei dem Verkauf der gefälschten Milch fahrlässig gehandelt, weil es die Pflicht jeden Verkäufers von Nahrungsmitteln sei, sich zu jeder Zeit über den Zustand seiner Ware zu unterrichten. Mit Recht greift die Revision diese Auffassung der Fahrlässigkeit an. Wer die Milch von seinen eigenen Kühen gewinnt und ohne sie selbst zu verfälschen verkauft, wird in der Regel keine Veranlassung zu Zweifeln über die Unverfälschtheit dieser Milch haben; ein Grund für die Verpflichtung, sie gleichwohl von dem Übergange aus seinen Händen in die eines anderen zu prüfen, läßt sich nicht absehen; es sei denn, daß Umstände eingetreten sind, die den Verdacht begründen, daß ein anderer die Milch inzwischen verfälscht habe. Eine so allgemeine Forderung wie sie das Urteil aufstellt, wäre mit den tatsächlichen Lebensverhältnissen unvereinbar.

2. Rahm, Sahne.

Wir haben bereits bei der Milch gesehen, daß bei ruhigem Stehen derselben sich ein erheblicher Teil des Fettes an die Oberfläche begibt und dort eine sehr fettreiche, Rahm oder Sahne genannte Schicht bildet. Die Zusammensetzung derselben ist, bis auf den vermehrten Fettgehalt, die gleiche wie zuvor. Die entfettete Rahmschicht hinterläßt daher die gleiche Magermilch, wie die entfettete Vollmilch.

Die größte Menge Rahm wird für die Butterherstellung und Rahmkäsefabrikation gewonnen und zwar in zwei Abarten: Süßer Rahm und saurer Rahm, je nachdem die Milch beschaffen war. Der saure Rahm wird zum Buttern im allgemeinen vorgezogen, weil die Arbeit leichter und die Ausbeute ein wenig besser ist.

Rahm als Handelsartikel wird ebenfalls in beiden Abarten vertrieben. Saurer Rahm und Kaffesahne müssen im Landespolizeibezirk Bezirk Berlin mindestens 10 % Fett haben, Schlagsahne wenigstens 25 % Fett. Eine solche Forderung läßt sich nur durch die jetzt allgemein eingeführten Zentrifugen, Schleudermaschinen, erfüllen, welche in kürzester Frist den Rahm aus der

Milch abscheiden und durch die Leitung des Verfahrens weitgehenden Einfluß auf die Beschaffenheit der Sahne gestatten.

Schlagsahne ist die Bezeichnung für die wenigstens 25% Fett enthaltende süße Sahne sowohl wie für die daraus durch Schlagen hergestellte schneeartige Masse, welche in den Konditoreien bereitet wird. Das letztere Erzeugnis erhält meist einen Zuckerzusatz auch wohl etwas Gewürz, Vanille. Zusätze von Eiweiß sind dagegen unzulässig und müssen als Verschlechterung der Schlagsahne gelten, wenn auch zugegeben werden mag, daß oft technische Rücksichten für den Zusatz maßgebend sind. Das geschlagene Eiweiß ist aber in verhältnismäßig zu großen Mengen erforderlich, wenn es das „Stehen" der Schlagsahne unterstützen soll. Unbedenklich erscheint dafür ein neueres Hilfsmittel, aus Zuckerkalk, Calciumsaccharat, bestehend. Es wird etwa 1 : 1000 zugesetzt und ist nach jeder Richtung unbedenklich.

Verfälschungen kommen bei Rahm verhältnismäßig noch mehr als bei Milch vor. Sie bewegen sich fast alle nach der gleichen Richtung: geminderter Fettgehalt. Manche kleine Milchgeschäfte gehen sogar so weit, daß sie entrahmte saure Milch für sauren Rahm verkaufen, ein Vorkommnis, das man oft beobachten kann.

3. Milchkonserven.

Es gibt deren fast nach allen Methoden bereitete und wird diesbezüglich auf das Kapitel „Konservieren" verwiesen.

Die einfachste Milchkonserve ist die sterilisierte Milch, d. h. Milch, die nach Einschluß in ein hermetisch verschlossenes Gefäß, Flasche oder Blechbüchse, durch entsprechend hohe Temperaturen keimfrei gemacht wurde. Wirklich tadellose Erzeugnisse gab es bislang nicht im Handel, da entweder die Milch nicht keimfrei wurde oder in ihren Eigenschaften nennenswerte Einbuße erlitt, indem Farben- und Geschmacksveränderungen sich einstellten. Bei längerer Aufbewahrung trat außerdem noch ein Zusammenballen der Fettkügelchen, ein Ausbuttern ein. Die sog. sterilisierte Milch des Handels ist darum meist gar nicht richtig sterilisiert und besitzt nur geringe Lagerfähigkeit.

Das neuerdings aufgekommene Homogenisieren der Milch und Sahne scheint den letztgenannten Übelstand zu beseitigen. Das Verfahren besteht darin, daß die Milch oder Sahne unter sehr hohem Druck durch ganz enge Kanülen gegen einen Stein (Achat) geschleudert wird. Durch den heftigen Aufprall werden die ohnehin schon kleinen Fettkügelchen noch weiter zertrümmert und äußerst fein zerteilt. Damit wird ihnen die Fähigkeit aufzusteigen, abzurahmen, genommen, und die Emulsionsform befestigt. Gleichzeitig findet noch eine andere Wirkung statt: die Milch bezw. Sahne werden viel weißer und erscheinen fettreicher, eine Eigenschaft, die sie bei ihrem Zusatz zu Kaffee auch auf diesen übertragen. Liegt demnach zweifellos ein technischer Fortschritt in diesem Verfahren, so muß der Vorgang doch deklariert werden, da sonst Täuschungen über den Fettgehalt beim Konsumenten möglich sind.

Außer sterilisierter Milch und Sahne befindet sich kondensierte Milch im Handel. Sie ist sterilisiert und konzentriert. Das Konzentrieren von Milch bietet jedoch Schwierigkeiten, da sie zu den hautbildenden Flüssigkeiten gehört, wie allgemein bekannt. Diese auf der Oberfläche beim Erhitzen sich abscheidende Haut, aus eingedampfter nicht wieder löslicher Milch bestehend (oft fälschlich „Sahne" genannt), hindert die Gewinnung gleichmäßig konzentrierter Fabrikate. Diese lassen sich erzielen, wenn gewisse Zusätze zur Milch gemacht werden. Als solcher kommt hauptsächlich Zucker, unser gewöhnlicher Rohrzucker in Betracht. Die meisten Marken kondensierter Milch sind darum stark gesüßt.

Von beiden Arten muß gefordert werden, das der Käufer aus der Etikette ersehen kann, wie weit die Konzentration getrieben und welche Zusätze nach Art und Menge gemacht wurden.

Schließlich gibt es Trockenkonserven, sog. Milchpulver. Das Wasser der Milch ist fast gänzlich ausgetrieben und der Rückstand in Form eines haltbaren trockenen Pulvers die Konserve des Handels.

Nach der Art des Rohmaterials heißen sie Vollmilchpulver, Magermilchpulver. Beim großen Publikum haben sie wenig Eingang gefunden, desto mehr dafür in der Industrie.

Verfälschungen an diesen Milchkonserven sind bisher nicht bekannt geworden. Konservierungsmittel dürfen sie natürlich nicht enthalten. Ihr Fettgehalt muß dem Konzentrationsgrade entsprechen.

Gesetzliche Vorschriften über sie sind nicht erlassen. Auf ihre kurze Erwähnung in der Berliner Polizeiverordnung

(s. oben) sei nur verwiesen. Für zuckerhaltige eingedickte Milch gibt es in den Ausführüngsbestimmungen zum Zuckersteuergesetz eine amtliche Untersuchungsvorschrift, wie bereits S. 241 mitgeteilt

4. Milchzucker.

Die vom Fett befreite Milch, die Magermilch, wird entweder durch Sauerwerdenlassen oder durch Zusatz von Labferment vom Käsestoff, dem Kaseïn befreit. Es hinterbleibt dann eine schwach trübe, wässerige Flüssigkeit, die man Molken nennt. Je nach der Gewinnung werden saure oder süße Molken unterschieden. Beide finden Anwendung zu Kurzwecken. Zusätze von Chemikalien (Alaun u. ähnliche) dürfen nicht darin sein. Werden die süßen Molken eingedampft, so scheiden sich harte Kristalle aus ihnen ab, von wenig süßem Geschmack; das ist der Milchzucker, der noch einem Reinigungsverfahren unterworfen wird. Da das Publikum Milchzucker zu anderen Zwecken nicht kauft, als um mit seiner Hilfe aus Kuhmilch eine der Frauenmilch ähnliche Säuglingsnahrung herzustellen, so muß er von entsprechender Reinheit sein.

Gesetzliche Bestimmungen:

1. Das Arzeneibuch für das Deutsche Reich (sog. Pharmakopoe) gibt an, welchen Proben der Milchzucker standhalten muß, um als rein zu gelten. Der lateinische Name für ihn ist Saccharum lactis, unter welchem er in den Pharmakopöen aufgeführt ist.
2. Eine amtliche Methode zur Milchzuckerbestimmung findet sich in der Anweisung zur Untersuchung von Fetten und Käsen. Vgl. Beiheft S. 25 f.

37. Kapitel.

Käse und Margarinekäse.

Gewinnung. Der Käse wird aus dem Käsestoff der Milch gewonnen. Wie bereits am Schluß des vorangehenden Kapitels kurz erwähnt, kann man den Käsestoff nach zwei Methoden aus

Milch abscheiden. Gerade so wie es demnach zwei Arten von Molken gibt, unterscheidet man auch zwei Gruppen von Käse: Labkäse und Sauermilchkäse. Nach beiden Methoden gewonnene Käse sind im Handel, wenn auch die Sauermilchkäse den anderen an Zahl der Arten erheblich nachstehen.

Labferment ist ein Hilfsstoff im Sinne des Nahrungsmittelgesetzes wie Hefe. (Vgl. Kapitel „Nahrungsmittel".) Er wird der Regel nach aus der Magenschleimhaut des Schweines oder der des Labmagens der Kälber gewonnen, doch findet sich das Labferment auch in den Verdauungsorganen zahlreicher Tiere und auch in einigen Pflanzen, vorzugsweise Feigenbäumen, vor. Es ist ausgezeichnet durch seine eiweißverdauende Wirkung und die Fähigkeit bei verhältnismäßig niederer Temperatur Milch zum Gerinnen zu bringen. Die Käseindustrie verbraucht erhebliche Mengen dieses Fermentes, welches nicht nur „süße" Molken hinterläßt sondern auch bewirkt, daß die sich abscheidenden Käsestoffflocken nicht klumpen, sondern ein sehr feines Gerinnsel bilden. Dementsprechend sind Labkäse auch feinere Erzeugnisse als Sauermilchkäse.

Sauermilchkäse werden vorzugsweise im Hause, im Kleinbetrieb, im Bauerwirtschaftsbetrieb hergestellt, da, wo es an besonderen Einrichtungen und meist auch an vertieften Fachkenntnissen fehlt, was allerdings nicht ausschließt, daß einige wenige Sauermilchkäse sich ein größeres Absatzgebiet zu erringen gewußt haben. Sie sind die schwerst verdaulichen Käse. Repräsentanten dieser Klasse sind: Harzkäse, Kuhkäse, Handkäse, der sog. „alte Käse", Kartoffelkäse und andere.

Labkäse sind alle übrigen, im richtig eingerichteten und fachmännisch geleitetem Betrieb hergestellten Käse. Käserei im engeren Sinne ist daher gleichbedeutend mit Labkäserei.

Der Käsestoff wird also entweder nach der einen oder der anderen Methode abgeschieden. War die Milch unversehrt, so ist das ganze Fett jetzt im ausgeschiedenen Kaseïn enthalten. Man hat es darum in der Hand Käse von verschiedenem Fettgehalt zu bekommen.

Je nach dem **Ausgangsmaterial** kann man daher nach beiden Grundmethoden Käse erhalten, die entsprechend bezeichnet werden:

1. Rahmkäse, bei Benutzung von Rahm statt Milch.
2. Vollfette Käse, bei Benutzung von Vollmilch. Fette Käse,

ganz fette Käse, Vollmilchkäse sind gleichbedeutende Bezeichnungen.

3. Halbfette Käse, bei Benutzung von Vollmilch und Magermilch zu gleichen Teilen.

4. Magerkäse bei Benutzung von Magermilch.

Dazwischen gibt es noch zahlreiche Übergänge.

Durch anscheinend recht geringfügige Abweichungen in der **Behandlung** werden daraus die unzähligen Arten und Unterarten von Käse hergestellt, die sich im Handel finden.

Der ausgeschiedene Käsestoff enthält anfangs noch erhebliche Mengen der Molken und damit neben den Mineralstoffen derselben besonders auch Milchzucker. Nach dem Abtropfen der Molke wird das Kaseïn zunächst mit Salz durchgeknetet, und dann durch langsam gesteigerte Beschwerung möglichst von den Molkenresten befreit. Nachdem wird die Masse nochmals zerrieben, eventuell nachgesalzen und mit etwa erforderlichen Gewürzen (Kümmel) versetzt. Die fertige Masse wird nur noch in die handelsüblichen Formen gebracht, was meist durch Pressen geschieht und der nun fertige Käse lediglich dem Reifwerden überlassen.

Margarinekäse wird geradeso gewonnen, nur daß an Stelle des fehlenden Milchfettes beim Durchkneten des abgepreßten Käsestoffes eine dem Butterfett entsprechende Menge Margarine mit untergemischt wird.

Der sogenannte **Quarkkäse**, weicher Käse, Sauermilchquark ist weiter nichts als der frisch abgeschiedene Käsestoff, meist aus Magermilch und zwar stets aus sauren Molken. Er wird nur oberflächlich von überschüssigen Molken befreit and nach dem Zusatz von Salz bezw. noch anderer Gewürze frisch gegessen. Ein eigentlicher Käse ist er nicht, da ihm der Reifungsprozeß, ein der Gärung des Weines vergleichbarer Vorgang, noch fehlt.

Zigerkäse heißen solche Käse, die nicht aus dem Käsestoff der Milch gewonnen werden, sondern aus dem Eiweißstoff, der nach Abscheidung des Kaseïns noch in der Molke verblieb und Ziger genannt wird. Reine Ziger kommen kaum in den Handel; meist wird die Molkenflüssigkeit mit Buttermilch versetzt, so daß ein Gemisch von Ziger und Kaseïn gewonnen wird. Am bekanntesten von den Zigerkäsen ist der Kräuterkäse, besonders der mit blauem Steinklee hergestellte Glarner Ziger.

Endlich werden auch aus der Milch anderer Säugetiere Käse

gewonnen, von denen jedoch nur Schaf- und Ziegenkäse Bedeutung haben.

Folgende Übersicht verzeichnet die hauptsächlichsten Käsesorten;

I. Kuhmilchkäse.

A. Labkäse aus Kuhmilch.

Rahmkäse: Camembert, Neuchâteler, Briekäse, Gervais, Stracchino, Stilton usw.

Vollfette Käse: Emmenthaler, Schweizer, Holländer, Edamer, Limburger, Gorgonzola, Chester usw.

Halbfette Käse: Greyerzer, Parmesankäse, Battelmattkäse usw.

Magerkäse: Dänischer Exportkäse, auch Parmesankäse, Schwedischer Kümmelkäse, Holsteinischer Magerkäse (Lederkäse).

B. Sauermilchkäse aus Kuhmilch

meist nur Magerkäse: Kuhkäse, Harzer, Mainzer Handkäse, Kümmelkäse, Bierkäse, Nieheimer Käse usw.

II. Schaf- und Ziegenmilchkäse und andere

Vollfette Käse: Roquefort aus Schafmilch, Altenburger Ziegenkäse.

Halbfette Käse: Mecklenburgische Schafkäse (aus Schaf- und Ziegenmilch), Liptauer (ungarischer Schafkäse).

Renntierkäse gibt es in Schweden, Büffelkäse in Italien. Pferdekäse hat es früher im Kaukasus gegeben.

Käsefehler. Käse unterliegt ähnlichen Erkrankungen wie Milch. 1. Am häufigsten ist das Blähen der Käse, wahrscheinlich ein rapid verlaufender Reifungsprozeß, bei welchem die zu heftig entwickelnden Gase den Käse auftreiben, blähen, und oft zum Zerplatzen bringen. Vielfach wird der Käse durch das Blähen unbrauchbar. 2. Glasige Käse sind solche, bei denen das Umgekehrte stattgefunden hat, bei denen mangels genügender Gasbildung die Lochbildung unterblieb und ein glasiges Äußeres zur Folge hatte. 3. Blaue Käse finden sich vorzugsweise unter den holländischen und mageren Backsteinkäsen. Sie verdanken ihre Blaufärbung der gleichen Ursache wie blaue Milch (s. d.). 4. Roter Käse ist ähnlich wie rote (nicht blutige) Milch von Bakterien gefärbt. 5. Grüner Käse verdankt seine Färbung einem Kupfergehalt. Die grünen Schimmel im Roquefort und Gorgonzola sind absichtlich erzeugte, zur Erzielung der Eigenart dieser Käse notwendige Erscheinungen. 6. Schwarzer Käse kann von Pilzen oder von Schwefeleisen seine Färbung erhalten. Beides deutet auf unzulässige Zersetzungen. 7. Bittere Käse sind entweder ungenügend ausgereift oder nachträglich bitter geworden. In beiden Fällen eignet sich der Käse nicht zur Nahrung. 8. Überreife Käse verraten sich oft durch Mißfärbungen, besonders strengen Geschmack und sehr deutlichen Ammoniakgeruch. Sie können zu Käsevergiftungen führen, doch sind diese meist nach Weichkäsen beobachtet. 9. Zu den Käsefehlern müssen auch gewisse Parasiten gerechnet werden.

a) Die Käsemilbe ist ein häufigerer Gast im alten Käse als gewöhnlich angenommen wird. Durch sauberes Halten der Käse läßt sich ihrem Eindringen vorbeugen. Geringe Grade des Milbigseins beeinträchtigen den Wert des Käses nicht, höhere Grade schließen die Verwendbarkeit zur menschlichen Nahrung aus.

b) Käsemaden, die Larven der Käsefliege, entwickeln sich ziemlich rasch aus den Eiern. Da sie stets zu Hunderten gleichzeitig abgelegt werden, ist ein vollständiges Abnehmen der Maden vom Käse aussichtslos, zumal die Tiere den Käse ganz durchwühlen. Madiger Käse ist daher als ekelerregend und verdorben zu beurteilen.

Gesetzliche Bestimmungen.

1. Im Blei- und Zinkgesetz § 3 Abs. 3 ist für Metallfolien, welche zur Packung von Käse benutzt werden sollen, angeordnet, daß ihr Bleigehalt 1 % nicht übersteigen darf.
2. Für Margarinekäse gelten die gleichen, im M.G. vom 15. Juni 1897 enthaltenen Bestimmungen, wie für Margarine und Kunstspeisefett. Es wird auf die §§ 1, 2, 4, 5, 6, 7, 8, 9 M.G. besonders verwiesen.
3. Margarinekäse muß gemäß § 6 M.G. in Verbindung mit der Anordnung des Bundesrats vom 4. Juli 1897 einen wenigstens 10 % seines Fettgehaltes ausmachenden Sesamölzusatz enthalten. Dabei ist es unerheblich, ob das zugesetzte Fett Margarine im Sinne des Gesetzes war oder irgend

ein anderes natürliches oder künstliches Fett. Maßgeblich ist nur die Eigenschaft, ob Milchfett oder nicht.

4. Amtliche Vorschriften zur Untersuchung von Käse und Margarinekäse sind in der Anweisung vom 1. April 1898 enthalten; abgedruckt im Beiheft S. 24 und 44 ff.

Definition. Käse ist das durch einen Reifungsprozeß unter Beigabe von Salz und eventuell Gewürzen aus dem Käsestoff der Milch erhaltene Erzeugnis.

Verfälschungen. Die außerordentliche Mannigfaltigkeit der Käsereierzeugnisse macht die Konstruktion einer allgemeinen Normalware unmöglich. Erforderlichen Falles müssen für die einzelne Art die Kennzeichen der normalen Beschaffenheit aus den beteiligten Verkehrskreisen festgestellt werden. Als Durchschnittsfettgehalt gibt König an:

für Rahmkäse	40,71 %,	in der wasserfreien Substanz	63,96 %
„ vollfetten Käse	30,25 %,	„ „ „ „	48,79 %
„ halbfetten Käse	23,92 %,	„ „ „ „	39,68 %
„ Magerkäse	11,65 %,	„ „ „ „	21,58 %

Wenn man daher rund 40, 30, 20, 10 % für die einzelnen Kategorien als Mittelwerte annehmen will, so darf diesen Zahlen jedoch ein anderer als informatorischer Wert nicht zugelegt werden. 1. Färben von Käse ist seit langem gebräuchlich, ohne daß dafür ein anderer Grund als die Gewohnheit angegeben werden könnte. Andere als gesetzlich zulässige Farbstoffe (§ 1 F.G. vom 5. Juli 1887) sind bisher nicht bekannt geworden. Meist handelt es sich um Orleans, den mittelst Fett hergestellten Auszug einer Alge oder auch um eine alkalische Zubereitung derselben Pflanze. Die Gleichmäßigkeit allen Nahrungsmitteln gegenüber verlangt aber die Deklaration der Färbung, gegen die sonst keine Einwendungen bestehen. Die äußerliche Färbung mancher Käse, besonders der Edamer ist ohne Bedeutung für den Inhalt. (S. Kapitel Farbstoffzusätze.) 2. Konservierungsmittel sind unzulässig, besonders schon aus Rücksicht auf den Reifeprozeß, der durch sie sicher sehr nachteilig beeinflußt würde. 3. Füllstoffe, wie Kartoffeln und andere Stärkepräparate sind unzulässig. 4. Kupfer- und bleihaltige Käse sind bereits erwähnt (Gesetzl. Bestim. 1 und bei Grüner Käse). 5. Käse mit Käsefehlern ist meist als verdorben, immer als minderwertig anzusehen. 6. Wegen Milben und Maden s. oben unter Käsefehler. 7. Die häufigste Verfälschung ist die Entnahme von Fett aus der Milch bezw. die Unterschiebung von Margarinekäse, also ganzer oder teilweiser Ersatz des Milchfettes durch fremde Fette. Die Sesamölreaktion wird bei Käse als zuverlässiger Indikator aber nicht gelten können. 8. Unsaubere Manipulationen sind gerade bei Käse bekannt geworden. Die Benutzung von Urin ist auch heute noch keineswegs so selten, wie oft geglaubt wird. Der Nachweis ist aber leicht zu führen.

Sie lassen sich meist als Verstoß gegen §§ 12, 14 N.M.G. rubrizieren.

38. Kapitel.

Fleisch und Fleischwaren.

Allgemeines. Fleisch im weitesten Sinne sind alle genießbaren Teile von Tieren.

Im gewöhnlichen Sprachgebrauch wird jedoch alles Fleisch, welches nicht von warmblütigen Tieren stammt, besonders unterschieden und Fischfleisch, Krebsfleisch usw. nicht als Fleisch im gewöhnlichen Sinne des Wortes aufgefaßt. Das Fleischbeschaugesetz hat hieran angeknüpft und alle Teile warmblütiger Tiere, roh oder zubereitet, sofern sie sich zum Genuß für Menschen eignen für „Fleisch“ erklärt, ebenso wie Würste, Fette und bestimmte andere Erzeugnisse.

Fleisch soll an dieser Stelle zunächst im Sinne von Muskelfleisch besprochen werden. Nur solche anderen Teile sollen mit berücksichtigt werden, die als unveränderte Organe und Organteile im praktischen Leben darunter verstanden werden. Als Fleischwaren sind diejenigen Produkte begriffen, die den Charakter als Fleisch, im ebenerwähnten Sinne nicht verloren haben.

Die Fette sind in besonderen Kapiteln behandelt, soweit sie in veränderter Form als neue, selbständige Handelsartikel auftreten.

Fleisch im Sinne des praktischen Lebens liefern uns:

1. Säugetiere.

2. Vögel.

Von beiden Kategorien lassen sich zahme und wilde Tiere unterscheiden. Das Fleisch aller dieser Arten ist im großen und ganzen gleichartig zusammengesetzt. Das was die einzelnen Fleischarten im Genußwert unterscheidet, sind nur geringfügige Abweichungen, die auf den Gehalt an sehr geringen Mengen gewisser, meist noch unbekannter Geschmacksstoffe zurückführbar sind und die sich vorzugsweise im Fett dieser Tiere zu finden pflegen. Ganz mageres Fleisch pflegt darum weniger charakteristisch zu schmecken als fettes.

Fleisch alter Tiere ist weniger mürbe als das junger. Dafür ist das Fleisch jüngerer Tiere heller gefärbt, da es nicht nur weniger Muskelfarbstoff enthält sondern auch wasserreicher ist. Mit zunehmendem Alter der Tiere wird das Fleisch daher gehaltvoller und reicher an Extraktstoffen und eignet sich besser zur Bereitung von Brühen.

Dafür büßt es an Saftigkeit ein und verlangt eine längere Zubereitungsdauer.

Das Fleisch männlicher Tiere hat oft einen widerlichen Beigeschmack, der es minderwertig macht. Es ist darum eine seit Alters übliche Methode, die zu Zuchtzwecken entbehrlichen männlichen Tiere zu kastrieren, da bei Wegfall der geschlechtlichen Funktionen nicht nur schmackhafteres Fleisch sondern überhaupt feistere Tiere gewonnen werden.

Von erheblichem Einfluß auf die Beschaffenheit des Fleisches ist ferner die Art der Tötung. Fleisch von nicht ausgeruhten Tieren fällt leicht dem Verderben anheim. Dieser Effekt vermehrt sich, wenn keine genügende Ausblutung stattfand. Während Wildfleisch meist beide Nachteile aufweist, sind die Einrichtungen und Vorschriften unserer Schlachthäuser darauf bedacht, in dieser Beziehung nichts zu verabsäumen.

Da mit dem Moment des Todes eine Veränderung des Fleisches anhebt, so ist die Zeit, welche zwischen der Schlachtung und dem Verbrauch liegt, von Bedeutung. Einige Stunden nach dem Tode tritt bekanntlich die Totenstarre ein, die nach Verlauf einiger Tage wieder verschwindet. Das geschieht, wenn durch die Bildung von Fleischmilchsäure in den Muskeln, die Fasern sich zu lockern beginnen. Während das Fleisch ganz frisch geschlachteter Tiere oft eine wenig angenehme Beschaffenheit besitzt und sehr zähe ist, bekommt es nach Ablauf der Muskelstarre eine zarte, mürbe Beschaffenheit. Die Fleischer nennen es jetzt: alt geschlachtet im Gegensatz zu frisch geschlachtet. Durch Unterbringen in geeigneten Kühlräumen läßt sich der Ablauf dieses Prozesses beeinflussen. Gutes Fleisch in den Großstädten ist darum oft 14 Tage alt, ohne daß es deshalb an Güte verloren hätte. Fleisch, welches gefroren war, verhält sich allerdings anders (vgl. Kapitel Konservieren) indem es nach dem Auftauen nur eine außerordentlich geringe Haltbarkeit zeigt.

Von entscheidendem Einfluß auf die Güte des Fleisches sind aber der Ernährungszustand der Tiere, die Art des verabfolgten Futters und die Rasse.

Der **Gehalt des Fleisches an Nährstoffen** ist demnach als in sehr weiten Grenzen schwankend zu erwarten.

Rindfleisch (Ochsenfleisch) enthält:

54—76 %	Wasser,
18—21 %	Eiweißstoffe,
2—24 %	Fett,
1,08—1,17 %	Mineralstoffe.

Kalbfleisch enthält:

72—79 %	Wasser,
18—20 %	Eiweißstoffe,
0,8—7,5 %	Fett,
0,5—1,5 %	Mineralstoffe.

Schweinefleisch enthält:

40—75 %	Wasser,
12,5—24,5 %	Eiweißstoffe,
4—47 %	Fett,
0,5—1,6 %	Mineralstoffe.

Hammelfleisch enthält:

51—76 %	Wasser,
14—20 %	Eiweißstoffe,
3—43 %	Fett,
0,70—1,60 %	Mineralstoffe.

Rehfleisch enthält:

74—77 %	Wasser,
11—20,5 %	Eiweißstoffe,
1,9 %	Fett,
1,13 %	Mineralstoffe.

Hasenfleisch enthält:

73—75 %	Wasser,
23—23,5 %	Eiweißstoffe,
1—1,2 %	Fett,
1—1,3 %	Mineralstoffe.

Gänsefleisch enthält:

38—46,5 %	Wasser,
9,8—16,3 %	Eiweißstoffe,
36—51 %	Fett,
0,5—0,8 %	Mineralstoffe.

Hühnerfleisch enthält:

65—76 %	Wasser,
18,5—24,5 %	Eiweißstoffe,
1,5—14 %	Fett,
0,9—1,3 %	Mineralstoffe.

Taubenfleisch enthält:

74—76 %	Wasser,
21,5—23 %	Eiweißstoffe,
1 %	Fett,
1 %	Mineralstoffe.

Diese Beispiele werden genügen, um die schwankende Zusammensetzung zu belegen. Wenn der Gehalt an Knochen berücksichtigt wäre, kämen noch größere Differenzen heraus.

Das Fleisch wird knochenfrei und knochenhaltig verkauft. Die vielfach bestehende Übung der Fleischer, beim Abwiegen knochenfreien Fleisches einen nicht dazugehörigen Knochen beim Abwiegen mit zuzulegen, ist zwar nicht als Nahrungsmittelvergehen aufzufassen, aber doch eine nicht ganz einwandfreie Handlungsweise. Jedenfalls gehören zum Fleisch nur diejenigen Knochen, welche sich noch im natürlichen Zusammenhang mit den Weichteilen befinden.

Schlachtvieh- und Fleischbeschau. (Tierärztliche Prüfung.) Im Deutschen Reich müssen die folgenden Tiere, sofern ihr Fleisch zum menschlichen Genuß bestimmt ist vor und nach der Schlachtung einer amtlichen Untersuchung unterworfen werden (§ 1 Fl.B.G. und Bundesratsverordnung vom 10. Juli 1902).

Rindvieh, Bullen, Ochsen, Kühe, Kälber,
Schweine,
Schafe,
Ziegen,
Pferde,
Hunde,
Esel,
Maultiere,
Maulesel.

Auf weitere Tiere kann der Bundesrat die Untersuchungspflicht ausdehnen. Bei Tieren, deren Fleisch nur im eigenen Haushalt Verwendung finden soll, kann die Beschau des lebenden Tieres und eventl. auch die des geschlachteten unterbleiben.

Einfuhr in das Zollinland. Für die Einfuhr in das Zollinland besteht eine erheblich umfassendere Untersuchungspflicht als für Schlachtungen im Inlande.

Die Untersuchung an der Grenze ist eine tierärzliche und eine chemische.

a) Der tierärztlichen Untersuchung unterliegen
   1. Alles Fleisch von zahmen Säugetieren.
   2. Vom Wild nur Büffel, Renntiere, Wildschweine.
   Anderes Wild und Federvieh unterliegen einstweilen keiner tierärztlichen Prüfung.

b) Chemischer Untersuchung unterliegt alles Fleisch im Sinne des § 4 Fl.B.G.

Ausgeschlossen von der Einfuhr bleiben

a) Hundefleisch.
b) Zubereitetes Fleisch von Pferden, Eseln, Mauleseln, Maultieren oder anderen Tieren des Einhufergeschlechts.
c) Würste und sonstige Gemenge aus zerkleinertem Fleisch.
d) Fleisch in luftdicht verschlossenen Büchsen oder ähnlichen Gefäßen.
e) Fleisch welches einen der in der Bundesratsverordnung vom 13. Februar 1902 verbotenen Stoffe enthält.

f) Fleisch, welches nach der tierärztlichen Untersuchung als gesundheitsschädlich zu bezeichnen ist. Die Aufführung der Einzelfälle würde an dieser Stelle zu weit führen.

Hierüber sowie bezüglich einzelner Vorschriften über die die Untersuchung ausführenden Personen, den Zusammenhang der Tierkörper mit bestimmten Organen, sowie ihres Umfangs vergleiche man das Gesetz und die ergangenen Ausführungsbestimmungen (Guttentagsche Sammlung deutscher Reichsgesetze Nr. 68).

Sonstige gesetzliche Bestimmungen.

1. Verkehr.

a) Brauchbar gemachtes Fleisch, also nur bedingt tauglich gewesenes, darf gemäß § 11 nur in besonders konzessionierten Fleischhandlungen oder Speisewirtschaften unter ausdrücklicher Bezeichnung vertrieben werden. Nicht konzessionierte Personen dieser Art dürfen solches Fleisch nicht erhalten. Räume, in denen taugliches, also normales Fleisch feilgehalten oder verkauft wird, dürfen nicht gleichzeitig für den Vertrieb brauchbar gemachten Fleisches benutzt werden.

b) Gleiche Vorschriften gelten für Pferdefleisch (§ 18), sowie für Fleisch von Eseln, Maultieren, Mauleseln (Bundesratsverordnung vom 10. Juli 1902).

2. Zubereitung. Bei der gewerbsmäßigen Zubereitung von Fleisch dürfen folgende Stoffe nicht Verwendung finden:

Borsäure und deren Salze,
Formaldehyd,
Alkali- und Erdalkali-Hydroxyde und -Karbonate,
Schweflige Säure und deren Salze sowie unterschwefligsaure Salze,
Fluorwasserstoff und dessen Salze,
Salizylsäure und deren Verbindungen,
Chlorsaure Salze,
Farbstoffe jeder Art, jedoch unbeschadet ihrer Verwendung zur Gelbfärbung der Margarine und zum Färben der Wursthüllen, sofern diese Verwendung nicht anderen Vorschriften zuwiderläuft.

(§ 21 Fl.B.G. u. Bundesratsverordnung vom 18. Februar 1902.)

3. Für die Untersuchung von Fleisch in tierärztlicher und chemischer Beziehung sind in den Ausführungsbestimmungen vom

30. Mai 1902 ausführliche amtliche Vorschriften erlassen; die chemischen Methoden sind im Beiheft S. 13—23 abgedruckt.

1. **Festsetzungen** des Fleischbeschaugesetzes und der Ausführungsbestimmungen.

§ 4 Fl.B.G.: **Fleisch** sind alle für den menschlichen Genuß sich eignenden Teile warmblütiger Tiere.

§ 4 unterscheidet a) frisches Fleisch,
b) zubereitetes Fleisch,
c) Erzeugnisse aus Fleisch.

Zu a) Das „frische“ Fleisch bedeutet lediglich rohes, unverändertes Fleisch, so wie es aus dem Tierkörper genommen wird. Die „Anweisung zur tierärztlichen Untersuchung“, Anlage a zu den Ausführungsbestimmungen D. gibt noch folgende Beschreibung von frischem Fleisch in § 13:

„Frisches Fleisch ist von roter Farbe, bestimmtem, der Tierart eigentümlichen Geruche, weichem Gefüge, zeigt eine unebene, rillige, streifige Schnittfläche, wird beim Kochen grau, weißlich oder bräunlich und enthält nur Spuren von Kochsalz.“

Zu b) Zubereitetes Fleisch ist verändertes Fleisch, das den Charakter als rohes Fleisch verloren hat. Die zu a) erwähnte „Anweisung“ gibt auch für zwei besonders häufige Fälle der Zubereitung die äußeren Kennzeichen an:

„Durchgepökeltes (gesalzenes) Fleisch hat auch in den inneren Schichten den Geruch des frischen Fleisches verloren; es ist von festem Gefüge, hat glatte Schnittflächen, behält beim Kochen unter gewöhnlichen Verhältnissen die rote Farbe (Salzungsröte) auch nach dem Erkalten und enthält erheblich mehr Kochsalz als frisches Fleisch.“

„Durchgekochtes (gebratenes, gedämpftes, geschmortes) Fleisch hat auch in den inneren Schichten den Geruch des frischen Fleisches verloren, ist von festem Gefüge, hat eine glatte, trockene Schnittfläche und eine graue, weißliche oder bräunliche Farbe.“

Zu c) Der Unterschied zwischen b und c liegt darin, daß im „Erzeugnis“ ein neues selbständiges Verkehrsprodukt gesehen wird. Das Beefsteak, Schnitzel usw. bleibt Fleisch trotz des Kochens und Bratens. Wurst, Fleischextrakt gelten im Handelsverkehr nicht mehr als Fleisch, sondern als neue Produkte.

Eine kasuistische Erklärung der Begriffe „Fleisch", „frisches Fleisch", „zubereitetes Fleisch", „Fette", „zubereitete Fette" und einige andere enthalten noch die §§ 1—3 der Ausführungsbestimmung D. Hierbei bleibt jedoch zu beachten, daß diese Anweisungen nur für die Zollabfertigung verbindlich sind und zur Ableitung insbesondere des Begriffes „Zubereitung" sich schon darum nicht eignen, weil die einzelnen Bestimmungen sich nach dieser Richtung mehrfach widersprechen. (Vgl. darüber im Kapitel „Zubereitung".)

§ 1. (1) Fleisch sind alle Teile von warmblütigen Tieren, frisch oder zubereitet, sofern sie sich zum Genusse für Menschen eignen. Als Teile gelten auch die aus warmblütigen Tieren hergestellten Fette und Würste. Als Fleisch sind daher insbesondere anzusehen:

Muskelfleisch (mit oder ohne Knochen, Fettgewebe, Bindegewebe und Lymphdrüsen), Zunge, Herz, Lunge, Leber, Milz, Nieren, Gehirn, Brustdrüse (Bröschen, Bries, Brieschen, Kalbsmilch, Thymus), Schlund, Magen, Dünn- und Dickdarm, Gekröse, Blase, Milchdrüse (Euter), vom Schweine die ganze Haut (Schwarte), vom Rindvieh die Haut am Kopfe, einschließlich Nasenspiegel, Gaumen und Ohren, sowie die Haut an den Unterfüßen, ferner Knochen mit daran haftenden Weichteilen, frisches Blut;

Fette unverarbeitet oder zubereitet, insbesondere Talg, Unschlitt, Speck, Liesen (Flohmen, Lünte, Schmer, Wannenfett), sowie Gekrös- und Netzfett, Schmalz, Oleomargarin (Premier jus, Margarin) und, solche Stoffe enthaltende Fettgemische, jedoch nicht Butter und geschmolzene Butter (Butterschmalz);

Würste und ähnliche Gemenge von zerkleinertem Fleische.

(2) Andere Erzeugnisse aus Fleisch, insbesondere Fleischextrakte, Fleischpeptone, tierische Gelatine, Supentafeln, gelten bis auf weiteres nicht als Fleisch.

§ 2. (1) Als frisches Fleisch ist anzusehen Fleisch, welches, abgesehen von einem etwaigen Kühlverfahren, einer auf die Haltbarkeit einwirkenden Behandlung nicht unterworfen worden ist, ferner Fleisch, welches zwar einer solchen Behandlung unterzogen worden ist, aber die Eigenschaften frischen Fleisches im wesentlichen behalten hat oder durch entsprechende Behandlung wieder gewinnen kann.

(2) Die Eigenschaft als frisches Fleisch geht insbesondere nicht verloren

durch Gefrieren oder Austrocknen, ausgenommen bei getrockneten Därmen (§ 3 Abs. 4),
durch oberflächliche Behandlung mit Salz, Zucker oder anderen chemischen Stoffen,
durch bloßes Räuchern,
durch Einlegen in Essig,
durch Einhüllung in Fett, Gelatine oder andere, den Luftabschluß bezweckende Stoffe,
durch Einspritzen von Konservierungsmitteln in die Blutgefäße oder in die Fleischsubstanz.

(3) Als ganzer Tierkörper ist unbeschadet der Sonderbestimmung im § 6 das geschlachtete, abgehäutete und ausgeweidete Tier anzusehen; der Kopf vom ersten Halswirbel ab, die Unterfüße einschließlich der sogenannten Schienbeine und der Schwanz dürfen vorbehaltlich derselben Sonderbestimmung fehlen.

§ 3. (1) Als zubereitetes Fleisch ist anzusehen alles Fleisch, welches infolge einer ihm zu Teil gewordenen Behandlung die Eigenschaften frischen Fleisches auch in den inneren Schichten verloren hat und durch eine entsprechende Behandlung nicht wieder gewinnen kann.

(2) Hierher gehört insbesondere das durch Pökelung, wozu auch starke Salzung zu rechnen ist, oder durch hohe Hitzegrade (Kochen, Braten, Dämpfen, Schmoren) behandelte Fleisch.

(3) Als zubereitetes Fett sind anzusehen ausgeschmolzenes oder ausgepreßtes Fett mit oder ohne nachfolgende Raffinierung, insbesondere Schmalz, Oleomargarin, Premier jus und ähnliche Zubereitungen; ferner die tierischen Kunstspeisefette im Sinne des § 1 Abs. 4 des Gesetzes, betreffend den Verkehr mit Butter, Käse, Schmalz und deren Ersatzmitteln, vom 15. Juni 1897 (R.G.Bl. S. 475), sowie Margarine.

(4) Im Sinne des § 12 des Gesetzes und im Sinne der gegenwärtigen Ausführungsbestimmungen sind anzusehen:

als Schinken die von den Knochen nicht losgelösten oberen Teile des Hinter- oder Vorderschenkels vom Schweine mit oder ohne Haut;
als Speck die zwischen der Haut und dem Muskelfleische, besonders am Rücken und an den Seiten des Körpers liegende Fettschicht vom Schweine mit oder ohne Haut,

auch mit schwachen in der Fettschicht eingelagerten Muskelschichten;

als Därme der Dünn- und der Dickdarm sowie die Harnblase vom Rindvieh, Schweine, Schafe und von der Ziege, der Magen vom Schweine, sowie der Schlund vom Rindvieh;

als Würste und sonstige Gemenge aus zerkleinertem Fleische insbesondere alle Waren, welche ganz oder teilweise aus zerkleinertem Fleische bestehen und in Därme oder künstlich hergestellte Wursthüllen eingeschlossen sind, ferner Hackfleisch, Schabefleisch, Mett, Brät, Sülzen aus zerkleinertem Fleische, Fleischpulver, Fleischmehl (ausgenommen Fleischfuttermehl) mit oder ohne Zusätze.

Endlich zerlegt das Fleischbeschaugesetz den Begriff Fleisch noch nach dem Ergebnis der tierärztlichen Untersuchung in

a) taugliches (§ 8 Fl.B.G.);
b) untaugliches (§ 9 ibid.);
c) bedingt taugliches (§ 10 ibid.);
d) in seinem Nahrungs- oder Genußwert erheblich herabgesetzes (§ 24) Fleisch.

Zu a) Als **tauglich** ist dasjenige Fleisch zu betrachten, welches von normaler Beschaffenheit ist und in gesundheitlicher Beziehung zu Bedenken keinen Anlaß gibt. Diese Voraussetzungen brauchen nicht immer bei sämtlichen von einem Schlachttiere herrührenden Fleischteilen vorzuliegen, es ist vielmehr möglich, daß von den verschiedenen Teilen eines und desselben Tieres sich einige als tauglich, andere als untauglich, bedingt tauglich oder minderwertig erweisen.

Taugliches Fleisch unterliegt im Verkehr keinerlei Beschränkungen.

Zu b) **Untauglich** ist dasjenige Fleisch, welches wegen der mit seinem Genusse verbundenen Gefahren für die menschliche Gesundheit von der Verwendung als Nahrungsmittel unbedingt ausgeschlossen werden muß.

Das Tier kann entweder in allen seinen Teilen zum menschlichen Genusse untauglich sein, oder nur die veränderten Fleischteile sind untauglich; Hundedärme sind immer untauglich.

Zu c) Als **bedingt tauglich** hat dasjenige Fleisch zu gelten, welches in seinem natürlichen Zustande zum Genusse für Menschen ohne Gesundheitsgefährdung nicht verwendbar ist, jedoch durch entsprechende Behandlung seiner gefährlichen Eigenschaften entkleidet werden kann.

§ 37 der Ausf.-Best. A. gibt an, unter welchen Umständen Fleisch als bedingt tauglich zu erklären ist und §§ 38 und 39 bestimmen die Art und Weise der Brauchbarmachung. „Brauchbar gemachtes" Fleisch ist aber nicht gleichbedeutend mit „tauglichem" Fleisch. Sein Vertrieb darf nur unter ausdrücklicher Angabe seiner Beschaffenheit erfolgen. Die Art des Vertriebes regelt § 11 Fl.B.G.

Untaugliches Fleisch darf keinesfalls, bedingt taugliches erst nachdem es für den Genuß brauchbar gemacht worden ist, als Nahrungs- und Genußmittel für Menschen in den Verkehr kommen.

Zu d) Zur Gruppe des in seinem Nahrungs- oder **Genußwert erheblich herabgesetzten Fleisches** endlich zählt solches Fleisch, welches zwar keine gesundheitlichen Gefahren bietet, jedoch einen so geringen Nahrungs- oder Genußwert aufweist, daß es als Ware von der im Verkehr allgemein vorausgesetzten Beschaffenheit nicht gelten kann. Nicht jeder Minderwert, namentlich die Tatsache allein, daß das Fleisch von einem älteren oder ungemästeten Tiere herrührt, wird genügen, um das Fleisch unter diese Gruppe einzureihen, es ist vielmehr hierzu erforderlich, daß eine erhebliche Minderung des Nahrungs- und Genußwertes vorliegt. Vorwiegend das Fleisch von Tieren, die ungewöhnlich schlecht ernährt oder noch unreif sind, ferner Fleisch, welches in Geruch, Geschmack oder Farbe so sehr von der Regel abweicht, daß dadurch seine Verwendbarkeit als Nahrungsmittel, wenn auch nicht ausgeschlossen, so doch in hohem Grade beeinträchtigt ist, kommt hier in Betracht.

2. **Definitionen.**

A) Fleisch im Sinne der Vorschriften des Fl.B.G. sind alle zum menschlichen Genuß brauchbaren Teile warmblütiger Tiere, einschließlich der aus ihnen erzeugten Fleischwaren und Fette.

Fleisch im Sinne des Sprachgebrauchs sind die Muskelteile warmblütiger Tiere einschließlich der noch in natürlichem Zusammenhang mit ihnen befindlichen Knochen und Organe. Sobald diese ihres natürlichen Zusammenhangs mit dem Muskelfleisch verlustig gehen, werden sie neue Handelsartikel, die mit besonderen Namen vom Verkehr bezeichnet werden.

B) Frisches Fleisch ist rohes, unverdorbenes Fleisch.

Frisch, im Zusammenhang mit einer anderen Eigenschaft des Fleisches, bedeutet, daß seit der im anderen Eigenschaftsworte angedeuteten Handlung erst eine kurze Zeit verstrichen ist.

(Frisch geschlachtetes Fleisch, frisch gekochtes Fleisch bedeutet Fleisch von einem kurz zuvor geschlachteten Tier oder Fleisch das eben gekocht wurde.)

C) Zubereitetes Fleisch ist solches, welches eine Behandlung erfahren hat, die auf die Genußfertigkeit gerichtet ist, ohne daß dieser Zustand schon vollständig erreicht sein müßte.

D) Pökelfleisch ist ein durch Salz konserviertes und Salpeter gerötetes Fleisch. Die Pökelung ist vollendet, wenn das Fleisch soweit von den beiden Salzen durchzogen ist, daß beim Kochen keine Fleischteile mehr die rote Farbe verlieren.

E) Salzfleisch ist ebensolches Fleisch ohne Salpeterzusatz.

F) Gekochtes Fleisch ist solches, das in allen seinen Teilen durch die Vermittlung siedenden Wassers eine so hohe Temperatur erlitten hat, daß es keine gerinnbaren Eiweißstoffe mehr enthält.

G) Rauchfleisch ist durch mindere Wärme und Rauch konserviertes Fleisch, das meistens zuvor einen Pökelungsprozeß durchgemacht hat. Mit dem Räuchern geht ein erheblicher Gewichtsverlust einher.

H) Wurst ist eine Fleischware, die aus zerkleinertem Fleisch im Sinne des § 4 Fl.B.G. unter Zusatz von Gewürzen in der Art hergestellt ist, daß dieses Gemenge in einen Darm gefüllt und entweder durch Räuchern oder Kochen oder beides haltbar gemacht wurde.

Abweichungen sind zulässig bei einigen Wurstarten, die schon oft durch die Bezeichnung eine andere Zusammensetznng erkennen lassen; z. B.

Brühwürstchen erhalten einen Zusatz von Wasser, da sie sonst nicht saftig werden.

Grützwurst enthält Grütze neben Fleischteilen.

Semmelwurst ist eine semmelhaltige Wurst.

I) Erzeugnisse aus Fleisch, die sich nicht als „Fleischwaren" charakterisieren, sind selbständige Handelsprodukte mannigfacher Art: Fleischextrakt, Fleischpepton, Fleischpulver, Leim, Gelatine u. a.

K) Fleischkonserven sind Zubereitungen aus Fleisch, welche bis zur genußfertigen Ware oder Speise fertig gemacht sind.

Wurst, Schinken, sind Halbkonserven, da sie zwar genußfertig sind, aber nur eine beschränkte Haltbarkeit besitzen.

Cornedbeef ist eine echte Konserve. Gulasch, Rinderbraten und zahllose andere sind als gänzlich fertige Fleischspeisen ebenfalls echte Konserven. Auch Halbfabrikate können echte und Halbkonserven sein. Pökelfleisch ist eine Halbkonserve und ein Halbfabrikat. Schildkrötenfleisch ist ein Halbfabrikat, aber eine echte Konserve.

Qualitäten des Fleisches verschiedener Tiere.

Rindvieh. Das wertvollste ist das Fleisch 4—6 jähriger gemästeter Ochsen. Am nächsten steht ihm das Fleisch nicht-trächtiger, vorzüglich gemästeter Kühe im Alter von 3—5 Jahren und dann von gut gemästeten Stieren im Alter von $1^1/_2$—2 Jahren. Bis zum 8. Jahre bleibt das Fleisch aber noch gut und erst mit 12—14 Jahren wird es geringwertig, besonders das Fleisch alter Zugochsen, alter Kühe sowie alter Stiere.

Das Büffelfleisch ist gröber und weniger von Fett durchwachsen als das Fleisch des Hausrindes.

Kälber liefern bei guter Mast im Alter von 6—10 Wochen ein gutes, leicht verdauliches Fleisch. Das Fleisch jüngerer Kälber ist um so wertloser, je jünger das Tier war. Unter 10—14 Tagen sind die Tiere überhaupt nicht als schlachtwürdig anzusehen. Die 1—3 Tage alten Tiere heißen „nüchtern". Ihr Fleisch ist kaum anders zu beurteilen als das ungeborener Kälber.

Der größte Teil solch unreifen Fleisches geht in die Brühwürstchenfabrikation. Es wäre daher gut, wenn für diese ein Maximal-Wassergehalt festgelegt würde.

Schweinefleisch. Von erheblichem Einfluß ist die Art der Fütterung. Im Kapitel „Farbstoffzusatz" ist bereits auf die Schnellmastmethoden verwiesen. Kartoffeln, Biertreber, Schlempen, sog. Schnellmastmittel liefern ein minderwertiges, wenig gefärbtes wässeriges Fleisch. Manche animalische Futterstoffe, insbesondere Fischmehl und die Rückstände der Fleischextraktfabrikation, sog. Fleischfuttermehl geben Fleisch von fischig-tranigem Geschmack.

Das alte deutsche Mastverfahren machte die Schweine in $1^1/_2$—2 Jahren schlachtreif. Jüngere als 1 Jahr alte Tiere kamen, abgesehen von den Spanferkeln, nicht zur Schlachtung. Jetzt werden zum größten Teil kaum $^3/_4$ Jahr alte Tiere verarbeitet. Das Fleisch 5—6 Jahre alter Säue ist sehr zähe, das von Ebern oft von widerlichem Geruch.

Spanferkel sind eine besondere Delikatesse, sie werden im Alter von 2—3 Wochen geschlachtet.

Hammelfleisch. Hammel mit höherem Fettgehalt werden wegen ihres zu ausgeprägten „Hammelgeschmackes" nicht gern gegessen. 2—4 Jahre alte Hammel gelten als die besten. Das dunklere Fleisch gilt für weniger fein als das hellere.

Lämmer werden besonders zur Osterzeit viel verzehrt. Sie sind am besten, wenn sie 2—3 Monate alt sind.

Ziegenfleisch bildet bei uns wegen seines unangenehmen Geruchs und Geschmacks einen ganz unbedeutenden Handelsartikel.

Pferdefleisch gilt bei uns als minderwertig. Richtig ist, daß meist nur abgetriebene Tiere zur Schlachtung gelangen, was um so mehr ins Gewicht fällt, als das Pferd schon ohnehin kein fettreiches Muskelfleisch hat. Im übrigen ist das Fleisch jüngerer und auch sonst gut genährter Tiere von großem Wohlgeschmack. Freilich kommt das Fleisch solcher Pferde nur infolge von Unglücksfällen in den Handel.

Qualitäten der Wurst- usw. Waren.

Die Herstellung der Wurstwaren ist in den einzelnen Gegenden außerordentlich schwankend, indem gewisse Lokal-Erzeugnisse zwar oft allgemein gebrauchte Bezeichnungen führen, aber doch eine Eigenart aufweisen. Noch häufiger sind diejenigen lokalen Spezialitäten, die auch entsprechend anders benannt sind. Trotzdem gibt es gewisse Typen, die überall ziemlich gleichwertig hergestellt werden. Über diese geben die folgenden insofern gute Auskunft, als die Anforderungen nicht als besonders hohe, sondern lediglich als dem reellen Verkehr entsprechende zu bezeichnen sind.

Frische Blutwurst darf nur aus gutem frischen Schweineblut, frischem flüssigen Fett und würfelig geschnittenem Fleisch bestehen; unschmackhafte, nicht durchgekochte oder zu magere Wurst wird zurückgewiesen.

Zu Blutwurst (Fleischwurst) darf nur Blut von Schweinen verwendet werden. Sie muß zur Hälfte aus fettem Schweinefleisch bestehen, gut gesalzen und gewürzt, sowie gar gekocht sein. Auf 3 Liter Schweineblut müssen mindestens 5 kg in Würfel geschnittenes Fleisch verwendet werden. Die Wurst muß auf Verlangen stets sowohl in frischer wie in angeräucherter Ware geliefert werden.

Frische Leberwurst (Weißwurst) muß aus bestem Schweinefleisch, guter Leber und frischem flüssigen Fett (weißes Schmalz) hergestellt sein. Sie muß gut gewürzt und frei von jedem Beigeschmack sein. Unschmackhafte oder nicht gar gekochte oder zu magere Wurst wird zurückgewiesen.

Leberwurst — gewöhnliche — muß aus feingehackter Schweinsleber angefertigt sein. Auf 120 kg Schweinefleisch (Bauchfleisch) müssen mindestens 20 kg Leber verwendet werden. Statt Bauchfleisch kann zum Teil auch das Fleisch von den sogenannten Knochenbacken mit verwendet werden. Die Wurst muß gut mit reinem Schweinefett durchfettet sein und würfeliges Fett enthalten. Sie muß gut gesalzen, gewürzt und gar gekocht sein, darf nicht schlecht riechen und muß stets frisch, auf Verlangen auch in angeräuchertem Zustande, geliefert werden.

Bratwurst muß aus bestem feingehackten Schweinefleisch bestehen. Die Beimengung eines kleinen Teiles Kalbfleisch wird gestattet.

Schlackwurst muß aus zwei Teilen besten Schweinefleisches und besten Fettes, sowie aus einem Teil besten Rindfleisches — beides gut ausgesehnt — bestehen. Das Fleisch muß fein gehackt, gut gesalzen und gewürzt, gut durchräuchert und schmackhaft sein. Es darf nur sogenannte Winterware geliefert werden, die beim Durchschneiden eine gleichmäßige, schöne, natürliche Fleischfarbe haben muß.

Cervelatwurst, die in bester Sorte, sogenannte Dauerwurst, zu liefern ist, darf nur aus reinem Schweinefleisch ohne irgend welche Zusätze hergestellt werden, muß schnitthaltig sein und ein schönes Aussehen haben. Die Wurst ist auf Wunsch in Scheiben geschnitten zu liefern.

Zu Mettwurst — grobe — ist je zur Hälfte mittelfettes Schweinefleisch und bestes Rindfleisch — grob gewiegt — zu verwenden. Sie muß mild gesalzen und gewürzt, äußerlich und innen schön von Farbe, darf nicht weich sein, und muß einen guten Geschmack haben.

Mettwurst — feine — muß aus reinem mittelfetten Schweinefleisch, welches ganz fein gewiegt ist, bestehen. Sie darf nicht säuerlich riechen und muß innen eine schöne rosa Fleischfarbe und außen eine schöne, blanke, rötlich-gelbe Farbe zeigen.

Breslauer Wurst muß zur Hälfte aus bestem Schweinefleisch und zur Hälfte aus bestem Rindfleisch bestehen. Sie muß von reinem Geschmack sein und innen wie außen eine schöne hellrote Farbe zeigen.

Jauersche Wurst muß zur Hälfte aus bestem Schweinefleisch und zur anderen Hälfte aus gutem ausgesehnten Kalbfleisch bestehen. Die Wurst muß reinschmeckend sein und außen wie innen eine schöne hellrote Farbe haben.

Wiener Würstchen. Herstellung wie Jauersche Wurst.

Knoblauchswürstchen müssen aus zwei Teilen guten, gesunden Rindfleisches und einem Teile fetten Schweinefleisches hergestellt, gut gesalzen und gewürzt (auch mit Knoblauch) sein; sie müssen einen guten Geschmack haben. Der Knoblauch darf nicht zu stark vorschmecken. Die Würstchen müssen innen eine hellrote und außen eine schöne kastanienbraune Farbe haben.

Polnische Bratwurst muß aus $^1/_3$ bestem Kalbfleisch, $^1/_3$ magerem Schweinefleisch und $^1/_3$ Schweinerückenfett bestehen. Das Kalb- und Schweinefleisch muß fein, das Rückenfett dagegen grob gewiegt sein. Die Wurst muß mit Knoblauch, Pfeffer, Kümmel und Salz schmackhaft gewürzt, gut braun geräuchert und abgekocht sein. Innen muß die Wurst eine schöne hellrote Farbe haben.

Schinken muß von gesunden, im Inlande geschlachteten Tieren herrühren; er darf nicht zu salzig oder zu fett, muß zart, gehörig durchgeräuchert und von kräftigem, angenehmem Geruch sein. Er wird in Scheiben, von denen die harten Ränder und die Schwarten abgetrennt sind, geliefert, wenn nicht ausdrücklich ganze Schinken verlangt werden. Schinken ist auf Verlangen in geräuchertem oder in gekochtem Zustande zu liefern.

Blasenschinken kommt bei der Lieferung nicht in Frage.

Die nach Gewicht verdungenen Jauerschen Würste (Stück), Wiener Würstchen (Paar), Knoblauchswürstchen (Paar) müssen in der Regel im Gewicht von 138 bis 144 g — im Durchschnitt 141 g — angefertigt werden.

Verfälschungen. 1. Unterschiebung einer anderen Fleischart braucht kein Verstoß gegen das Nahrungsmittelgesetz zu sein. Wer statt der verlangten Kalbsleber Rinderleber gibt, wird sich aber meist des Betruges schuldig oder anderweitig strafbar machen. 2. Verarbeitung von Teilen anderer Tiere als der mit Recht erwarteten ist ein Nachmachen. Wer Pferdefleisch statt Rindfleisch zur Rinder-Wurst nimmt, oder wer Kalbsleberwurst aus Schweine- oder Rinderleber macht, macht die betr. Wurstarten nach. 3. Fleischwurst ohne nähere Angabe begreift noch nicht die Bestandteile von Tieren in sich, welche nur unter besonderer Hervorhebung zu den handelsüblichen Bestandteilen gehören. Pferdefleischwurst ist zwar ein legaler Handelsartikel, in Wurst schlechtweg werden dagegen keine Bestandteile des Pferdes erwartet. Desgl. Hundefleisch. 4. Fleisch kranker Tiere ist meist verdorbenes Fleisch. Dagegen ist das Fleisch verunglückter Tiere der Regel nach gut geblieben. Fleisch von Tieren gewisser Krankheiten ist als „brauchbar gemachtes" aber minderwertiges Fleisch in besonderen Verkaufsstellen für den Verkehr zugelassen. 5. Fleisch zu frühgeborener oder noch ungeborener Tiere ist verdorbenes Fleisch. 6. Zusatz von Farbstoffen und gewisser Konservierungsmittel (s. oben S. 260) ist verboten. 7. Zusatz vegetabilischer Stoffe (außer Gewürzen) ist zu Wurst nur bei besonderen, schon durch ihren Namen erkennbarer Arten gestattet. Gewisse, aus wenig bindigen Fleisch hergestellte und darum billige Kochwurstarten dürfen bis 1 % Stärkezusatz erhalten, sofern dadurch nicht eine Verschlechterung bewirkt wird. 8. Wurst mit ranzigem Fett ist als verdorben anzusehen. 9. Der Wassergehalt von Wurstwaren (außer Brühwurst) muß bei geräucherter Ware 10—20 %

geringer sein, als der Wassergehalt der verwendeten Materialien. In keinem Falle soll er 60 % bei Dauerwurst, 70 % bei frischer, schnell zu verbrauchender Ware übersteigen. 10. Verdorbene Wurst, besonders schmierig gewordene ist gesundheitsschädlich.

Reichsgericht.

A. Fleisch und Fleischwaren außer Wurst.

1) Vom 9. Juli 1883. (III. Strafsenat.)

Fleisch kann nicht deshalb als verdorben angesehen werden, weil es durch Abmagerung des Tieres, von dem es herrührt, erheblich an Nährwert verloren hat.

2) Vom 27. Mai 1887. (IV. Strafsenat.)

Es ist nicht rechtsirrig, Fleisch, welches mit dem Mund des Täters aufgeblasen worden war, als verdorbenes zu beurteilen.

3) Vom 5. Mai 1882. (R. IV, 431, E. VI, 257.) (II. Strafsenat.)

Ein Nahrungsmittel, welches ekelhaft ist (von einem im Verenden begriffenen Tiere stammend), kann deshalb noch nicht als verdorben betrachtet werden.

4) Vom 3. Januar 1882. (R. IV, 8, E. V, 287.) (II. Strafsenat.)

Als verdorben können auch solche Nahrungsmittel bezeichnet werden, welche nie zu einem brauchbaren Zustand gelangt waren, wie das Fleisch ungeborener Kälber, nicht bloß solche, deren guter Zustand durch äußere oder innere Vorgänge verschlechtert ist.

5) Vom 5. Oktober 1881. (III. Strafsenat.)

Finniges Schweinefleisch muß selbst dann als „verdorben" im Sinne des Gesetzes betrachtet werden, wenn die Gesundheitsschädlichkeit beseitigt ist und ein spezielles Verbot des Verkaufs nicht besteht.

6) Vom 27. September 1883. (R. V, 552.) (III. Strafsenat.)

Als verdorbene Nahrungsmittel sind nicht nur solche anzusehen, welche den vorhandenen normalen Zustand wieder verloren haben, sondern auch solche, welche ihn nie erlangt hatten, wie Fleisch von zu früh geborenen Kälbern.

7) Vom 30. November 1903. (Beil. z. d. Veröffentl. d. K.G.A. Bd. VI S. 335) nebst Vorinstanz.

a) Landgericht Hamburg. Urteil vom 26. Juni 1903 wider den Schlächtermeister L. zu H.

Der Angeklagte hat seit längerer Zeit gesalzenes Fleisch in Fässern aus Dänemark bezogen, seit dem 1. Oktober 1900 bis 1. Oktober 1902 im ganzen etwa 80 Fässer zu 200 kg. Am 30. September 1902 wurde eine Sendung von 3 Fässern in seinem Geschäftslokal polizeilich untersucht, beanstandet und späterhin gerichtlich beschlagnahmt auf Grund der

§§ 12, 26, 28 des R.G. vom 3. Juni 1900, betr. die Schlachtvieh- und Fleischbeschau, und sodann von der Staatsanwaltschaft Anklage gegen ihn erhoben, weil er vom 1. Oktober 1900 bis 1. Oktober 1902 fortgesetzt Gemenge aus zerkleinertem Fleische in luftdicht verschlossenen Gefäßen eingeführt haben soll. § 12 a. a. O. verbietet die Einfuhr von Fleisch jeder Art in luftdicht verschlossenen Büchsen oder ähnlichen Gefäßen, ferner die Einfuhr von Würsten und sonstigen Gemengen aus zerkleinertem Fleisch. Die erste Bestimmung greift hier nicht Platz, denn die hölzernen Fässer, in denen Angeklagter das Fleisch importierte, sind keine luftdicht verschlossenen Büchsen oder ähnliche Gefäße, deren Inhalt durch Luftabschluß haltbar gemacht worden ist, und die in der Regel uneröffnet an das Publikum weiter verkauft werden. Diese Fässer waren nicht einmal wasserdicht, denn die Fleischlake sickerte durch die Fugen; sie wurden regelmäßig auf dem Zollamt eröffnet und der Inhalt geprüft. Zweifelhaft konnte es sein, ob dieser Inhalt als Gemenge aus zerkleinertem Fleische anzusehen ist, dessen Einfuhr ins Zollinland ebenfalls verboten ist. Die Ausführungsbestimmungen zu dem Gesetze (Zentralblatt für das Deutsche Reich 1902) erklären unter D § 3 den Begriff Würste und sonstige Gemenge aus zerkleinertem Fleische als solche Waren, welche ganz oder teilweise aus zerkleinertem Fleische bestehen und in Därmen oder Wursthüllen eingeschlossen sind, ferner Hackfleisch, Schabefleisch, Mett, Brät, Sülzen, Fleischpulver, Fleischmehl.

Die Einfuhr dieser Waren ist ohne Zweifel deshalb verboten, weil eine Prüfung der einzelnen Bestandteile, aus denen sie hergestellt sind, unmöglich, und eine Feststellung ihrer Unschädlichkeit damit unausführbar ist. Die beiden Sachverständigen der Anklage, Staatstierarzt B. und Polizeitierarzt G., erklären nun den von ihnen besichtigten Inhalt von 3 Fässern für Hackfleisch, weil es anscheinend auf maschinellem Wege von den Knochen losgelöst und zerkleinert sei. Dagegen gibt der Sachverständige H., der als Hauptzollamtsassistent beim Zollamt Lü. die für den Angeklagten bestimmten Sendungen regelmäßig untersucht und nie beanstandet hat, sein Gutachten dahin ab, daß der Inhalt stets aus Fleisch in kleinen Stücken von Wallnuß- bis Faustgröße bestanden habe, zweifellos gepökeltes Ochsenfleisch und andere Beimengungen gewesen sei und anscheinend von den Knochen einfach heruntergeschnitten war, ohne eine maschinelle Bearbeitung (z. B. durch einen Wolf) erfahren zu haben. Daher sei der Inhalt der fraglichen Fässer nicht als Gemenge im Sinne des Gesetzes anzusehen, und seine Einfuhr ins Zollinland nicht verboten.

Das Gericht, das selbst eine Prüfung der in Rede stehenden Waren nicht vornehmen konnte, gibt dem Gutachten des letzten Sachverständigen den Vorzug, der durch mehrjährige Erfahrung in seiner Stellung bei einer speziell für solche Untersuchungen bestimmten Behörde eine bessere Sachkenntnis der zu prüfenden Waren hat, als Tierärzte, denen andererseits selbstverständlich mehr Sachkenntnis zur Beurteilung etwaiger ungesunder Beschaffenheit der Ware beizumessen ist, was aber hier nicht in Frage kommt.

Das Gericht erachtet demnach für festgestellt, daß das vom Angeklagten eingeführte Fleisch nicht als Gemenge nach § 12 a. a. O. anzusehen ist, und hat daher auf Freisprechung des Angeklagten erkannt . . .

Die von der Staatsanwaltschaft gegen diese Entscheidung eingelegte Revision hat das Reichsgericht, III. Straffenat, am 30. November 1903 verworfen, aus folgenden Gründen:

Die Revision der Staatsanwaltschaft war in Übereinstimmung mit dem Antrage des Oberreichsanwalts der Erfolg zu versagen.

Die Annahme des Vorderrichters, daß die Fässer, in denen der Angeklagte das Fleisch bezog, nicht als „luftdicht verschlossene Büchsen ähnliche Gefäße" im Sinne des § 12 Abs. 1 des Gesetzes vom 3. Juni 1900, betr. die Schlachtvieh- und Fleischbeschau, zu erachten seien, erscheint nicht rechtsirrtümlich. Desgleichen lassen die Ausführungen des Urteils erkennen, daß der Vorderrichter den Begriff „sonstige Gemenge aus zerkleinertem Fleische" nicht verkannt hat. Er erachtet als maßgebend für die Frage, ob ein solches Gemenge vorliegt, in erster Linie den Umstand, ob das Fleisch nach seiner Beschaffenheit in seinen einzelnen Bestandteilen einer zuverlässigen gesundheitspolizeilichen Untersuchung unterstellt werden konnte. Diese Auffassung entspricht dem Zwecke und der Entstehungsgeschichte des Gesetzes. Wenn er sodann an der Hand des Sachverständigengutachtens zu der Feststellung gelangt, es habe sich im vorliegenden Falle um gepökeltes Ochsenfleisch in kleinen Stücken von Walnuß- bis Faustgröße gehandelt ohne weitere Beimengungen, das von den Knochen einfach heruntergeschnittten gewesen sei, ohne eine maschinelle Bearbeitung erfahren zu haben, und das der Sachverständige stets untersucht und nie beanstandet habe, und wenn er deshalb die Eigenschaft des Fleisches als eines „Gemenges" im Sinne des Gesetzes verneint, so können diese Ausführungen nur dahin verstanden werden, daß er eben mit Rücksicht auf die vorerwähnte Beschaffenheit des Fleisches und die Bekundungen des Sachverständigen über die Untersuchung eine gesundheitspolizeiliche Untersuchung des Fleisches für möglich erachtete und aus diesem Grunde ihm die Eigenschaft eines „Gemenges" absprach.

8) Vom 8. Januar 1903. (Beil. z. d. Veröffentl. des K.G.A. Bd. VI S. 338.)

(Vertrieb des Fleisches kranker Tiere.)

Die Revisionsrügen sind durchweg verfehlt.

Die Strafkammer hat die Einlassung des Angeklagten R., das Fleisch sei für D. und zum Hundefutter bestimmt gewesen, für widerlegt und im Gegenteil für erwiesen erachtet, daß R. im Einverständnisse mit dem Mitangeklagten A. diesem das Fleisch geschickt habe, damit es im Geschäfte des A. Verwendung finde, und daß er, R., wie aus der Herrichtung des Fleisches und aus der Übergabe desselben gerade an einen Metzger gefolgert wird, das Fleisch zum menschlichen Genusse bestimmt hatte. Damit ist genügend festgestellt, daß der Revident vorsätzlich gehandelt hat. Diesem festgestellten Tatbestande gegenüber ist es gleichgültig, ob das Fleisch demnächst auch wirklich zum menschlichen Genusse verwendet worden ist. Daß eine der im § 12¹ N.M.G. bezeichneten Zweckbestimmung entsprechende Verwendung wirklich stattgefunden hat, gehört zum Tatbestande des Vergehens gegen § 12¹ a. a. O. nicht. . . .

Das Tatbestandsmerkmal des „Inverkehrbringens" ist nicht verkannt. Nach der erstrichterlichen Feststellung hat der Angeklagte R. das Fleisch dem Boten G. übergeben, damit dieser es in das Metzgergeschäft des A. bringe, welcher letztere mit dieser Überbringung einverstanden war. Der Bestimmung des R. und dem Einverständnisse des A. gemäß hat G.

das Fleisch in den Wohn- und Geschäftsräumen des A. niedergelegt. Unmittelbar darauf ist der Polizeibeamte Si. und gleichzeitig A. hinzugekommen, und letzterer hat nun allerdings, weil er Si. erblickte, erklärt: „Nein, das Fleisch bleibt nicht hier.“ Es kann dahingestellt bleiben, ob nicht schon durch die Übergabe des Fleisches an G. dasselbe in den Verkehr gebracht worden ist, da ja doch diese Übergabe gerade zu dem Zwecke geschah, es dem Publikum zugänglich zu machen, und da R. seinerseits mit der Übergabe die tatsächliche Herrschaft über das Fleisch aufgegeben hatte. Jedenfalls aber ist das Inverkehrbringen des Fleisches vollendet worden durch die Niederlegung desselben bei A. Denn dieser hatte ja das Fleisch, wie festgestellt wird, bestellt, er war mit der Übersendung einverstanden, die Niederlegung geschah also in dem Momente, als sie erfolgte, seinem Willen entsprechend. Die spätere Zurückweisung des bestellten Fleisches ist lediglich erfolgt, weil inzwischen ein Polizeibeamter hinzugekommen war, dessen Dazwischentreten ein Behalten des Fleisches nicht angängig erscheinen ließ. Daß zwischen der der Bestellung gemäßen Abgabe des Fleisches in den Räumen des Bestellers und dem Dazwischentreten des Beamten nur ein ganz kurzer Zeitraum lag, kann in der rechtlichen Beurteilung der Sache nichts ändern.

Darin, daß angenommen wird, R. habe das Fleisch dem A. zu dem ausgesprochenen — und von A. gebilligten — Zwecke der Verwendung als menschliches Nahrungsmittel verkauft, liegt kein Widerspruch zu der Annahme, daß A. — wenn er auch das Fleisch zum Verkaufe als Nahrungsmittel bestellt hatte — doch noch immer anderweit über dasselbe verfügen konnte. Gewiß war es möglich, daß er anderen Sinnes wurde, und die Erwägung dieser Möglichkeit wird vom ersten Richter dazu verwendet, um die Annahme des Anfangs der Ausführung eines Vergehens gegen § 12¹ a. a. O. seitens des A. auszuschließen. Auf die Schuldfrage bezüglich des Revidenten aber ist jene Erwägung ohne allen Einfluß.

9) Vom 19. Februar 1903. (Beil. z. d. Veröffentl. d. K.G.A. Bd. VI S. 360.)

(Verkauf von Fleisch tuberkulöser Tiere.)

Die von beiden Revisionen erhobene Rüge der Verletzung des § 12¹ N.M.G. ist unbegründet. Die genannte Gesetzesbestimmung, angewendet auf den vorliegenden Fall, bestraft das wissentliche Feilhalten gesundheitsschädlichen Fleisches als Nahrungsmittel. Hierbei hat es denjenigen Zustand des Fleisches im Auge, in welchem letzteres sich zur Zeit des Feilhaltens befand, nicht aber, wie die Revision der angeklagten Ehefrau meint, den Zeitpunkt, in welchem es „verwendet“ worden. Auf diejenigen Änderungen, die, unabhängig von dem Willen des Feilhaltenden, der Käufer etwa später mit dem Fleische vornimmt, um Merkmale der Gesundheitsschädlichkeit oder letztere selbst zu beseitigen, kommt es hiernach nicht an. Hier tritt hinzu, daß, wenn die Revision ausführt, der Käufer des Fleisches würde den Teil desselben, an welchem sich „große, sichtbare Krankheitserscheinungen“ gezeigt haben sollen, selbst entfernt haben, jene Krankheitserscheinungen zwar dem Sachverständigen erkenntlich gewesen sind, keineswegs auch für den Käufer als Laien sichtbar gewesen zu sein brauchen.

Ohne Einfluß auf die Entscheidung ist die von der Revision herangezogene Bemerkung im Urteile, daß das Fleisch „selbst nach Entfernung der tuberkulösen Veränderungen immer noch nur minderwertig" gewesen. Denn zur Zeit des Feilhaltens waren, wie festgestellt, jene tuberkulösen Veränderungen noch nicht entfernt, das Fleisch war damals vielmehr nach dem bestimmten Gutachten des Sachverständigen geeignet, die menschliche Gesundheit zu schädigen.

10) Vom 20. April 1903:

Wenn der Vorderrichter deshalb, weil dem von dem Angeklagten verkauften Hackfleisch durch den Zusatz von Meat-Preserve-Salz der Schein einer besseren Beschaffenheit gegeben wird, in diesem Zusatze eine Verfälschung des Nahrungsmittels gefunden hat, so hat er damit nicht nur den Begriff der Verfälschung nicht verkannt, sondern er befindet sich damit auf dem Boden der ständigen Rechtsprechung des Reichsgerichts.

Auch nach subjektiver Richtung ist dieser Tatbestand genügend klar festgestellt. Ob Angeklagter sich bewußt gewesen ist, daß er mit dem Zusatze eine Verfälschung begehe, kann dahingestellt bleiben, da es sich dabei gegebenenfalls nur um einen nicht beachtlichen Rechtsirrtum handeln würde. In Betracht kann bei Beurteilung der Schuldfrage nur das festgestellte Bewußtsein von der Hervorbringung eben jenes Scheines besserer Beschaffenheit kommen.

Die Revision war, wie geschehen, zu verwerfen.

B. Wurst.

1) Vom 23. September 1886. (Veröffentl. d. K.G.A. 1887.)

Gegen das Urteil der Strafkammer des Königlichen Landgerichts Regensburg, welches unter Ziffer II sieben Angeklagte wegen Vergehen gegen § 10 Ziffer I des R.G. vom 14. Mai 1879, betr. den Verkehr mit Nahrungsmitteln, zu Geldstrafen verurteilt hat, haben zwei der Verurteilten, M. und H. die Revision eingelegt, mit welcher sie unter der ganz allgemeinen Begründung, daß die einschlägigen Rechtsnormen, insbesondere das Nahrungsmittelgesetz und § 10 Ziffer 1 desselben verletzt seien, Aufhebung des landgerichtlichen Urteils beantragen.

Es ist festgestellt, daß der Angeklagte M. den von ihm zum Verkaufe gefertigten, am 5. Mai 1885 der Untersuchung unterworfenen Wurstwaren (Preßsack, Speckwürsten, Blutpreßsack, Weißwürsten, Lyoner Würsten und Pariser Würsten) feinstes Kunstmehl und daß der Angeklagte H. seinen am 21. Mai vorigen Jahres der Untersuchung unterworfenen Leberwürsten Weizen- oder Roggenmehl beimengten, bezw. beimengen ließen. Die Quantität des Mehlzusatzes konnte nach Prozentsätzen nur in der Weise bestimmt werden, daß die bei sämtlichen Angeklagten vorgefundenen Mehlzusätze zwischen einem und fünf Prozent sich bewegten.

Zweifellos steht ein Nahrungsmittel in Frage, und es kann sich nur darum handeln, ob das Instanzgericht bei der Annahme des Tatbestandes der zum Zwecke der Täuschung im Handel und Verkehr vorgenommenen Verfälschung desselben sich einer unrichtigen Auslegung des Gesetzes schuldig gemacht habe. Dies muß aber verneint werden.

Da den Gegenstand der Verfälschung ein durch künstliche Zubereitung hergestelltes gemischtes Nahrungsmittel bildet, mußte vor allem die normale

Herstellungsweise und Zusammensetzung gefunden werden, um die Frage, ob Verfälschung vorliege, richtig zu beantworten.

In dieser Beziehung wurde zunächst davon ausgegangen, daß die in Frage stehenden Eßwaren sämtlich zu den eigentlichen Wurstwaren gehören und daß zur ordnungsgemäßen Fabrikation dieser, abgesehen von Gewürzzusatz, lediglich Fleisch, rohes und gekochtes, und zwar vorzugsweise zerhacktes Fleisch nebst anderen Teilen des tierischen Körpers (Leber, Lunge, Fett, Blut usw.) verwendet werden. Auch wurde noch besonders festgestellt, daß das Regensburger konsumierende Publikum, wenn es sich eine der vorerwähnten Wurstwaren kaufe, nicht anders wisse und nichts anderes erwarte, als daß es eine lediglich aus Teilen des tierischen Körpers unter Beigabe von Gewürz hergestellte Ware bekomme. Endlich ist auch als außer Zweifel stehend festgestellt, daß insbesondere Mehl keinen Normalbestandteil jener Waren bildet.

Im Anschluß hieran war sodann weiter zu beantworten, ob durch den Zusatz von Mehl in den vorgefundenen Quantitäten eine substanzielle Verschlechterung der Wurstwaren herbeigeführt oder ob dieselben etwa hierdurch mit dem Schein einer besseren Beschaffenheit versehen wurden. In ersterer Richtung hat das Instanzgericht auf Grund des erhobenen Gutachtens einmal festgestellt, daß die hier in Frage stehenden Mehlsorten als Nahrungswert einen geringeren Wert haben, als jene Stoffe des tierischen Körpers, welche die Bestandteile der Wurstwaren zu bilden haben, ferner, daß der Mehlzusatz die Haltbarkeit der Ware durch Beförderung der Säurebildung, welcher weitere Zersetzungserscheinungen nachzufolgen pflegten, vermindere, so daß eine Wurstware mit Mehlzusatz einen entschieden geringeren Wert habe, als ohne solchen Zusatz, und gelte dies schon von einem Zusatze von nur einem Prozent. Sodann ist in der zweiten Richtung festgestellt worden, daß den Wurstwaren zu dem Zwecke Mehl zugesetzt werde, damit die Ware, die außerdem nicht schön aussehen würde, ein normales Aussehen bekäme, welcher Zweck auch erreicht werde; der Konsument glaube demnach eine Ware von normaler Beschaffenheit vor sich zu haben, während ihr durch den Zusatz eines fremden minderwertigen Stoffes lediglich der Schein einer solchen verliehen sei.

Gegenüber der Verteidigung der Angeklagten, wonach sie sich auf den in Regensburg bestehenden Geschäftsgebrauch beriefen, hat das Gericht weiter dargelegt, wie nach den gemachten Erhebungen der behauptete Handwerksgebrauch nicht allgemein bestehe, vielmehr der eine Metzger es so, der andere es anders gehalten habe, ist aber zugleich davon ausgegangen, daß selbst, wenn man einen solchen Gebrauch anerkannte, eine Verfälschung vorliegen würde. Wenn nämlich auch zugegeben werden müsse, daß den objektiven Maßstab der im soliden Verkehre bestehende Gebrauch bilde, und daß ein Verfahren, welches durch bekannte oder als bekannt vorauszusetzende, an sich nicht verwerfliche Geschäftsgebräuche hergebracht sei, keine Verfälschung sei, da der Abnehmer keine andere Ware erwarten könne, als sie dem soliden Geschäftsherkommen entspreche, so sei hier nicht zu übersehen, daß von einem soliden Geschäftsherkommen dann keine Rede sein könne, wenn, wie hier, der Schein erzeugt werde, als besitze die Ware einen Gebrauchswert, den sie nicht habe, ohne daß das konsumierende Publikum in der Lage sei, die Zusätze an Mehl und dadurch gebundener Flüssigkeit kontrollieren zu können.

In diesen Ausführungen des Instanzrichters, nach welchen er zur Annahme der Verfälschung der von den Angeklagten hergestellten Waren im objektiven Sinne gelangte, ist eine Verletzung gesetzlicher Normen nicht zu erkennen und entspricht die hervortretende Rechtsanschauung den in früheren Entscheidungen des Reichsgerichts aufgestellten Grundsätzen.

In Betreff des subjektiven Erfordernisses, daß die Verfälschung zum Zwecke der Täuschung im Handel und Verkehr vorgenommen wurde, hat die Strafkammer in Rücksicht gezogen, daß der Wurstler, wenn er den hier in Frage stehenden Wurstwaren Mehl zusetze, damit bezwecke, daß das Übermaß an Wasser gebunden werde, daß die Ware einen milderen Geschmack und eine bessere Form bekomme, einen schöneren, glatteren Anschnitt zeige, überhaupt ansehnlicher und ihrer Normalbeschaffenheit entsprechender aussehe, als dies bei der Verwendung der eigentlichen Wurstmasse allein der Fall wäre, und wurde auf Grund des Zugeständnisses der Angeklagten festgestellt, daß auch sie diesen Zweck bei den fraglichen Waren verfolgten, demnach die erzielte Täuschung wollten und sich auch des Erfolgs ihrer Handlung bewußt waren. Auch hier ist ein Rechtsirrtum nicht zu erkennen.

Das Publikum, welches, wie festgestellt ist, gegen die Beimischung von Mehl zu den Wurstwaren keineswegs gleichgültig ist, sondern im reellen Verkehre nur aus tierischen Bestandteilen zusammengesetzte Würste zu erhalten erwartet, ist getäuscht, wenn die angeführten vorteilhaften äußerlichen Eigenschaften der Würste durch einen Zusatz von Mehl hervorgebracht sind, denn obwohl Mehl gleichfalls ein Nahrungsmittel und an sich nicht schädlicher Natur ist, wird hier das bessere zur normalen Herstellungsweise erforderliche Nahrungsmittel durch ein geringeres in der Form von Kleister ersetzt, dadurch zugleich eine größere Menge Wasser in die Würste gebracht und überdies der Gärung und Zersetzung ihres Inhalts Vorschub geleistet.

Daß bei der Ausmessung der Strafen dem Angeklagten M. eine höhere Geldstrafe auferlegt wurde, als den übrigen Angeklagten, beruht offenbar allein auf der größeren Zahl der Wurstgattungen, auf die sich die Verfälschung bei ihm erstreckte, und kann weder hierin, noch in der Strafbestimmung im übrigen eine unrichtige Gesetzesanwendung gefunden werden.

Die Revisionen der beiden Angeklagten waren daher mit Kostenfolge gemäß § 505 Absatz 1 Strafprozeßordnung zu verwerfen.

2) Vom 8. März 1901. (Beil. z. d. Veröffentl. d. R.G.A. Bd. VI S. 449.)

Der Revision der Staatsanwaltschaft war der Erfolg nicht zu versagen.

Der Begriff der Verfälschung von Eßwaren setzt nach der feststehenden Rechtsprechung eine an denselben vorgenommene Veränderung voraus, durch die entweder ihr bisheriger Zustand verschlechtert oder ihnen der Anschein einer besseren Beschaffenheit gegeben wird, als ihnen in Wahrheit beiwohnt. Gegenüber dem Angeklagten, welcher die von ihm feilgehaltene und verkaufte Schlackwurst mit einem an sich unschädlichen

Farbstoff, einem Anilinprodukt gefärbt hat, kann nur die zweite Alternative in Frage kommen. Der Vorderrichter geht auch von dem an sich richtigen Satze aus, daß der Angeklagte sich nur dann strafbar gemacht habe, wenn der Farbstoff „dazu hätte dienen sollen, einer geringeren Qualität Wurst den Schein einer besseren zu geben"; allein die sodann erfolgte Feststellung, daß Angeklagter den Farbstoff nur dazu verwendet habe, dem Grauwerden einer an sich guten Wurstware vorzubeugen und den Fleischteilen die rote Farbe zu erhalten, rechtfertigt noch nicht die Verneinung der Verfälschung in dem eben angegebenen Sinne. Die Feststellung des Vorderrichters kann nur dahin verstanden werden, daß nach der Absicht des Angeklagten durch den Zusatz des Farbstoffes den Fleischteilen die ursprüngliche, ihnen in frischem Zustande eigene rote Farbe erhalten werden sollte, die sie, wenn die Färbung nicht erfolgte, bei längerer Aufbewahrung durch Grauwerden verloren haben würden. Die Farbe ist also nach der Annahme der Vorinstanz zu dem Zwecke angewendet, um der Wurst das Aussehen frischer Ware und damit ein besseres Aussehen zu erhalten, als sie ohne den Farbzusatz durch Zeitablauf bekommen hätte. Daß damit auch bezweckt war, der Wurst den Schein einer besseren Beschaffenheit zu verleihen, als sie zur Zeit des durch die Färbung nicht verhinderten Grauwerdens gehabt haben würde, wird durch die Feststellung der Unschädlichkeit des Färbemittels nicht ausgeschlossen; die Strafkammer hätte vielmehr, um hierüber eine Entscheidung treffen zu können, in eine Prüfung nach der Richtung eintreten müssen, ob zugleich mit dem Grauwerden der Wurst deren Nähr- oder Verkaufswert ein geringerer wurde gegenüber dem Werte frischer, noch die natürliche rote Farbe zeigender Wurst, und es durfte dabei auch die Frage nicht unberücksichtigt bleiben, ob nach der Schätzung des kaufenden Publikums der Wert schon grau gewordener Wurst hinter dem Werte der noch frischen Wurst zurücksteht. (R. III, 16, IV, 174 [178, 179], E. XXVII, 6.)

Das angefochtene Urteil mußte hiernach, soweit es auf Freisprechung des Angeklagten lautet, aufgehoben werden.

3) Vom 12. Januar 1903. (Beil. z. d. Veröffentl. d. K.G.A. Bd. VI S. 467.)

Der Begriff einer Verfälschung im Sinne des § 10¹ N.M.G. ist hiernach nicht verkannt. Der Zusatz von Farbstoff entspricht nicht der Norm, wie der erste Richter feststellt; das Publikum erwartet im reellen Verkehr keine Wurstwaren mit Farbzusatz. Soweit die Revision dies bestreitet, steht ihr die urteilsmäßige Feststellung entgegen. Über die Regeln des ehrlichen und soliden Verkehrs entscheiden die berechtigten Erwartungen des Publikums und nicht einseitig Gewohnheiten des Produzenten. Jedenfalls sind die Konsumenten zu der Voraussetzung berechtigt, daß sie über die Zusammensetzung eines Nahrungsmittels nicht durch künstliche Veranstaltungen getäuscht werden, wie dies durch Farbzusatz zur Wurst geschieht. Der letztere sollte der Ware den Schein der Frische auch dann geben, wenn sie ihr fehlte. Es handelt sich also nicht um die Verdeckung eines bloßen Schönheitsfehlers, sondern um die eines an der Farbenveränderung mehr und mehr erkennbar werdenden Mangels. Der Farbzusatz konnte zum Deckmantel der naturgemäß eintretenden Zersetzung der Ware, ja selbst ihres wirklichen Verderbs werden. Darin liegt das Wesen der Verfälschung im Sinne der erwähnten Vorschrift; denn die Inkongruenz der wirklichen mit der scheinbaren Beschaffenheit wird auch dadurch hervorgerufen, daß dem Nahrungsmittel der Schein einer besseren Beschaffenheit verliehen wird, als es sie in Wirklichkeit besitzt. Das Färben von Würsten ist deshalb unter den Umständen, wie sie hier vorliegen, in ständiger Rechtsprechung für strafbar erklärt worden. (E. VI, 51; Urteil I vom 21. Mai 1898 D. 1553/98, vom 29. März 1899 D. 734/99 u. a.) Ausschließlich ästhetische Zwecke, wie der Vertreter der Revision sich heute ausgedrückt hat, koloristische oder sonstige sinnliche Reizmittel, die auf die Kauf- und Eßlust anregend wirken und vom Publikum unterstellt oder doch nicht abgelehnt werden, kamen nach Sachlage nicht in Frage, sondern nur eine Täuschung über minderwertiges oder minderwertig gewordenes Fabrikat.

Die Revision mußte deshalb verworfen werden.

4) Vom 14. Oktober 1904. (Beil. z. d. Veröffentl. d. K.G.A. Bd. VI, 514.)

. . . Daß K. mit dem Zusatze von Mehl oder Semmel der Wurst Stoffe beigemischt hat, welche nach den berechtigten Erwartungen des kaufenden Publikums in normaler Wurst nicht enthalten sein dürfen, ist in dem angefochtenen Urteile als erwiesen angenommen. Damit rechtfertigt sich die Feststellung einer Verfälschung der Wurst. Es genügt in dieser Richtung eine Verweisung auf die Ausführungen in dem schon von der Strafkammer angezogenen Reichsgerichtsurteile vom 7. Januar 1887.) (E. XV, 161.)

5) Vom 1. März 1898. (Veröffentl. d. K.G.A. Beil. V, 334.)

Nach den Feststellungen der Urteilsgründe haben die Angeklagten, welche — jeder für sich — in B. mit polizeilicher Genehmigung die Roßschlächterei und den Verkauf von Fleischwaren aus Pferdefleisch betreiben, in den Jahren 1896 und 1897 auch nach außerhalb umfangreiche Geschäfte mit „Pferdewurst" gemacht, indem sie insbesondere an sogenannte fliegende Wursthändler in Ha. auf deren Bestellung „Würstchen" lieferten, die nur aus Pferdefleisch bestanden. Den bestellenden Händlern selbst war letzteres bekannt; auch die Angeklagten wußten aber, daß die „Würstchen" zum Weiterverkauf bestimmt waren, und auch sie wollten in „den endgültigen Abnehmern, dem konsumierenden Publikum", den Irrtum erregen, daß es sich um Würstchen aus Rind- und Schweinefleisch anstatt aus Pferdefleisch handelte. . . .

Für die weitere Frage, ob die mit jenem Täuschungszweck erfolgte Herstellung von Würstchen aus Pferdefleisch ein Nachmachen oder Verfälschen im Sinne des Gesetzes enthielt, war die normale Beschaffenheit des fraglichen Produkts und für diese wiederum nicht nur die am Orte der Herstellung, sondern auch die im Absatzgebiete herrschende Anschauung des kaufenden Publikums von maßgebender Bedeutung. (Vgl. E. VI, 53, XV, 161—163, XVI, 317—318.) Hieraus folgt, daß dasselbe Produkt — je nach seiner örtlichen Bestimmung — sich für das eine von mehreren Absatzgebieten als nachgemacht oder verfälscht darstellen kann, während dies für ein anderes Absatzgebiet nicht zutrifft. (Vgl. auch E. III, 235.) Im vorliegenden Falle haben aber die Angeklagten, wie als erwiesen angenommen ist, mit der Unkenntnis der auswärtigen Konsumenten von der Natur ihrer B.'er Geschäfte als Pferdefleischgeschäfte gerechnet, indem sie den Zwischenhändlern zum Zwecke des Vertriebes der Würstchen im Herzogtum Anhalt Bescheinigungen dahin erteilten, daß die Würstchen ausschließlich aus Rind- und Schweinefleisch beständen. Sie wollten damit, wie ferner festgestellt ist, dem den „fliegenden" Wursthändlern in der Regel entgegengebrachten Argwohn, daß sie „Roßwürstchen" feilböten, geflissentlich vorbeugen, da die überwiegende Masse des verzehrenden Publikums eine schwer zu überwindende Abneigung gegen Pferdefleisch hege und doppelt bereitwillig kaufe, wenn ihm eine gewisse Bürgschaft gegen die Herstellung der feil gebotenen Würstchen aus Pferdefleisch geleistet werde. Sowohl die Anschauung des konsumierenden Publikums im Absatzgebiet der Zwischenhändler, wie die Kenntnis der Angeklagten hiervon ist damit hinreichend dargelegt. In dem Umfange, in welchem die Angeklagten sich bei Herstellung von Würstchen für dieses Absatzgebiet von der dort herrschenden Anschauung entfernten, konnte sonach ihre Tätigkeit als Nachmachen oder Verfälschen von Nahrungsmitteln aufgefaßt werden.

Die letztere dieser beiden Begehungsformen des Delikts nimmt der Vorderrichter als vorliegend an, weil durch Verwendung geringer zu bewertender Stoffe die Würstchen verschlechtert und ihnen der Anschein einer besseren Beschaffenheit gegeben sei; im gegenwärtigen Falle handelt es sich indessen nicht, wie in dem in Bezug genommenen Urteil des Reichsgerichts vom 28. Februar 1887 (E. XV, 321 ff.) um die Veränderung der echten Qualität eines Nahrungsmittels durch Zusatz minderwertiger Stoffe mit dem Erfolge des Scheines einer besseren Beschaffenheit als der wirklichen, sondern um die Herstellung eines zusammengesetzten Produktes in der Weise, daß dasselbe die vom Publikum erwarteten Stoffe (Rindfleisch und Schweinefleisch) nicht enthielt, aber den äußeren Schein einer aus diesen Stoffen bestehenden Sache an sich trug. Ob hiernach richtiger „Nachmachen" statt „Verfälschen" anzunehmen gewesen wäre. (Vgl. E. IV, 435, XIX, 151—155, XXI, 438—439, XXIV, 241; R. IV, 485—487), kann jedoch dahingestellt bleiben, da das Gesetz beide Alternativen als gleichwertig behandelt.

---

39. Kapitel.

Eier und Eikonserven.

1. Eier.

Allgemeines. Der Handel mit Eiern als Nahrungsmittel ist ein Handel mit Hühnereiern. Der Prozentsatz der sonst noch im Verkehr befindlichen Vogeleier zu Nahrungs- und Genußzwecken ist ein so geringfügiger, daß die Speziesart in diesen wenigen Fällen stets angegeben werden muß; bei Fehlen näherer Bezeichnung werden ausnahmslos die Eier des Haushuhns verstanden. Es soll deshalb zunächst nur von diesen die Rede sein. Alle übrigen, soweit sie Handelsartikel bilden, finden im Anhang eine kurze Besprechung.

Maßgebend für die Bewertung der Eier sind ihre Frische, ihr Wohlgeschmack und ihre Schwere bezw. Größe.

Die Größe und Schwere der Eier ist bezüglich der Quantität der in ihnen enthaltenen Nährstoffe von Einfluß. Da bei uns noch die unzweckmäßige Art des Verkaufs nach Stück stattfindet, so macht sich der Unterschied in der Größe um so mehr bemerkbar, als ein Hühnerei 30—72 g wiegen kann. Entsprechend schwankt das Gewicht des Eiweißes zwischen 15 und 43 g, das des Eigelbes von 10—23 g. Das mittlere Gewicht beträgt 53 g für das ganze Ei, 31 g für das Weiße und 16 g für das Gelbe. Dabei schwankt das Schalengewicht zwischen 3 und 7 g und beträgt durchschnittlich 6 g.

Der Wohlgeschmack hängt wesentlich von der Frische (im zeitlichen Sinne) ab, doch mag sich das bei vollkommeneren Konservierungsverfahren ändern.

Der Nährwert ist zwar im allgemeinen übereinstimmend mit den Dimensionen; immerhin gibt es Abweichungen, die auf anderer Ursache beruhen. Hühner mit genügender Bewegungsfreiheit haben nämlich außerordentlich gleichmäßig zusammengesetzte Dotter und Eiweiße, während bei Geflügel, das in Volieren gefangen behalten wird, sich gewisse Schwankungen bemerkbar machen.

Ungleich wichtiger ist die Farbe der Dotter. Sie hängt von einer eisenhaltigen Verbindung ab, die ähnliche Bedeutung zu haben scheint, wie das Hämoglobin im Blut, dessen Muttersubstanz sie vielleicht ist, und wie das Chlorophyll in der Pflanze. Bei der großen Rolle, die die Eier in der Ernährung Kranker und Schwacher spielen, sind daher solche mit tiefgelbem Dotter wertvoller als andere mit blassem Eigelb. Gesundere und kräftigere Hühner geben entsprechend bessere Eier. Von Einfluß ist in besonderem Maße die Fütterung.

Mit zunehmendem Alter gehen die geschätzten Eigenschaften der frischen Eier erheblich zurück. Das ist durch zwei Ursachen zu erklären. Das frische Ei ist ein lebendes Wesen, das alte Ei ein totes. Das alte Ei hat Umsetzungen erlitten und erleidet sie fortwährend weiter, bis der Zustand des Verdorbenseins vollendet ist.

Eier, die weither kommen, müssen darum Eiern aus der Umgebung an Qualität nachstehen und ausländische Eier sind stets mit Mißtrauen zu betrachten, da nicht nur die Transportzeit in Frage kommt, sondern die Handelsverhältnisse, die die Eier erst durch so und soviel Hände gehen lassen, noch mehr ins Gewicht fallen.

Das lebende Ei atmet durch die Poren der Schale. Nach dem Absterben des Eies dienen die Poren aber der Invasion der Bakterien. Um dem nach Möglichkeit vorzubeugen, finden zahlreiche Methoden Anwendung, die meist darauf hinauslaufen, diese Poren zu verstopfen. Gelingt diese Absicht auch oft, so tritt doch eine langsame Verdunstung von natürlicher Feuchtigkeit aus dem Ei ein. Da der äußere Umfang derselbe bleibt, muß demnach das spezifische Gewicht alter Eier geringer sein, als das frischer.

Nach zahlreichen Ermittlungen beträgt es bei frisch gelegten, nicht mehr als 24 Stunden alten Eiern 1,0686—1,0903 im Durchschnitt 1,0845.

Solche Eier sind vollkommen durchscheinend und hell und gehen in 6prozentigen Kochsalzlösungen glatt unter. Bei einem Alter von 5—6 Wochen schwimmen sie *in* der Flüssigkeit, ältere *auf* dieser.

Eier die bereits auf 3prozentiger Salzlösung schwimmen sind als zu alt und wahrscheinlich verdorben zu bezeichnen.

Ebenso sind Eier, die bei der Durchsicht (sog. Klärung) Flecken oder dunkle Stellen zeigen aus dem Verkehr zu ziehen.

Die Mißstände im Eierhandel der Großstädte sind erheblich. Ein umfangreicher Betrug wird mit sogenannten „Trinkeiern" verübt, indem unreelle Händler einfach mit einem Gummistempel das Wort „Trinkei" auf beliebigen Eiern anbringen. Trinkeier sind aber *ganz frische* Eier, noch lebende, deren spezifisches Gewicht nicht unter 1,060 sinken soll.

Diesem groben Umfug, der zum Schaden der Konsumenten und auch der reellen Händler tief eingerissen ist, ließe sich nur steuern, wenn der *Produzent* seine Firma und den Legetag auf jedem Ei anbringen müßte und den Händlern jegliche Kennzeichnung untersagt würde.

Gesetzliche Bestimmungen über Eier sind bisher nicht vorhanden. Fraglich könnte erscheinen, ob sie als Erzeugnisse warmblütiger Tiere zum Begriffe Fleisch im Sinne des § 4 Fl.B.G. gehören.

So ganz selbstverständlich ist die Verneinung dieser Frage nicht, § 4 erklärt:

„Fleisch, im Sinne des Fleischbeschaugesetzes sind Teile von warmblütigen Tieren frisch oder zubereitet, so fern sie sich zum Genusse von Menschen eignen. Als Teile gelten auch die aus warmblütigen Tieren hergestellten Fette und Würste. Andere Erzeugnisse nur insoweit, als der Bundesrat dies anordnet."

Da der Bundesrat im § 1 der genannten Ausführungsbestimmungen bestimmt hat, daß Butter und geschmolzene Butter, (sowie auch deren Rohstoff, die Milch) nicht unter den Begriff Fleisch gehören sollen, die Ausführungsbestimmungen über Eier aber gar nichts sagen, so bleibt nur die Annahme übrig, daß es wenigstens nicht die Absicht des Bundesrats gewesen ist, Eier unter den Begriff Fleisch zu subsumieren. Offenbar ist Milch und Butter ein weniger „selbständiges" Erzeugnis des tierischen Körpers als ein Ei. Wenn daher der Bundesrat Butter als nicht zum Fleisch gehörig deklariert, so muß jedenfalls angenommen werden, daß er Eier sicherlich nicht zu den „Teilen" warmblütiger Tiere, sondern zu den „Erzeugnissen" derselben rechnet.

Von Erzeugnissen sind laut Gesetz Fette und Würste stets „Fleisch", andere Erzeugnisse aber nur soweit es der Bundesrat bestimmt. Da eine solche Bestimmung bisher nicht ergangen ist, so finden die Vorschriften Fl.B.G., insbesondere § 21 auf Eier und die aus ihnen erhaltenen Konserven und Fabrikate keine Anwendung.

Diese Auffassung stimmt auch mit der Verkehrsanschauung überein, die Eier als „Fleisch" nicht ansieht.

Definitionen braucht man für „Eier" naturgemäß nicht.

F r i s c h e Eier dagegen sind noch lebende Eier (keinesfalls solche mit höherem Alter als 5—6 Wochen), die noch unbebrütet sind und bei der Durchsicht (Klärung) sich als frei von dunklen Stellen erweisen.

T r i n k e i e r sind besonders frische Eier.

Verfälschungen dürften am eigentlichen Ei kaum vorkommen, da seine natürliche Beschaffenheit dagegen schützt. Doch läßt sich das unlautere Treiben mancher Eierhändler mit den sogenannten

Knickeiern als Vorspiegelung einer besseren Beschaffenheit auffassen. Man versteht hierunter angestoßene, eingeknickte Eier, die sich als Kocheier nur mehr schlecht verwerten lassen und von gewissen Nahrungsmittelbetrieben, besonders Bäckereien und Konditoreien aufgekauft zu werden pflegen. Der Eierhandel hat nun Mitglieder, die künstlich Knickeier herstellen, indem sie zu alte oder fleckige Eier entsprechend anstoßen, so daß ihre Nachprüfung mittelst der Schwimmprobe oder der Klärung unmöglich wird.

Die Stempelung alter, besonders konservierter Eier als Trinkeier dürfte sich als Betrug qualifizieren, da sie zu einem erhöhtem Preise verkauft werden.

Verdorbene Eier sind eine häufige Erscheinung. Das faule Ei, die gewöhnliche Form, ist nicht zu übersehen, da der starke Schwefelwasserstoffgeruch sich hinreichend bemerkbar macht.

Eier sind auch verdorben, wenn das Eiweiß gallertig an der Schale klebt oder gelb gefärbt oder mit dem Dotter vermengt ist, wenn der Dotter in seiner Konsistenz verändert oder mißfarbig ist, wenn es an der Schale haftet oder die Dotterhaut zerrissen ist; desgleichen, wenn die Eier angebrütet sind. Endlich können Eier dadurch verderben, daß sie in dumpfen Räumen oder neben stark riechenden Stoffen (Käse) liegen und einen fremden, widerlichen Geruch annehmen.

Die äußere Farbe der Eier ist belanglos.

Anhang.

Handelsobjekte sind noch die Eier einiger anderer Vögel.

a) Enteneier ca. 60 g im Mittel schwer, äußerlich den Hühnereiern ähnelnd.

b) Kibitzeier 25 g im Mittel schwer, eine beliebte Delikatesse im Monat April und Mai. Sie haben kreiselförmige Gestalt, sind olivengrün bis olivenbraun gefärbt und braunschwarz gesprenkelt. Gute Kibitzeier gehen im Wasser unter, angebrütete nicht.

c) Möveneier als Surrogat der Kibitzeier in der zweiten Maihälfte auf den Markt kommend. Sie sind 35×51 mm groß.

d) Kräheneier zu gleichem Zweck im Handel; sie sind kleiner als Kibitzeier, von hellbläulich-grüner Grundfarbe und grünlichen oder oliv-braunen Flecken.

2. Eikonserven.

Sie werden in großem Umfang gewonnen und finden technische Verwendung ebenso wie als Nahrungsmittel.

Ganzeikonserven sind kaum im Handel, höchstens als Zusatz zu Eigelbkonserven.

Eigelbkonserven kommen als im Vakuum eingetrocknete krümelige Masse oder als flüssiges mit Konservierungsmitteln (meist Borsäure) versetztes Präparat vor. Die festen dienen für andere nichtflüssige Fabrikate als Zusatz, das flüssige Eigelb zur Eierkognakfabrikation und Herstellung ähnlicher Getränke: Eierpunsch, Eiergrog, aber auch für allerhand andere Bäckerei- und Konditoreizwecke.

Eigelbfarbe des Handels, auch fälschlich flüssiges Eigelb genannt, ist nichts als ein aufgelöster Anilinfarbstoff.

Eiweißkonserve kommt nur als eingetrocknete Masse zum Vertrieb. Sie findet u. a. Verwendung in der Wurstfabrikation als Bindemittel statt Stärke, in der Konditorei statt frischen Eiweißes zur Bereitung des „Schnees".

Angebliche Eikonserven sind zahlreich im Handel. Die besseren sind wenigstens ein Eiweißkörper (Kaseïn aus Milch), die meisten nicht einmal das, sondern nur Stärkepräparate mit und ohne Zusatz gelber Farbstoffe.

Diese Letzteren sind nachgemachte Eikonserven im Sinne des § 10 N.M.G., sofern nicht ihre wirklichen Bestandteile klar und restlos angegeben sind. Die meisten werden Bäckern und Konditoren unter trügerischen Vorspiegelungen angepriesen. Einen Ersatz für Eier gibt es zur Zeit nicht; Stoffe, welche nur gewisse äußere Eigenschaften ohne die innere Wesenheit der Eier besitzen, sind Täuschungsmittel.

40. Kapitel.

Fische.

1. Fische.

Allgemeines. Die Zahl der Arten der zur menschlichen Nahrung verwerteten Fische ist erheblich größer als die anderer Tiergattungen. Es ist daher im Rahmen des vorliegenden Buches ausgeschlossen, auch nur annähernd vollständig die betreffenden Spezies aufzuführen und zu charakterisieren, obgleich mit Rücksicht auf die weitverbreitete Unkenntnis im Publikum die Unterschiebungen im Fischhandel keineswegs Seltenheiten sind. Die Erörterung allgemeiner Eigenschaften und Behandlung nur der allerwichtigsten Spezies müssen genügen.

Fischfleisch ist vom Fleisch warmblütiger Tiere durch seine Farbe und einen höheren Wassergehalt unterschieden. Das Fleisch der Fische ist meist weiß, da ihm ein Muskelfarbstoff fehlt, nur Lachsfleisch und noch einzelne minderwichtige Arten sind rötlich gefärbt. Auch bei diesen ist die Färbung etwas besonderes, da sie in direktem Zusammenhang mit der Laichzeit steht. (S. bei „Lachs".) Dem erhöhten Wassergehalt ist das schnelle Verderben des Fischfleisches zuzuschreiben.

Der Marktwert der Fische hängt von ihrer Gattung, ihrem Ursprung und dem Zustand ab.

Die Gattung ist natürlich von grundsätzlichster Bedeutung. Raubfische sind wohlschmeckender als Schlammfische oder solche, die sich vorzugsweise von Insekten und Pflanzen nähren. Aale, Salme, gemästete Karpfen sind fettreiche Fische, demgemäß wohlschmeckender und teurer; ebenso sind fettreiche Heringe, Flundern usw. fettärmeren überlegen.

Der Ursprung ist generell oder speziell. In ersterer Beziehung unterscheiden wir Süßwasserfische und Seefische. Die ersteren sind die beliebteren, die teureren, die besseren. Der Lebendtransport ist nicht so kostspielig daher allgemein; ihr Geschmack wird gleichfalls meist vorgezogen. Speziell wird unterschieden zwischen Nordsee- und Ostseefischen, zwischen Flußfischen und Süßwasserseefischen, sowie zwischen den Fischen ganz bestimmter

Provenienz. Die Fische der Ostsee gelten als schmackhafter als die der Nordsee, soweit beiden gemeinsame in Betracht kommen. Beim Hering beispielsweise gilt der Nordseefisch als geeigneter zum Einsalzen, der Ostseefisch zum Räuchern. Bei Süßwasserfischen macht sich ein Einfluß des jeweiligen Wassers auf den Geschmack in hohem Grade geltend. Fische aus verunreinigten Flüssen, moorigen oder sumpfigen stehenden Gewässern schmecken entsprechend. Fischereien, die es ohne übermäßige Kosten können, helfen sich in der Weise, daß sie die Tiere für etwa vier Wochen in Fischkästen setzen, die sich in gutem Wasser befinden. Dann scheiden sich die unangenehmen Geschmacksstoffe im Wege des Stoffwechsels ab.

Der Zustand hängt zunächst vom Alter des Fisches ab und beurteilt sich analog wie bei anderem Fleisch. Die Bestimmung des Alters ist allerdings nicht immer leicht. Beim Karpfen hat man an der Schichtung der Schuppen Anhaltspunkte, bei einigen anderen (Dorsch, Aalmutter, Makrelen, Plattfische) an der Schichtung der Gehörsteine. Noch wichtiger sind die Geschlechtsverhältnisse. Der weibliche Fisch, Rogener genannt, ist bei einzelnen der allein wertvolle, z. B. bei den Caviar liefernden Arten. Der männliche, auch Milcher geheißen, wird in anderen Fällen, wie bei Hering, wieder vorgezogen. Bei allen Fischen aber gilt das Fleisch als am besten, weil am fettreichsten, in der Mitte zwischen zwei Laichperioden. Nach dem Laichgeschäft sinkt der Geschmack ganz erheblich; der Wert ist demgemäß herabgesetzt. Bei gefangenen Fischen hat man vielfach durch Kastration, ebenso wie bei anderen Tieren, das Aufhören solcher Schwankungen erzielt.

Von größtm Einfluß endlich ist der Lebendzustand. Das Sprichwort „Frische Fische, gute Fische“ ist nur zu berechtigt. Nicht-frische Fische sollen stets mit Mißtrauen betrachtet werden. Als Hauptkennzeichen eines guten Zustandes bei toten Fischen gelten bekanntlich die Augen und die Kiemen. Die ersteren sollen nicht getrübt sein, die Kiemen noch hellrot, nicht grau oder graurot. Wertvoller ist insofern die Fingerdruckprobe, als sie auch bei Eisfischen und solchen Fischen Anwendung finden kann, denen die Köpfe aus irgend welchem Grunde abgeschnitten sind. Man drückt einfach mit der Fingerspitze auf die Weichteile. Gute Fische haben elastisches Fleisch, solche, die schon zu lange tot und demnach verdorben sind, ganz weiches, welches die Druckstelle noch einige Zeit erkennen läßt.

Das Abschneiden der Köpfe ist jedenfalls häufig auf unlautere Motive zurückzuführen, um Kiemen und Augen zu entfernen. Zweckmäßig würde eine Vorschrift sein, die Ausschneiden von Fischen nur vom Schwanz an gestattet, so daß der Kopf bis zuletzt im Zusammenhang mit dem Reste bleibt.

Bei Seefischen ist der Verkauf der Fische in totem Zustand freilich die Regel, soweit es sich um das Binnenland handelt, und wird es voraussichtlich auch bleiben. Trotzdem sind große Übelstände bei dem heutigen Fang und Vertriebsverfahren nicht zu verkennen. Das Schlimmste ist die übermäßig lange Zeit, die zwischen Fang und Verzehr in den meisten Fällen liegt. „Täglich frische Zufuhren" mag wohl buchstäblich zutreffend von diesen Geschäften angezeigt werden, das Publikum, das aber keine Ahnung von den Verhältnissen hat, versteht jedoch ganz allgemein darunter, das jeden Tag Seefische ankommen, die am Vortage noch gelebt haben. Bei Ostseefischen, die uns hier länger bekannt sind, ist das auch oft der Fall. Die großen Dampffischereien des Ozeans machen dagegen Touren von 3—4 Wochen, bis sie wieder in den Hafen einlaufen. Ihre Fänge liegen in der Regel bereits etwa 12—14 Tage auf Eis, bis sie nur an Land kommen. Im Binnenland sind die Fische noch 2—3 Tage älter. Da ist die „täglich" frische Zufuhr, trotz buchstäblicher Richtigkeit, etwas nur untergeordnet Wichtiges, das geeignet ist, Irrtümer über die wirkliche Beschaffenheit der Ware zu erregen. Jedenfalls sollten solche Fische, mögen sie im übrigen auch noch so gut sein, nicht in Zusammenhang mit dem Wort „frisch", in welcher Bedeutung es auch sei, gebracht werden. Vielmehr müßten sie unter der Bezeichnung „Eisfische" oder ähnlich feilgehalten werden.

Die Art der Tötung mag bei einzelnen Fischen, besonders beim Aal, von Einfluß sein, doch ist sicheres darüber noch nicht bekannt.

Von **Süßwasserfischen** sind besonders hervorzuheben:

1. Der Aal, Flußaal, bis $1\frac{1}{2}$ m lang werdend, aber bei $\frac{1}{2}$—$\frac{3}{4}$ m Länge am meisten geschätzt. Der Unterkiefer muß dem Oberkiefer nach vorn überragen. (Unterschied von dem viel geringeren Meeraal, einer ganz anderen Fischart.) Er hat sehr fettreiches Fleisch. Tote Aale sind mit besonderer Vorsicht zu behandeln, da gelegentlich Vergiftungserscheinungen beobachtet sind, die nicht mit einem Verdorbensein zusammen-

hingen. Für den Aal ist ein Mindestmaß bezüglich des Marktverkehrs vorgeschrieben, das meist 30—40 cm beträgt.

2. Der Barsch, Bars, am besten im Gewicht von ca. $^1/_4$ kg, wenn er 25—30 cm lang ist. Am Ende der ersten Rückenflosse hat er einen blauschwarzen Fleck. Am besten ist er von August bis Januar; von März bis Juni laicht er. Mindestmaß meist 15 cm.

3. Blei, ein sehr grätiger Fisch, im Geschmack sonst dem Karpfen ähnlich. Seine Flosse ist stets grau. Seine Länge, die bis 70 cm erreichen kann, ist etwa das dreifache seiner Höhe; er wird 4—8 kg schwer; Laichzeit Mai bis Juli; Mindestmaß meist 28 cm.

4. Forelle, Bachforelle, als der feinste Süßwasserfisch geltend und am teuersten bezahlt. Sie wird nur 1—2 Pfd. schwer und bis 40 cm lang. Sie hat große rote und schwarze Flecken und eine nicht spitze sondern stumpfe Schnauze. (Unterschied von den Lachsforellen, die wesentlich billiger sind.) Ihr Fleisch ist weiß, das der Lachsforelle rötlich.

Sie laicht von November bis Februar, dann haben die männlichen Tiere oft einen ganz schwarzen Bauch. Mindestmaß meist 20 cm.

5. Der Hecht wird 30 Pfd. schwer und fast 2 m lang. Im ersten Jahre wird er 25—30 cm lang, mit 3 Jahren mißt er $^1/_2$ m, mit 6 Jahren 1 m Länge. Grashechte sind ganz junge, grasgrüngefärbte Tiere. Er laicht im Mai und Juni. Das Mindestmaß ist meist auf 28 cm festgesetzt.

6. Karausche, Schneiderkarpfen; den Karpfen nahe verwandt. Sie werden 20—40 cm lang, haben aber meist nur 10—20 cm. Ihr Gewicht erreicht $^1/_2$—$^3/_4$ Pfd. Laichzeit Mai bis Juni. Die Qualität ist am besten im Winter. Mindestmaß 12—15 cm.

Der Goldfisch, der bei uns fast nur als Zierfisch geschätzt wird, ist eine aus China stammende Varietät der Karausche.

7. Karpfen. Er wird bis 60 Pfd. schwer und bis 60 cm lang. Die besten Karpfen, die bei uns zu Weihnachten und Silvester in sehr großen Mengen verspeist werden, wiegen 3—4 Pfd. Der Karpfen wird in größtem Umfange in Teichen gezüchtet. An der Schnauze hat er zwei große und zwei kleine Fühlfäden. Er laicht von April bis Juni. Zu dieser Zeit bilden sich auf dem ganzen Körper des männlichen Tieres kleine,

weiße Knötchen, die später wieder abfallen. Das Mindestmaß ist meist 28 cm.

8. Lachs, Salm. Es handelt sich um denselben Fisch, der aber je nach seinem Zustande verschieden benannt wird. Während der Laichzeit von Oktober bis Dezember gefangene Tiere heißen Lachse, andere Salme. Wie die meisten Fische sich zum Laichgeschäft ein „Hochzeitgewand" zulegen, so bekommt der Salm der sonst glatt silberglänzend ist mit stahlblauem Rücken, schwarze und rote Flecken und das Fleisch, das sonst rot ist, bekommt eine hellere Farbe, die bis zur Abwicklung des Laichgeschäfts immer mehr verblaßt und ganz weiß wird. Da seine Laichzeit von Oktober bis Dezember ist, so schmecken die Fische dann nicht. Am besten ist das Fleisch im Mai und Juni, wenn der Aufstieg in die Flüsse beginnt. Dann ist der Fisch (Maifische) am fettesten und hat das ansehnlichste, röteste Fleisch. Glattfarbige Lachse sind daher besser als gefleckte.

Salme werden sehr schwer, fast einen Zentner erreichen sie, doch gelten die 10—20 Pfd. schweren als die besten. Junge, 6 Monate alte Tiere, wiegen schon 4 Pfd. Der Lachs wird bis $1 \frac{1}{2}$ m lang. Das Mindestmaß ist in der Regel $\frac{1}{2}$ m.

Am höchsten im Preise stehen die Rheinlachse, die auch zu einer Zeit, da andere Lachse weniger gut sind, nämlich von September bis Mai, von guter Qualität und fettreich sind. Sie bilden auch insofern eine Ausnahme, als sie keine Flecken zum Winter bekommen. Auch der Weserlachs gilt als Vorzugsware.

9. Lachsforelle, Silberlachs. Ihr rötliches Fleisch wird beim Kochen oft gelblich. Der Rücken ist hellgrau, also heller als beim Lachs. Sie sind im Sommer am besten. Das pommersche Haff liefert zur Jahreszeit große Mengen von ihnen. Da sie wesentlich billiger als Lachse und Forellen, werden große gern als Lachs, kleine als Forellen untergeschoben. Das Mindestmaß beträgt meist 28 cm.

10. Die Plötze ist der ordinärste Fisch bei uns, wird 20–30 cm lang. Laichzeit im April und Mai.

11. Die Schleie, der Schlei. Ein sehr geschätzter, fetter Fisch, mit schwach rötlichem Fleisch. Er ist dunkelolivgrün, am Bauch heller gefärbt. Seine Haut ist sehr schleimig. Er nimmt leicht schlechten Geschmack an, wenn er aus moorigem Wasser kommt. Seine Länge ist nur 25—30 cm. Am besten sind die halbpfündigen. Laichzeit von Mai bis Juni; Mindestmaß meist 20 cm.

12. Stör. Im frischen Zustande bei uns wenig verwendet. Sein Fleisch ist als geräuchertes Störfleisch im Handel. Sein Rogen liefert Kaviar (s. d.). Er wird über 2 m lang und erreicht ein enormes Gewicht. Laichzeit April bis Juni. Mindestmaß 100 cm.

13. Zander, mit besonders weißem, zarten Fleisch. Er wird 2—3 Pfund schwer, und ist durchschnittlich $^1/_2$ m lang. Laichzeit April bis Juni; Mindestmaß 35 cm.

14. Wels. Nur junge Welse haben genießbares Fleisch. Alte Tiere, die mehrere Zentner wiegen können, schmecken tranig. Laichzeit Mai und Juni; Minestmaß 60 cm.

Von **Seefischen** sind hervorzuheben (solche Seefische, die nur in Form von Konserven zu uns kommen, sind hier nicht erwähnt. Sie finden sich in der 2. Abteilung dieses Kapitels berücksichtigt):

1. Die Flunder, auch Butt, Sandbutt genannt, findet sich in der Ostsee und in der Nordsee als gemeinster Fisch. Ihre Länge ist 20—50 cm. Sie hat eine braune und eine weiße Seite. Auf der braunen sitzen die Augen. Sie ist auch schwarzfleckig. Auf der weißen Seite sind gleichfalls schwarze Pünktchen vorhanden.

Laichzeit von Februar bis Mai. Mindestmaß 15 cm. Vgl. auch Abt. 2, Fischkonserven.

2. Heilbutte, erreicht eine ziemliche Größe und Schwere. Exemplare von 2 m Länge und 4 Zentner Gewicht sollen sich finden. Ihre Oberseite mit den Augen ist braungelb, die Unterseite weiß.

3. Der Hering wird von allen Fischen nicht nur, sondern von allen Tieren überhaupt, in der größten Zahl bei uns verbraucht. Er wird in den nördlichen Meeren und auch in der Ostsee in ungeheuren Quantitäten gefangen.

Im Jahre 1900 betrug der Wert der Gesamtausbeute der nordeuropäischen Staaten an Salzheringen 67 Millionen Mark; davon wurden nach Deutschland allein für 30 Millionen Mark eingeführt. Je nach ihrer engeren Heimat sind die verschiedenen Stämme der Heringe an verschiedene Laichzeiten gebunden. Die „Seeheringe" laichen im Sommer und Herbst, die „Küstenheringe" im Winter und Frühling. Der norwegische Frühjahrshering erreicht eine Länge von 40 cm, während die kleinen Strömlinge der östlichen Ostsee nur halb so lang werden. Strömlinge nennt man diese Art Heringe, weil sie zur Laichzeit auch in die Flußmündungen hineingehen; so laichen z. B. viele Heringe im Nord-Ostsee-Kanal. Die weiblichen Heringe heißen Rogener, die männlichen Milchner. Heringe, bei denen Rogen und Milch noch nicht entwickelt sind und die meistens sehr fett sind, nennt man Matjeshering; „Matje" ist ein holländisches Wort und heißt auf deutsch „Mädchen". Der Matjeshering steht noch vor der Geschlechtsreife, sein Fleisch ist aber von vorzüglichem Geschmack; er wird an der schottischen Küste gefangen. Aus ihm wird später der Fetthering. Solche Fische, bei denen Rogen und Milch stark entwickelt sind, führen im Handel den Namen „Vollheringe", solche, die nach dem Laichen gefangen werden und darum mager sind, heißen „Hohlheringe". Heringe, welche im Frühjahre laichen, kommen im Herbst als Matjesheringe auf den Markt. — Unsere Heringsfänger gehen meist nach der englischen Küste.

An der norwegischen Küste findet der Massenfang von Januar bis April statt, der norwegische Hering kommt gleichfalls im Sommer als Fetthering zu Markte. Die Nordseeheringe sind haltbarer als die der Ostsee, sie eignen sich deshalb am Besten zum Einsalzen, während die Ostseefische ein ausgezeichnetes Räuchermaterial abgeben, wie die Bücklinge und Sprotten beweisen. Holländische und schottische Vollheringe gelten im allgemeinen als die besten. Die Seeheringe, welche aus der Tiefe des Meeres aufsteigen, laichen auf sandigen oder steinigen Bänken, z. B. auf der Doggerbank in der Nordsee. Hier stellt man ihnen mächtige Netze entgegen von fast 2000 Meter Länge, deren Eckteile senkrecht im Wasser wie eine Wand stehen. Die Heringe schwimmen gegen diese Wand und bleiben mit den Kiemen in den Maschen hängen. Nachdem die Netze entleert sind, werden die Heringe „gekaakt", d. h. man macht unter der Kehle einen Einschnitt und holt die Eingeweide heraus. Dann übernimmt sie der Salzer und packt sie in die Fässer, die sogleich zugeschlagen und gezeichnet werden.

Junge Heringe dienen zur Herstellung der sog. russischen Sardinen und auch der deutschen Sardinen. (S. Fischkonserven.)

Der frische, nicht-konservierte, sog. grüne Hering findet wegen seiner leichten Zersetzlichkeit hauptsächlich in der Nähe der Küste Verwendung. Im Winter, wenn die grünen Heringe bei uns auf den Markt kommen, findet man, besonders bei kaltem

Wetter häufig grüne Heringe, die anscheinend tadellos sind, aber im Dunkeln leuchten, da sie von phosphoreszierenden Bakterien überwuchert sind. Diese Fische sind natürlich zu verwerfen.

4. Schellfische werden nächst Hering und Flunder am meisten bei uns konsumiert. Sie haben ein schönweißes, recht zartes Fleisch, das dem des Zander nur wenig nachsteht. Dorsche, Kabeljaue lassen sich kaum von Schellfisch unterscheiden, mit dem sie wohl eine Art bilden. Meist werden sie lediglich nach Größe unterschieden: Dorsche die kleineren, Kabeljaue die größeren über 4 kg schweren. Ihr Fleisch ist mager und zersetzt sich ziemlich leicht. Der sog. Seefischgeruch ist lediglich von Zersetzungen herrührend. Frische Seefische haben ihn nicht. Besonders fett ist die Leber, deren Fett als Lebertran bekanntlich medizinische Verwendung seit alter Zeit und in großem Umfange findet. Wegen Konserven aus Schellfischen s. im 2. Abschnitt.

5. Scholle, Goldbutt, wird nicht so groß wie die Heilbutte, sondern nur 30—80 cm; die Ostseescholle ist kleiner als die der Nordsee, welche allerdings die weitaus meisten dieser Fische liefert. Die Haut ist glatt oder nur wenig rauh. Die Augen sind auf der braunen Seite, durch eine scharfe Knochenleiste getrennt. Im Sommer sind die Schollen am besten.

6. Seezunge, 30—60 cm lang mit abgerundeter Schnauze, die hakenförmig über den Unterkiefer hinausragt. Die Augenseite ist ohne Zähne, dagegen die weiße, augenlose Seite mit spitzen kleinen Zähnen besetzt.

7. Steinbutte. In der Ostsee wird sie nur bis $^1/_2$ m lang, in der Nordsee etwa ebenso, im Ozean erreicht sie dagegen bis 2 m Länge. Der Körper ist rhombisch, die Augen auf der linken Seite; in die Haut, meist auf der Seite der Augen, sind steinartige Knochenstücke eingelagert.

8. Sprotte, Breitling, ein wichtiger kleiner Fisch der Ostsee und auch der Nordsee. Er wird 10—15 cm lang. An Stelle dieses beliebten Fisches werden junge Heringe oft untergeschoben.

Fischkrankheiten. Von häufigeren Krankheiten sind einige von Bedeutung für den Menschen. 1. Bandwurm kommt gelegentlich vor. In Hechten, Saiblingen, Äschen, Forellen, Barsen und Flußquappen sind auch Finnen beobachtet worden, die bei ungenügender Kochung gefährlich werden können. 2. In Schellfischen ist häufig Ascaris capsularis, eine Spulwürmerart gefunden. Sie werden beim Kochen rostbraun und fallen dadurch leicht auf. Bei genügender Durchkochung sind sie als unschädlich zu bezeichnen. 3. Gregarinose ist zwar in der bezügl. Literatur nicht erwähnt, von mir selbst jedoch schon mehrmals bei Hechten beobachtet. Schädlich für den Menschen ist sie nicht. Immerhin sind kranke oder mit Parasiten behaftete Fische ekelerregend und darum zu verwerfen.

Verfälschungen usw. 1. Meist wird es sich um verdorbene Fische handeln. Doch ist zu beachten, daß Fischfleisch bereits verdorben sein kann, bevor es stinkt. Es wird auf die bezüglichen Ausführungen oben S. 288 verwiesen. 2. Die Verfälschungen durch Röten mißfarbig gewordener Kiemen sind bereits erwähnt. 3. Daß auch das Abtrennen der Köpfe eine Verfälschung sein kann, insofern dadurch die Kennzeichen zu hohen Alters bezw. einer Verderbnis entfernt worden, ist bereits oben S. 289 ausgeführt worden. 4. Unterschiebung einer anderen Fischart ist keine Verfälschung, kann aber ein anderes Delikt (Betrug) sein.

Reichsgericht vom 2. Dezember 1881. S. Seite 156.

---

41. Kapitel.

Wirbellose Tiere.

(Schaltiere; Krustentiere; Amphibien.)

1. Austern. Die Auster findet sich an den Küsten aller europäischer Meere, ausgenommen in der Ostsee. Sie leben in großen Kolonien zusammen, sog. Austernbänken. Die Bodenverhältnisse der Austernbänke sind von Einfluß auf den Geschmack des Fleisches, insofern felsiger Grund der geeigneste ist, während ·ehmiger oder sandiger Boden minder gut ist. Eine Geschmacksverbesserung wird in ähnlicher Weise wie bei den Fischen (S. 288) dadurch erzielt, daß man die Austern in gemauerte Gräben, sog. Austernparks bringt, die mit dem Meere durch Schleusen verbunden sind.

Am feinsten sind die englischen Natives aus den Withestables Parks, die kleiner aber saftiger und zarter als andere sind. Dann folgen die holländischen Austern. Die übrigen Sorten gelten als geringer.

Als günstigstes Alter einer Auster sind 3--5 Jahre zu bezeichnen. Auf der gewölbten Schale (die Auster hat noch eine flache) läßt sich das Alter erkennen, indem jedes Jahr die blättrigen Schichten sich um eine vermehren. 3 Ränder um die von Anfang an vorhandengewesene Schale bedeuten also ein Alter von 4 Jahren.

Die Auster wird vorzugsweise im Winter bei uns gegessen. Vom Mai bis August, zur Zeit der Fortflanzung, ist sie am wenigsten schmackhaft und wird am besten ganz gemieden. Daß sie dann giftig sein soll, ist zwar öfter behauptet aber nicht bewiesen worden. Die gelegentlich vorkommenden Austernvergiftungen dürften sich zwangloser durch folgende Erwägung erklären lassen: die Austern sollen noch lebend sein, wenn sie zum Verzehren aufgebrochen werden. Austern sterben aber bei unzweckmäßiger Behandlung und Aufbewahrung leicht ab und sind auch an den offenstehenden Schalen und einen schwarzen Innenring leicht zu erkennen. Sie entwickeln auch bald einen unangenehmen Geruch. Es ist wohl denkbar, daß gelegentlich diese Kennzeichen des Abgestorbenseins fehlen und bereits Zersetzungen eingetreten sind, bei welchen das gefürchtete Austerngift sich gebildet hat.

Alle nicht mehr zweifellos lebenden Austern sind darum als verdorben zu verwerfen.

Verfälschungen an Austern sind nicht bekannt geworden. Unterschiebungen minderer Sorten sind keine Verfälschung eventuell aber Betrug.

2. Seemuscheln. Miesmuscheln finden sich in den uns umgebenden Meeren in außerordentlichen Mengen vor und liefern in den Regionen, die nicht gar zu fern der Küste liegen, ein billiges, gesundes und wohlschmeckendes Nahrungsmittel.

Am besten sind sie im Herbst.

Von Bedeutung sind die gelegentlich vorkommenden Vergiftungen nach Miesmuscheln, um so mehr, als die etwa eintretende Vergiftung meist eine schwere zu sein pflegt.

Die Ursache scheint jetzt ziemlich sicher dahin festgestellt zu sein, daß Muscheln aus stagnierenden, verunreinigten Gewässern giftig werden können und darum zu verwerfen sind, während die auf dem Grund des Meeres wachsende Muschel ein harmloses Nahrungsmittel ist.

Giftige Muscheln sollen sich nach Schmidtmann durch einen widerlichen, süßlichen Geruch, der an Bouillon erinnert, auszeichnen, während die frischen, guten Muscheln Seewassergeruch zeigen. Giftige Muscheln sollen mehr gelblich sein, ungiftige mehr weißlich.

Die von Hausfrauen beliebte Methode, einen silbernen Löffel mitzukochen, hat nur einen bedingten Wert, da das Schwarzwerden des Löffels zwar sicher verwerfliche Muscheln anzeigt, aber das Weißbleiben keine Gewähr für eine ungiftige Speise ist.

3. **Krebse** finden sich in zahllosen fließenden und stehenden Gewässern. Sie wachsen außerordentlich langsam, so daß Micha das Alter eines 125 g schweren Krebses auf 30 Jahre angibt. Seine Länge ist 10—15 cm. Schmackhaft ist der Krebs nur um die Zeit der Häutung, die von Juni bis August stattfindet. In diesen Monaten „ohne R" sind sie feinschalig und vollfleischig. Von Einfluß auf den Geschmack ist das Gewässer, aus dem der Krebs stammt und dessen Grund. Ist letzterer sandig oder mergelig, so sind die Tiere gut. Aus Seen mit viel Kalmus sollen Krebse nach Michas Mitteilungen einen bittern Geschmack annehmen.

Nur lebende Krebse geben die Gewähr für unverdorbene Ware und nur frisch abgekochte soll man genießen. Lebend in das Wasser gekommene Krebse haben einen angezogenen Schwanz, schon tot gewesene einen gestreckten. Der Verkauf anderer als lebender oder (in Speisehäusern) eben abgekochter Krebse sollte am besten verboten werden; dann dürften die ohnehin schon seltenen Krebsvergiftungen ganz verschwinden.

4. **Hummern** gibt es in allen Meeren, besonders in der Nord- und Ostsee. Sie werden 18—30, auch 50 cm lang und erreichen ein Gewicht von $^1/_2$—2 Pfd. Die besten Hummern

liefert Norwegen, auch in großer Zahl, ferner Schweden, Helgoland, Frankreich, Amerika.

Für den Verkehr mit Hummer gelten die gleichen Gesichtspunkte so wie für Krebse. Seine Laichzeit und Häutungsperiode fällt zwischen Juli und September, je nach dem Klima. Während dieser Zeit sind die Hummern krank und müssen geschont werden.

5. Krabben, Garnelen, Graneelen.

Zwei Abarten sind im Handel, Ostseekrabben und Nordseekrabben, die letzteren auch Garnelen oder Granaten genannt. Diese ist etwas größer als jene, dafür ist aber das Tierchen aus der Ostsee, die übrigens viel geringere Mengen davon als die Nordsee enthält, prachtvoll rot nach dem Abkochen, während die Nordseekrabbe eine schmutzig graurote Farbe zeigt. Das Abkochen geschieht mit Seewasser, meist schon auf dem Segelschiff des Fischers, sofort nach dem Fang.

6. Schildkröten als lebende, zu Nahrungszwecken bestimmte Tiere, kommen bei uns nur sehr wenig in den Handel und geben zu Bemerkungen keinen Anlaß.

Das Schildkrötenfleisch wird aber gern, wegen seines hohen Preises durch Surrogate ersetzt. Meist kommt dafür Kalbskopf zur Verwendung. Das ist natürlich ein unzulässige Handlung, die aber bei einiger Aufmerksamkeit leicht bemerkt werden kann. Das Schildkrötenfleisch ist nämlich etwas grünlich, das des Kalbskopfes weiß.

7. Frösche werden bei uns in nur geringem Umfang genossen. Ihr Schenkelfleisch ist äußerst zart.

8. Schnecken sind in Norddeutschland eine kaum gekannte Speise, während der Süden und das Rheinland große Mengen dieser wohlschmeckenden, billigen und nahrhaften Tiere verbrauchen.

Vorzugsweise wird die Weinbergsschnecke, die auch gemästet wird, gegessen.

42. Kapitel.

Fischkonserven und verwandte Erzeugnisse.

1. Fischkonserven.

Allgemeines. Bezüglich der überhaupt vorhandenen Konservierungsmethoden wird auf die allgemeinen Ausführungen im Kapitel 26 verwiesen.

Bei den sog. Fischkonserven ist aber zu bemerken, daß sie mit ganz geringen Ausnahmen überhaupt gar keine Konserven sind. Die große Mehrzahl sind höchstens Halbkonserven, ein erheblicher Teil Scheinkonserven. Für das Nahrungsmittelrecht ist das von höchster Bedeutung. Denn wenn das Publikum, d. h. die Konsumenten, auch weiß, daß ein Hering in saurer Flüssigkeit kein lange Zeit haltbarer Gegenstand ist, ihn also als Halbkonserve erkennt, so nimmt es doch an, daß der in Blechbüchsen verpackte gleiche Hering eine Konserve sei, die erhebliche Haltbarkeit erlangt habe. Die Verpackung wirkt demnach hier täuschend auf das in übergroßer Mehrheit sachunkundige Publikum. Wird ferner berücksichtigt, daß schlechtgewordene sog. Fischkonserven meist nicht zu riechen beginnen, sondern durch andere, weniger aufdringliche Kennzeichen sich verraten, so kann nicht zweifelhaft sein, daß in diesen Verhältnissen eine Gefahr liegt.

Es würde gut sein, wenn den Fabriken ein Altersdeklarationszwang auferlegt würde, etwa in dieser Form:

„Hergestellt am 10. Januar 1906. Haltbarkeit garantiert bis 25. Januar 1906. Voraussichtliche Genießbarkeit bis 5. Februar 1906.“ Ähnlich handelt heute bereits die reelle Margarineindustrie. Die Festsetzung der Fristen wäre Sache jedes Fabrikanten.

Voraussetzung hierbei ist natürlich das Fehlen der chemischen Konservierungsmittel im engeren Sinne. Die Verwendung dieser ist bei Angabe zwar nicht zu beanstanden, wird aber vom Publikum nicht erwartet, da es alle in verlöteten oder zugefalzten Blechbüchsen käuflichen Lebensmittel als sterilisierte Waren ansieht, die chemischer Hilfsmittel nicht bedürfen, abgesehen von solchen, die zur „Zubereitung“ gehören, also etwa Essig bei sauren Konserven.

Bezüglich der Provenienz herrschen vielfach Mißstände. Ostseeware ist meist beliebter als Nordseeware. Die Unterschiebungen der letzeren sind deshalb häufig, aber keineswegs nur von den Kleinhändlern ausgeführt. Zum erheblichen Teil geschieht dieser Betrug derart, daß Händler, die in Küstenplätzen an der Ostsee ihren Wohnort haben, nach dorthin die Nordseeware beziehen und durch Zeitungsreklame in Absatz bringen, ohne den natürlich nicht vermuteten anderweiten Ursprung anzugeben.

Im Lachshandel ist es ähnlich. Die weitaus größte Lachsmenge kommt in gesalzenem Zustande, in Tonnen zu uns aus Amerika, zumeist aus Alaska. Ein erheblicher Teil dieser Zufuhren, die bei uns erst in Räucherlachs verwandelt werden, wird je nach Ausfall unter dem Namen eines deutschen Flußlachses verkauft.

Bei Räucherwaren, besonders Flundern, wird die Qualität der Fische nach Größe und Fettgehalt beurteilt. Um den Fischen ein glänzendes Äußere zu geben, das bei oberflächlicher Betrachtung auf austretendes Fett zurückgeführt wird, ist es vielfach Brauch geworden, sie zu nässen.

Diese Operation, die zweifellos unter die Strafandrohung des § 10 N.M.G. fällt, ist nach mehreren Richtungen bedenklich. Einmal wird der Ware der Anschein einer besseren Beschaffenheit verliehen, wie eben ausgeführt. Dann wird die Haltbarkeit der Fische dadurch vermindert und ihre Eigenschaften auch sonst verschlechtert, da das Räucherverfahren gleichzeitig ein Austrocknungsverfahren, wenn auch ein unvollständiges ist. Endlich wird eine Beschwerung herbeigeführt, die nicht nur bei ausgewogener Ware von Belang ist. Wenn man von auf Eis liegenden Fischen absieht, ist jede normale Möglichkeit zum Naßwerden ausgeschlossen.

Im einzelnen ist noch folgendes zu bemerken:

Heringskonserven. Die wichtigste ist der Salzhering. Bei ihm kommt es, wie bei allen Salzfischen, hauptsächlich auf eine Herabsetzung des Wassergehaltes an, die dadurch erreicht wird, daß das zugesetzte Salz, um sich auflösen zu können, den Fischen einen erheblichen Teil des natürlichen Wassers entzieht. Die entstandene Lösung durchzieht gleichzeitig das Fleisch, erhält es also durch eine chemische Substanz und verändert gleichzeitig den gesamten Charakter des Fisches, der auch nicht durch Auslaugen des Salzes die Eigenschaften des ursprünglichen Fleisches zurückerhalten kann. Hierbei tritt durch die Wasserentnahme eine allgemeine Konzentration aller übrigen Bestandteile ein und der Fisch ist viel fetter als zuvor, wenn natürlich auch die absolute Menge des Fettes, die in den Fisch schon von vornherein vorhanden war, keine Vermehrung erlitten hat.

Von Einfluß ist, außer der Beschaffenheit des frischen Fisches selbst, das verwendete Salz. Gewisse Sorten werden vorgezogen. Die Auswahl richtet sich wieder nach dem Rohfisch. Ein großer Teil der Heringssalzer gibt Borsäure oder andere Stoffe zum Salz, damit besonders für die ganz frische Ware der Salzgehalt geringer gehalten werden kann; dadurch gewinnt die Qualität natürlich sehr.

Der geräucherte Hering erscheint in zwei Abarten im Handel: als Bückling und als sog. Lachshering, Räucherhering im engeren Sinne. Beide werden aus dem gleichen Fisch gewonnen und gleichartig geräuchert. Der Bückling entsteht aber aus dem grünen, milde gesalzenen Hering, der Räucherhering aus Salzhering.

Aus dem Salzhering werden noch eine Anzahl anderer Verkehrsformen gewonnen. Der saure Hering und der Rollmops, die beide in erheblichen Mengen hergestellt werden, sind teilweise ausgewässerte Salzheringe, die unter Beigabe von Gewürzen mit Essig durchzogen sind. Der Brathering wird ähnlich gewonnen, nur liegt zwischen dem Auswässern und dem Marinieren noch ein Bratprozeß. Dieser Prozeß erscheint sehr überwachungsbedürftig, da die Natur des verwendeten Fettes nicht immer ganz zweifelsfrei ist.

Der Brathering sowohl wie die Rollmöpse bilden den Übergang zu den Büchsenverpackungen, in der sie beide bereits neben der offenen Form erscheinen. Die meisten sog. Heringskonserven in Büchsen werden freilich aus grünen Heringen gemacht. Ihre Haltbarkeit ist erheblich geringer als die der anderen Arten. Daß es sich nicht um sterilisierte Lebensmittel handelt, ist bereits unter „Allgemeines" ausgeführt.

Am besten ist von allen Formen der Heringskonserven stets möglichst neue Ware, auch bei Salzhering. Der alte Fisch wird bei diesem hart und schwer verdaulich. Ware, die älter als 1 Jahr ist, sollte nur bei besonderer Kenntlichmachung zulässig sein.

Sardellen. Sie kommen nur gesalzen zu uns. Große

Verwirrung herrscht über den Fisch, der uns die Sardelle liefert. Es ist derselbe der auch die echten Anchovis gibt, Engraulis encrasicholus. Er unterscheidet sich von den Surrogatfischen, die in außerordentlichen Mengen konsumiert werden, durch den Oberkiefer, der den Unterkiefer ganz erheblich nach vorn überragt, so daß er fast wie eine Nase aussieht. Er wird 10—20 cm lang und lebt im Mittelmeer, doch kommt er auch bis zum Kanal empor. Seine Hauptfangstätten sind darum das Mittelmeer und nicht Holland. Die Brabanter Sardellen, wie sie bei uns gang und gäbe sind, sind entweder keine echten Sardellen oder aber nicht die besten. Diese liefert Frankreich und Italien, daneben auch die anderen Mittelmeerländer. In Italien heißen sie acciughe, in Frankreich Anchois, bei uns fälschlich Sardellen, während der richtigere Name Anchovis meist nur für eine ganz andere Art Fisch, nämlich die Sprotte oder Breitling bei gewisser Zubereitung gebraucht wird. Die echte Anchovis oder Sardelle ist ein schlanker Fisch, die Sprotte von gedrungenem Körperbau. Der echten Sardelle fehlen die Kielschuppen am Bauche gänzlich, die fast stets erhaltenen Bauchflossen stehen ziemlich weit vor dem Anfang der Rückenflosse. Die unechten, aus jungen Pilcharden oder Sardinen bestehenden Sardellen sind außer an ihrer gedrungenen Gestalt noch an zurückgebliebenen Kielschuppen und daran kenntlich, daß die Bauchflossen unter der Rückenflosse stehen.

Vor dem Einsalzen wird der bitter schmeckende Kopf und die Eingeweide entfernt, was die eingeübten Arbeiter mit einer einzigen Bewegung und großer Schnelligkeit machen. Dennoch kommen durch unexakte Arbeit bitter gewordene Fische vor. Bei uns soll die Sardelle ein rosafarbiges Fleisch haben; ältere Ware als 4—5 Jahre gelagerte hat graues Fleisch. Zu junge Ware gestattet wiederum nicht die leichte Entgrätung und ist schwer verdaulich. Nach 3—4 Jahren erst kann die Gräte leicht abgehoben werden. 3—5 Jahre alte Sardellen sind darum die besten; ältere oder jüngere Ware taugt nichts.

Sardinen. Die Ölsardinen sind fast die einzigen echten Fischkonserven in Büchsen, die bei uns allgemein gekannt sind. Die echte Sardine oder Pilcharde kommt aus den französischen Küstenstädten, besonders der Bretagne. Sie wird mit feinem Olivenöl eingelegt. Ihre Qualität hängt erstens von der Frische des Fisches ab. Der wird nach dem Fang schleunigst an Land gebracht und sofort verarbeitet. Jedes Liegen verschlechtert die Qualität. Zweitens ist die Güte des Öles von maßgebender Bedeutung. Nur allerbestes, helles sog. Jungfernöl (S. Olivenöl in Kapitel Speiseöle) gibt die feinen französischen Sardinen.

Unterschiebungen kommen wenig bei uns vor. Sprotten und junge Heringe sind beobachtet worden.

Russische Sardinen haben gar nichts mit den anderen Sardinen zu tun. Es sind kleine marinierte Heringe, wie sie als Strömlinge in der östlichen (russischen) Ostsee sich finden. Sie sind größer als echte Sardinen und haben auch meist keine Schuppen wie diese. Auch Sprotten sollen dem gleichen Zweck dienen.

Anchovis. Die echte Anchovis ist gleichbedeutend mit der echten Sardelle, s. dort. Bei uns werden die Fische als Anchovis (echte A.) bezeichnet, wenn sie in Blechbüchsen und etwas gewürzter Zubereitung sind.

Die sogenannte „echte" Anchovis, welche aus Norwegen kommt, ist eine Unterschiebung. Sie sollte höchstens als „norwegische Anchovis" geduldet werden. Sie ist aber lediglich eine eingelegte Sprotte. Als „unecht" gilt sie, wenn der Fabrikant sie nur einsalzt und die Würzung und Verpackung einem anderen überläßt. Zweifellos ist es ganz gleichgültig für die rechtliche Beurteilung, wer die Ware verpackt; dagegen ist die, allerdings jetzt eingebürgerte Falschbezeichnung für beide eine unbefugte. Durch solche, gerade bei Fischen und Fischkonserven häufig zu beobachtende willkürliche Umbezeichnung wird (und das ist wohl auch beabsichtigt) verhindert, daß die Käufer sich ein Urteil bilden und die einzelnen Sorten zu unterscheiden lernen.

Sprotten (Breitlinge) kommen unter ihrem Namen nur geräuchert in den Handel. Besonders geschätzt ist die Ostseesprotte, sog. Kieler Sprotte.

Unterschiebungen sind häufig. Meist sind es junge Heringe, die also eigentlich Bücklinge heißen müßten, die statt der Sprotten geliefert werden; sie sind schlanker als die Sprotten. Diese haben die Bauchflossen unter oder vor dem Anfang der Rückenflosse, Heringe stets hinter dem Anfang oder mitten unter der Rückenflosse. Auch Stinte werden untergeschoben.

Daß die Sprotte selbst als Verfälschung dient, s. bei Sardinen und Sardellen.

Andere Räucherfische gibt es noch zahlreiche im Handel: Lachs, Flundern, Stör, Aal, Makrelen, Schellfische usw. Über sie ist in Bezug auf das Nahrungsmittelrecht nichts zu bemerken, als oben unter „Allgemeines" geschehen.

Marinierte Fische gibt es außer den erwähnten gleichfalls noch in reicher Auswahl: Neunaugen (eigentlich kein Fisch), Schellfische usw.

Fische in Öl gibt es außer den Sardinen noch mehrere: Thunfisch, auch geräucherten Lachs usw.

2. Erzeugnisse aus Fischen.

Kaviar. Der Kaviar wird aus dem Rogen verschiedener Fische gewonnen. Nach allgemeiner, sicherlich aber nicht ganz zutreffender Mitteilung ist der Hergang bei der Kaviargewinnung der, daß die Eierstöcke auf ein Sieb gelegt und leicht mit den Händen durchgerieben werden, so daß die Eier von den Häuten getrennt werden. In den durchgeriebenen Teil gibt man Salz, je nach der Jahreszeit und der Absicht, mehr oder weniger haltbare Ware zu erzielen. Diese Angabe ist zweifellos unvollständig. Wahrscheinlich spielt bei der Kaviarbereitung noch ein Gärungsprozeß mit, oder ein Reifen desselben. Die Angaben der Literatur sind über dieses weitverbreitete Luxusgenußmittel noch ganz auffallend lückenhaft und dürften sich auch nur vervollständigen lassen, wenn die Sache an Ort und Stelle studiert wird.

Unsere Kontrolle des Kaviars muß sich daher auf ganz grobe Verfälschungen beschränken, was um so mehr zu bedauern ist, als es sich um einen sehr teuren Artikel handelt, für den alljährlich große Summen ins Ausland wandern und der sicherlich vielen unzulässigen Manipulationen unterliegt.

Der Kaviar wird aus dem Rogen verschiedener Fische gewonnen, hauptsächlich solcher aus der Familie der Störe. Er ist meist grau bis schwarz gefärbt. Da der frische Rogen weiß ist und erst mit der Zeit nachdunkelt, so gelten die helleren Sorten als die frischeren für besser; ebenso ist das gröbere Korn dem feineren vorgezogen. Der Geschmack wird wesentlich durch den Salzgehalt beeinflußt; je weniger Salz desto besser. 4—6% dürften dem gewöhnlichen Gehalt entsprechen.

Es gibt aber auch roten Kaviar, der jedoch bei uns bis jetzt nicht auf den Markt gekommen ist.

Nur reifer Rogen von fester, elastischer Beschaffenheit liefert guten Kaviar. Überreifer Rogen gibt Kaviar mit geschrumpften Körnern.

Man unterscheidet im Handel:

a) Russischen Kaviar aus dem Eierstock des Stör, Hausen und Sterlet am unteren Laufe des Wolga gewonnen, auch am Kaspischen und dem Ural-See. Große Störe haben oft einen ganzen Zentner Rogen. Die Korngröße erreicht das Maß eines Korianderkorns, etwa 3,5 mm Durchmesser. Der Hausen soll gar bis 3 Zentner Rogen haben.

b) Elbkaviar, zum Teil aus kleineren Stören, meist aber aus dem Rogen anderer Fische in Deutschland gewonnen. Er ist kleinkörnig (Korngröße 2,5—3 mm) und von minderfeinem Geschmack.

c) Amerikanischer Kaviar im Äußern dem Elbkaviar ähnlich, aber noch geringwertiger. Er wird meist als Elbkaviar verkauft.

d) Norwegischer Kaviar aus dem Rogen des Kabeljau, der Makrele und anderer Fische, ist sehr feinkörnig und frisch rötlich, später grau gefärbt. Bei uns ist er fast unbekannt.

Anforderungen an den Kaviar sollen außer den bereits erwähnten, noch folgende gestellt werden:

Die Körner sollen unverletzt sein, wenn der Kaviar für vollkörnig gelten soll; weiche, schmierige Körner, die sich leicht zwischen den Fingern zerdrücken lassen, sollen nicht vorhanden sein.

Geruch soll fast ganz fehlen. Sauer oder gar faulig riechender Kaviar ist zu verwerfen.

Der Geschmack soll rein sein, angenehm und mild. Säuerlich schmeckender Kaviar oder salziger ist minderwertig, saurer, ranziger, fauler ist zu verwerfen.

Verfälschungen außer den bereits mitgeteilten. 1. Fremde Stoffe dürfen nicht vorhanden sein: Sand, Sago oder andere Zusätze. 2. Zusätze von Weißbier und Ähnlichem sind ebenso wie die aller festen oder flüssigen Stoffe ausgeschlossen. 3. Kaviar mit mehr als 4—4,5 % freier Säuren ist verdorben. 4. Mehr als 10 % Salz sind als Beschwerung anzusehen. 5. Schimmeliger oder bitterer Kaviar ist verdorben. 6. Riechender Kaviar ist ebenfalls zu verwerfen. 7. Zusätze von Heringslake sind wie zu 2 zu beurteilen. 8. Geschrumpfte Eier sind ebenso wie schmierige auszuschließen. 9. Kaviar, der nicht von Störarten stammt, ist in der Weise zu bezeichnen, daß die Fischart genannt wird, z. B. Hechtkaviar.

Sardellenbutter. Sie wird gebrauchsfertig in den Handel gebracht. Da das Präparat ursprünglich nur in der Küche zubereitet wurde, so sind auch die Grundsätze dieser maßgebend. Daher ist Sardellenbutter zu definieren als ein gebrauchsfertiges Präparat, hergestellt aus zerkleinerten echten Salz-Sardellen und unverfälschter Butter. Zusätze irgend welcher Art sind ausgeschlossen. Konzentrierte Sardellenbutter besteht aus den gleichen Bestandteilen; ist aber infolge ihres erhöhten Sardellen- und damit Salz-Gehaltes nicht gebrauchsfertig. Sie muß vielmehr vor dem Gebrauch mit Butter verdünnt werden.

Abweichungen. 1. Zusatz von Heringslake ist häufig. Es kommt sogar „Sardellenbutter" vor, die ganz ohne Sardellen ist. 2. Die Butter muß den Bestimmungen für diese entsprechen. 3. Sardellen und Margarine geben keine Sardellenbutter. 4. Bindende Zusätze von Mehl und dgl. sind unstatthaft. 5. Ersatz von Sardellen durch andere Fische ist nicht erlaubt, auch nicht teilweiser Ersatz. 6. Mitverwendung von Sardellenlake ist fast allgemein üblich, aber dazu bestimmt, den Sardellengehalt höher erscheinen zu lassen, als er wirklich ist. 7. Da Sardellen ca. 50 % Wasser und ca. 20 % Salz enthalten, bleiben ca. 30 % Fischsubstanz. Da eine Sardellenbutter nach Angabe der bekannten Kochbücher wenigstens 20 % (meist aber 50 %) Sardellen enthält, so muß ein Gehalt von wenigstens 6 % wasser- und salzfreier Sardellensubstanz erwartet werden.

Anchovispaste. Eine salzreiche, mit Ocker rotgefärbte teigige Masse, im wesentlichen aus echten Anchovis bestehend. Zusätze von Brot sind zulässig, soweit sie sich im Rahmen der technischen Notwendigkeit bewegen, also im selben Umfange wie andere Pains aus Fleisch, die sämtlich nur mit Brot bereitet werden können.

3. Erzeugnisse aus wirbellosen Tieren.

Krebsbutter ist ein fast wasserfreies, mit Hilfe von Butter oder Butterschmalz gewonnenes Extrakt aus Krebsen.

Abweichungen. 1. Die Herstellung von Kresbutter nur aus Krebsschalen ist ein Betrug oder doch wenigstens eine Verfälschung. Die Herstellung nur aus diesen Abfällen könnte höchstens ein Krebs s c h a l e n erzeugnis geben. Die Bezeichnung Krebsbutter setzt aber voraus, daß 1. Krebse, 2. Butter das Präparat zusammensetzen. 3. Zusatz von Rinderfett, sofern er deutlich deklariert ist, erscheint zulässig, da Krebsbutter als ein neues selbständiges Fabrikat nicht den Bestimmungen des Margarinegesetzes unterliegt. Sollte das Margarinegesetz Platz greifen, so würde schon die Anwesenheit der Krebsbestandteile nicht angehen, das wäre aber eine zweifellos nicht beabsichtigte Folgerung. Kresbutter mit Talgzusatz ist daher keine Margarine im Sinne des Gesetzes vom 15. Juni 1897. 4. Farbstoffzusatz erscheint auch bei Deklaration nicht zulässig. Vgl. die bezüglichen Ausführungen im 25. Kapitel. 5. Konservierungsmittel, soweit sie nicht durch § 12 N.M.G. ausgeschlossen sind, erscheinen bei Deklaration als zulässig.

J u d i k a t u r. Die Gerichte haben sich oft mit Krebsbutter zu befassen gehabt. Vgl. das Reichsgerichtserkenntnis vom 16. Dezember 1904, mitgeteilt am Schlusse des 25. Kapitels.

Krebssuppenextrakte sind weitergehende Zubereitungen, die außer Wasser alle Bestandteile enthalten können, die zur Krebssuppe zugesetzt zu werden pflegen. Da es für diese keine Norm gibt, außer daß Krebse als Hauptgeschmack gebende Zutaten verwendet werden, so kann auch für die Krebssuppenextrakte keine Definition gegeben werden. Farbstoffe, welche hier unter Kennzeichnung zulässig sind, müssen dem Gesetz vom 5. Juli 1887 entsprechen.

Krebsextrakte sind Auszüge aus Krebsen, hergestellt mit einem näher anzugebenden Lösungsmittel. Farbstoffzusätze sind wie bei Krebsbutter unzulässig.

Krebspulver sind die getrockneten und gepulverten Krebsleiber meist mit Ausschluß der teuren Schwanzweichteile nach Entfernung der Eingeweide. Farbstoffzusätze sind anzugeben.

Krebskonserven sind die in starke (25—30 %) Salzlake eingelegten entschälten Krebsschwänze oder Krebsscheren, mit oder ohne Zusatz anderer (zu deklarierender) Konservierungsmittel. Verdorbene Konserven haben eine trübe Lake.

Konserven ganzer Krebse sind bei uns zur Zeit nicht im Handel.

Hummerkonserven sind echte sterilisierte Konseren, bestehend aus Hummerfleisch und verdünnter Salzlösung. Die bei uns umlaufenden Hummerkonserven sind meist amerikanischen Ursprungs.

Krabben, konservierte, sind enthülste Krabben, meist ohne Salzwasser, aber fast ausnahmslos mit Zusatz von antiseptischen Stoffen (Borsäure). Bei Deklaration ist letztere zulässig.

Krabbenextrakte sind analog dem Krebsextrakt. Farbstoffzusätze sind unzulässig, auch bei Deklaration.

Mit Rücksicht auf die leichte Zersetzbarkeit des Fleisches aller dieser Tiere, muß jede Verfärbung, insbesondere Schwarzwerden, sowie das Auftreten abweichender Gerüche als Zeichen des Verderbens aufgefaßt werden. Die leichte Zersetzbarkeit rechtfertigt auch einige Nachsicht bei sterilisierten Konserven (Krabben usw.) bezüglich des Zusatzes von Konservierungsmitteln, obgleich sterilisierte Konserven im allgemeinen frei davon sein sollen.

---

43. Kapitel.

Wein im Sinne des Weingesetzes.

Gewinnung des Weines. Zur Herstellung weißen Weines werden die Trauben einer Pressung, Kelterung, unterworfen, der ablaufende Saft heißt Most. Durch die Vergärung desselben entsteht weißer Wein.

Zur Gewinnung roten Weines werden die roten Trauben nur zerquetscht, so daß ein Gemisch von Saft und Traubenschalen nebst Stielen und Kämmen entsteht, eine Maische. Der Saft ist nämlich farblos wie beim Weißwein — ausgenommen bei einer Varietät, der Färbertraube — und die Farbstoffe befinden sich in den Schalen. Erst durch die Gärungsvorgänge, besonders den entstehenden Alkohol, wird der rote Schalenfarbstoff gelöst und erzeugt eine rote Flüssigkeit, roten Wein.

Durch Pressung der gesamten Trauben erhält man die gewöhnlichen, weniger feinen Weine. Werden die schlechten Beeren vor der Kelterung bezw. der Einmaischung ausgelesen, so erzielt man die sogenannten „Auslesen“, bei Loslösung der einzelnen ausgesuchten, tadellosen Beeren, unter Ausscheidung der Stiele, Kämme und anstößigen Beeren, die „Schloßabzüge". Es gibt aber vielerlei abweichende Auslesemethoden, so daß die Unterscheidung nicht immer ohne Willkür ist. Jedenfalls bezeichnen die Zusätze: Auslese oder Schloßabzug eine besonders gute Qualität.

Kämme sind die Spindeln und deren Seitenäste mit den Stielen, an denen die Beeren sitzen, also die Traube ohne die Beeren. Sie sind reich an Gerbstoffen und nicht-zuckerhaltigen Extraktstoffen. Sie geben dem Wein ein herbes, meist wenig angenehmes Gepräge, sind aber oft Träger von Aromastoffen.

Schalen, Hülsen sind die äußere Haut der Beeren. Sie enthalten auch viel Gerbsäure und aromatische Bestandteile sowie den Farbstoff bei den roten Trauben. Der Farbstoff in den roten, grauroten, schwarzroten, blauroten Trauben scheint der gleiche zu sein, so daß nur durch die verschiedenen Mengen die einzelnen Nuancen erzeugt werden.

Die Kerne innerhalb der Beeren sind die Samen der Trauben und enthalten ähnliche Stoffe wie die Kämme.

Der Saft der Trauben ist die in den Beeren enthaltene natürliche Lösung. Sie wird meist durch Pressen abgesondert. Aus Trockenbeeren, Rosinen, lassen sich mangels genügender Flüssigkeit keine Säfte mehr gewinnen, sondern nur Auszüge nach vorheriger Zugabe von Lösungsmitteln.

Der Traubensaft enthält als Hauptbestandteile: Traubenzucker, Fruchtzucker, Weinsteinsäure, Weinstein (saures weinsaures Kali) wenig Eiweißstoffe; Extraktstoffe (außer den genannten) und Mineralbestandteile, Asche.

Wenn man eine natürliche Lösung ganz austrocknet, so hinterbleibt ein bei 100° C. nicht zu verflüchtigender Rückstand; das ist der Extrakt. Erhöht man die Temperatur bis zur Glühhitze, so verbrennen die Extraktstoffe bis auf einige mineralische Reste, die wir als unverbrennbar bezeichnen und Mineralbestandteile, Asche nennen. Sie bestehen aus den vorhandenen Metallen (Kalium, Natrium, Kalk, Magnesia, Eisen), die an bestimmte Säuren gebunden sind (Phosphorsäure, Schwefelsäure, Salzsäure, Kieselsäure, Kohlensäure). Die vorher an organische Säuren (Weinsäure usw.) gebunden gewesenen Metalle finden sich nach der Mineralisierung als kohlensaure Verbindungen in der Asche vor. Die Menge dieser kohlensauren

Verbindungen messen wir als „Alkalität der Asche", welche demnach ein Maß für die vorhanden gewesenen organischsauren Metalle ist.

Der abgepreßte Saft, Most, beim Weißwein beginnt in kürzester Frist zu gären, ebenso der Rotweinmaische. Bei der Gärung handelt es sich um zwei nebeneinander herlaufende Prozesse: die Zerlegung des Zuckers in Alkohol und Kohlensäure und die Erzeugung von Stoffwechselprodukten der Hefen.

Die Hefe, aus mikroskopisch kleinen, einzelligen Pflänzchen bestehend, erzeugt nämlich einen Stoff, Zymase, ein sogenanntes chemisches Ferment, einen Körper, der die Eigenschaft hat, gewisse kompliziertere Verbindungen durch seine bloße Anwesenheit in einfachere zu zerlegen. In diesem Falle zerlegt die Zymase den Traubenzucker ebenso wie den Fruchtzucker in Kohlensäure, die sich zum größten Teil aus der Lösung entfernt und in Alkohol, der in der Flüssigkeit verbleibt. Aus 100 Teilen Zucker sollten stets 51,1 % Alkohol und 48,9 % Kohlensäure resultieren, tatsächlich entstehen aber einige Nebenprodukte und man erhält nur 45,8—48,4 % Alkohol, 2,5—3,6 % Glyzerin und 0,4—0,7 % Bernsteinsäure.

Die Stoffwechselprodukte der Hefen sind Fuselöl, gewisse Aldehyde, Glyzerin, Bernsteinsäure usw.

Die letztgenannten beiden Stoffe entstehen daher auf doppelte Weise. Die früher einmal gehegte Hoffnung, aus dem Verhältnis von Glyzerin zu Alkohol Schlüsse auf gewisse Zusätze machen zu können, haben sich darum als nur bei groben Verfälschungen zutreffend erwiesen.

Nach beendeter Gärung wird der junge Wein von der Hefe getrennt.

Bei Rotweinen hat sich durch die lösende Kraft des gebildeten Alkohols und der Weinsäure auf die Schalen eine rote Farbe eingestellt und der Wein wird von den Schalen, den Trestern, Trebern, sowie von der Hefe getrennt.

Alsdann ist der Naturwein fertig. Um haltbar und trinkbar zu sein, bedarf er noch der Kellerbehandlung, die hierunter soweit erörtert ist, wie für die Zwecke rechtlicher Beurteilung erforderlich.

Allein nicht jeder Most läßt in dieser Weise einen brauchbaren Wein gewinnen, da der Gehalt an Zucker und Weinsteinsäure nicht immer so beschaffen ist, wie es zur Herstellung guter, trinkbarer Weine erfordert wird. Ein zu hoher Gehalt an Säure, bei narmaler Zuckermenge, kann beseitigt werden, ohne daß eine anderweite Veränderung des Weines bewirkt wird. Ist dagegen auch der Zuckergehalt zu gering, so daß ein zu geringer Alkoholgehalt zu erwarten ist, so kann nur in der Weise Abhilfe geschaffen werden, daß eine Herabsetzung des Säuregehaltes durch Verdünnung mit Zuckerlösung vorgenommen wird. Einer Ausbeutung dieser Umstände zur Verschaffung unerlaubter materieller Vorteile hat das Gesetz dadurch steuern zu können geglaubt, daß es diese Manipulation nur zum Zwecke der Verbesserung des Weines und ohne erhebliche Vermehrung desselben zu ließ. Inwieweit diese Voraussetzungen zutreffen, soll weiter unten gezeigt werden.

Mittelst Zucker oder Zuckerwasser verbesserter Wein ist zwar noch Wein, aber nicht mehr Naturwein.

Die **Qualität** der Weine hängt von den verschiedensten Umständen ab.

1. Vom **Klima** und der **Witterung.** Die gleiche Pflanze gibt bei gleicher Pflege und auch gleichmäßiger Ernährung in verschiedenen Klimaten verschiedene Produkte. Am bekanntesten ist neben der Tabakpflanze gerade der Wein. Eine aus der Havanna nach Norddeutschland versetzte Tabakstaude bleibt zwar botanisch und anatomisch die gleiche Pflanze, aber ihr Tabak wird ein durchaus anderer.

Kurze kalte Sommer schaden dem Wein, kalte Winter weniger. Je gleichmäßiger warm der Sommer ist, desto besser wird der Wein, da die Reife sich allmählich durch lange Monate vollzieht. Spätreifende Sorten geben daher in südlichen Gegenden bessere Weine als die frühreifenden der nördlicheren Gebiete. In den ganz warmen Weinbaugegenden sind die Moste dunkler, süßer und ärmer an Weinsäure, meist auch aromatischer. Dafür sind die Weine der kälteren Gebiete wegen ihrer Säure und zarten Blume erfrischender.

2. Von der **Lage.** Am günstigsten sind die südlichen Abhänge der Flußtäler des nördlichen Weinbaugebietes. Dieses fällt mit der gemäßigten Zone ziemlich zusammen.

3. Vom **Boden** und der **Düngung.** Der Wein nimmt mit dem verschiedenartigsten Boden fürlieb, wenn er darin die erforderlichen Mengen an Nährstoffen: Kali, Phosphorsäure und Kalk findet. Die Bodenbearbeitung muß sorgfältig sein, die Düngung der Zusammensetzung des Bodens Rechnung tragen.

4. Von der **Traubensorte.** Es gibt von der Weinrebe ebensoviel Spielarten wie bei anderen Früchten und der Most von diesen zeigt von vornherein gewisse Unterschiede, die sich besonders bei der Entwicklung des Aromas zeigen.

Kellerbehandlung. Hierunter versteht man gewisse menschliche Eingriffe zur Unterstützung und Leitung der natürlichen Prozesse. An dieser Stelle kann nur insofern davon die Rede sein, als es sich um die Verwendung von Fremdstoffen handelt. Die Beeinflussung durch Temperaturdifferenzen und dgl. ist nur Gegenstand der Technologie nicht des Nahrungsmittelrechts. Solche Eingriffe, welche allgemein geübt sind und zwar von den großen und reellen Winzern, die sich durch jahrelange Übung bewährt haben sowie solche neuern Verfahren, die sich die Anerkennung der Wissenschaft und Praxis zu erringen gewußt haben, werden als „anerkannte" Kellerbehandlung vom Gesetz angesehen.. Im wesentlichen dreht es sich dabei um Vorgänge die zweierlei bezwecken: Klärung des Weines und Haltbarmachung desselben.

a) Zur künstlichen **Klärung** (Schönung) sollen nur mechanisch wirkende, d. h. solche Mittel verwendet werden, welche durch ihre eigne, in unlöslicher Form erfolgende Abscheidung aus dem Wein die trübenden Teilchen mit zu Boden reißen, also ohne daß dadurch die Zusammensetzung des Weines in beachtenswerter Weise geändert wird.

Mechanisch wirkende Klärungsmittel sind nach dem Gesetze: Gelatine, Eiweiß, Hausenblase oder dergleichen (Kaolin, Klärerde), ferner Tannin, Kohlensäure. Die ersteren werden zum Teil für sich, zum Teil in Verbindung mit Tannin verwendet. In letzterem Falle sind die Tanninmengen einerseits und Eiweiß, Gelatine oder Hausenblase andererseits aufeinander genau abzupassen. Dabei braucht theoretisch von keinem etwas im Weine zu verbleiben. In der Praxis bleibt jedoch ein sehr geringfügiger Überschuß von Tannin, den das Gesetz ausdrücklich duldet. Größere Überschüsse würden den Wein verderben. Eine Erhöhung des Extraktgehaltes (§ 1 Ziff. 4 und § 20) ist demnach durch diese Verfahren nicht zu befürchten, sofern sie sachgemäß ausgeführt werden.

b) Das **Schwefeln** wird nur bei Weißweinen ausgeführt, da bei roten Weinen die Farbe leiden würde. Es hat den Zweck durch die schweflige Säure, welche sich beim Verbrennen von

Schwefel bildet, Schimmelpilze sowie andere Keime niederer Lebewesen zu töten und dadurch Krankheiten des Weines möglichst zu verhüten. Das Schwefeln wird meist in leeren Fässern ausgeführt, die schweflige Säure kommt also indirekt in den Wein. Aber auch halbgeleerte, angebrochene Fässer werden geschwefelt, um sie vor Verderben zu bewahren. Endlich schwefelt man den Most während der Gärung, wenn diese unterbrochen werden soll, um dem Wein einen gewissen Zuckergehalt zu bewahren.

c) Zusatz geringer Mengen **Kohlensäure.**

Kohlensäure wird dem Weine zugesetzt, um das Absetzen desselben zu verhindern, und trägt somit zur Erhöhung der Haltbarkeit zu. Gleichzeitig verleiht sie dem Wein einen prickelnden, erfrischenden Geschmack. Sie muß ebenso wie alle anderen erlaubten Zusätze rein sein.

d) Zusatz von **Alkohol,** vorausgesetzt, daß die dadurch bedingte Erhöhung des Alkoholgehaltes sich in den Grenzen des Gesetzes hält, d. i. höchstens 1 %.

Die erlaubte Alkoholbehandlung der Weine besteht in dem Ausspülen der Gebinde, Flaschen, Benetzen der Korke, Spunde u. dgl., um ähnlich wie durch das Schwefeln störende niedere Organismen zu vernichten.

Der zu verwendende Alkohol hat den Anforderungen des § 7 zu genügen.

e) Das **Pasteurisieren,** eine Erwärmung der Weine auf etwa 60° bezweckt gleichfalls eine Abtötung störender Lebewesen. Da aber leicht ein Beigeschmack (sog. Kochgeschmack) verbleibt, wird es nur in geringem Umfange geübt.

f) Die **Umgärung.** Sie bezweckt entweder aus irgend welchen Gründen unterbrochene Gärungen wieder in Gang zu briugen oder auch durch Verwendung bestimmter Hefenarten eine Verbesserung des Bouquets zu erzielen.

Weinkrankheiten. Ebenso wie die Rebe zahlreichen, hier nicht zu erörternden Krankheiten unterworfen ist, befallen auch den fertigen Wein Erkrankungen, die oft genug Gegenstand gerichtlicher Verhandlungen sind. Da fast alle Weinkrankheiten auf bakterielle Erreger zurückzuführen sind, so kommen überwiegend nur die geringeren Weine in Betracht, welche keinen genügend hohen Alkoholgehalt besitzen.

a) **Kahmiger Wein.** Die Krankheit befällt nur Weine

mit weniger als 10 % Alkohol, da ein höhrer Gehalt die Tätigkeit des Kahmpilzes nicht aufkommen läßt. Das Kahmigwerden tritt bei Luftzutritt ein, in geöffneten Flaschen halbvollen, nicht vor dem Neuverschluß nachgeschwefelten Fässern usw. Kahmiger Wein schmeckt fade und hat keinen Gehalt, da die Pilze den aufzehren und oft auch die Säure. Dafür entstehen größere Mengen flüchtiger Säuren.

b) **Bitterer Wein.** Eine Rotweinkrankheit, durch Pilze hervorgerufen und auf mangelhafte Sorgfalt entweder bei der Weinlese oder bei der Säuberung der Gebinde zurückzuführen. Das Schwefeln von Rotwein wird, wie oben ausgeführt, mit Rücksicht auf die Farbe unterlassen (oder mit besonderer Vorsicht im geringen Grade vorgenommen), daher findet sich leichter eine Pilzkrankheit an. Bitterer Rotwein setzt Farbstoff und auch den entstandenen Bitterstoff ab. Der Geschmack ist dann matt und schal, ein eigenartiger Geruch hat sich gleichfalls eingestellt.

c) **Essigstichiger Wein.** Oft werden alkoholarme Weine durch Bakterien befallen, die den Alkohol durch Zuführung von Sauerstoff aus der Luft in Essigsäure oder auch nur in Aldehyd verwandeln. Der Geschmack verrät diese Krankheit erst, wenn sie ein gewisses vorgeschrittenes Stadium erreicht hat. Bei 0,06 bis 0,07 % Essigsäuregehalt ist erst ein schwacher Essiggeschmack zu bemerken, der bei 0,15—0,25 % kratzend wirkt. In guten Weinen kommen auch stets 0,015—0,05 % Essigsäure vor, und 0,07—0,09 % bedeuten die Grenze der Erkennbarkeit durch den Geschmack, 0,100—0,150 % lassen die Weine schon leer und alkoholarm erscheinen, über 0,150 % müssen sie als verdorben gelten. Bei roten Weinen ist der Essigsäuregehalt (der bei Analysen seinen Ausdruck als „flüchtige Säuren" findet) stets etwas höher als bei Weißweinen. Einjährige Rotweine enthalten bis 0,03 auch 0,05 %, 5—6 jährige Weine meist 0,08 %. Wenn auch diese sehr langsame Steigerung nicht auf Bakterien zurückzuführen, vielmehr eine durch die Einwirkung der Luft eintretende Alterserscheinung und demnach keine Krankheit ist, so pflegt doch auch hier 0,10 % als höchste Grenze zu gelten und Weine mit größerem Gehalt als „stichig" und verdorben angesehen zu werden.

d) **Maus- oder Mäuselgeschmack.** Er ist meist eine Folge des Essigstichs. Liegt solcher Wein lange in warmen Kellern auf der toten Hefe, so entstehen aus der letzteren Fäulnisprodukte, die den Mausgeruch, der meist durch Acetamid bewirkt wird, hervorrufen.

e) **Milchsäurestich** kommt in säurearmen Weinen vor und besteht in der falschen Vergärung des Zuckers, nämlich zu Milchsäure statt zu Alkohol.

f) **Umschlagen** (Brechen) der Weine, Trübewerden. Hiermit wird ein ganzer Komplex von Weinkrankheiten bezeichnet. Es tritt Trübung auf oder ein Zähewerden oder Schleimigwerden, ein Öligwerden, die Farbe wird braun.

Die Trübungen stammen von Bakterien oder Pilzen oder Hefen. Schließlich können gewisse Bestandteile wie Gerbstoffe, Eiweißkörper, bei kaltgelagerten Rotweinen auch Farbstoffe sich ausscheiden, dabei bleibt aber der Wein selbst klar.

Ob der Wein nun trübe oder schleimig oder fadenziehend oder ölig oder weich geworden ist, immer handelt es sich um Gärungsfehler, die den Wein fade schmeckend und unangenehm riechend machen. Der Weinstein und die Weinsäure gehen dabei zu Grunde, Milchsäure, Buttersäure u. a. treten dafür auf.

g) **Mannitgärung.** Sie findet bei erkrankten oder unvollständig vergorenen Weinen statt, indem der Fruchtzucker des Mostes statt in Alkohol in Mannit, einen zuckerartigen Körper verwandelt wird. Sie tritt während der Hauptgärung auf, sie unterbrechend.

h) **Geschmacksfehler.** Schimmelgeschmack, Erdgeschmack (auch Erdgeruch), Böcksergeschmack, Rauchgeschmack treten gelegentlich auf und sind teilweise auf verunreinigte Hefen teilweise auf begangene Fehler zurückzuführen.

i) **Schwarzwerden** kommt besonders bei säurearmen Weinen vor, indem sich eine Verbindung aus Gerbsäure und Eisen abscheidet.

Diese Krankheiten werden in den meisten Fällen den Wein ungeeignet zum menschlichen Genuß machen. Die folgenden, auch in der ernsthaften Literatur empfohlenen Heilmethoden sind darum in der Regel als mit den Bestimmungen der Gesetze nicht kollidierend, sondern zur anerkannten Kellerbehandlung gehörig zu erachten.

Heilung der Weinkrankheiten. a) Kahmiger Wein soll nach Schwefelung oder Ablassen in ein sorgfältig geschwefeltes

Faß seiner infektiösen Eigenschaften entkleidet werden können und dann durch Verschnitt wieder trinkbar werden.

b) Bitterer Wein soll durch Pasteurisieren von seinen Pilzen befreit und durch Umgären mit Reinhefe gebessert werden können.

c) Essigstich. Die Pilze bezw. Bakterien werden durch Schwefeln oder Pasteurisieren getötet. Neutralisieren der Säure beseitigt zwar den sauren Geschmack im Augenblick, hindert aber nicht die Neubildung weiterer Säuremengen. Zugabe von Alkohol und Verschnitt mit alkohol- und extraktreichen Weinen wird als zweckmäßig empfohlen.

d) Mausgeruch. Pasteurisieren und Umgären mit Reinhefe wird als Heimittel empfohlen, danach Verschnitt mit saurem Wein.

e) Umschlagen, Trübewerden usw. soll geheilt bezw. gebessert werden durch Filtrieren, Schönen, Pasteurisieren, Umgären, ev. auch Schwefeln. „Nutzt alles nichts, so soll der Wein zur Essigbereitung oder zum Brennen verwendet werden" (Arauner).

f) Mannitgärung. Pasteurisieren, Umgären und Verschnitt mit säurearmen Weinen.

g) Schwarzwerden wird durch Säurezusatz oder Verschnitt mit saurem Wein, ev. auch durch Lüftung behoben.

Gesetzliche Bestimmungen. 1. Das Weingesetz vom 24. Mai 1901 unterscheidet:

a) Naturweine, § 1, § 2 Ziff. 1—3, § 4.
b) Gezuckerte Weine, § 2 Ziff. 4, § 3 Abs. 1, Ziff. 1 Abs. 2, § 4.
c) Dessertweine, § 2 Ziff. 1, § 3 Ziff. 3, §§ 7 u. 8.
d) Schaumweine, § 3 Ziff. 1—4, §§ 5, 6, 7, 8.
e) Gewürz- und Arzneiweine, § 3 Ziff. 5, §§ 7, 8.
f) Weinhaltige und weinähnliche Getränke (Obstweine u. dgl.), §§ 7 u. 8.

Nur die unter a) und b) fallenden Getränke gelten als „Wein" im Sinne des Gesetzes. Auf die anderen findet das Gesetz nur Anwendung, insoweit es besondere Bestimmungen über sie enthält (die angeführten Stellen; ferner die Strafbestimmungen). Diese unter 3.—6. genannten Getränke finden ihre allgemeine Würdigung durch das Nahrungsmittelgesetz und sind in den folgenden Kapiteln behandelt.

2. **Wein** ist das durch alkoholische Gärung aus dem Safte der Weintraube hergestellte Getränk" bestimmt § 1, erweitert aber diese Definition durch die §§ 2 u. 3 Ziffer 1. Danach sind Abweichungen von der Definiton gestattet:

a) Durch die anerkannte Kellerbehandlung, einschließlich der Haltbarmachung des Weines.

b) Durch Verschnitt von Wein mit Wein.

c) Durch Entsäuerung mittelst reinen, gefällten kohlensauren Kalkes.

d) Durch Zusatz von Zucker oder Zuckerwasser zu Most oder Wein.

e) Durch Zusatz von Zuckerlösung zur vollen Rotweintraubenmaische.

3. **Naturweine**, reine Weine, ungezuckerte Weine sind nach § 4 solche Weine, die der Definition des § 1, ev. erweitert durch § 2 Ziffer 1—3 entsprechen. Bei ihnen ist also zulässig:

a) ein Alkoholzusatz bis 1 Volumprozent, oder

b) Entsäuerung mit reinem, gefällten kohlensauren Kalk,

c) Schönung mit Hausenblase, Gelatine, Eiweiß, Tannin oder

d) Haltbarmachung mittelst schwefliger Säure oder

e) Vermischung (Verschnitt) mit irgend einem anderen Naturweine.

Die Mengen, welche bei den in b—d bezeichneten Verfahren von den betreffenden Stoffen in den Wein gelangen dürfen, kann der Bundesrat gemäß § 20a festsetzen. Bis jetzt ist es nicht geschehen.

4. **Verschnitt.**

a) Der Verschnitt von Wein mit Wein ist nach § 2 Ziffer 2 gestattet (Coupage, Verstechen, Vermischen). Es ist nicht erforderlich, daß gleiche Weinarten zum Verschnitt genommen werden, etwa Rotwein nur mit Rotwein, sondern, wenn jeder der Mischungsbestandteile dem Begriff „Wein" dieses Gesetzes entspricht, so kann das aus beliebig viel Sorten zusammengesetzte Produkt ohne weitere Deklaration als „Wein" vertrieben werden. Soll das Verschnittprodukt als „Naturwein" gelten, müssen alle Bestandteile auf dieses Prädikat Anspruch haben, nicht etwa nur einige. Werden Zutaten, die nach diesem Gesetze nicht „Wein" sind, zum Verschneiden verwendet, so braucht nicht notwendig ein unerlaubtes Produkt zu resultieren, aber es ist niemals Wein im Sinne des Gesetzes. Wird z. B. Traubenwein und Obstwein miteinander gemischt, so ist das Verfahren zur Verbesserung des letzteren zulässig, aber es ist kein „Wein".

5. **Verschnittweine und Verschnittmoste** im Sinne der Zollbestimmung sind solche rote Naturweine von Trauben, welche in 100 Gewichtsteilen mindestens 9,5 und höchstens 20 Gewichtsteile Weingeist und im Liter Flüssigkeit bei 100° mindestens 28 g trockenen Extrakt enthalten, bezw. solche frische Moste von Trauben zu rotem Weine, die eine dem Mindestgehalte der Verschnittweine an Weingeist entsprechende Menge Fruchtzucker und außerdem im Liter Flüssigkeit bei 100° mindestens 28 g trockenen Extrakt enthalten.

Diese Definitionen gibt ebenso wie weitere Anweisungen die „Verschnittwein-Zollordnung" vom 24. Februar 1906 (Zentralbl. f. d. D. R. S. 452).

6. **Gezuckerter Wein.** Wie oben ausgeführt, enthalten die Trauben in schlechten Weinjahren nicht die erforderliche Zuckermenge, sondern statt dessen einen erhöhten Säuregehalt. Wenn nun auch der letztere durch das Chaptalisieren, das ist die Behandlung mit gefälltem kohlensauren Kalk in erheblichem Umfange herabgesetzt werden kann, so bleibt doch dadurch der Zuckergehalt des Mostes und damit der Alkoholgehalt des Weines zu gering. Es bleibt deshalb, wenn auch in schlechten Jahren ein trinkbarer Wein gewonnen werden soll, nur der Weg übrig, Zucker zum Moste zu geben, um den Alkoholgehalt zu steigern, und ferner Wasser, um den Säuregehalt herabzusetzen. Dieses Verfahren ist das sog. Gallisieren. Während die Zuckerzugabe unbegrenzt erfolgen könnte, muß der Wasserzusatz infolge der eintretenden Weinvermehrung seine Grenze finden. Bei sehr sauren Mosten reicht die Zuckerung und mäßiger Wasserzusatz nicht aus, so daß diese gleichzeitig mit kohlensaurem Kalk zu behandeln sind. Alle sauren Moste lassen sich jedoch bei der jetzigen Fassung des Gesetzes schwerlich in genießbare Weine verwandeln. In schlechten Jahren ist deshalb stark damit zu rechnen, daß viel saure Moste nach dem gemäß § 3 nur zur Bereitung eines Haustrunkes erlaubten Verfahren, verbessert und trotz des Verbotes in den Handel gebracht werden dürften.

Da das Gallisieren immer eine Vermehrung des Weines mit sich bringt, so wurde der Versuch gemacht, diesem Umstande, der leicht zu Mißbrauch führen kann, eine Grenze zu ziehen. Die meisten Vorschläge bewegten sich nach der Richtung, als höchste zulässige Vermehrung diejenige von 100 Litern auf 125 festzusetzen. Man blieb schließlich jedoch bei dem alten System nicht eine höchstzulässige Volumvermehrung vorzuschreiben, sondern durch Bestimmung eines Mindest-Extrakt- und Mindest-Aschengehaltes im gezuckerten Wein der Streckung ein Ziel zu setzen.

Gemäß § 20 b sind diese Mengen in der **Bekanntmachung vom 2. Juli 1901** wie folgt, festgesetzt:

Durch den Zusatz wässeriger Zuckerlösung darf bei Wein, welcher nach seiner Benennung einem inländischen Weinbaugebiet entsprechen soll, und zwar:

bei Weißwein

der Gesamtgehalt an Extraktstoffen nicht unter 1,6 g,

der nach Abzug der nicht flüchtigen Säuren verbleibende Extraktgehalt nicht unter 1,1 g,

der nach Abzug der Gesamtsäuren verbleibende Extraktgehalt nicht unter 1 g,

der Gehalt an Mineralbestandteilen nicht unter 0,13 g,

bei Rotwein

der Gesamtgehalt an Extraktstoffen nicht unter 1,7 g,

der nach Abzug der nicht flüchtigen Säuren verbleibende Extraktgehalt nicht unter 1,3 g,

der nach Abzug der Gesamtsäuren verbleibende Extraktgehalt nicht unter 1,2 g,

der Gehalt an Mineralbestandteilen nicht unter 1,16 g

in einer Menge von 100 ccm Wein herabgesetzt sein.

Bei der Feststellung des Extraktgehalts ist die 0,1 g in 100 ccm Wein übersteigende Zuckermenge in Abzug zu bringen und außer Betracht zu lassen.

Für ungezuckerte, d. h. Naturweine, ist eine solche Grenze natürlich nicht maßgebend. Es bleibt aber zutreffenden Falles der Nachweis zu erbringen, daß die Weine des betreffenden Jahrganges in der Lage, der der verdächtige Wein seiner Bezeichnung nach entsprechen soll, tatsächlich durch einen unter den Grenzen für gezuckerte Weine befindlichen Extrakt- und Aschengehalt ausgezeichnet sind.

Maßgebend für die Beurteilung, ob ein Wein übermäßig

gallisiert sei, bleibt neben der Bestimmung des Extrakt- und Aschengehaltes in zweifelhaften Fällen der Gesichtspunkt, daß das Gesetz die Zuckerung nur zum Zwecke der Verbesserung des Weines gestattet hat, daß aber die dabei stets eintretende Streckung desselben nur als unvermeidliches Übel mit in den Kauf genommen wurde und daß also die letztere sich demnach auf daß Mindestmaß zu beschränken habe.

Nach den Motiven zum Weingesetz (S. 18) liegt eine zulässige Verbesserung auch dann vor, wenn ein kranker Wein durch Zuckerzusatz und Umgärung wieder in ein genießbares Getränk verwandelt wird.

Der gezuckerte Wein ist „Wein" im Sinne des Gesetzes, d. h. er kann ohne Deklaration verkauft werden, darf jedoch nicht Bezeichnungen wie Naturwein, reiner Wein, ungezuckerter Wein und dgl. tragen.

Die benutzten Zuckerarten müssen sämtlich technisch rein sein, d. h. sie dürfen nur bis etwa 1 % fremde Stoffe enthalten.

Rohrzucker ist der dem Zuckerrohr entstammende Zucker.

Rübenzucker ist das gleiche chemische Individuum wie Rohrzucker, aber aus Zuckerrüben gewonnen.

Invertzucker ist ein Gemisch von Fruchtzucker und Traubenzucker. Er wird aus Rübenzucker durch Einwirkung von Säuren gewonnen. Er kommt auch als Syrup mit 80 % Zucker und 20 % Wasser in den Handel.

Stärkezucker oder Dextrosezucker wird, wie der Name sagt, aus Stärke gewonnen.

Bezüglich des Zeitpunktes, wann die Zuckerung zu erfolgen habe, ist keine Vorschrift gegeben, Er kann also sofort dem Moste als auch erst dem fertigen Weine zu einer Nachgärung zugesetzt werden. Jedenfalls ist bei Weißweinen (§ 3 Ziff. 1) der Zusatz zur Maische ausgeschlossen, er darf nur zum Moste oder Weine erfolgen. Bei Rotwein darf dagegen mit Rücksicht auf die andere Herstellungsart der Zuckerzusatz zur vollen Maische erfolgen. Ist diese nicht mehr voll, so würde Tresterwein, ein nach § 3 verbotenes Getränk resultieren.

Schließlich verlangt das Gesetz, daß durch die Zuckerung nicht nur die festgesetzten Extrakt- und Asche-Grenzen nicht unterschritten werden, sondern der Wein soll auch nach § 2 Ziff. 4 Satz 2 „seiner Beschaffenheit nach" nicht unter den Durchschnitt der ungezuckerten Weine des Weinbaugebietes, dem er nach seiner Benennung entsprechen soll, herabgesetzt werden. Durch diese Bestimmung soll angedeutet werden, daß überall da, wo mittelst chemischer Analyse eine übermäßige Zuckerung nicht nachzuweisen ist, bezüglich der allgemeinen Beschaffenheit (Aussehen, Geruch, Geschmack) noch auf das Urteil praktischer Sachverständiger der Branche zurückzugreifen ist. Regierungsseitig wurde gegen die Aufnahme dieses Passus in das Gesetz ohne Erfolg eingewendet, daß die Einheitlichkeit der Rechtsprechung gefährdet werde, wenn das Gutachten der mit der Zunge prüfenden Sachverständigen wiederum vorwiegende Bedeutung erlange, weil die Gutachten dieser Sachverständigen häufig sehr erheblich voneinander abweichen und außerdem durch den bloßen Geschmack sich das Maß der vorgenommenen Verlängerung des Weines nicht erkennen lasse.

7. **Verbotene Methoden und Zusätze.** Ebenso wie das Weingesetz die im § 2 aufgezählten Verfahren als nicht mit den Bestimmungen des Nahrungsmittelgesetzes kollidierend authentisch deklariert hat, ebenso gibt es in § 3 und § 7 gewisse Arten der Herstellung und Zusätze an, die nicht nur als Verstöße gegen § 10 N.M.G. anzusehen sind, sondern die überhaupt nicht, auch nicht bei genauester Bezeichnung vertrieben, nicht einmal gewerbsmäßig hergestellt werden dürfen.

Bei den Kunstweinen, deren Herstellung durch § 3 verboten ist, bleibt aber zu beachten, daß es sich nur um die Weine im Sinne des Weingesetzes handelt und bei diesen auch nur um die gewerbsmäßige Herstellung, nicht um die Gewinnung des sog. Haustrunks. Der letztere ist freigegeben, da es sich nicht um ein aus gesundheitlichen, sondern aus wirtschaftlichen Gründen ergangenes Verbot handelt.

a) Tresterwein, Petiotisierter Wein, Nachwein. Er wird hergstellt durch Aufguß von Zuckerwasser oder Wasser auf Trauben, Traubenmaische, ganz oder teilweise entmostete Trauben.

Während die Zugabe von Zuckerwasser zu Most notwendig eine entsprechende Herabsetzung des Extraktes und der Mineralstoffe mit sich bringt, da die im Most vorhandenen Mengen ein abgeschlossenes Quantum bilden, würden bei Gegenwart der Schalen neue Mengen von Extrakt- und Mineralstoffen aufgenommen werden und so die Weinmengen beim Petiotisieren erheblich größer als beim Gallisieren ausfallen. Während dieses wesentlich auf die Verbesserung des Weines gerichtet ist, geht das Petiotisieren auf die Vermehrung vorwiegend aus. Im übrigen sind die Tresterweine gut trinkbare Weine, die sich nur recht wenig im Geschmack und Aroma von den anderen Weinen unterscheiden; lediglich der Säure- und Extraktgehalt ist etwas geringer.

b) Mouillage des Rotweins ist die Zugabe von Wasser und Alkohol zum Rotwein. Da ein geringer Alkoholzusatz (1 %) gestattet ist, mußte in § 3 der Zusatz von Wasser untersagt werden. Da zur Rotweinmaische aber der Zusatz von Zuckerwasser erlaubt ist, Zucker in Alkohol übergeht und zudem erheblich billiger ist, so hat das Verbot allerdings wenig praktische Bedeutung.

c) Hefenwein. Er wird durch Vergären einer Lösung von Zucker im Wasser mit Weinhefe gewonnen. Statt der Hefe dient auch das sogenannte Weinlager, der aus Hefe und Weinstein bestehende Bodensatz des vergorenen Mostes. Die Hefenweine sind wenig gehaltvolle Getränke.

d) Gezuckerter Wein aus teilweise entmosteten Trauben. Wein aus ganz entmosteten Trauben ist gleichbedeutend mit Tresterwein. Teilweise Entmostung kann durch Pressen erzielt werden. Geschieht sie durch freiwillige Abscheidung eines Teiles des Traubensaftes, so ist der aus diesem Most gewonnene Wein sogenannter Claretwein, der in der Sektfabrikation Verwendung findet. Die noch sehr gehaltreichen Rückstände wurden früher gezuckert und zu einem recht brauchbaren Wein verarbeitet. Jetzt dürfen nur die abgepreßten Mostreste auf Wein verarbeitet werden.

e) Zusatz von getrockneten Früchten, auch in Auszügen oder Abkochungen sowie von eingedickten Moststoffen. In Betracht kommen neben den früher nur allein verbotenen Rosinen und Korinthen vorzugsweise Johannisbrot, Datteln, Feigen, Rosinenextrakt, eingedickter Most — Rosinenwein, Dattelwein. Der Zusatz dieser Stoffe ermöglicht eine sehr weitgehende Streckung des Weines, ohne daß der Gehalt des gewonnenen Getränkes an Extraktstoffen und Mineralbestandteilen unter die festgesetzte Grenze heruntergeht.

f) Zusatz anderer süßender Stoffe, als Zucker und künstlicher Süßstoffe. Saccharinzusatz und dgl. ist jetzt nicht nur durch das Weingesetz sondern auch durch das Süßstoffgesetz vom 7. Juli 1902 verboten. Das theoretisch noch hierher passende Süßholz dürfte praktisch ohne jede Bedeutung für die Weinindustrie sein.

g) Zusatz von Säuren, und säurehaltigen Stoffen, insbesondere von Weinstein und Weinsteinsäure.

Dazu gehören die Auszüge aller sauren Früchte, insbesondere Tamarindenmus, Kirschsaft, Heidelbeersaft, Malvensaft usw.

h) Zusatz von Bouquetstoffen besonders die Blätter der Weinrebe bezw. Auszüge aus ihnen, die gelegentlich Verwendung finden, fallen unter dieses Verbot. Besonders groß ist die Zahl von aromatischen Stoffen, welche den bouquetreichen Süd- und Süßweinen und deren Nachahmungen zugesetzt zu werden pflegen.

i) Zusatz künstlicher Moststoffe und Essenzen. Künstliche Moststoffe sind eingedickte Pflanzensäfte, oder Abkochungen von Pflanzen verschiedener Art.

k) Zusatz von Obstmost und Obstwein, Gummi und anderen extrakterhöhenden Stoffen.

Obstmost, Obstwein sind nicht „Wein" bezw. Weinmost im Sinne dieses Gesetzes, ihr Zusatz zu Wein bezw. Most fällt darum nicht unter § 2 Ziff. 2. Die umgekehrte Handlung, d. h. die Verbesserung von Obstweinen bezw. Mosten durch Traubenwein und Most wird durch das Verbot nicht betroffen, denn dann resultiert nicht „Wein", sondern ein weinähnliches Getränk, Obstwein.

Gummi und andere den Extraktgehalt erhöhende Stoffe sind ausgeschlossen, aber nur soweit ihre Verwendung in betrügerischer Absicht erfolgt, denn die durch § 2 zugelassenen Klärmittel, die nicht als Verfälschung gelten sollen, erhöhen ebenfalls den Extraktgehalt, wenn auch nur in geringfügigem Maße und als nicht beabsichtigte Nebenwirkung.

Wird aber der an sich erlaubte Schönungsprozeß in einer Weise ausgeführt, die erkennen läßt, daß eine bemerkenswerte Erhöhung der Extraktstoffe gewollt ist, so hat das Verbot des § 3 Platz zu greifen.

Auf eine durch das Chaptalisieren eintretende Erhöhung des Aschegehaltes sei hier nur verwiesen.

Die Verwendung unreiner Zuckerarten zum Gallisieren führt ebenfalls zur künstlichen Extrakterhöhung. Diese durch § 2 Ziff. 4 und § 7 verbotenen Zucker enthalten unvergärbare Stoffe, die als „Extrakt" hinterbleiben und Salze, die sich als „Asche" wiederfinden.

l) Zu diesen durch § 3 verbotenen Methoden und Zusätzen mehr oder minder komplizierterer Art kommen in § 7 noch eine

Anzahl chemischer Verbindungen, welche wiederum durch die Bundesratsverordnung vom 2. Juli 1901 noch eine Ergänzung erfahren haben. Es sind folgende Stoffe:

Lösliche Aluminiumsalze. Die Löslichkeit ist auf Wasser, Alkohol und besonders auf Wein zu beziehen.

Kieselsaure Aluminiumverbindungen, Kaolin, spanische Erde und dgl. sind unlöslich und deshalb unbedenklich zulässig.

Alaun und alaunhaltige Präparate fanden früher häufig als Klärmittel, vorzugsweise bei der Schaumwein- und Likörbereitung Verwendung.

Im übrigen enthält jeder Naturwein bereits Spuren von Aluminiumverbindungen.

Barymverbindungen. Sie dienten zur Entfernung der Schwefelsäure aus dem Weine, um die Spuren übermäßigen Gypsens zu entfernen. Die Barymsalze sind meist giftig.

Borsäure. In der Weinindustrie hat sie niemals eine nennenswerte Rolle gespielt. Borsäure findet sich aber spurenweise in der Asche zahlreicher Naturweine. Zur strafrechtlichen Verfolgung bedarf es daher des Nachweises eines Zusatzes durch quantitative Bestimmung. Der Zusatz anderer Borverbindungen ist aus § 10 N.M.G. zu beurteilen.

Fluorverbindungen, lösliche, sind nachteilig für die Gesundheit.

Glyzerin ist ein normales Produkt der alkoholischen Gärung und findet sich daher in jedem Weine in nicht unbeträchtlicher Menge. Da aber der Glyzeringehalt zum Alkoholgehalt in gewissen Beziehungen steht, so kann Glyzerinzusatz dazu dienen, einen unerlaubt hohen Alkoholzusatz zu verbergen.

Das Glyzerin erhöht ferner den runden Geschmack der Weine. Der Glyzerinzusatz, der früher in erheblichem Umfange geübt wurde, heißt auch Scheelisieren (Scheele war der Entdecker des Glyzerins).

Kermesbeeren, auch Schminkbeeren, Scharlachbeeren genannt, sollen in Frankreich, Spanien, Portugal und in anderen Ländern zur Rotweinauffärbung gebraucht werden. Sie sind nicht zu verwechseln mit den Kermeskörnern, den Weibchen der Kermesschildlaus. Erstere sollen giftige Eigenschaften haben, letztere nicht.

Magnesiumverbindungen. Gemeint sind, wie aus

den Motiven zum Gesetz von 1892, S. 26 zweifellos hervorgeht, ebenso wie bei den Aluminiumverbindungen nur die löslichen Magnesiumverbindungen.

Übrigens kann sich das Verbot auch nur der „löslichen" Magnesiumverbindungen lediglich auf besonders zugesetzte Verbindungen dieser Art beziehen, da natürliche Wässer ohne gelöste Magnesiumverbindungen nur sehr selten vorkommen und diese als „Gemische mit verbotenen Bestandteilen" für das in § 2 Ziff. 4 und § 3 Ziff. 1 als Zusatz gestattete Zuckerwasser sonst ausscheiden müßten und die Zuckerlösung entweder mit magnesiumfreiem oder destilliertem Wasser herzustellen wäre.

Der normale Naturwein enthält selbstverständlich ebenfalls Magnesiummengen, so daß es schon des Nachweises erheblicher Mengen bedürfte, um eine Bestrafung herbeizuführen. Praktische Bedeutung hat das Verbot kaum.

Salizylsäure. Salizylsaure Verbindungen fallen nicht unter das Verbot. Vgl. Borsäure.

In den Kämmen der Weintrauben finden sich Substanzen von ähnlichem Verhalten wie die Salizylsäure. Bei dem Nachweis dieser ist darum mit großer Vorsicht zu verfahren.

Die häufig zu beobachtende Lilafärbung, die Weißwein bei Zusatz von Selterwasser nach kurzem Stehen animmt, ist hierauf zurückzuführen.

Oxalsäure. Sie soll Verwendung zur Abscheidung von Kalk gefunden haben. Die Säure ist giftig.

Unreiner (freien Amylalkohol enthaltender) Sprit. Die Verwendung eines reinen Spiritus ist in gewissem Umfange gestattet (§ 2 Ziff. 1). Das Verbot will die Verwendung nicht genügend entfuselter Alkoholsorten treffen.

Die Erläuterung: „freien" Amylalkohol enthaltend, soll vorbeugen, das nicht auch die Verbindungen desselben in Form von Fruchtäthern ausgeschlossen sein sollen, da Spiritus mit diesen als sog. „Dosierungslikör" in der Schaumweinfabrikation erlaubte Verwendung findet.

Unreiner (nicht technisch reiner) Stärkezucker. Ausgeschlossen soll in beträchtlicher Menge unvergärbare Stoffe enthaltender Zucker sein, da solche Erhöhung des Extrakt- und Aschengehaltes bewirken würden.

Strontiumverbindungen. Es gelten fast die gleichen Gesichtspunkte wie für Baryumverbindungen.

Teerfarbstoffe sind vielfach besonders als Ersatz für Rotweinfarbe in den Handel gekommen. Ihr Nachweis ist leicht zu führen.

Pflanzenfarbstoffe, außer Kermesbeeren, sind nach dem Weingesetz nicht verboten. Da ihre Verwendung jedoch zweifellos nicht zur anerkannten Kellerbehandlung gehört, das mit ihrer Hilfe erzielte Getränk demnach auch nicht mehr „Wein“ im Sinne des Gesetzes wäre, so liegt in ihrer Verwendung sicherlich ein Vergehen gegen das Nahrungsmittelgesetz bei fehlender Deklaration.

Wismutverbindungen. Eine Begründung für das Verbot ist nicht bekannt geworden.

8. **Gipsen.** Das Gipsen ist durch § 8 Abs. 2 für Rotwein in gewissen Grenzen gestattet, nämlich insoweit, als dabei nicht mehr Schwefelsäure in den Wein gelangt als 2 g neutralen schwefelsauren Kaliums pro Liter entspricht.

Während also ein mäßiges Gipsen auch ohne Deklaration zugelassen ist, darf ein Rotwein, dessen Schwefelsäuregehalt im Liter größer ist, als 2 g neutralem Kaliumsulfat entspricht, weder mit voller Deklaration vertrieben noch als Haustrunk verwendet werden.

Die Vorschrift hat keine Gültigkeit für Weißweine, für welche demnach jeder Gipszusatz aus dem Nahrungsmittelgesetz zu beurteilen wäre. Für diese Weine ist das Gipsen aber ohne Bedeutung.

Das Gipsen geschieht in der Art, daß die Trauben mit Gips bestreut werden. Unter Umsetzung mit dem im Most vorhandenen Weinstein bildet sich dann Kaliumsulfat, das im Wein verbleibt, und weinsaurer Kalk, der sich abscheidet. Durch diese Behandlung werden die Weine schneller „alt“, die Farbe wird feuriger und der Wein klarer.

9. **Untersuchung** von Wein. Hierfür ist unter dem 2. Juli 1901 eine ausführliche Anweisung ergangen, die im Beiheft S. 78 ff. abgedruckt ist.

Für Verschnittweine und Verschnittmoste ist in der am 24. Februar 1906 (Zentralblatt f. d. Deutsche Reich S. 452) ergangenen Verschnittwein-Zollordnung ebenfalls eine Untersuchungsanleitung enthalten, die im Beiheft S. 217 mitgeteilt ist.

10. Über den sonstigen **Geschäftsbetrieb** der Weinproduzenten sind nachfolgende Bestimmungen im Weingesetz erlassen:

§ 9 ordnet an, daß in allen Keller-, Gär- und Kelterräumen oder sonstigen Lokalitäten, in denen Wein hergestellt oder behandelt wird, ein deutlicher Abdruck der §§ 2—8 W.G. an einer in die Augen fallenden Stelle aufgehängt wird.

§ 10 ordnet eine weitgehende Revisionsberechtigung der Polizei und ihrer Organe an.

§ 11 setzt eine Auskunftspflicht für Betriebsinhaber und Leiter sowie sonstige Aufsichtspersonen fest.

Die Einzelheiten dieser Bestimmungen finden sich in dem ersten Abschnitt dieses Buches, besonders in den Kapiteln 2 und 3 näher behandelt.

Bezeichnung der Weine und Verschnittweine.

Bezüglich der allgemeinen Bezeichnung von Nahrungs- und Genußmitteln vergleiche man das 21. Kapitel.

Wegen der Bezeichnung „Naturwein" vergleiche man die Ausführungen unter gesetzliche Bestimmungen Ziff. 3 (hierüber). Dazu ist noch zu bemerken, daß die Bezeichnung als Naturwein auch darin gefunden werden kann, daß einem Weine der Name eines Getränkes zugelegt wird, das als Naturwein allgemein bekannt ist.

Die Benennung der Verschnittprodukte darf zwar an gewisse Charaktereigenschaften anknüpfen, muß aber in ähnlicher Weise, wie der Unterschied zwischen „Wein" und „Naturwein" begründet ist, sich von unrichtigen ausdrücklichen Versicherungen fernhalten. Ein dem Bordeauxweincharakter entsprechendes Gemisch, das deutschen Wein enthält, dürfte demnach einfach als „Bordeauxwein", nicht aber als „reiner" Bordeauxwein, oder als rein französischer Rotwein bezeichnet werden.

Die Gestattung der Coupage ist ja vorzugsweise darauf zurückzuführen, daß die einzelnen Jahrgänge desselben Weinbaugebietes keineswegs immer den gleichen Wein liefern, während andererseits das Publikum von den Weinen einer bestimmten Lage immer gleiche Eigenschaften erwartet. Diesen Erwartungen kann nur in gewissem Grade durch den Verschnitt verschiedener Weine miteinander entsprochen werden.

Die einfache Bezeichnung als „Bordeaux", „Rüdesheimer", „Niersteiner" gibt daher nur die Berechtigung, bestimmte, der betreffenden Weinart durchschnittlich zukommende Eigenschaften zu erwarten, nicht aber, daß der Bordeaux in allen seinen

Bestandteilen bei Bordeaux gewachsen wäre. Anders liegen die Verhältnisse, wie erwähnt, wenn etwa ausdrückliche Versicherungen bezüglich der Provenienz gegeben sind, oder wenn eine Spezialbezeichnung auf unverschnittenen Wein hinweist, z. B. durch Angabe einer engumschriebenen Lage: Rüdesheimer Berg. Es erscheint zweifelhaft, ob Verstöße hiergegen sich aus dem Nahrungsmittelgesetz werden beurteilen lassen, oder ob nicht die allgemeinen strafrechtlichen Bestimmungen insbesondere das Gesetz zum Schutz der Warenbezeichnungen heranzuziehen sind. Vgl. dazu insbesondere das beim 21. Kapitel mitgeteilte Reichsgerichtsurteil vom 13. Januar 1903 betr. Steinberger Kabinett.

Die Jahrgangsbezeichnungen wollte ein Mitglied der Reichstagskommission bei Beratung des Weingesetzes gern obligatorisch sehen. Der Antrag wurde jedoch zurückgezogen, nachdem die Regierungsvertreter davor gewarnt hatten. Es gäbe Jahre, in denen das Ernteergebnis nicht ausreiche, ein Faß spundvoll zu machen, in denen die Ernte aus mehreren Lagen und schließlich auch noch von mehreren Jahrgängen zusammengelegt werden müsse. Schwierigkeiten entstünden bei der Deklaration hauptsächlich, wenn es sich um Verschnittweine handle. Man solle es dem Käufer überlassen, den Wein nach Jahrgang und Lage genau zu bezeichnen, wenn er einen bestimmten Wein geliefert haben wolle. Mache der Verkäufer alsdann unwahre Angaben über die Beschaffenheit des Weines, so sei er zivilrechtlich haftbar.

Verfälschungen. Bei keinem Nahrungs- oder Genußmittel ist soviel gefälscht oder soviel betrogen worden wie bei Wein. Das kommt im wesentlichen daher, daß der Wein eben ein Genußmittel ist, bei dem Geschmack und Aussehen über den Wert entscheiden. Ferner trägt die Unzulänglichkeit der chemischen Analyse dazu bei, den Fälschern, wenn sie nicht gar zu ungeschickt sind, das Handwerk zu erleichtern. Denn die Unterschiede, welche die einzelnen Weine bezüglich ihrer Zusammensetzung aufzuweisen haben, sind bezüglich der besonders geschätzten Geschmackstoffe (Aromata) so gering, daß wir damit um so weniger anfangen können, als auch ihre absoluten Mengen noch nicht einmal zu ihrer Identifizierung hingereicht hatten. Wir sind daher auf Beachtung anderer Kennzeichen angewiesen, welche an und für sich überhaupt keine Bedeutung für die Weinbewertung haben dürften, aber als Indikatoren gewisser Veränderungen gelten können. Die Nase und Zunge des Praktikers wird darum, in manchen Fällen noch Auskunft geben, wo die Wissenschaft des Chemikers versagt. Man wird sich jedoch des subjektiven Charakters derartiger sinnlicher Prüfungen stets bewußt bleiben müssen und darum in Fällen, wo die objektive analytische Beurteilung mit der subjektiven sinnlichen in Widersprüche gerät, sich nicht im Zweifel befinden können, welchem Wegeweiser zu folgen sei.

Die einzelnen Verfälschungen, welche bei Weinen vorzukommen pflegen, decken sich im wesentlichen mit den Verstößen gegen die erlassenen direkten Verbote. Die nicht direkt erlaubten oder untersagten Hantierungen sind aus dem Nahrungsmittelgesetz zu beurteilen. Es sind hauptsächlich nachfolgende: 1. Zusatz von Zuckercouleur. Die Zulässigkeit im allgemeinen ist strittig. Kommt es bei dem Zusatz, wie in den meisten Fällen auf die Verleihung des Anscheins einer besseren Beschaffenheit hinaus, dann muß seine Zulässigkeit ohne Deklaration verneint werden. Als Zuckerung im Sinne des § 2 Ziffer 4 W.G. ist der Zusatz nicht anzusehen. 2. Zusatz von Kochsalz. Der § 3 des alten Weingesetzes rechnete auch den Zusatz von Kochsalz zur anerkannten Kellerbehandlung, die es ähnlich wie Tannin zur Unterstützung des Klärens mit Gelatine und dgl. verwendete. Die Reichstags-Kommission hat es jedoch aus dem jetzigen Gesetze gestrichen, da es angeblich außer Gebrauch sei. Da das Kochsalz erhöhend auf den Aschengehalt (§ 2 Ziff. 4) wirkt, so hatte man früher 0,05 % als Höchstgrenze bestimmt. Die Rubrizierung des Kochsalzes unter die in § 3 Ziffer 6 verbotenen extrakterhöhenden Zusätze ist darum nicht ausgeschlossen, da Erhöhung der Asche stets auch Erhöhung des Extraktes mit sich bringt. 3. Das Zusammengießen von Weinneigen ist kein „Verschnitt“ sondern ein unter den Begriff des „Verdorbenseins“ fallende unappetitliche Pantscherei. Der Begriff des „Verschnitts“ setzt voraus, das es sich um Weinmischungen, die im ordentlichen Weinbereitungsverfahren hergestellt werden und um angemessene Quantitäten handelt. Ein Minimalquantum von 100 Litern, wie beispielsweise die Verschnittwein-Zollordnung vom 28. Februar 1906 (Zentralbl. f. d. Deutsche Reich S. 452) in § 16 fordert, dürfte auch für die Beurteilung, ob Pantscherei, ob Verschnitt im Sinne des § 2 Ziffer 2 W.G. vorliegt, als angemessen gelten.

Reichsgericht. 1) Vom 28. Februar 1887.

Die Beimischung des Saftes von Hollunderbeeren zu Wein ist als vollendete Fälschung zu bestrafen, auch wenn tatsächlich statt des angestrebten Erfolgs, dem Wein ein besseres Ansehen zu geben, eine solche Verschlechterung desselben eingetreten ist, daß der Wein den Geschmack und Charakter von Naturwein verloren hat.

2) Vom 2. November 1905. (Beil. z. d. Veröffentl. d. K.G.A. Bd. VII S. 286.)

Die Herstellung des Weines kann so lange dauern, bis er in Versandfässer oder Flaschen abgezogen ist.

3) Vom 2. Oktober 1905. (Beil. z. d. Veröffentl. d. K.G.A. Bd. VII S. 268. E. XXXIX, 230.)

(Das Urteil des L.G. Landau vom 13. Juni 1904 wird aufgehoben und zur anderweitigen Entscheidung an die Vorinstanz zurückgewiesen):

Durch § 3 Abs. I Nr. 5 des Weingesetzes vom 24. Mai 1901 ist verboten die gewerbsmäßige Herstellung von Wein unter Verwendung von Säuren und säurehaltigen Stoffen, insbesondere von Weinstein und Weinsäure. Unter den Begriff „Herstellung" fällt jede Tätigkeit, welche bezweckt, aus dem Traubensaft das fertige im Sinne des § 1 des genannten Gesetzes als Wein zu erachtende Getränk zu machen, also insbesondere auch jedes Klärungsverfahren. Durch § 2 Nr. 1 des Weingesetzes ist als Verfälschung oder Nachmachung von Wein im Sinne des § 10 N.M.G. nicht anzusehen die anerkannte Kellerbehandlung einschließlich der Haltbarmachung des Weins, auch wenn dabei Alkohol oder geringe Mengen von mechanisch wirkenden Klärungsmitteln (Eiweiß, Gelatine, Hausenblase u. dgl.) von Tannin, Kohlensäure, schwefliger Säure und daraus entstehender Schwefelsäure in den Wein gelangen. Als „anerkannte Kellerbehandlung" im Sinne dieser Gesetzesstelle kann aber keinenfalls die Verwendung von Stoffen zugelassen werden, die unter das Verbot des § 3 Abs. I des Gesetzes fallen, soweit nicht diese Stoffe in § 2 Nr. 1 innerhalb der Grenzen einer ordnungsmäßigen Kellerwirtschaft ausdrücklich für zulässig erklärt sind (E. XXXV, 169, 174). Diese ausnahmsweise Zulassung ist eng und bestimmt begrenzt und trifft auf Weinsteinsäure nicht zu. Daraus ergibt sich notwendig, daß die Verwendung von Weinsteinsäure bei Herstellung von Wein schlechthin ausgeschlossen ist, sohin auch dann, wenn sie nur im Klärungsverfahren dazu dienen soll, die als Klärungsmittel gesetzlich zugelassene Hausenblase leichter und besser in Lösung zu bringen: denn bei diesem Verfahren gelangt, wie sich aus dem angefochtenen Urteile selbst ergibt, wenn auch in Verbindung mit Hausenblase die Weinsteinsäure doch als solche in den Wein, und es kann nicht von Belang sein, daß es bei entsprechendem Verfahren nur in verschwindend kleiner Menge geschieht.

Die Meinung des Erstrichters, es liege im gegebenen Falle die „Herstellung von Wein" unter Verwendung von Weinsteinsäure nicht vor, weil mit dieser nur die Hausenblase aufgelöst und „die Substanz des Weines selbst nicht verändert worden sei, insbesondere von einer Aufbesserung eines verdünnten Weines durch Säure, welche das Gesetz verbieten wolle, nicht die Rede sein könne", leidet sohin an einer irrigen

Anwendung des Begriffs „Herstellung" und ist nicht zutreffend. Eben weil das Gesetz es verhindern will, daß bei Herstellung von Wein durch Zusatz von Weinsteinsäure der Säuregehalt künstlich erhöht werde, stellt es das unbedingte Verbot auf, die gewerbsmäßige Herstellung von Wein unter Verwendung von Weinsteinsäure vorzunehmen, weil die Zulassung irgend welcher Verwendungsweise die Gefahr der Vereitlung jenes Zweckes des Gesetzes notwendig in sich schließen würde.

Auf einem vom Angeklagten zu vertretenden Irrtum über das Strafgesetz beruht es deshalb auch, wenn der Angeklagte, wie der Erstrichter annimmt, das von ihm eingeschlagene Verfahren nicht für rechtswidrig gehalten hat, und auf der gleichen rechtsirrtümlichen Grundlage steht die Feststellung des Erstrichters, der Angeklagte habe keinenfalls das Bewußtsein gehabt, daß er unter Verwendung von Weinsteinsäure Wein herstelle.

Bedenklich erscheint auch, daß der Erstrichter ein strafrechtliches Verschulden des Angeklagten insofern nicht feststellen zu können erklärt, als alle Anhaltspunkte dafür fehlen sollen, daß nach den Umständen der Angeklagte beim Verkaufe der nicht analysenfesten Weine gewußt habe oder habe wissen müssen, daß sein unmittelbarer Abnehmer die Weine als analysenfest unter Täuschung des nächsten Abnehmers in den Handel bringen werde. Der Erstrichter hatte, wie die Revision mit Recht geltend macht, die Frage zu prüfen gehabt, nicht nur ob der nächste oder der übernächste Abnehmer des Angeklagten getäuscht werden sollte, sondern ob es sich bei der Veräußerung von nicht analysenfestem Weine um eine Täuschung des Publikums als Endzweck gehandelt haben konnte.

4) Vom 3. April 1905. (Beil. z. d. Veröffentl. d. K.G.A. Bd. VII S. 271.)

L. hat nach den Feststellungen der Vorinstanz in seinem Geschäftsbetriebe Wein verkauft, den er mit Hilfe des Mitangeklagten K. mittels in Weinsteinsäure aufgelöster Hausenblase geschönt (geklärt) hatte. Da Weinsteinsäure im Weine verbleibe, von ihm in keiner Form wieder ausgeschieden werde und der Verkauf dieses Weines unter Verschweigung dieser seiner Zusammensetzung erfolgt sei, hat die Strafkammer die Vergehen gegen § 3 Abs. 1 Nr. 5 und Abs. 2, § 13 W.G. in Idealkonkurrenz mit einem Vergehen gegen § 10² N.M.G. als erwiesen angesehen. Sie geht dabei davon aus, daß nach dem angezogenen § 3 Abs. 1 Nr. 5 W.G. der Zusatz von Weinsteinsäure verboten, daß als mechanisch wirkendes Klärmittel (im § 2 Nr. 1 daselbst) zwar die Hausenblase ausdrücklich zugelassen, nicht aber eine Lösung von Hausenblase in Weinsteinsänre gestattet ist, daß daher Wein wegen dieses verbotenen Säurezusatzes als verfälscht zu betrachten und dessen Verkauf unter Verschweigung dieser Zusammensetzung nach § 10² N.M.G. strafbar ist.

Ein Rechtsirrtum tritt hierin nicht zutage. Zur Rechtfertigung des Rechtsmittels ist in der Revisionsschrift und in der Verhandlung vor dem Revisionsgericht geltend gemacht worden, daß die Verwendung der Weinsteinsäure zur Auflösung der Hausenblase allgemein üblich und mit der gesetzlich ausgesprochenen Zulassung der Hausenblase als Klärungsmittel auch diese Art ihrer Auflösung als gestattet anzusehen sei.

Dem gleichen Einwand der Verteidigung in der Vorinstanz hat die Strafkammer im Urteil die gutachtliche Äußerung des Sachverständigen Dr. H. entgegengestellt, da nach dem Inkrafttreten des neuen Weingesetzes

„die teilweise herrschende Anschauung von der Zulässigkeit der bezeichneten Schönungsart sich nicht mehr aufrecht erhalten lasse", die Lösung der Hausenblase in Weinsteinsäure auch nicht erforderlich sei, sondern in jungem, saurem Wein geschehen könne, wie dies auch im ausgedehnten Maße geschehe. Zutreffend weist sie sodann den Einwand im Anschluß an die Ausführungen in dem Urteile des erkennenden Senats vom 20. März 1902 g. P. (E. XXXV, 174) mit der rechtlichen Erwägung zurück, daß als „anerkannte Kellerbehandlung" nicht die Verwendung von Stoffen zugelassen werden könne, die im § 3 W.G. verpönt ist, es sei denn, daß diese Stoffe innerhalb der Grenzen einer ordnungsmäßigen Kellerwirtschaft (in § 2 Nr. 1) ausdrülich für zulässig erklärt sind. Das Verbot der Verwendung von Säuren, säurehaltigen Stoffen, insbsondere von Weinstein und Weinsäure im § 3 des Gesetzes wäre illusorisch, wollte man deren Zusatz gelegentlich der Klärung des Weines gestatten und damit insbesondere dem Kunstweinfabrikanten die Möglichkeit bieten, säurearmem, weil stark verdünntem Wein den zur Verdeckung der Verdünnung erforderlichen Säuregeschmack zu geben. (Vgl. Windisch, Weingesetz S. 77, 78.)

Hätte der Gesetzgeber mit dem Verbote in Nr. 5 des § 3 eine Verwendung von Säuren zu den im § 2 Nr. 1 W.G. bezeichneten Zwecken, also insbesondere zur Haltbarmachung des Weins für vereinbar gehalten, so würde er diese Einschränkung zum Ausdruck gebracht haben, wie er dies bei dem Verbot der Verwendung von den Extraktgehalt erhöhenden Stoffen in Nr. 6 mit den Worten „unbeschadet der Bestimmungen im § 2 Nr. 1, 3, 4" getan hat.

Die Beschwerdeführer machen ferner geltend, das Verbot des § 3 Nr. 5 W.G. greife hier überhaupt nicht Platz, weil es nur für „die Herstellung" von Wein gelte, nicht aber auf die Behandlung von Wein Anwendung finde, der, weil er ausgegangen ist, bereits fertig, also hergestellt sei.

Auch dieser Auffassung von dem Sinne und der Tragweite des in Rede stehenden Verbotes kann nicht beigetreten werden. Zunächst ergeben die tatsächlichen Feststellungen der Strafkammer, daß es sich im vorliegenden Fall um die Behandlung eines „fertigen" Weins insofern nicht gehandlt hat, als das Schönen geschehen ist, „um trüben jungen Wein klar und verkaufsfähig zu machen". Der Wein bedurfte also noch der Bearbeitung, bevor er in den Handel gebracht wurde, war demnach nicht fertig. Die Auslegung des § 3 a. a. O., welche die Beschwerdeführer vertreten, ist aber an sich nicht haltbar. Wie bereits in dem Urteil des erkennenden Senats vom 2. Februar l. J. gegen G. dargelegt worden, wäre es nicht verständlich, weshalb der Gesetzgeber die Verwendung der in § 3 aufgezählten Stoffe nur in einem gewissen Stadium der Herstellung des Kunstprodukts, nicht aber als Zusatz zu einem an sich fertigen Wein verbieten sollte. Denn auch durch einen solchen nachträglichen Zusatz wird an der Herstellung des Weines, wie er schließlich in den Handel kommen soll und kommt, weiter gearbeitet. Durch den Zusatz wird, auch wenn er zu Naturwein erfolgt, ein Kunstprodukt geschaffen, dessen gewerbsmäßige Herstellung im § 3 des Gesetzes verboten ist. Wäre der Meinung der Revision zu folgen, so wäre nach § 3 des Gesetzes die gewerbsmäßige Herstellung von Kunstwein nicht zu beanstanden, der durch eine Vermischung (Verschnitt) von Tresterweinen oder Obstwein (Nr. 1

und 6 des § 3 cit.) mit an sich „fertigem" Traubenwein erzielt wird. Es bedarf keiner Ausführung, daß damit der Weinverfälschung ein weites Gebiet freigegeben wäre, ohne daß hierfür angesichts des im § 3 zum Ausdruck gelangten Willens des Gesetzgebers der Weinfälschung durch das Verbot der Kunstweinfabrikation entgegenzutreten ein Grund ersichtlich wäre.

Der § 3 W.G. findet daher auch da Anwendung, wo neben den dort verbotenen Zusätzen Naturwein verarbeitet worden ist. (Vgl. E. XXXVII, 76 und auch das Ureil des erkennenden Senats vom 21. April 1904 g. S. bei Goldtammer, Archiv Bd. 51 S. 353.)

Die Rechtsmittel konnten hiernach keinen Erfolg haben.

5) Vom 28. Februar 1901. (I. Strafsenat.)

Die Strafkammer hat den Angeklagten für überführt erachtet, durch eine und dieselbe Handlung ein Vergehen sowohl gegen § 10 Ziffer 1, als auch gegen § 10 Ziffer 2 des Gesetzes vom 14. Mai 1879 begangen zu haben. Die Urteilsgründe ergeben indes die Tatbestandsmerkmale eines Delikts aus § 10 Ziffer 2 a. a. O. nicht, beruhen vielmehr auf einer rechtsirrtümlichen Anwendung des Begriffs der Verfälschung im Sinne dieser Gesetzesvorschrift. Eine Verfälschung liegt vor, wenn der betreffende Gegenstand durch ungehörige Zusätze oder Bearbeitung entweder den Anschein einer besseren Beschaffenheit erhalten hat oder verschlechtert worden ist. Wenn es nun auch richtig sein mag, daß der Angeklagte durch die Beimengung von Kräuterextrakt dem Wein ursprünglich einen besseren Geschmack und also den Schein eines höheren Wertes gegeben hatte, wenn ferner die „Annahme" des ersten Richters — eine Feststellung nach dieser Richtung enthält das erste Urteil nicht — zutreffend sein sollte, daß der aus den Kräutern gezogene Stoff zur Zeit des Verkaufes noch im Weine vorhanden war, so ist doch damit noch nicht erwiesen, daß der Wein beim Verkauf sich in einem verfälschten Zustande befunden und daß der Angeklagte dies gewußt hat. Der würzige Geschmack, der dem Weine eine Zeit lang den Anschein einer besseren Beschaffenheit gegeben hatte, war später, als Angeklagter den Wein verkaufte, längst verschwunden; darüber aber, daß der Wein durch den etwa noch in ihm vorhandenen Kräutersaft in seinem Gebrauchs- und Verkaufswert verändert und verschlechtert worden ist, enthält das Urteil keine Feststellung. Einer solchen bedurfte es um so mehr, als in keiner Weise erhellt, in welcher Menge der angeblich noch vorhandene Stoff sich in dem Weine befand und welche Wirkung diese Menge auf die Beschaffenheit des Weines ausübte; der vollständige Mangel der Wahrnehmbarkeit läßt es an sich durchaus nicht ausgeschlossen erscheinen, daß eine solche Wirkung, wenn anders der fremde Stoff sich überhaupt noch in dem Weine vorfand, gar nicht mehr bestand und es kann daher nach Lage der Sache nicht etwa als selbstverständlich angesehen werden, daß der Wein unrein und minderwertig war. War aber letzteres wirklich der Fall, so fragt es sich immer noch, ob der Angeklagte, als er den Wein verkaufte, gewußt hat, daß der Stoff, von dessen Existenz man nichts mehr merkte, noch im Weine vorhanden war und dessen Wert herabsetzte.

6) Vom 4. Juli 1904. (I. Strafsenat.)

§ 3 Abs. 1 Nr. 1 nennt allein den Aufguß von Zuckerwasser oder Wasser, hier aber kann, ohne den Worten Zwang anzutun, von einem solchen nicht gesprochen werden, vielmehr handelt es sich um einen Aufguß von reinem Naturwein auf Traubentrester, zu dem dann erst das Zuckerwasser getan wurde. Ein solches Verfahren ist nicht für unzulässig erklärt.

7) Vom 30. März 1903. (I. Strafsenat.)

§ 1 des Weingesetzes von 1892 enthält — wie § 7 des neuen Weingesetzes — ein absolutes Verbot, der Zusatz unreinen Stärkezuckers ist also auch da unzulässig, wenn der Wein nur zum Haustrunk des Herstellers bestimmt ist. Ebenso kommt für die Anwendung des § 7 des neuen Gesetzes nichts darauf an, ob der Tresterwein und übermäßig „gestreckte Wein" zum Genusse oder nur zur Essigbereitung an einen Essigfabrikanten verkauft wird.

8) Vom 11. Februar 1904. (I. Strafsenat.)

Der Zusatz von Obstwein zu Wein und der Verkauf von Wein, der solchen erhalten hat, ist schlechthin verboten, auch wenn er deklariert wird. Das Verbot trifft nur die (gewerbsmäßige) Herstellung oder Nachahmung von Wein, nicht auch diejenige von Getränken, die nach Aussehen und Geschmack eine Verwechselung mit Traubenwein ausschließen, z. B. Obstwein, Beerenweine. Das Urteil hätte sich also über die objektive Beschaffenheit dieses Getränkes im Vergleich zu Traubenwein äußern müssen.

9) Vom 9. Juni 1904. (I. Strafsenat.)

(Vollständiger bei Kapitel Fruchtsäfte.)

Alkoholfreier Traubensaft ist weder Wein noch ein weinähnliches Getränk.

10) Vom 16. Februar 1905. (Beil. z. d. Veröffentl. d. K.G.A. VII, 213.)

H. hat 11000 Liter durch übermäßigen Zuckerwasserzusatz in seiner Menge erheblich vermehrten Wein an den Weinkommissionär L. unter der Bezeichnung als „Brennwein" für den Preis von 115 Mk. für 1000 Liter verkauft. Er ist auf Grund der §§ 3 Abs. 2 und 13 W.-G. verurteilt, auch ist auf Einziehung des Weins erkannt worden. Im Urteil ist festgestellt, daß der Wein von L. an einen Branntweinbrenner abgegeben wurde, welcher nach Entdeckung des Verkaufs der Steuerbehörde angezeigt hat, daß er diesen Wein brennen wolle.

In der Beschwerdeschrift wird die Meinung vertreten, der Text des Weingesetzes biete keinen Anhalt dafür, daß der Verkauf solchen Materials an einen Branntweinbrenner verboten sei, da es vom Hersteller selbst zu Branntwein gebrannt werden dürfe. Sonst müßte der letzte Absatz des § 3 W.G. lauten: „durch Branntweinbrenner", nicht „in der Branntweinbrennerei".

Das ist nicht zutreffend. Der § 3 verbietet in Absatz 2 den Verkauf übermäßig „gestreckten", d. i. unter Verwendung eines nach § 2 Nr. 4 des Gesetzes nicht gestatteten Zusatzes hergestellten Weines schlechthin. Er gestattet also auch nicht, einen Unterschied in der Zulässigkeit des Verkaufes nach dem Verwendungszwecke zu machen, den der Käufer beim Kaufe im Auge hat (vgl. auch Urteil des erk. Senats gegen T v. 30. III. 1903, Rep. 6134. 02. —) oder welchen der Verkäufer beim Verkaufe empfiehlt. Aus § 3 Abs. 3 läßt sich gegenteiliges nicht ableiten. Nach ihm wird „die Verwertung von Trestern, Rosinen und Korinthen in der Branntweinbrennerei durch die Bestimmungen des Abs. 1 nicht berührt, jedoch unterliegt sie der Kontrolle der Steuerbehörden". Daß das Verbot des Verkaufes von in unzulässiger Weise hergestelltem Wein in Absatz 2 eine Einschränkung mit Rücksicht auf das Branntweinbrennereigewerbe erleide, ist in Absatz 3 nicht gesagt und damit der naheliegenden Möglichkeit einer Gesetzesumgehung vorgebeugt.

11) Vom 18. Februar 1904. (I. Strafsenat.)

Als „gewerbsmäßig" im Sinne des § 3 W.G. ist die Herstellung oder Nachahmung von Wein auf die dort bezeichnete Art dann zu betrachten, wenn sie von einem Gewerbetreibenden im Betriebe seines Gewerbes erfolgt ist. Die Meinung des Beschwerdeführers, daß es zur Annahme der Gewerbsmäßigkeit des Nachweises einer Mehrheit von Fällen des Herstellens oder Nachmachens bedürfe, würden den Zweck des Gesetzes zu vereiteln geeignet sein, weil es dann jedem Weinhändler freistehen würde, wenigstens einmal ein so beträchtliches Quantum von dem Fälschungsmittel herzustellen, daß sein Bedarf an solchem für ihn auf lange Zeit gedeckt ist. Nachdem in Abs. 2 des § 3 das Feilhalten und der Verkauf des Kunstweins schlechthin verboten ist, würde es wenig Sinn haben, die Herstellung desselben zum Verkauf zu gestatten und ist nur im Wiederholungsfalle oder dann zu verbieten, wenn ihre Wiederholung wenigstens in Aussicht genommen worden war.

12) Vom 16. November 1903. (I. Strafsenat.)

Auch das einmalige Herstellen von Kunstwein ist strafbar, wenn es im Betriebe eines Gewerbes geschieht. Es ist nicht erforderlich, daß das Gewerbe in wiederholter Herstellung von Kunstwein bestehe.

13) Vom 23. Februar 1903. (Beil. z. d. Veröffentl. d. K.G.A. VII, 199.)

Der Angeklagte ist wegen Verkaufs verfälschten Weins nach § 13 in Verbindung mit § 3 Abs. 2 und § 2 Nr. 4 des Reichsgesetzes vom 24. Mai 1901, betr. den Verkehr mit Wein 2c., verurteilt und die Einziehung des von ihm in Verkehr gebrachten verfälschten Weins angeordnet worden. Die Strafkammer hat festgestellt, daß der Angeklagte vor dem Inkrafttreten des genannten Gesetzes, dem 1. Oktober 1901, sowohl den von ihm selbst gekelterten, wie den von ihm eingekauften Wein je nach dessen Säuregehalt mit Zucker und Wasser in der Weise vermischte, daß er einer Menge von 700 bis 900 Liter Wein 3 bis 4 Zentner Zucker und 300 bis 500 Liter Wasser zusetzte, um je ein Stück (1200 Liter) Wein herzustellen. Von diesem Wein hat er dann im Dezember 1901 einen Teil seiner Tochter bei ihrer Verheiratung mit dem Gastwirt P.

als Mitgift gegeben, 7 Stück zum Preise von 330 Mk. für das Stück an den Weinkommissionär O. in G. verkauft. Die chemische Untersuchung des so behandelten Weins nach Einleitung des Ermittelungsverfahrens ergab einen Gehalt an Extraktstoffen und Mineralbestandteilen, der nicht unter dem Durchschnitt des ungezuckerten Weins des in Frage stehenden Weinbaugebietes zurückblieb. Die Strafkammer hat gleichwohl die Überzeugung gewonnen, daß der angegebene Zusatz von Zucker und Wasser nicht lediglich erfolgt ist, um den Wein zu verbessern, sondern in erster Linie zu dem Zwecke, ihn zu vermehren. Nach Maßgabe des letzteren Zweckes, so wird im Urteil ausgeführt, habe der Angeklagte eine weit größere Menge von Zucker und Wasser seinem Weine zugesetzt, als zur bloßen Entsäuerung nötig gewesen wäre. Zur letzteren sei die Beimischung von 400 bis 500 Liter Wasser zu 700 bis 800 Liter Wein nicht erforderlich gewesen. Sei auch ein derartiges Verfahren nach dem alten Weingesetz (vom 20. April 1892) nicht zu beanstanden gewesen, wenn nur dabei die unteren Grenzzahlen an Extrakt- und Mineralstoffen eingehalten waren, so verstoße es doch gegen die Vorschriften des neuen Weingesetzes in § 2 Nr. 4, welches den Zusatz von Zucker und Wasser zur Verbesserung des Weins nur dann zulasse, wenn dadurch dessen Menge nicht erheblich vermehrt werde. Der Ankauf großer Mengen Wein zur Vermischung in der beschriebenen Weise lasse darauf schließen, daß der Angeklagte aus dessen erheblicher Vermehrung pekuniären Gewinn habe ziehen wollen. Sei auch die Herstellung der Weine vor dem 1. Oktober 1901 erfolgt, so hätten doch Verkäufe derselben nachher stattgefunden, ohne daß die Voraussetzungen ihrer Zulässigkeit nach § 22 des Gesetzes vom 24. Mai 1901 (Anmeldung, Kennzeichnung der Vertriebsgefäße) vorgelegen hätten. Der Angeklagte sei daher nach § 3 Abs. 2 des Gesetzes strafbar. Insofern der vordere Richter aus dem Ankauf großer Mengen Wein durch den Angeklagten auf dessen Absicht, aus der Vermehrung Gewinn zu ziehen, d. i. auf die Fälschungsabsicht geschlossen hat, kann der Revision zugegeben werden, daß dieser Schluß nicht unabweisbar ist. Denn die Absicht, Wein mit Gewinn weiter zu verkaufen, würde auch mit dessen vorheriger Entsäuerung durch zulässigen Zucker- und Wasserzusatz verträglich sein. Allein ob der Schluß auf die Fälschungsabsicht zwingend war, ist nach § 376 St.P.O. in der Revisionsinstanz nicht zu untersuchen. Dem Beschwerdeführer ist auch darin beizupflichten, daß für die Frage, ob eine Verfehlung gegen § 2 Nr. 4 des Gesetzes vorliegt, nicht lediglich die Absicht, aus welcher der Zusatz erfolgt, ausschlaggebend ist, sondern auch der Erfolg in Betracht kommt, d. h. der Zusatz an Zucker und Wasser muß tatsächlich eine erhebliche Vermehrung der Menge des Weins zur Folge gehabt haben. Das ist indessen von der Strafkammer auch nicht verkannt, indem sie im vorliegenden Fall eine nach § 2 Nr. 4 unzulässige Weinvermehrung angenommen hat. Daß sie diese als eine „erhebliche“ betrachtet hat, ergibt sich aus ihren Ausführungen, der Angeklagte habe seinem Wein „Wasser in dem hohen Maße von 400 bis 500 Liter auf 700 bis 800 Liter Wein beigefügt, er habe ihn, wie geschehen, verarbeitet, um aus der „erheblichen Vermehrung“ pekuniären Gewinn zu ziehen, er habe „eine weit größere Menge von Zucker und Wasser zugesetzt, als zur Verbesserung erforderlich gewesen wäre“. Die Meinung des Beschwerdeführers, es könne wegen Vermehrung der Menge nicht bestraft werden, wer zur Entsäuerung den Wein mit

Wasser und Zucker vermische, weil diese Zusätze notwendig eine Vermehrung zur Folge hätten, steht mit der klaren Bestimmung des § 2 Nr. 4 des Gesetzes im Widerspruch, nach der diese Art der Weinentsäuerung unzulässig ist, wenn sie eine erhebliche Mengenvermehrung mit sich bringt, also im letzteren Falle auch dann, wenn sie bewußtermaßen tatsächlich erfolgte, obschon zunächst nur eine Entsäuerung beabsichtigt war, was im vorliegenden Falle nach den Feststellungen der Strafkammer zudem nicht der Fall war.

Ob der Anschauung der Strafkammer beigetreten werden könnte, daß ein Wein auf Grund des älteren Weingesetzes vom 20. April 1892 (§ 3 Nr. 4) nicht zu beanstanden gewesen sei, wenn nur trotz des Zusatzes von Zucker und Wasser sein Gehalt an Extraktstoffen und Mineralbestandteilen nicht unter die bei ungezuckertem Wein des betreffenden Weinbaugebietes beobachteten Grenzen herabgesetzt war, kann hier unerörtert bleiben.

In den Motiven zum Weingesetz von 1901 S. 7 ist hierzu ausgeführt, die vielfach verbreitete Meinung, daß sogen. „analysenfeste" Weine, d. h. Weine, bei deren Herstellung jene Grenzzahlen eingehalten sind, ohne weiteres als unverfälscht zu gelten hätten, entspricht nicht dem Sinn des älteren Weingesetzes. Nach ihm bildeten vielmehr jene Grenzzahlen zwar einen wertvollen Behelf für „die Eindämmung übermäßiger Streckung der Weine" mittels Zuckerwassers (s. Motive z. Weingesetz von 1901 S. 7), sie schlossen aber den Nachweis der Verfälschung durch andere Beweismittel keineswegs aus. (Vgl. auch das Urteil des erkennenden Senats vom 7. März 1898 (E. XXXI, 58.) Im neuen Weingesetze ist diese Bedeutung der Grenz-(durchschnitts-)zahlen mit größerer Deutlichkeit zum Ausdruck gelangt. Während der Regierungsentwurf eine Abänderung des § 3 des Gesetzes von 1892 nicht enthielt, entspricht die nunmehrige Fassung des § 2 Abs. 4 des Gesetzes von 1901 einer Forderung der Interessenten, daß bei Feststellung von Grenzwerten als Maß der zulässigen Weinvermehrung „in dem neuen Weingesetze schärfer als bisher die Befugnis des Richters zum Ausdruck komme, das Urteil auf Grund des Indizienbeweises und freier Würdigung des Sachverständigenurteils zu finden, während der chemischen Analyse nur der Rang eines zwar wichtigen, aber für sich allein nicht ausschlaggebenden Beweismittels zukommen solle". [Vgl. die Ausführungen des Vorsitzenden der XIII. Kommission über den Entwurf eines Gesetzes, betr. den Verkehr mit Wein rc. (Dr. Blankenhorn), in den Verhandlungen des Reichstags, zweite Beratung v. 6. V. 1901 Prot. S. 2566 (10. Legislaturperiode, II. Session 1900/1901), sowie die Ausführungen des Regierungsvertreters lt. Kommissionsbericht Beil. 303 S. 21.] Demgemäß gestattet das neue Gesetz nicht schlechthin jede Mengenvermehrung, welche ein Herabsetzen der Extraktstoffe und Mineralbestandteile unter die Grenzzahlen nicht zur Folge hat, sondern es stellt (mit den Worten „auch darf") die Vorschrift der Einhaltung dieser Zahlen als eine der Voraussetzungen strafloser Streckung des Weins neben das Verbot der erheblichen Mengevermehrung. Bestünden Verkehrsanschauungen, wie in der Revisionsschrift gesagt wird, „denen durch diese Gesetzesauslegung auf das entschiedenste widersprochen werde," so hätten sie keinen Anspruch auf Beachtung gegenüber dem klaren Willen des Gesetzgebers.

Alle Ausführungen des Beschwerdeführers, welche von der Grundlage einer stattgehabten „rationellen Verbesserung“ und damit notwendig verbundenen „Vermehrung“ des Weins ausgehen, bedürfen der Erörterung nicht, weil nicht eine rationelle, sondern eine unzulässige, weil erhebliche Mengenvermehrung in Frage steht. Dafür, daß zur Feststellung des Begriffsmerkmals der Erheblichkeit die Strafkammer von rechtsirrigen Gesichtspunkten aus gelangt sei, bietet das Urteil keinen Anhalt.

Das Rechtsmittel war daher zu verwerfen.

14) Vom 23. Juni 1904. (E. XXXVII, 221.)

Die Strafkammer hat angenommen, daß der Angeklagte voller Rotweintraubenmaische wässerige Zuckerlösung und dieser Mischung sodann Clairettraubentrester zugesetzt, damit jedoch nicht gegen die Vorschriften des Weingesetzes vom 24. Mai 1901 verstoßen habe. Da die chemische Analyse des so vom Angeklagten gewonnenen Produktes nicht einen nach § 2 Nr. 4 des Gesetzes zu beanstandenden Mindergehalt an Extrakt- und Mineralstoffen, dagegen einen auf die Clairettraubentrester zurückzuführenden, sehr hohen Gerbstoffgehalt ergeben habe, eine erhebliche Mengevermehrung durch das bezeichnete Verfahren nicht stattgefunden habe, so sei dasselbe als eine Art der Weinherstellung zu betrachten, die durch §§ 2 und 3 des Weingesetzes weder direkt erlaubt noch verboten sei, und welche die einzige Möglichkeit biete, den in den nur teilweise entmosteten Clairettrauben verbliebenen Mostgehalt zu verwerten. Als ein Aufguß von Zuckerwasser auf ganz oder teilweise entmostete Trauben sei es nicht anzusehen.

Wäre hierbei, wie in den Ausführungen der örtlichen Staatsanwaltschaft zur Rechtfertigung der Revision gegen das freisprechende Erkenntnis der Strafkammer unterstellt ist, entscheidendes Gewicht darauf gelegt worden, ob das Wasser den Trestern oder diese dem Wasser zugesetzt worden seien, so würde damit der Begriff des „Aufgusses“ rechtlich verkannt sein. Denn das Gesetz versteht darunter nicht die Handlung des Aufgießens, sondern das Produkt der Vermischung von Zuckerwasser oder Wasser mit den Trestern. (Vgl. auch die Kaiserliche Verordnung vom 22. Oktober 1901, Verzeichnis A Nr. 1 („Abkochungen und Aufgüsse, decocta et infusa“), R.G.Bl. S. 380). Nachdem in § 3 Nr. 1 des Gesetzes ein Aufguß von Zuckerwasser ausdrücklich nur auf volle Rotweintraubenmaische zugelassen, ein solcher auf eine mit teilweise entmosteten Clairettraubentrestern vermischte Rotweinmaische — da sie eine volle Maische nicht mehr darstellt — also nicht gestattet ist, so müssen sich allerdings Bedenken gegen die Annahme erheben, es könne § 3 Nr. 1 des Gesetzes überhaupt nicht Platz greifen, wenn die Reihenfolge lediglich geändert worden ist, in welcher volle Rotweinmaische, teilweise entmostete Trauben und Zuckerwasser miteinander in Verbindung gebracht werden.

Allein, ob von solcher Auffassung aus die Strafkammer die Anwendbarkeit des § 3 Nr. 1 verneint hat, braucht zunächst nicht untersucht zu werden, weil auch aus einem anderen Grunde die Freisprechung nicht genügend gerechtfertigt ist.

Wenn nämlich auch aus dem im Urteil wiedergegebenen Sachverhalte sich nicht ergibt, daß der Zusatz der Zuckerlösung zu der Rotweintraubenmaische unzulässig war, weil nicht festgestellt ist, daß der so gezuckerte Wein in seinem Gehalt an Extraktstoffen und Mineralbestandteilen dem Durchschnitt der ungezuckerten Weine des betreffenden Weingebietes nicht entsprach, die chemische Untersuchung vielmehr nur das Produkt jener Mischung nach ihrer Verbindung mit den Clairettraubentrestern zum Gegenstand hatte, so folgt doch daraus noch nicht, daß das Verfahren des Angeklagten ein erlaubtes war.

Die beim Eindampfen von Wein zurückbleibende Masse, der Extrakt, besteht (vgl. Kulisch, Anleitung zur sachgemäßen Weinverbesserung, Anhang S. 132) unter anderem aus Weinsäure, Weinstein, Mineralbestandteilen, Farbstoff, Gerbsäure, Glyzerin (s. auch Borgmann, Anleitung zur chemischen Analyse des Weins S. 105), Stoffe, welche zum Teil auch aus den Trestern durch deren Vergärung gelöst werden (s. Borgmann S. 191). Der hohe Gehalt an Gerbsäure (Tannin) ist im vorliegenden Falle nach der ausdrücklichen Feststellung der Strafkammer auf den Zusatz der Clairettraubentrester zurückzuführen.

Nach Nr. 6 des § 3 des Gesetzes ist aber die gewerbsmäßige Herstellung von Wein unter Verwendung von Stoffen, durch welche der Extraktgehalt erhöht wird, verboten. Die Strafkammer hätte daher ihrer Prüfung unterziehen müssen, ob nicht die Zufügung der Clairettraubentrester unter dieses Verbot falle. Da hierbei tatsächliche Erwägungen Platz greifen, entzieht sich die Entscheidung dem Revisionsgericht. . . .

---

44. Kapitel.

Süd- und Süßweine.

(Dessertweine.)

Allgemeines. Nach den Motiven zum Weingesetz von 1892 sollten unter Dessertweinen im allgemeinen solche Weine zu verstehen sein, welche an Alkohol bezw. an Alkohol und Zucker reich sind und sich dabei durch eine Feinheit des Geschmackes auszeichnen.

Danach wäre z. B. ein Sherry oder Madeira als Dessertwein anzusehen, während der auch in Deutschland als Verschnittwein viel Verwendung findende Benicarlo als Dessertwein nicht gelten könnte, da er zwar einen hohen Alkoholgehalt zeigt, durch Feinheit des Geschmackes sich aber nicht auszeichnet.

Als Süßweine gelten insbesondere solche an Alkohol verhältnismäßig reiche Weine, welche nach vollendeter Gärung, also als fertige Weine, einen ausgeprägt süßen Geschmack zeigen.

Eine scharfe für alle Fälle gültige Begriffsbestimmung läßt sich kaum geben. Im Zweifelsfalle wird die erfahrene Zunge des Weinkenners und nicht die chemische Analyse den Ausschlag geben müssen.

Wenn auch im Weingesetz keine bestimmte Grenze für den Alkoholzusatz gezogen ist, so muß sich die Menge doch an gewisse Normen anlehnen. Als eine solche würde besonders die Geschmacksrichtung der Konsumenten zu gelten haben.

In der Reichstagskommission machte ein Mitglied (S. 12 des Berichts) mit Recht darauf aufmerksam, daß die Dessertweine schon von Natur 10—12prozentigen Alkohol enthielten und darum eines Zusatzes zum Zwecke der „Halbarmachung" kaum mehr bedürften und deshalb eine Erhöhung bis auf 18 % wohl ausgeschlossen sei. Regierungsseitig wurde darauf entgegnet, daß bei Südweinen der Alkoholzusatz in der Regel nicht zum Zwecke der Haltbarmachung, sondern zu dem Behufe erfolge, um ihnen die vom Käufer und Verbraucher gewünschte Beschaffenheit zu verleihen. Nach der Art und Weise, wie der Alkoholzusatz erfolge, sei wohl nicht daran zu zweifeln, daß derselbe als ein Teil der Kellerbehandlung anzusehen sei. Finde ein übermäßiger, als Verfälschung sich darstellender Alkoholzusatz zu Südweinen statt, so blieben selbstverständlich die Bestimmungen des Nahrungsmittelgesetzes solchen Manipulationen gegenüber anwendbar.

Daß diese Dessertweine ausländische Fabrikate sein müßten, ist nicht erforderlich, es genügt, wenn sie als Süd- oder Süßweine „ausländischen Ursprungs" in den Verkehr gebracht werden. Bemerkenswert ist der in § 3 Ziff. 3 W.G. klar zum Ausdrucke gelangte Wille des Gesetzgebers, daß diese Weine „ausländischen Ursprunges" im Inlande unter behördlicher Kenntnis hergestellt werden dürfen bezw. sogar müssen. Wenn auch zu verstehen ist, daß der „ausländische Ursprung" sich auf die importierten Trauben (Rosinen) beziehen soll, so bleibt doch ein Widerspruch zwischen Bezeichnung und Fabrikat bestehen.

Strafbar dürfte trotzdem eine Bezeichnung inländischer Fabrikate bleiben, welche die Herstellung in Deutschland ausdrücklich bestreitet, oder in anderer Weise die künstliche Herstellung in Deutschland als ausgeschlossen erscheinen läßt, z. B. „echter" Tokayer.

Darstellung. Aus den allgemeinen Bemerkungen geht bereits hervor, daß die Dessertweine vielmehr noch als anderer Wein auf die Bezeichnung als Kunstprodukt Anspruch haben. Die anerkannte Kellerbehandlung bei unsern Trink- und Tischweinen hält sich stets in Grenzen, welche den ursprünglichen Charakter wahren. Das trifft bei einem großen Teil der Süd- und Süßweine nicht mehr zu. Die Eingriffe von Menschenhand sind bei ihnen so groß, daß der Charakter des Weines hiervon erheblich abhängt, wenn auch die Art der verwendeten Trauben und das Maß der künstlichen Eingriffe auf die Güte des Fabrikates bestimmend einwirken.

Es sind zu unterscheiden:

A. Eigentliche im Ursprungslande hergestellte Süd- und Süßweine, sogenannte echte Dessertweine.

B. Im Inlande, meist nach gleichen Methoden wie bei A. hergestellte Weine.

Folgende drei Hauptdarstellungsarten lassen sich erkennen:

a) Süßweine aus Trockenbeeren, Rosinenwein;
b) Süßweine aus künstlich konzentrierten Mosten;
c) Süßweine aus Most und Alkohol.

Zu a. Die Weintrauben müssen „stocksüß" werden, d. h. sie müssen an der Rebe so lange hängen bleiben, bis sie ganz eingeschrumpft und dann im gleichen Stadium wie die Rosinen des Handels sind, jedoch mit dem Unterschiede, daß sie nicht wie diese bei erhöhter Temperatur eingetrocknet wurden.

Aus solchen Trauben wird der echte süße Tokayer gewonnen. Der nicht süße, nach dem gewöhnlichen Verfahren (s. voriges Kapitel) hergestellte Tokayerwein wird dabei mitverwendet, indem man ihn als Extraktionsmittel für die Trockenbeeren benutzt. Die „Tokayer-Essenz", der „Tokayer-Ausbruch" ist also ein richtiger Wein, der mit dem Extrakt seines eigenen Mostes gesüßt ist.

Etwas ähnliches ist der Strohwein; bei ihm trocknen die Beeren zwar auch bei gewöhnlicher Temperatur ein, aber nicht an der Rebe, sondern durch Aufhängen der abgeschnittenen Trauben. Außerdem findet nicht völliges Austrocknen statt, sondern die Mostbereitung geschieht noch ohne Flüssigkeitszufuhr.

Die echten Süßweine werden solchergestalt aus Traubenbeeren und Rosinen gewonnen, die im Produktionsgebiet selbst gewachsen sind.

Die nachgemachten werden aus Rosinen des Handels in

ähnlicher Weise durch Auslaugen mit Wein oder mit Wasser und nachherigem Alkoholzusatz hergestellt.

Zu b. Die eingedickten Moste werden nach den verschiedenen Eindampfverfahren gewonnen: Kochen mit Dampf, im Vacuum, über freiem Feuer.

Je nach der angewandten Methode ist das Produkt etwas anders; am besten, d. h. am wenigsten verändert, sind natürlich im Vacuum eingedampfte Moste. Durch Auflösen von solchem konzentrierten Traubensaft in Wein und Zugabe von Alkohol erhält man die zweite Sorte Süßwein.

Ein bekannter Repräsentant dieser Gruppe ist der Malagawein. Durch Verwendung von Malaga-Rotwein, bestem Alkohol und im Vacuum konzentriertem Most entsteht der sog. rotgoldene Malaga, bei Verwendung auf freiem Feuer gekochter Moste, der gewöhnliche schwärzliche Malagawein, der deutlich die Spuren brenzlich gewordenen Mostes zeigt.

Zu c. Gibt man sofort eine genügende Alkoholmenge zu frischem Most, so tritt keine Gärung ein. War der Most schon in Gärung, so wird diese eventuell unterbrochen. Auf diese Art wird der Sherry, Madeira, Marsala und viele andere gemacht.

Gesetzliche Bestimmungen. 1. Die allgemeinen Bestimmungen des Weingesetzes finden auf Süßweine ausländischen Ursprungs keine Anwendung, da sie der Definition des § 1 nach ihrer ordnungsmäßigen Herstellungsweise nicht entsprechen können. Nur besondere Bestimmungen kommen für sie zur Geltung. Das Weingesetz enthält in § 2 Ziffer 1, § 3 Ziffer 3, §§ 7 u. 8 auf Dessertweine bezügliche Anordnungen. Im übrigen entscheidet das Nahrungsmittelgesetz. 2. Alkoholzusatz darf nach § 2 Ziffer 1 mehr als 1 % betragen, soweit es sich um außerdeutsche Weine handelt. 3. Getrocknete Früchte (auch in Auszügen oder Abkochungen) und eingedickte Moststoffe dürfen zur Herstellung von Süßweinen ausländischen Ursprungs gemäß § 3 Ziffer 3 W.G. Verwendung finden; derartige Betriebe sind vor Beginn der Verwendung bei der zuständigen Behörde anzuzeigen. 4. Das Gipsen roter Dessertweine ist nach § 8 Abs. 2, soweit sie als Süßweine ausländischen Ursprungs in den Verkehr kommen, nicht limitiert, wie bei inländischen Rotweinen. 5. Die in § 7 W.G. aufgeführten Stoffe dürfen in Dessertweinen, gleichgültig welchen Ursprungs, nicht enthalten sein. 6. Den für weinproduzierende Betriebe angeordneten Überwachungsmaßregeln unterliegen auch die Fabrikationsstätten für Süßweine. 7. Süd- und Süßweine, die als Medizinalweine Verwendung finden sollen, dürfen

a) nicht mehr Schwefelsäure enthalten, als 2 g neutralem Kaliumsulfat pro Liter entspricht;

b) nicht mehr als 160 g und nicht weniger als 110 g Alkohol im Liter enthalten;

c) nicht mehr als 80 g Extrakt im Liter enthalten, einschließlich Zucker.

Diese Bestimmungen sind mit den Tatsachen jedoch unvereinbar. Als Medizinalweine kommen darum entweder ad hoc verfälschte Sherryweine in den Handel oder ihr Gehalt an Schwefelsäure ist höher, als das Arzneibuch für das Deutsche Reich zuläßt. Die Forderung des Arzneibuchs (IV. Auflage S. 406), daß nur unverfälschte Weine von guter Beschaffenheit als Medizinalweine Verwendung finden sollen, ist mit der Beschränkung des Gipsens bei Sherry in unlöslichem Widerspruch. Denn er verdankt seine Eigenart gerade einem beträchtlichen Gipszusatz.

Verfälschungen der Dessertweine sind im allergrößten Umfange im Verkehr. Bei der geringen Möglichkeit, dieser Manipulationen durch chemische Untersuchungen beizukommen, muß einstweilen auf Angabe weiterer Einzelheiten verzichtet werden. Die Zahl der Rezepte, nach welchen sog. ausländische Süßweine angefertigt und für teures Geld vertrieben werden, ist Legion. Eine Abhilfe steht nur zu erwarten, wenn auch den Fälschern im Auslande das Handwerk gelegt würde. Dazu bestehen aber einstweilen nur geringe Aussichten.

Reichsgericht. Vom 6. April 1903. (Beil. z. d. Veröffentl. d. K.G.A. VI, 185.)

. . . Auch die materiellen Beschwerden sind unbegründet.

Ob der von B. verkaufte Ungarwein gallisiert war oder diese Eigenschaft nicht hatte, weil ihm der Zucker erst nach der Gärung zugesetzt war, ist gleichgültig, es kam nur darauf an, daß der Wein mit Zucker gesüßt war, und B. trotz Kenntnis dieses Zustandes ihn als garantiert rein verkauft hat. Beides hat die Strafkammer festgestellt. Die Revision stellt sich auf den Standpunkt, daß der Verkauf mit Zucker gesüßten Weines ja erlaubt sei, und daß insbesondere in Ungarn, dem Ursprungslande des hier allein in Rede stehenden Weines, nach der Gärung mit Zucker versetzter Wein als „reiner Wein" gelte. Darum handelt es sich aber nicht. § 7 Nr. 2 mit § 3 Nr. 4 des Gesetzes, betr. den Verkehr mit Wein rc., vom 20. April 1892, verbietet den Verkauf von Wein — ohne Unterschied des Ursprungslandes — unter den dort näher angegebenen Umständen, und diese Umstände — Zusatz von Zucker und Kenntnis des Verkäufers davon, sowie Bezeichnung des Weines, welche die Annahme hervorzurufen geeignet ist, daß ein derartiger Zusatz nicht gemacht sei — hat die Strafkammer festgestellt. Insbesondere hat sie ohne Rechtsirrtum, vielmehr in Übereinstimmung mit den Worten des Gesetzes die Bezeichnung „garantiert rein" als gleichbedeutend mit den Worten „frei von Zusätzen der in § 3 Nr. 4 des Gesetzes bezeichneten Art" verstanden. Der Gegensatz von „rein" ist nicht, wie die Revision meint, verfälscht"; von einer solchen Beschränkung enthält das Gesetz nichts; auch fehlt in § 7 Nr. 2 ein analoger Beisatz bezüglich der Süßweine ausländischen Ursprungs wie in § 4 am Schlusse. Es hat also nur bei „unrein" als Gegensatz zu „rein" sein Bewenden, und somit ist von den Voraussetzungen der Verfälschung ganz abzusehen. Wein, der nicht ausschließlich Naturprodukt unter sachgemäßer Behandlung des Traubensaftes ist, kann streng genommen nicht mehr als reiner Wein bezeichnet werden. Das Gesetz sieht zwar innerhalb gewisser Grenzen von der Verpflichtung des Verkäufers zur Bekanntgabe fremder Zutaten ab, für den Zusatz von Zucker aber verbietet es jede Verschleierung, die annehmen läßt, der Wein enthalte diesen Zusatz nicht.

Es ist darum vergebliches Bemühen der Revision, einen Unterschied von reinen und „naturreinen" Weinen aufzustellen und Weine, die insofern „den gesetzlichen Anforderungen entsprechen", als sie keine schlechthin verbotenen und die erlaubten Zusätze innerhalb der gesetzlich zugelassenen Grenzen enthalten, als reine Weine zu erklären.

Die Strafkammer hat also mit Recht festgestellt, daß die Bezeichnung reine Weine geeignet sei, die Annahme zu begründen, daß ihnen weder vor noch nach der Gärung Zucker zugesetzt worden sei. Und sie hat ferner festgestellt, daß dem B. der Zuckerzusatz bekannt war. Der Widerspruch hingegen und die Bezugnahme auf eine der Revision beiliegende Erklärung des Sachverständigen Dr. Bi. kann in der Revisionsinstanz nicht berücksichtigt werden.

Daß der Verkauf gezuckerten Weines verboten ist, bildet den Inhalt eines Strafgesetzes. Seine Kenntnis bedurfte keiner Feststellung, weil der Mangel der Kenntnis eines Strafgesetzes nicht entschuldigt. Das Bewußtsein B.'s davon, daß seine Bezeichnung des gezuckerten als garantiert reinen Weines geeignet sei, die Annahme hervorzurufen, der Wein enthalte keinen derartigen Zusatz, war nicht bestritten, bedurfte daher nicht ausdrücklicher Erwähnung in den Entscheidungsgründen. Die Behauptung B.'s, er habe angenommen, sein ungarischer Wein verdiene trotz des Zuckerzusatzes die Bezeichnung als reiner Wein im Handelsverkehr, ist vom Gerichte nicht für begründet erachtet worden, weil dies der Anschauung des kaufenden Publikums, also gerade des Handelsverkehrs, widerspreche. . . . Die Revision war daher zu verwerfen.

45. Kapitel.

Schaumweine.

Herstellung. Es sind zu unterscheiden Schaumweine, welche nach dem alten Verfahren der Champagne durch Flaschengärung erzeugt werden und durch Imprägnieren mit Kohlensäure hergestellte Schaumweine.

Nach französischer Art werden die Trauben rasch abgepreßt, ohne sie vorher zerquetscht (d. h. als Maische) stehen zu lassen. Man läßt den Most vergären, verschneidet, wenn nötig, den jungen Wein, versetzt ihn mit 1—2 % Zucker und stellt ihn auf die Gärflaschen. Diese werden horizontal gelegt und besonders sorgfältig verkorkt. Gegen Ende der Gärung wird die Lage der Flaschen etwa 3 Monate lang täglich langsam dahin geändert, daß die abgesetzte Hefe schließlich ganz auf dem abwärts gerichteten Korken ruht und die Flüssigkeit darüber kristallklar ist. Die weitere Behandlung hängt von der Geschicklichkeit der Arbeiter ab. Diese müssen sich nämlich so einrichten, daß beim Lüften des Verschlusses der in der Flasche erzeugte Druck den gesamten Hefeabsatz hinausschleudert. Alsdann wird ein bouquetreicher Syrup (besonders neben Kandiszucker viel Kognak und alte Südweine enthaltend) zum Ausfüllen der Flaschen benutzt, mit einem neuen Kork verschlossen und der nunmehr fertige Wein weiterer Lagerung überlassen.

Die Zusammensetzung der Syrupe ist Geheimnis der einzelnen Fabriken und bestimmt nicht zum wenigsten die Qualität des Schaumweines.

Die Herstellung nach dem neueren Verfahren unterscheidet sich von dem älteren dadurch, daß die Gärung in Fässern oder offenen Bottichen vorgenommen wird, so daß die Kohlensäure zum weitaus größten Teile entweichen kann. Die erforderliche Weinmischung wird vollständig fertiggestellt und aus denselben Apparaten wie künstliche Mineralwasser bei 4—6 Atmosphären Kohlensäuredruck auf Flaschen gezogen.

Qualitätsunterschiede werden durch die beiden Arten des Verfahrens kaum bewirkt. Eher könnte man das Kohlensäureverfahren als einfacher und zuverlässiger gegenüber dem Flaschengärverfahren bezeichnen. Die Güte hängt eben von den

Materialien ab, so daß aus guten Rohmaterial mit dem Kohlensäureverfahren bessere Schaumweine erhalten werden als bei Flaschengärung aus geringerem Weinmaterial.

Cuvee ist die Bezeichnung für die Weinmischung, welche der Flaschengärung zu Grunde gelegt wird also der Ausdruck für einen Verschnittwein, der zum Zwecke der Schaumweinfabrikation hergestellt wurde.

Dosierung der Schaumweine ist ein Ausdruck für den Likörzusatz bei Schluß der Fabrikation.

Vom mousseux werden drei Grade unterschieden:

Grand-mousseux mit 4 1/2—5 Atmosphären Kohlensäuredruck,

Mousseux mit 4—4 1/2 Atmosphären,

Crémant mit 4 Atmosphären.

Der Zuckergehalt wird durch folgende Bezeichnungen gewohnheitsmäßig bezeichnet:

Extra sec, Extra dry, brut, sec Champagne, Dry Champagne für den geringsten Zuckergehalt von 0,05 bis 2 % und 1,60—4,0 % Extrakt.

Crémant rosée mit 4,0—17,5 % Zucker und 5,9 bis 19,8 % Extrakt.

Das Alter der Schaumweine gilt als richtig, wenn der zugesetzte Kandiszucker sich in Invertzucker ganz umgewandelt hat.

Der Alkoholgehalt der Schaumweine schwankt von 7—12 %.

Gesetzliche Bestimmungen. 1. Schaumwein ist ein Kunstprodukt und nicht „Wein" im Sinne des Gesetzes. Ein Antrag der Reichstagskommission, für Schaumwein eine Begriffsbestimmung aufzustellen, wurde abgelehnt, nachdem sich die Regierung dagegen ausgesprochen hatte, da er „ein Kunstprodukt sei, das in mannigfaltiger Weise, zum Teil unter Zuhilfenahme von Ingredienzien, die den Gegenstand streng gewahrten Geschäftsgeheimnisses der einzelnen Firmen bildeten, hergestellt werde".

2. Seine Herstellung ist lediglich folgenden Bestimmungen des Weingesetzes unterworfen:

A. a) er darf keinen Tresterwein enthalten (§ 3 Abs. 1 Ziff. 1);
b) er darf keinen Hefenwein enthalten (§ 3 Abs. 1 Ziff. 2);
c) er darf keinen unter Verwendung getrockneter Früchte

oder eingedickter Moste gewonnenen Wein enthalten (§ 3 Abs. 1 Ziff. 3);

d) er darf keine künstlichen Süßstoffe (Saccharin, Dulcin u. a.) enthalten, auch nicht aus anderen als gemäß § 2 Ziff. 4 oder § 3 Ziff. 1 gezuckerten Weinen hergestellt sei;

e) er darf keine der durch § 7 verbotenen Stoffe enthalten;

f) er darf keine Farbstoffe enthalten, welche im Gesetz vom 5. Juli 1887 verboten wurden.

B. Er darf bei Deklaration Obstweine oder Beerenweine enthalten. (§ 6 und Bundesratsverordnung vom 2. Juli 1901.)

C. Er darf ohne Deklaration enthalten (§§ 5. u. 6) und zwar im Rahmen des Nahrungsmittelgesetzes:

a) mehr Alkoholzusatz als 1% auch in Form von Kognak und dgl.;

b) Zusatz von Säuren (Citronensäure) und säurehaltigen Stoffen;

c) Zusatz von Bouquetstoffen, künstlichen Moststoffen oder Essenzen;

d) Gummi oder andere extrakterhöhende Stoffe;

e) Zusatz von Farbstoffen, soweit dieselben nicht durch § 7 des Weingesetzes und das Gesetz vom 5. Juli 1887 ausgeschlossen sind.

3. Die Bestimmungen der §§ 9, 10, 11 W.G. finden Anwendung.

4. Verordnung des Bundesrats vom 2. Juli 1901, in Ausführung des § 6 W.G. über die Bezeichnung von Schaumwein, die auch nach § 6 Abs. 2 W.G. in Weinkarten, Preislisten sowie in sonstigen im geschäftlichen Verkehr üblichen Angeboten mit aufzunehmen sind:

Zu § 6. Die im § 6 des Gesetzes vorgeschriebene Kennzeichnung von Schaumwein, der gewerbsmäßig verkauft oder feilgehalten wird, hat wie folgt zu geschehen:

a. Das Land, in welchem der Schaumwein auf Flaschen gefüllt ist, muß in der Weise kenntlich gemacht werden, daß auf den Flaschen die Bezeichnung
„In Deutschland auf Flaschen gefüllt“,
„In Frankreich auf Flaschen gefüllt“,
„In Luxemburg auf Flaschen gefüllt“, usw.
angebracht wird;

ist der Schaumwein in demjenigen Lande, in welchem er auf Flaschen gefüllt wurde, auch fertiggestellt, so kann an Stelle jener Bezeichnung die Bezeichnung

„Deutscher (Französischer, Luxemburgischer) usw. Schaumwein" oder

„Deutsches (Französisches, Luxemburgisches usw.) Erzeugnis"

treten.

b. Bei Schaumwein, der aus Fruchtwein (Obst- oder Beerenwein) hergestellt ist, muß in der unter a vorgeschriebenen Bezeichnung den Worten „In Deutschland (Frankreich, Luxemburg usw.) auf Flaschen gefüllt" oder „Deutsches (Französisches, Luxemburgisches usw.) Erzeugnis" noch das Wort „Frucht-Schaumwein" vorangehen oder an die Stelle des Wortes „Schaumwein" das Wort „Frucht-Schaumwein" treten.

An Stelle des Wortes „Frucht-Schaumwein" kann das Wort „Obst-Schaumwein", „Beeren-Schaumwein" oder eine entsprechende, die benutzte Fruchtart erkennbar machende Wortverbindung, wie „Apfel-Schaumwein", „Johannisbeer-Schaumwein" usw., treten.

c) Die unter a und b vorgeschriebenen Bezeichnungen müssen in schwarzer Farbe auf weißem Grunde, deutlich und nicht verwischbar auf einem bandförmigen Streifen in lateinischer Schrift aufgedruckt sein. Der Streifen ist an einer in die Augen fallenden Stelle der Flasche, und zwar gegebenenfalls zwischen dem den Flaschenkopf bedeckenden Überzug und der die Bezeichnung der Firma und der Weinsorte enthaltenden Inschrift dauerhaft zu befestigen. Die Schriftzeichen auf dem Streifen müssen bei Flaschen, welche einen Raumgehalt von 425 oder mehr Kubikzentimeter haben, mindestens 0,5 cm hoch und so breit sein, daß im Durchschnitte je 10 Buchstaben eine Fläche von mindestens 3,5 cm Länge einnehmen. Die Inschrift darf, falls sie einen Streifen von mehr als 10 cm Länge beanspruchen würde, auf zwei Zeilen verteilt werden. Der Streifen darf eine weitere Inschrift nicht tragen.

d) Zur Kennzeichnung von Schaumwein, der sich am

1. August 1901 bereits in Kisten oder Körben verpackt auf einem Lager innerhalb des Reichs befindet, genügt, sofern er in der angegebenen Verpackung gewerbsmäßig feilgehalten oder verkauft wird, bis zum 1. Oktober 1902 die dauerhafte Anbringung der vorgeschriebenen Bezeichnung an einer in die Augen fallenden Stelle auf der Außenseite der Verpackung. Die Schriftzeichen müssen mindestens 4 cm hoch und so beit sein, daß im Durchschnitte je 10 Buchstaben eine Fläche von mindestens 15 cm Länge einnehmen. Die Inschrift darf, falls sie einen Streifen von mehr als 40 cm Länge beanspruchen würde, auf zwei oder drei Zeilen verteilt werden.

5. Im Schaumweinsteuergesetz vom 9. Mai 1902 R.G.Bl. S. 155 finden sich noch folgende für das Nahrungsmittelrecht wichtige Bestimmungen:

§ 7. Wer Schaumwein herstellen will, hat vor der Eröffnung des Betriebs der Steuerbehörde einen Grundriß und eine Beschreibung der Betriebs- und Lagerräume sowie der damit in Verbindung stehenden oder unmittelbar daran angrenzenden Räume vorzulegen.

Diejenigen Räume, welche zur Lagerung von fertigen unversteuerten Schaumwein dienen sollen, bedürfen der Genehmigung der Steuerbehörde.

Räume, in denen der Ausschank oder Verkauf von Schaumwein in einzelnen Flaschen betrieben wird, müssen auf Verlangen der Steuerbehörde von den Lagerräumen für fertigen unversteuerten Schaumwein derartig getrennt sein, daß Schaumwein nicht anders als auf offener Straße in sie übergeführt werden kann.

§ 8. Jeder Wechsel in dem Besitz einer Schaumweinfabrik ist der Steuerbehörde binnen einer Woche vom neuen Besitzer anzuzeigen.

Gesellschaften, welche Schaumwein herstellen, und Inhaber von Schaumweinfabriken, die den Betrieb nicht selbst leiten, haben der Steuerbehörde diejenige Person zu bezeichnen, welche als Betriebsleiter in ihrem Sinne und Auftrage handelt.

Verfälschungen bei Schaumwein sind, da es sich um ein Kunstprodukt handelt, das innerhalb weiter Grenzen bezüglich seiner Zusammensetzung schwanken kann, nur insoweit möglich, als die Vorschriften des Weingesetzes verletzt werden können, wie die obige Übersicht zeigt.

Der Nachweis ist meist schwierig.

Reichsgericht. Vom $\frac{\text{22. September}}{\text{6. Oktober}}$ 1904. (E. XXXVII, 286.)

Die Angeklagten sind von der Strafkammer der ihnen zur Last gelegten Vergehen, nämlich „Champagner durch Verwendung übermäßig verdünnten Weines zum Zweck der Täuschung im Handel und Verkehr nachgemacht und verfälscht, sowie wissentlich diesen Champagner unter Verschweigung dieses Umstandes verkauft und unter einer zur Täuschung geeigneten Bezeichnung feilgehalten zu haben", nicht für überführt befunden und freigesprochen worden. Die örtliche Staatsanwaltschaft rügt ohne nähere Begründung Verletzung des materiellen Rechtes, insbesondere der §§ 2 Nr. 4, 3 Abs. 2, 5 des Weingesetzes vom 24. Mai 1901.

Der Revision konnte indessen, dem Antrage des Ober-Reichsanwalts entsprechend, nicht stattgegeben werden, wenn auch der Begründung der angefochtenen Entscheidung nicht durchweg beigetreten wurde. Die Strafkammer hat festgestellt, daß von den Angeklagten hergestellter Schaumwein an Extrakt weniger als 1,6 und an Mineralbestandteilen weniger als 0,13 g (in einer Menge von 100 ccm) enthielt, also die für Weißwein in dieser Hinsicht maßgebenden Grenzzahlen unterschritt. (Vgl. Bekanntm. des Bundesrates vom 2. Juli 1901 Nr. I zu § 2 Nr. 4 R.G.Bl. S. 257.) Sie hat aber für nicht erwiesen erklärt, daß der Mangel dieses Schaumweines an Extraktgehalt und Mineralbestandteilen seinen Grund in der Verwendung eines durch übermäßigen Zuckerwasserzusatz hergestellten Weines zur Schaumweinfabrikation habe. Eine Verfehlung gegen § 5 des Weingesetzes von 1901 sei also nicht dargetan.

Diese Entscheidung entspricht der Vorschrift des angeführten § 5. Es kann aber hierbei dem ersten Richter nicht zugegeben werden, wovon er ersichtlich ausgeht, daß nach dem Wortlaute dieser Gesetzesstelle die bei Fertigstellung des Schaumweines erfolgte „Dosierung mit Zuckerwasser" unzulässig sein würde, sobald sich der fertige Sekt nicht als „analysenfest" erweise, auch wenn eine Überstreckung des Rohproduktes nicht nachweisbar sei. Die in dem angefochtenen Urteile beanstandete, angebliche Ungenauigkeit des § 5, die eine wörtliche Anwendung unmöglich mache und dazu nötige, aus der Entstehungsgeschichte des § 5 den wahren Willen des Gesetzgebers zu ermitteln, liegt nicht vor. Denn, wenn § 5 a. a. O. „die Vorschriften des § 3 Abs. 1 Nr. 1 bis 4, Abs. 2" auch auf Schaumwein für anwendbar erklärt, so ist dadurch der § 3 in diesem Umfange Teil einer selbständigen Gesetzesvorschrift geworden, nach welcher die gewerbsmäßige Herstellung oder Nachahmung von Schaumwein unter Verwendung von Tresterwein, von Hefenwein, von Wein aus getrockneten Früchten und die Verwendung von künstlichen Süßstoffen verboten ist, und ferner Schaumweine, welche den vorstehenden Vorschriften zuwider oder unter Verwendung eines nach § 2 Nr. 4 nicht gestatteten Zusatzes hergestellt sind, weder feilgehalten, noch verkauft werden dürfen. Hiernach enthält die Vorschrift des § 5 keine Bestimmung, der zufolge bei der Schaumweinfabrikation ein Zusatz wässeriger Zuckerlösung verboten ist, sie richtet sich nicht gegen die Verwendung der in § 2 Nr. 4 nur unter gewissen Voraussetzungen zugelassenen Stoffe, sondern gegen die Verwendung eines Zusatzes, der nach § 2 Nr. 4 nicht gestattet ist. Nur wenn der verwendete Zusatz von Zucker nach dieser Vorschrift untersagt ist, fällt die Feilhaltung des daraus hergestellten Schaumweines unter das Verbot des § 5. Die Bestimmung des § 2 bezieht sich aber nur auf Wein im Sinne des § 1 des Gesetzes, nicht auf Schaumwein, auf den als ein Kunstprodukt die verkehrspolizeilichen Vorschriften des alten Weingesetzes überhaupt nicht, die des neuen nur in beschränktem Maße Anwendung finden. Ein nach § 2 Nr. 4 nicht gestatteter Zusatz kann also nur dann als gegeben angenommen werden, wenn eine unzulässige Zuckerung von Wein stattgefunden hat, infolge deren das Produkt als gefälscht im Sinne des Nahrungsmittelgesetzes anzusehen ist und nach den Vorschriften des Weingesetzes nicht verkauft werden darf. Die Angeklagten wären also strafbar gewesen, wenn sie überstreckte Weine hergestellt und zu Schaumwein verarbeitet hätten. Von einer Herabsetzung des Gehaltes an Extraktstoffen und Mineralbestandteilen unter den Durchschnitt ungezuckerten Weines des Weinbaugebietes, dem er seiner Benennung nach entsprechen soll, würde bei Schaumwein zudem nicht die Rede sein können, wenn dessen Benennung, wie regelmäßig, einen Hinweis auf das Weinbaugebiet, dessen Produkt verarbeitet wurde, nicht enthält. Mit Recht hat dagegen die Strafkammer angenommen, daß das Weingesetz nicht die Zusetzung von Zuckerwasser bei der Verwandlung des stillen Weines in Schaumwein trifft. (So auch Lebbin, Das Weingesetz vom 24. Mai 1901 § 6 1 A. d.; Windisch, Weingesetz S. 85 ff. 61.)

Auch in der Entstehungsgeschichte des Gesetzes gelangt diese Bedeutung des § 5 zum Ausdruck, worauf die Strafkammer bereits hingewiesen hat. Er ist aus den Kommissionsverhandlungen hervorgegangen und in seiner vorliegenden Fassung als lediglich redaktionelle Änderung des ursprünglichen Antrages angenommen worden, der folgenden Inhalt hatte: „Die Vorschriften in den §§ 3 und 4 finden auf Schaumwein nur insoweit Anwendung, als Getränke, welche den Vorschriften in § 4 Nr. 1 bis 3 zuwider oder unter Verwendung eines nach § 3 Nr. 4 untersagten Zusatzes hergestellt sind, bei der Bereitung von Schaumwein nicht verwendet werden dürfen." (Vgl. Bericht der XIII. Kommission; Drucksachen Nr. 303 S. 32, 33 des Reichstages 2. Session 1900/02.)

Die Anwendbarkeit der Vorschriften des N.M.G. § 10 [1] u. [2] bedarf der Erörterung mit Rücksicht darauf nicht, daß die subjektiven Erfordernisse einer Verfehlung in dieser Richtung von der Strafkammer verneint worden sind.

---

46. Kapitel.

Weinähnliche und weinhaltige Getränke.

Allgemeines. Eine Bestimmung derjenigen Genußmittel, die unter diese Bezeichnung fallen, ist im Gesetz vom 24. Mai 1901 nicht erfolgt. Es bedarf daher einiger Ausführungen, um zu einer Begriffsableitung zu gelangen.

Während als weinhaltig zweifellos alle diejenigen Getränke zu verstehen sind, die einen Zusatz von Wein im Sinne des Weingesetzes enthalten, ist die Fassung des Begriffs der Weinähnlichkeit weniger einfach.

Einige Verbots-Bestimmungen für weinähnliche Getränke finden sich im Gesetz vom 24. Mai 1901. Daneben bleiben das Gesetz vom 14. Mai 1879, das Gesetz vom 5. Juli 1887, betreffend die Verwendung gesundheitsschädlicher Farben, und das Süßstoffgesetz vom 7. Juli 1902 zu berücksichtigen.

Alle diese Gesetze sind aber negativer Art, insofern keine einzige Stelle in ihm vorhanden ist, welche sagt, was weinähnliche Getränke sind und welche Bestandteile als integrierende gelten sollen. Wir erfahren ausschließlich von einigen Bestandteilen, welche nicht darin sein dürfen. Daher muß der Begriff aus der Entstehungsgeschichte der Gesetze und ihrer Interpretation durch das Reichsgericht entnommen werden.

Daß ein gewisses Bestreben besteht, zu verschiedener Auffassung zu gelangen, dafür spricht u. a. der Versuch, die Obst- und Beerenweine als „nicht weinähnlich" hinzustellen und sie damit den Bestimmungen des § 7 W.G. zu entziehen. Bei der zeitigen Lage der Gesetzgebung bilden aber gerade die Fruchtweine das Hauptkontingent der weinähnlichen Getränke.

Wie das **Reichsgericht** am 28. Februar 1905 (E. XXXVII, 422) ausführte, sind bestimmte Normen dafür, welche Getränke als weinähnlich anzusehen sind, so wenig wie im Gesetze von 1892 in dem von 1901 aufgestellt. Für die Entscheidung der Frage sind, von der Aufnahme der eingeschränkteren Definition des Begriffes Wein abgesehen, im neuen Gesetze wesentlich andere Grundlagen nicht gegeben, als sie im Gesetze von 1892 enthalten waren. Der Entscheidung wird daher hauptsächlich die Verkehrsanschauung zu Grunde zulegen sein, wobei auf alle Unterscheidungsmerkmale von „Wein" gegenüber anderen Getränken Rücksicht zu nehmen ist. Die äußere Erscheinung im Aussehen, Geschmack, Flüssigkeitsgrad, wie der innere Gehalt an Zutaten usw., die Gebrauchsbestimmung und die etwa daraus hergeleitete Bezeichnung werden besonders ins Auge zu fassen und danach der Gesamtcharakter des Getränkes und die Ähnlichkeit dieses Gesamtcharakters mit dem bei Betrachtung der entsprechenden Eigenschaften des „Weines" sich für letzteres Getränk ergebenden Gesamtcharakter zu bestimmen sein. Innerhalb der Beratung des Gesetzentwurfes von 1901 wie seiner Vorläufer ist unzweideutig und widerspruchslos zum Ausdruck gelangt, daß ebenso ganz allgemein die Kunstweine, wie auch die Obst- und Beerenweine unter den Begriff der weinähnlichen Getränke zu zählen seien. Man hat also ebensowenig erfordert, daß zu einem derartigen Getränke Traubensaft zur Verwendung gelange, wie daß es im Wege alkoholischer Gärung erzeugt sei. Denn die Herstellung des Kunstweines auf sog. kaltem Wege, nämlich ohne jede Gärung durch einfach mechanische Mischung von Wasser, Sprit, Weinsäure, Glyzerin, Farb- und Bouquetstoffen usw., nimmt im Gebiete dieser Fabrikation einen breiten Raum ein.

Rechtlich steht also nichts entgegen, einer Nachahmung von Obst und Beerenwein, deren Gesamtcharakter dem des reinen und natürlichen Obst- und Beerenweines gleichkommt und die zu dessen Ersatz bestimmt ist, Weinähnlichkeit zuzuschreiben."

Zutreffend sagt hier das Reichsgericht, daß der Begriff des weinähnlichen Getränkes im Gesetze bon 1901 der gleiche geblieben ist, der er 1892 war, weil das neue Gesetz eben keine Änderungen festsetzte. Für das alte Gesetz war aber der Begriff, wenigstens was Obst- und Beerenweine anbetrifft, aus der dem damaligen Entwurfe beigegebenen Begründung klar ersichtlich. Er ist auch authentisch, weil der Reichstag das alte Gesetz nicht nur fast ohne jegliche Änderung, sondern sogar ohne Kommissionsberatung angenommen hatte, so daß der Entwurf bereits nach vier Wochen ein verkündetes Gesetz war.

Das alte Gesetz bestimmte nun im § 6, daß die Verwendung von Saccharin usw. bei der Herstellung von Schaumwein oder Obstwein einschließlich Beerenobstwein als Nahrungsmittelverfälschung zu bestrafen sei. Da das Gesetz von 1892 ebenfalls laut Überschrift „Wein, weinhaltige und weinähnliche Getränke" betraf, so müssen die Obst- usw. Weine natürlich zu einer dieser drei Arten vom Gesetzgeber gerechnet sein. Daß die Obstweine nicht als „Wein" verstanden waren, stellte die Begründung klar, die auf Seite 13 des Entwurfes (Drucksachen des Reichstags Nr. 766) sagte: „Im § 5 ist daher die Anwendbarkeit der verkehrspolizeilichen Vorschriften des Entwurfes auf den Schaumwein ausgeschlossen. Bezüglich der Obstweine bedarf es in dieser Hinsicht einer ausdrücklichen Bestimmung nicht, da sie begriffsmäßig nicht als Wein betrachtet werden können." Waren sie also nicht „Wein", so konnten sie nur noch weinhaltig oder weinähnlich sein. Das erstere schließt sich selbst aus, da hier nicht Mischungen, sondern reine Produkte in Rede stehen; es bleibt demnach nur übrig, daß der Gesetzgeber die Obstweine unzweideutig als weinähnliche Getränke angesehen wissen wollte.

Das neue Gesetz spricht in § 3 Ziffer 6 von Obstmost und Obstwein, deren Zusatz von Wein nicht erlaubt sein soll, und in § 6 von Schaumwein, der aus Fruchtwein (Obst- und Beerenwein) hergestellt ist. In den erwähnten Interessentenkreise meint man nun: „Es muß angenommen werden, daß, falls das Gesetz unter weinähnlichen Getränken allgemein Fruchtwein (Obst- und Beerenwein) verstanden wissen wollte, es in § 3 und § 6 nicht ausdrücklich Fruchtwein als eine besondere Art von Erzeugnissen namentlich genannt, sondern hier den Ausdruck „weinähnliche Getränke (Fruchtwein, Obst- und Beerenwein)" gebraucht haben würde."

Ganz abgesehen davon, daß nichts dazu zwingen würde, neben dem allgemeinen Ausdruck „weinähnliches Getränk" den spezielleren „Fruchtwein" zu vermeiden, ist der Gesetzestext durchaus logisch, aber nicht jene Begründung. Denn „weinähnliches Getränk" und „Fruchtwein" sind nicht gleichbedeutend. Alle Fruchtweine sind weinähnliche Getränke, aber nicht alle weinähnlichen Getränke sind Fruchtweine. Das Gesetz spricht deshalb eine ganz exakte Sprache, wenn es an jenen beiden Stellen zwei genau präzisierte Stoffe, die zu dem umfassenderen Begriff des weinähnlichen Getränks gehören, namhaft macht. Es gibt eben noch mehr weinähnliche Getränke außer den Obstweinen. Die sämtlichen Kunstweine gehören dazu, auch Phantasiegebilde, die neben einem gewissen Alkohol- und Säuregehalt ein weinähnliches Aroma haben und bestimmt sind, nach Art des Weines genossen zu werden.

Weinähnliche Getränke sind niemals Weine im Sinne des Weingesetzes. Die große Mehrzahl der begrifflich möglichen Getränke ist durch § 3 W.G. verboten, so daß an legalen Produkten vorzugsweise die Obst- und Beerenweine in Betracht kommen, daneben noch gespritete Moste. Zwar werden manche Südweine (s. Kapitel 44) auch in der Weise hergestellt, daß dem Most bezw. dem eingedickten Most ohne vorausgegangene oder nachfolgende Gärung Alkohol zugegeben wird, aber auch die Süd- und Süßweine sind nicht Weine im Sinne des Gesetzes und unterscheiden sich von den weinähnlichen Getränken im allgemeinen durch ihre Süße und erhöhten Alkoholgehalt, was jedoch nicht ausschließt, daß einige gleichzeitig als weinähnliche Getränke aufgefaßt werden können. Eine genaue Trennung ist um so weniger erforderlich, als alle gesetzlichen Bestimmungen, welche für weinähnliche und weinhaltige Getränke ergangen sind, für die

Süd- und Süßweine bestehen, während umgekehrt für die Süß- und Südweine noch anderweitige Anordnungen erlassen sind.

Zu den weinähnlichen Getränken gehören auch gewisse Produkte, welche aus ganz anderen Rohmaterialien z. B. Getreide hergestellt sind. Man hat aus Gerste mit Hilfe reingezüchteter Weinhefen von typischen Weintrauben z. B. Tokayer, Sherry usw. Getränke, sog. Gerstenweine erzeugt, welche eine gewisse Ähnlichkeit mit den betreffenden Weinen haben. Besonders wurde eine Zeitlang für die sogenannten Maltonweine Propaganda gemacht. Sie sind jedoch anscheinend wieder aus dem Handel verschwunden. Die bei uns kaum gebräuchlichen Getränke, Palmenweine, Dattelweine, Reisweine seien nur erwähnt.

Spezielles ist noch folgendes zu bemerken:

Obst- und Beerenweine, Fruchtweine werden im allgemeinen nach gleichen Grundsätzen wie „Wein" bereitet und unterliegen auch einer Kellerbehandlung, für welche dieselben Freiheiten in Anspruch genommen werden dürfen, wie sie § 2 W.G. den Traubenweinen einräumt. Allerdings sind nicht die Bestimmungen des Weingesetzes, sondern § 10 N.M.G. maßgebend; zu dessen Auslegung wird man jedoch die Bestimmungen des Weingesetzes mit Recht in Betracht ziehen.

Bezüglich der Beerenweine bleibt zu beachten, daß ihr Most stets zu viel Säure und zu wenig Zucker enthält. Ohne Zugabe von Zuckerwasser ist aus ihnen daher überhaupt kein trinkbarer Wein herzustellen.

Gesetzliche Bestimmungen finden sich

1. Im W.G. vom 24. Mai 1901, betr. den Verkehr mit Wein, weinhaltigen und weinähnlichen Getränken.

Außer in der Überschrift des Gesetzes findet sich der Ausdruck noch in den §§ 7, 8, 10, 21, 22. Im § 7 werden diejenigen Stoffe und Verbindungen aufgezählt, welche weinhaltigen und weinähnlichen Getränken nicht zugesetzt werden dürfen. § 8 verbietet das Feilhalten derartig hergestellter Getränke. §§ 10 und 21 betreffen die Kontrolle durch Sachverständige und die Ermächtigung des Bundesrats, Grundsätze zur Untersuchung weinähnlicher Getränke aufzustellen.

2. Das Süßstoffgesetz verbietet allgemein, also auch für weinhaltige und weinähnliche Getränke, die Herstellung von Lebens-

mitteln und Zusatz von Süßstoffen und das Verkaufen und Feilhalten solcher.

3. Das Farbengesetz endlich vom Jahre 1887 untersagt allgemein, also auch für weinhaltige und weinähnliche Getränke, die Verwendung von Farben der in § 1 des Gesetzes genannten Art.

Weinhaltige und weinähnliche Getränke dürfen demnach die Stoffe, welche § 7 W.G., sowie Farben, welche § 1 F.G. aufzählt, ferner keine künstlichen Süßstoffe enthalten.

4. Die für Wein erlassene offizielle Untersuchungsvorschrift vom 2. Juli 1901 ist zwar nur als „Anweisung zur chemischen Untersuchung des Weines“ überschrieben. Die Bekanntmachung des Bundesrats vom 2. Juli 1901 (Zentralblatt f. d. Deutsche Reich 1901 S. 234) sagt jedoch ausdrücklich, daß sie sich auf alle „in Bezug auf Wein, weinhaltige und weinähnliche Getränke erforderlichen Untersuchungen bezieht“.

Definitionen.

1. Weinhaltige Getränke sind alle zum Teil aus Wein im Sinne des Weingesetzes bestehenden Getränke.

2. Weinähnliche Getränke sind solche alkoholhaltige Flüssigkeiten, welche entweder nach Art des Weines aber aus anderen Fruchtsäften als dem Saft der Traube gewonnen werden oder durch Alkoholzusatz zu Mosten jeglicher Herkunft hergestellte Getränke, endlich alle diejenigen auf irgend eine Art hergestellten Getränke, welche in ähnlicher Weise und ähnlicher Quantität genossen werden sollen, wie Wein genossen wird, und sich durch einen gewissen Alkohol- und Säuregehalt auszeichnen.

Verfälschungen.

1. Die weinähnlichen Getränke entbehren zum Teil der erforderlichen Haltbarkeit. Man findet deshalb in ihnen häufig Konservierungsmittel, besonders die durch § 7 W.G. verbotene Salizylsäure.

2. Schwefeln, also Hineinbringen schwefliger Säure ist zwar nur für „Wein“ gesetzlich ausdrücklich zugelassen. Diese Methode ist deshalb aus dem N.M.G. zu beurteilen. Da jedoch dem Obstwein recht sein muß, was dem Traubenwein billig ist, wird man eine Beanstandung aller derjenigen Verfahren nicht aussprechen können, welche beim Weine zur anerkannten Kellerbehandlung gehören.

3. Die durch § 2 Ziffer 4 zugelassene Zuckerung beim Weine zum Zwecke seiner Verbesserung gehört bei vielen Obst- und Fruchtweinen nicht mehr zu den Verbesserungsmethoden, sondern direkt zu dem Herstellungsverfahren.

4. Ein Zusatz wie Weinsäure zu Obst- und Fruchtweinen wird bei all denjenigen Arten gutgeheißen werden müssen, welche aus säurearmen Früchten hergestellt werden. Bei Mangel an Säure tritt bei ihnen sonst das auch als Weinkrankheit bekannte Schwarzwerden auf. Das betrifft insbesondere die Obstweine (Apfelweine, Birnenweine) während die Beerenweine im Gegenteil wieder nicht ohne Zuckerung hergestellt werden können, da sie einen zu hohen Säuregehalt haben.

Reichsgericht. Vom 2. Oktober 1905. (Veröffentl. d. K.G.A. Beil. VII, S. 258.)

(Aufhebung des Urteils des L.G. Cöln vom 11. April 1905 und Freisprechung des Angeklagten.)

R. ist auf Grund der §§ 7, 13 Nr. 1, 16 Nr. 4 des W.G. vom 24. Mai 1901 verurteilt, weil er aus Fahrlässigkeit Rotwein-Punschessenz, einem weinhaltigen Getränk, das bestimmt ist, anderen als Nahrungsmittel zu dienen, bei der Herstellung Teerfarbstoff zugesetzt habe.

Die Revision macht geltend, die von R. hergestellte Rotwein-Punschessenz sei überhaupt kein Getränk und auch nicht „weinhaltig" im Sinne des Gesetzes. Überdies aber habe R. nach dem im Urteil festgestellten Sachverhalt nicht fahrlässig gehandelt.

Über die Zusammensetzung der von R. hergestellten und in den Handel gebrachten Rotwein-Punschessenz ist im Urteil festgestellt, daß sie etwa zu einem Dritteile aus Rotwein, überdies aus Edelbranntweinen Alkohol, Zitronensäure, Wasser und Zucker besteht und zum Zwecke der Färbung einen Zusatz von Teerfarbstoff erhält.

Den Ausführungen des Beschwerdeführers kann nicht durchweg beigetreten werden. Bereits im § 1 des W.G. vom 20. April 1892 war bestimmt, daß Teerfarbstoffe oder Gemische, welche solche Stoffe enthalten, Wein, weinhaltigen oder weinähnlichen Getränken, welche bestimmt sind, anderen als Nahrungs- oder Genußmittel zu dienen, bei oder nach der Herstellung nicht zugesetzt werden dürfen. In der Begründung des Entwurfes ist diese Vorschrift als eine „gesundheitspolizeiliche" bezeichnet (Drucksache Nr. 766 S. 7) und dazu ausgeführt, daß die §§ 12—14 N.M.G. zu ihrer Anwendung den Nachweis voraussetzen, daß das Nahrungs- oder Genußmittel (also auch der Wein) durch die Art seiner Herstellung gesundheitsschädlich geworden ist. „Um die nach dieser Richtung möglichen Zweifel für den Wein abzuschneiden und zugleich einen präventiven Schutz zu gewähren", bestimme der Entwurf, „daß gewisse an sich gesundheitsschädliche Stoffe bei der Weinbereitung überhaupt nicht Verwendung finden dürfen, ohne Rücksicht darauf, in welcher Menge sie zugesetzt würden, und ob durch ihre Beimischung der Wein selbst gesundheitsschädliche Eigenschaften annehme oder nicht." In den „technischen Erläuterungen" zu dem Entwurf (Drucksache Nr. 766 S. 31) ist zu dem Verbot der Teerfarbstoffe hervorgehoben, daß man die Wirkung vieler derselben auf den menschlichen Organismus noch nicht kenne, während es andererseits zahlreiche Pflanzenfarbstoffe gäbe, von deren Unschädlichkeit man überzeugt sein könne, und welche sich mindestens ebensogut zum Aufbessern der Farbe des Weines eigneten. In das neue W.G. vom 24. Mai 1901 § 7 ist das Verbot herübergenommen worden, ohne daß es in der Begründung des Entwurfs eine wiederholte Rechtfertigung erhalten hat. Es sind also die bei dem älteren Gesetze maßgebend gewesenen Gesichtspunkte auch weiterhin für ausschlaggebend erachtet worden.

Nun ist über die Gestalt, in welcher die hier in Frage stehende Rotwein-Punschessenz genossen wird, im Urteil festgestellt, daß sie „in der Regel" nur mit Wasser getrunken wird. Es gibt hiernach — wie der vordere Richter ersichtlich angenommen hat — auch Liebhaber des Genusses derselben in unveränderter Gestalt. Für solche ist sie also ein bereits „trinkfertiges" Getränk und würde also auch nach der Anschauung der Revision dem § 7 a. a. O. unterstehen, sofern sie als weinhaltig zu betrachten ist. Ob jede Beimischung von Wein, auch eine solche der geringsten Menge, dem Getränke schon den Charakter eines „weinhaltigen" verleiht, kann dahin gestellt bleiben. Ein Gemisch, das sich als Rotwein-Punschessenz ankündigt und zum dritten Teil tatsächlich aus Wein besteht, als weinhaltig zu betrachten, ist jedenfalls wohlberechtigt. Allein auch wenn nicht festgestellt wäre, daß es in vereinzelten Fällen unverwässert getrunken wird, sondern stets mit Wasser vermischt, mußte es „als ein Getränk, das bestimmt ist, anderen als Genußmittel zu dienen", angesehen werden. Denn die Essenz bleibt ein wesentlicher Bestandteil dieses Getränkes, das als „Rotwein-Punsch" bei seiner oben geschilderten Zusammensetzung als ein weinhaltiges Getränk zweifellos anzusehen ist. Der präventiv-gesundheitspolizeiliche Charakter des Verbots steht seiner einschränkenden Auslegung entgegen (vgl. E. XXVII, 9), und wenn auch nicht schlechthin jede Punschessenz — ohne Rücksicht auf ihre Zusammensetzung — dem Verbote des § 7 unterliegen wird, so kann jedenfalls die Anwendung des letzteren im vorliegenden Falle nicht beanstandet werden. Die Meinnug des Beschwerdeführers, unter „weinhaltigen Getränken" seien lediglich petiotisierte oder gallisierte Weine oder Kunstweine zu verstehen, findet im Gesetze keine Stütze. Die Motive zum älteren W.G. (S 7) führen lediglich als Beispiele weinhaltiger und weinähnlicher Getränke den Obstwein, den Kunstwein einschließlich des Rosinenweins und den Tresterwein auf. Damit ist also ihr Kreis nicht abgeschlossen.

Die Einwendungen der Revision müssen dagegen insoweit als berechtigt anerkannt werden, als sie sich gegen die Annahme der Vorinstanz richten, R. habe fahrlässig gehandelt.

Nach dem in dieser Hinsicht festgestellten Sachverhalt hat R. nicht gewußt, daß das von ihm verwendete Färbemittel ein Teerfarbstoff gewesen ist. Er ist deshalb auch nicht wegen vorsätzlicher Verfehlung gegen § 7 W.G., wie die Anklage unterstellt hatte, sondern weil er aus Fahrlässigkeit (also ohne es zu wollen) Teerfarbstoff seinem weinhaltigen Erzeugnis zugesetzt hatte, bestraft worden. Nun hat aber die Strafkammer die Angabe des R., daß ihm das Färbemittel von der Firma Gebr. Sa.

Nachfolger in Ma. laut Aufschrift auf den Gefäßen als ein „nach Reichsgesetz hergestellter und gesundheitsunschädlicher, zu allem, was überhaupt gefärbt werden darf, verwendbarer Farbstoff" verkauft worden sei, im Urteil als wahr unterstellt; sie hat ferner anerkannt, daß R. sein Geschäft unter die Aufsicht eines Gerichtschemikers gestellt hatte, dem zu beachten oblag, daß in dem Betriebe allen gesetzlichen Vorschriften Genüge geleistet werde. Bei solcher Sachlage kann die Erwägung in der Urteilsbegründung: „bei Anwendung der pflichtmäßigen Sorgfalt habe R. erkennen müssen, daß der von ihm gebrauchte Farbstoff ein Teerfarbstoff und daher verboten sei", ohne irgend welche Erläuterung, auf welchem Wege er zu dieser Erkenntnis hätte gelangen sollen und können, als der zur Verurteilung wegen Fahrlässigkeit zu fordernde Nachweis der Versäumnis einer konkreten, ihm obliegenden Pflicht nicht angesehen werden. Hat der von R. bestellte Gerichtschemiker unterlassen, den R. auf die Beschaffenheit des Farbstoffes als eines Teerpräparates aufmerksam zu machen, so kann daraus eine Pflichtversäumnis R.'s nicht konstruiert werden. Der Vorwurf einer culpa in eligendo hat nach der erstrichterlichen Feststellung keinen Boden, wenn sich auch die Behörde der Hilfe dieses Sachverständigen bedient. Den R. trifft deshalb ein Vorwurf auch dann nicht, wenn der genannte Kontrollbeamte zwar jene Beschaffenheit des Farbstoffes gekannt, aber den Zusatz zu der Rotwein-Punschessenz darum nicht beanstandet hatte, weil er letztere nicht für ein Getränk im Sinne des § 7 angesehen hat. Für solchen Rechtsirrtum des Gerichtschemikers würde R. nur dann verantwortlich gemacht werden können, wenn er unterstellen konnte, daß der Chemiker die Gesetzesvorschrift falsch auslegen und infolgedessen ihm die Beschaffenheit des Farbstoffes als eines Teerpräparats verschweigen würde.

Hierfür fehlt es an jedem Anhalt im Urteil, und ist auch von einer erneuten Verhandlung nach Lage der Sache ein abweichendes tatsächliches Ergebnis nicht zu erwarten.

Es war daher, wie geschehen, zu erkennen.

Man vergleiche ferner die bei Kapitel 27 (Ähnlichkeit) mitgeteilten Entscheidungen.

---

47. Kapitel.

Bier und bierähnliche Getränke.

Herstellung des Bieres. Es gibt zwar eine außerordentlich große Anzahl Biersorten, die sich weniger durch Verschiedenartigkeit der Rohmaterialien als durch Abweichungen in der Herstellung unterscheiden, sie haben aber alle etwas gemeinsames in ihrem Charakter, das sie eben unter den Namen Bier vereint.

Zwei große Gruppen pflegt man anzunehmen:

Untergäriges Bier und

Obergäriges Bier.

Bei beiden kann man wieder zwischen hellen und dunklen, zwischen stark und schwach eingebrauten, hoch und niedrig vergorenen Bieren unterscheiden. Daneben gibt es zahlreiche Spezialbiere.

Alle verwenden Malz und Hopfen entweder als ausschließliches oder doch als hauptsächliches Rohmaterial neben Hefe und Wasser.

Malz ist eine Bezeichnung für gekeimtes Getreide und zwar für gekeimte Gerste, wenn nicht ein anderes ausdrücklich bemerkt ist. Wenn man nämlich ein solches Gerstenkorn (oder anderes Getreidekorn) sich mit Wasser vollsaugen und bei günstiger Temperatur sich selbst überläßt, dann beginnt der Lebensprozeß sich zu regen und das Korn schickt sich an, eine neue Pflanze zu werden. Während es bis dahin ein still ruhendes Magazin voll Nahrung (Stärke) für das zukünftige Pflänzchen war, beginnt ein Würzelchen zu wachsen, aus den Eiweißstoffen bilden sich Fermente und durch diese entstehen schließlich aus der Stärke Zucker, den die junge Pflanze als Baustoff verwendet.

Die Kunst des Mälzers besteht nun darin, diesen Prozeß bis zu einem bestimmten, ihm besonders geeignet scheinenden Moment sich vollziehen zu lassen und dann zu unterbrechen. Dieser Moment scheint ihm gekommen, wenn sich die Stärke noch möglichst wenig verändert, dagegen möglichst viel von einem „Diastase" genannten Ferment gebildet hat. Solche Fermente, deren man zahlreiche mit den verschiedenartigsten Eigenschaften kennt, sind eiweißartige Stoffe mit der Eigenschaft, durch ihre Anwesenheit, die Zerlegung komplizierterer Verbindungen in einfache zu bewirken. Die Diastase, welche sich im keimenden Gerstenkorn (ebenso wie in anderen Getreidearten) bildet, bewirkt, daß bei geeigneter Temperatur sich die Stärke im Maltose, eine lösliche Zuckerart spaltet.

Der Brauer, bezw. der Mälzer, erkennt den richtigen Augenblick an dem gebildeten Würzelchen das in einem bestimmten Verhältnis zur Länge des Gerstenkorns steht, nämlich gleich lang sein muß. Ist dieses Verhältnis erreicht, so wird das weitere Wachstum durch einen Dörrprozeß unterbrochen; das Grünmalz wird in Darrmalz verwandelt.

Das Darren ist ein Austrocknungsverfahren, welches das Grünmalz je nach der angewendeten Temperatur in verschiedenster

Weise verändern kann. Je höher die Wärme steigt, desto dunkler färbt sich das Malz, indem derselbe Stoff entsteht, der sich beim Rösten von Zucker bildet: Karamel. Gleichzeitig entstehen gewisse Aromstoffe und ein eigentümlicher Geschmack.

Das fertige Malz wird geschroten und mit Wasser auf 60—75° erhitzt. Diese Mischung heißt die Maische. In ihr vollbringt die Diastase ihre Wirkung, indem sie die Stärke des Malzes in Maltose, Isomaltose und Dextrin verwandelt. Die neuen Produkte sind wasserlöslich und bilden in der entstehenden Lösung, die Würze genannt wird, den als „Stammwürze" bezeichneten Gehalt an festen Stoffen, den Extraktgehalt. Nachdem der Verzuckerungsprozeß vollendet ist, was sich an dem Verschwinden der sehr leicht nachweisbaren Stärke erkennen läßt, hat die Würze, wie der Brauer sagt, „gezogen", dann trennt man sie von den Trebern oder Trestern, das heißt von den ungelöst gebliebenen Bestandteilen des Malzes.

Die abgelassene Würze kommt alsdann in ein anderes Kochgefäß. Hieß das erste „Maischbottich", so nennt man das zweite „Würzpfanne". Hier wird die Würze mit Hopfen gesiedet und auch etwas konzentrierter, da Wasser verdampft. Durch Einwirkung der Siedehitze sowohl wie infolge chemischer Umsetzung mit Hopfenbestandteilen, besonders der Gerbsäure, scheiden sich die aus dem Malze entstammenden Eiweißstoffe der Würze zum großen Teil ab und klären dabei die Lösung: Die „Würze bricht sich", wenn die Eiweißstoffe sich großflockig zu Boden setzen und die Flüssigkeit kristallklar darüber steht. Gleichzeitig haben sich etwa 20—30% von den Hopfenbestandteilen aufgelöst und geben der Abkochung nicht nur den charakteristischen Hopfengeschmack, sondern wirken auch konservierend auf das spätere Bier.

Die Stammwürze wird wiederum durch Abseihen von dem Bodensatz und den Hopfenrückständen getrennt und möglichst rasch gekühlt. Die Temperaturherabsetzung geht bei obergärigen Bieren bis auf 12—20°, bei den untergärigen Bieren bis auf 5—6° herab.

In den Gärbottichen, in welche die gekühlte Würze kommt und die sich in Kellerräumen mit sorgfältig regulierter Temperatur befinden, wird nunmehr durch Zusatz von Hefen das junge Bier erzeugt. Die Hefe greift dabei vorzugsweise die Maltose an, die in etwa gleiche Teile Alkohol und Kohlensäure zerlegt wird.

Die festen Bestandteile, der Extrakt der Stammwürze

besteht aber nicht nur aus Maltose, wie bereits erwähnt. Neben dieser, die 50—60 % auszumachen pflegt, finden sich 7—9 % andere Zuckerarten, nämlich neben Trauben- und Fruchtzucker die besonders wichtige Isomaltose, dazu 2—4 % Saccharose (unser gewöhnlicher Zucker) und 15—25 % Dextrin neben etwas Gummi, Röstproduckten des Malzes besonders Karamel, Hopfenextrakt, Eiweißstopen und Mineralbestandteilen.

Etwa die Hälfte des Extraktes wird durch die Gärung zerlegt, doch schwankt dieses Verhältnis außerordentlich. Man unterscheidet daher

als hohen Vergärungsgrad wenn 60 % Extrakt (Stammwürze) oder mehr,
als mittleren Vergärungsgrad wenn 50—60 %,
als niedrigen Vergärungsgrad wenn unter 50 % vergoren sind.

Diese Zahlen lassen sich gut feststellen. Da nämlich die Zuckerarten in ziemlich genau gleiche Teile Alkohol und Kohlensäure bei der Gärung zerfallen, so kann man aus dem Alkoholgehalt eines Bieres die ursprüngliche Stammwürze berechnen, indem der gebliebene Extrakt im fertigen Bier zu dem mit 2 multiptizierten Alkoholgehalt addiert wird. Aus der Proportion zwischen urspünglichen Extrakt (Stammwürze) und gebliebenen Extrakt berechnet sich der Vergärungsgrad.

Je niedriger dieser ist, desto höher bleibt der Extraktgehalt und desto vollmundiger wird das Bier, während der Alkoholgehalt entsprechend niedriger bleibt. Ist die Hauptgärung vollendet, so kommt das „Jungbier“ auf Lagerfässer, in denen es reif wird. Der Reifungsprozeß nimmt bei untergärigen Bieren meist längere Zeit in Anspruch, bei „Schankbieren“ mehrere Wochen, bei „Lagerbier“ 2—4 Monate. In dieser Zeit vollzieht sich auch die Nachgärung, das ist die Vergärung der langsamer zerlegbaren Bestandteile der Stammwürze, besonders der Isomaltose.

Nachdem kommt das fertige Bier auf die Versandfässer, nachdem es erforderlichen Falles noch zuvor filtriert worden ist.

Bei obergärigen Bieren geht entsprechend der höheren Temperatur (12—20° gegen 5—6° bei den untergärigen Bieren; s. oben) der ganze Prozeß schneller vonstatten. Dauert bei diesen die Hauptgärung 8—10 Tage, so verläuft sie beim obergärigen Bier erheblich schneller, in 2—5 Tagen. Die Nachgärung schwankt allerdings in sehr weiten Grenzen. Während bei einigen dieselbe Zeit wie bei den untergärigen Bieren erfordert wird, erlangen andere schon in einigen Tagen die Genußreife.

Hierzu sind bei einigen Prozessen und Materialien die auf die Eigenschaften des fertigen Bieres von Einfluß sind noch einige Erläuterungen notwendig.

Malz. Das Malz im engeren Sinne ist Gerstenmalz. Die Sommergerste gilt für besser als die Wintergerste und wird daher ausschließlich bei uns verarbeitet. Eine Gerste ist desto besser je reicher sie an Stärke und je ärmer sie an Eiweißstoffen ist. Die besten Sorten liefert Böhmen. Die Korngröße sowie die ganze sonstige Beschaffenheit der Gerste soll gleichmäßig sein, da sonst der Mälzungsprozeß nicht gleichartig verläuft. Feinspelzige Gerste enthält weniger Ballast als grobspelzige und gibt darum mehr nutzbare Stoffe.

Andere Malzarten kommen nur für obergärige Biere in Frage. In Deutschland wird lediglich noch Weizenmalz gebraucht. Aus brautechnischen Gründen kommt dieses Malz jedoch nie rein zur Anwendung, sondern stets in Gemeinschaft mit Gerstenmalz. Die Weizenbiere oder Weizenmalzbiere werden aus 3 Teilen Weizenmalz und 1 Teil Gerstenmalz der Regel nach eingemaischt. Der Preisunterschied zwischen beiden ist geringfügiger Art und nach der Konjunktur für die eine oder die andere Sorte ein wenig höher. Es ergibt sich daraus, daß Weizenmalz nicht etwa ein Surrogat des Gerstenmalzes ist. Weizenbier ist vielmehr ein Fabrikat sui generis.

Von Einzelheiten der Malzbereitung sei nur erwähnt, daß während des Wachstums des Keimlings auf der Tenne leicht Schimmelbildung vorkommt. Alsdann wird es erforderlich in geeigneter Weise einzugreifen, damit nicht ein schlechtes Bier resultiere. Zusatz von Salizylsäure zum Weichwasser, Waschen der Gerste in Kalkwasser sind bekannte Methoden dagegen.

Der Keimungsprozeß des Malzes wird durch Darren zum Stillstand gebracht.

Das frische, ungedarrte Malz heißt Grünmalz.

Bei Luftdarren trocknet man das Malz durch erwärmte Luft.

Bei Rauchdarren oder Koksdarren kommen die Verbrennungsprodukte bezw der Rauch direkt an das Malz.

Jedenfalls soll die Temperatur der Darren nur sehr langsam steigen und bei einigen 40° die Hauptwassermenge entfernt sein. Höhere Hitzegrade machen die Diastase unwirksam. Das getrocknete, nur noch bis höchstens 15% Wasser haltende Malz heißt Darrmalz.

Setzt man dieses noch höheren Temperaturen aus, so geht allerdings die diastatische Kraft verloren, aber es entsteht Karamel, derselbe Farbstoff, den die Zuckercouleur enthält, und das Produkt heißt Farbmalz. Es wird in bestimmten Mengen zur Maische zugesetzt, um die gewünschte dunkle Färbung des Bieres zu erzielen.

Gutes Braumalz soll folgende Eigenschaften haben (nach J. C. Lintner und Prof. Fr. Schönfeld):

1. Das Korn soll vollbauchig sein und in Wasser schwimmen.
2. Die Farbe beim Darrmalz soll der der Gerste sehr nahe kommen.
3. Der Mehlkörper soll mürbe, locker und möglichst weiß sein und dabei sich leicht zerreiben lassen. Nur bei stark gedarrtem Münchener Malz sind die Körner leicht gebräunt und der Mehlkörper gelblich weiß.
4. Das Korn soll süß schmecken und einen angenehmen Malzgeruch besitzen, der bei stark gedarrtem Malz kräftiger hervortritt als bei schwach gedarrten böhmischen Malz.
5. Glasiges Korn oder glasiger Rand deuten auf schlechte Kornbeschaffenheit oder mangelhafte Behandlung auf der Malztenne. Sie haben ein höheres Hektolitergewicht als gute mürbe Malze; während man für gute stark-gedarrte Malze ein Hektolitergewicht von 48—53 kg rechnet, haben gute licht gedarrte Malze ein solches von 54—55 kg.

Das **Wasser** spielt in Brauprozeß eine wichtige Rolle. Für das Gebiet des Nahrungsmittelrechts kommt aber nur in Betracht, daß eine gewisse bleibende Härte vom Bierbrauer gewünscht wird. Diese rührt bekanntlich vom Gipsgehalt des Wassers her und bewirkt nicht nur einen vorteilhafteren Mälzungsprozeß, wenn es als Weichwasser Verwendung fand sondern begünstigt auch das Klarwerden der Würze beim „Bruch“. Wo solches Wasser nicht zur Verfügung steht, pflegt man daher einen mäßigen Zusatz von Gips, als der Verbesserung des Bieres dienlich, zu machen.

Der **Hopfen** der Brauereien ist die weibliche, noch unbefruchtete Blüthendolde der Hopfenpflanze. Der böhmische und der süddeutsche Hopfen gilt als der beste. Da der frische Hopfen einen hohen Wassergehalt hat (bis 75 %) so macht man in den Hopfendarren durch rasches aber vorsichtiges Trocknen aus ihm ein haltbareres, wasserärmeres (12—15 %) Produkt. Dieses preßt man mittelst hydraulischer Pressen möglichst fest zusammen und bewahrt es in Säcken oder Zinkkästen auf Eis. Da Hopfen aber trotzdem sehr zur Schimmelbildung neigt, so wird er meist noch geschwefelt.

Von den Hopfenbestandteilen sind das Hopfenöl, das Hopfenharz und die Hopfengerbsäure besonders für die Bierbereitung wichtig.

Als **Hopfenersatzmittel** (die aber sämtlich nicht zulässig sind) wurde eine große Zahl von bitterschmeckenden Pflanzen und Pflanzenstoffen empfohlen.

Die **Hefe** spielt in allen Gärungsgewerben eine besonders wichtige Rolle. Sie wird darum in einen besonderen Kapitel behandelt, s. dort.

Obergärung und Untergärung. Es ist bereits ausgeführt, daß die Untergärung bei einer niedern Temperatur, nämlich 5—10° verläuft und längere Zeit dauert. Die Hefen setzen sich dabei am Boden des Gärfasses ab, unten, daher der Name. Die Hefe heißt auch Unterhefe und besteht aus kleinen Sproßverbänden von höchstens 4 Zellen.

Die Obergärung verläuft bei 12—20° und dauert nur kurze Zeit. Die Hefe setzt sich oben, an der Oberfläche des Bieres ab und besteht aus Sproßverbänden, die bis zu 20 Hefezellen zählen.

Untergärige Biere sind haltbarer und die große Mehrzahl der bei uns genossenen Biere gehören dazu, insbesondere alle Lager- und Versandbiere.

Obergärige Biere sind wegen ihrer geringen Haltbarkeit meist Lokalbiere, die im engem Umkreis ihres Erzeugungsortes genossen werden. Sie sind viel kohlensäurereicher als die untergärigen Biere, weil die Nachgärung ebenso wie die Hauptgärung viel stürmischer verläuft. Zu Faßbieren eignen sie sich aus dem gleichen Grunde wenig, vielmehr sind sie typische Flaschenbiere.

Es bestehen aber zahlreiche Übergänge zwischen den beiden Brauverfahren und es ist oft schwer zu entscheiden, welcher Kategorie ein Bier zugehört, um so mehr als oft obergärige Biere auch mit untergärigen Hefen erzeugt werden.

Den Vorschlag von Brauereiverbänden, den auch im Brausteuergesetz vom 3. Juni 1906 gemachten und daher rechtlich bedeutungsvollen **Unterschied zwischen beiden Bierarten** dadurch festzulegen, daß alles Bier mit einem Alkoholgehalt bis 2 % als obergäriges, das mit mehr Alkohol als untergäriges angesehen werde, hat der Reichstag zwar unbeachtet gelassen, für Bier zweifelhaften Charakters kann er jedoch sehr gut als Unterscheidungsmerkmal verwertet werden, da die Alkoholarmut ein wichtiges Charakteristikum obergäriger Biere ist.

Bierarten. Ihre Zahl ist sehr hoch. Bei untergärigen Bieren sind besonders Schankbier, Lagerbier, Exportbier und Bockbier zu unterscheiden.

Das Schankbier unterscheidet sich vom Lagerbier, daß man zur Nachgärung mehr Hefen im Faß läßt, so daß es verhältnismäßig rasch, unter Umständen schon nach 14 Tagen reif ist. Für Lagerbier wird das Jungbier dagegen mit wenig Hefen, „lauter" abgezogen. Exportbiere sind mit hoher Stammwürze eingebraut und darum alkoholreicher und haltbarer. Bockbiere sind den Exportbieren ähnlich aber noch extraktreicher.

Von obergärigen Bieren sind bemerkenswert:

Einfachbiere aus Weizenmalz, aber von süßlichen Geschmack, oft mit Zucker nach beendeter Gärung nachgesüßt, besonders bei den sogenannten Malzbieren. (Nicht zu verwechseln mit Malzextraktbieren, Bieren die mit besonders hohen Malzextraktgehalt eingebraut sind oder einen Malzextraktzusatz erhalten haben.)

Weißbiere von säuerlichen Geschmack, aus Weizenmalz hergestellt.

Rauchbiere ebenfalls meist aus Weizenmalz gewonnen, das zuvor über Eichenholzspähnen geräuchert wurde. Am bekanntesten ist das Grätzer Bier. Auch das Lichtenhainer gehört dazu. Die Stammwürzen sind gering (8 %), die Hopfung schwach.

Bitterbiere, gleichfalls vielfach aus Weizenmalz, jedoch mit häufiger Verwendung untergäriger Hefe hergestellt.

Englische Biere. Porter und Ale, beides sehr stark eingebraute Biere.

Die Braunschweiger Mumme ist kaum mehr ein Bier

zu nennen, sondern ein schwach vergorenes Malzextrakt ohne Hopfenzusatz.

Endlich ist noch das Farbbier zu erwähnen, daß aber eigentlich nur ein Halbfabrikat ist. Es ist eigentlich nur eine Art Zuckercouleur, nämlich bis 58 % Extrakt enthaltende Auszüge aus Farbmalz, daß besonders kräftig gedarrt wurde, meist ohne Gärung hergestellt.

Gesetzliche Bestimmungen.

Vorbemerkung. Über die Zulässigkeit von Malzsurrogaten galten bisher im Deutschen Reiche infolge der beim Bier besonders hervortretenden Steuerverhältnisse den Steuerbezirken entsprechende Verschiedenheiten. Tatsächlich ist zwar seit dem 3. Juni 1906 eine annähnerde Gleichmäßigkeit der Bestimmungen vorhanden, formell ist jedoch die alte Zerfahrenheit geblieben. Das Reichsgesetz vom 3. Juni 1906 gilt nämlich nicht im ganzen Reich, sondern nur für das Gebiet der „Reichsbrausteuer", das ist das Gebiet des Deutschen Reiches soweit es innerhalb der Zollinie liegt, jedoch mit Ausschluß der Königreiche Bayern und Württemberg, des Großherzogtums Baden, Elsaß-Lothringen, des Großherzoglichen-Sächsischen Vorgerichts Ostheim und des Großherzoglich Koburg und Gothaschen Amtes Königsberg.

Von den ausgenommenen Gebieten haben Bayern, Württemberg und Baden ähnliche Bestimmungen, wie das Gebiet der Reichsbrausteuer.

1. a) Reichs-Brausteuergesetz vom 3. Juni 1906.

§ 1. Zur Bereitung von untergärigem Biere darf nur Gerstenmalz, Hopfen, Hefe und Wasser verwendet werden. Die Bereitung von obergärigem Bier unterliegt derselben Vorschrift, es ist jedoch hierbei auch die Verwendung von anderem Malze und von technisch reinem Rohr-, Rüben- oder Invertzucker, sowie von Stärkezucker und aus Zucker der bezeichneten Art hergestellten Farbmitteln zulässig.

Für die Bereitung besonderer Biere sowie von Bier, das nachweislich zur Ausfuhr bestimmt ist können Abweichungen von der Vorschrift im Abs. 1 gestattet werden.

Die Vorschrift in Abs. 1 findet keine Anwendung auf die steuerfreie Haustrunkbereitung (§ 9).

§ 2. Die Brausteuer wird von dem zur Bereitung verwendeten Malze und Zucker erhoben. Unter Malz wird alles künstlich zum Keimen gebrachte Getreide verstanden. Der dem obergärigen Bier nach Abschluß des Brauverfahrens und außerhalb der Braustätten zugesetzte Zucker unterliegt nicht der Brausteuer. Der Bundesrat ist befugt den Zucker von der Brausteuer gänzlich freigelassen.

Als Zucker im Sinne dieses Gesetzes sind die im § 1 Abs. 1 bezeichneten Zuckerstoffe, einschließlich der daraus hergestellten Farbmittel zu verstehen.

§ 3. Die Brausteuer kann auch von dem zur Bereitung bierähnlicher Getränke verwendeten Malze und Zucker erhoben werden. Die Herstellung solcher Getränke kann unter Steueraufsicht gestellt, auch kann die Verwendung von anderen Malzersatzstoffen als Zucker verboten werden. Die näheren Bestimmungen trifft der Bundesrat.

Andere als die am Schlusse des § 2 Abs. 1 bezeichneten, zur Herstellung von Bier oder bierähnlichen Getränken bestimmten Zubereitungen (Bierextrakte und dergleichen) dürfen nicht in den Verkehr gebracht werden.

b) Bayrisches Malzaufschlaggesetz vom 16. Mai 1868. (In der auf Grund des Gesetzes vom 8. Dezember 1889 vom bayrischen Finanzministerium veröffentlichten Fassung.)

Artikel 7. Es ist verboten, zur Bereitung von Bier statt Malzes (Dörr- oder Luftmalzes) Stoffe irgend welcher Art als Zusatz oder Ersatz oder ungemälztes Getreide für sich, sowie mit ungemälzten Getreide vermischtes Malz zu verwenden.

Zur Erzeugung von Braunbier darf nur aus Gerste bereitetes Malz verwendet werden.

c) Württembergisches Gesetz betr. die Biersteuer vom 4. Juli 1900.

Artikel 3. Zur Bereitung von Bier dürfen statt Darr- oder Luftmalz und Hopfen Stoffe irgend welcher Art als Ersatz oder Zusatz nicht verwendet werden.

Zur Bereitung von untergärigem Bier darf als Malz nur Gerstenmalz Verwendung finden.

d) Badisches Gesetz betr. die Biersteuer vom 30. Juni 1896 in der abgeänderten Fassung vom 2. Juni 1904.

Artikel 6. Zur Bierbereitung darf außer Hopfen, Hefe und Wasser nur Malz verwendet werden.

Bei Erzeugung von untergärigem Bier ist die Verwendung von Malz auf Gerstenmalz beschränkt.

2. Bezüglich der Bestimmungen über die steuertechnische Behandlung von Bier muß auf die Gesetze selbst verwiesen werden.

3. Das Reichsbrausteuergesetz vom 3. Juni 1906 wird ergänzt durch die ergangenen

Ausführungsbestimmungen:

§ 1. 1. Bei der Bereitung von Bier ist nicht nur die Verwendung von Malzersatzstoffen jeder Art — mit der für obergärige Biere zugelassenen Ausnahme —, sondern auch aller Hopfenersatzstoffe sowie aller Zutaten irgend welcher Art, auch wenn sie nicht unter den Begriff der Malz- oder Hopfenersatzstoffe gebracht werden können, verboten. Der Ausdruck „Bereitung" ist im weitesten Sinne zu verstehen und umfaßt alle Teile der Herstellung und Behandlung des Bieres bis zu seiner Abgabe an den Verbraucher.

2. Hinsichtlich der Zulässigkeit der Verwendung und der Höhe der Steuer macht es keinen Unterschied, ab das Malz in ganzen Körnern oder zerkleinert, trocken oder angefeuchtet, ungedarrt, gedarrt oder geröstet zur Bierbereitung verwendet wird. Dagegen ist die Verwendung von Malzauszügen, insbesondere von Malzextrakt, nicht zulässig.

3. Zur Bereitung von obergärigem Biere darf Malz aus Getreide aller Art, auch aus Buchweizen, Mais und Dari, nicht aber aus Reis verwendet werden.

4. Als technisch rein gilt Zucker von solcher Reinheit, wie sie in dem bei der Herstellung von Zucker gebräuchlichen Verfahren erreicht wird.

§ 2. 1. Abweichungen von der Vorschrift im § 1 Abs. 1 des Gesetzes sind nur mit Genehmigung der obersten Landesfinanzbehörde und unter den von ihr angeordneten Bedingungen zulässig.

2. Zur erstmaligen Zulassung von Abweichungen für jede Art der besonderen Biere bedarf die oberste Landesfinanzbehörde der Zustimmung des Reichskanzlers.

§ 3. 1. Der Vorschrift im § 1 Abs. 1 des Gesetzes unterliegt auch die Bereitung von Farbebier.

2. Zur Färbung von untergärigem Biere dürfen nur Farbebiere verwendet werden, die aus Gerstenmalz hergestellt sind.

3. Für das zur Bereitung von Farbebier verwendete Malz

ist die Brausteuer zu entrichten. Die Verwendung der Farbebiere zur Bierbereitung unterliegt den von der obersten Landesfinanzbehörde anzuordnenden Aufsichtsmaßnahmen.

§ 4. Der zur Bereitung von obergärigem Biere verwendete technisch reine Rohr-, Rüben- oder Invertzucker, sowie Stärkezucker und die aus Zucker der bezeichneten Art hergestellten Farbmittel bleiben bis auf weiteres von der Brausteuer befreit, gleichviel ob ihre Verwendung während oder nach Abschluß des Brauverfahrens erfolgt.

§ 5. 1. Als bierähnlich sind solche Getränke anzusehen, die aus Malz oder unter Mitverwendung von Malz hergestellt sind und als Ersatz für Bier genossen zu werden pflegen. Es macht keinen Unterschied, ob die Getränke gegoren sind oder nicht. Das Malz, das zu ihrer Bereitung unmittelbar oder mittelbar (z. B. in Gestalt von Malzauszügen) verwendet wird, unterliegt der Brausteuer.

2. Sollen bierähnliche Getränke als Bier oder unter einer Bezeichnung in den Verkehr gebracht werden, die geeignet ist, die Meinung zu erwecken, daß sie Bier seien, so findet auf ihre Bereitung die Vorschrift im § 1 Abs. 1 des Gesetzes mit der Maßgabe Anwendung, daß ungegorene Getränke den obergärigen gleichzustellen sind.

3. Die Bereitung der bierähnlichen Getränke unterliegt im übrigen den gleichen Vorschriften wie die Bereitung von Bier. Findet sie in besonderen Anstalten statt, so sind diese als Brauereien anzusehen.

4. Die Bereitung von Malzextrakt (Malzauszüge in eingedicktem Zustand) ist der Brausteuer nicht unterworfen.

Bierbegriff. Das **Reichsbrausteuergesetz** unterscheidet:
untergäriges Bier (§ 1 Abs. 1),
obergäriges Bier (§ 1 Abs. 1),
besondere Biere (§ 1 Abs. 2),
zur Ausfuhr bestimmtes Bier (§ 1 Abs. 2),
bierähnliche Getränke (§ 3).

Die **Ausführungsbestimmungen** kennen ferner in § 3 Farbebier.

Wie die Motive S. 23 ausführen, haben zwischen den Steuerbehörden und den Gerichten oft Meinungsverschiedenheiten darüber bestanden, welche Zubereitungen als „Bier" anzusehen seien. Im wesentlichen folgten die Gerichte den Ansichten der Techniker — vgl. insbesondere das Urteil des R.G. vom 24. Februar 1891 (E. XXI, 346) — und haben demgemäß nur gegorene Getränke zum Bier gerechnet. Hierdurch wird nicht nur die steuerliche Behandlung der oft ungegorenen Färbe- und Süßbiere, der Braunschweiger Mumme sowie der sogenannten Malzbiere, sondern streng genommen auch die des Jungbiers wenigstens für den Fall in Frage gestellt, daß dieses Bier, wie es häufig geschieht, unmittelbar nach dem Ablassen vom Kühlschiff, also in ungegorenem Zustand verkauft wird. Um die Versteuerung der zur Bereitung der bezeichneten Bierarten verwendeten Stoffe sicherzustellen, wurde neben dem Begriff „Bier" noch der Begriff der aus Malz oder Malzersatzstoffen hergestellten „bierähnlichen Getränke" eingefügt, unter den die obenbezeichneten Getränke, wenn sie nicht als Bier im technischen Sinne angesprochen werden sollten, zweifellos gebracht werden können.

Diese Vorschrift bezweckt ferner, eine gleichmäßige steuerliche Behandlung der in neuerer Zeit immer häufiger auftretenden Bierersatzgetränke herbeizuführen, die zum Teil im gewöhnlichen Sudverfahren aus Malz gewonnen oder wenigstens mit Malzauszügen versetzt, den dem Bier eigentümlichen Malzgeschmack aufweisen, ohne indes alle sonstigen Eigenschaften des Bieres zu besitzen.

Die sogenannten Bierextrakte bestanden in der Regel aus Malzextrakt, Zuckercouleur, Gewürzen mitunter auch Hopfenauszügen oder sonstigen Bitterstoffen. Hiernach und nach den Ausführungsbestimmungen im Verein mit dem Gesetz und den Anschauungen der Technik und des Verkehrs lassen sich folgende

Definitionen ableiten:

Bier ist ein aus Hopfen, Malz, Hefe und Wasser durch alkoholische Gärung hergestelltes, noch in einer Nachgärung befindliches und darum kohlensäurereiches Getränk.

Untergäriges Bier ist aus Gerstenmalz und Unterhefe hergestelltes Bier.

Obergäriges Bier ist aus Gersten-, Weizen-, Mais-, Dari- oder Buchweizenmalz mittelst Ober- oder Unterhefe hergestelltes Bier. Statt des Malzes kann teilweise technisch reiner Rohr-, Rüben-, Invert- oder Stärkezucker oder daraus bereitete Färbemittel verwendet werden.

Besondere Biere sind mit Genehmigung der obersten

Landesfinanzbehörde unter den von ihr angeordneten Bedingungen hergestellte, von der Definition abweichende Biere.

Malz s. oben unter den allgemeinen Ausführungen S. 363 sowie § 2 Satz 2 des Gesetzes vom 3. Juni 1906.

Bierähnliche Getränke sind in § 5 der Ausführungsbestimmungen definiert. Allerdings ist diese Begriffsbestimmung keine nahrungsmittelrechtlich erschöpfende, sondern lediglich steuerlichen Zwecken dienende. Sie bestimmt auch nur, daß „aus Malz oder unter Mitverwendung von Malz hergestellte und als Ersatz für Bier genossene Getränke" als bierähnlich anzusehen sind, keineswegs daß nur solche Getränke als bierähnliche gelten sollen. Dagegen sagt exakt § 1 des Brausteuergesetzes: zur Bereitung von untergärigem Biere darf nur usw. verwendet werden. Der Begriff der Ähnlichkeit muß darum ebenso umfassend ausgelegt werden, wie Kapitel 27 und bei weinähnlichen Getränken (Kapitel 46) geschehen.

§ 3 des Brausteuergesetzes sieht bei ihnen die Notwendigkeit des Mitverbrauchs von Malz gleichfalls nicht vor, im Gegenteil sind sogar noch andere Malzersatzstoffe als Zucker als möglich angenommen, da dem Bundesrat eine Vollmacht dahin erteilt wurde, solche eventuell von der Verwendung auszuschließen.

Die Herstellung von **Meth**, einem aus Honig hergestellten, gegorenen Getränk, das allgemein als bierähnliches bisher galt, dürfte daher auch weiterhin in diesem Sinne zu beurteilen sein. Teilweise wird es tatsächlich unter Verwendung von Malz bereitet, meist jedoch nur aus Honig, Wasser, Hopfen und eventuell einigen Gewürzen.

Da es sich bei Meth um ein Erzeugnis handelt, das nur in nächster Umgebung seines Herstellungsortes verbraucht zu werden pflegt, so bietet die Feststellung örtlicher Sondergepflogenheiten keine Schwierigkeit.

Bierkrankheiten und Bierfehler.

Kohlensäuremangel kann auf vielfacher Ursache beruhen. Kohlensäurearme Biere schmecken schal, abgestanden, nicht erfrischend. Da die Kohlensäure gleichzeitig als Konservierungsmittel dient, schlagen solche Biere leicht um und werden sauer.

Bitterer, widerlicher Geschmack kommt von Fehlern bei der Hopfung. Auch die Verwendung unreiner Hefe kann die Ursache sein.

Dumpfer Geschmack kommt von Unsauberkeit in den Gär- oder Lagerräumen.

Biertrübungen haben mannigfache Ursache.

a) Kleistertrübung kommt durch ungenügend verzuckerte Maischen zustande, indem der durch Gärung gebildete Alkohol diese Stoffe (Stärke) ausfällt. Gelegentlich kann die Ursache auch in falscher Malzbereitung bestehen.

b) Glutintrübung, eine Ausscheidung von Eiweißstoffen, wird durch zu eiweißreiche Gerste oder Fabrikationsfehler hervorgerufen.

c) Harztrübungen sind selten; meist rühren sie von ungenügend ausgereiftem Hopfen her, können aber auch bei besten Hopfen vorkommen.

d) Bakterielle Trübungen oder Hefetrübungen sind richtige Bierkrankheiten, die sich aber meist durch richtige Kellerbehandlung beseitigen lassen. Während Milchsäure- und Essigsäurebakterien in der Regel harmlos sind, richten Sarcinen häufig dadurch Schaden an, daß sie nicht nur trübend, sondern auch geschmackverschlechternd wirken und das Bier daher verderben.

Geschmacksfehler verursachen außer den zuvor (d) erwähnten Sarcinen noch mannigfache andere Lebewesen.

Fadenziehendes Bier ist gleichfalls durch Bakterien verursacht. Diese Krankheit befällt nur obergärige Biere. Beim Lagern verliert sich die Erscheinung wieder. Ungenügende Sauberkeit ist die Veranlassung zu ihrer Entstehung.

Klärungsmittel gibt es zahlreiche für Bier: Späne der Weisbuche, Gelatine, Hausenblase und ähnliche. Auch Kochsalz und Kohlensäure dienen gleichen Zwecken. Das Filtrieren ist jedenfalls das beste Mittel, wenn das Filter sorgfältig sauber gehalten wird. Nach dem neuen Gesetz von 1906 sind Klärungsmittel wie Kochsalz nicht mehr zulässig.

Zum **Haltbarmachen** des Bieres ist lediglich das Pasteurisieren zugelassen. Chemische Zusätze sind nicht mehr erlaubt.

Verfälschungen und dgl. 1. Malz- und Hopfensurrogate sind für untergärige Biere nicht mehr zulässig, Hopfensurrogate auch bei obergärigen Bieren nicht. 2. Zusätze irgend welcher Art außer Malz, Hopfen, Hefe und Wasser sind bei untergärigem Bier ausgeschlossen, auch bei obergärigem bis auf Zucker.

3. Methoden, bei denen Fremdstoffe in das Bier gelangen sind ebenso zu beurteilen. 4. Zu fertigem Bier, d. h. solchem, welches bereits in der Nachgärung ist, dürfen auch die sonst zulässigen Rohstoffe, insbesondere Wasser nicht mehr zugesetzt werden. Ausgenommen ist Zuckerzusatz bei Süßbieren (Malzbier) sowie das Verfahren zur Herstellung einiger Spezialbiere. 5. Zusätze innerhalb des Brauverfahrens, welche zur anerkannten Kellerbehandlung gehören und sich im fertigen Bier nicht mehr vorfinden, sind als gestattet anzusehen, z. B. Gipszusatz zum Weichwasser. 6. Trübungen sind zu beanstanden, jedoch gibt es einige obergärige Sonderbiere, die stets trübe sind. 7. Ganz hefefreie Biere gibt es nicht, da die Nachgärung Anwesenheit von Hefen verlangt. 8. Vermischung von Bierresten aus den Fässern (sog. Kippbier) ist unzulässig, auch wenn es sich um die gleiche Sorte handelt. 9. Verschnitt verschiedener Biere miteinander ist unzulässig, auch wenn beides gute, gesunde Biere sind. (Bei Wein ist Verschnitt ausdrücklich gestattet.)

Für die **Beurteilung von Bieren** geben die „Vereinbarungen" Regeln, aus denen folgendes hervorzuheben ist:

Untergäriges Bier ist zu beanstanden, wenn es durch Bakterien oder wilde Hefen getrübt ist. Sonderbiere, wie Josty-, Potsdamer Stangenbier, Lichtenhainer sind auch mit Hefetrübung zulässig.

Starke Trübungen und Absätze hat kein regelrecht hergestelltes Bier. Auf der Flasche gereifte Biere haben jedoch einen ihnen eigentümlichen Bodensatz. Bei extraktreichen, vollmundigen Bieren ist eine mäßige Trübung nicht zu beanstanden. Der Extraktgehalt übersteigt gewöhnlich nicht die doppelte Zahl für Alkohol, doch können feste Grenzen bei der großen Mannigfaltigkeit regelrechter Biersorten nicht aufgestellt werden.

Der Extraktgehalt kann zwischen 2 und 8 % schwanken, der Alkoholgehalt zwischen 1,5 und 6 %.

Untergärige Biere aus starken Würzen wie Bock, Salvator sind meist gering vergoren, selten bis 48 %. Bayerische Schank- und Lagerbiere haben meist einen Vergärungsgrad von 44—50 %, gewöhnlich wenig unter 50 %. Obergärige Biere sind meist höher vergoren als untergärige. Bestimmte Grenzen lassen sich nicht festlegen.

Der Rohmaltosegehalt gibt nur einen beschränkten Anhaltepunkt für die Menge der noch vorhandenen vergärbaren Stoffe des Bierextraktes. Die Biere sollen auf Grund ihres

Gehaltes an vergärbaren Stoffen gekennzeichnet werden. Grenzzahlen können aber nicht angegeben werden.

Der Stickstoffgehalt in Bierextrakten schwankt bei regelrecht hergestellten Bieren in engen Grenzen und sinkt nur ausnahmsweise unter 0,9 % des Extraktes.

Die Trockensubstanz der Stammwürze enthält meist 0,5—0,4 % Stickstoff, ebensoviel Phosphorsäure.

Die Gesamtsäure (außer Kohlensäure) überschreitet selten die 3 cc normalen Alkali entsprechende Menge für 100 cc. Säuremengen unter 1 cc machen das Bier einer Neutralisation verdächtig. Lange gelagertes Berliner Weißbier kann bis 7 cc enthalten.

Flüchtige Säuren sollen nur in ganz geringen Mengen vorhanden sein, größere lassen auf Säuerung schließen.

Der Glyzeringehalt soll 0,3 % nicht übersteigen.

Reichsgericht. 1) Vom 29. November 1889.

In der Vermischung des in dem Tags zuvor angezapften Fasse zurückgebliebenen und dadurch schal gewordenen Bieres mit frischem Biere von gleichem Fabrikat kann zwar nicht eine Verfälschung des ersteren, welches durch die Zumischung des letzteren nicht scheinbar, sondern wirklich verbessert worden ist, wohl aber eine Verfälschung des frischen Bieres gefunden werden, wenn das frische Bier durch den Zusatz des anderen verschlechtert ist und der Täter die Vermischung zum Zwecke der Täuschung vorgenommen hat. Nur für die Strafzumessung, aber nicht für den Tatbestand des § 10 cit. ist es erheblich, ob die Verschlechterung so geringfügig war, daß sie von den Gästen des Täters nicht bemerkt wurde.

2) Vom 30. November 1885. (2121/85.)

Die Verfälschung eines Nahrungs- und Genußmittels liegt nicht schon in der anormalen Herstellung oder Beimischung eines anormalen Bestandteils ohne Verschlechterung des Produkts und ohne Verleihung eines besseren Anscheins desselben, als der Beschaffenheit entspricht, also auch nicht in der Beigabe einer unbedeutenden Quantität Salizyl zu Bier lediglich zur Konservierung ohne sonstige Veränderung.

3) Vom 1. Oktober 1885.

Jede Verschlechterung der Beschaffenheit von Nahrungs- oder Genußmitteln, auch ohne qualitative oder quantitative Veränderung der einzelnen Bestandteile, ist Verfälschung, also auch der Zusatz von Neigenbier zum auszuschenkenden Bier.

4) Vom 21. Mai 1885. (1086/85.)

Die Anwendung von Hausenblase oder Gelatine zur Klärung trüb gewordenen Bieres ist nicht ohne Einschränkung gestattet, sondern nur dann, wenn nach Quantität und Art der Anwendung diese Mittel mechanisch die Klärung bewirken, ohne sich mit dem Bier selbst zu verbinden.

5) Vom 21. Mai 1885. (1048/85.)

Die Anwendung von Salizylsäure zur Entsäuerung von Bier in einer Menge, welche eine Veränderung des Stoffes ergibt, ist als Verfälschung des Biers anzusehen.

6) Vom 30. März 1885.

Der Zusatz von Biercouleur zu bayerischem Bier ist auch dann als eine Verfälschung desselben strafbar, wenn er zum Zwecke der Ausfuhr an einen Ort erfolgt, wo die auf andere Weise nicht zu bewirkende dunklere Färbung verlangt wird. Der in Bayern verbotene Zusatz ist nicht bloß für den inländischen Konsum verboten.

7) Vom 4. März 1884.

Ein Zusatz von nicht reinem Traubenzucker zu Bier kann als Verfälschung eines Genußmittels bestraft werden.

8) Vom 29. November 1889.

Der Angeklagte hat drei Biersorten aus derselben Brauerei: „Bockbier", „helles Bier" und „Gambrinusbier" feilgehalten. In einzelnen Fällen, wenn das „Gambrinusbier" ausgetrunken war, hat der Angeklagte das Bockbier und das helle Bier gemischt und die Mischung als Gambrinusbier verkauft. Wenn hierin auch nach dem vom Angeklagten verfolgten Zwecke in dem gegebenen Falle nicht eine Verfälschung des Bockbieres oder des hellen Bieres zu finden ist, so kann darin doch eine Nachahmung des „Gambrinusbieres" und der Tatbestand des § 10 cit. erblickt werden, sofern der Angeklagte mit der Vermischung der Biersorten eine Täuschung der Gäste bezweckt hat. Der geforderte Preis ist für den Tatbestand belanglos, ebenso der für die Freisprechung von der Strafkammer herangezogene Umstand, daß eine Mischung verschiedener Biersorten gang und gäbe sei. Das Nahrungsmittelgesetz richtet sich gerade gegen die Entstehung und die Fortdauer solcher Geschäftsgebräuche, welche in dem verwerflichen Streben, Unkundige über die Beschaffenheit von Nahrungs- und Genußmitteln zu täuschen, ihren Grund haben.

9) Vom 8. Juli 1898. (Beil. z. d. Veröffentl. d. K.G.A. V S. 125.)

Die Feststellung, daß die Angeklagte wissentlich Bier, welches verfälscht war, unter Verschweigung dieses Umstandes verkauft habe, ist ohne Verletzung des Gesetzes getroffen.

Die Annahme, daß das verkaufte Bier verfälscht war, wird aus den für erwiesen erachteten Tatsachen abgeleitet, daß dem frischen, aus dem Fasse entnommenen Biere fortgesetzt von dem, unter dem Hahne des Druckapparates zum Auffangen des überlaufenden und abtropfenden Bieres aufgestellten Teller abgestandenes und zufolge Verlustes der Kohlensäure durch viertelstündiges wie längeres unverdecktes Stehen schal und minderwertig gewordenes Bier in einer Weise zugesetzt worden ist, daß dadurch eine wesentliche Verschlechterung derjenigen normalen Beschaffenheit des verschänkten Bieres, welche die Gäste erwarten durften, herbeigeführt wurde.

Eine Verkennung des Begriffes der Verfälschung geht aus dieser Urteilsbegründung nicht hervor. Auf tatsächlichem Gebiete liegt die Frage, ob das Überlauf- und Abtropfbier in dem Zeitraume, wo es sich auf dem gekennzeichneten flachen Gefäße befand, so abgestanden und schal geworden war, daß sein Zusatz zum frisch verzapften Biere in denjenigen Quantitäten, die im vorliegenden Falle in Frage kommen, eine wesentliche Verschlechterung des normalen Getränkes herbeiführte. Bei Bejahung dieser Frage waren die Begriffserfordernisse der Verfälschung im Sinne des § 10² N.M.G. gegeben.

10) Vom 10. Januar 1893. (E. XXIII, 383.)

Der Annahme des Landgerichtes, Verdünnung des fertigen Bieres mit Wasser sei eine Verfälschung des Bieres im Sinne des § 10 des Gesetzes vom 14. Mai 1879, wird von der Revision entgegengehalten, Wasser sei kein dem Biere fremder Gegenstand; es verbinde sich mit dem fertigen Biere so vollständig wie das vorher dazu verwendete Wasser und lasse sich als späterer Zusatz chemisch gar nicht nachweisen. Angenommen, letzteres sei richtig, so betrifft es eben nur den Beweis, der nicht auf die chemische Untersuchung allein beschränkt ist. Im gegebenen Falle ist er sogar gerade mit Hilfe der chemischen Feststellung des Würzegehaltes zweier Bierproben, das ist ihres Unterschiedes, je nachdem diese dem einen oder dem anderen Fasse entnommen waren, hergestellt worden.

Im übrigen bedarf es keiner Beweisführung darüber, daß das Naturprodukt Wasser ein anderer Gegenstand ist als das Kunstprodukt Bier, wenngleich es einen Bestandteil des Bieres ausmacht und insofern diesem im allgemeinen nicht „fremd" ist. Aber im besonderen d. h. in Beziehung auf ein bestimmtes Bier, ist jedes Wasser, das nicht zu seiner Erzeugung gedient hat und hierdurch ein Bestandteil desselben geworden ist, in jedem Sinne des Wortes ein fremder Körper.

Es ist also, da es sich hier nur um Zusatz zu fertigem Bier handelt, gleichgültig, ob, wie die Revision behauptet, vorher ein solcher Zusatz nach den Regeln der Bierbrauereitechnik geboten ist. Indem jedoch die Revision selbst einräumt, daß es „doch nicht gleich sei, ob einem Liter Bier drei Tropfen oder ein Quart Wasser beigegeben worden", gerät sie mit ihrem oben erwähnten Satze selbst in Widerspruch, da ihm zufolge selbst der stärkste Wasserzusatz für die Frage der Verfälschung ganz gleich dem geringsten wäre.

Für den objektiven Tatbestand genügt jede Menge eines Zusatzes, die eine Verschlechterung des reinen Stoffes verursacht. Das Urteil bezeichnet unter Bezugnahme auf die Gutachten der Sachverständigen die Wässerung fertigen Bieres schlechthin als Verfälschung, Bierverdünnung, Bierpanscherei, und dies erscheint nicht als rechtsirrtümlich, da die Qualität des Bieres auf dem Verhältnisse seiner einzelnen Bestandteile zu einander beruht, welches Verhältnis bei Wasserzusatz zu Ungunsten derjenigen Bestandteile, welche das Bier vom Wasser unterscheiden und darum in der Schätzung der Biertrinker wertvoller machen, verändert, also verschlechtert wird.

Mit Unrecht vermißt hiernach die Revision die Feststellung, daß das Bier durch Beigabe von Wasser wesentlich gelitten habe: sie liegt in der Tatsache, daß der Würzegehalt von 10,55% auf 9,95% herabgesetzt worden ist.

Das Verlangen dagegen, das Urteil hätte feststellen sollen, welches die normale Beschaffenheit des Winterbieres sei, um an diesem Maßstabe zu bemessen, ob ein unzulässiger Wasserzusatz gemacht worden sei, geht zu weit, weil, wie gesagt, jeder Zusatz zum fertigen Biere, sofern er nur überhaupt die Qualität des Bieres beeinflußt (E. XI, 295), als Verschlechterung und damit als vom Gesetze verpönte Verfälschung erscheint. Normal, vom Standpunkte des Urteiles aus betrachtet, war das Bier im Mutterfasse, als das Schänkfaß daraus gefüllt wurde, dem die Probe Nr. 19 entnommen ist; verfälscht wurde es, als sein Würzegehalt zum Zwecke der Täuschung im Handel und Verkehr durch Wasserzusatz auf 9,95% gemindert wurde. Welche Wassermenge hierzu erforderlich war, ist zwar nicht festgestellt, aber dies begründet keine Mangelhaftigkeit des Urteiles, wie die Revision meint, weil für den objektiven Tatbestand hierauf wie gezeigt, nichts ankommt und für den subjektiven, sowie für die Strafzumessung der Erfolg des Zusatzes genügenden Anhaltspunkt gewährte.

11) Vom 5. Juli 1883.

Bier, welches ohne Änderung der Substanz und Zusammensetzung und ohne Änderung seiner Bestandteile durch künstliche Mittel geklärt ist, gilt nicht als verfälscht.

12) Vom 9. Februar 1903. (Beil. z. d. Veröffentl. d. K.G.A. VI, S. 153.)

(Verwerfung der Revision.)

Nach dem Inhalt des Urteils muß davon ausgegangen werden, daß das Urteil denselben tatsächlichen Vorgang umfaßt, der den Gegenstand des Eröffnungsbeschlusses gebildet hat. Zur Feststellung desselben wird im Eingang der Urteilsgründe ausgeführt, K. braue ein süßes Braunbier, Knuppbier genannt, dem er einen Salizylzusatz in der Weise gäbe, daß er aus 25 hl Bier und 8 kg Salizyl einen sogen. Extrakt zusammenkoche, den er im erkalteten Zustande auf 250 hl Bier verteilte, diesen Zusatz mache er, wie er näherhin ausgeführt, zum Zwecke der Konservierung des Bieres, denn in diesem Verhältnis zur Menge des Bieres sei er ohne Einfluß auf die Zusammensetzung und Gesundheit desselben. Nach einem in die Urteilsgründe aufgenommenen Sachverständigen-Gutachten ist Salizyl, wenn es in größeren Dosen dem Biere zugesetzt wird, geeignet, die menschliche Gesundheit zu beschädigen; es werde aber auch zur Haltbarmachung der Biere benützt, unter denen das Knuppbier ein starkes Brauen und viel Malz erfordere.

Gegenüber dem Vorbringen K.'s, daß das von ihm gebraute Knuppbier, abgesehen von dem unschädlichen Salizylzusatz, ein echtes, also nur aus Hopfen und Malz hergestelltes süßes Braunbier sei, stellt das Urteil auf Grund des Ergebnisses der Hauptverhandlung fest, daß er wissentlich ein Bier hergestellt habe, welches zwar wie echtes Knuppbier ausgesehen, daß aber aus einem gewöhnlichen Biere bestanden und neben einem

Farbezusatz den Süßstoff statt aus Malz aus Zuckersyrup erhalten habe. Hierdurch habe er seine Abnehmer zunächst über den Gehalt des Bieres getäuscht, da sie nach Farbe und Geschmack desselben annehmen mußten, sie genössen ein echtes Produkt aus Malz, und habe er diese Täuschung durch den Salizylzusatz noch verstärkt, da infolgedessen das Bier auch die Dauerhaftigkeit echter Malzfabrikate erhielt, während ohne Salizylzusatz das fragliche Gebräu alsbald sauer geworden wäre; er habe hierdurch zum Zwecke der Täuschung im Handel und Verkehr Knuppbier, ein Nahrungs- und Genußmittel nachgemacht bezw. verfälscht und wissentlich dasselbe unter Verschweigung dieses Umstandes verkauft.

Diese Feststellungen enthalten die Tatbestandsmerkmale des vom Urteile angeführten § 10 N.M.G. Denn durch die Zusätze von Farbe, Syrup und Salizyl hat K. an der stofflichen Zusammensetzung des geringwertigen, aus Hopfen und Malz gebrauten Bieres eine Veränderung vorgenommen, durch welche demselben der seinem wahren Werte nicht entsprechende Schein einer besseren als seiner wirklichen Beschaffenheit verliehen wurde, indem er im Vertrauen auf die konservierende Wirkung des Salizyls, den Farbestoff und Zuckersirup, somit schlechtere Stoffe zu seinem Produkte genommen hat, als diejenigen, die nötig waren, um dasselbe durch eigene gute Qualität auf eine dem echten Knuppbiere entsprechende Zeitdauer zu konservieren.

---

48. Kapitel.

Branntweine und Liköre.

Allgemeines. Die Branntweine und Liköre unterscheiden sich von den anderen alkoholhaltigen Getränken wesentlich dadurch, daß sie einen höheren Alkoholgehalt aufzuweisen haben und durch vorangegangene Destillation des Alkohols aus minder alkoholreichen Flüssigkeiten gewonnen sind. Wird das Destillat für sich allein oder mit unerheblichen Zusätzen als genußfertiges Getränk in den Handel gebracht, so hat man einen Branntwein vor sich. Wird das Destillat mit weiteren Aromstoffen versetzt, so daß von dem mit der Destillation etwa abgegangenen Aroma in der fertigen Ware wenig mehr zu verspüren ist, so erhält man je nach dem Zuckergehalt verschiedenartig benannte Produkte. Ist der Zuckergehalt so hoch, daß ein ausgesprochen süßer Geschmack resultiert, so spricht man von Likören. Bei minderem Zuckergehalt spricht man von Schnäpsen schlechthin, wenn sie nicht nach der Besonderheit des Aromas und Geschmacks Spezialbezeichnungen z. B. Bitterer, erhalten. Die meisten künstlich aromatisierten Spirituosen haben jedoch nicht echte Trinkbranntweine sondern den reinen Spiritus des Handels als Ausgangsmaterial.

Spiritusherstellung. Der Spiritus oder Alkohol ist ein Produkt der durch Hefe bewirkten Spaltung von Zucker verschiedener Art. Aus zuckerhaltigen Rohmaterialien läßt sich daher durch einen Gärungsprozeß mit nachfolgender Destillation direkt ein Branntwein erhalten. Bei uns zu Lande wird dieser Weg jedoch wenig beschritten. Die Hauptmasse des Alkohols und der aus ihm hergestellten Spirituosen wird vielmehr aus stärkehaltigen Stoffen, insbesondere aus Kartoffeln und Getreide gewonnen. Da Stärke jedoch kein direkt gärungsfähiges Rohmaterial ist, bedarf sie einer Vorbereitung durch Überführung in gärungsfähigen Zucker, entweder mittelst Diastase (s. bei Bier) indem man Malzaufgüsse auf gequollene Stärken wirken läßt und dabei Maltose (Malzzucker) erhält oder indem man mittelst verdünnter Säuren bei erhöhter Temperatur die Stärke in Traubenzucker verwandelt. Malzzucker sowohl wie Traubenzucker sind gärungsfähige Zuckerarten; durch ihre Vergärung und Abdestillieren erhält man die Branntweine. In besonderen Fabriken (Brennereien und Rektifizieranstalten) wird die Destillation und Reinigung des Branntweins soweit getrieben, daß ein fast absolut reiner Alkohol von hohem Gehalt resultiert, der seinerseits durch Vermischen mit Wasser, aromatischen Bestandteilen und eventuell Zucker zu den Spirituosen des Handels verarbeitet wird.

Die Spirituosen des Handels lassen sich schwer in natürliche Gruppen bringen, die mit der Einteilung des täglichen Lebens übereinstimmen. Sie sollen daher hier gleichfalls zu den üblichen Gruppen vereinigt werden.

I. Edelbranntweine, durch besonders feines, natürliches Aroma ausgezeichnete Spirituosen.

Kirschwasser. Die Kirschen, unter denen die schwarze Vogelkirsche besonders bevorzugt wird, werden zu einer breiigen Masse eingestampft, in Bottiche gebracht und der freiwilligen Gärung ohne besonderen Zusatz von Hefe überlassen. Ist die Gärung nach einiger Zeit beendet, so wird die Maische in eine Destillierblase gebracht und der Alkohol abdestilliert. Das Destillat zeigt ein eigentümliches, feines Aroma und enthält freie

Blausäure. Der Gehalt an dieser wird oft dadurch erhöht, daß die Kerne der Kirschen mit zerstampft werden. Das bittermandelartige Aroma wird dadurch nicht nur ergiebiger, sondern die Verschnittfähigkeit des Kirschwassers gewinnt auch in hohem Masse.

Pflaumenschnaps, Zwetschenbranntwein, Slibowitz in Serbien genannt, wird in gleicher Weise aus Pflaumen hergestellt. Die Hauptmenge liefert Serbien.

Wachholderbranntwein, Enzian und zahlreiche andere, welche im deutschen Handel nur eine außerordentlich untergeordnete Rolle spielen, werden in ähnlicher Weise gewonnen.

Rum. Der Rum ist ein durch Vergärung des Zuckerrohrsaftes gewonnener Branntwein. Die Hauptmenge des Rums wird in West-Indien, besonders in Jamaika gewonnen. Der Regel nach wird nicht der ganze Zuckersaft zur Rumbereitung genommen, sondern die nach dem Auskristallisieren der Hauptzuckermenge verbleibende konzentrierte Mutterlauge, welche Melasse heißt. Vielfach finden auch Zuckerabfälle mit Verwendung. Wird der Branntwein aus diesen Abfällen für sich allein gewonnen, so heißt er Negerrum, der sich jedoch kaum bei uns im Handel befinden dürfte. Die Herstellung des Rums selbst ist eine außerordentlich einfache, indem die Melasse mit Wasser vermischt und der Gärung überlassen wird. Da in den heißen Gegenden dünne Alkohollösungen noch mehr zur Essigbildung, als bei uns neigen, bildet sich leicht mehr Essigäther bei der Gärung, als für den Rum erwünscht ist. Bei der Destillation der vergorenen Maische pflegt man deshalb das zuerst Übergehende besonders aufzufangen. Zur Erhöhung des Aromas ist es in manchen Gegenden üblich, Kleeblätter in die Maische zu tun, in anderen wieder die Rinde einer Akazienart oder Pfirschblätter oder zahlreiche andere pflanzliche Stoffe. Durch langes Lagern des Rums auf Fässern gewinnt er erheblich an Güte. Doch soll der Alterungsprozeß oft durch Zugabe von Ananassaft gefördert werden.

Der Jamaika-Rum ist in Europa der beliebteste. Seine besondere Feinheit wird darauf zurückgeführt, daß er nicht nur aus der Melasse, sondern aus einem Gemisch dieser mit Zuckerrohrsaft hergestellt wird. Der Alkoholgehalt des echten Rums ist hoch, nämlich wenigstens 70 Volumprozent. Der frische Rum ist farblos, nimmt jedoch beim Lagern auf dem Faß etwas

Extraktstoff aus demselben auf und färbt sich dabei gelblich. Da die immer wieder benutzten Fässer sich jedoch bald erschöpfen und an den in ihnen lagernden Branntwein schließlich nichts mehr abgeben, die alten Fässer aber gerade mit Vorliebe benutzt werden, da sie den Alterungsprozeß begünstigen, so gibt man dem Branntwein einen Zusatz von Zuckercouleur, um ihn stets in der gleichen äußeren Erscheinung liefern zu können.

Der „echte Jamaikarum“ muß, wenn er als „Original“ verkauft werden soll, in dem Zustande erhalten sein, in dem er im Ursprungslande erzeugt ist und nur die durch Lagerung eingetretenen Abweichungen zeigen.

Bei uns wird der Rum mit so hohem Alkoholgehalt (70—77%) jedoch nicht als trinkfertig angesehen. Da die Herabsetzung des Alkoholgehalts jedoch nichts weiter als einen Zusatz von Wasser erfordert, so kann diese Hantierung sehr gut dem Konsumenten selbst überlassen bleiben, wenn er durchaus „Original“ Jamaika-Rum haben will.

Das Inverkehrbringen von Rum, der mittelst Wasserzusatz auf einen minderen Alkoholgehalt eingestellt ist, kann darum nur unter der einfachen Bezeichnung „Echter Jamaika-Rum“ als zulässig angesehen werden oder als „Original-Jamaika-Trinkrum“. Die gleichzeitig mit Wasser und Alkohol verdünnten Rumsorten werden als „Verschnittrum“ bezeichnet. Die Verwendung anderer Zusätze als Wasser und Alkohol machen den Rum zu einem Kunstprodukt, welches als solches zu kennzeichnen ist. Es werden nämlich außerordentliche Mengen sog. Faßon-Rums erzeugt, mit Zuckercouleur gefärbte Gemische von Spiritus und Wasser, die mittelst sog. Rumessenz, einem Kunstprodukt, parfümiert wird.

Als Rum schlechthin sind diese nicht anzuerkennen, sondern müssen eine auf die Nachmachung des Originals hinweisende Kennzeichnung tragen, entweder Kunst-Rum, Faßon-Rum oder ähnlich. Die einfache Bezeichnung „Rum“ rechtfertigt allerdings nicht einen „Echten“ Rum, wie er importiert wird, zu erwarten, wohl aber eine Verschnittware, dessen Aromstoffe ausschließlich dem echten Original- (Jamaika-) Rum entstammen.

Die Versuche bei uns aus Rübenzucker-Melasse einen dem Original-Rum gleichartigen Branntwein zu erzeugen, sind bisher zwar nicht vollauf gelungen, dürften aber früher oder später zum Ziele führen. Als „Echter deutscher Rum“ oder dgl. dürfte er bei gleichwertigem Rohmaterial und annähernd gleichartigen, fertigen

Produkt zweifellos einen echten Branntwein bilden, der mit der jetzigen minderwertigen Faßonware nichts zu tun hat.

Der Ansicht, daß der Preis einer einfach als Rum bezeichneten Sorte eine ausreichende Kennzeichnung seiner Beschaffenheit sein soll, kann nicht beigestimmt werden. Wenigstens kann die Preisverschiedenheit nur insofern einer Beurteilung zu Grunde gelegt werden, als sich daraus die mehr oder minder große Menge des in einer Verschnittware enthaltenen echten Rums vermuten läßt.

Die Faßon-Rums sind gegenüber dem echten Jamaika-Rum durchaus minderwertige Erzeugnisse, welche mit dem Original nichts weiter als einen zu Unrecht angenommenen Namen gemein haben. Das schließt nicht aus, daß sie unter richtiger Bezeichnung und zu angemessenen Preisen verkauft ein minder anspruchsvolles Publikum in gesetzlicher Weise befriedigen können.

Dem Verschnitt der echten Ware mit verdünnten Weingeist ist gleichzuachten, wenn der Original-Rum mit Weingeist und Wasser umdestilliert wird, auch bei Zugabe von Zedernholz in das Destilliergefäß. Dadurch soll eine wesentliche Verstärkung des Aromas bewirkt werden.

Die **Bezeichnung der einzelnen Handelssorten** regelt sich daher in folgender Weise:

Original-Jamaika-Rum ist der in jeder Beziehung (außer durch Lagerung) unveränderte Rum, wie er von Jamaika zu uns kommt.

Echter Jamaika-Rum oder Original-Jamaika-Trinkrum ist eben solcher Rum, der ausschließlich einen Wasserzusatz erhalten hat, um den hohen Alkoholgehalt herabzusetzen, jedoch so, daß dieser mindestes noch 50—55 % beträgt.

Rum, Jamaikarum ohne weiteren Zusatz ist wenigstens ein Branntwein, der seine sämtlichen Aromstoffe dem echten Jamaika-Rum verdankt und mindestens ein Rum-Verschnitt ist, also ein echter Rum, der keine anderen Zusätze als Spiritus und Wasser erhalten hat.

Branntweine, die ganz oder teilweise mit künstlichen Aromstoffen hergestellt sind oder mit künstlichen Essenzen bereitete Spirituosen müssen einen entsprechenden Hinweis tragen, wenn sie als Nachahmungen eines Originals auftreten: Also Faßon-Rum, Kunst-Rum, Essenz-Rum, Rum-Faßon oder dergleichen Gemische aus Original-Rum und Essenz-Rum sind ebenso zu beurteilen, wie Gemische von Wein mit Fruchtwein, so daß echte

Ware oder ihr entspringender Verschnitt auf diese Art nicht entstehen kann, sondern stets nur entsprechend verbesserte Faßon-Ware.

Arrak. Die Herstellung des Arrak ist in Ostindien allgemein und dort Arrak die gewöhnliche Bezeichnung für Branntwein. Die Rohstoffe weichen nicht unerheblich voneinander ab. Während auf Ceylon die Blütenkolben der Kokospalme benutzt werden, nimmt man auf Java Reis. Doch gibt es für jedes Rohmaterial eine Anzahl Variationen. Der Reis zunächst in Malz verwandelt, seine Stärke verzuckert und die Zuckerlösung mit wechselnden Mengen Rohrzuckermelasse vergoren. Der entstandene, abdestillierte Alkohol ist der Arrak. Sein feines Aroma erlangt er erst beim Lagern. Aus Gründen, die im Klima liegen, pflegt man den Arrak in der gemäßigten Zone zu lagern. Da er dabei etwas gelblich wird, in Europa aber weißer Arrak verlangt wird, so wird er vor dem Abfüllen auf Flaschen über Kohle filtriert. Die rechtlichen Verhältnisse der Bezeichnungen und Verschnitte usw. sind die gleichen wie bei Rum.

Kognak. Über das **Allgemeine** und die **Herstellung** mag hier einiges aus einer neuerdings erschienenen Broschüre: „Wie kann die heimische Kognakindustrie und der deutsche Weinbau gefördert werden," von D. Sandmann, (Berlin 1905, H. S. Herrmann) Platz finden. Diese Ausführungen zeichnen sich nicht nur durch Sachkenntnis sondern vor allem durch Objektivität und mit den gesetzlichen Bestimmungen vereinbarliche Gesichtspunkte aus. Die Abhandlung ist auf Veranlassung aus dem preußischen Handelsministerium entstanden:

„Der Kognak verdankt seinen Namen der Stadt Cognac im Departement der Charente in Südfrankreich. Dort wurde vor mehr als 250 Jahren der Handel mit Weinbranntwein begonnen, und dort ist heute noch der Sitz der größten Handelshäuser für diesen Artikel.

Die beiden Departements Charente hatten im 17. Jahrhundert einen so großen Weinbau, besonders an Weißweinen, daß es nicht möglich war, die ganze Produktion als Trinkweine abzusetzen. Dies lag besonders daran, das andere Weinbaugebiete Frankreichs ihre Produktion sehr vergrößert hatten und die Weine der Charente infolge ihres hohen Säuregehalts für den Konsum weniger begehrt waren, wie diejenigen der anderen Bezirke, die keinen so hohen Säuregehalt aufwiesen.

Ebenso war der geringe Alkoholgehalt, 7—9 %, ein Hindernis diese Weine bei dem dortigen Klima und den vorhandenen Kellerverhältnissen lang aufbewahren zu können, ohne sie dem Verderben entgegen zu führen.

Dem etwa entstehenden Verlust vorzubeugen, wurden diese Weine destilliert, um auf diese Weise wenigstens den Alkoholgehalt des Weines zu gewinnen. Diese Destillation wurde von den Weinproduzenten selbst auf ganz primitiven Destillierapparaten, bestehend aus Blase, Helm und Kühlschlange vorgenommen und das gewonnene Destillat auf Eichenholzfässern gelagert. Das hierfür benötigte Eichenholz wurde aus den nächst gelegenen Wäldern bei Limoges bezogen und hat sich als besonders geeignet für die Lagerung erwiesen.

Es zeigte sich, daß nach einigen Jahren Lagerung aus dem erst wasserhellen Destillat, das frisch einen strengen Geruch nach Spiritus und dessen wenig angenehm riechenden und schmeckenden Oxydationsprodukten besitzt, ein goldgelber Branntwein von feinstem, milden angenehmen Geschmack und herrlichem Aroma entsteht und daß bei weiterem Lagern sich diese Eigenschaften immer mehr entwickeln.

Mit der weiteren Entwicklung des Kognakgeschäfts begannen die Händler selbst die Destillation der Weine in die Hand zu nehmen. Die Nachfrage nach diesem edlen Branntwein für den Inlandsbedarf und den Export steigerte sich immer mehr, so daß die Weine der beiden Charentes den Bedarf nicht mehr decken konnten. Die Folge davon war, daß die Brenner in Kognak die Weine anderer Provenienz ebenfalls zur Brennerei verwendeten und mit den Destillaten der Charentweine mischten. Sowohl Wein aus anderen Gebieten Frankreichs, wie des Auslandes, so Italien, Spanien, Rumänien usw. wurden hierfür verwendet. Aber die vergrößerte Nachfrage ließ auch nicht mehr genügend großes Lager ansammeln, um das Bedürfnis an altem, lange gelagertem Kognak zu befriedigen. Um der Anforderung des Publikums nach durch Alter milde und aromatisch gewordenen Kognak zu genügen, ging man dazu über, den milden Geschmack durch Zuckerzusatz zu erzeugen und die Stoffe, die der Kognak mit der Zeit aus dem Eichenholz auslaugt, durch künstlichen Zusatz von Eichenholzextrakt und Extrakt anderer Pflanzenstoffe zu ersetzen. Dieses billige Surrogat des kostspieligen Lagerns brachte eine für die Qualität des Kognaks nicht vorteilhafte Wendung. Weniger kapitalkräftige Leute nahmen sich dieses

Geschäftszweiges an, vermehrten und verschärften die Konkurrenz. Unter diesen befanden sich auch solche, die darauf fußend, daß das Alter des Kognaks für den Käufer nicht anders erkennbar ist, als durch Farbe, Geschmack und Aroma, daß aber Auge, Nase, Zunge leicht zu täuschen sind, die natürlichen Eigenschaften dem Kognak nunmehr nur noch künstlich gaben, um durch billigere Preise der Konkurrenz begegnen zu können. Infolge herabgedrückter Preise wurde immer allgemeiner zu diesen künstlichen Mitteln gegriffen und Kognak unter Etiketten verkauft, die bezüglich der Altersangabe der Wahrheit in den seltensten Fällen entsprachen. Trotzdem kaufte das Publikum im Vertrauen auf den Originalbezug diesen Kognak als das, was auf dem Etikett angegeben war, und der Umsatz nahm immer größere Dimensionen an. Die vergrößerte Konkurrenz drückte die Preise und man blieb nicht mehr dabei stehen, jungem Weindestillat anderer Herkunft als alten Kognak, als Charenteweindestillaten zu verkaufen, sondern ersetzte auch das Weindestillat zum großen Teile durch Kartoffelspiritus, der in großen Mengen von Deutschland bezogen wurde. Später ist dieser deutsche Spiritus durch den in Frankreich hergestellten Rübenspiritus ersetzt worden.

Mit der Einführung der Kognakfabriken an anderen Plätzen Frankreichs und in außerfranzsiöschen Ländern hat sich die Art der Herstellung, wie sie in der Stadt Cognac gehandhabt wird, auch dorthin übertragen.

In Deutschland hatte man seit Jahren darüber gestritten, was unter Kognak zu verstehen sei. Eine Kommission aus je 6 Mitgliedern des Verbandes Deutscher Kognakbrenner und des Verbandes selbständiger öffentlicher Chemiker Deutschlands hatte folgende Beschlüsse gefaßt.

1. Kognak ist ein mit Hilfe von Weindestillat hergestellter Trinkbranntwein.
2. Kognak, welcher unter einer Bezeichnung in den Verkehr gebracht wird, die den Anschein erwecken muß, daß es sich um reines Weindestillat handelt, darf seinen Alkoholgehalt nur dem Destillat aus Wein oder Tresterwein verdanken.

   Die Versammlung erklärt, daß sie den Namen „Kognak-Weinbrand" als eine geeignete Bezeichnung für einen derartigen Kognak ansieht.
3. Kognak muß wenigstens 38 Volumprozent Alkohol und darf nicht mehr als 2 g Zucker, als Invertzucker bestimmt, und nicht mehr als 1,5 g zuckerfreies Extrakt in 100 ccm enthalten.

Der Zusatz von Glyzerin zum Kognak als Süßungsmittel ist nicht gestattet.

Als Farbstoff ist zulässig, was durch die natürliche Faßlagerung und durch Zusatz von gebranntem Zucker in den Kognak gelangt.

4. Ein Kognak, der unter dem Namen „Medizinal-Kognak" in den Handel gebracht wird, hat den Vorschriften des Deutschen Arzneibuches zu entsprechen.
5. Kognakähnliche Getränke, die mittels künstlicher Essenzen, sowie Ätherarten und ätherischen Ölen hergestellt sind, sind als Kunst-Kognak zu bezeichnen.
6. Als französischer Kognak oder unter den diesem Begriff entsprechenden Bezeichnungen ist in Deutschland nur ein aus Frankreich importierter und im Originalzustande belassener Kognak zu verstehen.

Auf Kognak aus anderen außerdeutschen Ländern finden diese Bestimmungen ebenfalls sinngemäße Anwendung.

Diese Beschlüsse waren die Folge der Mißstände, die in der Stadt Cognac selbst in Bezug auf die Herstellung des Kognaks Platz gegriffen haben. Und da ein Nachweis der Minderqualität des in Frankreich und vom Auslande überhaupt eingeführten Kognaks nicht möglich ist, wollten die deutschen Kognakbrenner nicht schlechter in dem Konkurrenzkampf stehen wie die französischen und anderen Ausländer. Die Beschlüsse haben aber durchaus nicht zur Gesundung der Branche beigetragen, im Gegenteil die Auslegung, daß Kognak „mit Hilfe von Weindestillat" herzustellen sei, hat dazu geführt, daß die Zusätze von Weindestillat immer kleiner wurden und auf das Maß heruntergingen, welches die Bezeichnung „Hilfe" nur noch rechtfertigen konnte, und so wurde der unlauteren Konkurrenz durch diese Beschlüsse nur noch ein Rückhalt gegeben.

Für Kognak, unter einer Bezeichnung, die den Anschein erwecken muß, daß es sich um reines Weindestillat handle, sollte der Zusatz „Weinbrand" angewandt werden. So wenig mit dieser Bezeichnung eine Garantie geboten, so bietet sie selbst nach den Beschlüssen nicht das, was von einem Weinbrandkognak zu verlangen ist, denn hiernach kann nicht allein der Alkoholgehalt des Kognak dem Traubenwein, sondern ebensogut dem Tresterwein entstammen; aber auch die Veränderung, die das Destillat seit der Herstellung erfahren und die es eigentlich erst in Kognak verwandelt, darf durch künstliche Zusätze erzeugt werden und braucht nicht durch Altern und Lagern entstanden zu sein.

Dem Laien muß es fast unglaublich klingen, daß eine Ware von soweit herabgeminderter Qualität und unter falscher Bezeichnung noch Abnehmer finden kann.

Eine Erklärung hierfür ist auch nur darin zu finden, daß dem Abnehmer die Möglichkeit der Kontrolle für die Qualität vollständig fehlt. Die beiden Charantes sind die einzigen Weingebiete, deren zur Brennerei wirklich geeignete Weine bisher rein zur Destillation gelangen.

Nur von Kognak aus erhielt die Welt Jahrhundertelang die feinsten reinen Weinbranntweine. Als diese von Kognak aus nicht mehr geliefert wurden, hat das Publikum nur noch in den allerseltensten Fällen diese wirklich alten feinen Weinbranntweine geschmeckt, statt dessen das dafür erhalten, was von den Kognakhäusern mit zweifellos großem Geschmack künstlich hergestellt und verwandt worden ist. Wäre ein Vergleich mit wirklich reinem Weinbranntwein eingestellt worden, würde das Publikum die Fälschung gewiß zurückgewiesen haben."

Bei dem großen Umfang, welchen der Kognakhandel im Deutschen Reiche angenommen hat, da der gesamte Spirituosenhandel sich beinahe als ein Kognakhandel bezeichnen läßt, liegt es nicht im Interesse der Volkswohlfahrt die eingebürgerten Mißbräuche als eingebürgerte reelle Handelsbräuche anzuerkennen, um so weniger, als die strikte Auslegung des Nahrungsmittelgesetzes eine andere Kognakdefinition erfordert, als sie jetzt vielfach üblich ist. Im Anschluß an die Ableitungen für die Bezeichung der Rumsorten müssen für Kognak die folgenden **Begriffsbestimmungen** als der derzeitigen Lage der Gesetzgebung entsprechend bezeichnet werden.

Echter Kognak ist ein ausschließlich aus „Wein" hergestellter Branntwein, der durch Lagerung in Eichenholzfässern sein charakteristisches Aroma entwickelt hat.

Kognakverschnitt ist eben solcher Kognak, welcher mit einem Gemisch von Spiritus und Wasser verschnitten wurde.

Trester-Kognak ist dem echten Kognak gleich, nur ist sein Ausgangsmaterial nicht „Wein" sondern Trester-Wein.

Kognak ohne weitere Angabe muß wenigstens ein Verschnitt des echten Kognak sein.

Faßon-Kognak oder Kunst-Kognak oder ähnlich sind Gemische von Spiritus und Wasser, welche ihr Aroma künstlichen Essenzen verdanken. Sie gehen ihres Charakters nicht dadurch verlustig, daß sie teilweise natürliches Aroma (Echten-Kognak) enthalten.

Französischer, ungarischer usw. Kognak sind aus den entsprechenden Ländern eingeführte, dort erzeugte Kognaks.

Medizinal-Kognak ist echter Kognak, welcher im übrigen den Anforderungen des Arzneibuchs des Deutschen Reiches zu entsprechen hat, d. h. er muß 37—41 Teile Alkohol enthalten, klar sein, gelb, und angenehm weinig riechen und schmecken.

Bei sämtlichen Kognaksorten außer dem echten Kognak ist es zulässig, die gewohnte gelbe Farbe durch einen Farbstoff, welcher dem Gesetze vom 5. Juli 1887 zu entsprechen hat, zu vertiefen bezw. herzustellen. Sämtliche Kognaksorten müssen einen Alkoholgehalt von wenigstens 38 Volumprozent aufweisen.

II. Andere Branntweine.

Korn-Branntwein wird meist in Deutschland aus Roggen in der Weise hergestellt, daß das Korn zunächst gemälzt, eingemaischt und verzuckert wird. Aus der vergorenen Maische wird zunächst ein etwas dünnerer Alkohol, Lutter genannt, erhalten, welcher durch wiederholte Rektifikation in konzentrierten Branntwein übergeführt wird. Am bekanntesten ist der Nordhäuser Korn, ursprünglich in der Stadt Nordhausen hergestellt. Jetzt jedoch wird er auch an vielen anderen Plätzen gewonnen und ebenfalls Nordhäuser genannt. Echter Nordhäuser bleibt jedoch der in Nordhausen selbst fabrizierte. Ebenso verhält es sich mit Steinhäger; der „echte" kommt aus Steinhagen. Der an der Nordseeküste, besonders in Friesland hergestellte Kornbranntwein wird unter Zusatz von Wachholderbeeren destilliert und heißt Dornkaat. Der in Berlin hergestellte Getreidekümmel ist ein unter Zusatz von Kümmel destillierter Kornbranntwein, meist nach seinem ersten Darsteller Gilka genannt. Unter Whisky versteht man einen in England, Amerika und anderen Ländern aus Gerste oder Roggen hergestellten Kornbranntwein von längerer Lagerzeit.

III. Bittere.

Hierunter versteht man Gemische von Weingeist und Alkohol, welche mit Auszügen aus bitteren Pflanzen oder mit Gemischen ätherischer Öle oder beiden versetzt sind. Ein Teil erhält auch einen Zusatz von Zucker.

IV. Liköre.

Unter Likören versteht man aromatisierte und gesüßte Gemische von Alkohol und Wasser. Während im allgemeinen die Süßung durch Rohrzucker zu bewerkstelligen ist, erhalten die sog. öligen Liköre einen nicht unbeträchtlichen Zusatz von Stärkezucker, der ihnen die ölige Konsistenz ohne übermäßige Süße verleiht.

Einer Deklaration des Stärkesyrups bedarf es in letzterem Falle nicht, da diese Eigenschaften, dickflüssige Konsistenz und verhältnismäßig geringe Süße anders nicht zu erzeugen sind.

Während im allgemeinen die Liköre als Phantasiegebilde zu betrachten sind, für welche sich bestimmte Normen nicht aufstellen lassen, muß für einige bestimmte Produkte jedoch eine Ausnahme insofern gemacht werden, als entweder ihre Zusammensetzung aus ihrer Bezeichnung sich ergibt oder bestimmten Erwartungen auf Grund eingebürgerter ursprünglicher Herstellung entsprechen muß. Besonders hervorzuheben sind:

Eier-Kognak, welcher seine dickliche Beschaffenheit ausschließlich dem zugesetzten Eigelb verdanken soll und dessen gelblicher Farbstoff keinen anderen Ursprung haben soll, als den Farbstoff des Gelbeis und des Kognaks. Seine Süße rührt vom Rohrzucker her. Des Zusatzes von Bindemitteln bedarf es bei sorgfältiger Herstellung nicht; Verdickungsmittel sind ausgeschlossen.

Cherry-Brandy ist ein Gemisch von Kirschsyrup (eventuell auch noch anderen Fruchtsäften) und Kirschwasser. Die im Cherry-Brandy zulässigen Bestandteile regeln sich nach den für seine Komponenten zulässigen.

Fruchtsaftliköre, Rataffias, anderer Art sollen hergestellt sein aus den betreffenden Fruchtsäften, Spiritus, Wasser und Zucker. Weitere Bestandteile sollen in ihnen fehlen.

Gesetzliche Bestimmungen. 1. Das Branntweinsteuergesetz vom 24. Juni 1887 mit den inzwischen ergangenen Abänderungen und Ergänzungen trifft umfassende Bestimmungen über die Versteuerung des Branntweins, auf welche hier nur verwiesen werden kann. (Vgl. auch Kapitel 6.)

§ 14 bestimmt, daß jeder Besitzwechsel einer Brennerei der Steuerbehörde binnen einer Woche von beiden Parteien mitzuteilen ist.

Die sehr umfangreichen Ausführungsbestimmungen enthalten 10 Abteilungen unter denen die Alkoholermittlungsordnung und Branntweinsteuerbefreiungsordnung im „Beiheft" auszugsweise mitgeteilt sind. Es sind folgende 10 Teile:

I. Branntweinsteuergrundbestimmungen.
III. Brennereiordnung.
III. Meßuhrordnung.
IV. Branntweinbegleitscheinordnung.
V. Branntweinlagerordnung.
VI. Branntweinreinigungsordnung.
VII. Alkoholermittlungsordnung.
VIII. Branntweinsteuer-Befreiungsordnung.
IX. Vorschriften über die Branntwein-Statistik.
X. Kontingentierungsordnung.

2. Über die Beschaffenheit des Spiritus sind Vorschriften nicht gegeben.

3. Wegen der erforderlichen behördlichen Erlaubnis (Konzession) zum Vertrieb vom Spirituosen vgl. im Kapitel 4 Ziff. 2.

4. Liköre, welche mit Zusatz von Wein hergestellt sind, unterliegen als weinhaltige Getränke den Vorschriften der §§ 7 und 8 W.G. und dürfen die in § 7 aufgeführten Stoffe und Zubereitungen, insbesondere Teerfarbstoffe nicht enthalten.

5. Die zum Färben der Branntweine und Liköre benutzten Farbstoffe müssen den Vorschriften des § 1 des Gesetzes vom 5. Juli 1887 betr. die Verwendung gesundheitschädlicher Farben entsprechen.

Verfälschungen.

1. Größere Mengen Fuselöl sind gesundheitschädlich und gehören in ein Genußmittel nicht hinein, doch sind gewisse Mengen nicht auszuschließen und besonders bei denjenigen Branntweinen nicht zu beanstanden, die nicht aus rektifiziertem Alkohol hergestellt sind.

Kognak enthält meist 0,1—0,25
Rum . . . . 0,0—0,15
Arrak . . . . 0,0—0,10
Kirschwasser . . 0,03—0,15
Pflaumenschnaps . 0,1—0,3 Raumteile Fuselöl in 100 Raumteilen Branntwein.

2. Branntweinschärfen sind gewisse scharf schmeckende Stoffe, die den Zweck verfolgen, den Alkoholgehalt eines Branntweins höher erscheinen zu lassen, als er tatsächlich ist. Als solche

Substanzen kommen sowohl Fuselöl wie Auszüge aus gewissen beißenden Pflanzenteilen in Frage: Paprikaschoten, Pfefferkörner, Paradieskörner usw.

Wenn auch zugegeben werden muß, daß die als Phantasiegebilde zu betrachtenden zusammengesetzten Spirituosen schließlich auch die hier genannten Körper als integrierende Bestandteile gelegentlich enthalten dürften, so muß doch im Auge behalten werden, daß sie einerseits in Spirituosen, die einer bestimmten Norm zu entsprechen haben, z. B. Nordhäuser, gar nicht sich finden dürfen und andererseits nur dann nicht als Täuschungsmittel aufzufassen sind, wenn der Alkoholgehalt des betreffenden Genußmittels sich in angemessener Höhe befindet.

3. Das *Perlen* gewisser Branntweine, besonders des Nordhäusers wird gelegentlich durch Zusätze von Seifen, fettem Öl (Mohnöl), Schwefelsäure, Harzer, Weinsäure usw., hervorgerufen. Wenn es sich auch nur um sehr geringfügige Mengen bei diesen Zusätzen handelt, so kann unter Umständen doch ein Verstoß gegen das Nahrungsmittelgesetz darin gefunden werden. In der Regel dürfte allerdings der Zusatz als belanglos zu gelten haben, da schwer zu sagen ist, nach welcher Richtung die dadurch begangene Täuschung liegen soll.

4. Nach Art des *Kognak* hergestellte Branntweine, deren Rohstoff aber nicht „Wein“ war, sondern andere vergorene Flüssigkeiten, etwa Tresterwein, Fruchtweine u. dgl., müssen entsprechende Bezeichnungen tragen: Trester-Kognak, Apfelwein-Kognak oder in ähnlicher Weise zum Ausdruck bringen, daß das in ihnen enthaltene Aroma nicht ausschließlich oder überhaupt nicht aus echtem Kognak stammt.

5. *Farbstoffzusätze*, die den Anforderungen des Gesetzes vom 5. Juli 1887 genügen, sind im allgemeinen überall zulässig. Ausnahmen bilden nur einige wenige, bereits erwähnte (Cherry-Brandy, Fruchtsaftliköre), doch gilt auch hier ein Zusatz für zulässig, wenn aus der Bezeichnung hervorgeht, daß es sich nicht um reine Fruchtliköre handelt. Bei den Branntweinen, die von Natur ungefärbt sind, ist meist ein gelblicher bis bräunlicher Farbton allgemein verlangt. Daß gerade Zuckercouleur der einzig zulässige Farbstoff für Kognak, Rum usw. sein sollte, ist nicht ersichtlich, da der *natürlichen* Zusammensetzung auch die Zuckercouleur nicht entspricht, sondern höchstens der Farbstoff aus dem Eichenholz, als dem Material der Lagerfässer. Für *echten Kognak* läßt sich allerdings überhaupt kein direkter Farbstoff-

zusatz vertreten, da seine Färbung ein äußerlicher Ausdruck seines Alters ist. Für echten Rum gilt das gleiche. Wirklich echte Ware ist bei beiden Edelbranntweinen auch nur schwach gelb. Eierkognak soll nur die Farbstoffe seiner Komponenten enthalten: Eigelb und Kognak.

6. Metalle wie Kupfer oder Blei sollen in Spirituosen nicht enthalten sein, doch kommt Kupfer gelegentlich aus den Destillierblasen hinein. Im Danziger Goldwasser findet sich stets echtes Gold in kleinen Flittern als dazugehörig vor. Unechtes Gold ist zu verwerfen.

7. In manchen Bitterlikören sind Zusätze von Lärchenschwamm enthalteu. Da schon die Geschmacksverhältnisse jede auch nur einigermaßen nennenswerte Menge ausschließen, erscheint seine Verwendung unbedenklich. Besonders der sog. Heiligen-Bitter enthält ihn neben Aloe. Der hat jedoch mehr den Charakter als Abführmittel denn als Genußmittel. Vgl. auch Kapitel 29.

Reichsgericht. 1) Vom 12. November 1900. (Beil. z. d. Veröffentl. d. K.G.A. V, 207.)

Die Urteilsgründe heben allerdings nicht ausdrücklich hervor, können aber nach der ganzen Sachlage und dem inneren Zusammenhange nicht anders verstanden werden, als dahin, daß die sämtlichen Erörterungen und Feststellungen des Vorderrichters, daß und inwiefern der von dem Angeklagten im Jahre 1897 an den Gastwirt M. in H. verkaufte Eierkognak als ein verfälschtes Nahrungs- oder Genußmittel im Sinne des § 10^2 l. c. sich darstelle, auf die Zeit dieses Verkaufs, also auf das Jahr 1897, zu beziehen seien. Der Rechtsbegriff einer derartigen Verfälschung eines Nahrungs- oder Genußmittels ist vom erstinstanzlichen Richter nicht verkannt, sondern durchaus im Einklang mit Wissenschaft und Praxis aufgefaßt und angewendet worden. Das Landgericht stellt fest, was nach der herrschenden Verkehrsauffassung als Eierkognak zu verstehen gewesen sei,*) aus welchen Bestandteilen und in welchem Mischungsverhältnisse derselben das als Eierkognak in den Handel gebrachte Getränk habe zusammengesetzt sein müssen, um im Verkehrsleben als Eierkognak

---

*) „S. behauptete, daß das von ihm hergestellte Fabrikat mit Recht als „Eierkognak" benannt und verkauft werde, der Preis von 2,50 Mk. für die Flasche auch der Güte der Ware entspreche. Der Eierkognak bestehe nämlich aus einer Mischung von 10 Liter Verschnittkognak, 1 Liter zu 1,50 Mk., von 10 Liter Zuckersyrup, bestehend aus Zucker und Kapillärsyrup, von 5 Liter Wasser, von den Eidottern und dem Eiweiß von 2 Schock Eiern, ebenfalls ungefähr 5 Liter Flüssigkeit ausmachend, sowie von 1/2 Pfund Stärkemehl. Die Frage, ob dieses von S. hergestellte Fabrikat noch als „Eierkognak" in dem Sinne zu bezeichnen ist, welchen das an dem hier in Frage stehenden Verkehre teilnehmende

von normaler, regelmäßig vom kaufenden Publikum ganz allgemein vorausgesetzter und erwarteter und andererseits vom Verkäufer auch gewährter Beschaffenheit gelten zu dürfen, und daß und inwiefern das hier in Frage stehende Fabrikat des Angeklagten diese Beschaffenheit nicht gehabt, sondern teils durch Verwendung einer geringeren Menge eines einzelnen, notwendigen Bestandteiles, durch die Hinzufügung eines überhaupt nicht zu verwenden gewesenen, ungeeigneten Stoffes oder doch mindestens durch Hinzufügung einer zu großen Menge dieses Stoffes von der Beschaffenheit normalmäßigen Eierkognaks erheblich abgewichen und auf diese Weise in seinem Genußwerte im Vergleiche zu dem des normalmäßigen Eierkognaks herabgesetzt, verschlechtert worden sei. In allen diesen Beziehungen ist das angefochtene Urteil von rechtsirrtumsfreien Erwägungen ausgegangen.

2) Vom 2. November 1886. (E. XIV, 428.) (Danziger Weinprozeß.)

K o g n a k, R u m, A r r a k sind zum Genuß in reinem Zustande nicht bestimmt, dienen vielmehr teils als Würze (zum Tee und bestimmten Speisen), teils sind sie auf eine Herabsetzung des Alkoholgehaltes, beim Rum auch des Ledergeschmacks angewiesen. Verschnitte sind daher bei diesen Spirituosen lange vor Erlaß des Nahrungsmittelgesetzes als Handelsartikel gang und gebe gewesen und haben sich schon lange vorher im Gegensatze zu den importierten Urstoffen zu einer anderen Art von Genußmitteln herausgebildet, welche den Urstoff in einer nur vom wirtschaftlichen Bedürfnisse der Konsumenten begrenzten Versetzung mit anderen geeigneten Stoffen enthalten, und diese Art von Genußmitteln ist so selbständiger Natur geworden, daß, wer importierte Ware haben will, dies ausdrücklich sagt, und daß derjenige, welcher einfach eine Flasche Kognak, Rum oder Arrak fordert, im allgemeinen weiß, daß er nicht das reine Destillat aus Zuckerrohr, Reis oder Traubenwein, sondern ein Gemisch mit diesem Destillat erhält. Die Annahme, daß ein Gemisch, welches über die Hälfte Zusätze von Sprit, Wasser und anderen Ingredienzen enthält, vorwiegend etwas anderes als Rum, Kognak oder Arrak sei, findet nach dem Reichsgericht im Gesetze keinen Anhalt. Soweit Kunstprodukte in Rede ständen, beruhe die Frage, ob ein Genußmittel für verfälscht zu erachten sei, vielfach auf technischen Regeln, deren richtige Anwendung in der Revisionsinstanz nicht geprüft werden könne. — Die Annahme, daß der sog. T r i n k r u m jeden spezifischen Charakters

---

Publikum mit der Bezeichnung „Eierkognak" verbindet und zu verbinden berechtigt ist, mußte verneint werden.

Wie die vernommenen Sachverständigen bekunden, ist unter Eierkognak eine Mischung von Kognak, Eigelb, Zucker, Gewürz und einem Bindemittel zu verstehen, und ist das abnehmende Publikum ein solches Gemisch unter dem Begriff „Eierkognak" zu erwarten berechtigt. Das Wort „Eierkognak" an sich weist ferner schon darauf hin, daß ein solches Getränk aus Eigelb, Kognak und Zucker der Hauptsache nach zu bestehen hat. Das hier in Rede stehende Fabrikat hat aber Eigelb nur in geringer Menge, nicht der Hauptsache nach enthalten, dagegen in größerer Menge Stärkekleister." (L.G. Halberstadt. 30. Mai 1900.)

entbehrt und deshalb nicht Gegenstand einer Nachahmung oder Verfälschung sein kann, entbehrt jeder Begründung.

3) Vom 18. Mai 1888. (Nachahmung von Kognak. S. Kapitel 23 S. 125.)

4) Vom 24. Februar 1882. (R. IV, 194, betr. Himbeerlikör. Vgl. S. 124.)

---

49. Kapitel.

Essig und Essigessenz.

Herstellung. Der Essig wurde bis vor verhältnismäßig kurzer Zeit ausschließlich aus schwach alkoholischen Flüssigkeiten in der Weise erzeugt, daß man diese entweder so lange stehen ließ, bis sie sich von selbst in Essig verwandelten, oder durch die sog. Schnellgärung. In beiden Fällen ist der Vorgang derselbe, indem der Alkohol durch Aufnahme von Sauerstoff aus der Luft in Essigsäure übergeht. Da diese chemische Veränderung durch Vermittelung kleiner Lebewesen vermittelt wird, so läßt man in der Schnellessigfabrikation die schwach alkoholischen Flüssigkeiten langsam über Holzspäne rieseln, welche große Mengen dieser Bakterien enthalten. Je nach der Art der verwandten alkoholischen Flüssigkeit erhält man verschieden benannte Essige, für welche auch oft abweichende Herstellungsverfahren gebräuchlich sind.

Ein großer Teil des im Handel befindlichen Essigs verdankt seine Entstehung jedoch nicht mehr einem Gärungsprozeß, sondern wird aus der Holzessigsäure hergestellt, welche bei der trockenen Destillation des Holzes in großen Mengen erhalten wird. Wenn von den genannten Spezialessigen (z. B. Weinessig) abgesehen wird, so lassen sich zur Zeit Unterschiede zwischen dem Gärungsessig und dem Essig aus Essigsäure, welche als Essigessenz im Handel ist, nicht auffinden.

Die Essigsäure ist in beiden Produkten die gleiche und wenn als Essigessenz eine technisch reine Essigsäure dient, so kann der aus ihr hergestellte Essig gegenüber andererm Speiseessig nicht als minderwertig bezeichnet werden. Unter „Essig" ohne weitere Zusätze muß deshalb eine verdünnte Essigsäure gleichviel welcher Herkunft verstanden werden.

Man kann jedoch im Handel unterscheiden zwischen Gärungsessig und Essenzessig, dem chemischen Essig, wenn die Konsumenten darauf Wert legen und ist alsdann natürlich die eine Art kein Ersatz für die andere. Gewöhnlich geschieht dies jedoch nicht sondern es wird als Speiseessig jeder gute Essig angesehen, sofern er nur den erwarteten Säuregehalt hat.

Dagegen wird bezüglich gewisser Rohmaterialien unterschieden zwischen Weinessig, Bieressig, Fruchtessig, Malzessig und anderen.

Bei ihnen erwartet der Käufer mittelst des Gärverfahrens aus dem jeweiligen Rohstoffe erhaltenen Essig zu bekommen.

Die **Kräuteressige**, von denen besonders der Estragonessig gebräuchlich ist, werden in anderer Weise gewonnen, nämlich, indem fertiger Essig mit dem betreffenden Kräutern so lange zusammengelassen wird, bis die aromatischen Bestandteile in ihn übergegangen sind. Ob Gärungsessig oder Essenzessig dazu benutzt ist, erscheint gleichgültig.

Hinsichtlich der Konzentration unterscheidet man:

Speiseessig mit wenigstens 3 % Säuregehalt, doch werden 3,5—4 % als normaler Gehalt erwartet. Er heißt auch

Einfacher Essig.

Doppelessig ist zirka 6 % stark.

Essigsprit soll so stark sein, daß beim Verdünnen desselben mit dem doppelten Volumen Wasser ein brauchbarer Essig entsteht. Das würde einen Mindestgehalt von 9—10 % Essigsäure bedeuten. Der in der Schnellessigfabrikation erzeugte Essigsprit hat aber 12—14 % Säure.

Einmache-Essig soll ebenso wie Weinessig zirka 6 % Säure enthalten.

Essigessenz ist die Bezeichnung für eine technisch reine Essigsäure, die meist mit einem Säuregehalt von 80 % in den Handel kommt. Sie ist zum Teil braungefärbt, zum Teil auch mit einem Auszug aus aromatischen Kräutern versetzt. Sie kommt fast ausschließlich in verschlossenen Flaschen in den Handel, die mit einer Einteilung versehen sind, die zur Verdünnung der

Säure Anleitung geben. Da so starke Essigsäure ein ätzender Stoff ist, sind mehrfache Versuche zur Regelung des Verkehrs damit gemacht. Die auf reichsgesetzliche Regelung abzielenden Maßregeln haben bisher jedoch kein greifbares Resultat gehabt.

Holzessig ist ein noch stark mit empyreumatischen (brenzlichen) Stoffen behafteter Essig. Diese stimmen überein mit den Hauptbestandteilen des Rauches. Er wird daher zum sog. Schnellräuchern benutzt, in dem man ihn auf etwa das Dreifache verdünnt, die zu räuchernden Gegenstände damit anfeuchtet, eintrocknen läßt und dann in einen erwärmten Raum aufhängt.

Gesetzliche Bestimmungen. 1. Wegen Besteuerung der Essig-Brauereien trifft § 4 des Brausteuergesetzes vom 3. Juni 1906 und § 6 der dazu ergangenen Ausführungsbestimmungen Anordnungen. 2. Anlage 9 zu § 22 der Branntweinsteuer-Befreiungsordnung gibt eine Anleitung zur Untersuchung von Essig für Denaturierungszwecke; abgedruckt im Beiheft S. 142.

Verfälschungen. 1. Das Hauptverfälschungsmittel für Essig ist Wasser. Wegen des Mindest-Säuregehalts s. oben. 2. Um gewässerten Essig wieder „scharf" zu machen, werden ihm allerlei fremde Säuren, besonders Schwefelsäure zugesetzt. 3. Der scharfe Geschmack soll auch gelegentlich durch Pflanzenauszüge, besonders Seidelbast (Cortex Mezerei) erzeugt worden sein. 4. Essigälchen sind kleine Lebewesen, die sich fast in jedem Essig von minderen Gehalt finden. Solange der Essig dadurch nicht getrübt wird, läßt sich nichts dagegen einwenden, da die Essigälchen durchaus unschädlich sind. Trüber Essig ist jedoch zu verwerfen. 5. Färben von Essig ist allgemein gebräuchlich. Zum gelblichfärben dient Zuckercouleur, zum rotfärben Rotwein oder Saft von roten Rüben, auch von Klatschrosen oder anderen Pflanzen. 6. Gelegentlich kommt auch Essig vor, der giftige Metalle, Zink oder Blei, auch Kupfer enthält. Diese entstammen ausnahmlos den verwendeten Geräten; Meßgefäßen, Trichtern, Essigleitungen und dgl. S. darüber Kapitel „Gebrauchsgegenstände".

Reichsgericht. Vom 9. Juni 1902. (Beil. z. d. Veröffentl. d. K.G.A. Bd. VI, S. 290.)

.... Auch in materieller Richtung sind die Bemängelungen der Revision unzutreffend.

Unter Weinessig versteht man in der normalen Zusammensetzung ein Produkt, bei welchem der in Essig umgewandelte Alkohol nur aus Wein (nicht aus anderen Zusätzen) stammt. In dieser Reinheit wird das Genußmittel aber in Deutschland nicht hergestellt, sondern es hat sich im deutschen Essighandel der Mißbrauch eingeschlichen, daß unter Weinessig auch jeder Essig begriffen wird, der einen gewissen Mindestgehalt von Wein (Natur- oder gallisiertem Wein) besitzt. Der letztere beträgt, wie die Strafkammer in Übereinstimmung mit den gehörten Sachverständigen annimmt, 20 Volumenprozent. Ein derartiges Produkt ist zum Preise von 0,19 Mk. für das Liter zu liefern.

Nach dieser dem Urteil entnommenen Begründung könnte es zweifelhaft erscheinen, wie es mit der Kenntnis des Publikums von der mißbräuchlich angewendeten Bezeichnung steht, ob das fragliche Erzeugnis seinen berechtigten Anforderungen und Erwartungen entspricht, und ob der Vertrieb des Produkts als Weinessig noch in den Grenzen eines reellen Gebrauchs sich bewegt und nicht vielmehr als verwerflicher Geschäftsbetrieb aufgefaßt werden muß.

Jedenfalls ist aber die Anschauung des ersten Richters dem Angeklagten eine möglichst günstige und beschwert ihn nicht.

Die von ihm gelieferte Ware entsprach aber nicht einmal den weit herabgesetzten Anforderungen der Strafkammer, sie enthielt nicht 20%, sondern nur 12 oder 13% Wein.

Auf dieser Grundlage konnte das Gericht zu der Feststellung einer Verfälschung gelangen (die durch den Zusatz von über 80% anderer Stoffe verübt worden sein muß).

Nach weiterer ausdrücklicher Feststellung hat der Angeklagte gewußt, daß der Weinessig verfälscht war. Mit Unrecht bemängelt die Revision diese Annahme. Allerdings bedient sich der erste Richter bei seinen weiteren Ausführungen über dieses subjektive Moment der Wendung, daß der Angeklagte auf Grund seiner seit 1887 gemachten Erfahrungen „erkennen mußte", er werde auch bei Zusatz von 50% des verwendeten „Weins" keine einem Zusatz von mindestens 20% Naturwein oder gallisiertem Wein entsprechende, als Weinessig verkäufliche Mischung erhalten. Aber mit dem gebrauchten Ausdruck wollte er nur sagen, vermöge seiner Geschäftskenntnis habe der Angeklagte die notwendige Schlußfolgerung gezogen, d. i. um die Verfälschung gewußt.

Auch im übrigen bestehen gegen die Anwendung des § 10[1] u. [2] N.M.G. keine Bedenken. Die Revision war daher zu verwerfen.

50. Kapitel.

Getreide und seine Mühlenfabrikate.

A. Rohstoffe.

Allgemeines. Von den Getreidearten kommen im wesentlichen Roggen, Weizen, Gerste, Hafer, Mais, Reis und allenfalls noch Buchweizen in Betracht.

Für ihre **Beurteilung als Korn** ist von Wichtigkeit:

1. Größe und Form,
2. die Farbe,
3. Geruch,
4. das Hektolitergewicht,
5. das Korngewicht,
6. der Reinheitsgrad,
7. die mehlige oder glasige Beschaffenheit der Körner,
8. der Spelzen, bezw. Schalengehalt,
9. der Wassergehalt,
10. die Keimfähigkeit.

Hierzu ist zu bemerken:

Zu 1. Eine möglichst gleichmäßige Größe und Form der Körner wird beim Getreide höher bewertet als Verschiedenartigkeit.

Zu 2. Die Farbe gilt oft als Unterscheidungsmerkmal für die einzelnen Spielarten. Dunkles Getreide ist schalenreicher als hellfarbiges. Mißfarbige Körner oder verschimmelte sollen nicht dabei sein, auch mit Brandsporen behaftete sollen sich nicht finden.

Zu 3. Getreide soll weder dumpfig noch muffig riechen, noch sonst durch seinen Geruch auf die Anwesenheit von Schimmel schließen lassen.

Zu 4. Das Hektolitergewicht ist der Ausdruck für das spezifische Gewicht und gibt an, wie groß das Gewicht eines Hektoliters Getreide in Kilo ausgedrückt ist.

Zu 5. Das Korngewicht ist ein absolutes Gewicht und gibt an, wieviel 100 Körner wiegen.

Zu 6. Der Reinheitsgrad ist der Ausdruck für fremdartige Verunreinigungen und bringt insbesondere zum Ausdruck, wieviel Unkrautsamen im Getreide vorhanden sind.

Zu 7. Die mehlige bezw. glasige Beschaffenheit von Korn ist abhängig von dem Klebergehalt und damit von entscheidender Bedeutung für die Backfähigkeit des daraus zu gewinnenden Mehles. Glasiger Weizen ist kleberreicher als mehliger.

Zu 8. Der Spelzengehalt (auch Pulsen oder Kaff genannt) ist der Ausdruck für Verunreinigungen, die nicht von fremden Unkräutern stammen, sondern nicht zum Korn gehörige Teile der selben Stammpflanze sind.

Zu 9. Der Wassergehalt ist von zwiefacher Bedeutung, insofern ein großer Wassergehalt nicht nur einen niedrigeren Gehalt an Nährstoffen zur Voraussetzung hat, sondern auch für die Haltbarkeit des Kornes von sehr ungünstigem Einfluß ist.

Zu 10. Die Keimfähigkeit ist von besonderem Einfluß für das Saatgetreide und gleichzeitig ein Ausdruck für das Alter des betreffenden Getreides, da die Keimfähigkeit mit der Lagerzeit abnimmt.

A) **Weizen.** Weizen wird sowohl nach seiner Farbe als weißer, gelber, roter und bunter Weizen, wie nach seiner Herkunft als pommerscher, russischer, polnischer, argentinischer usw. unterschieden.

Weiße und gelbe, sowie die meisten roten Weizensorten sind mehliger als die anderen und geben ein entsprechend weißeres Mehl; diese Sorten sind kleberärmer und daher weniger backfähig. Glasiger Weizen ist kleberreicher und wird darum oft mit kleberarmem vermischt, um backfähigere Mehle zu erzielen. Es kann darum nicht erwartet werden, daß die Weizenmehle stets von einer Frucht einheitlichen Wachstums hergestellt sind. Die besonders kleberreichen Weizenarten werden in der Teigwarenfabrikation bevorzugt. Die Süddeutschen Nudeln und die italienischen Makkaroni verdanken ihre vorzügliche Beschaffenheit wesentlich dem verwendeten Weizenmaterial, das oft genug 20% und noch mehr Eiweißstoffe enthält.

Rauhweizen liefert sehr schlecht backende Mehle; englischer Rauhweizen gilt daher bei uns nicht als lieferungsfähige Ware.

Eine Abart ist der Spelt oder Dinkelweizen, der in Nord-Deutschland wenig gebaut ist, dafür am Rhein und in Süd-Deutschland sich häufiger findet und für die Nahrungsmittelindustrie insofern von Wichtigkeit ist, als das unreife gedörrte Spelzkorn als Grünkern in den Handel kommt und eine geschätzte Suppenunterlage bildet.

B. Roggen. Der Roggen findet sich bei uns nur in einer Art im Handel. Es wird lediglich zwischen Sommerroggen und Winterroggen ein Unterschied gemacht.

Heller Roggen ist mehlreicher und darum auch höher bewertet als dunkler.

C. Gerste. Am Gerstenhandel sind vorzugsweise die Brauindustrie und die Brennereien beteiligt, so daß man Braugerste, Brennereigerste und Futtergerste zu unterscheiden pflegt. Von besonderer Wichtigkeit ist die Beschaffenheit des Kornes, ob mehlig oder glasig. Mehlige Gersten sind bei der Mälzung und Verzuckerung angenehmer, die Brauereien ziehen daher die großen mehligen Sorten vor, die auch höher im Preise sind. Die Brauergerste ist meistens zweizeilige Gerste von größerem Korn, die glasige, kleinere, vierzeilige Gerste nimmt der Brenner lieber, da es ihm weniger darauf ankommt, in der Gerste viel Mehl (Stärke) als vielmehr recht viel Keime und viel Diastase zu erhalten, mit deren Hilfe er die Stärke der Kartoffeln in gärungsfähigen Zucker überführt.

Der Brauer, der nur Gerstenstärke zu verzuckern hat, findet schon in seinem Korn nach dem Mälzen viel mehr Diastase als er braucht. Sein Interesse sind daher eiweißarme, stärkereiche Gersten. Brennereigerste ist billiger als Brauereigerste. Hellere Gersten sind mehlreicher als dunkle, da diese zuviel Schalen enthalten.

Gerste, besonders glasige, ist ferner das Hauptrohmaterial für die Graupenfabrikation. Zu Backzwecken werden aus Gerste nur vereinzelt Mahlprodukte hergestellt, da sie wenig backfähig ist. Dagegen findet ein nicht unerheblicher Teil noch Verwendung in der Kaffeesurrogatfabrikation. Die Malzkaffees werden in immer größerem Umfange bei uns hergestellt und setzen sich mit Erfolg an die Stelle anderer Surrogate.

D. Hafer. Es kommt nur eine Haferart in Betracht, dessen Mehl ausschließlich zur Herstellung diätischer Hafermehle benutzt wird. Außerdem stellt man aus Hafer Grütze her.

E. Mais oder türkischer Weizen. Es gibt viele Spielarten, von denen besonders wichtig sind: der große gelbe amerikanische Mais, die kleine gelbe italienische Art und der virginische sog. Pferdezahnmais.

In Deutschland hat die Verwendung anderer Maisprodukte als der aus ihm hergestellten Maisstärke keine praktische Bedeutung für die menschliche Ernährung erlangt.

F. Reis. Der Reis in seiner ursprünglichen Beschaffenheit ist bei uns nur in sehr geringem Umfang Gegenstand des Handels. Er kommt fast nur in geschältem Zustande zu uns, nach Entfernung der Spelzen.

Der Handel unterscheidet neben zahlreichen Reisarten verschiedener Herkunft feinen Tafelreis, Mittelreis, kurzen Reis und Bruchreis. Bevorzugt werden große, harte, glasige Körner. Da für die Bewertung des Reis auf eine gleichmäßige durchscheinende Beschaffenheit der Körner Gewicht gelegt wird, so unterliegt gerade der Reis mehrfachen Manipulationen, die gelegentlich als Verfälschungen aufgefaßt werden können. Dazu gehört vorzugsweise das Polieren der Körner mit und ohne Zusatz von Fremdstoffen, besonders Öl oder Talkum (s. unter Verfälschungen).

G. Hirse. Im Handel sind hauptsächlich die gewöhnliche Kolbenhirse, Rispenhirse und rote Hirse, und zwar nur in Form geschälter Ware. Sie dient zur Herstellung eines Breies, sehr selten zu anderen Zwecken. Gekeimte Hirse, Hirsemalz ist das Dari. Da die rote Hirse vielfach bevorzugt wird, ist es üblich geworden, weiße Hirse rot zu färben. Es gibt jedoch genug rote Hirse, die auch nicht teurer ist, als weiße.

Hirse wird zum Teil auch gelb gefärbt und heißt dann Goldhirse. Ein Bedürfnis für diese Färbeprozesse liegt kaum vor. Jedenfalls muß der Farbstoffzusatz angegeben werden.

H. Buchweizen. Er ist eigentlich keine Getreideart, wird aber im Handel meist als zum Getreide gehörig betrachtet. Er wird im geschälten Zustande zur Herstellung von Suppen, wie auch zur Gewinnnung gewisser Gebäcke, besonders Pfannkuchen benutzt. Die Hauptmenge wird als Grütze verwertet. Buchweizen gilt als schwer verdauliche Kost.

Getreidefehler und Getreidekrankheiten.

Der gewöhnlichste Fehler besteht in fremdartigen Verunreinigungen. Die geringste Bedeutung beansprucht das Vorhandensein fremder Getreidekörner. In Gegenden, die die

Landwirtschaft weniger rationell betreiben, werden sich meist einige Prozent anderer Getreidefrüchte vorfinden, die in vielen Fällen sich durch die Sortiermaschinen nicht absondern lassen. Wesentlicher sind die gleichfalls stets anwesenden Samen einer Anzahl von Unkräutern. Die durch sie bedingten, zum Teil sehr erheblichen Beeinflussungen der Mehlqualität, kommen jetzt kaum mehr in Betracht, da die hochentwickelte Mühlentechnik eine fast vollständige Aussonderung bewirkt. Infolgedessen ist auch die Reinigung des Saatgetreides besser geworden, womit wiederum ein immer weiteres Zurückweichen des Unkrautes im Kornfeld verbunden ist. Eine vollständige Eliminierung ist bei den gegebenen Verhältnissen freilich niemals zu erwarten.

Am wichtigsten von allen Fremdkörpern bleiben jedoch gewisse Pilze bezw. Pilzsporen.

Besonders der Brand, Steinbrand, Schmierbrand oder Stinkbrand des Weizens ist von Einfluß auf das Mehl. Während andere Brandarten höchstens ein minderes Ernteerträgnis zur Folge haben können (Roggen wird überhaupt nicht von Brand befallen), bleiben die Sporen (d. i. eine mikroskopisch kleine, sehr haltbare und widerstandsfähige Form des Samens, die den Pilzen eigentümlich ist) des Weizenbrandes im Innern der Körner und gelangen beim Mahlen in das Mehl. Dieses wird durch die dunklen Sporen nicht nur in seiner Farbe verschlechtert, sondern auch im Geruch und Geschmack, da die Sporen einen der Heringslake ähnlichen Geruch verursachen.

Roggen unterliegt manchmal einer Verunreinigung durch Mutterkorn. Wo dieses, ebenfalls eine Pilzbildung, sich findet, tritt es meist in größeren Mengen auf. Es macht das Roggenmehl gesundheitsschädlich. Die Bedeutung der Mutterkornverunreinigungen hat jedoch gegen früher erheblich abgenommen, da es medizinisch viel gebraucht, gut bezahlt (viel höher als der Roggen) und deshalb auch mit möglichster Sorgfalt ausgelesen wird.

Außer durch Verunreinigungen kommt häufig eine sehr wesentliche Verschlechterung des Korns durch Auswachsen zustande. Bei nasser Witterung kommt es nur zu leicht vor, daß das Korn bereits am Halm auswächst. Es ist das nichts weiter als ein Keimungsprozeß, also die Vorbereitung des Samenkorns, eine neue Pflanze zu bilden. Dabei treten alle die Veränderungen auf, die bei der Malzbereitung (s. Bier) künstlich hervorgerufen werden: Es treten Würzelchen hervor, und das Hälmchen zeigt sich. Dabei findet natürlich ein Verbrauch an aufgespeicherten

Stoffen, vorzugsweise an Stärke statt, der sich bis zum gänzlichen Verschwinden dieser steigern kann.

Von Bedeutung sind noch verschimmelte Körner. Besonders der Pinselschimmel befällt häufig die Keime von Weizen- und Maiskörnern. Infolge falscher Aufbewahrung hochgradig verschimmeltes Getreide ist für die menschliche Nahrung nicht mehr brauchbar.

Es finden sich auch tierische Schädlinge im Korn vor, Doch ist ihre Bedeutung nicht so erheblich wie beim Mehl. Lediglich der Kornwurm, schwarzer Kornwurm, Kornkrebs und ähnlich genannt, ist dem Getreide eigentümlich und richtet gelegentlich erhebliche Zerstörungen in Kornlagern an. Seine Larve frißt den ganzen Mehlkörper aus den Körnern heraus.

Verfälschungen und dgl.

1. Weizen soll gelegentlich geölt worden sein, um dadurch das Hektolitergewicht der geringeren Sorten höher erscheinen zu lassen. Durch das Ölen sollen die Weizenkörner sich dichter lagern und mehr Körner in das Maß hineingehen. Beispielsweise soll es möglich sein, ein Hektolitergewicht von 75 auf 78 Kilo bei Weizen zu erhöhen, so daß der Weizen an Qualität wesentlich besser erscheint. Das Ölen wird in der Weise ausgeführt, daß die Schaufeln in Öl getaucht werden und mit ihnen umgeworfen wird. Die Beschwerung ist unerheblich, da 1000 kg Weizen dabei nur um $^1/_2$ bis 1 kg an Gewicht vermehrt werden. Der Vorgang dürfte jedoch zu den seltenen Erscheinungen zu rechnen sein.

2. Beim Reis ist ein Ölen häufiger üblich, um dem Korn einen höheren Glanz zu verleihen und es dadurch wertvoller erscheinen zu lassen. An Stelle des Ölens ist neuerdings ein Polieren der geschälten Reiskörner, meist unter Verwendung von Talkum getreten.

3. Reis wird zur Erzielung einer weißen Farbe mit Kalkwasser oder Kalkmilch behandelt.

4. Bei allen Getreidearten sollen Beschwerungen durch Besprengen mit Wasser vorkommen. Dabei ist jedoch nicht zu übersehen, daß bei dem älteren Mahlverfahren allgemein ein Anfeuchten der Körner unmittelbar vor der Vermahlung stattfindet, und daß ein Beschweren mit Wasser das Korn nicht nur in seiner Haltbarkeit beschränken sondern auch quellen lassen würde. Mit dem Quellen wird aber das Hektolitergewicht kleiner und was an Gewicht durch Wasser gewonnen würde, ginge an Qualität

wieder verloren. Die bezüglichen Literaturangaben über diese „Verfälschung" dürften daher mehr ein theoretisch konstruierter Fall als aus der Praxis gezogene Erfahrung sein.

5. Bei russischen Weizen ist beobachtet worden, daß sehr häufig eine Gelbfärbung der Körner vorgenommen war, um die gesuchten gelben Weizenarten vorzutäuschen. Das ist natürlich eine grobe Fälschung. Als Farbstoffe sollen Carcuma, Pikrinsäure, Safran (?) und Bleichromat gefunden sein.

B. Mehle.

Der Mahlprozeß. Bevor der Zerkleinerungsprozeß, welcher das eigentliche Ziel der Müllerei ist, beginnt, werden die Körner einer sorgfältigen Reinigung unterzogen. Im wesentlichen wird das Reinigungsverfahren in zwei Teile zerlegt, in das Wegblasen gewisser Stoffe durch die sog. Aspiratoren, welche Stroh, taube Körner, Staub u. dgl. entfernen, sowie in ein Siebverfahren mittelst sog. Trieure. Sie bezwecken die Entfernung des Ausreuter, das ist der Unkrautsamen mittelst solcher Siebe, welche das Unkraut und Bruchkorn durchfallen lassen, die ganzen eigentlichen Körner dagegen zurückhalten. Nachdem diese beiden Prozesse erledigt sind, werden der Keimling, die Barthaare und ein Teil der Fruchtsamenschale durch das sog. Spitzen vom Korn getrennt und mittelst eines Luftstromes mit dem letzten Anteil von Staub abgeblasen. Das also vorbereitete Korn kommt nunmehr in das eigentliche Mahlverfahren.

Die ältere Methode der Mehlbereitung ist die sog. **Flachmüllerei**, welche sofort durch ein eigentliches Mahlen die Schalen mitsamt dem Kern zerreibt. Das neuere Verfahren, die **Hochmüllerei**, ist viel komplizierter und beginnt mit einem Zerquetschen des Kornes, dergestalt, daß die Schalen ganz bleiben und der Mehlkörper in größerer Reinheit abgesondert werden kann. Während die Flachmüllerei den bei jedem Mahlgang nach dem Absieben verbleibenden Rückstand von neuem in gleicher Weise behandelt und Mehle erzielt, die von Mahlgang zu Mahlgang kleiereicher, dunkler und daher geringer werden, sucht die Hochmüllerei dadurch, daß sie durch komplizierte Absiebevorrichtungen, sog. Dismembratoren, jedes Produkt eines Zerkleinerungsprozesses für sich in neue Bearbeitung nimmt, eine möglichst gesonderte Zerkleinerung des reinen, schalefreien Mehlkörpers zu erreichen. Da die Herstellung der Mehle bei der Hochmüllerei wesentlich auf der Vermahlung der gröberen, Gries genannten Kornteilchen basiert, heißt sie auch Griesmüllerei oder Griesputzerei.

Die Flachmüllerei liefert mehr Mehl an Quantität, die Hochmüllerei liefert zwar etwas weniger Mehlausbeute, dafür aber von erheblich besserer Beschaffenheit.

Eine Zeitlang wurde versucht, die Mehlausbeute dadurch zu steigern, daß dem Mahlverfahren ein sog. Schälen des Kornes voranging, indem ein Abreiben der äußeren Schale soweit als möglich vorgenommen wurde. Die großen Hoffnungen, welche an diesen Prozeß geknüpft wurden, haben sich jedoch nur in geringem Umfange erfüllt, so daß das Schälverfahren für die Mehlbereitung keine erhebliche Bedeutung mehr besitzt.

Die verschiedenen Mühlenfabrikate. Je nach dem Feinheitsgrade der einzelnen Erzeugnisse unterscheidet man:

1. Schrote: die gröberen Bruchstücke der einzelnen nicht vorbehandelten Körner.

2. Grütze: gröbere Bruchstücke enthülster oder geschälter Körner.

3. Graupen: geschälte und durch eine Art Abpolieren oder Abreiben rundlich gemachte Bruchstücke der Getreidekörner.

4. Gries: feinere oder gröbere Bruchstücke von kantiger oder rundlicher Beschaffenheit aus den harten, glasigen oder hornartigen Teilen der Körner.

5. Mehl: die feinen, letzten, staubartig zermalmten Teile des Mehlkörpers der Körner.

6. Dunste: Zwischenprodukte zwischen Griesen und Mehlen, welche noch nicht den erforderlichen Feinheitsgrad erlangt haben und deshalb auch als feine Griese bezeichnet werden können.

7. Kleie: der nach dem Absieben der ausgemahlenen Mehle verbliebene schalenreiche Rückstand; für menschliche Ernährung ist sie ungeeignet.

Das Mehl. Allgemeines. Der Müller unterscheidet seine Mehle als griffig, fein, glatt oder geschliffen. Eine Umschreibung dieser Ausdrücke läßt sich schwer geben, vielmehr setzt ihre Anwendbarkeit eine größere praktische Erfahrung voraus. Der Sinn dieser Unterscheidung ist jedoch dieser: ein Mehl daß noch griffig ist, besteht aus gröberen Partikelchen als ein geschliffenes und hat für den Bäcker den großen Vorzug, mehr Wasser bei der Teigbereitung aufzunehmen, als geschliffenes, d. h. bis zur Zertrümmerung des Stärkekörnchen zermalmtes.

Ein Mehl soll möglichst weiß sein und möglichst wenig Schalenbestandteile, Kleie, enthalten. Die durch die Gegenwart der letzteren angeblich bewirkte Erhöhung des Nährstoffgehalts ist eine trügerische.

Die Erhöhung des Klebergehaltes bezw. des Gehaltes an Eiweißstoffen auf Kosten der Feinheit der Mehle ist nur eine scheinbare und vielmehr eine wesentliche Verschlechterung derselben. Die Stickstoffsubstanzen der Kleie sind von der exakten Wissenschaft wiederholt in umfassendster Weise als für die menschliche Verdauung unzugänglich und deshalb wertlos nachgewiesen worden. Das Belassen der Kleieteile in den Brotmehlen usw. ist daher eine Beschwerung; gleichzeitig bewirkt diese eine schlechtere Ausnutzung der sonst vorzüglich verwertbaren feinen Bestandteile des Mehles.

Die mit vielem Geschrei und oft wider besseres Wissen als besonders nahrhaft angepriesenen Kleie-, Schrot- usw. Brote sind daher verfälschte Lebensmittel, sofern ihre Minderwertigkeit nicht deutlich zum Ausdruck gelangt.

Zumeist wird aber gerade das Gegenteil der Minderwertigkeit seitens der Schrotbrot-, Ganzkornbrot- usw. Fabrikanten behauptet und die erheblich wertlosere Ware sogar zu einem höheren statt niedrigerem Preise verkauft. Die Minderwertigkeit ist um so größer, als die kleiereicheren Brote auch erheblich wasserreicher als andere sind.

Das hindert natürlich nicht, daß Kleiebrote als diätetische Genußmittel, also dort wo es weniger auf den Nährzweck als vielmehr auf eine beabsichtigte medizinische Nebenwirkung ankommt, gute Dienste leisten können.

Die ausschließlich als „Brot" in den Handel gebrachten minderwertigen Erzeugnisse gewisser Brotfabriken sind jedoch weiter nichts als durch Stoffe, die lediglich zu Viehfutter taugen, verfälschte Backwaren. Die zu ihre Erzeugung hergestellten Mahlprodukte sind daher keine Brotmehle.

Gewisse lokale Spezialitäten wie Pumpernickel werden durch diese Ausführungen in rechtlicher Beziehung nicht getroffen, wenn auch ihre hygienische Minderwertigkeit bestehen bleibt.

Auf dem Wege der Flachmüllerei gewonnene Weizenmehle sind wasserreicher als die der Hochmüllerei, da das Korn vor dem Vermahlen genäßt wird (s. oben).

Mehle mit mehr als 14% Wassergehalt gelten als nicht mehr lagerfähig. Von äußeren Merkmalen ist neben dem „Griff" und der Farbe noch der **Geruch** und der **Geschmack** von Wichtigkeit.

Gesunde Mehle haben einen durchaus neutralen Geruch, der beim Roggen brotartig ist, bei Weizen überhaupt kaum hervortritt. Muffiger Geruch, der von Pilzen oder sonstigen Verunreinigungen stammt, darf sich nicht zeigen. Der sogenannte mulstrige Geruch findet sich bei feucht gewordenem und in diesem Zustand gelagerten Mehl. Siehe hierunter bei „Mehlfehler".

Der Geschmack eines Mehles ist von höchster Bedeutung. Gesunde Mehle schmecken niemals bitter, kratzend, auch nicht unangenehm süßlich. Es finden sich auch ranzig und säuerlich schmeckende Mehle. Alle diese Abweichungen sind sichere Kennzeichen eingetretener Veränderungen, die den Wert mehr oder minder herabsetzen und in vielen Fällen eine völlige Unbrauchbarkeit nach sich ziehen.

Mehlfehler und Mehlkrankheiten. 1. Zu feingemahlene Mehle, geschliffene, glatte Mehle nähern sich sehr den reinen „Stärken" und eignen sich wenig zum Backen, obgleich sie äußerst fein und weiß sind. Nach Königs Ansicht könnte diese verringerte Backfähigkeit darauf zurückgeführt werden, daß infolge Heißmahlens die Stärkekörner gequollen oder zerstört sind. 2. Mehl von ausgewachsenem Korn zeigt schlechte Backfähigkeit und ist auch sonst im Werte herabgesetzt. 3. Havariertes Mehl ist oft feucht und wenig haltbar. Es passiert aber sehr oft, daß bei havarierten Mehlen in Säcken sich eine steinharte 1—2 Finger dicke Kruste bildet, welche den übrigen, inneren Teil fest abschließt, so daß er ganz tadellos erhalten bleibt. Die hart gewordenen Teile besitzen natürlich keinen Wert mehr als menschliches Nahrungsmittel. 4. Feuchtes, schlecht gelagertes Mehl erleidet oft, besonders zur Sommerzeit, eine eigentümliche Veränderung. Das Innere der Säcke, manchmal auch der Inhalt des ganzen Sackes erwärmt sich und ballt sich dabei zu steinharten Stücken zusammen. Das Mehl nimmt dabei vorübergehend einen malzigen Geruch an, der bald dumpfig wird. Der Geschmack dieser Klumpen ist bitter. Oft findet man in ihnen

Schimmel. Diese hart gewordenen Anteile müssen vollständig entfernt werden. Häufig genug werden sie freilich von Bäckern oder auch Müllern oder Mehlhändlern wieder gemahlen und dem guten Mehl beigemischt. Das ist jedoch verwerflich. Die unverändert gebliebenen Anteile der betr. Säcke können jedoch meistens noch verbacken werden. 5. Verschimmeltes Mehl ist häufig, da oft genug schon beim Mahlen Schimmelsporen in dasselbe gelangen. In geringem Grade schimmeliges Mehl kann noch durch Auslüften gerettet werden; stark verschimmeltes jedoch nicht. Gelegentlich soll auch giftiges Mehl infolge Verschimmelung vorgekommen sein. Doch dürfte das immer eine seltene Ausnahme sein. Dagegen sind solche Mehle stets als minderwertig, oft infolge ihres intensiv bitteren Geschmacks als verdorben zu bezeichnen. 6. Mehl von brandigem Korn ist wie dieses zu beurteilen. Ebenso 7. mutterkornhaltiges Mehl.

Mehlfälschungen. 1. Unterschiebungen geringerer Mehle sind außerordentlich häufig. Zusatz fremdartiger Mehlsorten kommt jedoch sicher viel seltener vor, als gewöhnlich angenommen wird, da die eventuelle Preisdifferenz durch die erforderliche Arbeitsleistung meist ausgeglichen werden dürfte. Höchstens kämen solche Fälle in Frage, bei denen ein sonst nicht mehr brauchbares Mehl durch Vermischen wieder verkaufsfähig oder backfähig gemacht werden soll. 2. Sandiges Mehl ist häufig. Doch müssen sehr geringfügige Sandmengen, etwa bis 0,1 % mit Rücksicht auf die Herstellung (Mahlsteine) unbeanstandet bleiben. Die von den „Vereinbarungen" zugelassenen 0,3 % Sand, also 3 g pro kg scheinen aber erheblich zu hoch gegriffen. 3. Gefärbte Mehle sollen neuerdings vorkommen und zwar mit Anilinblau weiß gemachte, ursprünglich gelbe Mehle. Der Farbstoff soll während des Beutelns (Durchsieben) in der Mühle zugesetzt werden. Das ist selbstverständlich nicht erlaubt.

C. Graupen, Grützen, Grieße.

Graupen. Gerstegraupen, Perlgraupen, Rollgerste sind die geschälten, rundlich geschliffenen größeren Teile des Gerstenkorns.

Grütze sind nicht geschliffene gröbere Bruchstücke von Körnern verschiedener Getreidearten. Man kennt: Hafergrütze, Buchweizengrütze sowie Grütze von Hirse und Gerste.

Gries sind feinere oder gröbere Teile des hornigen Teils verschiedener Getreidearten. Man unterscheidet: Weizengrieß, Reisgrieß als die gewöhnlichsten. Doch sind auch noch andere Grieße im Handel.

Gesetzliche Bestimmungen. 1. Über die zollamtliche Prüfung von Mühlenfabrikaten hat der Bundesrat Vorschriften erlassen (Zentralbl. f. d. D. R. 1900 S. 168) dieselben sind im Beiheft S. 191 ff. abgedruckt. 2. Über die Verfälschung von Weizenmehl mit Maismehl sind 1898 Anhaltspunkte seitens der Bundesregierungen gegeben. Vgl. Beiheft S. 196 ff. 3. Wegen der Behandlung von Graupen und anderen Müllereiprodukten mit Schwefliger Säure und Talkum haben 1904/1905 die einzelnen Bundesregierungen Erlasse publiziert, die zur strafrechtlichen Verfolgung auffordern. Vgl. Veröffentl. d. K.G.A. 1905 S. 293, 1904 S. 1260 und 1363. S. auch S. 413.

Reichsgericht. 1) Vom 6. Dezember 1897. (Veröffentl. d. K.G.A. Beil. V, S. 236.

1. Eine Verfälschung von Nahrungs- oder Genußmitteln liegt in der Regel dann vor, wenn dieselben durch Entnehmen oder Zusetzen von Stoffen verschlechtert oder wenn ihnen der Schein einer besseren Beschaffenheit gegeben worden ist. Beide Formen der Fälschung werden häufig zusammentreffen, mit der Verschlechterung der Ware Manipulationen zu deren Verdeckung, falsche Etikettierungen und ähnliches Hand in Hand gehen. Mit dieser Rechtsanschauung steht das Urteil im Einklang, wie der erste Richter im Anschlusse an wiederholte Entscheidungen des Reichsgerichts nachgewiesen hat. Sowohl Verschlechterung des vom Angeklagten verkauften Mehles (durch Zusatz minderwertigen), als Verleihen des Scheines einer besseren Ware ist ohne Rechtsirrtum festgestellt. Seit Jahren hat der Angeklagte:

Weizenmehl Nr. 3 und 4 Maismehl und
" Nr. 1 und 3 Kastormehl

(Saubohnenmehl) in den im Urteil angegebenen Quantitäten zugemischt und die genannten Sorten unter Verschweigen der Vermischung an seine Kunden (Mehlhändler, Bäcker, Landleute und Private) verkauft.

Nach dem Urteil besitzt Maismehl geringeren Nähr- und Geldwert als Weizenmehl; das Kastormehl aber sollte die Minderwertigkeit von naßgeerntetem Getreide verdecken. Die Zusätze bewirkten somit Verschlechterung der Ware dem Wesen nach, Verbesserung zum Scheine; sie gelten im reellen und soliden Handelsverkehr als unzulässig und sind nicht üblich, wie der Angeklagte behauptet hatte. Eine Verfälschung im Sinne des § 10[1] des Nahrungsmittelgesetzes liegt hiernach vor. Wenn die Revision auf einen Widerspruch des Urteils verweisen will, indem es dem Bäcker einen Zusatz von Kastormehl zu Weizenmehl gestatte, während sie ihn dem Müller verbiete, so beruht dies auf Irrtum. Einen derartigen Rechtssatz stellt der erste Richter überhaupt nicht auf; er erwähnt nur eine Bemerkung des Sachverständigen, wonach der Bäcker unter gewissen Umständen — zur Erhöhung der Backfähigkeit des Mehles — eine geringe Menge Kastormehl zusetzen möge. Die Äußerung des Sachverständigen ist somit eine hypotetische; sie will für Ausübung des Bäckereigewerbes zu bestimmtem Zwecke unter besonderen Vorbehalten etwas gestatten, was je nach Sachlage nötig oder nützlich erscheinen kann, bei Ausübung des Müllergewerbes als solchem jedoch überhaupt nicht in Frage kommt. Für den Mehlhandel aber, dessen Gebräuche hier zu untersuchen waren, sind die Anforderungen des Gutachtens an beide Gewerbe die gleichen.

Wie die objektiven, so finden sich auch die subjektiven Voraussetzungen des § 10¹ zutreffend festgestellt. Der Angeklagte selbst hat als Sachverständiger in einem früheren gleichartigen Strafprozesse die fragliche Beimischung von Kastormehl für unzulässig erklärt. Hieraus ließ sich mit Recht das Bewußtsein der Rechtswidrigkeit folgern.

2. Dem pflichtgemäßen Ermessen des Richters ist es anheimgegeben, inwieweit er Sachverständige beiziehen will. Wenn die Strafkammer demnach die Ernennung eines zweiten Sachverständigen abgelehnt hat, so lag dies innerhalb der ihr zustehenden Befugnisse.

3. Die normale Beschaffenheit eines Nahrungsmittels bestimmt sich nach den Anschauungen des Publikums, nicht eines einzelnen. (Vgl. E. XV, 162, XVI, 316 u. A.)

Die subjektive Meinung des im Urteil genannten Beamten über die angebliche Güte eines aus der betr. Mischung hergestellten Brotes ist also unerheblich. Vom Rechtsstandpunkte aus konnte deshalb die Ladung eines Zeugen über diesen Punkt als bedeutungslos angesehen und versagt werden, ohne die Verteidigung in unzulässiger Weise zu beschränken.

Da hiernach auch die beiden prozessualen Beschwerden sich als unbegründet darstellen, so mußte das Rechtsmittel verworfen werden.

2) Vom 25. März 1898. (Veröffentl. d. K.G.A. Beil. V, S. 231.)

Der § 10¹ N.M.G. bedroht unabhängig von dem Verkaufe und dem Feilhalten schon die Herstellung verfälschter Nahrungs- oder Genußmittel zum Zwecke der Täuschung im Handel und Verkehr mit Strafe. Lediglich wegen Vergehens gegen diese Strafvorschrift ist der Angeklagte verurteilt und zwar auf Grund der Feststellung, daß er zu E., also im Inlande, ein Nahrungsmittel zum Zwecke der Täuschung im Handel und Verkehr verfälscht hat. Zu einer Erörterung, ob die Voraussetzungen des § 4 Nr. 3 St.G.B. vorhanden seien, hatte die Strafkammer daher keinen Anlaß. (Vgl. E. X, 198, XI, 355, insbesondere 358, XXV, 101.)

Nach den Feststellungen des Urteils vertrieb der Angeklagte unter der Marke „Phönixmehl" als Nahrungsmittel für Menschen nur Schrotmehl, welches er auf seiner Dampfmühle zu E. in der Art herstellte, daß er dem Roggenmehle 12 % der besten Bestandteile entzog und dafür, um die Ware backfähig zu machen, etwa 1½ % Roggenmehl II, 1½ % Weizenmehl II bis III und ⅓ bis 1 % Kehrmehl zusetzte. Die Säcke, in denen das Mehl vertrieben wurde, versah er mit Zetteln, welche die Aufschrift trugen „Garantiert prima reines Roggenmehl". Wenn die Strafkammer bei solcher Sachlage zu dem Ergebnis gelangt, daß der Angeklagte Nahrungsmittel verfälscht habe, so geht sie keineswegs, wie die Revision meint, davon aus, daß durch die Verbindung von gesundem Mehl mit Roggenmehl oder durch die erwähnte Bezeichnung der Säcke die Verfälschung bewirkt worden sei; die Verfälschung wird vielmehr bedenkenfrei darin gefunden, daß der Angeklagte Roggenmehl durch Entziehung eines sehr erheblichen Prozentsatzes seiner besten Bestandteile verschlechtert und diese Verschlechterung durch das Hinzusetzen anderer Bestandteile, eines geringen Prozentsatzes von Weizenmehl und Kehrmehl nicht ausgeglichen, sondern verdeckt hat. Daß der Angeklagte „Phönixmehl“ von anderer Beschaffenheit niemals hergestellt haben mag, berührt nicht den Begriff der Verfälschung. Ferner wird aber auch dargelegt, daß im soliden Geschäftsverkehr Kehrmehl mit Brotmehl überhaupt nicht vermischt, sondern wegen seiner Schmutzteile höchstens zu Futterzwecken verwendet wird, und daß das von dem Angeklagten dem Roggenmehl beigemischte Kehrmehl Schmutzteile enthalten hat. Aus dem Zusammenhange der Urteilsgründe erhellt, daß der Angeklagte von dieser Beschaffenheit des Kehrmehls Kenntnis hatte. Endlich ist auch die Feststellung nicht zu beanstanden, daß der Angeklagte zum Zwecke der Täuschung im Handel und Verkehr die Verfälschung vorgenommen hat, und es wird mit Recht für gleichgültig erachtet, ob der Angeklagte die ersten Käufer oder deren Abnehmer habe täuschen wollen. Der § 10[1] N.M.G. erfordert nicht, daß die beabsichtigte Täuschung wirklich eingetreten ist oder durch die Täuschung ein außergewöhnlicher Gewinn erzielt werden sollte, und es bedurfte somit nach dieser Richtung hin keiner Feststellungen. Einen rechtlichen Irrtum läßt das angefochtene Urteil nicht erkennen. Die Revision des Angeklagten war daher auf Kosten desselben zu verwerfen.

3) Vom 2. Juli 1881.

4) Vom 1. Juni 1893.

5) Vom 11. Dezember 1888. Alle drei Urteile betreffen die Eigenschaft des Getreides als Nahrungsmittel. Vgl. S. 69.

---

51. Kapitel.

Hülsenfrüchte und Hülsenfruchtmehle; Suppentafeln.

A. Rohstoffe.

Die Hülsenfrüchte oder Leguminosen zeichen sich durch einen sehr hohen Gehalt an Eiweißstoffen aus; sie enthalten mehr davon als alle andern Pflanzenstoffe und verdanken diesem

Umstande zu einem erheblichen Teil ihre besondere Wertschätzung. Freilich ist das Eiweiß in den Hülsenfrüchten von etwas anderer Beschaffenheit als das sonstige pflanzliche Eiweiß, nämlich in einer käseartigen Verbindung. Durch den Kochprozeß wird ihre Verdaulichkeit jedoch in so günstigem Sinne beeinflußt, daß der Effekt für den Körper ein recht erheblicher wird. Die Leguminosen können daher, wenn auch nicht als vollständiger, so doch als annähernder Ersatz animalischer Kost mit Recht gelten. Der Gehalt an Stärke, der gleichfalls nicht unerheblich ist, tritt daher an Bedeutung gegen den Eiweißgehalt bei den Hülsenfrüchten zurück.

Es sind vorzugsweise drei Arten, welche in Deutschland einen nennenswerten Artikel bilden, Erbsen, Bohnen und Linsen.

Die Erbse ist die wichtigste der drei Früchte. Die gemeine Saaterbse liefert in vielen Spielarten den gesamten Bedarf des Handels. Ihre reife Frucht ist von gelblich-rötlicher, gelblich-weißer oder grünlicher Farbe, von kugliger Gestalt und glatt ohne Runzeln. Sie kommt im natürlichen Zustande ebenso wie geschält in den Handel. Beim Schälprozeß zerfallen sehr viel Erbsen in zwei Hälften (die beiden Keimblätter), welche abgesiebt werden und als „halbe Erbsen" ebenfalls im Handel sind. Die geschälte Erbse ist der ungeschälten gegenüber durch bessere Verdaulichkeit ausgezeichnet. Da die Erbsen nach dem Schälen oft eine ungleichmäßige Farbe zeigen, so ist es vielfach üblich geworden sie gelb zu färben. Über die rechtliche Beurteilung dieses Färbeprozesses ist im 25. Kapitel „Färben" bereits kurz geurteilt. Die neben den gelben Erbsen noch im Handel befindlichen grünen Erbsen werden gleichfalls meistens mit einem grünlichen oder bläulichen Farbstoffe aufgefärbt. Diese Färbevorgänge sind zum Gegenstand von Ministerialerlassen geworden, welche in den einzelnen Bundesstaaten ergingen und bereits im 50. Kapitel bei den „gesetzlichen Bestimmungen" für Mehle usw. kurze Erwähnung gefunden haben, da die Erlasse sich auch mit Graupen befassen.

Der dort erwähnte Preußische Ministerialerlaß vom 18. Januar 1905 (M.Bl. für die Med. usw. Angelegenheiten S. 101) enthält über Hülsenfrüchte folgenden Passus:

„Zu dem gleichen Zwecke sollen gespaltene Erbsen sogenannte Splittererbsen von minderwertiger Beschaffenheit mit Talkumpulver überzogen und mit grünen Anilinfarbstoffe in den

Handel gebracht werden. Auch minderwertige Linsen-, Bohnen- und Reissorten sollen, damit sie den Anschein einer besseren Qualität erhalten, poliert werden und Zusätze von Farbstoffen verschiedener Art erhalten."

Hieran schließt sich eine Aufforderung an die zuständigen Behörden zum strafrechtlichen Einschreiten gegen diese Manupulationen.

Die unreifen, noch in der grünen Schale befindlichen Erbsen heißen Schoten und bilden ein leicht verdauliches geschätztes Gemüse. Sie sind um so wertvoller, je kleiner die Korngröße und je größer der Zuckergehalt ist. Ein erheblicher Teil dieser Schoten wird (ohne die Samenhülle) in Büchsen konserviert, indem die vorher gut gereinigten und sonst vorbereiteten Schoten mit ganz verdünnten Salzlösungen übergossen und nach Verschluß der Büchse durch Sterilisieren in Konserven verwandelt werden. Für die Bewertung dieser Konserven ist gleichfalls die Korngröße und der Zuckergehalt der Schoten maßgebend. Der Handel unterscheidet sie als Kaiserschoten, feinste Schoten, feine Schoten, Mittelschoten usw.

Wenn die junge Pflanze bereits begonnen hat, den Zucker in Stärke überzuführen und die Konservierung der Schoten erst in diesem, schon etwas späten Stadium vorgenommen wird, dann passiert es leicht, daß infolge der Anwesenheit von Stärke bezw. von Zwischenprodukten zwischen Stärke und Zucker die in den Büchsen auf den Schoten befindliche Lösung gallertig erstarrt. Die Fabrikanten nennen diesen Vorgang das Gelieren der Erbsen bezw. Schoten. Eine nachteilige Beeinflussung der Erbsen findet dadurch nicht statt und eine Minderwertigkeit kann dadurch auch nicht abgeleitet werden, sondern lediglich ein bedeutungsloser Schönheitsfehler. Die Qualität gelierter Gemüse bestimmt sich gleichfalls lediglich nach Korngröße und natürlichem Zuckergehalt. Übrigens ist das Gelieren eine nur in der Kälte zu beobachtende Erscheinung, da sie beim Erwärmen durch Verflüssigung verschwindet.

Russische Schoten, getrocknete Schoten sind eben solche unreife Erbsen, wie die in Büchsen konservierten Schoten, jedoch dadurch haltbar gemacht, daß durch einen vorsichtigen Trocknungsprozeß das in ihnen befindliche Wasser verdampft wurde. Sie sind von runzlicher Beschaffenheit und eine vorzügliche billige Form der Schotenkonserven. Da sie weder einer besonderen Verpackung (Büchse) bedürfen, noch durch das auf anderen Konserven befindliche Salzwasser hohe Transportkosten verursachen.

Die Linsen sind von glatt rundlicher Gestalt, welche wegen ihrer charakteristischen Beschaffenheit einen Typus abgegeben hat, der eben als „linsenförmig“ bezeichnet wird. Die Linsen spielen in Deutschland lange nicht die Rolle, wie in anderen Ländern. Ihre Qualität richtet sich nach der Korngröße, je größer das Korn, je besser die Linse, da bei größeren Samen die Menge der Schalen eine verhältnismäßig geringere ist als bei solchen von kleinem Korn; mit sinkendem Schalengehalt steigt aber der Nährstoffgehalt. Alte, überjährige Linsen werden braun, frische Linsen sind grün. Die Linse wird nur im reifen Zustande bei uns genossen.

Die Bohnen. Als Bohnen begreifen wir zwei verschiedene Arten, nämlich die sog. Sau- oder Futterbohne und die eigentliche Gartenbohne auch Schminkbohne genannt. Die erstere Art ist von untergeordneter Bedeutung und wird nur als noch nicht reife Frucht in Form von Gemüse genossen. Die Bohne des Handels ist die Gartenbohne. Sie kommt in einer Anzahl von Spielarten vor, von denen die weiße Gartenbohne die wichtigste ist. Die reife Bohne ist von weißer Farbe, fester, hornartiger Beschaffenheit und durchaus haltbar. Da sie nur im natürlichen Zustande gehandelt wird, so gibt sie in nahrungsmittelrechtlicher Beziehung zu weiteren Erörterungen keinen Anlaß.

Die Bohnen werden ähnlich den Erbsen auch im unreifen Zustande und zwar, wenn sie noch recht jung sind, als sog. grüne Bohnen mit samt der Schalenhaut genossen und auch in dieser Form als Konserve in den Handel gebracht. Je nach der Behandlung unterscheidet man Schnittbohnen und Brechbohnen, dabei sind die letzteren lediglich einmal durchgebrochene grüne Bohnen, die ersteren mittelst Schneidevorrichtung in kleine Schnitte zerlegte. Sie werden in gleicher Weise wie die Schoten sowohl als Büchsengemüse hergestellt wie auch in getrocknetem Zustande als Trocken- oder Dörrgemüse nach Entziehung des Wassers in den Verkehr gebracht. Da die grünen Schnittbohnen beim Trocknen sehr leicht die beliebte grüne Farbe einbüßen, ist es gebräuchlich, die Trockenkonserven nicht einfach in der Weise herzustellen, daß lediglich Wasserentziehung eintritt. Die mechanisch vorbereiteten Bohnen werden vielmehr angekocht und dem Kochwasser eine kleine Quantität Natriumbikarbonat zugesetzt. Alsdann bewahren sie beim Trocknen besser ihre grüne Farbe. Zu Bedenken irgend welcher Art kann dieser Zusatz keinen Anlaß geben. Er ist weder auf Täuschung gerichtet, noch enthält er bei seiner Geringfügigkeit eine Beschwerung, noch sind gesundheitliche Bedenken vorhanden.

B. Hülsenfruchtmehle.

Eine nennenswerte Bedeutung im Handel haben sich diese Mehle bisher nicht zu erringen gewußt, wenn auch das Erbsenmehl in größerem Maße als Bohnen- und Linsenmehl konsumiert wird. Erheblichere Mengen verarbeitet die Industrie der Suppentafeln. Ihre Herstellung ist der der Getreidemehle durchaus analog. Vom Erbsenmehl sind jedoch zwei Arten zu unterscheiden, das einfache Erbsenmehl und das aufgeschlossene. Das letztere wird entweder aus gedämpften Erbsen erhalten oder nach Fertigstellung des Mehles aus diesem durch Erhitzen auf höhere Temperatur, jedoch ohne daß ein Rösten stattfindet. Das aufgeschlossene Erbsenmehl, welches eine bedeutend verringerte Kochzeit beansprucht, hat in die Haushaltungen bisher wenig Eingang gefunden. Seine Hauptmenge dient ebenso wie die der sonstigen Hülsenfruchtmehle zur Herstellung von Suppentafeln und der Erbwurst.

Erbsenmehl soll aus der geschälten Erbse, also ohne Kleie, hergestellt sein, wenn nicht ausdrücklich ein anderes bemerkt ist. Die anderen Hülsenfruchtmehle werden aus nicht geschältem Material gemacht.

C. Suppentafeln.

Suppentafeln sind Gemische von Mehlen mit Fett, Salz und sonstigen Gewürzen derart, daß nach Zusatz der nötigen Quantität Wasser ein Mischung entsteht, welche nach entsprechender Kochzeit eine fertige genießbare Suppe ergibt.

Normen für die Zusammensetzung derartiger Suppentafeln sind natürlich nicht vorhanden. Sie müssen aus gutem, unverdorbenen Rohmaterialien hergestellt sein, insbesondere aus gesunden Mehlen, sollen keine ranzigen Fette enthalten und frei von solchen Stoffen sein, welche in hygienischer Beziehung bedenklich sind. Sie sollen also keinerlei Konservierungsmittel außer Kochsalz enthalten, da die fast gänzliche Abwesenheit von Wasser ohnehin eine genügende Haltbarkeit gewährleistet. Sie sollen keinerlei Farbstoffe enthalten, welche den Bestimmungen des Gesetzes vom 5. Juli 1887 widersprechen. Endlich sollen keinerlei Bestandteile darin sein, welche eine geringe Haltbarkeit besitzen z. B. Butter, welche durch ihr leichtes Ranzigwerden bald ein Verderben bewirken würde.

Die wichtigste Suppenkonserve ist die Erbswurst. Sie ist nach gleichen Grundsätzen wie andere Suppentafeln hergestellt, jedoch gewohnter Weise meist in die Form länglicher Rollen gebracht, die mit Würsten eine gewisse Ähnlichkeit besitzen; daher der Name. Eine wirkliche Wurst ist sie natürlich nicht. Ihre Hauptbestandteile sind aufgeschlossenes Erbsenmehl, Salz, Speckfett und sonstige Gewürze; gelegentlich wird sie auch mit Zusätzen gepökelten oder sonstwie konservierten Fleisches hergestellt. Sie wird nicht nur im Lande in ziemlichen Quantitäten konsumiert, sondern auch in großem Umfange ins Ausland ausgeführt.

Gesetzliche Bestimmungen positiven Inhalts sind für Hülsenfrüchte und ihre Erzeugnisse nicht vorhanden. Vgl. jedoch den Ministerial-Erlaß S. 413.

Verfälschungen und dgl.

1. Das Färben der Hülsenfrüchte ist, wie bereits ausgeführt, unzulässig.

2. Unterschiebungen geringfügiger Mehle sind bisher nicht bekannt geworden; vielmehr haben die Hülsenfruchtmehle selbst gelegentlich dazu gedient, solchen Brotmehlen, die ihre Backfähigkeit ganz oder teilweise eingebüßt hatten, zugesetzt zu werden.

3. Ungünstig gelagerte Suppentafeln werden leicht dumpfig, schimmelig oder ranzig und sind dann verdorben.

52. Kapitel.

Backwaren.

Allgemeines. Durch die Zerkleinerung des Getreidekorns und Aussonderung der Kleien entsteht noch kein genußfertiges Nahrungsmittel. Das Mehl ist nur ein Halbfabrikat. Die in ihm vorzugsweise enthaltene Stärke gewinnt erst dann einen Nutzwert für die menschliche Ernährung, wenn sie in den gequollenen Zustand übergeführt wird.

Stärke ist nämlich nicht nur ein chemischer Körper sondern besitzt auch eine für ihre Abstammung charakteristische Struktur, die auch eine gewisse Festigkeit des einzelnen Stärkekornes verbürgt. Beim Erwärmen, besonders in Gegenwart von Wasser, geht diese Struktur zu Grunde, indem die Körnchen ihre Zellwände zersprengen. Dabei nehmen sie viel Wasser in sich auf und gehen in einen Zustand über, der dem einer Lösung nahe verwandt ist und den wir Quellung nennen. In diesem Zustande verdauen wir Stärke vollständig, während ungequollene oder unzureichend gequollene Stärke nicht nur vom Körper nicht ausgenutzt wird sondern meist auch Verdauungsstörungen mit sich bringt.

Auf der Würdigung dieser Verhältnisse beruht die Herstellung der Backwaren ebenso wie ein erheblicher Teil der Kochkunst.

Herstellung. Bei der Herstellung von Backwaren ist das Ziel demnach in erster Linie auf eine Quellung der Stärkekörner gerichtet. Daneben soll eine entsprechende Lockerung des Erzeugnisses hervorgebracht werden, damit die Verdauungssäfte besseren Zutritt erhalten; endlich soll durch Zugabe von Gewürzen ein schmackhaftes Nahrungsmittel erzeugt werden. Die gesamte Bereitung läßt sich in drei Teile zerlegen.

1. die Herstellung des Teiges,
2. die Lockerung des Teiges,
3. die Quellung der Stärkekörner.

Zur **Brotbereitung** wird darum zunächst ein Teil des Mehles mit lauwarmem Wasser zu einer ziemlich dünnen Mischung verarbeitet, der Sauerteig oder Hefe beigegeben wird. Sie wird dann an einen warmen Ort gebracht, etwa in die Nähe des Ofens oder in einen besonderen erwärmten Raum. Dort bleibt die Mischung einige Zeit, meist mehrere Stunden. Wärme und Feuchtigkeit wirken indessen besonders auf die Klebersubstanz des Mehles ein und lassen Fermente entstehen, die noch nicht genau bekannt sind, aber anscheinend nahe Verwandte der Diastase des Malzes sind. Unter dem Einfluß der Hefen wird ferner eine alkoholische Gärung eingeleitet; hierdurch bläht sich der Teig auf, da neben Alkohol auch Kohlensäure entwickelt wird. Schließlich wird der Rest des Mehles und das erforderliche Wasser sowie Salz und andere Gewürze, soweit die örtlichen Gepflogenheiten solche erfordern, dem Teige beigemischt und das Brot geformt. Im allgemeinen erfordern 100 Gewichtsteile Mehl 50—60 Gewichtsteile Wasser. Das geformte Brot wird in den erhitzten Backofen geschoben und schnell auf die erforderliche Temperatur gebracht. Bei den gewöhnlichen Roggenbroten pflegt die Temperatur des Ofens bis gegen 250° zu steigen, bei kleineren und Weizen-Gebäcken bis 200°.

Hatte die Zugabe der Hefe und des Sauerteiges eine Kohlensäureentwicklung neben der Bildung des Fermentes bewirkt, so wird unter dem Einfluß der Hitze nicht nur eine vollständige Quellung erzielt sondern ein nennenswerter Teil der Stärke geht auch in Malzzucker bezw. Dextrin über. Je nach der Beschaffenheit des Sauerteiges, der Hefen, des Mehles sowie der gesamten Leitung der Gärung (Teigführung) entstehen auch saure Produkte, insbesondere Milchsäure und Essigsäure. Der Backprozeß veranlaßt ferner, daß ein erheblicher Teil der gebildeten flüchtigen Produkte mit dem größten Teile des zugesetzten Wassers wieder entweicht. Es resuliert daher eine zwar weiche, aber nicht nasse, lockere Backware. Aus 100 kg Mehl werden so 120—135 kg Brot erhalten, bei schlechten Mehlen, besonders kleiehaltigen, erheblich mehr, bei Schwarzbrot wenigstens 130 kg. Weizenmehl liefert nur etwa 125 kg Weizengebäck.

Beschaffenheit des Brotes. Die außerordentlich verschiedenen Eigenschaften, welche die einzelnen Bevölkerungsklassen nicht nur, sondern auch bestimmte Gegenden von einem guten Brote erwarten, machen es sehr schwer, allgemeingültige und feststehende Normen über die Bestandteile aufzustellen. Vielmehr müssen die berechtigten Erwartungen bezüglich der Zusammensetzung im Einzelfalle aus den beteiligten Verkehrskreisen festgestellt werden.

Sieht man aber von den Bestandteilen ab, so darf man ein Brot als gut bezeichnen, wenn es gehörig aufgegangen ist und eine gewölbte Oberfläche zeigt, welche einen angemessenen Grad von Bräunung aufweist ohne zu dunkel bezw. verbrannt zu sein. Hohle Räume sollen sich unter der Rinde nicht vorfinden, wenigstens keine größeren, auch soll die Rinde nicht durchrissen sein. Die Krume soll bei leichtem Druck mit dem Finger nachgeben und nach Aufhören des Druckes wieder die vorherige Form annehmen, also in gewissem Maße elastisch sein. Die Krume soll auch weder klebrig, noch bröcklig sein, keine sog. Wasserstreifen zeigen und zahlreiche, aber nur ganz kleine Löcher (Poren) aufweisen. Sie soll auch nicht mehlig sein, insbesondere sollen sich keine Mehlklümpchen vorfinden. Dementsprechend soll auch die Schnittfläche nicht schliffig, speckig oder gar schmierig sein. Der Geschmack soll weder zu sauer noch zu fade, aber kräftig aromatisch sein.

Über einen angemessenen Wassergehalt von Brot lassen sich allgemeine Normen nicht geben, doch darf als höchst zulässige Grenze ein Gehalt von 45 % bezeichnet werden. Brote mit größerem Gehalt sind entweder nicht ausgebacken oder unter Zusatz von übermäßig viel Kleie oder anderer Wasser zurückhaltender Stoffe hergestellt. Das norddeutsche Roggenbrot hat zirka 38 % Wasser im frischen Zustande.

Durch die Aufbewahrung erleidet Brot mancherlei Veränderungen, es wird „altbacken", ein Vorgang, der noch nicht vollständig erklärt ist. Der Verlust an Wasser, der stets damit einhergeht, ist nicht die alleinige Ursache.

Eine fehlerhafte Beschaffenheit von Brot läßt sich entweder auf die Verwendung fehlerhaften Getreides bezw. Mehles zurückführen (s. dort) oder durch unrichtige Führung der Gärung beziehungsweise des Backprozesses. Brot, welches längere Zeit in dumpfigen Räumen aufbewahrt wird, verschimmelt leicht. Es sind auch noch eine Zahl anderer **Brotkrankheiten** bekannt, welche sämtlich auf die Tätigkeit mikroskopisch kleiner Lebewesen zurückzuführen sind. Am bekanntesten ist das Fadenziehendwerden, es kommt hauptsächlich bei Broten mit hohem Kleiegehalt vor und auch bei diesem meist nur im Sommer. Solch ein Brot zeigt beim Durchschneiden die widerliche Eigenschaft, daß am Messer Partikelchen hängen bleiben, welche sich oft zu meterlangen Fäden ausziehen lassen. Geruch und Geschmack werden unangenehm muffig, säuerlich, widerlich. Ein solches Brot ist natürlich für menschliche Nahrung nicht mehr geeignet.

Das rotgefleckte Brot ist harmloser, die roten Flecke rühren von roten Kolonien des Mikrococus prodigiosus her. Es ist dieselbe Erscheinung, welche in früheren Jahrhunderten als blutige Hostie gelegentlich eine Rolle gespielt hat.

Andere Gebäcke erfordern noch die Zugabe von Milch statt oder neben Wasser, von Fett, von Eiern, von Zucker sowie zahlreicher, nach dem Geschmack verschiedener Gewürze. Nach den Namen, welche für derartige Gebäcke gebräuchlich sind, welche aber in den verschiedensten Gegenden außerordentlich wechseln, bestimmen sich die Erwartungen, welche die Käufer der einzelnen Backwaren hegen.

Milchbrote sind mit Weizenmehl hergestellte Brote, welche an Stelle von Wasser mit Milch erbacken sind. Sie kommen meist in Form kleinerer Gebäcke, nicht in Form größerer Brote zur Herstellung.

Semmeln sind Wassergebäcke mit Weizenmehl.

Zwiebäcke, heißen die durch Zerschneiden schon fertiger Gebäcke erhaltenen, durch Nachrösten bezw. Nachbacken hergestellten dünneren Schnitte. Zwiebäcke ohne nähere Bezeichnung bedeuten Weizenzwiebäcke, die aus Milchbroten hergestellt sind.

Zwiebäcke sollen eine erhebliche Haltbarkeit besitzen, die in besonderen Fällen mehrere Monate, selbst Jahre betragen soll. Infolgedessen muß ihr Wassergehalt sehr gering sein.

Sehr feine, den Zwiebäcken ähnliche Gebäcke sind die **Kakes**. Aus besonders feinen Mehlen unter Zusatz von Zucker hergestellt, besitzen sie einen Wassergehalt von nur zirka 3% und zeichnen sich durch eine fast unbegrenzte Haltbarkeit aus.

Bei der Herstellung von Zwiebäcken kommen gelegentlich Machinationen vor, die durchaus unzulässig sind, insbesondere verwenden einige Fabriken sog. Zwiebackextrakt. Es ist das ein seifehaltiges Präparat, das dazu bestimmt ist, eine bessere mechanische Vereinigung des Fettes (Margarine) mit dem Zucker zu bewerkstelligen, aber auch einen Zusatz von Eiern zu ersparen. Der Zusatz von Seife zu Zwiebäcken ist deshalb, abgesehen davon, daß Seife niemals zu dessen normalen Bestandteilen gehört, auch ein Täuschungsmittel, das besonders verwerflich erscheint, wenn es unter dem Namen Sanitäts-Kindernährzwiebackextrakt in den Handel kommt. Aus einer größeren Zahl von Gerichtsverhandlungen läßt sich ersehen, daß die Verwendung von Seife in der Zwiebackbäckerei und bei Herstellung der sogenannten Moppen vorzugsweise am Niederrhein und Westfalen sowie in Holland eingerissen ist.

Kuchengebäcke. Bei Kuchenwaren pflegen die Bäcker die feinen Gebäcke von weniger feinen zu unterscheiden, ohne daß es aber möglich wäre, für die Unterscheidung rationelle Gesichtspunkte aufzufinden. Die von vielen Bäckereien, auch Konditoreien, in ihren Läden gemachten Anschläge, daß die **feinen Backwaren** ausschließlich mit reiner Naturbutter hergestellt seien, ist deshalb als eine sehr dehnbare, jedenfalls ganz unbestimmte Deklaration für die Verwendung von Margarine oder dergleichen für die „nichtfeinen" Kuchenwaren anzusehen, die in vielen Fällen nicht geeignet sein dürfte, eine Täuschung im Sinne des § 10 N.M.G. auszuschließen.

Die Kuchenbackwaren werden in einer so großen Anzahl von Produkten hergestellt, daß es schwer erscheint, sie in brauchbarer Weise einzuteilen. Es soll deshalb die meistens befolgte Einteilung des Codex alimentarius Austriacus beibehalten werden:

1. Buttergebäck, hauptsächlich aus Mehl und Butter bestehend.

2. Hefegebäcke, Mehl, Butter, Eier, Milch und kleinere Mengen Zucker enthaltend.

3. Teegebäcke, Mehl, Zucker, Eier, Butter und Gewürze, sowie gelegentlich auch mitgenießbare Samen, wie Mandeln, Haselnuß und Walnuß enthaltend.

4. Weiche Gebäcke, Mehl, Butter, Eier, Zucker, Milch in Verbindung mit verschiedenen eßbaren Samen, Früchten oder Fruchtmassen und Gewürzen enthaltend.

5. Mandel- oder Nußgebäcke (harte Gebäcke) genießbare Samen (Mandeln, Haselnüsse, Wallnüsse, Kokosnüsse usw.) enthaltend, neben Zucker, Eiweiß, Mehl und Gewürzen.

6. Patiencegebäcke (Figurenformen) Zucker, Eiweiß, Mehl mit oder ohne Würzstoffe.

7. Windgebäcke. Zucker und Eiweiß.

8. Schaum- und Rahmgebäcke. Aus Mehl, Zucker und Eiern mit oder ohne Zusatz von Gewürzen hergestellte Backwaren zum Einhüllen von Cremes bestimmt oder von Schaum, der aus Eiweiß und Zucker oder aus Rahm und Zucker hergestellt ist.

9. Lebkuchen, Pfefferkuchen, Honigkuchen. Die echten aus Mehl und Honig, die anderen aus Mehl und Speisesyrup (Stärkesyrup) hergestellt, mit Gewürzen, Mandeln und dgl.

10. Kuchen und Torten. Aus Zucker, Eiern, Mehl, genießbaren Samen, Butter, Gewürzen, Früchten, Fruchtmassen oder Likören bestehend.

Verfälschungen und dgl. 1. Vgl. bei Mehl, da die dortigen Fälle meist auch für Backwaren zutreffen.

2. Bezüglich Seifezusatz zu Zwiebäcken wird auf die Ausführung S. 421 verwiesen.

3. Milchbrötchen werden oft nur mit Wasser hergestellt; das ist natürlich nicht angängig.

4. Zusatz geriebener bezw. alter Gebäcke zu frischem Teig ist eine Verfälschung.

5. Zusätze von Alaun und dgl., um aus nicht mehr backfähigem Mehl noch Gebäcke erzeugen zu können, sind unerlaubt.

Reichsgericht. 1) Vom 2. Dezember 1889. (Veröffentl. d. K.G.A. 1890, S. 552.)

Mit Chromgelb hergestellte Backwaren sind unter allen Umständen als gesundheitsschädliche Nahrungsmittel anzusehen. Es kommt nicht darauf an, ob sich der Täter über die Giftigkeit im Zweifel befunden hat, ob der verwandte Stoff ein Gift sei, daher als Zusatz zu Backwaren verpönt und geeignet die menschliche Gesundheit zu beschädigen. Der Bäcker hatte das Chromgelb zur Glasur von Zitronenschnitten benutzt.

2) Vom 10. Januar 1899. (Beil. z. d. Veröffentl. d. K.G.A. V, 37.)

Die Grundlage für die Annahme der Verfälschung bildet die Feststellung der normalen Herstellungsweise und Zusammensetzung des fraglichen Nahrungsmittels. Für die Beantwortung der Frage, ob in dem Zusatz eines Stoffes zu dem Nahrungsmittel bei dessen Herstellung eine Verfälschung des letzteren zu finden, ist entscheidend, ob dieser Zusatz eine Verschlechterung des normalen, vom konsumierenden Publikum berechtigterweise zu erwartenden Zustandes des Nahrungsmittels enthält. Ob diese Voraussetzung im konkreten Falle zutrifft, unterliegt lediglich der Feststellung des Tatrichters, und seine bezügliche Annahme ist der Nachprüfung des Revisionsgerichts entzogen.

Die Vorinstanz stellt nun fest, das kaufende Publikum in B. und Umgegend erwarte, daß die von ihm eingekauften Backwaren, insbesondere auch die von dem ärmeren Teile der Bevölkerung an Stelle von Semmeln verspeisten Salzkuchen, ausschließlich aus frischem Teig und Mehl zubereitet seien; es sei gar nicht darauf gefaßt, daß alte Semmeln, die unter Hinzutritt von Staub wochenlang geröstet, dann zerrieben und aufgeweicht seien, mit frischem Teige vermengt, und daß die so hergestellte Backware als frisches Brot und frische Salzkuchen ihm verkauft werden. Hiermit ist zum Ausdruck gebracht, das Publikum des Absatzgebiets für das Bäckereigeschäft des Angeklagten erachte mit Recht den von letzterem dem Teig beigemischten Zusatz der zerriebenen alten Backwaren nicht für einen normalen, der Verkehrsanschauung entsprechenden Bestandteil frischer Ware, mithin eine Verschlechterung der zum Verkauf gestellten Ware alsdann als vorhanden, wenn, wie festgestellt, die als Zusatz verwendeten Backwaren dadurch, daß sie längere Zeit zum Verkauf ausgestellt und demnächst ohne Schutz gegen Staub auf dem Backofen getrocknet wurden, mit Staub vermischt worden seien und sogar, wie an anderer Stelle festgestellt wird, zeitweise der Hauskatze als Lagerstatt gedient hätten. Hierdurch ist der objektive Tatbestand des Vergehens gegen § 10¹ a. a. O. ohne ersichtlichen Rechtsirrtum festgestellt.

Wenn die Revision hiergegen geltend macht, einerseits fehle es an einer Feststellung der Quantität der vom Angeklagten zugesetzten, zerriebenen Backware, andererseits sei durch diesen Zusatz die neuhergestellte Ware im Hinblick darauf, daß Geriebenes im Handelsverkehr einen höheren Verkaufswert habe, als Roggenmehl, nicht eine Verschlechterung, sondern sogar eine Verbesserung der frischen Backware erzielt worden, so gehen diese Angriffe fehl. Wie das Reichsgericht bereits in dem Urteile vom 10. Januar 1893 (E. XXIII, 384) ausgesprochen hat, genügt für den objektiven Tatbestand des hier in Rede stehenden Vergehens jede Menge eines Zusatzes, die eine Verschlechterung des reinen Stoffes verursacht. Andererseits hat die Vorinstanz ausdrücklich als erwiesen angenommen, der Angeklagte habe den frischen Brotteig durch den Zusatz der aufgeweichten alten Semmeln verschlechtert. Diese Annahme liegt lediglich auf tatsächlichem Gebiete und läßt einen Rechtsirrtum oder eine widerspruchsvolle Begründuug um so weniger erkennen, als aus dem höheren Werte des „Geriebenen" an sich noch keineswegs folgt, daß solches von der im ersten Urteil festgestellten Beschaffenheit den gleichen Wert gehabt habe, oder daß der Verkaufswert des vom Angeklagten hergestellten Fabrikats selbst durch den Zusatz nicht vermindert, sondern erhöht worden sei.

Auch hinsichtlich des subjektiven Tatbestandes geben die Feststellungen der Vorinstanz zu Bedenken keinen Anlaß. Der zur Anwendung des Strafgesetzes erforderliche Dolus besteht in dem Bewußtsein des Täters, daß sein Tun denjenigen Zustand des Genußmittels zur Folge haben werde, den das Gesetz mit dem Worte „verfälscht" bezeichnet, sowie ferner in dem vom Täter sich gesetzten Ziele der Täuschung im Handel und Verkehr (E. XIV, 437). Diesen Willensinhalt hat der Vorderrichter ohne ersichtlichen Rechtsirrtum festgestellt. Die hiergegen gerichtete Ausführung der Revision, durch den höheren Wert des vom Angeklagten verwendeten Zusatzstoffs sei für ausgeschlossen zu erachten, daß der Angeklagte beabsichtigt habe, ein minderwertiges Fabrikat zum Zwecke der Täuschung des Publikums herzustellen, richtet sich gegen die tatsächlichen Feststellungen der Vorinstanz, und erledigt sich durch die Erwägung des ersten Urteils, daß es dem Angeklagten nur darauf angekommen sei, seine alten, unverkäuflich gebliebenen Backwaren zu verwerten, indem er sie vermittelst der mehrerwähnten Geschäftsmanipulation wieder als Bestandteil frischer, verkäuflicher Ware in den Handel gebracht habe.

3) Vom 20. Januar 1888. (Veröffentl. d. K.G.A. 1888, S. 696.)

Durch die Feststellung, daß der auf Anordnung des Angeklagten in seinem Geschäfte durch Zusatz verschimmelter Backwaren bereitete Teig und das daraus hergestellte Gebäck die menschliche Gesundheit zu beschädigen geeignet und Angeklagter, obgleich ihm dies bekannt war, diese Waren feilgehalten und verkauft hat, ist die Anwendung des § 12, Nr. 1 a. a. O. begründet. Die Annahme, daß auf diese Weise gleichzeitig die Backwaren verfälscht und unter Verschweigung dieses Umstandes verkauft sind, entspricht auch dem Begriffe der Verfälschung im Sinne des § 10 daselbst, weil für erwiesen erachtet ist, daß dem mit schimmliger

Substanz versetzten Teige durch das Verbacken der Schein einer besseren Beschaffenheit gegeben, die eingetretene Verschlechterung also verdeckt wurde.

4) Vom 11. November 1898. (Veröffentl. d. K.G.A. Beil. V, 239.) E. XXXI, 325. (Vgl. auch S. 85.)

Semmeln, in die Stecknadeln in leicht wahrnehmbarer Weise eingesteckt waren, wurden nicht als gesundheitschädliches Nahrungsmittel im Sinne des § 12 erkannt.

„§ 12 bedroht zwei durchaus selbständige und im Tatbestande voneinander unabhängige Handlungen mit Strafe:

1. das „Herstellen" und
2. das „in Verkehr bringen"

von Nahrungs- oder Genußmitteln, deren Genuß die menschliche Gesundheit zu beschädigen geeignet ist. Wie einerseits schon das vorsätzliche Herstellen eines Gegenstandes, der bestimmt ist, anderen als Nahrungsmittel zu dienen, derart, daß dessen Genuß die menschliche Gesundheit zu gefährden vermag, völlig unabhängig davon mit Strafe bedroht ist, ob der Gegenstand irgend jemandem zum Erwerb oder Genuß zugänglich geworden ist, ebenso straft das Gesetz andererseits denjenigen, welcher einen Gegenstand der bezeichneten gesundheitsgefährlichen Art wissentlich nur in Verkehr bringt, gleichgültig, ob er an der Herstellung des Gegenstandes irgendwie beteiligt ist, ob überhaupt die gesundheitsgefährliche Beschaffenheit jenes einer besonderen menschlichen Tätigkeit ihre Entstehung verdankt oder ohne solche aus natürlichen Ursachen (Verderbnis usw.) hervorgegangen ist.

Gleichwohl hindern jedoch andere Gründe die Anwendung des § 12 I. c. auf den vorliegenden Fall.

Es kann nicht angenommen werden, daß durch die Tätigkeit der Angeklagten im Sinne des Gesetzes ein gesundheitsschädliches Nahrungsmittel zur Entstehung gelangt sei."

5) Vom 17. September 1896. D.J.Z. I, 424. Vgl. auch S. 71 betr. Verwendung von Brotöl.

6) Vom 12. April 1894. Vgl. S. 114 betr. Zusatz von verschimmeltem Brot.

53. Kapitel.

Teigwaren und Eierteigwaren.

Teigwaren nennt man aus kleberreichem Weizenmehl mit oder ohne Zusatz von Eiern, Salz und sonst erforderlichen Zutaten hergestellte Fabrikate, welche weder einen Lockerungs- noch einen Gärungs- noch einen Backprozeß durchgemacht haben.

Die Teigwarenfabrikation ist von Italien zu uns gekommen. Die Italiener haben einen besonders kleberreichen, harten, glasigen Weizen, welcher sich zur Herstellung von Teigwaren besonders eignet. Der aus diesem Weizen hergestellte Gries wird mit dem erforderlichen Quantum kochenden Wassers, etwas Salz und ev. Eiern zu einem steifen Teig ausgeknetet, aus welchem die verschiedenen Handelsprodukte geformt werden. In manchen Gegenden werden minder gute Teigwaren aus weniger kleberreichem Weizenmehl in der Weise hergestellt, daß Weizenkleber, der bei der Stärkefabrikation als Nebenprodukt gewonnen wird, mit zu den Bestandteilen tritt. Je nach der Form werden die Teigwaren unterschieden in Makkaroni, Nudeln, Röhren, Fäden usw. Nach der Verwendung wird ein Teil von ihnen, besonders die kürzeren, als Suppeneinlage bezeichnet. Wesentlich ist die Unterscheidung zwischen Teigwaren und Eierteigwaren. Wie groß ein Mindestzusatz von Eiern zu Eierteigwaren sein muß, um Anspruch auf diese Bezeichnung zu geben, ist zur Zeit mit Sicherheit nicht zu sagen. Da die Bewertung der Eierteigwaren im Handel jedoch von der in ihnen enthaltenen Eiermenge abhängig ist, wäre eine derartige Festlegung zu wünschen. Das Publikum pflegt den Eiergehalt in direkte Beziehung zu dem Grad der Gelbfärbung zu bringen. Wenn auch zuzugeben ist, daß dieser Maßstab kein zuverlässiger ist, so muß doch anerkannt werden, daß durch Zusatz von Farbstoffen zu Eierteigwaren eine Täuschung in erheblicher Weise begünstigt werden kann. Eierteigwaren sollen deshalb von jeglicher Nachfärbung (auch bei Deklaration) ausgeschlossen sein. Die Färbung der einfachen sog. Wasserteigwaren erscheint jedoch bei Mitteilung der Färbung unbedenklich. Andere Mehle als Weizenmehl sollen nicht verwendet werden.

Zwar kann bei Deklaration fremder Mehle von einer Täuschung nicht gesprochen werden; da das Wesen der Teigwaren aber gerade in dem kleberreichen Weizen beruht, so müssen andere Mehlarten, wenn es sich nicht um die Schaffung einer ganz anderen, neuen Ware handelt, als unzweckmäßig und daher ungehörig bezeichnet werden.

Hausmachernudeln sind eine nichtssagende Bezeichnung, aus der nichts weiter hervorgeht, als daß es sich um Nudeln handelt, wie sie auch im Haushalt hergestellt werden. Da hier eine Konstanz der Zusammensetzung nicht vorhanden ist, so kann eine solche auch von den Hausmachernudeln nicht erwartet werden. Lediglich ein Eierzusatz wird stets vorausgesetzt, da die Hausfrauen ohne Eier Nudeln nicht herstellen.

Reichsgericht. 1) Vom 13. März 1902. (Beil. z. d. Veröffentl. d. K.G.A. VI, 296.)

Die Revisionsrügen sind verfehlt.

Die Strafkammer hat nicht den allgemeinen Satz aufgestellt, daß jedes Zusetzen von Farbe zu einem Nahrungs- oder Genußmittel ein Verfälschen desselben im Sinne des Nahrungsmittelgesetzes sei. Vielmehr wird das Verfälschen darin gefunden, daß nach der erstrichterlichen Feststellung den von den Revidenten als Eiergraupen verkauften Nudelgraupen anstatt der eine gelbe Farbe hervorrufenden normalen Beimischung von Eiern ein nicht normaler Farbstoff zugesetzt worden war, wodurch dem gedachten Nahrungsmittel der Anschein einer besseren Beschaffenheit, nämlich der Eigenschaft wirklicher Eiernudeln verliehen wurde. Mit Recht erachtet der erste Richter den Zusatz des nicht normalen Farbstoffs, welcher der Ware das Ansehen der besseren Beschaffenheit und eines höheren Wertes gab, für ein Verfälschen derselben. Der Revident hat diese Ware unter der zur Täuschung, nämlich zur Erweckung des irrigen Glaubens an wirklichen Eiergehalts geeigneten Bezeichnung „Eiergraupen" verkauft. Der erste Richter hält nicht für erwiesen, daß er, der Revident, um die Verfälschung, d. h. um den Beisatz von Farbstoff anstatt von Eiern gewußt habe, wohl aber, daß er fahrlässig gehandelt habe, indem es seine Pflicht gewesen wäre, nachzuforschen, ob die Nudelgraupen wirklich Eier enthielten und nicht auf andere Weise gelb gefärbt waren, und zwar um so mehr, als die Ware, welche er unter der Bezeichnung „Eiergraupen, ihm selbst unter einer anderen, nicht auf Eiergehalt hindeutenden Bezeichnung geliefert war. Auch hierin ist ein Rechtsirrtum nicht zu erkennen. Was aber die Revision in tatsächlicher Hinsicht vorbringt, um die Unrichtigkeit der Feststellungen des ersten Richters darzutun, entzieht sich der Beachtung der Revisionsinstanz. Hiernach war das Rechtsmittel zu verwerfen.

2) Vom 17. März 1902. (Ebenda.)

a) Urteil des Landgerichts I Berlin vom 7. Dezember 1901.

Die K. verkaufte in ihrem Laden zu D. gelbe Graupen, welche sie zum Preise von 17 Mk. für 50 kg von der Firma Ka. & M. in D. bezogen hatte, als „Eiergraupen" zum Preise von 0,25 Mk. für ½ kg. Der Sachverständige, welcher eine Probe von diesen Eiergraupen untersuchte, begutachtete, daß dieselben nur aus Wasser und Mehl hergestellt seien, und daß kein Eizusatz nachweisbar sei, sondern nur ein Zusatz von Safran, welcher die gelbe Farbe bewirke, während wirkliche Eiergraupen eine mehr oder minder größere Menge von Eiern enthalten und dieser ihre gelbe Färbung verdanken. —

Die von der K. als Eiergraupen feilgehaltenen Nudelgraupen waren nach der Überzeugung des Gerichts also nachgemacht oder verfälscht, indem sie durch ihre künstliche Färbung den äußeren Anschein von „Eiergraupen", d. h. von Nudelgraupen, die Eier enthalten, hervorriefen, ohne deren Wesen zu besitzen. Die Bezeichnung „Eiergraupen" war somit auch zur Täuschung geeignet. Sie erweckte den Glauben, daß man es mit Nudelgraupen, die zum Teil aus Eiern hergestellt seien, zu tun habe, während man es lediglich mit künstlich gefärbten Nudelgraupen zu tun hatte. Mag auch Kaufleuten allgemein bekannt sein, daß billigere „Eiergraupen" Eier nicht enthalten, so ist doch im Publikum vielfach die Ansicht verbreitet, daß „Eiergraupen" stets Eier enthalten. Das Gericht nimmt aber auch aus den sich widersprechenden Einwendungen der K. an, daß dieselbe auch zur Zeit des Feilhaltens schon gewußt habe, daß die fraglichen „Eiergraupen" keinen Eizusatz enthielten.

b) Reichsgericht. Bei Prüfung der vorerwähnten Entscheidung hat sich ein Irrtum des ersten Richters nicht ergeben. Die Revision war daher zu verwerfen.

3) Vom 21. Februar 1901.

Das Gelbfärben von Eiernudeln zu dem Zweck, den Schein eines größeren als des wirklichen Eierzusatzes zu erwecken, ist mit Recht als Verfälschung beurteilt.

54. Kapitel.

Stärkepräparate.

Allgemeines. Aus zahlreichen Pflanzenstoffen, welche große Stärkemengen enthalten, wie etwa Kartoffeln, Getreide und vielen anderen, stellt man Stärke in ziemlich reinem Zustande her und bringt sie als solche in den Handel. Nach der Herkunft unterscheidet man Kartoffelstärke, Weizenstärke, Maisstärke, Reisstärke, Palmenstärke (Sago) und noch manche andere. Obgleich der chemische Stoff, welcher das Wesen der Stärke ausmacht, in allen Sorten der gleiche ist, so ist dennoch ein Unterschied zwischen den einzelnen Stärkesorten des Handels. Diese Differenz kommt daher, daß die Stärkekörner gleichzeitig organisierte Gebilde sind, welche eine der jeweiligen Stammpflanze charakteristische Struktur besitzen. Diese zeigt nicht nur in der Form des mikroskopischen Bildes Verschiedenheiten, insofern bei manchen Sorten das Körnchen aus konzentrischen bei andern aus exzentrischen Schichten besteht, oder indem das Körnchen rund, gestreckt oder sonstwie geformt ist. Wesentlicher für die Wertschätzung ist der Unterschied in der Korngröße. Beispielsweise verdankt die Reisstärke ihre Verwendung zur Puderbereitung vor allen andern Stärkesorten deshalb, weil sie das kleinste Korn besitzt. Es sind aber auch sonst mancherlei Differenzen vorhanden, welche Qualitätsunterschiede bedingen und die ihrerseits wieder auf die Gegenwart gewisser anderer chemischer Stoffe, welche das Stärkekorn gewissermaßen durchtränken, zurückzuführen sind.

Die Herstellung bezw. die Aussonderung der Stärkekörnchen aus den Pflanzenorganen ist meistens sehr einfach. In der großen Mehrzahl der Fälle genügt es, durch Zerreißen der umschließenden Zellwände die Körnchen frei zu legen und durch Ausschlemmen von ihrer urspünglichen Lagerstatt zu entfernen.

Kartoffelstärke wird in Deutschland am meisten fabriziert. Sie ist die billigste Stärkesorte. Um ihr ein weißeres, schöneres Aussehen zu geben, soll sie öfter mit höchst verdünnter Schwefelsäure behandelt werden, auch mit anderen Chemikalien, wie Chlorkalk, schwefliger Säure usw. Sie ist wasserreicher als Weizenstärke, da sie bis 25 % Wasser aufnimmt. Auf diese Weise kann sie beschwert werden; es genügt, sie an einem feuchten Ort zu lagern. Allerdings ziehen andere Stärkesorten auch Wasser an, aber nicht in so hohem Maße.

Grüne Stärke wird die Kartoffelstärke genannt, wenn sie noch unfertig sich in feuchtem Zustande befindet und etwa zur Hälfte aus Wasser besteht.

Die getrocknete Kartoffelstärke kommt entweder in größeren Stücken oder fein gemahlen als weißes, glänzendes, zwischen den Fingern knirschendes Pulver, welches **Kartoffelmehl**, **Kraftmehl** genannt wird, in den Handel. Beide unterscheiden sich lediglich durch den Feinheitsgrad.

Weizenstärke wird meist nach dem sog. Halleschen Verfahren hergestellt, welches darauf beruht, daß das zerquetschte, vorher in Wasser aufgequollene Weizenkorn einer Gärung seines Klebers überlassen wird. Doch gibt es noch eine Anzahl anderer Herstellungsverfahren. Da es nicht immer gelingt sie rein weiß zu erhalten, wird der gelbe Farbton durch Zusatz blauer Farbstoffe in weiß umgewandelt. Soweit es sich um Weizenstärke für technische Zwecke handelt, ist das Verfahren natürlich unbedenklich. Bei zu Nahrungsmittelzwecken verwendeter muß der Farbstoffzusatz deklariert werden.

Die Weizenstärke findet sich in Tafelform oder als kleinere Stengelchen, sog. Zettelstärke, oder als Kristall- oder Strahlenstärke, in Brockenform oder fein gemahlen als Mehl im Handel.

Die verschiedenen Qualitäten werden entsprechend als fein, mittelfein und ordinär bezeichnet.

Reisstärke spielt in der Nahrungsmittelbranche nur eine geringe Rolle, da sie zu teuer ist. Dagegen wird sie, wie bereits erwähnt, wegen der Kleinheit ihrer Körner, vorzugsweise zur Herstellung von Puder benutzt.

Maisstärke ist neben Kartoffelstärke die wichtigste für Genußzwecke. Sie kommt unter verschiedenen Phantasienamen wie Mondamin, Maizena in den Handel und ist rein weiß und von sehr feiner Beschaffenheit. Fast die ganze Menge der Maisstärke, welche in Deutschland verbraucht wird, geht in die Küchen, teils in reiner Form, teils nach Zusatz von Gewürzen, Farbstoffen und dergleichen als Puddingpulver, Geleepulver, Eispulver usw.

Arrow-Root findet in der Nahrungsmittelbranche geringe Verwendung, desto mehr für diätetische und medizinische Zwecke.

Sago im engeren Sinne ist zu Klümpchen zusammengeballte verkleisterte Palmenstärke, im weiteren Sinne jedoch auch alle anderen ähnlich zubereiteten Stärkesorten.

Der Handel unterscheidet:

1. Echten oder ostindischen Sago,
2. Brasilischen Sago oder Tapioka,
3. Inländischen Sago, der aus Kartoffelstärke hergestellt ist.

Die letztere wird derart aus feuchter Kartoffelstärke bereitet, daß man sie durch gelochte Siebe drückt und in erhitzten Gefäßen verkleistern läßt. Je nach der Lochweite entsteht Perlsago oder grober Sago. Die roten inländischen Sagoarten sind mit Bolus (rotem Ton) rot gefärbt, die gelblichen mit gebranntem Zucker. Der inländische Sago ist billiger als der echte Sago, steht ihm jedoch in keiner Weise im Gebrauchswerte nach.

Verfälschungen und dgl.

1. Stärkearten werden gelegentlich sauer, wenn sich Milchsäure in ihnen bildet. Die Ursache ist eine ungenügende Reinigung bei der Herstellung. 2. Gebleichte Stärke soll als solche bezeichnet

werden, sofern sie als Nahrungsmittel in den Verkehr kommt. 3. Zusätze fremder Stoffe sind im allgemeinen unzulässig, in besonderen Fällen bei ausdrücklicher Deklaration zu dulden. Wegen Zusatz blauer Farbstoffe vergleiche bei Weizenstärke.

Gesetzliche Bestimmungen besonderer Art sind nicht vorhanden.

---

55. Kapitel.

Zucker und Zuckerwaren; Marzipan.

A. Zucker.

Allgemeines. Obgleich der Zucker im ganzen Pflanzenreiche außerordentlich verbreitet ist, wird seine Herstellung doch nur aus einigen wenigen Pflanzen lohnend.

Für den großen Konsum kommt von diesen wenigen Zuckerpflanzen nur das Zuckerrohr und die Zuckerrübe in Betracht. Die sonst noch aus Zuckerpalmen, dem Zuckerahorn, oder der Zuckerhirse hergestellten verschwindend kleinen Zuckermengen finden fast ausschließlich Verwendung zu medizinischen Zwecken. Je nach den Rohmaterialen wird daher der Zucker im Handel als Rohrzucker oder Rübenzucker unterschieden.

Sobald man aber den gewöhnlichen Sprachbegriff „Zucker" verläßt und ihn so ausdehnt, wie es die Wissenschaft tut, dann ist „Zucker" nicht mehr gleichbedeutend mit einer bestimmten Zuckerart, welche man Saccharose nennt, sondern ein chemisch genau umschriebener Gattungsbegriff, der eine große Anzahl wohl charakterisierter Individuen umfaßt. Im Sinne des praktischen Lebens ist Zucker ohne nähere Bezeichnung jedoch gleichbedeutend mit der Saccharose, die sich hauptsächlich als Rohrzucker oder Rübenzucker im Verkehr befindet. Diese Zuckerart findet sich fertig gebildet in den genannten beiden Rohstoffen vor und wird durch Abpressen des Saftes, Reinigung desselben, Eindampfen, Auskristallisierenlassen usw. hergestellt.

Rübenzucker. Die Zuckerfabriken, welche den bei uns fast allein in Betracht kommenden Rübenzucker herstellen, produzieren nur einen Rohzucker. Die Raffinerien verwandeln diesen in die einzelnen Handelsformen.

Man unterscheidet:

Rohzucker, die festen kristallinischen Erzeugnisse der Fabriken, die noch durch färbende und sonstige Bestandteile des ursprünglichen Rübensaftes verunreinigt sind.

Abläufe sind die in der Fabrikation gewonnenen flüssigen Zucker.

Melasse ist der letzte dunkelgefärbte Ablauf, aus dem durch Kristallisation kein Zucker mehr zu gewinnen ist.

Melasse-Zucker sind die auf chemischen Wege aus der Melasse noch erhaltenen, meist nicht mehr aus reiner Saccharose bestehenden Zucker.

Der Rohzucker kommt zu weiterer Bearbeitung in die Zucker-Raffinerien. Diese stellen daraus die Raffinaden oder Verbrauchszucker (Konsumzucker) her.

Raffinaden im engeren Sinne heißen die durch einen Kristallisationsprozeß gereinigten Zuckerarten.

Verbrauchszucker im engeren Sinne heißen die gleichen Erzeugnisse, wenn sie durch einen Auslaugeprozeß, also durch mechanische Reinigung erhalten wurden.

Je nach der äußeren Form unterscheidet man:

Brot- oder Hutzucker, wenn der Zucker in weißen Broten von kegelförmiger Gestalt erscheint.

Würfelzucker, wenn er in weißen kristallinischen Stücken von regelmäßiger viereckiger Gestalt in den Handel kommt.

Pilé, Stücke von unregelmäßiger Form.

Zuckermehl, Puderzucker, ein durch Zerkleinern der verschiedenen Formen des Konsumzuckers erzeugtes feines Pulver.

Kristallzucker, ein weißes, grobkörniges, kristallinisches Mehl.

Die reinste Form des Zuckers ist der **Kandiszucker,** der aus großen, mehr oder weniger gut ausgebildeten, besonders gezüchteten Kristallen besteht, die entweder rein weiß, bräulich oder ganz dunkelbraun erscheinen.

Sandzucker, Granulated ist ein grobpulveriger Konsumzucker, nur durch Auswaschen des Rohzuckers erhalten.

Farinzucker, Bastardzucker ist ein Nach-Erzeugnis der Raffinerien von grobkörnig-mehliger Beschaffenheit, das noch durch anhängende Mutterlauge gelb gefärbt ist.

Melis ist eine Bezeichnung für alle nicht aus Einzelkristallen bestehenden Zuckerarten, umfaßt also den Hut-, Würfelzucker, Pilé usw.

Harter Zucker ist der Gegensatz zu pulverigem Zucker, deckt sich also fast mit der Bezeichnung Melis.

Die **Abläufe** bilden mit dem Kandissyrup dem Invertzucker und der flüssigen Raffinade die flüssigen Zucker des Handels.

Man unterscheidet:

Speisesyrupe, mehr oder weniger reine, konzentrierte Zuckerlösungen, in denen noch andere Zuckerarten enthalten sein können. Diese verschiedenen Zuckerarten sollten eigentlich demselben Rohprodukt entstammen und nicht in Form von Zusätzen hinein gelangt sein; nach eingebürgertem Brauch wird jedoch ein Zusatz von Stärkesyrup nicht als Verfälschung angesehen.

Invertzuckersyrupe, aus Konsumzucker hergestellte, durch Säuren invertierte Zucker, aus denen die Säuren durch geeignete Verfahren wieder entfernt sind.

Melasse s. oben.

Kandissyrup, die eingedickte Mutterlauge der Kandisfabrikation, eine sehr reine Zuckerlösung.

Flüssige Raffinade, ein Zuckersyrup, dessen Sacharosegehalt etwa zur Hälfte invertiert ist.

Rübensaftsyrup ist ein direkt durch Eindampfen des abgepreßten Rübensaftes gewonnenes Erzeugnis.

Echter Rohrzucker ist der aus dem Zuckerrohr gewonnene Zucker, der im übrigen mit dem aus Rüben hergestellten chemisch vollständig übereinstimmt.

Da die Saccharose, aus der der „echte" Rohrzucker ebenso wie der Rübenzucker besteht, in der Wissenschaft auch als „Rohrzucker" bezeichnet wird, so kann auch der Rübenzucker bezüglich seiner Masse als „echter Rohrzucker“ gelten. Wird unter „echtem Rohrzucker“ aber eine Herkunftsbezeichnung verstanden, so entspricht ihr nur der aus dem Zuckerrohr gewonnene. Zur sicheren Unterscheidung, die praktisch kaum von Wert sein dürfte, muß daher noch ein weiterer Zusatz gemacht werden, etwa indischer Rohrzucker oder dgl.

Die Produkte des Zuckerrohres werden auch als Kolonialzucker bezeichnet.

Holländischer, Indischer Syrup, Sirupus hollandicus, indicus sind die Melassen von der Kolonialzuckerbereitung. Sie sind das Hauptrohmaterial der Rumfabrikation.

Stärkezucker, Kartoffelzucker, Traubenzucker, Kartoffelsyrup. Durch Behandeln stärkemehlhaltiger Produkte, insbesondere der Kartoffeln mit verdünnten Säuren, erhält man eine Lösung von Traubenzucker mit mehr oder weniger großen Mengen Dextrin. Die entfärbte, auch sonst gereinigte eingedampfte Lösung heißt Stärkezucker, Stärkesyrup, Kapillärsyrup. Ist das Wasser vollständig entfernt, so resultiert der eigentliche Stärkezucker oder technische Traubenzucker (jedoch nicht die reine Verbindung dieses Namens).

Kapillärsyrup heißt er, weil er so zähe ist und sich in lange Fäden ausziehen läßt.

Bonbonsyrup wird er ebenfalls genannt, weil er als Zusatz zu Bonbons dient, die sich dann besser halten.

Der Stärkesyrup ist erheblich weniger süß als der Rübenzucker und dient deshalb vielfach an dessen Stelle, um einen runden Geschmack ohne übermäßige Süße zu verleihen. Er findet wegen seines sehr billigen Preises aber auch sonst noch mannigfachste Verwendung.

Malzzucker. Durch Behandeln der Stärkearten mit Malzaufgüssen entsteht Malzzucker, Maltose. Er kommt als solcher ebenfalls in den Handel. Meist wird er aus Kartoffelstärke erhalten.

Milchzucker ist bereits im 34. Kapitel besprochen.

Zuckercouleur. Durch Erhitzen von Zucker verschiedener Art auf Temperaturen von 150—200 Grad entstehen braun gefärbte Zersetzungsprodukte, welche mit den Röstprodukten stärkemehlhaltiger Stoffe identisch sind. Sie kommen unter dem Namen gebrannter Zucker oder, wenn sie sich in flüssiger Form befinden, als Zuckercouleur in den Handel. Je höher die Rösttemperatur steigt, um so mehr nimmt die Löslichkeit des entstandenen Farbstoffes in Spiritus ab. Nach diesen Gesichtspunkten hergestellte Zuckerfarbstoffe werden auch als Rumcouleur oder ähnlich bezeichnet, während die Biercouleur ein mehr dextrinhaltiges Produkt ist, welches zur Färbung weniger alkoholreicher Produkte Verwendung findet.

Verfälschungen und dgl.

1. Die meisten Rübenzucker haben eine gelbliche Farbe, welche sich nur mit erheblichen Kostenaufwand beseitigen lassen würde. Es ist deshalb seit sehr langer Zeit gebräuchlich, die vielfach gewünschte weiße Farbe des Zuckers dadurch zu erzeugen, daß die Komplemetärfarbe für gelb, das ist blau, in Form von Ultramarin oder Berlinerblau oder anderer blauer Farbstoffe zugesetzt wird. Da diese Behandlungsart des Zuckers als allgemein bekannt gelten muß, sind Einwendungen dagegen nicht zu erheben. Nicht gebläute Zucker werden ausdrücklich als ungebläute oder ultramarinfreie gehandelt.

2. Da der gewöhnliche Zucker fast ausschließlich in fester kristallisierter Form in den Handel kommt, sind Verfälschungen im allgemeinen ausgeschlossen. Gelegentlich können jedoch gewisse Verunreinigungen durch das Fabrikationsverfahren in ihn hinein gelangen, insbesondere kommen Kalk- und Strontiumverbindungen in Betracht. Diese beiden Elemente finden nämlich in Form von Salzen Verwendung, um die nicht mehr kristallisierbaren Zuckerteile aus der Mutterlauge (Melasse) heraus zu holen.

Es ist daher leicht möglich, das gelegentlich kleine Mengen solcher Verbindungen in dem Melassezucker zurückbleiben. Nach dem Strontiumverfahren hergestellter Zucker soll zu Mißständen in der Fruchtsaft- und Likörfabrikation Anlaß gegeben haben. Voraussichtlich hat es sich hierbei um Produkte gehandelt, welche aus einer Zeit stammten, da das Verfahren noch neu war. Jedenfalls sind irgendwie nennenswerte Mengen von Calcium oder Strontium als nicht in den Zucker gehörig zu erachten.

3. Mehr als der reine Zucker unterliegen flüssige Zucker Verfälschungen. Insbesondere handelt es sich um einen Zusatz von Stärkezucker, welcher im Preise ganz erheblich billiger ist als Rübenzucker. Ohne Deklaration darf er sich in flüssigem Rübenzucker nicht vorfinden. In „Speisesyrupen" ist ein Zusatz dagegen zulässig.

4. Beim Stärkezucker selbst sind zwar Verfälschungen bisher nicht bekannt geworden, wenn man nicht die früher beobachtete Zugabe von Saccharin als solche auffassen will. Da Stärkezucker erheblich weniger süß ist, als Rübenzuckersyrup, so hat es sich dabei jedoch weniger um eine Verfälschung des Stärkesyrups, als um eine Nachmachung von Rübenzuckersyrup gehandelt.

5. Verunreinigungen von Stärkesyrup sind häufig, insbesondere werden aus der Fabrikation verbliebene Reste von schwefliger Säure bezw. aus dieser entstandener Schwefelsäure gefunden. Da zur Entfernung der Säuren Kreide benutzt wird, so ist die Gegenwart von Gips (schwefelsaurem Kalk) gleichfalls eine fast regelmäßige.

Geringfügige Mengen dieser Verunreinigungen können aber bei technischer Ware als unvermeidliche Rückstände der Fabrikation zu Beanstandungen keinen Anlaß geben.

B. Zuckerwaren.

Folgende Waren gehören dazu:*)

1. **Einfache Bonbons.** Fast vollständig aus geschmolzenem Rohrzucker bestehend, mit Zusätzen von Stärkezucker sowie eventl. von Farbstoffen und geschmackgebenden Essenzen verschiedener Art.

2. **Gerstenzucker** desgleichen, aber in langen, meistens schraubenzieherartig gedrehten Stangen.

3. **Drops**, einfache Bonbons mit Zusatz von Fruchtsäuren, Fruchtsäften oder Fruchtessenzen.

4. **Gefüllte Bonbons.** Bonbonmassen verschiedener Art, welche in ihrem Innern einen Kern mannigfachster Art umschließen, z. B. Likör, Malzextrakt, Marmeladen usw.

5. **Honigbonbons.** Einfache Bonbons mit Zusatz von Bienenhonig.

6. **Fondants.** Zuckermassen von weicher Konsistenz, welche den Zucker nicht in geschmolzener Form enthalten, sondern in sehr feiner Verteilung mit Milch, Syrup oder dergleichen.

7. **Morsellen.** Eingekochte Zuckermassen, in denen der Zucker nicht amorph, sondern kristallinisch erscheint, mit Zusatz von Pflanzenstoffen mannigfacher Art.

---

*) Die Ausführungsbestimmungen zum Zuckersteuergesetz geben eine etwas andere Einteilung. Vgl. dieselbe im Beiheft S. 178 ff.

8. **Plätzchen**, Zuckerplätzchen. Kristallinische Massen von halb linsenförmiger Gestalt, aus halb erstarrter Masse hergestellt und mit den mannigfaltigsten Gewürzen oder Aromstoffen parfümeriert.

9. **Pastillen**, auf maschinellen Wegen durch Pressen oder Prägen von Zucker, Stärke eventl. Tragant und Geschmacksträgern.

10. **Pralinés**, Bonbons verschiedenster Art mit einem Überzug von geschmolzener Kakaomasse.

11. **Dragees**, Samen oder Früchte oder andere genießbare Kerne, welche mit einer Zucker-, Tragant- oder Stärkemehl haltigen Masse so überzogen sind, daß dieser Überzug wie eine einheitliche feste Schale erscheint.

12. **Cremes** und **Gelees**. Die ersteren aus Zucker, Eiweiß und Fruchtsäften mit oder ohne Rahmzusatz, die Gelees aus Zucker, Fruchtsäften, Gelatine oder Agar bestehend.

13. **Gefrorenes**. Entweder aus Zucker, Eiern, Milch, Gewürzen oder Fruchtsäften bestehend oder aus Zucker und Fruchtsäften allein.

Gesetzliche Bestimmungen 1. Das Zuckersteuergesetz vom 27. Mai 1896 in der Fassung vom 6. Januar 1903 (R.G.Bl. 1896 117, 1903 1) enthält detaillierte Vorschriften. Es seien daraus hervorgehoben:

§ 1. Der inländische Rübenzucker unterliegt einer Verbrauchsabgabe — Zuckersteuer — und zu deren Sicherung der Steuerkontrolle.

Im Sinne dieses Gesetzes gilt als inländischer Rübenzucker aller im Inlande durch Bearbeitung von Rüben oder durch weitere Bearbeitung von Produkten, welche aus im Inlande bearbeiteten Rüben herstammen, gewonnene feste und flüssige Zucker, einschließlich der Rübensäfte, der Füllmassen und der Zuckerabläufe (Syrup, Melasse), und zwar ohne Rücksicht darauf, ob bei der Fabrikation eine Verwendung auch anderer zuckerhaltiger Stoffe oder Zucker stattgefunden hat.

Unter der weiteren Behandlung von Produkten aus Rüben ist insbesondere verstanden die Entzuckerung oder Raffination von Zuckerabläufen (Syrup, Melasse), die Raffination von Rohzucker, die Auflösung von festem Zucker, die Inversion.

§ 7. Zuckerfabriken sind alle zur Herstellung kristallisierten Rübenzuckers bestimmte Anstalten, mit Ausnahme der Anstalten, welche lediglich versteuerte Produkte aus Rüben weiter bearbeiten.

Inwieweit Fabriken zur Herstellung nicht kristallisierten Rübenzuckers als Zuckerfabriken im Sinne dieses Gesetzes anzusehen sind, bestimmt der Bundesrat.

§ 19. Jeder Wechsel im Besitz einer Zuckerfabrik ist der Steuerbehörde binnen einer Woche seitens des neuen und in den Fällen freiwilliger Besitzübertragung auch seitens des bisherigen Besitzers schriftlich anzuzeigen.

§ 20. Korporationen und Gesellschaften, welche Zuckerfabriken besitzen, sowie andere den Betrieb nicht selbst leitende Inhaber solcher Fabriken haben der Steuerbehörde diejenige Person zu bezeichnen, welche als Betriebsleiter in ihrem Namen und Auftrage handelt.

§ 42. Die Inhaber

1. von Fabriken, in welchen Zucker durch weitere Bearbeitung von versteuertem inländischen Rübenzucker (z. B. Raffination) hergestellt wird,
2. von Fabriken, in welchen Abläufe von inländischem Rübenzucker (Syrup, Melasse) raffiniert werden,
3. von Fabriken, in welchen aus Rüben Säfte bereitet werden,
4. von Stärkezuckerfabriken,
5. von Maltosefabriken

sind verpflichtet, innerhalb vierzehn Tagen vor der Eröffnung des Betriebes der Steuerhebestelle des Bezirks schriftliche Anzeige von dem Bestehen der Anstall zu machen. Desgleichen ist ein Wechsel in der Person des Besitzers oder eine Verlegung des Betriebes in ein anderes Lokal oder an einen anderen Ort binnen vierzehn Tagen schriftlich anzuzeigen, und zwar im Falle eines Ortswechsels mit Übergang in einen anderen Steuerbezirk auch der Hebestelle des letzteren.

2. Aus den **Ausführungsbestimmungen**, welche sehr umfangreicher Natur sind, vgl. die im Beiheft S. 151—182 mitgeteilten Vorschriften betr. die Untersuchung von Zucker und Zuckerwaren.

Verfälschungen u. dgl. 1. Die Färbung der Zuckerwaren ist im allgemeinen überall zulässig. Die Farbstoffe sollen aber gänzlich unschädlicher Natur sein und insbesondere den Anforderungen des Farbengesetzes entsprechen. 2. Mineralstoffe sollen bei Herstellung von Zuckerwaren, keine Verwendung finden, auch nicht bei figurierten Zuckerwaren. 3. Künstliche Süßstoffe sollen sich nicht finden. 4. Bonbons mit Fruchtgeschmack dürfen mit künstlichen Essenzen hergestellt sein, wenn nicht ausdrücklich natürliches Aroma oder natürlicher Fruchtsaft verbürgt ist. 5. Gefrorenes soll natürliche Fruchtsäfte enthalten, wenn nicht das Gegenteil angegeben ist. 6. Vanillengefrorenes soll seine gelbe Farbe ausschließlich den zugesetzten Eiern verdanken.

C. Marzipan.

Unter **Marzipanmasse** versteht man ein Gemisch von zwei Teilen feuchter, enthülster, geriebener Mandeln und einem Teil Puderzucker.

Marzipanwaren sind die aus Marzipanmasse hergestellten, figurierten Erzeugnisse mit den erforderlichen Auflagen und aufgetragenen Farben.

Gesetzliche Bestimmungen über Marzipan sind nur insoweit vorhanden, als die Ausführungsbestimmungen zum Zuckersteuergesetz (vgl. Beiheft S. 179) das Marzipan als aus „Zucker mit zerquetschten Mandeln" bestehend angeben und eine Methode zur Bestimmung des Zuckergehaltes vorschreiben.

Um den Verfälschungen des Marzipans entgegenzuwirken, ergingen *Ministerialerlasse*. Der preußische vom 16. Mai 1902 (Ministerialblatt f. d. Medizinal-Angel. S. 216) lautet wie folgt:

„Untersuchungen, welche gelegentlich einer Anregung von Interessenten vorgenommen worden sind, haben ergeben, daß bei dem Verkehr mit Marzipanwaren gesundheitsschädliche Stoffe gelegentlich zur Verwendung kommen, welche es angezeigt erscheinen lassen, die Aufmerksamkeit der Organe der Nahrungsmittel-Überwachung auf jene Waren zu lenken. Indem wir Ew. Hochwohlgeboren die weitere Veranlassung anheimgeben, bemerken wir, daß die kontrollierenden Behörden besonders auf die Möglichkeit der Verwendung von Bittermandelöl und von Nitrobenzol bei der Marzipanbereitung zu achten haben werden.

Bittermandelöl, wie es sich im Handel findet, ist zum Teil blausäurehaltig und dadurch unter Umständen gesundheitsschädlich. Es soll zur Verbesserung des mangelnden Aroma ebenso wie Nitrobenzol dienen, welches einen dem Bittermandelöl ähnlichen Geruch und Geschmack besitzt und dabei giftig wirkt."

Verfälschungen u. dgl. 1. Zusätze von Mehl und Stärkepräparaten sind unzulässig. 2. Zugabe von Stärkesyrup zur Marzipanmasse ist unnötig und dient nur zur Verlängerung.

3. Beigabe von Glyzerin, um das Reißen zu verhindern, ist nicht statthaft, da dadurch die Unterscheidung frischer und alter Waren verhindert wird. 4. Zusätze fremder Vegetabilien wie Kokosnüsse, Pfirsichkerne, Aprikosenkerne usw. sind eine Verfälschung. 5. Zugabe von künstlichen Aromstoffen ist nicht erlaubt.

---

56. Kapitel.

Honig.

Honig ist der zuckerreiche Saft, welchen die Arbeitsbienen aus den verschiedensten Blüten zugleich mit Blütenstaub aufsaugen, im Honigmagen besonders verarbeiten und in den Waben zum Zwecke der Ernährung der jungen Brut wieder von sich geben.

Die Beschaffenheit des Honigs bezüglich Farbe, Geruch und Geschmack, auch bezüglich der Zusammensetzung hängt von der Ernährung der Bienen ab, insbesondere von den Blüten, von denen er gesammelt ist. Frisch ausgelassener Honig ist klar und dünnflüssig, wird aber allmählich trübe und erstarrt langsam zu einer mehr oder weniger kristallinischen Masse. Man unterscheidet nach Kellen bezüglich des Ursprungs:

Lindenhonig: Aroma der Lindenblüte.

Honig von echten Kastanien: manchmal ekelerregend.

Honig von Weichselblüten: Geruch und Geschmack bittermandelartig.

Honig von Spargelblüten: unangenehm.

Honig von Rapsblüten: sehr süß, manchmal aber geruchlos und im Geschmack wabenartig, oft auch ölig.

Senfhonig, Zwiebelhonig und **Fenchelhonig**: Geruch und Geschmack deutlich an den Ursprung erinnernd.

Buchweizenhonig: kräftiges Aroma, etwas scharfer, zuweilen bitterlicher Geschmack.

Heideblütenhonig: kräftiger Geschmack und stärkstes Aroma.

Fichtenblütenhonig: Aroma an den Ursprung erinnernd.

Rosenblütenhonig: besitzt das Aroma der Blüten.

Labiatenhonige: (Rosmarin-, Lavendel-, Quendel-, Thymian) feines aber wenig beständiges Aroma.

Esparsettenhonig: zartes Aroma und milder Geschmack.

Als bester Honig gilt der von der Lindenblüte, Heidekraut und Buchweizen, als besonders gering gilt der Koniferenhonig. Auch die Labiaten- und Esparsettenhonige nehmen eine Sonderstellung ein, da sie sich weder durch ein bestimmtes Aroma noch durch besonderen Geschmack auszeichnen.

Die auf die Geruchs- und Zungenprobe basierten Urteile der gewerblichen Honigsachverständigen müssen immer mit großer Vorsicht aufgenommen werden, besonders wenn es sich um ausländische Erzeugnisse handelt. Aber auch die chemische Wertschätzung des Honigs ist zur Zeit noch eine recht unsichere.

Der Honig besteht aus einem Gemisch von Traubenzucker und Fruchtzucker derart, daß der letztere Bestandteil etwas überwiegt. Es ist jedoch auch Saccharose neben Dextrin, Wachs, Farbstoffen, aromatischen Bestandteilen und Säuren, besonders Ameisensäure darin enthalten. Da man Gemische von außerordentlich ähnlicher Zusammensetzung künstlich sehr leicht herstellen kann, so ist die Erkennung von Nachahmungen, besonders wenn Gemische von Kunstprodukten und Naturware vorliegen, oft unmöglich.

Der Kunsthonig und die Mischhonige werden vielfach unter Bezeichnungen feilgehalten und verkauft, die zwar bei dem Sachkenner einen Zweifel über die Natur der Ware nicht aufkommen lassen, aber vom großen Publikum meist unverstanden bleiben. Wenigstens kommen die meisten gefälschten Honige nicht mehr unter der direkten Bezeichnung „Honig" oder „Bienenhonig" in den Verkehr. Dagegen wird neuerdings vielfach versucht, durch Verwendung hochtönender Bezeichnungen die unkundigen Käufer zu täuschen. Solche täuschenden Benennungen sind nach der Denkschrift des Kaiserl. Gesundheitsamtes: „Feinster Raffinaden Tafelhonig, garantiert chemisch rein", „Feinster Fruchthonig", „Feinster Raffinaden Tafelhonig (Mischhonig), absolut chemisch rein", „Absolut chemisch reiner feinster Tafelhonig aus natürlichen Bienenhonig und feinster gemahlener Raffinade hergestellt", ferner „Speisehonig", „Garantiert chemisch reiner Honig", „Zuckerhonig", „Gesundheitshonig", „Traubenzuckerhonig", u. a. m. Vielfach wird ferner das Verfahren angewendet, auf die Gefäße, welche den Kunsthonig enthalten, in großer Schrift Bezeichnungen wie

„Garantiert reiner Blütenhonig" und darunter oder dahinter in viel kleineren Buchstaben das Wort „Ersatz" u. a. aufzudrucken. Honigsyrup ist eine anerkannte Bezeichnung für Kunsthonig. (Vgl. Kap. 21, Bezeichnung der Nahrungsmittel.)

Besondere **gesetzliche Bestimmungen** oder Verordnungen über den Verkehr mit Honig bestehen im Deutschen Reich zwar nicht, doch sind in den meisten derselben auf Grund zweier Rundschreiben des Reichskanzlers (Reichsamt des Innern) vom 17. Juni 1895 und 16. Juli 1900 die mit der Überwachung des Verkehrs mit Nahrungsmitteln betrauten Behörden wiederholt angewiesen worden, dem Honighandel eine erhöhte Aufmerksamkeit zuzuwenden.

In den einzelnen Bundesstaaten wurde daher eine besonders strenge Überwachung des Handels mit Honig und Kunsthonig angeordnet. (In Preußen am 29. November 1902; Ministerialblatt f. Handel u. Gewerbe 1902 S. 430.)

Verfälschungen. 1. Zusatz von Wasser ist nicht selten und geschieht meist schon beim Auslassen aus dem Waben. 2. Zusatz von Kunsthonig ist die gewöhnlichste Verfälschung. Stärkesyrup und Invertzuckersyrup sind am meisten gebraucht. Es kommen aber auch alle anderen Zuckersyrupe vor. 3. Färben von Honig ist häufiger als man gewöhnlich annimmt. Es ist in jedem Falle unzulässig. 4. Verfütterung von Rohrzucker oder Traubenzucker an Bienen, so daß sie keine Blüten mehr besuchen, liefert keinen echten Honig, sondern einen mit Hilfe der Bienen hergestellten Kunsthonig. Die „Honig"-Produktion ist bei dieser Methode eine sehr lohnende, da die Bienen natürlich viel schneller „sammeln".

Reichsgericht. 1) Vom 13. Mai 1893. (Beil. z. d. Veröffentl. d. K.G.A. III, 67.)

Zu einer ausdrücklichen Feststellung darüber, daß das fragliche, als Schweizer Alpenkräuterhonig bezeichnete Fabrikat, welches seiner Zusammensetzung nach vom ersten Richter gar nicht mehr für Honig angesehen wird, den Schein des echten Honigs gehabt, lag für den ersten Richter kein Anlaß vor, da das Gesetz diese Verschiedenheit zwischen Schein und Wesen nicht mit ausdrücklichen Worten zum Tatbestandsmerkmal stempelt und ein bezüglicher Einwand von Seite des Angeklagten nach Ausweis des Sitzungsprotokolls in der Hauptverhandlung nicht erhoben worden war. Es genügt daher die Feststellung, daß der Honig verfälscht war. Zum Überflusse läßt aber das Urteil genügend erkennen, daß das fragliche Fabrikat wesentlich noch das äußere Aussehen von

Honig hatte, denn das Urteil bezeichnet dasselbe als honigähnlichen Syrup. Zugleich findet das angefochtene Urteil erwiesen, daß die Käufer des Fabrikats glaubten, echten Naturhonig, verbessert durch einen Zusatz von Kräutern, zu kaufen und in diesem Irrtume noch durch das Lesen des beigegebenen Prospektes bestärkt, also getäuscht wurden.

Der Umstand, daß der Angeklagte den von ihm verfertigten sogenannten Alpenkräuterhonig auf dem Prospekte als Präparat oder Fabrikat bezeichnete und dessen angebliche Zusammensetzung bekannt gab, ändert hierin nichts, da einerseits, wie das Urteil ohne Rechtsirrtum ausführt, eine Täuschung der Käufer hierdurch nicht ausgeschlossen wurde, und andererseits die Angabe der Zusammensetzung eine unwahre war, indem hierin von den festgestelltermaßen in dem Präparate befindlichen 58 % Glykose nichts erwähnt ist. Die Bezeichnung eines Fabrikats aber mit einer einem Naturprodukt zukommenden Benennung ist, abgesehen von speziellen, auf Grund des Gesetzes erlassenen Vorschriften, nur dann unverfänglich, wenn dabei jede Täuschung der Käufer über die Natur des Fabrikats als eines Kunstproduktes ausgeschlossen ist.

In subjektiver Beziehung erweist sich auch das strafbare Bewußtsein des Angeklagten genügend festgestellt. Wenn das angefochtene Urteil in dieser Hinsicht sagt, es sei anzunehmen, daß der Angeklagte der Täuschung und der hierdurch hervorgerufenen Wirkung größeren Absatzes sich bewußt gewesen und daß er die Absicht, das verfälschte Fabrikat zu verkaufen, schon bei dessen Anfertigung gehabt, so stellt sich diese Annahme als eine Schlußfolgerung dar, für welche die im Urteile vorausgeschickten Momente, worunter das Bewußtsein des Angeklagten, daß seine Ware ein Falsifikat sei, und der von einem mit besonderen Vorzügen versehenen Naturprodukte entliehene Name hervorzuheben, die tatsächliche Unterlage bilden.

2) Vom 22. September 1898. (Veröffentl. d. K.G.A. Beil. V, 293.)

Die Festellung des Vorderrichters, daß der von dem Angeklagten W. fabrizierte, vom dem Angeklagten B. in den Handel und Verkehr gebrachte Tafelhonig ein verfälschtes Nahrungsmittel im Sinne des angezogenen Gesetzes sei, ist rechtlich nicht zu beanstanden. Jener Ausspruch des Urteils wird auf die für erwiesen angenommene Tatsache gegründet, daß der gedachte Kunsthonig aus einer Mischung von natürlichem Bienenhonig mit Zuckerlösung bestehe, daß dieses Mischungsprodukt zwar dem reinen Bienenhonig in mehrfacher Hinsicht gleich zu stellen sei, daß es aber des dem reinen Bienenhonig beiwohnenden Aromas jedenfalls in der gleichen Stärke entbehre und daher in Betreff seiner wirtschaftlichen Bedeutung und Verwendung minderen Wert besitze, als der unvermischte Bienenhonig. Dies gilt insbesondere von dem Einwande, es sei nicht erörtert und festgestellt, welche spezielle Sorte von Bienenhonig zu dem Mischungsprodukt verwendet worden sei, so daß möglich bleibe, daß eine Sorte Verwendung gefunden habe, welche zufolge des vorliegenden Gutachtens Sachverständiger nach der Beschaffenheit ihres Aromas, wie z. B. der sogenannte Tannenhonig, zu ihrer wirtschaftlichen Verwendbarkeit eine Beimischung von Zuckerlösung geradezu fordere und notwendig erscheinen lasse. Es ist aus der Urteilsbegründung nicht ersichtlich, daß der erste Richter eine spezielle Erörterung dieses Punktes aus Rechtsirrtum und nicht vielmehr auf Grund rein tatsächlicher Erwägungen,

z. B. weil er angenommen hat, daß solche besondere Sorten von Honig mit Rücksicht auf ihr verhältnismäßig geringes Vorkommen von dem Angeklagten W. gar nicht oder doch jedenfalls nur in sehr kleinen für die Beantwortung der streitigen Frage bedeutunglos bleibenden Mengen verwendet worden seien, unterlassen hat. Die Annahme des ersten Richters hingegen, daß das W.'sche Fabrikat mit Rücksicht auf seine geringere Nutzbarkeit eine Verfälschung des reinen Bienenhonigs im im Sinne des § 10 N.M.G. darstelle, läßt eine rechtsirrige Auffassung des Begriffs der Verfälschung nicht hervortreten, sondern entspricht der in Theorie und Praxis herrschenden Auffassung hierüber. Dieses Fabrikat charakterisierte sich nach der erstrichterlichen Feststellung nicht nur als eine Veränderung, sondern geradezu als eine Verschlechterung des reinen Bienenhonigs. Irgend welche besonderen tatsächlichen Umstände, die für geeignet hätten gelten können, die Annahme, daß die Beimischung der Zuckerlösung zu dem reinen Bienenhonig eine Verschlechterung, also eine Verfälschung dieses Nahrungsmittels in sich geschlossen habe, zu beseitigen, sind im erstinstanzlichen Urteile nicht festgestellt.

3) Vom 14. Juli 1881. (E. IV, 435.) Vgl. S. 93 und S. 120.

Die bloße Bezeichnung von Rübenzucker als Kolonialzucker ist kein Verstoß gegen § 10 N.M.G.

---

57. Kapitel.

Kaffee.

Allgemeines. Der Kaffee, wie er sich im Handel befindet, besteht aus weiter nichts als den von dem Fruchtfleisch und dem größten Teil der Samenhaut befreiten Samenkernen des Kaffeebaumes.

Das strauchartige Bäumchen erreicht meist nur eine Höhe von 2—2$^1/_2$ Meter und trägt gleichzeitig Blüten und Früchte, der Ernteertrag pro Baum ist 2—10 Pfund Handelskaffee. Die eigentliche Frucht ist kirschenartig; den Kern bilden die Kaffeebohnen.

Die Länge der Kaffeebohne schwankt von 7—13 mm, die Breite von 8—10, die Dicke von 5—6 mm.

Die Gewinnung der Handelskaffees geschieht nach zwei Methoden, der westindischen bezw. nassen oder nach der gewöhnlichen bezw. trockenen Bereitung.

Bei der gewöhnlichen oder trockenen Bereitung wird die frisch geerntete Kaffeefrucht zunächst vollständig getrocknet und darauf das eingetrocknete Fruchtfleisch und die Pergamentschale entfernt. Bei der nassen Bereitung werden die frischen Früchte so schnell als möglich vom Fruchtfleisch entfernt, wobei sie einer oberflächlichen Gärung unterworfen, gewaschen und getrocknet werden. Endlich werden die Pergamenthülsen durch Schälen beseitigt.

Beide Methoden haben ihre Vorzüge und Nachteile, so daß schwer festzustellen ist, welches die bessere sei.

Kaffeesorten. Von den bei uns im Verkehr befindlichen Sorten sind von hauptsächlicher Bedeutung:

Mokkakaffee. Die Hauptsorte davon Shortberry genannt, besteht aus einer kleinen Bohne von grau-grünlicher Farbe.

Java- und Sumatrakaffee. Die Bohnen besitzen eine charakteristische gelblich-braune Farbe, welche für ihre Bewertung von bestimmendem Einfluß ist. Für andere Kaffeesorten wird deshalb ihre Farbe nachzuahmen gesucht. Sie zeichnen sich ferner durch eine besondere Größe der Bohnen aus, die, mit Ausnahme des liberischen Kaffees, von keiner anderen Sorte erreicht wird. Dabei ist die echte Javabohne im Durchschnitt nicht ganz so groß und nicht ganz so braun wie die echte Sumatrabohne. Da beide jedoch mit zunehmendem Alter dunkler werden, gleicht sich der Unterschied aus. Unmittelbar nach der Ernte ist der Javakaffee übrigens grünlich und bekommt sein gelbliches Braun erst während der Lagerung bezw. auf dem weiten Transport. Je dunkler, desto teurer ist er. Diesen gelben und braunen Sorten verdankt Java den Ruf, den besten Kaffee der Welt zu liefern. Den eigentümlichen, etwas dumpfen Geruch, welchen der Padangkaffee besitzt, empfängt er ebenfalls erst auf der Reise durch das sog. „Schwitzen", eine Fermentation, welche namentlich bei längerer Fahrt und feuchter Verladung entsteht, während die Schiffe noch der heißen Tropensonne ausgesetzt sind.

Ceylonkaffee. Im Handel wird der Plantagenkaffee von dem Native Ceylon, d. h. dem Kaffee, den die Eingeborenen erzeugt haben, streng getrennt. Die feinen Sorten werden in innen angekohlten Fässern und Kisten versandt, wodurch sie ebenso wie durch andere Manipulationen ihre eigentümliche Farbe erhalten. Durch Sieben wird er in 5 Sorten von verschiedener Korngröße zerlegt. Dabei wird die erste Sorte mit P. bezeichnet, gleich Perlbohne, dann folgen drei Sorten, die mit A., B. und

C. als große, mittlere und kleine Bohnen gelten und endlich die Sorte T. gleich Triagekaffee d. h. Bruchkaffee.

Ceylonkaffee ist im Naturzustand weiß bis bläulich gefärbt.

Brasilianischer Kaffee.

Der brasilianische Kaffee stellt das größte Quantum für den Welthandel. Nach den beiden Gegenden, welche hauptsächlich für den Kaffeebau in Betracht kommen, unterscheidet man Riokaffee und Santoskaffee. Die brasilianischen Kaffees sind in Farbe und Größe sehr verschieden. Die Bohnen sind meist hell- bis dunkelgrün gefärbt. Sie besitzen aber gelegentlich einen Stich ins Gelbe und heißen dann „Golden-Rio". Da der Handel auf diese Gelbfärbung hohen Wert legt, so werden diese Kaffees teurer bezahlt. Das ist auch die Ursache, weshalb andere Kaffees gelb gefärbt werden. Riokaffee ist im allgemeinen von scharfen, starken Geruch und Geschmack, die Bohnen meist mittelgroß.

Beim Santoskaffee wechselt die Größe der Bohnen. In guten Jahrgängen haben sie eine tiefgrüne bis blaßgraue Farbe. Die besseren Sorten werden meist als Campinaskaffee bezeichnet.

Im Handel befinden sich ferner
Mexikokaffee,
Domingokaffee,
Costaricakaffee,
Guatemalakaffee,
Venezuelakaffee,
Portoricokaffee,
Jamaikakaffee; sie sind aber nur von geringer Bedeutung.

Rohkaffee. Der Kaffee unterliegt vielfachen Behandlungen, die zum Teil darauf hinauslaufen, bessere Sorten vorzutäuschen. Das geschieht besonders durch das Schönen und Appretieren.

Das Schönen wird in der Weise ausgeführt, daß die Kaffees mit gelben Oker oder anderen Farbstoffen bestreut werden, um eine gelbe bis bräunliche Farbe zu erreichen, oder auch, indem man sie mit Lindenkohle und Indigo grünlich macht.

Die Appretur bezweckt, aus kleinen Bohnen größerscheinende zu erzeugen, indem man den Kaffee in Wasserdampf aufquellen läßt oder einfach mit Wasser benetzt und nachher ganz schwach anröstet.

Durch dic Vereinigung dieser beiden Manipulationen entsteht die sogenannte „künstliche Fermentation". Der sogenannte

„Fabrikmenado" war eine Zeitlang sehr im Schwunge, ein durch diese „künstliche Fermentation" erzeugtes Produkt. Menados sind nämlich sehr geschätzte großbohnige Sorten der Insel Celebes, der durch langes Lager seine gelb-braune Farbe erhält.

Das Aufquellen und Färben kleinbohniger Sorten war daher eine ganz gewöhnliche Täuschung.

Das Waschen des Rohkaffees ist eine reelle und zweckmäßige Maßregel, wenn es unmittelbar vor dem Rösten ausgeführt wird. Dem Kaffee, wie er eingeerntet ist, haften zahlreiche erdige und steinige Verunreinigungen an, die beim Rösten sehr ungünstig wirken können. Ihre Entfernung durch Waschen ist darum eine Verbesserung. Folgt unmittelbar das Rösten auf den Waschprozeß, so wird das verbliebene Waschwasser mit dem natürlichen Wassergehalt gemeinsam ausgetrieben. Andernfalles muß aber ein sorgfältiger Trockenprozeß folgen, da sonst die Bohnen verschimmeln würden. Da auch „Quellen" (Appretur) eintritt, so ist es klar, daß das Appretieren sich leicht hinter einem Waschprozeß verstecken kann.

Schlechte Bohnen, Steine und andere Fremdkörper, sogenannter Einwurf, finden sich stets in Rohkaffees, in geringen Sorten aber erheblich mehr als in guten. Vor dem Ausstoß der Kaffees an die Konsumenten soll der „Einwurf" durch Verlesen möglichst entfernt werden.

Das Glätten oder Polieren der Rohkaffees ist auf Entfernung der Samenhäutchen gerichtet und soll den Kaffee ansehnlicher machen. Soweit es durch lediglich mechanische Hilfsmittel ausgeführt wird, ist gegen das Verfahren nichts zu erinnern. Zuhilfenahme von fremden Stoffen, insbesondere von Sägemehl ist dagegen unstatthaft. Das Sägemehl wird dabei nicht vollständig wieder entfernt und verschlechtert den Geschmack beim Rösten des Kaffees. Es wird aber auch der Anschein besserer Beschaffenheit vorgetäuscht, da die in der Samenfalte, der sogenannten Naht, haftenbleibenden Reste den „weißen Schnitt" vortäuschen, den die Kaffeehändler als Kennzeichen einer guten Ware ansehen.

Behandlung mit Talkum ist ebenso zu beurteilen.

Röstkaffee. Das Rösten des Kaffees, durch welches er erst in eine gebrauchsfertige Ware verwandelt wird, ist ein Aufschließungsprozeß. Diese Aufschließung erfolgt nach zwei Richtungen:

1. Das Gefüge der außerordentlich zähen, hornigen und schwer

zerkleinerbaren Kaffeebohnen wird in hohem Maße gelockert, so daß die Zerkleinerung nunmehr mit Leichtigkeit sich ausführen läßt.

2. Es finden tief eingreifende Änderungen in der Zusammensetzung statt. Der Kaffee wird tief-braun, die Bohnen quellen auf und entwickeln das charakteristische Aroma.

Die Ausführung geschieht in der Weise, daß die Bohnen auf eine Temperatur von 180—200° gebracht werden. Sie werden dabei beständig bewegt, so daß immer neue Bohnen an die Heizquelle gelangen. Sie nehmen alsbald eine dunklere Farbe an, die sich bis zu einem kräftigen Braun vertieft. Dabei verlieren die Bohnen gegen 18—22% an Gewicht. Nachdem der richtige Röstgrad erreicht ist, was nur mit Hilfe praktischer Erfahrungen erkannt werden kann, werden die Bohnen möglichst schnell abgekühlt, da sie sonst infolge der in ihnen noch befindlichen großen Hitze weiter brennen und vollständig überröstet werden könnten.

Die Wertschätzung der gebrannten oder Röstkaffees hängt im wesentlichen von ihrem Aroma ab. Da dieses Aroma jedoch nur eine sehr beschränkte Haltbarkeit besitzt, so muß für eine angemessene Aufbewahrung Sorge getragen werden, indem der Kaffee in möglichst dicht verschlossenen Gefäßen zu lagern ist.

Eine Anzahl von Fabrikationsverfahren für Röstkaffees tragen der leichten Zerstörbarkeit des Aromas Rechnung und bezwecken durch Überziehen der einzelnen Kaffeebohnen mit geeigneten Stoffen eine schnelle Zersetzung des Aromas zu verhüten. Sofern diese Verfahren an guten Kaffees in sachgemäßer Weise ausgeführt werden, ist gegen ihre Anwendung nichts einzuwenden. Es läßt sich jedoch nicht verkennen, daß sie bei mißbräuchlicher Anwendung dazu dienen können, schlechte Kaffees mit dem Anschein besserer Beschaffenheit zu versehen.

Von Bedeutung sind folgende zwei Verfahren:

Überziehen mit Zucker. Es wird in der Weise ausgeführt, daß am Ende des Röstprozesses die erforderliche Quantität gemahlenen Zuckers über die Bohnen geschüttet wird, der Zucker schmilzt dabei und überzieht jede Bohne mit einer gleichmäßigen dünnen Zuckerschicht. Ein geringer Teil des Zuckers wird dabei in Caramel übergeführt.

Das Überziehen mit Harzen wird in der Weise vollzogen, daß der bereits aus dem Röstapparat entfernte Kaffee mit gepulverten Schellack bestreut und gut durchgemischt wird. Der

Schellack schmilzt auf den heißen Bohnen und bildet ein glänzendes, in Wasser gänzlich unlösliches Häutchen auf ihnen.

An Stelle des reinen Rübenzuckers werden auch andere Zuckerarten, sowie Eiweiß und Gelatinelösungen gebraucht, statt des Schellacks andere, billigere Harze.

Alle diese Methoden sind deklarationspflichtig, da als Röstkaffee, gebrannter Kaffee schlechthin nur die ohne jeglichen Zusatz hergestellten Kaffeesorten gelten können. Der „gezuckerte", „kandierte", „karamelisierte" Kaffee soll mit reinem Rübenzucker hergestellt sein. Bei anderweitigen Überzügen soll die besondere Art („mit Stärkezucker kandiert") näher angegeben sein. Harze, die wasserlösliche Anteile enthalten, also zum Teil mit in den Aufguß gehen oder den Geschmack verschlechtern, sollen ganz ausgeschlossen sein. „Glasierter Kaffee" ohne weitere Angabe soll nur für mit reinem Schellack überzogenen Kaffee gelten.

Überziehen mit Fetten, Glyzerin und dgl. erscheint stets als Verschlechterung und ist daher zu verwerfen.

Ein 4 % übersteigender Zusatz von Zucker ist als Beschwerung anzusehen, wenn nicht auch die Menge deklariert ist.

Verfälschungen und dgl. 1. Rohkaffees bilden fast nur noch einen Gegenstand des Großhandels und sind insbesondere keine ohne tiefgreifende Veränderung (Röstung) brauchbaren Rohstoffe. Ästhetische Gesichtspunkte für ihre äußerliche Aufschönung fehlen daher vollständig. Alle Färbeprozesse und dgl. an ihnen sind darum unzulässig. 2. Havarierter (marinierter) Kaffee ist solcher, der durch Seewasser oder süßes Wasser, meist auf dem Transport beschädigt wurde. Es findet dadurch eine mehr oder minder erhebliche Auslaugung statt, die zur Folge hat, daß solche Kaffees beim Rösten entweder gar kein Aroma oder ein entsprechend vermindertes geben. Hochgradig havarierte Kaffees sind als verdorben, andere wenigstens als minderwertig anzusehen. Havarierter Kaffee ist stets zu deklarieren. 3. Polieren der Rohkaffees mit Zusatzstoffen (Talkum, Sägemehl) ist unzulässig. 4. Künstlich gequollene Rohkaffees sind unzulässig. 5. Röstkaffees sollen keine Zusätze von Farbstoffen erhalten. Nicht betroffen wird hierdurch die geringe Karamelisierung des etwa als Überzug vorhandenen Zuckers. 6. Mit Überzug versehene Kaffees müssen entsprechende Bezeichnungen tragen. „Glasiert" ist der Ausdruck für den mit reinem Schellack überzogenen Kaffee,

„kandiert“, „karamelisiert“, „gezuckert“ für mit reinem Rübenzucker überzogene. Andere Überzüge sind näher anzugeben. Der Zucker soll nicht über 4 % betragen. 7. Ölen, Zusätze von Glyzerin, Gerbsäurelösungen und dgl. sind unzulässig. 8. Kaffeeersatzstoffe dürfen zu Röstkaffees nicht zugesetzt werden, auch nicht bei Angabe. Dagegen können Kaffeesurrogate Zusätze von echtem Kaffee zur Verbesserung erhalten. Aus Gemischen entstehen aber stets nur Surrogate. 9. Ausgezogene Bohnen oder Fragmente derselben sollen zu Röstkaffee niemals zugesetzt werden. 10. Verschimmelte Kaffees sind verdorben. 11. Wegen künstlicher Kaffeebohnen vgl. die gesetzlichen Bestimmungen. 12. Zusatz bezw. Verwendung von Alkalien bei der Herstellung von Röstkaffee erscheint unzulässig, da eine größere Ergiebigkeit der betr. Kaffees dadurch vorgetäuscht werden soll. Wer sich selbst eine Spur Natron oder dgl. bei der Bereitung des Kaffeeaufgusses zusetzt, weiß was er tut und kennt die Wirkung.

Gesetzliche Bestimmungen.

Verordnung, betr. das Verbot von Maschinen zur Herstellung künstlicher Kaffeebohnen vom 1. Februar 1891. (R.G.Bl. 1891 S. 11.)

„Das gewerbsmäßige Herstellen, Verkaufen und Feilhalten von Maschinen, welche zur Herstellung künstlicher Kaffeebohnen dienen, ist verboten.“

Veranlassung zu dieser Verordnung gaben im Handel befindliche Kunstprodukte, besonders „Gassens Kunstkaffee“. Mit diesem beschäftigten sich noch Ministerialerlasse in Preußen die vom 14. Juni 1889 und vom 3. Januar 1890.

Reichsgericht. 1) Vom 5. Februar 1894. Vgl. S. 125.

Betrifft gequollene Kaffeebohnen.

2) Vom 4. März 1895. (Veröffentl. d. K.G.A. Beil. IV, 102.) Vgl. S. 156.

3) Vom 11. Februar 1895. Vgl. S. 155.

58. Kapitel.

Kaffeeersatzstoffe.

Allgemeines. Daß keineswegs der Coffeeingehalt im Kaffee allein das ausschlaggebende sei, wie man vielfach hören kann, wird zur Evidenz damit bewiesen, daß die Herstellung der Kaffeeersatzstoffe sich zu einer großen Industrie ausgewachsen hat und daß ihre Produkte keineswegs mehr ausschließlich zum Ziel haben, eine Verlängerung des Kaffeeaufgusses zu erleichtern, sondern zu nicht unerheblichem Teile zur Herstellung selbständiger Getränke dienen. Die Kaffeeersatzmittel haben deshalb auch längst aufgehört etwa als Verfälschungsmittel für Kaffee zu gelten, sondern eine ähnliche Stellung errungen, wie die Margarine gegenüber der Butter. Sie sind durchaus legale Produkte. Ihre Wertschätzung hängt allerdings noch immer von dem Grade ihrer Kaffeeähnlichkeit ab. Sie stimmen aber mit dem Kaffee meistens nur in der Richtung überein, daß sie einen ebenso gefärbten Aufguß geben, ähnliche Bitterstoffe und ähnliche Zersetzungsstoffe der Kohlehydrate enthalten.

Es ist eine außerordentlich große Zahl von Rohstoffen, die in der Kaffeesurrogatfabrikation Verwendung findet. Im allgemeinen sind zuckerreiche Rohmaterialien bevorzugt, doch gibt es auch Kaffeesurrogate aus stärkehaltigen Rohprodukten. Sie lassen sich nach den „Vereinbarungen" in folgende 6 Gruppen teilen:

1. Zubereitungen nur aus gebranntem Zucker.
2. Zubereitungen aus zuckerhaltigen Wurzeln und Rüben (Zichorien, Zuckerrüben und sonstige Rübenarten, Löwenzahn).
3. Zubereitungen aus zuckerreichen Früchten (Feigen, Datteln, Johannisbrot).
4. Zubereitungen aus mehlhaltigen Früchten (Roggen, Gerste oder Malz, Leguminosen, Eicheln).
5. Zubereitungen aus fettreichen Rohstoffen (Erdnuß, Dattelkerne).
6. Mischungen verschiedener Kaffeeersatzstoffe.

In nahrungsmittelrechtlicher Beziehung kommen für die Beurteilung der Kaffeeersatzstoffe nur wenige Punkte in Betracht.

Es ist zu verlangen, daß keine gesundheitsschädlichen Rohmaterialien verwendet werden. Das kann nicht nur in der Weise geschehen, daß Getreide mit giftigen Unkräutern zu Getreide- oder Malzkaffee verarbeitet wird, sondern auch dadurch, daß verdorbene Rohmaterialien Verwendung finden. Verschimmelte Rohstoffe sollen von der Verwendung ausgeschlossen sein.

Verfälschungen. 1. Die Kaffeesurrogate sollen bezüglich ihrer Zusammensetzung den ihnen beigelegten Bezeichnungen entsprechen. In erster Linie kommen gelegentlich Kollisionen mit dem Gesetz dadurch zustande, daß Surrogate als „Kaffee" bezeichnet werden in Verbindung mit Worten, welche nicht auf den Ursprung des Surrogats hindeuten. Feigenkaffee, Dattelkaffee, Eichelkaffee, Malzkaffee usw. lassen bei dem Käufer keinerlei Zweifel aufkommen, welcher Art das von ihm erworbene Genußmittel sei. Dagegen gibt es eine Anzahl von Erzeugnissen, welche in anderer Weise benannt werden. Es sollen an dieser Stelle keine bestimmten Fabrikate namhaft gemacht werden, welche nach diesseitiger Auffassung den beigelegten Namen zu Unrecht führen. Jedenfalls können diejenigen Surrogate, welche sich als „Kaffee" in Verbindung mit dem Namen des Erfinders, Fabrikanten oder sonst jemandes bezeichnen, leicht zu Täuschungen Anlaß geben. Sollte also jemand sein Fabrikat etwa „Gambrinuskaffee" nennen, so würde er zweifellos Gefahr laufen, wegen Nachmachung echten Kaffees bestraft zu werden, wenn er nicht in deutlicher Weise hinzusetzt „Kaffeeersatz" oder „Kaffeezusatz".

2. Beschwerungen von Kaffeeersatzstoffen durch Sand, ausgezogene Kaffeereste oder ähnliche wertlose Stoffe sind als unzulässig zu erachten, auch wenn der Name des Kaffeeersatzstoffes nicht eine bestimmte Herkunft andeutet.

3. Diejenigen Ersatzstoffe, welche nach ihrem Namen aus einer bestimmten Frucht erzeugt wurden, haben dieser Bezeichnung insofern zu entsprechen, als die Bestandteile der bezeichneten Frucht unter Berücksichtigung des Röstprozesses in ihnen erwartet werden müssen.

4. Von anderen Zusätzen gelten allgemein für zulässig Pflanzenöle, gerbsäurehaltige Pflanzenstoffe oder Auszüge aus ihnen, Kochsalz und Alkalikarbonate in kleinen Mengen. Zusätze von Mineralölen und Glyzerin gelten jedoch als unzulässig.

5. Bezüglich Malzkaffe bleibt noch zu bemerken, daß diese Bezeichnung nur für aus gemälztem Getreide hergestellte

Erzeugnisse gelten kann. Hat eine Mälzung nicht stattgefunden, so muß der Name des Getreides selbst in die Bezeichnung aufgenommen werden (Roggenkaffee, Gerstenkaffe usw.). Bei Kaffeesurrogaten aus Malz, Getreide, Hülsenfrüchten, sowie überhaupt aus ganzen Körnern bestehenden ist vielfach ein Überziehen derselben mit Zucker gebräuchlich und auch zulässig.

7. Die Verbesserung von Kaffeesurrogaten durch Zusatz echten Kaffees ist zulässig, doch sind, wie bereits im vorangehendem Kapitel angeführt, solche Mischungen niemals Kaffee, sondern stets Kaffeesurrogate.

Besondere **gesetzliche Bestimmungen** sind nicht vorhanden.

---

59. Kapitel.

Tee.

Allgemeines. Unter Tee im gewöhnlichen Sinne des Wortes versteht man die getrockneten, zusammengerollten Blattknospen und Blätter des Teestrauches. Der bei uns verwendete Tee stammt meist aus China oder Ceylon, ein kleinerer Teil aus Indien oder Java. Da die Güte der Teesorten von dem Alter der Blätter abhängig ist, und nur die Blattknospen und die 4 ersten Blätter gesammelt werden, so rangieren die Qualitäten in der Art, daß die Blattknospen mit höchstens dem ersten Blatt als die feinsten, vereinzelte Blattknospen mit dem 1—3 Blatt als die mittleren Sorten, die aus dem 2—4 Blatt meist ohne Knospen bestehenden als die geringsten angesehen werden.

Je nach der Behandlung der Blätter dieser Sorten unterscheidet man grünen und schwarzen Tee, auch noch einige andere Arten, die jedoch bei uns nicht im Handel sind.

Der grüne Tee wird in der Weise gewonnen, daß die Blätter sofort nach dem Pflücken und Welken, das oft durch

Dämpfen erfolgt, gerollt, in der Sonne getrocknet und dann in Pfannen über Feuer schwach geröstet werden.

Der schwarze Tee wird nicht überall gleichmäßig hergestellt. Man überläßt die Blätter meist 1—2 Tage nach dem Pflücken sich selbst. Hierbei welken sie und können ebenfalls gerollt werden. Die noch feuchten gerollten Blätter werden darauf in 2 Zoll dicker Schicht aufgehäuft. Es tritt alsdann eine eigentümliche Gärung ein, welche je nach der Temperatur 1—3 Stunden dauert. Hierbei verwandeln die rohen Teeblätter sich in den schwarzen Tee, der nur noch in der Sonne getrocknet zu werden braucht, um in den Handel gelangen zu können.

Vom schwarzen Tee werden bei uns meist unterschieden Pecco, Souchong und Congo.

Der Peccotee besteht hauptsächlich aus den jüngsten Blattknospen mit 1—2 ziemlich ausgebreiteten jüngeren, noch nicht entfalteten Blättern, die auf der Oberfläche braunschwarz, auf der unteren Fläche silberhaarig sind. Die Blätter sind 4 cm lang und 1 cm breit.

Der Souchongtee besteht aus ausgewachsenen 5 cm langen und 2 cm breiten Blättern, denen die Blattspitze meist fehlt.

Der Congotee besteht aus 3—8 cm langen und 12—22 mm breiten braun bis rotbraun gefärbten Blättern, die auch oft Bruchstücke enthalten.

Verfälschungen und dgl.

1. Das Untermischen ausgezogener Teeblätter ist eine der gewöhnlichsten Verfälschungen, ebenso die Zumischung geringerer Sorten zu teueren.

2. Es werden sehr oft Blätter von Pflanzen, die mit chinesischem Tee gar nichts zu tun haben und höchstens als Teeersatzstoffe zu bezeichnen wären, zugemengt; das ist selbstverständlich nicht zulässig.

3. Das Färben von Tee ist sehr im Gebrauch, aber als ausschließlich Täuschungszwecken dienend zu verwerfen, auch bei Deklaration. Sehr oft werden sogar Farbstoffe verwendet, die nicht einmal den Anforderungen des Gesetzes vom 5. Juli 1887 entsprechen.

4. Teegrus oder Grustee sind die kleinen Fragmente der Teeblätter, welche sich stets auf dem Transport durch Zerbröckeln bilden. Sie bestehen aus derselben Masse wie die größeren

Blattstücke und sind deshalb weder als eine Verfälschung noch als eine Verschlechterung nach irgend einer Richtung hin aufzufassen. Da jedoch grusfreie Teesorten vorgezogen werden, so ist es üblich, den Tee zu sieben und den Grus gesondert zu verkaufen. Mit Rücksicht auf das geringe äußere Ansehen steht er billiger im Preise. Da das Abbröckeln von Grus aber niemals aufhört, so sind absolut grusfreie Tees im Handel nicht zu erwarten.

Gesetzliche Bestimmungen über Tee sind nicht vorhanden.

60. Kapitel.

Kakao und Kakaowaren.

Kakao. Die Kakaobohnen sind die Samen der gurkenähnlichen Früchte des Kakaobaumes. Die Früchte werden vom Baume genommen, aufgeschnitten, die herausgenommenen Kakaobohnen vom anhaftenden Fruchtmus befreit und dann nach zwei verschiedenen Verfahren weiter behandelt.

Bei der einen Methode werden die Bohnen direkt an der Sonne getrocknet und man erhält den sog. Sonnenkakao. Nach der anderen legt man die Kakaobohnen 5 Tage lang in die Erde, wo sie eine Art Gärung durchmachen und trocknet sie alsdann an der Sonne oder an einem kleinen Feuer. Da dieser Gärungsprozeß auch Rotten genannt wird, so heißt solcher Kakao auch gerotteter Kakao. Die gerotteten Bohnen werden leicht daran erkannt, daß sie noch kleine erdige Reste tragen. Sie zeichnen sich vor dem Sonnenkakao durch einen milden, ölig-süßen Geschmack aus. Da die gerotteten Kakaobohnen ihre Keimfähigkeit eingebüßt haben, so ergibt sich, daß dieser Prozeß ein ziemlich eingreifender sein muß. Näheres darüber ist jedoch noch nicht bekannt.

Vor ihrer weiteren Verarbeitung werden die Kakaobohnen noch einem Reinigungsprozeß durch Sieben unterworfen, wodurch allerhand kleinere Verunreinigungen entfernt werden, während man die größeren durch direkte Auslese heraussucht.

Die gereinigten Bohnen werden geröstet. Man bedient sich dazu derselben Apparate, die auch zum Rösten des Kaffes dienen. Es werden aber weniger hohe Temperaturen angewendet, nämlich nur etwa 130--140°. Das Rösten bezweckt, das Aroma der Kakaobohnen zu entwickeln, das in ihnen enthaltene Stärkemehl aufzuschließen und gewisse herbschmeckende Stoffe zu verändern, so daß der Geschmack ein besserer wird, nicht zum wenigsten aber auch eine gewisse Sprödigkeit zu erzielen, welche einerseits eine leichtere Entfernung der Schalen zuläßt und andererseits, gerade wie beim Kaffee, die Bohnen in eine leicht zermahlbare Substanz umwandelt.

Die nur noch von den Schalen durch Putzen befreiten Bohnen werden bei einer Temperatur von 70—80° zu einer gleichförmigen Masse zermalmt, die den Namen Kakaomasse führt und das Ausgangsmaterial für den Kakao und sämtliche Kakaowaren bildet. Sie erstarrt beim Erkalten zu einer braunen schokoladenartigen Masse.

Die **Kakaomasse** ist also ein durch Zerreiben gerösteter und enthülster Kakaobohnen erhaltenes Erzeugnis. Da sie etwa zur Hälfte aus Fett besteht, der sog. Kakaobutter, so pflegt man sie zu entfetten, da so stark fetthaltige Kakaos nicht beliebt sind. Das geschieht meist in der Weise, daß die erwärmte, in Beuteln befindliche Masse einem starken Druck ausgesetzt wird. Die nach dem Abpressen des Fettes hinterbleibende Masse mit einem Fettgehalt von 13—38% kommt gemahlen unter dem Namen entfetteter Kakao in den Handel.

Die **Qualität des Kakaos** hängt sowohl von dem verwendeten Rohmaterial ab, wie von der ganzen Behandlung, vorzugsweise der Röstung. Bei dieser werden meist noch Zusätze von kohlensaurem Natrium (Soda), kohlensaurem Kalium (Pottasche) oder kohlensaurem Ammonick (Hirschhornsalz) gemacht. Es werden aber auch noch andere kohlensaure Verbindungen benutzt. Dieses sog. holländische Verfahren soll eine bessere Aufschließung herbeiführen. Der so behandelte Kakao wird als „löslicher Kakao" bezeichnet, wodurch jedoch keineswegs angedeutet werden soll, daß er in Wasser löslich sei. Es soll nur zum Ausdruck gebracht werden, daß der Kakao eine bessere Verteilbarkeit erlangt habe und deshalb ein gleichmäßigeres Getränk ergibt, das nicht so schnell absetzt. Da fast aller Kakao jetzt auf diese Weise hergestellt wird, so sind die Bezeichnungen löslicher Kakao, entölter Kakao, aufgeschlossener Kakao oder Kakaopulver schlechthin als gleichbedeutend aufzufassen.

Kakaowaren. Die wichtigste Kakaoware ist die **Schokolade.** Sie besteht aus Kakaomasse und Zucker. Nach den Ausführungsbestimmungen zum Gesetz betreffend die Vergütung des Kakaozolls wird Schokolade aufgefaßt als eine Mischung von Kakaomasse und Zucker (Rüben- oder Rohrzucker) mit einem Gehalt von mindestens 40 % Kakaomasse. Es ist jedoch allgemein üblich der Schokolade noch Gewürze zuzugeben.

Allerdings geschieht die Würzung der Schokolade in der Regel nicht in der Weise, wie meist angegeben durch direkte Zumischung, sondern etwas anders. Die Fabrikanten lagern nämlich die gepulverte Kakaomasse neben den erforderlichen Gewürzen in dem gleichen geschlossenen Raum und lassen sie so lange zusammen lagern, bis die Schokolade genügend aromatische Stoffe aus der gemeinsamen Atmosphäre aufgenommen hat. Bei direkter Würzung soll der Zusatz 2 % nicht übersteigen. Zusammengesetzte Schokoladen, welche eine den gemachten Zusätzen entsprechende Bezeichnung tragen, sollen von diesen Stoffen nicht mehr als 5 % enthalten, sofern nicht auch auf die Menge bezügliche nähere Angaben gemacht sind.

Milchschokolade, Haselnußschokolade, Mandelschokolade sollen diesen Grundsätzen entsprechend hergestellt sein.

Als **Couverturen** oder Überzugsmassen werden oft solche Schokoladenmassen mit Zusätzen verwendet. Zucker und Fett zusammen sollen jedoch in Schokolade ebenso wie in Couverturen nicht mehr als 85 % betragen.

Verfälschungen und dgl.

1. Der Fettgehalt der sog. entölten Kakaos kann in bestimmter Höhe nicht vorgeschrieben werden. Da jedoch Kakao als Nahrungsmittel ausschließlich eine Fettnahrung ist, so muß ein Gehalt von 20—25 % in ihm als normal angesehen und gefordert werden. Kakao, dessen Fettgehalt nur 15 % und darunter beträgt, rückt damit in die Kategorie der Genußmittel ohne nennenswerten Nährwert über und sollte als „fettarmer Kakao" bezeichnet werden. Im übrigen mag solcher fettarmer Kakao für bestimmte Konsumenten angenehmer als fettreicher sein.

2. Die Beimengung von Schalen zu Kakaopulver oder Kakaowaren ist eine Verfälschung.

3. Ein Zusatz fremder Fette muß als unzulässig angesehen werden. Dabei ist jedoch nicht zu übersehen, daß kleine Mengen fremder Fette in denjenigen Kakaowaren nicht zu ver-

meiden sind, welche mit Zusatz ölreichen Samen (Mandeln, Nüssen usw.) hergestellt und entsprechend bezeichnet sind.

4. Schokoladen sollen einen Zusatz von Mehl oder Stärke nicht enthalten, es sei denn, daß er nach Art und Menge deklariert ist.

5. Als Suppenpulver versteht man Mischungen von Mehl mit mehr oder weniger Kakao, bei denen der Mehlgehalt zu den normalen Bestandteilen gehört.

6. Zusätze von Farbstoffen mit Ausnahme der zur Bemalung von Kakaowaren gebrauchten sind unzulässig, auch in Suppenpulvern.

7. Zusatz von Dextrin, Gelatine und dergleichen ist als auf Täuschung berechnet unzulässig; er soll einen größeren Fettgehalt vorspiegeln.

8. Medizinische Kakaos oder diätetische können in weiteren Grenzen abweichen, doch soll ihre Zusammensetzung aus der Benennung sich ersehen lassen. Die Ausführungsbestimmungen zum Kakaogesetz, vgl. Beiheft Seite 183, verlangen von Haferkakao, das er mindestens $33^1/_3\,^0/_0$ Kakao enthalte. Vgl. auch das Kammergerichtserkenntnis betr. Hämatogennährkakao S. 126.

Gesetzliche Bestimmungen finden sich in den Ausführungsbestimmungen zum Kakaogesetz, Zentralblatt f. d. Deutsche Reich 1903 S. 429, mitgeteilt im Beiheft S. 183 ff. Ebendort sind auch die amtlich vorgeschriebenen Untersuchungsverfahren zur Untersuchung von Kakaowaren gegeben.

Reichsgericht. Vom 27. April 1894. (Veröffentl. d. K.G.A. Beil. IV, 108.)

Mit Recht geht das angefochtene Urteil davon aus, daß in erster Linie die normale Beschaffenheit des Produktes dafür entscheidend sei, ob ein Nahrungsmittel als echt oder als verfälscht zu gelten habe. Es stellt fest, daß Schokolade — wie am anderen Orte gesagt wird: Schokolade, insbesondere garantiert reine Schokolade — nach den Gutachten der Sachverständigen wie der allgemeinen Verkehrsauffassung nur aus Kakao, Zucker und eventuell einem Gewürzzusatze bestehe, und nimmt auf dieser Grundlage an, die Verwendung von Kokosbutter zu der in Rede stehenden Tafelschokolade bedeute eine wesentliche Verschlechterung derselben durch Zusatz eines fremden, minderwertigen Stoffes, der leicht ranzig werde und ebenso die Aufbewahrungsfähigkeit wie die Verdaulichkeit der Schokolade beeinträchtige, stelle sich also als Verfälschung dar.

Verneint wird aber, daß die Verwendung von Kokosbutter bei der Herstellung sogenannter Couverturen auf Konfekt und Bonbons als Verfälschung strafbar sei, mit der Begründung:

Es fehle jeder Nachweis, daß diese Couverturen nach Form und Stoff oder nach Form oder Stoff den Schein erweckt hätten oder erwecken sollten, daß sie ein anderes als das wirkliche Wesen hatten, daß sie ihrer normalen Beschaffenheit nicht entsprochen und B. unter Verschweigung irgend eines wesentlichen Umstandes Waren mit den fraglichen Couverturen verkauft, bezw. unter einer zur Täuschung geeigneten Bezeichnung feilgehalten habe. Von einer allgemeinen Verkehrsauffassung bezüglich der normalen Beschaffenheit solcher Kouvertüren könne nicht die Rede sein. Wenn auch auf dem Verbandstage der Schokoladenfabrikanten zu Frankfurt a. M. im September 1893 beschlossen worden sei, daß es als verwerflich anzusehen wäre, wenn zu „Schokoladencouverturen" nicht reine Schokolade verwendet würde, so geschehe doch, wie schon aus diesem Beschlusse zu entnehmen, vielfach das Gegenteil; ein Sachverständiger bekunde, „die Couverturen brauchten nicht aus Schokolade zu bestehen, insbesondern nicht aus reiner Schokolade; die Mischung derselben richte sich nach der Ware im Ganzen; bei billigem Konfekt würden nur billig hergestellte Couverturen verwendet". Die Erwartung des Publikums gehe nicht dahin, daß es immer dann, wenn die fragliche Masse der Schokolade ähnlich sei, reine Schokolade erhalte.

Diese Begründung erscheint in verschiedenen Beziehungen nicht als stichhaltig.

Die Anklage betrifft Verfälschung, nicht Nachahmung. Dabei würdigt die Vorinstanz nicht genügend, daß es sich doch allenthalben um die Herstellung nicht von Couverturen irgend welcher Art und Beschaffenheit, sondern um die Herstellung von Schokoladen-Couverturen handelte. Hierunter können doch nur Couverturen verstanden werden, welche aus Schokolade bestehen; daß der Begriff technisch anders aufzufassen sei, ist nicht festgestellt. Dann muß aber eine Verfälschung der Schokoladen-Couverture angenommen werden, wenn die dazu genommene Schokolade verfälscht war. Und wurden die mit solcher versehenen Waren als mit Schokoladen-Couverture versehenes Konfekt 2c. verkauft, ohne daß den Käufern Mitteilung von einer vorgekommenen Verfälschung der Schokolade in den Couverturen gemacht wurde, so wurden Genußmittel, welche verfälscht waren, unter Verschweigung dieses Umstandes verkauft; es lag also eine nach Ziffer 2 des § 10 strafbare Handlung vor.

---

61. Kapitel.

Obst und Obstdauerwaren.

Allgemeines. Unter Obst versteht man teils frisch, teils konserviert zur Verwendung gelangende Früchte oder Samen, die durch ihren Gehalt an Zucker, Säuren und anderen Stoffen ausgezeichnet sind, und meist einen nennenswerten Wassergehalt aufweisen, der ihnen eine gewisse Saftigkeit verleiht. Die Obst- und Beerenfrüchte entstammen Sträuchern oder Bäumen, die meist das Produkt einer mehr als 1000 jährigen Kultur sind. Man unterscheidet:

1. Steinobst, wenn die Frucht eine Steinfrucht ist: Kirschen, Pflaumen, Aprikosen, Pfirsiche, Datteln.

2. Kernobst, wenn die Frucht eine Scheinfrucht bildet, mit 5 teiligem in der Reife vertrocknendem Kelch, in dessen Innern die Samen in einer pergamentartigen Hülle in 5 Fächern liegen: Äpfel, Birnen, Quitten, Mispeln.

3. Beerenfrüchte oder Beerenobst, wenn die eigentliche Beere fleischig, breiig und saftig ist: Weintrauben, Johannisbeeren, Stachelbeeren, Himbeeren, Maulbeeren, Brombeeren, Erdbeeren usw.

4. Schalenobst, wenn der Same in eine äußere dicke ungenießbare Schale eingeschlossen ist: Walnüsse, Haselnüsse, Mandeln.

A. Rohes Obst.

Tafelobst. Da für das zu direktem Verzehr auf den Markt gelangende Obst eine weitere Zubereitung nicht vorgesehen ist, soll es vollständig reif sein, frei von Schmutzteilen, insbesondere Staub, Erde, Sand und weder faul noch schimmlig, noch sonst in Zersetzung begriffen sein oder äußerlich verletzte Exemplare enthalten. Andere Eingriffe als mechanische Säuberungsprozesse sind unzulässig.

Kochobst. Nicht zu unmittelbaren Verzehr bestimmtes Obst kann auch in einem anderen, als reifen Zustand Gegenstand des Handels werden. Solches Obst ist jedoch in unzweideutiger Weise als unreif oder Kochobst oder Einmachware oder sonst entsprechend zu bezeichnen.

Obst, welches durch Anstoßen, geringe Grade von Fäulnis, Madigkeit zu einem unerheblichen Bruchteil unbenutzbar geworden ist, braucht noch nicht als verdorben angesehen zu werden, wenn diese Fehler sich in engen Grenzen bewegen und die gesund gebliebenen Anteile dadurch nicht beeinflußt worden sind. Solches Obst ist jedoch entsprechend zu bezeichnen.

Die frischen Obstsorten pflegen nur in Bezug auf ihre Reife bezw. die Erhaltung ihres guten Zustandes Gegenstand von

Nahrungsmittelprozessen zu sein und bedürfen deshalb einer weiteren Erörterung an dieser Stelle nicht.

B. Obstdauerwaren.

Im Gegensatz zum rohen Obst geben die Dauerwaren desto häufiger Anlaß zu Rechtsstreitigkeiten. Bevor in eine Besprechung einzelner Formen eingetreten wird, soll darumzunächst eine Begriffserklärung für die verschiedenen Dauerformen gegeben werden.

Definitionen. 1. Saft ist nichts weiter, als die meist durch Pressen abgesonderte natürliche Lösung, welche sich im Tier- oder Pflanzenkörper als Bestandteil des Körpergewebes vorfindet. Je nach der Herkunft wird der Saft als Obstsaft, Fruchtsaft, Fleischsaft usw. bezeichnet.

2. Most. Most heißt der abgepreßte Saft im besonderen bei zuckerreichen Früchten, wenn er bestimmt ist, durch Vergärung seines Zuckergehalts ein alkoholisches Getränk zu liefern. Der im Beginn der Vergärung begriffene Saft pflegt gleichfalls noch als „Most“ bezeichnet zu werden. Doch führt er, besonders beim Wein, dann meist besondere Namen: Federweiß, Sauser usw.

3. Vergorener Saft, ist Saft, welcher entweder aus vergorenen Früchten hergestellt oder durch Vergärung von „Saft“ entstanden ist. Vergorener Saft, dessen Alkoholgehalt beträchtlich geworden ist, heißt je nach der Art des verwendeten Rohmaterials Wein oder Fruchtwein.

4. Eingedickter Saft ist Saft, welcher derartig konzentriert wurde, daß (außer dem Wasser) nichts aus dem Saft entfernt, nichts hinzugesetzt und nichts chemisch verändert wurde. Die aus verschiedenen Obstsorten hergestellten bis zur Mußkonsistenz eingedickten Fruchtsäfte heißen auch Kraut oder Obstkraut.

5. Verdünnter Saft ist mit Hilfe von Wasser oder einer näher anzugebenden anderen Flüssigkeit gestreckter Saft.

6. Nachpresse heißt der mit Hilfe von Wasser aus den noch safthaltigen Trestern ausgelaugte Saft.

7. Auszüge sind mittelst zugesetzter Flüssigkeiten (Wasser, Wein, Branntwein, Essig usw.) in Lösung gebrachte Bestandteile aus pflanzlichen oder tierischen Erzeugnissen oder Rohstoffen.

Werden solche Auszüge weiter noch konzentriert, so erhält man Extrakte.

8. Gelee oder Gallerte sind mit Zucker so stark eingekochte Fruchtsäfte, daß ein gallertartiges Erzeugnis entsteht.

9. Fruchtsyrupe sind Fruchtsäfte, welche durch große Zusätze von Rohrzucker oder Invertzucker oder beiden in eine klare, dickflüssige, stark süß schmeckende Zubereitung umgewandelt sind.

10. Marmelade. Fruchtmus ist das zerkleinerte und mit Zucker derart eingekochte Mark (Fruchtfleisch) von Früchten, daß ein Erzeugnis von zäher, schmierbarer Konsistenz entsteht.

11. Pasten sind das zerkleinerte Mark (Fruchtfleisch) von Früchten, welches ohne Zusatz soweit eingedampft wurde, daß es sich in Formen schneiden läßt.

12. Kandierte Früchte (Belegfrüchte) sind mit Zucker überzogene und mit Zucker mehr oder weniger durchtränkte Früchte oder Fruchtteile.

13. Dunstobst ist Obst, welches ohne jeden Zusatz in hermetisch verschlossenen Gefäßen in seinem eigenen Saft durch Sterilisieren (Dünsten) haltbar gemacht ist.

14. Früchte in Zucker, Essig, Spirituosen (Kognak, Arak, Rum) sind entweder in Zuckerlösung oder in Essig oder in Spirituosen eingelegte Früchte, derart, daß durch die Konzentration des Zuckers bezw. die Wirkung des Essigs oder des Alkohols haltbare Zubereitungen entstanden sind.

15. Obstkonserven im engeren Sinne sind in verdünnter Zuckerlösung in hermetisch verschlossenen Gefäßen befindliche Früchte, welche durch Sterilisieren haltbar gemacht sind.

16. Dörrobst oder Backobst ist Obst, welches durch Entziehung des größten Teiles seines Wassergehalts bei erhöhter Temperatur in eine haltbare Form übergeführt ist.

Zu diesen Begriffen ist noch das folgende zu bemerken:

Zur Konservierung. Der gänzlich unveränderte Saft bezw. Most ist kein haltbares Erzeugnis, nicht nur, daß er durch Gärung alsbald in eine alkoholhaltige Flüssigkeit übergeht, wodurch entweder vergorener Saft oder Wein bezw. Fruchtwein entsteht, sondern die nicht zu den Weinen im weiteren Sinne gehörigen alkoholarmen vergorenen Säfte verfallen alsbald weitergehender Zersetzung. Der gänzlich unveränderte Saft ist deshalb kein

Handelsartikel. Er muß darum in eine haltbare Form übergeführt werden. Dies geschieht entweder durch Sterilisieren, wobei der Saft in Gefäße kleineren Umfangs umgefüllt werden und darin verbleiben muß (s. Kapitel 26) oder indem er gewisse Zusätze erhält, d. h. auf chemische Art konserviert wird. Zwei Abarten der chemischen Konservierung sind gebräuchlich:

a) Die Konservierung mit Alkohol. Da hierbei beträchtliche Mengen Alkohol, nämlich etwa 15—18 $^0/_0$ zuzusetzen sind, so tritt einerseits eine entsprechende Streckung des Saftes ein, andererseits gelangt aber auch ein keineswegs irrelevanter Stoff in die Säfte hinein. Die Alkoholfreiheit der Säfte ist gerade für einen großen Teil der Konsumenten die Ursache ihres Verbrauches. Beim Verbleiben des Alkohols in dem mit seiner Hilfe konservierten Saft resultieren daher Genußmittel mit Bestandteilen, welche nicht nur nicht vorausgesetzt, sondern direkt unerwünscht sind. Bei Entfernung des Alkohols aus den Säften vor ihrer Verwandlung in andere Formen wird dieser Einwand allerdings behoben, dafür werden aber erhebliche Mengen des Aromas mit entfernt, sodaß ein minderwertiges Produkt hinterbleibt. Die Konservierung der Fruchtsäfte mit Alkohol muß deshalb in allen denjenigen Fällen als unzulässig erscheinen, in denen der Alkoholgehalt wieder entfernt werden muß. Verbleiben darf er nur in denjenigen Säften, welche entweder eine deutliche Kennzeichnung tragen, oder zur Herstellung alkoholhaltiger Getränke bestimmt sind, z. B. für Fruchtsaftliköre.

b) Konservierung mit antiseptischen Mitteln wie Salizylsäure und Ameisensäure. Die Konservierung mit diesen Stoffen erfordert nur sehr geringe Zusätze, im Verhältnis von etwa 1 zu 1000.

Von einer Verdünnung der Säfte kann daher bei ihnen ebensowenig wie von Verleihung gesundheitschädlicher Eigenschaften gesprochen werden. Da es jedoch möglich ist, durch sofortige Umwandlung der frischen Säfte in andere Gebrauchsformen (z. B. Fruchtsyrup) ohne Zuhilfenahme chemischer Konservierungsmittel gebrauchsfertige Erzeugnisse herzustellen, so muß gefordert werden, daß die mit Hilfe konservierter Säfte hergestellten Erzeugnisse ebenso wie die konservierten Säfte selbst einen entsprechenden Vermerk tragen z. B. aus mit Ameisensäure konserviertem Rohsaft hergestellt, oder salizylsäurehaltig oder ähnlich.

Wegen des Gebrauches schwefliger Säure zur Konservierung des Dörrobstes vgl. unter Verfälschungen zu 5.

Zur Verdünnung der Säfte. Da es handelsüblich ist, neben ganz reinen Rohsäften auch solche mit Nachpresse als zweite Qualität in den Handel zu bringen, dementsprechend auch Fruchtsyrupe aus reinen Rohsäften von solchen, die mit Nachpresse hergestellt sind, unterschieden werden müssen, so leuchtet ein, daß durch einen verschieden hohen Grad von Wasserzusatz bei Herstellung der Nachpresse sehr verschieden zu bewertende Erzeugnisse entstehen können. Die beteiligten Industriekreise haben sich deshalb dahin geeinigt, daß durch die Nachpresse eine größere Streckung als um 20% nicht bewirkt werden soll. Dabei ist jedoch zu berücksichtigen, daß der in der Nachpresse selbst enthaltene reine Saft kein Streckungsmittel ist, sondern reiner Saft.

Fruchtsäfte, die eine weitergehende Streckung bis 50% erfahren haben, sollen nicht mehr einfach als „mit Nachpresse" bereitet, sondern als „verdünnte Fruchtsäfte" bezeichnet werden. Entsprechend sollen auch Fruchtsyrupe zutreffendenfalls die deutliche Aufschrift „aus verdünntem Fruchtsaft" tragen.

Zur Auffärbung.

Die gebrauchsfertigen Dauerformen erscheinen oft von einer äußeren Beschaffenheit, daß sie den Produzenten aufbesserungsbedürftig vorkommen und diese daher darauf bedacht sind, durch Zugeben von Farbstoffen oder farbstoffhaltigen anderen Erzeugnissen eine entsprechende Verbesserung zu erzielen. Vorzugsweise handelt es sich dabei um einen Färbeprozeß. Unter Berücksichtigung der im Kap. 25 gemachten Ausführungen muß ein Farbstoffzusatz ausgeschlossen bleiben, wenn er entweder die Verdeckung von materiellen Fehlern bezweckt, also die Vorspiegelung einer besseren Beschaffenheit zum Ziele hat oder einen höheren Fruchtgehalt vortäuschen soll oder endlich verdorbene Ware mit dem Anschein unverdorbener versehen soll. Der Zusatz muß ferner unterbleiben, wenn die Ware durch ihn gesundheitsschädliche Eigenschaften erlangen kann. Wenn man diese Fälle ausschaltet, so bleibt nur übrig, daß einer an und für sich guten reellen Ware ein gefälligeres Äußere gegeben werden soll.

Es läßt sich nicht verkennen, daß die Gewohnheit zum Färben ganz erheblich größere Dimensionen angenommen hat, als erwünscht ist. Was speziell den Himbeersyrup als das am meisten konsumierte Frucht-Erzeugnis betrifft, so ist zu bemerken, daß durch viele Jahre hindurch, ohne daß die Nahrungsmittelpolizei diesem Umstande Beachtung geschenkt hätte, sehr weitgehende Streckungen seines Rohsaftes allgemein üblich geworden waren. Da die natürliche Farbe der Himbeerfrucht schon an und für sich keine sehr kräftige ist und bei den verschiedenen Varietäten auch noch in ganz erheblichen Grenzen schwankt, da es sogar fast farblose sog. weiße Himbeeren gibt, so leuchtet ein, daß die sehr stark gestreckten Himbeersäfte keine nennenswert farbstoffhaltigen Syrupe mehr ergeben konnten. Um diese fahlen, außerordentlich wenig ansehnlichen Verschnitte vertriebsfähig zu machen, setzten die Fabrikanten Farbstoffe zu und schossen dabei oft über das Ziel hinaus, indem sie den Verschnitten erheblich tiefere Farbtöne verliehen, als der reine Saft bezw. der reine Syrup gehabt hätte. Dadurch ist das Publikum an so farbstoffreiche Säfte gewöhnt worden, die natürlichen Vorbildern überhaupt gar nicht entsprechen. Nachdem die Nahrungsmittelkontrolle eine bessere geworden, wurde zwar die Streckung, wenn auch nicht vollständig, so doch in recht erheblichem Maße eingeschränkt. Es stellte sich jedoch nunmehr ein den Fabrikanten selbst unbequem gewordenes Verlangen des Publikums heraus, auch weiterhin Fruchtsäfte zu erhalten, welche eine tiefere als die natürliche Färbung besitzen.

Wenn auch nicht zu verkennen ist, daß das Gesundeste eine Erziehung und Rückleitung der Wünsche des Publikums zu erfüllbaren Ansprüchen wäre, so ist andererseits doch zuzugeben, daß damit eine geschäftliche Schädigung der aufblühenden Fruchtsaftindustrie unvermeidlich wäre, wenn nicht durch gesetzliche Vorschrift eine gleichmäßige Behandlung aller Erzeugnisse geschaffen wird. Ein Rückschlag würde insofern bedauerlich sein, als wir gerade jetzt eine sehr gesunde Reaktion gegen den übermäßigen Genuß alkoholhaltiger Getränke erleben. Der Kampf gegen diese kann, wie allseitig anerkannt wird, aber nur geführt werden, wenn man sie durch Getränke aus guten und wohlschmeckenden Fruchtsäften ersetzt.

Wenn daher auch im Prinzip ein vollständiges Färbeverbot das rationellste wäre, so muß doch einstweilen den, wenn auch unberechtigten Ansprüchen des Publikums, im gewissen Grade Rechnung getragen werden. Eine Auffärbung aus unverdünnten Rohsäften hergestellter Syrupe sollten deshalb im Rahmen der oben gekennzeichneten Fälle einstweilen unbeanstandet bleiben, sofern die Färbung in unzweideutiger Weise mitgeteilt wird.

Der Ausführung des Färbens bieten sich insofern Schwierigkeiten, als die beliebte Auffärbung mit anderen Fruchtsäften der üblichen Auslegung der Bestimmungen des Nahrungsmittelgesetzes widerspricht. Himbeersaft mit Zusatz von Kirschsaft ist aber kein reiner Himbeersaft mehr sondern ein Mischsaft und zwar um so mehr, als erhebliche Zusätze erforderlich sind, um den gewünschten Erfolg zu erreichen. Als mindest erforderliche Menge von sehr kräftig gefärbten Kirschsäften gelten 7 %, doch werden erheblich höhere Zusätze keineswegs als selten anzusehen sein. Dadurch wird natürlich der Charakter des Himbeersaftes in erheblichem Maße verändert, sein Aroma als wertvollster Bestandteil entsprechend verdünnt und ein Zustand geschaffen, der die ohnehin noch auf schwanken Füßen stehende analytische Kontrolle erheblich kompliziert. Der Zusatz fremder Fruchtsäfte muß daher auch als eines der Mittel gelten, welche vorgenommene unredliche Manipulationen verdecken sollen.

Das Auffärben von Fruchtsäften mit anderen Fruchtsäften erscheint daher unzulässig, wenngleich natürlich zuzugeben ist, daß Fruchtsaft-Mischungen, welche als solche vertrieben werden, durchaus gesetzliche Erzeugnisse sein können. Es geht nur nicht an, sie unter dem Namen einer der verwendeten Früchte und zwar meist der kostbareren in den Verkehr zu bringen.

Die nach obigen Ausführungen einstweilen zuzulassende Färbung reiner Fruchtsyruppe soll deshalb derjenige, der glaubt auf sie nicht verzichten zu können, mit reinen Farbstoffen ausführen, sei es mit Pflanzenfarbstoffen, sei es mit solchen, die in der Farbenfabrikation auf synthetischem Wege erzeugt werden. Als Grundsatz soll jedoch, wie bereits S. 103 ausgeführt, dabei gelten, daß die Menge des Zusatzes, nicht mehr als 1 % der gesamten Masse beträgt.

Die Auffärbung verdünnter Fruchtsäfte soll, da sie geeignet wäre, solchen Fruchtsaft mit den äußeren Eigenschaften unverdünnten Fruchtsaftes zu versehen, überhaupt unterbleiben.

Zum Zuckerzusatz.

Zur Zuckerfrage ist noch zu bemerken, daß den gegebenen Begriffsbestimmungen ein Zusatz von Stärkesyrup nicht entspricht. Soll dieser zur Herstellung von Fruchtsyrupen dennoch Verwendung finden, so ist eine nach Art und Menge genaue Angabe auf der Etikette zu machen. Für Marmeladen, Gelees und ähnliche Erzeugnisse gilt jedoch zur Zeit ein Zusatz von höchstens 10% Stärkesyrup allgemein auch ohne Deklaration als zulässig, mit Ausnahme der „garantiert reinen“ Fabrikate.

Der Zusatz von 10% Stärkesyrup ist auf die gesamte Masse der Marmeladen bezogen, nicht auf den Zuckergehalt. Er wird meistens in der Weise ausgeführt, daß zunächst das Fruchtmus vollständig hergestellt und dann erst mit dem Stärkesyrup vermischt wird.

Billigere Sorten, besonders die sog. Volksmarmeladen enthalten meist erheblich größere Zusätze als 10% Stärkesyrup. Nach Handelsbrauch deckt die einfache Deklaration „mit Stärkesyrup“ einen Höchstzusatz von 20%. Größere Zusätze sind auch der Menge nach anzugeben.

Verfälschungen und dgl.

1. Bei Verkauf frischen Obstes ist meist durch Polizeiverordnung vorgeschrieben, daß Kochobst oder unreifes Obst durch eine Tafel entsprechend zu bezeichnen ist. Auch bei Mangel direkter polizeilicher Vorschrift lassen die Entscheidungen des Reichsgerichts keinen Zweifel darüber, daß eine Bezeichnung stattfinden muß, da Obst schlechthin nur reifes Obst bedeutet, das sich zum Rohgenuß eignet.

Wegen Verunreinigungen s. oben.

2. Von Verfälschungen bei frischem Obst hört man selten. Gelegentlich geht eine Notiz durch die Zeitungen, das Blutorangen durch Einspritzen roten Farbstoffes künstlich erzeugt würden. Die Nachricht ist nicht nur an sich unglaubwürdig, sondern steht mit den botanischen Erfahrungen in direktem Widerspruch und muß als nicht ausführbar angesehen werden.

3. Bei getrockneten Früchten, Dörrobst, findet sich häufig Schimmel, auch Ansiedlung anderer Lebewesen. Nicht jeder weißliche Belag ist in diesem Sinne zu deuten, da sehr häufig, besonders bei Pflaumen Zucker auskristallisiert, die Früchte mit einer weißen Schicht überzieht und unansehnlich macht. In ihrem Wert werden sie dadurch nicht gemindert.

4. Die sog. Ringäpfel, welche dadurch erzeugt werden, daß die geschälten und durch Ausstoßen vom Kerngehäuse befreiten Äpfel in Scheiben geschnitten werden, sind uns lange Jahre hindurch, besonders von Amerika, durch Zinkverbindungen verunreinigt zugegangen. Das Bestreuen der Ringäpfel mit Zinkoxyd (Zink-

weiß) hatte den Zweck, die Äpfel weißer und damit besser erscheinen zu lassen. Der Zusatz dient also Täuschungszwecken. Daneben können die Apfelschnitte hierdurch sehr leicht gesundheitsschädliche Eigenschaften erlangen, insbesondere, wenn eine Auflösung des Zinkoxydes durch die Fruchtsäuren erfolgt.

5. An Stelle des Zinkoxydes ist seit einigen Jahren die schweflige Säure getreten, welche in großem Umfange bei der Herstellung allen Dörrobstes Verwendung findet. Obgleich die schweflige Säure besonders im freien Zustande sonst als ein starkes Blutgift gilt, haben die Regierungen dem Drängen der Interessenten nachgegeben und allgemein einen Gehalt von 0,125 % zugelassen. Es befindet sich jedoch sehr vieles Dörrobst, besonders kalifornische Aprikosen, im Handel, das erheblich größere Mengen schwefliger Säure enthält, derart, daß oft sogar der Geschmack des Dörrobstes stark beeinflußt und das Obst als ungenießbar bezeichnet wird.

Eine so weit gehende Schwefelung erscheint durchaus unnötig, da schon durch die Wasserentziehung eine genügend haltbare Dauerform erzeugt werden kann. Durch das Schwefeln wird eine ungenügende Austrocknung begünstigt, wodurch das Dörrobst allerdings äußerlich angenehmer erscheint, aber dem Käufer weniger Obststoffe zukommen, als bei richtiger Wasserentziehung. Bei Beurteilung geschwefelten Dörrobstes sollte deshalb der Wassergehalt stets berücksichtigt werden.

6. Fremde Fruchtsäuren werden Obstdauerwaren oft zugesetzt, besonders Zitronensäure und Weinsteinsäure. Der Zusatz erscheint in allen Fällen unzulässig, da er stets Täuschungszwecken dient. Eine Deklaration beseitigt die Täuschung nicht, da im Publikum vielfach angenommen wird, ein Zusatz von Fruchtsäure zu Fruchterzeugnissen erfolge im Interesse größerer Haltbarkeit.

Bei Zitronensäften dient der Zusatz von Säure, um Streckungen zu verdecken. Oft genug besteht auch der ganze „Zitronensaft“ aus nichts weiter als einer Zitronensäurelösung, die entsprechend parfümiert und sonst entsprechend aufgemacht ist.

7. Wegen Zusatz von Farbstoffen vergleiche die obige Ausführung und das Kapitel 24.

8. Wegen Zusatz von Stärkesyrup zu den einzelnen Erzeugnissen vergleiche die Ausführungen S. 466.

9. Gallertstoffe, insbesondere Gelatine, Agar-Agar, gehören

nicht zu den natürlichen Bestandteilen der Obstdauerwaren. Das Gelieren derselben soll ausschließlich durch Pektinstoffe bewirkt werden. Ein Zusatz gelatinierender Mittel soll daher deklariert werden, erscheint aber auch mit Deklaration nur bei Gelees zulässig.

10. Konservierungsmittel sollen im allgemeinen fehlen. Bei nicht haltbaren Formen (Rohsäften) soll Deklaration der verwendeten Stoffe statthaben. Zusätze von mehr als 1% können als einfache Konservierung nicht mehr gelten, da gleichzeitig Verdünnung eintritt. Sie müssen daher als Konservierungsmittel ausscheiden. Es kann aber z. B. durch Zusatz von Alkohol eine neue Ware entstehen, wie alkoholhaltiger Zitronensaft.

11. Gehalt an Schwermetallen, besonders Kupfer, kommt gelegentlich durch die Verwendung entsprechender Geräte bei der Herstelung vor. Die Beurteilung richtet sich nach der vorhandenen Menge. Eine geringfügige zufällige Verunreinigung dürfte zu Beanstandungen keinen Anlaß geben.

Besondere **gesetzliche Bestimmungen** über Obst und Obstdauerwaren sind nicht vorhanden, wohl aber einige amtliche Erlasse und Schreiben.

1. Mit dem Zinkgehalt amerikanischer Apfelschnitte beschäftigt sich ein Rundschreiben des Reichskanzlers vom 16. April 1894, mitgeteilt in den V. d. K.G.A. 1894 S. 490 oder Lebbin, Nahrungsmittelgesetz S. 240.

2. Wegen des Gehaltes von Dörrobst an schwefliger Säure vergleche man den gemeinsamen Erlaß des preußischen Ministers für Handel und Gewerbe und des Kultusministers vom 12. Januar 1904, mitgeteilt im Kap. 26. S. 167.

Reichsgericht. 1) Vom 4. Juni 1881. (E. IV, 274.)

Das Feilhalten von unreifem Obst unter Angabe des Umstandes, daß dasselbe nur gekocht genossen werden kann, ist nicht strafbar.

2) Vom 7. Januar 1890. (Veröffentl. d. K.G.A. 1890 S. 626.)

Nach den festgestellten Sachverhalt waren die von der Angeklagten feilgehaltenen grünen unreifen Äpfel gesundheitsschädlich, falls sie im rohen Zustande genossen wurden; als Kochobst dagegen konnten sie ohne Gefährdung der Gesundheit genossen werden.

Vom Reichsgerichte sind bereits die Grundsätze eingehend dargelegt worden, welche für den Verkauf solcher Nahrungsmittel maßgebend sind, deren gesundheitsgefährliche Beschaffenheit durch eine besondere Behandlung beseitigt werden kann (E. XI, 375). Der Gesetzgeber hat aber, ausgehend von dem für ihn maßgebend gewesenen Gesichtspunkte der Gemeingefährlichkeit, das Feilhalten und überhaupt jedes Inverkehrbringen dem Verkaufen in den §§ 12 Nr. 1 und 14 völlig gleichgestellt. Es müssen deshalb die obenerwähnten, vom Reichsgerichte für den Verkauf ausgesprochenen Grundsätze auch für das Feilhalten solcher Nahrungsmittel entsprechende Anwendung finden. Davon geht auch ganz zutreffend und in Übereinstimmung mit den erwähnten reichsgerichtlichen Urteil die Revision aus, indem sie den Satz aufstellt:

„Die Worte des § 12 Nr. 1 „„als Nahrungsmittel feilhält““ haben für den vorliegenden Fall den Sinn, daß die im Feilhalten liegende Offerte zum Kauf unter dem Verschweigen dessen erfolgt, daß eine bestimmte Behandlung der Ware notwendig sei, um sie zu einem geeigneten Nahrungs- oder Genußmittel zu machen.“

Aber gerade bei Anwendung dieses Satzes erscheint die Verurteilung der Angeklagten gerechtfertigt. Denn nach dem festgestellten Sachverhalte hat das Feilhalten unter dem Verschweigen jenes wesentlichen Punktes stattgefunden, indem die Angeklagte die unreifen grünen Äpfel auf dem Wochenmarkte als Nahrungsmittel zum Verkauf ausstellte, dabei trotz der polizeilichen Vorschrift und trotz der mehrfach an sie ergangenen Aufforderung unterließ, die Äpfel sichtbar als „Kochobst“ zu bezeichnen, vielmehr die Tafel mit der Aufschrift „Kochobst“ unter die Äpfel legte. Daß die Angeklagte, wie der erste Richter für nicht widerlegt erklärt, die Absicht hatte, bei dem Verkaufe jedesmal den Käufer eine Mitteilung über die erforderliche Behandlung des Obstes zu machen, schloß offenbar nicht aus, daß das Feilhalten ohne die gebotenen und von der Polizei mit Recht verlangten Vorsichtsmaßregeln erfolgt und somit die vom Gesetze mit Strafe bedrohte gemeingefährliche Handlungsweise vollendet war.

3) Vom 13. Juni 1895. (Veröffentl. d. K.G.A. Beil. IV, 136.

Der materiellen Beschwerde konnte der Erfolg nicht versagt werden. Das angefochtene Urteil hat richtig erwogen, daß sich derjenige einer Fahrlässigkeit schuldig macht, welcher Kenntnis davon hat, daß ein von ihm verkauftes Nahrungsmittel gefährliche Bestandteile hat, ohne sich zu vergewissern, daß dieselben nicht gesundheitsschädlich wirken. Angeklagter hat erklärt, gewußt zu haben, daß die amerikanischen Äpfelringe Zinkgehalt haben. Er hat sich aber damit verteidigt, daß er diese Äpfelringe seit 20 Jahren ohne schädlichen Erfolg führe und mit seiner Familie genieße, und daß sie weder bei der Einfuhr, noch bei Detailhändler behördlich beanstandet worden seien. Diese Tatsachen sind nicht widerlegt. Es mußte aber begründet werden, weshalb trotz dieser Umstände, wenn sie sich in Wahrheit verhielten, Angeklagter veranlaßt war, einen Zinkgehalt der Äpfelringe von 0,025 % oder wie viel ihm bewußt war, für möglicherweise gesundheitsschädlich zu halten; denn nur unter dieser Voraussetzung war er verpflichtet, vor dem Verkaufe sich genauer über die Gesundheitsschädlichkeit oder Unschädlichkeit zu unterrichten, so daß die Unterlassung ihm zum Verschulden angerechnet werden kann. Hierbei gewinnt aber das verneinende Gutachten des Sachverständigen L. erhöhte Bedeutung, da es die Möglichkeit offen läßt, daß nicht einmal die Sachverständigen über die Frage einig sind.

4) Vom 9. Juni 1904. (E. XXXVII, 203.)

Gründe: Nach den Feststellungen der Vorinstanz bringen die Angeklagten, Inhaber der Firma „Deutsche Weinmostkellerei alkoholfreien Obst- und Traubensaftes H. L. & Co. in W.", den unvergorenen, daher gänzlich alkoholfreien Saft weißer und roter Weintrauben in Flaschen gefüllt unter der Bezeichnung „alkoholfreier Traubensaft" in den Handel. Dem aus roten Trauben gewonnenen Saft hat der Angeklagte H. L., um dem Wunsche der Kundschaft entsprechend dem an sich bräunlichen Most eine schöne rote Farbe zu geben, eine kleine Menge — auf 2000—3000 Flaschen einen Teelöffel voll — sogen. „Himbeerrotes", eines giftfreien, gesundheitsunschädlichen, im Konditoreigewerbe vielfach verwendeten Teerfarbstoffes zugesetzt, wodurch der Saft ein gefälligeres Aussehen erhielt, ohne im Geschmack und in seiner Güte eine Veränderung zu erleiden. Im Eröffnungsbeschluß war den Angeklagten zur Last gelegt, im Jahre 1903 zum Zwecke der Täuschung im Handel und Verkehr ein weinähnliches Genußmittel durch Zusatz von Teerfarbstoffen verfälscht und unter Verschweigung dieses Umstandes der Verfälschung verkauft und feilgehalten zu haben (vgl. § 10 Nr. 1 und 2 N.M.G. und die §§ 7, 8, 13 des Gesetzes vom 24. Mai 1901, den Verkehr mit Wein rc. betr.).

In der Begründung ihres freisprechenden Erkenntnisses hat die Strafkammer in Übereinstimmung mit dem Gutachten der vernommenen Sachverständigen angenommen, daß angesichts der Begriffsbestimmung von „Wein" im § 1 des Weingesetzes von 1901, als des „durch alkoholische Gärung aus dem Safte der Weintraube hergestellten Getränkes", der wie oben beschriebene, von den Angeklagten bereitete Saft weder als Wein, noch als weinhaltig, noch als weinähnlich zu betrachten sei. Als charakteristische Eigenschaft der weinähnlichen Getränke sieht sie ihren Gehalt an Alkohol an und findet die Weinähnlichkeit nicht schon dann vorliegend, wenn das Getränk aus Weintraubensaft gewonnen ist. Sie führt hierzu aus, daß bei der Vergleichung mit Wein der unvergorene Saft der Weinbeeren nicht anders zu beurteilen sei, als derjenige anderer Beeren, z. B. der Himbeere, Heidelbeere, Johannisbeere, während das im Wege alkoholischer Gärung aus dem Safte dieser Beeren hergestellte Getränk (Johannisbeerwein, Heidelbeerwein) weinähnlich sei. Damit scheide die Anwendbarkeit der §§ 7, 8, 13 des Weingesetzes von 1901, die Beurteilung des Verfahrens der Angeklagten als eine Zuwiderhandlung gegen das Verbot des Teerfarbstoffzusatzes zu Wein, weinhaltigen oder weinähnlichen Getränken aus. Das Gesetz vom 5. Juli 1887, betr. die Verwendung gesundheitsschädlicher Farben, greife wegen der Unschädlichkeit des in Frage stehenden Zusatzes nicht Platz, und auch ein Vergehen gegen § 10 N.M.G. liege nicht vor, weil der Farbezusatz lediglich geschehen sei, um den Traubensaft den Wünschen der Käufer entsprechend ein gefälligeres Aussehen zu geben, nicht aber etwa zu dem Zwecke, Schäden und Mängel des Nahrungsmittels zu verdecken, ihm den Anschein besserer Beschaffenheit zu geben und so eine Täuschung des Publikums zu bewirken.

Der in der Revisionsschrift des Staatsanwaltes unternommene Nachweis, daß die Strafkammer das Wesen der Weinähnlichkeit eines Getränkes verkannt habe, kann nicht als gelungen angesehen werden.

Es kann dahingestellt bleiben, ob die Annahme der Strafkammer, daß der aus der alkoholischen Gärung der Johannisbeere, Heidelbeere rc. gewonnene Beerenwein (Johannisbeerwein, Heidelbeerwein) in jedem Falle als „weinähnlich" sich betrachten läßt, da es sich um solchen hier nicht handelt; andererseits aber ist auch nicht zugegeben, es bedürfe, wie der Staatsanwalt meint, keiner Ausführung, daß Obstweine überhaupt nicht zu den weinähnlichen Getränken gehören (vgl. Lebbin, Das Weingesetz von 1901 Note 1 zu § 7 S. 56; Windisch, Weingesetz S. 91). Denn, ob ein solches als weinähnlich sich betrachten läßt, bemißt sich im einzelnen Falle nach seinem Aussehen, der Art seiner Zusammensetzung, seinem Geschmack. Rechtlich unbedenklich ist es jedenfalls, wenn die Strafkammer einem Getränk ohne jeden Alkoholgehalt Weinähnlichkeit abspricht, schon aus dem Grunde, weil ein Gehalt an Alkohol als eine wesentliche Eigenschaft des Weines im Gesetze selbst dadurch anerkannt ist, daß Wein als das durch alkoholische Gärung aus dem Weintraubensaft gewonnene Getränk bezeichnet, also die Verwandlung des Zuckers durch die Gärung in Alkohol in dem Getränk vorausgesetzt ist.

Ohne Grund beruft sich der Staatsanwalt, ohne nähere Erläuterung hierfür, zur Unterstützung seiner Ansicht auf die Begründung des Regierungsentwurfes zu § 3 des neuen Weingesetzes. Denn wenn dort zur Rechtfertigung der Beschränkung der in § 3 verbotenen Herstellungsweisen auf Wein gesagt ist, daß in das Verbot nicht Getränke einzubeziehen seien, bei denen trotz ihres Alkoholgehaltes eine Verwechselung mit Traubenwein ausgeschlossen sei, so steht damit die Strafkammer durchaus nicht im Einklang, wem sie die Weinähnlichkeit eine Getränkes nicht anerkennt, das nicht einmal Alkohol enthält.

Indem endlich die Strafkammer feststellt, daß der Zusatz des Farbstoffes nur die Verdeckung eines Schönheitsfehlers bezweckte, ohne dem Getränke den Schein einer besseren Beschaffenheit zu verleihen, so steht sie mit der Verneinung des Tatbestandes des § 10 N.M.G. auf dem Boden der reichsgerichtlichen Rechtsprechung. (Vgl. insbesondere R. IV, 519, Urteil vom 16. Dezember 1899.)

Die Revision war daher . . . zu verwerfen.

5) Vom 20. Dezember 1900. (Beil. z. d. Veröffentl. d. K.G.A. V, S. 260.)

Der Angeklagte ist wegen Herstellung und Verkaufs verfälschten Himbeersyrups unter Feststellung der Voraussetzungen des § 10[1] und [2] N.M.G. verurteilt.

Die Revision bestreitet die Anwendbarkeit dieser Gesetzesstellen, weil Himbeersyrup ein Kunstprodukt sei, also mit Zusätzen bereitet werde, wie jedermann wisse. Die Zusätze seien keine Fälschung. Das Urteil erklärt, Himbeersyrup bestehe lediglich aus dem in Zucker eingekochten Safte der Himbeeren, und die Revision bestreitet nicht die Richtigkeit dieser Begriffsbestimmung in der Hauptsache, sie will nur noch andere Zusätze für erlaubt gelten lassen, die lediglich der Dauerhaftigkeit und der Farbe wegen zu geschehen pflegten. Das Gericht hat aber als erwiesen angenommen, daß das Erzeugnis in Frage aus Wasser, Zucker, Stärkesyrup, Zitronensäure und einem Farbstoff teils ohne nachweisbare Spuren von Himbeersaft, teils mit einem außerordentlich durch Wasserzusatz verdünnten Himbeersaft hergestellt war. Daß eine solche Mischung nicht mehr den

Namen Himbeersyrup verdiene, sondern als ein Surrogat für solchen zu erachten sei, hat die Strafkammer mit Recht ausgesprochen.

Die Absicht, mit jener Bezeichnung im Handel und Verkehr zu täuschen, entnahm die Strafkammer aus dem Mangel einer die Surrogateigenschaft genügend erkennen lassenden Kundgabe an die Käufer. Bei der Sorte, deren Etikette die Worte „garanti pur sucre" trägt und die nur etwas verdünnten Saft neben obigen Bestandteilen enthält, liegt dies ohne weiteres zu Tage. Bei der anderen, die gar keinen nachweisbaren Himbeersaft enthält, nimmt die Strafkammer zu Gunsten des Angeklagten an, der Beisatz „fantaise" zu der Etikette „Syrop de framboises" sei an sich geeignet, die Surrogateigenschaft der Ware in genügender Weise zu kennzeichnen — was dahingestellt sein mag —, allein sie stellt fest, daß dieses Wort in so kleiner Schrift angebracht ist, „daß es geradezu übersehen werden muß". Es ist lediglich tatsächlicher Natur, hieraus auf die Absicht zu schließen, daß die Käufer das Wort nicht bemerken, m. a. W. auf die Absicht, sie zu täuschen und die Surrogateigenschaft zu verheimlichen. Mit Unrecht deutet die Revision diese Feststellung so, als ob das Gericht eine große Aufschrift, daß auch der Blödeste sie lesen könne, verlangt habe.

Das Bewußtsein von der Fälschung ist auf genügender tatsächlicher Grundlage festgestellt; was die Revision dagegen vorbringt, ist lediglich unbeachtlicher Widerspruch.

6) Vom 24. November 1900. (Veröffentl. d. K.G.A. Beil. V, 264.)

3. Auch darin kann der Revision nicht beigetreten werden, wenn behauptet wird, daß der erste Richter sich nicht im Klaren darüber befinde, ob durch jenen Zusatz eine Verfälschung wegen Verschlechterung des Genußmittels oder wegen Verleihung des Scheins besserer Beschaffenheit vorliege. Denn im Urteil ist eine Verfälschung nach beiden Richtungen festgestellt.

Die Strafkammer hat angenommen, daß mit dem Zusatze von 5 bis 6% Stärkesyrup zu dem mit Zucker verkochten Fruchtsaft diesem (sowohl begrifflich, als nach der Erwartung der Käufer) fremde Bestandteile zugeführt worden sind, welche eine Vermehrung und auf diese Weise eine Verschlechterung zur Folge hatten. Sie hat hierbei auch die geringere Süßkraft des Stärkezuckers gegenüber anderem Zucker in Betracht gezogen, womit ein unzulässiges Ersatzmittel nachgewiesen war, sofern in dem normalen Produkt ein höherer Zuckergehalt von den Käufern erwartet wurde, wie gleichfalls — wenn auch in anderem, noch zu erörterndem Zusammenhang — im Urteil festgestellt ist. Abwegig war es freilich, wenn der erste Richter die geringere Preislage des Stärkesyrups gegenüber dem Rohr- oder Rübenzucker und die damit erzielte Ersparnis des Angeklagten ohne Rücksicht auf diesen qualitativen Minderwert des Stärkesyrups für den Fälschungsbegriff verwerten wollte. Denn der pekuniäre Wert eines Ersatzmittels ist nicht ohne weiteres entscheidend für die Frage seiner Brauchbarkeit zu einem konkreten technischen Zwecke. (Vgl. E. XXIX, 259.) Da indessen daneben, wie erwähnt, auch der schädliche Einfluß des Stärkesyrups auf die normale Beschaffenheit des Himbeersyrups im Urteil nachgewiesen ist, so können die Erwägungen, welche sich auf die vom Angeklagten erzielte Ersparnis gründen, den Bestand des Urteils nicht erschüttern, zumal eine Verfälschung auch nach der weiteren Richtung hin festgestellt wurde, daß mit dem Zusatz dem Fabrikate der Schein besserer Beschaffenheit verliehen werden sollte. In dieser Richtung ist im Urteil dargetan, daß durch den Stärkesyrup der Himbeersaft dickflüssiger und damit der Schein erweckt werde, daß ihm mehr Zucker als tatsächlich geschehen zugesetzt sei. Die Strafkammer hat sonach Verfälschung durch Verschlechterung und scheinbare Verbesserung angenommen. Diese schließen einander weder in der Absicht des Täters noch im Erfolge aus. (Vgl. E. XV, 322.)

5. Unberechtigt ist endlich die Behauptung des Beschwerdeführers, es seien im Urteil die Tatsachen nicht nachgewiesen, in welchen der erste Richter die Absicht des Angeklagten, zu täuschen, gefolgert habe. Schon der Umstand, daß Angeklagter beim Verkaufe jeder Andeutung des fraglichen Zusatzes sich enthielt und sein Fabrikat als „feinster Himbeersyrup" etikettierte, gestattete den Rückschluß auf eine Täuschungsabsicht bei der Herstellung, wie bei dem Verkaufe. Es ist aber auch weiter festgestellt, das Angeklagter selbst zugestanden habe, daß er mit dem Zusatz die Ware leichter verkäuflich habe machen wollen (d. h. durch Verleihung des Scheins höheren Zuckergehalts).

Keineswegs rechtsirrig, wie die Revision meint, ist auch der Hinweis der Strafkammer, mit dem sie die Behauptung des Angeklagten, er habe mittels des Stärkesyrups das Krystallisieren des Zuckers verhindern wollen, ausräumt, nämlich, daß dieser Zweck sich auch auf andere erlaubte Weise habe erreichen lassen. Denn hierin kommt die zutreffende Auffassung zum Ausdruck, daß die Verbesserung eines Nahrungs- oder Genußmittels nach einer Richtung nicht durch die Beimischung fremder Stoffe bewirkt werden darf, mit welcher der Hersteller zugleich nach anderer Richtung bewußter und beabsichtigter Maßen eine Verschlechterung oder eine den Verkäufer täuschende, nur scheinbare Verbesserung herbeiführt. (Vgl. R. VIII, 554.)

War sich Angeklagter bewußt und bezweckt er zugleich, daß das Publikum durch den Zusatz des Stärkesyrups über die Höhe des Zuckergehaltes in seinem Fabrikate getäuscht werde, so mußte er ihn unterlassen, selbst wenn er damit das Krystallisieren des Zuckers im Syrup verhindern, also insofern eine Verbesserung erzielen konnte. Übrigens hat die Strafkammer der Behauptung des Angeklagten, er habe, um das Kristallisieren des Zuckers zu verhindern, den Stärkesyrup zugesetzt, ersichtlich den Glauben versagt, indem sie nach dem Hinweis auf den billigeren Preis und die geringere Süßkraft des Stärkesyrups die Aussage des Angeklagten, daß er den Himbeersyrup verbessert habe, für widerlegt erklärt. Das Rechtsmittel konnte hiernach Erfolg nicht haben.

7) Vom 3. Juni 1901. (Beil. z. d. Veröffentl. d. K.G.A. VI, S. 263.)

a) Die Auslegung von Erklärungen oder von einzelnen Worten, die sich nicht als Rechtsbegriffe kennzeichnen, gehört anerkanntermaßen in das Gebiet der vom Tatrichter nach pflichtgemäßem Ermessen festzustellenden Tatsachen (vgl. Urteil d. R.G., I. vom 8. Februar 1900 gegen Hel . . . 200/00), zumal wenn es sich um einen örtlichen Sprachgebrauch handelt. (Vgl. Urteil desselben Senats vom 30. Juni 1900 gegen Meß . . . 2252/00.)

Welche Bedeutung einem bestimmten Ausdruck in einzelnen Landesteilen zukommt, kann jedenfalls Gegenstand nur des Sachverständigen-, nicht aber des Zeugenbeweises sein, und wenn sich auch im vorliegenden Fall die Anhörung eines Sachverständigen über den in der B.'er Gegend mit der Bezeichnung „gemischtes (Obst-)Kraut" verbundenen Sinn vielleicht empfohlen hätte, so war doch die Strafkammer an der selbständigen Feststellung, was die Bevölkerung unter „Kraut mit oder ohne Zusatz" versteht, nicht gehindert, weil sich nach § 73 Str.P.O. das Gericht, von einzelnen, hier nicht zutreffenden Ausnahmen abgesehen, der Einholung eines Sachverständigengutachtens unbedenklich entschlagen darf. (Vgl. E. III, 176, 177; XXV, 326, 327, 328.)

Anderes läge die Sache, wenn Gerichtskundigkeit (vgl. E. XVI, 327, 331, 332) in Betracht käme; diesen Begriff ziehen aber die Strafkammer und mit ihr die Revision ohne Grund herbei, sofern er nach richtiger Ansicht lediglich Geschehnisse oder tatsächliche Zustände, nicht die Beurteilung von solchen zum Gegenstand hat.

b) Ebenso bewegt sich der erste Richter innerhalb der Grenzen freier Beweiswürdigung (§ 260 St.P.O.) mit seiner Annahme, daß der aus Kartoffeln hergestellte und neben einer kleinen Menge Zucker (Traubenzucker?) das für die Ernährung völlig wertlose „Dextrin" in großer Menge enthaltende Stärkesyrup gegenüber dem Zucker (Rüben- und Rohrzucker?) ein hinsichtlich des Nährwerts unvergleichbar minderwertiger Stoff sei, und daß der Zusatz an Stärkesyrup selbst in kleinen Mengen die Verschlechterung der unter dem Namen „Kraut" in Verkehr gebrachten Nahrungsmittel bedeute. Der bezügliche Gegenbeweisantritt dürfte um so gewisser abgelehnt werden, als bereits ein Sachverständiger gehört war.

8) Vom 7. Dezember 1896. (E. XXIX, 258.)

Der Kaufmann B. bestellte bei dem Reisenden des Angeklagten eingemachte Preißelbeeren, „allerbeste Ware", zum Preise von 33 Pf. das Pfund. In der gelieferten Ware — 126 Pfund — befanden sich neben 69 Pfund Preißelbeeren und 44 Pfund Rübenzucker auch 13 Pfund — nach dem Zugeständnis des Angeklagten 10,3 % — Kartoffelstärkesyrup. Der Vorderrichter (Landgericht Bochum) hat in der Verwendung des Stärkesyrups statt Rübenzucker eine Verfälschung des Genußmittels der Preißelbeeren erblickt und aus § 10, Nr. 2 N.M.G. vom 14. Mai 1879 auf Strafe erkannt. Die Verfälschung hat das Urteil darin gesehen, daß die Ware durch die Verwendung des Stärkesyrups verschlechtert worden, die Verschlechterung aber daraus hergeleitet, einerseits, daß Stärkesyrup, der nur halb soviel kostet als Rübenzucker und drei- bis viermal weniger Süßkraft besitzt als Rohrzucker, bedeutend minderwertiger ist als Rohrzucker, andererseits der Stärkesyrup unappetitlich sowie ekelhaft ist.

Es erscheint nicht ausgeschlossen, daß das Urteil den Begriff der Verfälschung im Sinne des Nahrungsmittelgesetzes unzutreffend aufgefaßt hat.

Es ist anzuerkennen, daß es sich als eine Verfälschung eines Nahrungs- oder Genußmittels darstellt, wenn dasselbe durch den Zusatz minderwertiger fremder an Stelle mehrwertiger, im Verkehre vorausgesetzter Stoffe verschlechtert wird. Ob indes eine Verschlechterung eintritt, läßt sich nicht ohne weiteres daraus entnehmen, daß der Zusatzstoff einen geringeren pekuniären Wert hat. Denn es liegt nahe, daß mit fortschreitender Technik die Industrie Stoffe ermittelt, welche an sich zwar billiger sind, deren Verwendung bei einem Nahrungs- oder Genußmittel das letztere aber keineswegs verschlechtert, vielleicht verbessert. Nicht jede Abweichung von der bisher üblichen Fabrikationsart, auch wenn dieselbe unter Verwendung pekuniär minderwertiger Stoffe erfolgt, stellt schon deshalb unbedingt den Tatbestand einer Verfälschung dar. Das Urteil durfte daher den Einwand des Angeklagten, daß er mit dem Zusatz des an sich billigeren Stärkesyrups nur bezweckt habe, den Preißelbeeren ein besseres Aussehen und eine größere Konsistenz zu geben, nicht „dahingestellt sein lassen", sondern mußte denselben des Näheren erörtern. Denn es war damit behauptet, daß, wenn auch der Stärkesyrup an sich billiger ist, derselbe die Preißelbeeren nicht verschlechtert, sondern die Haltbarkeit derselben erhöht habe. Ähnlich liegt die Sache mit der minderwertigen Süßungskraft des Stärkesyrups. Auch hier würde nur dann eine Verschlechterung der Ware anzunehmen sein, wenn ein bestimmtes Maß von Süßigkeit der eingemachten Preißelbeeren von den Käufern erwartet würde und letztere bei der konkret erfolgten Verwendung des Stärkesyrups statt Rübenzucker nicht erreicht worden ist. Von denselben Gesichtspunkten ist der Senat bereits in seinen Urteilen gegen A. vom 18. Februar 1895 R. 133/95 und vom 13. Juli 1892 E. XXIV, 240 ausgegangen.

In dem ersteren wird ausgeführt, daß die bloße Verdünnung von Obstsaft durch Zusatz von Stärk syrup an sich noch nicht, vielmehr erst dann eine Verfälschung darstellt, wenn sie zum Zwecke der Täuschung im Handel und Verkehr vorgenommen werde, in letzterem, daß eine Verfälschung vorliege, wenn, wie dies dort geschehen, der als Äpfelgelee verkauften Ware soviel Stärkesyrup zugeführt sei, daß der Obstsaft vollständig in den Hintergrund gedrängt wurde.

Eine weitere Stütze für die angebliche Verschlechterung der eingemachten Preißelbeeren ersieht das Urteil darin, daß der verwendete Stärkesyrup den Genuß der Preißelbeeren unappetitlich sowie ekelhaft macht. Das Urteil folgert diese Annahme daraus, daß der Stärkesyrup, dessen Herstellung näher beschrieben wird, ein chemisches Präparat ist, während der Rübenzucker „in der Zuckerrübe fertig gebildet vorkommt und daraus rein abgeschieden wird". Unmöglich läßt sich indes die Aufstellung verteidigen, daß chemische Präparate immer unappetitlich und ekelhaft sind. Die tägliche Erfahrung würde einer solchen Erfahrung widersprechen, wie denn auch Rohr- und Rübenzucker keineswegs ohne jeden chemischen Prozeß gewonnen werden.

Die weitere Urteilsausführung, daß die Konsumenten glauben, beim Einkaufen von eingemachten Preißelbeeren nur mit Rübenzucker eingemachte Beeren zu erhalten, würde erst dann vielleicht von Gewicht sein, wenn auch der Angeklagte sich dessen bewußt gewesen wäre. Denn nur in diesem Falle könnte von einem Handeln des Angeklagten zum Zwecke der Täuschung im Handel und Verkehr die Rede sein. Verfolgte aber der Angeklagte, wie er behauptet, den Zweck, den Preißelbeeren ein besseres Aussehen — nicht den Schein eines solchen —, ihnen eine größere Haltbarkeit zu geben, so war damit der Täuschungszweck beseitigt.

Bedenklich ist auch die Annahme des Vorderrichters, daß der Angeklagte, wenn er mit Stärkesyrup eingemachte Beeren verkaufen wollte, dies den Käufern sagen mußte. Das Urteil stellt in dieser Richtung nur fest, daß der Angeklagte „von dem Zusatze" wußte, nicht aber, daß dieser Zusatz eine Verschlechterung der Ware bewirkte. Ersah nun der Angeklgte in der von ihm gemachten Verwendung des Stärkesyrups keine Verschlechterung der Preißelbeeren, vielmehr eine Verbesserung derselben, so hatte er auch keine Veranlassung zu weiteren Mitteilungen an den Käufer. Das Gesetz verpflichtet nicht den Verkäufer eines Nahrungs- oder Genußmittels zur Mitteilung jeder an der Ware gegenüber den Ansprichen des kaufenden Publikums vorgenommenen Änderung, sondern verbiett nur die wissentliche Feilhaltung eines verfälschten Nahrungs- oder Genußmittels unter Verschweigung der Verfälschung.

Nicht ohne Grund weist auch die Revision auf § 3 des Gesetzes vom 20. April 1892, betr. den Verkehr mit Wein usw., hin, wonach als Verfälchung des Weines im Sinne des § 10 N.M.G. der Zusatz von technish reinem Stärkezucker, auch in wässeriger Lösung, in der dort näher beschribenen Grenze nicht anzusehen sei. Der Stärkezucker wird dort dem Rohr-, Rüben- oder Invertzucker gleichgestellt. Wenn jener Zusatz zum Wein nicht eine Verfälschung des letzteren darstellen soll, so wird auch bei anderen Nahrungs- oder Genußmitteln von einer gleichen Auffassung auszugehen sein. Nun ist zwar in dem angeführten Gesetze von 1892 nur von Stärkezucker die Rede, während vorliegend Stärkesyrup zur Verwendung gelangt ist; indes beide Stoffe sind nicht in ihrer Qualität voneinander unterschieden, sondern nur in ihrer Form. Beide stellten den aus Stärkemehl hergestellten künstlichen Traubenzucker dar, und nur nach der Form, in der jener Stoff in den Handel gebracht wird, erscheint derselbe bald in fester Masse als Zucker, bald mehr oder weniger flüssig als Syrup. Vgl. Seubert, Handbuch der allgemeinen Warenkunde, Bd. 1 S. 144—146; Kolbe, Lehrbuch der Chemie, Teil 2 S. 786, 787.

Die Verwendung von Stärkesyrup an sich beim Einmachen der Preißelbeeren als Verfälschung derselben anzusehen, erscheint daher wenigstens auf Grund der erstrichterlichen Erwägungen und, wenn nicht andere Gesichtspunkte angeführt werden können, nicht gerechtfertigt.

An dieser Auffassung wird auch durch den Umstand nichts geändert daß im vorliegenden Falle „allerbeste Ware" bestellt war. Denn, wenn die Verwendung von Stärkesyrup an sich eine Verschlechterung der eingemachten Preißelbeeren noch nicht bewirkte, so muß dasselbe auch bei dieser Ware in bester Qualität gelten. Dagegen ist unerörtert die Frage geblieben, ob etwa der vorliegend verwendete Stärkesyrup wegen der ihm speziell eigenen Qualität eine Verschlechterung der Ware herbeiführt. Das Urteil erklärt: „Stärkesyrup enthält 16 % Wasser, 41 % Dextrin und 43 % Traubenzucker." Es bleibt hiernach zweifelhaft, ob damit der hier verwendete Stärkesyrup oder Stärkesyrup überhaupt gemeint ist. Mit der letzteren Annahme wird es kaum in Übereinstimmung zu bringen sein, daß sowohl in der Begründung des Entwurfes des angeführten Gesetzes von 1892, Drucksachen des Reichstages Nr. 766 S. 30 (Session 1890/92), als auch in den Reichstagsverhandlungen selbst, stenographischer Bericht S. 4975, der Nachweis geführt wird, daß wenigstens Stärkezucker mit einem Reinheitsgrad von 99,64 bezw. 99,82 % Zucker hergestellt wird. Jedenfalls bleibt nun zu erörtern, ob, wenn die im Urteil genannte Zusammensetzung dem vorliegend verwendeten Stärkesyrup gilt, diese Zusammensetzung in ihren Einzelheiten sich noch innerhalb derjenigen Grenze bewegt, die im soliden und reellen Verkehr eine ordnungsmäßige

Fabrikation verlangt und erlaubt. Es wird, auch mit Rücksicht darauf, daß das mehrerwähnte Weingesetz von 1892 nur die Verwendung von „technisch reinem“ Stärkezucker für erlaubt erklärt, zu erwägen sein, welchen Reinheitsgrad Handel und Gewerbe für den beim Einmachen von Preißelbeeren verwendeten Stärkesyrup verlangt, um eine Verminderung des Genußwertes und damit eine stoffliche Verschlechterung der Ware auszuschließen. Es wird weiter zu entscheiden sein, ob und inwieweit der Reinheitsgrad sich erhöhen muß, sobald „allerbeste Ware“ feilgeboten wird, und es wird endlich zu berücksichtigen sein, ob aus dem Verhältnis des für die vorliegend gelieferten Preißelbeeren gestellten Preises zu dem, den die Preißelbeeren gekostet haben würden, wenn nicht Stärkesyrup, sondern nur Rübenzucker verwendet worden wäre, ein Schluß daraus gezogen werden könne, daß durch die Verwendung des Stärkesyrups der Anschein einer besseren Beschaffenheit der eingemachten Preißelbeeren hervorgerufen werden konnte und sollte.

9) Vom 11. November 1897. (Beil. z. d. Veröffentl. d. K.G.A. V, 255 f.)

Der Angeklagte hat durch seinen Agenten B. dem Schreinermeister C. „ff. gemischte Fruchtmarmelade, sehr wohlschmeckend“, verkauft, die der Käufer für 0,35 Mk. für das Pfund weiter verkaufte. Das Urteil entnimmt den Tatbestand des § 10² N.M.G. daraus, daß das verkaufte Genußmittel wenigstens 60 % Stärkesyrup enthalten habe, daß unter Marmelade bei Verkäufern und Käufern der mit Zucker vermischte, zu Muskonsistenz verdampfte Fruchtsaft verstanden wird, daß der Zucker hier völlig gefehlt habe, und daß der Stärkesyrup ein „minderwertiges“ Ersatzmittel bilde. Es wird hieraus gefolgert, daß der Angeklagte die Ware unter Verschweigung des Umstandes verkauft habe, daß dieselbe durch die Verwendung des hohen Prozentsatzes Stärkesyrup „in ihrem Wesen vollig verändert“ worden und nicht mehr Fruchtmarmelade, sondern Stärkesyrup mit einer Beimischung von Marmelade-Bestandteilen gewesen ist.

Diese Feststellungen geben in mehrfacher Richtung zu rechtlichen Bedenken Veranlassung.

Zunächst bewirkt die an einer Ware vorgenommene „Veränderung“ noch keineswegs eine Verschlechterung derselben, der Erfolg einer Verschlechterung ist aber für den Begriff der Verfälschung eines Genußmittels unerläßlich, sei es, daß dieselbe herbeigeführt wird dadurch, daß fremde Stoffe zugesetzt oder wesentliche Stoffe weggelassen werden, oder aber, daß ihr der Schein einer besseren Beschaffenheit gegeben wird (Urt. dieses Senats vom 7./17. Dezember 1896, E. XXIX, 258; vom 11. Februar 1895, E. XXVII, 6; vom 4. März 1895, E. XXVII, 73). Die bloße Veränderung, auch wenn dieselbe das Wesen der Ware betrifft, stellt das Kriterium der Verschlechterung noch nicht dar.

Diese Verschlechterung kann ferner geschehen durch Verwendung minderwertiger Ersatzmittel. Ob letztere aber minderwertig sind, dafür ist keineswegs, wie dies bereits in den allegierten Urteile von 1896 ausgeführt worden, der pekuniäre Wert ohne weiteres entscheidend, da auch durch ein minder kostspieliges Ersatzmittel die Ware in ihrer Güte und in ihrem Wesen nicht nur nicht verschlechtert zu werden braucht, sondern möglicherweise sogar verbessert werden kann. Vorliegend wird aber im Urteile nur der billigere Preis des Stärkesyrups im Verhältnis zum Zucker hervorgehoben, sonst aber werden keinerlei Eigenschaften des Stärkesyrups genannt, die das Wesen der Ware verschlechtert haben. Die bloße, übrigens ohne jede nähere Begründung gelassene Negierung der Behauptung des Angeklagten, daß sich der Zusatz von Stärkesyrup, zumal in dem hier fraglichen Quantum, im Interesse größerer Konsistenz und Haltbarkeit der Ware an Stelle von Zucker empfehle, bildet noch keinen Nachweis, daß die Konsistenz und Haltbarkeit durch jenen Zusatz in einem annormalen Maße verringert, also die Ware verschlechtert worden. Freilich können für die Frage, ob eine Ware noch als normal und nicht als verschlechtert zu gelten habe, auch die Erwartungen des Publikums herangezogen werden, und hat das Urteil angenommen, daß unter Marmelade Käufer und Verkäufer den mit Zucker vermischten Fruchtsaft verstehen. Indes rechtfertigt ein derartig aus allgemeinen Erfahrungen entnommener Satz noch nicht ohne weiteres dessen Anwendung auf jeden konkreten Fall. Es wird dabei insbesondere auch der Preis der zum Verkaufe gestellten Ware, vorliegend der Marmelade, zu berücksichtigen und zu erwägen sein, ob mit Rücksicht hierauf die Abnehmer der Ware des Angeklagten und das Publikum überhaupt noch erwarten durften, daß Zucker und nicht Stärkesyrup die Marmelade enthalte, oder ob nicht wenigstens der verwendete Prozentsatz von Stärkesyrup so hoch gewesen, daß er die berechtigten Erwartungen überstieg. Die gelegentliche Bemerkung im Urteile, daß der von dem Zwischenhändler B. für die gelieferte Ware — bei Verwendung von 60% Stärkesyrup — gezahlte Preis „ein unangemessen hoher" war, kann selbstredend jene Beweisführung nicht herstellen, zumal weder angegeben ist, welchen Preis der Agent B. gezahlt hat, noch welchen Preis die Ware unter Verwendung von Zucker gehabt haben würde.

10) Vom 3. Januar 1898. (E. XXX, 393.)

. . . 1. Allerdings ist die materielle Rüge der Verletzung des § 10 Nr. 2 des Nahrungsmittelgesetzes vom 14. Mai 1879 insoweit begründet, als das Urteil die Verfälschung der verkauften Marmelade aus deren Gehalt von 50% Stärkesyrup und 50% Obstkraut entnimmt. Das Urteil hat in dieser Richtung festgestellt, daß der Angeklagte an O. B. zum Weiterverkaufe im Kleinhandel „gemischte Marmelade" verkauft hat, die 50% Stärkesyrup und 50% Obstkraut enthalten habe, und daß diese Tatsache vom Angeklagten beim Verkaufe verschwiegen sei. Der Instanzrichter geht nun bei dem Nachweise, daß hierin eine Verfälschung dieses Nahrungs- und Genußmittels zu finden sei, davon aus, daß „bei gemischter Marmelade der Nichtfabrikant, insbesondere der Kleinhändler, nur vermuten könne, daß dieselbe ein Gemisch aus Fruchtsäften oder Fruchtbestandteilen verschiedener Art — freilich unter Zusatz der gebräuchlichen Versüßungsmittel — darstelle", und erklärt demnächst, daß „Marmelade" „nach der Verkehrsauffassung aus Säften und anderen Bestandteilen von Obstfrüchten unter Zusatz von Zucker besteht", daß das Publikum in der Marmelade keineswegs den Zusatz von Stärkesyrup in dem Maße erwartet, daß dieser die Hälfte des Kaufobjektes ausmache".

Aus diesen Erwägungen wird zwar entnommen werden können, daß das Urteil in Bezug auf die Versüßungsmittel „gemischte Marmelade" und „Marmelade" gleichstellt, und daß ferner als das „gebräuchliche" Versüßungsmittel der Zucker erachtet sein soll. Eine derartige nur auf allgemeinen Erfahrungen gegründete Annahme rechtfertigt indes, wie dies bereits in dem Urteile dieses Senates vom 11. November 1897 in der Strafsache gegen N., Rep. 2875/97, ausgesprochen worden, noch nicht dessen Anwendung auf jeden konkreten Fall. Es wird vielmehr insbesondere auch der Preis der verkauften Ware zu berücksichtigen und zu erwägen sein, ob mit Rücksicht auf ihn die Abnehmer der Ware des Angeklagten noch erwarten durften, daß Zucker und nicht Stärkesyrup die Marmelade enthalte und das der Prozentsatz von Stärkesyrup jedenfalls erheblich geringer sein werde, als er in Wirklichkeit sich zeigte. Das Urteil schweigt über den Preis, den O. B. gezahlt, gänzlich. Der Gutachter S. nennt laut Vermerk im Sitzungsprotokoll als solchen 25 Pf. pro Pfund und bezeichnet ihn als keinen hohen Preis.

2. Das Urteil wird indes selbständig gestützt durch die weitere Annahme, daß eine Verfälschung der verkauften Marmelade in der Verwendung der Teerfarbe zu finden sei. Der erste Richter hat festgestellt, daß der Angeklagte der nur 50% Obstkraut und 50% Stärkesyrup enthaltenden Marmelade durch Anwendung einer Teerfarbe den Schein verlieh, als wenn dieselbe einen Zusatz von dem quantitativ weniger betragenden Zucker und deshalb einen höheren Prozentsatz von Obstteilen enthielte. Es hat auch als erwiesen angesehen, nicht bloß, wie die Revision anzunehmen scheint, daß der Marmelade durch die Anwendung der Teerfarbe der Schein eines besseren Aussehens, sondern auch, daß ihr dadurch der Schein einer besseren Beschaffenheit, als sie in Wirklichkeit hatte, gegeben worden. Durch die Verwendung von 50% Stärkesyrup statt $12^1/_2$% Zucker war der Gehalt an Obstbestandteilen ein quantitativ geringerer und die durch die mehrwertigen Obstteile bewirkte dunkelrote Farbe der Marmelade eine hellere geworden. Zur Verdeckung dieser Minderwertigkeit verlieh der Angeklagte, wie festgestellt, durch den Zusatz der Teerfarbe der Marmelade das Aussehen, als ob dieselbe ein größeres Quantum an Obstsäften enthalte, und zwar ein solches, wie die unter Verwendung von Zucker hergestellte Marmelade hat. Hiermit sind rechtsirrtumsfrei die Merkmale der Verfälschung in objektiver Richtung nachgewiesen.

11) Vom 18. Februar 1895. (Veröffentl. d. K.G.A. Beil. IV, 144.)

Gründe: 1. Im angefochtenen Urteile ist festgestellt, daß der Angeklagte, Inhaber einer Obstgeleefabrik, unter der Bezeichnung „Feinstes Apfelgelee, zur Ausgleichung der Apfelsäure versüßt" eine Ware feilgehalten hat, die 40 bis 50% Stärkesyrup enthielt. Gesundheitsschädlichkeit dieses Zusatzes wurde nicht angenommen. Das Gericht erklärt aber zunächst die Behauptung des Angeklagten, er habe durch den Stärkesyrupzusatz den Obstsaft nur versüßen wollen, für unglaubhaft, weil der Stärkesyrup nur 35%, der Obstsaft aber 50% Zuckergehalt habe, und es unmöglich sei, einen Stoff durch Beimischung eines mindersüßen süßer zu machen. Es kann vorläufig der wiederholten Prüfung der ersten Instanz überlassen bleiben, ob dieser Satz gegenüber den Einwendungen der Revision aufrecht erhalten werden kann; denn die Aufhebung des Urteiles muß aus einem anderen Grunde erfolgen.

Die Entscheidungsgründe folgern nämlich aus dem erwähnten Satze und dem bedeutend billigeren Preise des Stärkesyrups, es bleibe nur übrig, daß der Angeklagte den Zusatz in der Absicht gemacht habe, seine Ware auf möglichst billige Weise und gewissermaßen durch eine Verdünnung in der Quantität zu vermehren; ein solches Verfahren sei Verfälschung im eigentlichsten Sinne. Diese Auffassung des Begriffs Verfälschung wäre nicht zutreffend, denn die Vermehrung der Quantität durch Verdünnung wird im Sinne des Gesetzes vom 14. Mai 1879 erst dann zur Verfälschung, wenn sie zum Zwecke der Täuschung im Handel und Verkehr vorgenommen wird. Wo die Verdünnung offensichtlich oder durch die Preisunterschiede gekennzeichnet ist, kann nicht schlechthin von Verfälschung gesprochen werden. Ob das Urteil auf dem richtigen Standpunkte steht, kann nicht mit Bestimmtheit erkannt werden. Zwar fügen die Entscheidungsgründe bei: Die Konsumenten, die ein nur versüßtes Apfelgelee zu kaufen glauben, werden getäuscht; sie erhalten eine andere Sache; allein es ist zweifelhaft, ob hiermit eine konkrete Tatsache festgestellt werden soll oder nur eine Abstraktion aus der unmittelbar vorausgehenden Bemerkung, jede Vermehrung durch Verdünnung sei Verfälschung. Zu diesem Zweifel wird das Revisionsgericht dadurch veranlaßt, daß die verteidigungsweise vorgebrachten Tatsachen im Urteile keine ausdrückliche Würdigung gefunden haben, obgleich gerade die Täuschungsabsicht und die Täuschung durch sie widerlegt werden sollte.

Der Angeklagte hatte eingewendet, der Gebrauch von Surrogaten, insbesondere von Stärkesyrup für Zucker, sei sehr gewöhnlich, im Publikum ganz bekannt und zur Herstellung eines so billigen Fabrikates notwendig. Der letztere Gesichtspunkt würde freilich für sich allein die Anklage nicht entkräften, denn die Käufer sollen auch im Verkehre mit billigen Erzeugnissen vor Täuschung geschützt werden und je geringer die Kaufkraft des einzelnen, desto wichtiger ist für ihn, daß er wenigstens beim Ankauf des Erreichbaren nicht getäuscht werde.

Immerhin aber kann der billige Preis selbst die Täuschung ausschließen, und es wäre darum das Verhältnis des Preises des hier fraglichen Fabrikates zu solchem, das ohne Stärkesyrup hergestellt wird, nicht ganz außer Betracht zu lassen.

Da ferner das Apfelgelee ein Kunstprodukt ist, für dessen Zusammensetzung es keine andere Norm gibt, als die Ansprüche der Käufer, so ist die Untersuchung nicht zu umgehen, ob die Verwendung von Stärkesyrup bei der Herstellung von Apfelgelee im allgemeinen oder doch bei den billigeren Sorten in der Tat herkömmlich und allgemein bekannt ist und den Ansprüchen derjenigen Personenkreise, welches solches „versüßtes“ Apfelgelee in dieser Preislage zu kaufen pflegen, entspricht. (Vgl. Entscheidungen des Reichsgerichts Bd. 6 S. 53/54, Bd. 15, S. 162, 195.)

Hiermit steht die Frage im engsten Zusammenhange, ob der Angeklagte sich für berechtigt halten konnte, anzunehmen, daß die eingangs erwähnte Bezeichnung in Verbindung mit dem Preise geeignet sei, Täuschung hintanzuhalten. Daß sie nicht auf gleicher Stufe steht mit der Beifügung einer bloßen Ortsbezeichnung, wie in dem in Bd. 24 S. 240 der Entscheidungen des Reichgerichts mitgeteilten Falle, springt in die Augen.

Nur bei solcher Würdigung aller Umstände wird es gelingen, nach der Absicht des Gesetzes dem unredlichen Geschäftsbetriebe entgegenzutreten, ohne Gefahr, zugleich dem redlichen Verkehre mit Surrogaten, die den ärmeren Volksklassen vielleicht willkommenen Ersatz für teuere und darum unerschwingliche Genußmittel bieten, Hemmnisse in den Weg zu legen. Das Schweigen der Entscheidungsgründe hierüber rechtfertigt die Aufhebung des Urteils.

12) R.G. vom 20. März 1902.

Der Angeklagte vertreibt ein zur Herstellung von Nachtischspeisen bestimmtes Präparat, welches, in einem Pappkasten verpackt, mit der Aufschrift versehen ist: „Dessert für 6—8 Personen.“ — „Gelee-Extrakt.“ — „Zur schnellen Bereitung von zirka $^1/_2$ Pfd. delikat schmeckenden Ananas- (Himbeer-, Johannisbeer-, Erdbeer-, Pfirsich usw.) Gelees.“ Manche Pakete, namentlich die für die Schweiz bestimmten, führen in der im übrigen gleichlautenden Aufschrift statt der Worte „Gelee-Extrakt“ die Bezeichnung „Gelee-Pulver“, der Inhalt der Pakete ist überall der gleiche. Jedes der Pakete enthält eine Düte von etwa 50 g gekörnter, weißer Gelatine, rein tierischer Leimsubstanz, hergestellt hauptsächlich aus Kalbsfüßen und Kalbsköpfen, mit geringer Menge eines Teerfarbstoffes, der bestimmt ist, dem Gelee in der betreffenden Fruchtfarbe entsprechende Farbe zu geben, ferner eine Papierhülse mit $2^1/_2$—4 g reiner kristallisierter Weinsäure, endlich ein Fläschchen mit einigen cc Fruchtäther, dazu dienend, dem Gelee den betreffenden Fruchtgeschmack zu verleihen. Von dem Zitronenäther und dem Zusatz zur Vanille abgesehen, sind im übrigen die Fruchtäther künstliche, sog. Ester, die bei einer chemischen Behandlung von Fetten mit Spiritus entstehen und mit natürlichen Früchten nichts gemein haben. Nach der Aufschrift und der auf der Rückseite der Schachtel befindlichen Gebrauchsanweisung soll sich aus dem Inhalte der Düte, der Papierhülse und des Fläschchens ein zum Dessert geeignetes Fruchtgelee herstellen lassen. In Wirklichkeit hat aber das auf diese Weise gewonnene Gelee mit dem Fruchtgelee nur das Wasser, den Zucker und die Gelatine gemein, von demjenigen, was den Begriff des eigentlichen „Fruchtgelees“ ausmacht, enthalten, von dem außer Betracht gelassenen Zitronengelee abgesehen, die aus diesen Präparaten hergestellten Gelees keine Spur. Von einem „nachgemachten“ Nahrungsmittel oder Genußmittel kann begrifflich nur dann die Rede sein, wenn im Verkehrsleben bereits ein als Nahrungs- und Genußmittel benutzbarer oder benutzter Gegenstand vorhanden ist, welcher den Namen trägt, der von dem aus § 10 N.M.G. beschuldigten Angeklagten seinem Fabrikat beigelegt wird, und welcher, wie im Verkehr bekannt ist, und vorausgesetzt wird, regelmäßig aus ganz bestimmten Stoffen besteht, und dem eben deshalb bestimmte, seine Eigenschaft als Nahrungs- oder Genußmittel begründende Eigenschaften beiwohnen. Trifft diese Voraussetzung nicht zu, wird von jemanden vielmehr ein dem Verkehr bisher fremdes Produkt hergestellt und unter einem neu geschaffenen Namen in Verkehr gebracht, welcher auf das Vorhandensein gewisser Bestandteile und Eigenschaften, die daß Produkt zum Nahrungs- oder Genußmittel machen würden, hinweist und diese Bestandteile und Eigenschaften sind in Wirklichkeit nicht vorhanden, so erscheint die Anwendbarkeit des § 10 N.M.G. ausgeschlossen, mögen auch im übrigen die Tatbestandserfordernisse des Betruges bezw. des versuchten

Betruges gegeben sein. Die Strafkammer stellt nun auf Grund der gutachtlichen Äußerungen der Sachverständigen fest, daß zur Zeit ein „Extrakt aus Gelee“ nicht hergestellt werden kann, daß also im Verkehrsleben ein als Nahrungs- oder Genußmittel benutzbarer oder benutzter Gegenstand noch nicht vorhanden ist, welcher die Bezeichnung „Geleeextrakt“ führt und bestimmte Bestandteile voraussetzt. Danach ist anzunehmen, daß es sich um einen von dem Angeklagten neu geschaffenen Namen und ein unter dieser Bezeichnung gehendes neues Fabrikat handelt.

---

62. Kapitel.

Gemüse und Gemüsekonserven.

A. Rohe Gemüse.

Gemüse sind diejenigen meist zuckerarmen Pflanzen oder Pflanzenteile, welche nur nach vorangegangener Zubereitung genossen zu werden pflegen. Diejenigen, welche ohne Kochprozeß zubereitet werden, heißen Salatgemüse, die andern Kochgemüse.

Man teilt die Kochgemüse auch in

Wurzelgemüse: Mohrrübe, Sellerie, Pastinak, Petersilie, Meerrettig, Rüben, Rettig, Runkeln, Kartoffeln, Schwarzwurzeln usw.

Stengelgemüse: Kohlrabi, Spargel.

Zwiebelgemüse: Zwiebeln, Porree, Chalotten, Perlzwiebeln, Knoblauch.

Gewürzgemüse: Esdragon, Petersilienkraut, Selleriekraut, Düll, Schnittlauch, Suppenkräuter.

Kohlgemüse: Grünkohl, Wirsingkohl, Rot- bezw. Weißkohl, Rosenkohl usw.

Spinatgemüse: Spinat.

Blütengemüse: Blumenkohl, Artischoken.

Frucht- und Samengemüse: Grüne Bohnen, Gurken, Kürbis, Melonen, Tomaten, Zuckererbsen, Paprikaschoten.

Die Salatgemüse unterscheidet man nur nach Arten als: Kopfsalat oder Gartenlattich, Endivien, Kresse usw.

Da die Gemüse in ihrer natürlichen Beschaffenheit auf den Markt kommen und deshalb durch ihre äußere Beschaffenheit meist genügende Gewähr für ihre Unverletztheit geben, so bieten sie im rohen Zustande nur selten Gelegenheit zu Rechtsstreitigkeiten.

Verfälschungen sind deshalb auch nur wenige bekannt geworden.

1. Es handelt sich bei ihnen meist nur um die Erhaltung des guten Zustandes bezw. den Verkauf madigen Gemüses. Vgl. diesbezüglich bei Kapitel 61.

2. Im Verkehr mit neuen Kartoffeln kommen häufige Verstöße gegen das Nahrungsmittelgesetz vor.

Längst bevor in unserem Klima die neuen Kartoffeln reif geworden sind, erhalten wir Zufuhren aus Malta und Algier. Etwa um die Osterzeit, wenn diese Kartoffeln zu uns kommen, findet man stets auch konservierte einheimische Kartoffeln, welche als „neue" Kartoffeln bezw. Malta- oder Algierkartoffeln verkauft werden. Diese unechten „neuen Kartoffeln", welche an und für sich ein recht brauchbares Gemüse mit schätzenswerten Eigenschaften sind, werden in der Weise hergestellt, daß entweder alte Kartoffeln in Tonnen gelegt und darin mit täglich erneuertem Wasser und einem harten Besen behandelt werden oder, indem man die Kartoffeln unmittelbar nach der Ernte in ein Gemisch von Erde und Torfmull einlegt, oder endlich, indem man sie in Lehm vergräbt. Es bedarf keiner weiteren Ausführungen, daß die Unterschiebung derartiger konservierter bezw. appretierter Kartoffeln für neue, d. h. eben geerntete Kartoffeln, als Nachmachung im Sinne des § 10 N.M.G. aufzufassen ist.

B. Die Gemüsedauerwaren.

Da die Mehrzahl der Gemüse nur für eine kurze Zeit haltbar ist, das Bedürfnis nach ihnen sich jedoch im ganzen Jahr geltend macht, so ist das Bestreben schon lange darauf gerichtet gewesen, sie in eine geeignete, längere Zeit haltbare Form zu bringen. Diese Formen haben eine große Ähnlichkeit mit denen der Obstdauerwaren, erscheinen jedoch nicht in so reicher Wahl. Man kennt:

1. Getrocknete, bezw. gedörrte oder gepreßte Gemüse. Sie werden in ganz ähnlicher Weise hergestellt, wie das Trocken- oder Dörrobst. Vgl. S. 462 und 468.

2. Gemüsekonserven im engeren Sinne sind die in hermetisch verschlossenen Gefäßen durch Sterilisieren haltbar gemachten Gemüse. Sie werden nach vorangegangener gründlicher Säuberung in der Weise hergestellt, wie im 26. Kap. ausgeführt.

3. Sauergemüse. Einige wenige Gemüse, vorzugsweise Weißkohl und Gurken werden, indem man sie einer Milchsäuregärung überläßt, in eine Art Dauerware verwandelt, welche jedoch kaum bis zur nächsten Saison aushält. Die Produkte der Gärung heißen Sauerkraut oder Sauerkohl und saure Gurken. Andere Zusätze als Salz und Gewürzkräuter sollen nicht gemacht werden. Die sog. Pfeffergurke erhält noch einen geringen Zusatz von Essig und Gewürzen sowie einen kleinen Kupfergehalt, um die an manchen Orten gewünschte grüne Farbe zu erzeugen. Vgl. aber unter „gesetzliche Bestimmungen".

4. Salzgemüse und Essiggemüse. Ein unerheblicher Teil der Gemüse, vorzugsweise grüne Bohnen, wird auch in der Weise konserviert, daß man sie in starke Salzlösung einlegt.

Von Essiggemüsen sind vorzugsweise die sog. Mixed Pickles zu erwähnen, Gemische verschiedenartigster Gemüse (Blumenkohl, Gurken, Spargel, Kolrabi, Paprikaschoten und viele andere) in gewürztem stärkeren Essig. Daneben sind rote Rüben in Essig und einige von noch geringerer Bedeutung zu erwähnen.

Gesetzliche Bestimmungen.

1. Das Gesetz vom 5. Juli 1887 verbietet in seinem § 1 die Verwendung von Kupfer oder Kupferverbindungen zu Färbezwecken.

2. Ministerialerlasse in den einzelnen Bundesstaaten empfehlen vor Erhebung von Anklagen wegen Übertretung der zu 1 genannten Bestimmung große Vorsicht, da die Voraussetzungen bei Erlaß des Gesetzes nicht mehr im vollen Umfange als zutreffend angesehen werden.

Der preußische Erlaß vom 20. 10. 96 lautet:

Durch § 1 des Gesetzes, betr. die Verwendung gesundheitsschädlicher Farben bei der Herstellung von Nahrungsmitteln, Genußmitteln und Gebrauchsgegenständen vom 5. Juli 1887 (RGB. S. 277), ist die künstliche Grünung von Gemüsekonserven unter Anwendung von Kupfer untersagt. Für dieses Verbot ist die Überzeugung maßgebend gewesen, daß der Genuß kupferhaltiger Nahrungsmittel unter allen Umständen Schädigungen für die menschliche Gesundheit mit sich bringe. Nach dem Ergebnis neuerer im Kaiserlichen Gesundheitsamt ausgeführten Untersuchungen kommt indessen den Kupfersalzen eine Giftwirkung in so erheblichem Umfange, wie dies früher angenommen wurde, nicht zu

Insbesondere kann von den nicht ätzenden Kupferverbindungen, die hauptsächlich für die Grünung von Gemüsekonserven in Betracht kommen, behauptet werden, daß mit ihrer Einverleibung in geringen Mengen die Gefahr einer Vergiftung nicht verbunden ist. Unter diesen Umständen erscheint es angängig, einem seitens der Konservenfabrikanten schon seit längerer Zeit gehegten Wunsch entgegenzukommen und das Färben ihrer Erzeugnisse mit Kupferverbindungen innerhalb bestimmter Grenzen wieder zu gestatten. Von den beteiligten Industriellen wird hierauf um so mehr Wert gelegt, als sie in der Wiederzulassung dieses Färbeverfahrens das einzige Mittel erblicken, durch welches die Lieferung einer den Anforderungen der Konsumenten entsprechenden, gefällig aussehenden Ware ermöglicht und die Konkurrenzfähigkeit der inländischen Erzeugnisse mit den Fabrikaten des Auslandes, woselbst das Kupfern der Konserven ungehindert erfolgen könne, wiederhergestellt wird. Es ist deshalb in Aussicht genommen, alsbald eine entsprechende Abänderung der oben erwähnten Bestimmung des Reichsgesetzes vom 5. Juli 1887 herbeizuführen. Mit Rücksicht hierauf erscheint es erwünscht, daß für die nächste Zeit ein allzu scharfes Vorgehen der Behörden im Fall der etwaigen Entdeckung kupferhaltiger Gemüsekonserven vermieden wird und insbesondere vor der Einleitung von Strafverfolgungen eine eingehende Prüfung des Sachverhaltes erfolgt. Es empfiehlt sich dies auch deshalb, weil nach dem Ergebnisse zuverlässiger Untersuchungen geringe Mengen Kupfer sehr häufig schon als natürlicher Bestandteil in Gemüsen, Früchten und ähnlichen Bodenerzeugnissen sich vorfinden, und weil bei der Zubereitung in kupfernen oder kupferhaltigen Gefäßen Spuren von Kupfer selbst bei tadellos blanker Oberfläche der Gefäße, unvermeidlich in die betreffenden Nahrungsmittel hineingelangen, so daß nicht in jedem Falle, wo Gemüsekonserven als kupferhaltig befunden werden, ohne weiteres die Annahme gerechtfertigt ist, daß ein unzulässiger, künstlicher Zusatz von Kupfer zu Färbungszwecken stattgefunden hat.

Verfälschungen usw.

1. Ein hoher Wassergehalt (über 12—14 %) in Trockengemüsen kann nicht nur als Beschwerung erscheinen, sondern auch zum Verderber werden. Solche ungenügend ausgetrocknete oder unzweckmäßig gelagerte Ware verfällt sehr leicht der Verschimmelung.

2. Milben, Käfer und dergleichen sollen in Dörrgemüse nicht vorhanden sein.

3. Die Färbung von grünem Büchsengemüse, soweit es sich um Kupferung handelt, ist nach dem Gesetz von 1887 unzulässig. Nach stillschweigenden Übereinkommen bleiben jedoch bis zu weiterer gesetzlicher Regelung Mengen bis 55 mm Kupfer pro Kilo Gemüse seitens der Untersuchungsanstalten unbeanstandet, doch muß Verurteilung erfolgen, sobald die Gerichte mit der Angelegenheit befaßt werden. Hauptsächlich handelt es sich um feine Schotengemüse sowie um die sog. Haricots verts, ein sehr feines Bohnengemüse. Vergleiche diesbezüglich die im Kapitel 25 gemachten Ausführungen.

4. Bei manchen Gemüsen, besonders Dörrgemüsen ist auch üblich, die Gemüse zu bleichen, um sie dadurch ansehnlicher zu machen. Soweit das Bleichen mit unschädlichen Mitteln erfolgt, dürfte es bei Deklarationen unbedenklich sein. Die mit schwefliger Säure gebleichten Gemüse sind ebenso wie die entsprechenden Obstdauerwaren zu beurteilen. Bleich-Sellerie ist nicht gebleicht, sondern durch Fernhalten der Sonnenstrahlen blaß geblieben.

5. Gehalt an Schwermetallen, besonders an Zinn und Blei kommt gelegentlich unbeabsichtigter Weise vor. Sofern es sich um Spuren handelt, dürften gesundheitliche Bedenken nicht auftauchen. Bei gefundenen größeren Bleimengen ist stets besonders zu beachten, ob es sich nicht um in die Konserven gelangte Bleikörnchen handelt. Bei dem alten Verschlußverfahren der Konservenbüchsen, beim Verlöten gelangten häufig Körnchen des Lotes in das Büchseninnere. Irgend eine sanitäre Bedeutung kam diesen Kügelchen nicht zu. Sie konnten nicht anders beurteilt werden, als etwa ein Schrotkorn im Rebhuhn oder Hasen. Lediglich in Lösung befindliche Schwermetalle sind für eine Beurteilung aus § 12 N.M.G. beträchtlich.

6. Bei Trockengemüsen kommt gelegentlich ein Zusatz von doppelkohlensaurem Natrium in Betracht, um die grüne Farbe der Schnittbohnen zu erhalten. Vgl. im Kapitel 25.

7. Zusatz von Konservierungsmitteln gilt allgemein als unzulässig, soweit es sich um sterilisierte Konserven handelt. Wegen schwefliger Säure wird auf die gemachten Ausführungen und den Seite 167 mitgeteilten Ministerialerlaß verwiesen.

---

63. Kapitel.

Gewürze.

A. Einfache Gewürze.

Unter Gewürzen im weiteren Sinne verstehen wir alle diejenigen Stoffe, welche bestimmt sind, den Geschmack und den Geruch zuzubereitender Speisen in günstigem Sinne zu beeinflussen. Im engeren Sinne werden darunter einige pflanzliche Produkte verstanden, welche entweder durch scharf schmeckende Bestandteile (Pfeffer, Paprika) oder einen Gehalt an ätherischen Ölen (Zimmt, Tymian, Nelken usw.) oder dergl. ausgezeichnet sind. Man teilt sie ein in:

1. Samen: Senf, Muskatnuß mit der sog. Muskatblüte, welche nichts weiter als der Samenmantel der Muskatnuß ist.

2. Früchte: Vanille, Kardamomen, Pfeffer, spanischer Pfeffer, Kümmel, Fenchel, Anis, Koriander.

3. Blüten und Blütenteile: Nelken, Safran, Kapern.

4. Blätter und Kräuter: Lorbeerblätter, Majoran, Bohnenkraut, Dill, Petersilie, Esdragon.

5. Rinden: Zimmt.

6. Wurzeln: Ingwer, Gelbwurzel oder Curcuma, Süßholz usw.

Im **Allgemeinen** sind folgende **Verfälschungen**, besonders auch für die nicht einzeln besprochenen Gewürze zu bemerken:

a) Bei nicht zerkleinerten Gewürzen:

1. Billigere Stoffe, die in ihrer äußeren Erscheinung mit dem „echten“ Gewürz einige Ähnlichkeit haben, werden zugemischt.

2. Die an und für sich guten Gewürze werden zur Herstellung von Auszügen, Gewinnung ätherischer Öle oder dgl. vorbenutzt, getrocknet und mit unversehrten Gewürzen vermischt.

3. Echte Gewürze minderer Qualität werden durch Färben, Verschmutzen, durchtränken mit Lösungen verschiedener Art und dgl. so zugerichtet, daß entweder die Qualität verdeckt oder Beschwerung oder beides erzielt wird.

b) Bei zerkleinerten, pulverisierten Gewürzen.

1. Zumischen irgend welcher wertloser Stoffe, Sand oder andere pulverförmige Körper.

2. Mitvermahlen aller derjenigen Verunreinigungen, die ordnungsgemäß vor der Vermahlung zu entfernen wären, besonders in der Weise, daß die besten Anteile erst ausgelesen werden, um als ganzes, unzerkleinertes Gewürz in den Verkehr zu kommen und der weniger wertvolle Rückstand mit allem, was noch darin ist, in Pulver verwandelt wird.

3. Untermischen geringwertiger Marken unter vollwertige.

4. Vermahlung ausgezogener Gewürze mit unversehrten zusammen.

Zu den **einzelnen Gewürzen** ist noch folgendes hervorzuheben.

1. **Muskatnüsse** kommen meist gekalkt in den Handel; sie bekommen dadurch ein weißes, kreidiges Äußere. Da die geringen Kalkmengen als Beschwerung nicht anzusehen sind, auch von der Verleihung des Anscheins einer besseren Beschaffenheit nicht gesprochen werden kann, so ist gegen das Verfahren, welches Insektenfraß fernhalten soll, ein Einwand nicht zu erheben. Muskatnüsse enthalten zirka 50 % Öle (15 % flüchtige und 35 % fette). Sie lassen sich daher nur recht schlecht pulvern, am besten bei großer Kälte. Muskatnußpulver ist darum im Sommer entweder aus schlechten Nüssen hergestellt oder nicht frisch.

2. Die **Muskatblüte** bildet den Samenmantel der echten Banda-Macis, sowie einiger anderer kultivierter Arten. Sie wird zum erheblichen Teile im pulverisierten Zustande vertrieben und unterliegt häufiger Verfälschung mit einer wilden Art, der sog. Bombay-Macis. Diese entbehrt der aromatischen Bestandteile, welche den Wert der echten Muskatblüte ausmachen, vollständig. Das Vermischen echter Muskatblüte mit Bombay-Macis ist deshalb eine Verfälschung. Bei Deklaration des Zusatzes oder bei Verkauf der Bombay-Macis im unvermischten Zustande muß gleichfalls stets entweder eine Verfälschung oder eine Nachmachung der echten Muskatblüte angenommen werden, da das Publikum absolut keine Ahnung hat, was Bombay-Macis sei und sich stets in der Annahme befinden dürfte, es handle sich lediglich um eine besondere Art, welche aber den erwarteten Erfolg in ähnlicher Weise wie die bekannte Muskatblüte erfüllen wird. Der Vertrieb der Bombay-Macis ist deshalb in jeder Form als auf Täuschung berechnet anzusehen.

3. Bei **Vanille** kommen öfter Verfälschungen vor, indem ausgezogene Schoten, die ihres Vanillingehaltes beraubt sind, in den Handel gebracht werden. Aber auch der umgekehrte Fall ist bekannt, daß zu geringwertigen (oder ausgezogenen) Schoten Vanillinlösung zugesetzt wird, um sie besser erscheinen zu lassen. Das ist unzulässig.

4. **Pfeffer** ist das wichtigste aller Gewürze. Wir unterscheiden weißen und schwarzen Pfeffer. Der schwarze ist die unreife, getrocknete Frucht, während der weiße ursprünglich nur der reife, von der Fruchtschale befreite Kern war. Jetzt wird allerdings ein erheblicher Teil des weißen Pfeffers aus dem schwarzen durch Schälen oder in der Weise hergestellt, daß der

schwarze Pfeffer in Kalkwasser oder Meereswasser gelegt und wieder getrocknet wird. Die Fruchthaut läßt sich alsdann mit Leichtigkeit durch Reiben entfernen. Schwarzer Pfeffer ist desto besser, je schwerer, härter und dunkler die Körner sind. Es gibt viele Sorten. Der Malabar-Pfeffer ist der beste. Sumatra-Pfeffer dient meist zur Herstellung weißen Pfeffers. Penang-Pfeffer ist eine der geringen Sorten, die meist fleckigen und unansehnlichen weißen Pfeffer liefert. Sie kommt vielfach zur Verdeckung ihrer Mängel gekalkt in den Handel. Das ist aber als eine auf Täuschung gerichtete Handlung unzulässig, auch eine Beschwerung (zirka 2,0—3,0%). Da anderer weißer Pfeffer keines Kalküberzuges gegen Insekten bedarf, so muß der Penang-Pfeffer gleichfalls ohne Kalk haltbar sein.

Pfefferverfälschungen werden oft in der Weise begangen, daß Stiele, Schalen und andere wertlose Teile der Pfefferpflanze sowie andere Vegetabilien mit zu Pulver vermahlen wurden.

Die Mitvermahlung des Schälabfalles von der Herstellung weißen Pfeffers zu schwarzem Pfefferpulver ist eine Verfälschung. Nur der Kern des Pfeffers ist das wirklich Wertvolle, höchstens kann der Schälabfall gesondert unter entsprechender Bezeichnung vertrieben werden. Durch Mischen von weißen und schwarzen Pfefferpulver resultiert wohl noch „Pfefferpulver" aber nicht mehr eine besondere Art.

Bei ganzen Pfefferkörnern ist öfter beobachtet worden, daß andere ähnliche Früchte daruntergemischt waren z. B. Kubebenpfeffer, Seidelbastbeeren, Paradieskörner usw. Es soll sogar ein vollständig künstlich hergestellter, in Körnerform gebrachter Pfeffer im Handel gewesen sein.

5. **Paprikapulver** soll eigentlich nur in der Weise hergestellt werden, daß die rote Samenschale vermahlen wird. Durch Zusatz der in den Schoten befindlichen Samenkörner tritt nicht nur eine erhebliche Beschwerung ein, sondern das Produkt bekommt auch einen schlechteren Geschmack und geringeren Gewürzwert. Der sog. echte Rosenpaprika ist eine andere Art, die in der Gegend von Szegedin wächst und sich dadurch vom andern Paprika unterscheidet, daß seine Schoten eine kurze gedrungene, fast eirunde Form besitzen, während die andern lang und schmal sind. Echter Rosenpaprika ist milde und süß im Geschmack.

6. **Safran** ist nichts weiter als die getrockneten, sonst aber gänzlich unveränderten Blütennarben der kultivierten Safranpflanze.

Der Safran erfüllt eine doppelte Aufgabe, da er nicht nur als Gewürz, sondern auch als Färbemittel gebraucht wird. Die Verwendung des Safrans als Zusatz zu anderen Lebensmitteln ist deshalb nach diesen beiden Richtungen hin zu prüfen.

Da der Safran sehr hoch im Preise steht, ist er sehr häufig Verfälschungen unterworfen. Er kommt im ausgezogenen Zustand vor, manchmal nach Wiederauffärbung mit künstlichem Farbstoff. Er wird ferner mit wertlosen Stoffen vermischt, entweder Bestandteilen der echten Safranpflanze (Griffel) oder Teilen fremder Pflanzen, die in reicher Auswahl schon aufgefunden wurden.

Besonders in Safranpulver sind schon zahlreiche Fremdstoffe aufgefunden worden.

Endlich wird der echte Safran dadurch verfälscht, daß er beschwert wird, sei es mit Zuckerlösungen, sei es mit Glyzerin oder anderen Flüssigkeiten.

Es bedarf keiner Frage, daß als „Safran“ Mischungen irgend welcher Art ausgeschlossen sind.

Zulässig erscheinen nur die auf ein Minimum zu beschränkenden Verunreinigungen, die sich bei der Ernte nur mit besonders hohen Unkosten entfernen ließen; deren Maximalgehalt soll nach den Ausführungen S. 104 1 % nicht übersteigen.

7. **Nelken.** Stiele sollen in den Gewürznelken fehlen.

8. **Ingwer.** Der Handel unterscheidet geschälten und ungeschälten Ingwer. Der letztere ist minderwertig, da gerade in der Rinde die Hauptmenge des ätherischen Öles sitzt. Zudem unterliegt der geschälte noch verschiedenen Manipulationen, indem er gekalkt, geschwefelt und noch anderweitig, meist mit Bleichmitteln behandelt wird. Ein einfaches Kalken mag zulässig erscheinen, da mit der Rinde und dem in ihr enthaltenen ätherischen Öl der Hauptschutz gegen Insekten entfernt ist. Andere, insbesondere bleichende Agentien sollen aber fernbleiben.

Ingwer kommt auch kandiert in den Handel. Vgl. kandierte Früchte.

9. **Kardamomen.** Bei der Pulverbereitung sollen die wertlosen strohigen Hülsen nicht mitbenutzt werden.

10. **Englisches Gewürz,** Gewürz, Piment. Mexikanische Gewürzkörner sollen vom Kleinverkehr aus gleichen Gründen ausgeschlossen sein, wie die Bombay-Macis. Vgl. hierüber Nr. 2.

11. **Zimmt.** Auf wilde Zimmtsorten finden die zu 10. bezw. Bombay-Macis sub. Nr. 2 gemachten Ausführungen Anwendung.

B. Zusammengesetzte Gewürze.

1. Senf oder Mostrich. Senf oder Mostrich soll eigentlich nichts weiter sein, als der fein gemahlene, entölte oder nicht entölte Senfsamen, der mit Wasser, Weinessig und eventuell Zucker und Gewürzen zu einem Breie angerührt ist. Er verdankt seinen scharfen Geschmack, der durch das Wasser bewirkten Zerlegung einer im Senfsamen enthaltenen, myronsaures Kalium genannten Verbindung. Bei der Spaltung gibt diese Verbindung neben einigen andern Produkten hauptsächlich ätherisches Senföl.

Der Senf wird meist gefärbt.

Sofern er sonst aus reinen Bestandteilen zusammengesetzt ist, d. h. sein Aroma und seinen Geschmack ausschließlich dem natürlichen Senföl, Essig und etwaigen reinen Gewürzen verdankt, insbesondere kein künstliches Senföl und auch kein Mehl enthält, erscheint die Auffärbung unbedenklich, ist jedoch anzugeben. Bei Mischungen des Senfs mit Surrogaten würde der Begriff des Nachmachens, der schon im Zusatz von Mehl oder künstlichen Senföl gefunden werden kann, durch die Färbung vervollständigt werden.

Solche aus Surrogaten hergestellte Mostriche müssen aber als Kunstmostrich oder ähnlich bezeichnet werden und sind als solche auch zum Färben frei.

„Reiner" oder „natürlicher" Senf oder solcher, der in anderer Weise als frei von nicht der Norm entsprechenden Zusätzen bezeichnet ist, darf auch keinen zugesetzten Farbstoff enthalten.

2. Fertige Saucen. Sie kommen meist von England zu uns in den Handel und werden ausschließlich in Originalverpackung vertrieben. Da es Normen für sie im allgemeinen nicht gibt, bieten sie in nahrungsmittelrechtlicher Beziehung zu Ausführungen keine Veranlassung.

3. Suppenwürzen. Unter diesen Namen kommen neuerdings einige Fabrikate in den Handel, welche durch Zusammenstellung mehrerer geheim gehaltener Gewürze erhalten werden. Über ihre normale Beschaffenheit läßt sich deshalb eine Angabe nicht machen. Einige von ihnen werden jedoch nicht nur in Originalflaschen, sondern auch offen vertrieben und werden deshalb gelegentlich verdünnt oder durch billigere Fabrikate ersetzt.

4. Fleischextrakt. Ein aus entfetteter Fleischbrühe durch Eindampfen erhaltenes Erzeugnis. Es erleidet beim Konzentrieren gewisse Umsetzungen, die verhindern, daß durch Wiederauflösung die ursprüngliche Brühe wiedergewonnen werden kann. Da Fleischextrakt hoch im Preise steht, wird er vielfach verfälscht.

Zusätze von Leim, Wasser, Kochsalz, Hefeextrakten (Siehe das 65. Kapitel) sind die gewöhnlichsten Beschwerungsmittel.

C. Kochsalz.

Eine Sonderstellung unter den Gewürzen nimmt das Salz ein. Es ist nicht nur Genußmittel, sondern erfüllt auch gleichzeitig eine nicht unwichtige Funktion bei der Ernährung bezw. der Verdauung. Daneben findet das Kochsalz in größeren Mengen Benutzung als Konservierungsmittel. Das Einsalzen ist eine der ältesten Konservierungsmethoden und beruht, wie im Kap. 26 ausgeführt ist, darauf, daß es den zu konservierenden Nahrungsmitteln Wasser entzieht.

Das Kochsalz ist deshalb auch ein Hilfsstoff.

In chemischer Beziehung ist es Chlornatrium d. h. eine Verbindung von Chlor und Natriummetall und anzusehen als das Natriumsalz der Salzsäure. Es wird entweder durch Eindampfen des Meerwassers (Spanien) oder durch Bergbau (Galizien) oder aus Soolquellen in Salinen gewonnen. Je nach der Herstellungsart und den Verunreinigungen des Ausgangsmaterias fällt das Kochsalz etwas verschieden aus.

Die Verunreinigungen können nicht nur den Geschmack beeinflussen (Magnesiumsalze machen es bitter) sondern auch den Feuchtigkeitsgehalt (Chlormagnesium zieht Wasser an). Das reinste Salz ist das Steinsalz, wie es besonders in den Gruben von Wieliczka gewonnen wird. Das Kochsalz unterliegt einer erheblichen Steuer. Man vergleiche diesbezüglich die Ausführungen S. 29 und 30.

Reichsgericht. 1) Vom 7. Februar 1889.

Betr. Pfeffer mit Zusatz von Pfefferstaub und Schalen. Vgl. S. 117 Nr. 2.

2) Vom 17. Februar 1887. (R. IX, 138.)

Bei Verfälschung von Safran hat der Richter zu prüfen, ob derselbe, abgesehen von seiner Verwendung als Färbemittel, nicht auch, insbesondere unter Berücksichtigung der lokalen Gebräuche, als Gewürz und demnach als Genußmittel im Sinne des N.M.G. in Betracht kommt.

3) Vom 17. Juni 1889. (Veröffentl. d. K.G.A. 1890 S. 733.)

Bei der Feststellung, daß Safran ein Färbemittel nur in dem Sinne ist, daß mittels desselben den Speisen, welche mit dem Zusatz von Safran genossen werden, eine besondere Farbe verliehen werden soll, wird der als Färbemittel verwandte Safran zugleich mit Notwendigkeit als Genußmittel verwandt, und es ergibt sich hieraus, daß der Angeklagte, wenn er denselben auch nur als Färbemittel fälschen und in den Handel bringen wollte, er sich doch bewußt war, daß derselbe auch genossen werden würde, so daß er auch hierauf seinen Willen richten mußte.

4) Vom 21. Januar 1890. (Veröffentl. d. K.G.A. 1890 S. 733.)

Die Beimischung von mehr als $5^1/_2$ und $11^1/_2$% Blütenblätter der Ringelblume zu Safran kann als Verfälschung angesehen werden.

---

64. Kapitel.

Mineralwässer und alkoholfreie Brausegetränke.

Die Beurteilung von gewöhnlichem Trinkwasser ist nicht Aufgabe des Nahrungsmittelrechtes, sondern der Hygiene, es sei denn, daß beabsichtigte Verunreinigungen von Brunnenwasser im Sinne des § 324 vorliegen. (Vgl. S. 39.) Um so mehr beschäftigt sich das Nahrungsmittelrecht mit den sog. künstlichen und natürlichen Mineralwässern. Die

Begriffsbestimmungen von **natürlichem Mineralwasser**

sind in einer Kommission von Fachleuten aufgestellt wie folgt:

1. Als „natürliche Mineralwässer“ kurzweg dürfen nur solche bezeichnet werden, welche bei dem Abfüllen keine willkürliche Veränderung erfahren haben. Das abgefüllte Wasser darf also in seiner Zusammensetzung gegenüber dem Wasser der Quelle nur insofern Abweichungen zeigen, als dies durch das Abfüllen bedingt ist.

   Nicht beanstandet soll werden die Benutzung von Kohlensäure zur Luftverdrängung bei dem Abfüllen von Stahlwasser.

   Wird abgefülltes natürliches Mineralwasser als Wasser einer bestimmten, benannten Quelle in den Handel gebracht, so muß es in seiner Zusammensetzung derjenigen der benannten Quelle entsprechen.

2. Wird aus irgend einem Grunde die Übersättigung eines natürlichen Mineralwassers mit Kohlensäure vorgenommen, so ist das abgefüllte Wasser zu bezeichnen: „*Natürliches Mineralwasser mit Kohlensäure versetzt.*“ Stammt die Kohlensäure aus der Quelle selbst, so kann dies besonders hervorgehoben werden.

3. Natürliche Mineralwässer, welche eisenhaltige, alkalische oder erdige Säuerlinge sind oder Zwischenglieder, dürfen auch nach dem Enteisenen und Versetzen mit Kohlensäure bezeichnet werden: „*Natürliches Mineralwasser doppelt kohlensaurer Füllung, enteisent und mit Kohlensäure versetzt.*“ Stammt die Kohlensäure aus der Quelle selbst, so kann dies besonders hervorgehoben werden.

4. Erfahren natürliche Säuerlinge, wie in 3 erwähnt, enteisent oder nicht enteisent, einen Zusatz von Kochsalz, so sind dieselben zu bezeichnen: „*Natürliches Mineralwasser mit Kochsalz und Kohlensäure versetzt,*“ oder „*natürliches Mineralwasser doppelt kohlensaurer Füllung, enteisent, mit Kochsalz und Kohlensäure versetzt.*“

Künstliche Mineralwässer sind unter Verwendung von destilliertem oder nicht destilliertem Wasser unter Auflösung von Salzen, meist auch Kohlensäure hergestellte künstliche Lösungen.

Soweit es sich um Mineralwässer zu Heilzwecken handelt, scheiden sie aus dem Rahmen dieser Erörterung aus.

Die *Zusammensetzung* hat den allgemeinen hygienischen Anforderungen zu entsprechen: das Wasser darf nicht verunreinigt sein, es darf keinerlei Bakterien enthalten, die als Erreger von Krankheiten gelten, endlich muß es frei sein von metallischen Verunreinigungen, insbesondere von Kupfer, Blei und Arsen. Die letzteren kommen leicht bei unzweckmäßiger Herstellung in das Mineralwasser hinein. Die verwendeten Chemikalien und Kohlensäure sollen ebenfalls rein sein, die verwendeten Gefäße sauber. Die künstlichen Mineralwässer werden zum weitaus größten Teile unter dem Namen *Selterwasser* vertrieben und sind dann nichts weiter als mit Kohlensäure imprägniertes natürliches oder destilliertes Wasser, daß einen sehr geringfügigen Zusatz von Soda und Salz erhalten hat. Der Soda wird dabei durch die überschüssige Kohlensäure in doppeltkohlensaures Natron verwandelt.

Die künstlichen Mineralwässer bilden auch die Hauptmenge in den neuerdings so in Aufnahme kommenden alkoholfreien Getränken, der sog. **Brause-Limonaden.** Es sind dies nichts weiter als mit einem kleinen Quantum eines Syrups versetzte Mineralwässer. Diese Syrupe sind zum Teil ohne jeden rationellen Gesichtspunkt, nach Phantasie zusammengestellt und enthalten neben Zucker kleine Mengen, entweder natürlicher, meist aber künstlicher Fruchtessenzen, Farbstoffe und schaumerzeugende Zusätze.

Soweit es sich nur um solche Phantasiegetränke handelt, können andere als gesundheitliche Gesichtspunkte für ihre Beurteilnng nicht geltend gemacht werden. Diejenigen, welche jedoch durch ihren Namen zu erkennen geben, daß sie einer bestimmten Frucht entsprechen sollen, müssen denjenigen Gesichtspunkten entsprechen, welche S. 466 Ausdruck gefunden haben.

Es muß jedoch noch folgendes für die Brause-Limonaden beachtet werden.

Herstellung von Brause-Limonaden mit natürlichen Fruchtsäften sind zur Zeit meist nicht möglich, da die Kohlensäure innerhalb kurzer Frist den Farbstoff der betreffenden Früchte verändert und ein fremdartig, meist auch sehr unappetitlich aussehendes Getränk schafft. Wer sich Himbeersaft und Selterwasser einmal in einem Glase zusammengemischt hat, kennt diese Erscheinung, die die Anfangs rote Mischung schon nach wenigen Minuten in ein lilafarbiges bis blaues Getränk verwandelt. Die Herstellung von Brause-Limonaden ist deshalb in dieser Weise zur Zeit nicht möglich. Die Fabrikanten helfen sich in der Weise, daß sie das Aroma aus den Früchten abdestillieren, aus den Destillaten einen Syrup bereiten und für den ausgeschiedenen Farbstoff einen anderen zusetzen, der durch die Einwirkung der Kohlensäure keine Veränderung erfährt. Solche Brause-Limonaden kommen unter dem Namen der betreffenden Frucht mit der Deklaration „künstlich gefärbt" in den Handel.

Ein anderer Teil der Brause-Limonaden enthält aber nicht nur fremde Farbstoffe, sondern auch künstliche aromatische Zusätze. Diese haben natürlich auf eine Bezeichnung wie „Himbeer-Brause-Limonaden, künstlich gefärbt" keinen Anspruch mehr, sondern haben ihre vollständig künstliche Herstellung in geeigneter Weise zum Ausdruck zu bringen z. B. „Brause-Limonade mit Himbeergeschmack" oder ähnlich.

„**Limonaden**" schlechthin sind ausschließlich Gemische von gewöhnlichen Trinkwasser mit Fruchtsäften, also frei von Kohlensäure. Solche einfache Limonaden können auch mit natürlichen Fruchtsäften hergestellt werden, sie bilden jedoch keinen Handelsartikel, da ihre Herstellung meist unmittelbar vor dem Genuß stattfindet.

Als alkoholfreie Getränke kommen auch andere als mit künstlichen Mineralwässern hergestellte Getränke in den Handel. Sie bestehen entweder aus sterilisierten mit Kohlensäure imprägnierten Obstsäften (Apfelsaft) oder Verdünnungen solcher Säfte. Daneben finden sich andere, welche durch Ausziehen frischer oder getrockneter Früchte hergestellt sind. Ob die aus schwefligsäurehaltigen Dörrobste hergestellten Erfrischungsgetränke als hygienisch einwandsfrei erscheinen, ist zweifelhaft, da diese Getränke in der Regel in größeren Mengen aufgenommen zu werden pflegen. Da salizylsäurehaltige Fruchtgetränke meist als gesundheitlich bedenklich beanstandet werden, die freie schweflige Säure aber ein außerordentlich viel heftiger wirkender Körper als die Salizylsäure ist, so dürften die für die Salizylsäure erhobenen Bedenken auf die freie schweflige Säure erst recht zutreffen.

Die zur Herstellung alkoholfreier Getränke im Handel befindlichen sog. **Limonaden-Syrupe** sind meist nur Hilfsstoffe, die fast ausschließlich zu Fabrikationszwecken hergestellt werden. Sie können, wenn sie unter einem Phantasienamen erscheinen, auch alles enthalten, was nicht ausdrücklich verboten ist. Farben, welche nicht unter das Gesetz vom 5. Juli 1887 fallen, aber keine künstlichen Süßstoffe und keine gesundheitsschädlichen Verbindungen. Erscheinen die Limonadensyrupe aber unter dem Namen bestimmter Früchte, so gelten für sie die für Brause-Limonaden mitgeteilten Gesichtspunkte. Himbeerlimonadensyrup ohne weitere Bezeichnung muß demnach den Anforderungen an Himbeersyrup genügen, es sei denn, daß er sich als Syrup zur Herstellung künstlicher Himbeer-Limonaden oder Brause-Limonaden entsprechend kennzeichnet. Ebenso verhält es sich mit Limonadensyrupen, die den Namen einer anderen Frucht tragen. Sie dürfen ebenso wie die aus ihnen hergestellten Limonaden oder Brause-Limonaden keine fremdartigen Aromazusätze enthalten. Bei Zusatz fremdartiger Stoffe gehen sie des Rechtes, sich nach einer bestimmten Frucht zu benennen, ebenso verlustig, wie Himbeersyrup, der einen Zusatz von Kirsch-Syrup erhalten hat.

Bezüglich eines Alkoholgehaltes sog. alkoholfreier Getränke kann auf die Ausführung im Kap. 22 S. 104 unten verwiesen werden.

Gesetzliche Bestimmungen. 1. Die Kaiserliche Verordnung vom 22. Oktober 1901 betr. den Verkehr mit Arzneimitteln bestimmt in ihrem § 1:

„Die in dem angeschlossenen Verzeichnisse A. aufgeführten Zubereitungen dürfen ohne Unterschied, ob sie heilkräftige Stoffe enthalten oder nicht als Heilmittel (Mittel zur Beseitiguug oder Linderung von Krankheiten bei Menschen oder Tieren) außerhalb der Apotheken nicht feilgehalten oder verkauft werden.

Dieser Bestimmung unterliegen von den bezeichneten Zubereitungen, soweit sie als Heilmittel feilgehalten oder verkauft werden.

a) . . .

b) künstliche Mineralwässer nur dann, wenn sie in ihrer Zusammensetzung natürlichen Mineralwässern nicht entsprechen und zugleich Antimon, Arsen, Barium, Chrom, Kupfer, Blei, Salpetersäure, freie Salzsäure, freie Schwefelsäure enthalten."

2. Über den Betrieb von Fabriken künstlicher Mineralwässer sind in den einzelnen Bundesstaaten bezw. Provinzen eingehende Polizeiverordnungen ergangen. Vgl. diesbez. Lebbin, Nahrungsmittelgesetz S. 210ff.

Reichsgericht. Vom 22. Februar 1900. (Veröffentl. d. K.G.A. Beil. V, 257.)

1. Der Angeklagte hat zum Zwecke der Täuschung im Handel und Verkehr Zitronen-, Orangen-, Himbeer-, Ananas-, Weichsel- und Waldmeister-Brauselimonade in der Weise nachgemacht, daß er Zucker, Saccharin, kohlensaures Wasser und je die entsprechenden Farbstoffe und Geschmackessenzen mischte; diese nachgeahmten Genußmittel hat er sodann wissentlich unter der zur Täuschung geeigneten Bezeichnung „Zitronen-Orangen- usw. Brauselimonade" in Flaschen feilgehalten und unter Verschweigung der Herstellungsweise verkauft. Dies alles ist aus den Entscheidungsgründen des Urteils als erwiesen ersichtlich und rechtfertigt die Verurteilung M.'s gemäß § 10 N.M.G.

Es ist also eine unrichtige Behauptung der Revision, M. sei verurteilt wegen Herstellung von „Himbeergeschmacklimonade". Daß die verkaufte Flüssigkeit nur den Geschmack der angegebenen Früchte habe, hat M. den Käufern nie erklärt; es ist aktenwidrig, zu behaupten, das Urteil konstatiere dies. Zwar hat er Etiketten herstellen lassen, auf denen der Beisatz „Geschmack" eine solche Erklärung ersetzen zu sollen scheint, allein es ist festgestellt, daß M. solche Etiketten nur selten in Gebrauch genommen hat. Diese Fälle konnten darum außer Betracht bleiben. Auch braucht die Frage nicht geprüft zu werden, ob trotz solchen Beisatzes bezüglich des Fruchtgeschmackes nicht schon die Bezeichnung als (Brause-)

Limonade zur Täuschung im Handel und Verkehr geeignet war und zu diesem Zwecke gebraucht wurde.

In der Hauptverhandlung hatte sich der Angeklagte mit der übermäßigen Konkurrenz entschuldigt, die ihn zu niederen Preisen und zu der fraglichen Verfälschung genötigt habe. Die Strafkammer hatte daher keinen Anlaß, die erst in der Revisionsbegründung vorgebrachte Behauptung, nach Preis und Geschmack könne kein Mensch das von M. hergestellte Fabrikat für Fruchtlimonade halten, einer ausdrücklichen Erörterung zu unterziehen. Sie steht offenbar mit jener ersten Verteidigung in Widerspruch und ist unwirksam, weil es nur auf den Zweck M.'s, zu täuschen, ankommt, nicht darauf, ob das Publikum die Verfälschung wirklich erkannte oder nicht. Der Einwand, wer um 0,10 Mk. einen halben Liter Limonade bestelle, könne nicht erwarten, richtigen Fruchtsaft zu erhalten, entbehrt der tatsächlichen Begründung, daß den Käufern solcher Limonaden der Preis der echten Limonade oder ihrer Bestandteile bekannt sei. Ebenso ist der Einwand verfehlt, der dem Saccharin eigentümliche Mangel jeden Nährwertes dürfe bei bloßen Erfrischungsmitteln nicht in Betracht kommen. Denn offenbar ist ein Erfrischungsmittel, das zugleich einigen Nährwert hat und vermöge seiner bekannten Zusammensetzung haben soll, von besserer Beschaffenheit als ein ihm ähnliches ohne Nährwert; die Täuschung über den Zuckergehalt ist somit Vorspiegelung einer besseren Beschaffenheit, d. i. Verfälschung, mag es dem einzelnen Käufer auf den Nährwert ankommen oder nicht.

---

65. Kapitel.

Hefe und Hefeerzeugnisse. Backhilfsstoffe.

A. Hefe.

Hefe ist in botanischer Beziehung kein eigentlicher Begriff, sondern umfaßt Pilze verschiedenster Art, die nur das gemeinsame haben, das sie sich durch Sprossung vermehren und Zucker in Alkohol und Kohlensäure zerlegen, ein Vorgang, den man Gärung nennt.

Man bezeichnet als Kulturhefen solche, die seit langer Zeit in den Gärungsgewerben kultiviert worden sind und gewisse Eigenschaften besitzen, die sie für diese Gewerbe besonders wertvoll machen. Die sonst in der Natur vorkommenden Hefen werden als „wilde“ bezeichnet und können im Betrieb der Gärungsgewerbe gelegentlich zu erheblichen Störungen Anlaß geben. Man teilt die Kulturhefen meist nach ihrem Verwendungszweck ein in Bierhefen (obergärige und untergärige), Weinhefen, Brennereihefen, Preßhefen (Backhefen). Doch gibt es viel detailliertere Einteilungen, welche an dieser Stelle ohne Interesse sind.

In nahrungsmittelrechtlicher Beziehung gibt besonders die sog. Getreide-Preßhefe zu Ausführungen Anlaß. Ein preußischer Ministerialerlaß vom 7. November 1899 besagt.

„Wenn auch Preßhefe als Nahrungsmittel nicht wird angesehen werden können, so ist es doch ein Genußmittel im Sinne des Nahrungsmittelgesetzes. Die Vermischung der reinen Preßhefe mit Stärkemehl usw. oder Bierhefe unterliegt deshalb den Bestimmungen der §§ 10 und 11 des vorgedachten Gesetzes, falls als Zweck dieser Fälschung eine Täuschung im Handel und Verkehr als nachgewiesen erachtet wird.

Unter Bezugnahme auf den anliegenden Auszug aus einem Gutachten*) des Kaiserl. Gesundheitsamtes ersuchen wir dem im Handel vielfach vorkommenden Mißbrauch des Feilbietens verfälschter oder gemischter Hefe Ihre besondere Aufmerksamkeit zuzuwenden . . .

Sollten die gedachten Bestimmungen zur Bekämpfung der erwähnten Mißstände nicht ausreichen und schärfere Maßregeln, etwa eine von Interessenten in Anregung gebrachte gesetzliche Regelung sich als notwendig erweisen, so erwarten wir weiteren Bericht."

---

*) Aus dem Gutachten: „Das Vermischen der Preßhefe mit Mehl ist zwar seit langer Zeit üblich und geschah ursprünglich, um ein leichteres Trocknen zu ermöglichen, es ist jedoch nach dem heutigen Stande der Technik nicht mehr notwendig und geschieht nur teils aus Bequemlichkeit, teils aber auch wohl aus dem Streben von Fabrikanten und Zwischenhändlern, sich in unredlicher Weise einen höheren Nutzen zu verschaffen."

Bezüglich der Vermengung der Kornpreßhefe mit Bierhefe ist folgendes zu bemerken: In früherer Zeit wurde vielfach obergärige Bierhefe in den Bäckereien angewandt.

Endlich sagt Medicus in seinem Werk „Kurzes Lehrbuch der Technologie" 1897 S. 859 (bei der Teigbereitung): „Die Verwendung von Bierhefe ist, da obergäriges Bier wenig mehr gebraut wird, die Hefe des untergärigen Biers aber ihres bitteren Geschmacks wegen nicht zu brauchen ist, so ziemlich aufgegeben."

Untergärige Bierhefe bedarf meist erst einer vorherigen Behandlung, da sie einen Teil der Hopfenbestandteile, insbesondere des Hopfenbitters enthält. Durch Waschen mit Wasser, dem Alkalien (Natriumcarbonat, Ammoniumcarbonat) zugesetzt wurden und durch nachfolgendes Neutralisieren mit verdünnten Säuren werden der Bierhefe die bitteren und färbenden Substanzen entzogen; doch soll durch diese Behandlung die Gärkraft („Triebkraft") eine Verminderung erleiden, sowie die Haltbarkeit beeinträchtigt werden, so daß sowohl allgemein die untergärige Bierhefe gegenüber der Getreidepreßhefe als ein geringwertiges Erzeugnis für den vorliegenden Zweck angesehen wird. Überdies haben die neueren

Nach diesseitiger Auffassung, der bereits Seite 69 Ausdruck gegeben wurde, gehört die Hefe zu den Hilfsstoffen, nicht zu den Genußmitteln, da sie selber keinen „Genuß" zu bereiten imstande ist, sondern lediglich die mit ihrer Hilfe hergestellten Erzeugnisse, und es sich nicht um eine Gewürzwirkung, sondern einen chemischen Spaltungsprozeß handelt. Das Reichsgericht hat sich jedoch wie die angehängten Erkenntnisse ergeben, der Auffassung des Kaiserlichen Gesundheitsamtes angeschlossen und die Hefe als Genußmittel im Sinne des Nahrungsmittel-Gesetzes erklärt. Danach sind die mit Mehl versetzten Getreidepreßhefen ebenso die mit Bierhefen versetzten als verfälschte Genußmittel aufzufassen.

B. Hefeerzeugnisse.

Seit einigen Jahren kommt eine Anzahl aus Hefen herhergestestellter Extrakte oder Auszüge in den Handel, welchen die verschiedensten Phantasienamen beigelegt wurden (Ovos, Sitogen, Obrol usw.). Sie werden in der Weise hergestellt, daß man die Hefenzellen in geeigneter Weise zum Platzen bringt und den nunmehr zugänglich gewordenen Zellsaft mit Wasser bezw. Kochsalzlösungen auszieht und entsprechend eindampft. Diese Erzeugnisse haben einen fleischextraktartigen Geschmack und werden deshalb als Ersatzmittel für dieses teure Gewürz gebraucht. Sie sind auch in umfangreicher Weise als Verfälschungsmittel für Fleisch-

---

Untersuchungen auf dem Gebiete der Gärungschemie gelehrt, daß die einzelnen Hefearten (Brennereihefen, Bäckerhefen, Bierhefen, Weinhefen usw.) ganz wesentlich voneinander abweichen, sowohl hinsichtlich der Bedingungen ihres Wachstums als ihrer Wirkungsweise und daß daher eine Hefemasse, welche sich für einen bestimmten Zweck eignet, keineswegs in gleicher Weise auch für andere Zwecke Verwendung finden kann. (Vgl. Delbrück, Über die Fortschritte der Gärungschemie in den letzten Dezennien; Berichte der deutschen chemischen Gesellschaft 1898 S. 1913ff.)

Daß jedoch eine gerichtliche Entscheidung dahin ergangen sei, daß unter Preßhefe nur Hefe zu verstehen sei, welche aus Getreide durch Branntweingärung gewonnen sei, wie in der anliegenden Petition behauptet wird, ist hierorts nicht bekannt geworden. Demnach würde beim Vermischen der Kornpreßhefe sowohl mit Mehl wie mit Bierhefe eine Fälschung, wie sie der § 10 N.M.G. voraussetzt, vorliegen; denn nach der R.G.Entsch. vom 13. November 1880, E. III, 234, ist eine Verfälschung zu finden in einem Zusatz von geringwertigen Stoffen zu einem höherwertigen, wenn auch ersterer ein unschädlicher, im reellen Handel vorkommender ist.

extrakt gebraucht worden. Daß sie selbst schon Verfälschungen anheim gefallen seien, ist bisher nicht bekannt geworden. Sie bilden meist einen Bestandteil der käuflichen Suppenwürzen.

C. Andere Backhilfsstoffe.

Als Backhilfsstoffe kommen noch vielfach Gemische von Salzen in den Handel, die bei Zufuhr von Feuchtigkeit Kohlensäure entwickeln und dadurch auflockernd auf den Teig wirken. Die meisten bestehen einerseits aus doppelkohlensauren Natron, andererseits aus Weinsteinpulver oder anderen sauren Salzen oder auch Säuren. Das einfachste Backhilfsmittel, das aber nur für feinere Gebäcke Anwendung findet, ist das Hirschhornsalz (kohlensaures Ammoniak), welches beim Backen vollständig in gasförmige Produkte zerfällt und gar keine Bestandteile in dem Gebäck hinterläßt.

Von diesem Ideal weichen die meisten Backpräparate allerdings ab, indem sie mehr oder weniger nicht flüchtige Stoffe in den Gebäcken hinterlassen. Solange es sich um kleine Quantitäten (bis 1 %) und unschädliche Stoffe handelt, ist gegen die Verwendung der Backpulver nichts einzuwenden. Es muß jedoch verlangt werden, daß sie aus reinen Chemikalien hergestellt werden und insbesondere frei von giftigen Metallen sind. Unregelmäßigkeiten nach dieser Richtung sind bisher nicht bekannt geworden.

Gesetzliche Bestimmungen: siehe den oben S. 500 mitgeteilten Ministerialerlaß vom 7. November 1899.

Verfälschungen.

1. Die Verfälschung der Hefen mit Stärkemehl ist bereits oben erwähnt.

2. Backpulver, welche rechtlich ebenso wie Hefe zu beurteilen sind, und nach der Rechtsprechung des Reichsgerichts auch als Genußmittel aufgefaßt werden müssen, werden gleichfalls häufig unter Zusatz von Stärkepräparaten hergestellt. Solange es sich um Zusätze in geringen Mengen handelt (bis 25 %) kann allenfalls für sie ein technisches Bedürfnis geltend gemacht werden, insofern stärkehaltige Backpulver sich leichter untermischen lassen mögen.

Größere Zusätze sind jedoch als Verfälschung aufzufassen, umsomehr als Mehle erheblich billiger sind, als die erforderlichen Chemikalien.

Reichsgericht. 1) Vom 28. Mai 1900. (Veröffentl. d. K.G.A. Beil. V, 302.)

Die Strafkammer stützt die Freisprechung der Angeklagten von der Anschuldigung des Vergehens gegen § 10² N.M.G. auf die Erwägung, daß Hefe weder unter den Begriff des Nahrungsmittels noch unter den des Genußmittels im Sinne des genannten Gesetzes falle; denn für sich allein sei Hefe ein zur Ernährung des Menschen ganz ungeeigneter Gegenstand, auch werde sie nicht als solche genossen, sondern das durch sie zum Treiben gebrachte Gebäck; in diesem seien aber, nachdem sie die von ihr verlangte Wirkung geleistet habe, nur mehr derartig geringfügige Bestandteile von ihr zurückgeblieben, daß sie nur für die chemische Wissenschaft, nicht aber ein praktisches Interesse darböten.

Zutreffend wird diese Ausführung von der Revision der Staatsanwaltschaft als rechtsirrtümlich angefochten. Die Ausführung verkennt den Begriff des Nahrungsmittels im Sinne des gedachten Gesetzes, indem sie diesen Begriff zu eng auffaßt. Wie in der Rechtsprechung anerkannt, kommt es für den Begriff des Nahrungsmittels im Sinne des Gesetzes vom 14. Mai 1879 nicht darauf an, ob der betreffende Stoff für sich allein zur Ernährung des Menschen geeignet ist; es fallen vielmehr unter den Begriff auch alle die Stoffe, welche erst in Verbindung oder nach der Verarbeitung mit anderen Stoffen bestimmt sind, zur menschlichen Nahrung zu dienen. (Vgl. R. III, 456, IV, 684.) Nun stellt das Urteil fest, daß Hefe bei der Brot- (Gebäck-) Bereitung in der Weise verwendet wird, daß sie dem Brotteig im Verhältnis von 1 zu 100 bis 200 Gewichtsteilen zugesetzt wird zu dem Zwecke und mit der Wirkung, daß sie den Brotteig in seiner Beschaffenheit verändert, ihn „treibt", auflockert und durch diese seine Einwirkung das Brot (Gebäck) verdaulich macht. Die Hefe ist hiernach ein Ingredienz der Brotbereitung, das dem Grundstoffe des Brotes (bezw. den Stoffen, aus welchen der Teig besteht) zugesetzt und mit ihm verarbeitet wird zur Herstellung des unmittelbar zur Nahrung dienenden Produkts, des Brotes. Daraus ergibt sich die natürliche Auffassung, daß die Hefe ein Bestandteil des mit ihr hergestellten Brotes bezw. Gebäcks geworden ist, und es kann nicht darauf ankommen, ob und welche chemischen Veränderungen ihre ursprünglichen Stoffteile in der wechselseitigen Beeinflussung mit den übrigen im Brotteige enthaltenen Stoffen erlitten haben, und ob und wieviel von diesen ursprünglichen Bestandteilen in dem Produkte durch die chemische Wissenschaft noch nachweisbar ist.

Da hiernach das angefochtene Urteil auf einer rechtsirtümlichen Auffassung des Begriffes des Nahrungsmittels beruht, unterliegt es der Aufhebung.

2) Vom 24. November 1900 ebenda S. 303.

3) Vom 29. September 1900 ebenda S. 307, beide im gleichen Sinne.

66. Kapitel.

Gebrauchsgegenstände.

Gebrauchsgegenstände im Sinne der Nahrungsmittelgesetzgebung sind alle diejenigen, nicht zum Begriff des Nahrungs- oder Genußmittels gehörenden Gegenstände, die in den Gesetzen ausdrücklich bezeichnet sind. Sie unterliegen den Bestimmungen der Gesetze auch nur insoweit, als ganz bestimmte Anordnungen über sie darin enthalten sind. Allgemeine Begriffe, insbesondere der der Verfälschung, finden auf Gebrauchsgegenstände im Allgemeinen nicht Anwendung.

Die von den Gesetzen betroffenen Gegenstände wolle man aus der Tabelle S. 76 u. 77 ersehen, die auch die bezüglichen Gesetzesstellen angibt.

Die Gebrauchsgegenstände klassifizieren sich nach der zeitigen Lage der über sie ergangenen Gesetze in

A. Spielwaren,

B. Geschirre (Eß-, Trink-, Kochgeschirre) einschließlich der Flüssigkeitsmaße, Druckvorrichtungen für den Bierausschank, Leitungen für Bier, Wein, Essig, Siphons, Gefäße zur Herstellung von Fruchtsäften, Konservenbüchsen, Mundstücken für Saugflaschen u. dgl.

C. Bekleidungsgegenstände einschließlich Tapeten- und Papierwaren,

D. Farben, Kosmetika,

E. Petroleum.

A. Spielwaren.

Spielwaren sind zum Spielen für Kinder bestimmte Gebrauchsgegenstände. Sie sollen bezüglich ihres Materials dem Blei- und Zinkgesetz, bezüglich ihres Farbanstriches dem Farbgesetz, bezüglich ihrer allgemeinen Unschädlichkeit dem N.M.G. entsprechen.

Gesetzliche Bestimmungen.

a) Nahrungsmittelgesetz.

§ 1, § 2, § 5, § 9, § 12, 2, § 13, § 14, § 15 enthalten die Bestimmung, daß Spielwaren der gleichen Beaufsichtigung wie Nahrungsmittel unterliegen, daß durch Kaiserliche Verordnung die Verwendung bestimmter Stoffe und Farben bei ihrer Herstellung verboten werden kann, und Strafandrohungen gegen diese Bestimmungen sowohl, wie gegen die vorsätzliche Anfertigung von Spielwaren mit gesundheitsschädlichen Eigenschaften.

b) Blei- und Zinkgesetz.

§ 2 Abs. 2 bestimmt, daß für Spielwaren, mit Ausnahme der massiven Bälle bleihaltiger Kautschuk nicht verwendet werden darf.

c) Farbengesetz.

(§ 1), § 4, (§ 7, § 8).

§ 4 bestimmt, daß zur Herstellung von zum Verkauf bestimmten Spielwaren einschließlich der Bilderbogen, Bilderbücher und Tuschfarben für Kinder solche Farben, die Antimon, Arsen, Baryum, Blei, Cadmium, Chrom, Kupfer, Quecksilber, Uran, Zink, Zinn, Gummigutti, Korollin oder Pikrinsäure enthalten, nicht verwendet werden dürfen. Diese Bestimmung soll aber keine Anwendung finden auf:

schwefelsaures Baryum, Barytfarblacke, die frei von Baryumkarbonat sind, Chromoxyd, Kupfer, Zinn, Zink und deren Legierungen als Metallfarben, Zinnober, Zinnoxyd, Schwefelzinn als Musivgold, sowie alle Glasmassen, Glasuren oder Emails eingebrannten Farben,

Schwefelantimon und Schwefelkadmium als Färbemittel der Gummimasse,

Bleioxyd in Firnis, Bleiweiß als Bestandteil des Wachsgusses, sofern dasselbe nicht ein Gewichtsteil in 100 Gewichtsteilen der Masse übersteigt, chromsaures Blei (für sich oder in Verbindung mit schwefelsaurem Blei) als Öl- oder Lackfarbe, oder mit Lack oder Firnisüberzug, die in Wasser unlöslichen Zinkverbindungen, bei Gummiwaren jedoch nur soweit sie als Färbemittel der Gummimasse als Öl- oder Lackfarben oder mit Lack- oder Firnisüberzug verwendet werden.

d) Betreffs bleihaltiger Metallpfeifen sind infolge einer Anregung des Reichsamts des Innern inhaltlich gleiche Erlasse in den einzelnen Bundesstaaten ergangen (in Preußen am 8. April 1898, Ministerialbl. f. d. ges. innere Verwaltung S. 90, in Sachsen am 10. März 1898, in Württemberg am 10. März 1898 usw.)

In dem preußischen Erlaß heißt es:

Zuverlässigen Nachrichten zufolge wird seit einiger Zeit ein ziemlich umfangreicher Handel mit Metallpfeifen getrieben, welche einen der menschlichen Gesundheit schädlichen Bleigehalt aufweisen. Zumeist sollen diese Erzeugnisse die sich ihrer Billigkeit wegen eines großen Absatzes erfreuen, aus dem Auslande stammen. Teils finden sie als Signalpfeifen, vorwiegend im Verkehrsgewerbe, im Eisenbahnbetriebe sowie bei Jagden Verwendung, teils sind sie zu Kinderspielzeugen bestimmt. Neuerdings bilden sie eine sehr beliebte Beigabe zu Knabenanzügen. Wie vorgenommene Untersuchungen ergeben haben, enthalten manche dieser Pfeifen bis zu 86% Blei, während nach sachverständiger Äußerung ein Gehalt von 10% Blei, wie ihn das Gesetz betreffend den Verkehr mit blei- und zinkhaltigen Gegenständen vom 25. 6. 87 (R.G.Bl. S. 273) für Eß-, Trink- und Kochgeschirr, sowie für Flüssigkeitsmaße äußersten Falles zuläßt, als die höchste zulässige Grenze auch hier zu betrachten ist.

Insoweit diese Pfeifen als Kinderspielzeuge in Betracht kommen, bieten die §§ 12 und 15 des N.M.G. geeignete Handhaben, um gegen den Verkehr mit gesundheitsschädlichen Erzeugnissen dieser Art einzuschreiten.

Nach verschiedenen Mitteilungen sind neuerdings außer solchen Kinderpfeifen vielfach auch andere Spielsachen als stark bleihaltig gefunden worden. Es ist dies namentlich von Koch- und Eßgeschirr für Puppenküchen (Tassen, Schüsseln, Teller, Schalen, Eßbestecke) sowie von Blasinstrumenten für Kinder (Trompetchen, Schreihähnen, Torpedoflöten, insbesondere deren Mundstücken) berichtet worden.

Sie wollen daher die mit dem Vollzuge des N.M.G. betrauten Behörden anweisen, ihre besondere Aufmerksamkeit dem Verkehre mit diesen Gegenständen zuzuwenden usw.

B. Geschirre und Gefäße.

Gesetzliche Bestimmungen.

a) Nahrungsmittelgesetz.

§ 1, § 2, § 5, 1 u. 4, § 12, 2.

Die Bestimmungen sind die gleichen wie bei A.

b) Blei- und Zinkgesetz.

§ 1, § 2, § 3.

Eß-, Trink- und Kochgeschirre, ebenso die Innenseiten von Konservenbüchsen und diejenigen Teile von Geräten zur Fruchtsaftbereitung, die mit den Lebensmitteln in unmittelbare Berührung kommen, dürfen aus keinem Material mit mehr als 10% Bleigehalt hergestellt oder einem mehr Blei enthaltendem Lote auf der Innenseite gelötet sein, sowie mit keiner Glasur oder Email überzogen sein, die bei $^1/_2$ stündigem Kochen mit 4 prozentigen Essig Blei an diesen abgibt. Doch soll bei Geschirren aus bleifreiem Britanniametall die Verwendung eines Innenlotes mit mehr als 10% Blei zulässig sein.

Druckvorrichtungen zum Bierausschank, Siphons für kohlensaures Wasser und Metallteile an Kindersaugflaschen dürfen nur aus Legierungen mit höchstens 1% Blei bestehen.

Zur Herstellung von Mundstücken für Saugflaschen, von Saugringen und Warzenhütchen soll kein blei- oder zinkhaltiger Kautschuk Verwendung finden, zu Trinkbechern sowie zu Leitungen für Bier, Wein oder Essig kein bleihaltiger Kautschuk.

c) Farbengesetz.

§ 2 verbietet, daß Gefäße, zur Aufbewahrung oder Verpackung von Nahrungs- und Genußmitteln nicht mit Farben hergestellt sein dürfen, die enthalten:

Antimon, Arsen, Baryum, Blei, Kadmium, Chrom, Kupfer, Quecksilber, Uran, Zink, Zinn, Gummigutti, Korallin, Pikrinsäure, jedoch mit Ausnahme von schwefelsaurem Baryt (Schwerspat), Barytfarblacken, die frei von kohlensaurem Baryt sind; Chromoxyd; Kupfer, Zinn, Zink und deren Legierungen als Metallfarben; Zinnober; Zinnoxyd; Schwefelzinn als Musivgold; von allen in Glasmassen, Glasuren oder Emails eingebrannten Farben und dem äußeren Anstrich von Gefäßen aus wasserdichten Stoffen.

C. Bekleidungsgegenstände, Tapeten und Papierwaren.

Gesetzliche Bestimmungen.

a) Nahrungsmittelgesetz.

Es trifft für den Verkehr mit Tapeten die gleichen Bestimmungen wie zu A und B.

Über die Herstellung von Bekleidungsgegenständen usw. sind in § 5, 4 Kaiserliche Verordnungen vorgesehen, bisher aber nicht ergangen. Es wird lediglich in § 12, 2 Strafe angedroht bei vorsätzlicher Herstellung solcher Gegenstände mit gesundheitsschädlichen Eigenschaften.

b) Farbengesetz.

§ 7, § 8, § 9, § 11.

Zur Herstellung von Tapeten, Möbelstoffen, Teppichen, Stoffen zu Vorhängen oder Bekleidungsgegenständen dürfen arsenhaltige **Farben** nicht benutzt werden. Arsenhaltige Beizen oder Fixierungsmittel zur Vorbereitung des Färbens oder Bedruckens von Gespinsten oder Geweben sind erlaubt, doch dürfen nicht mehr als 2 mg Arsen in wasserlöslicher Form in 100 □ cm des fertigen Gegenstandes sich vorfinden. Das Gleiche gilt für Schreibmaterialien, Lampen- und Lichtschirme und Lichtmanschetten.

Für Vorhänge, Möbel und sonstige häusliche Gebrauchsgegenstände dürfen arsenhaltige Wasser- oder Leimfarben nicht benutzt werden.

Pelzwaren sind jedoch von den ganzen Vorschriften des Farbengesetzes ausgenommen. Sie unterliegen sonach nur den allgemeinen Bestimmungen des § 12, 2 N.M.G.

c) eine amtliche Untersuchungsvorschrift ist unter dem 10. April 1888 ergangen, vgl. Beiheft S. 200 ff.

D. Farben; Kosmetika.

Gesetzliche Bestimmungen.

1. Farben.

a) Nahrungsmittelgesetz.

Die Bestimmungen sind die gleichen wie zu A.

b) Farbengesetz.

Das ganze Gesetz befaßt sich mit der Verwendung von Farben und kann daher nicht besonders hier angegeben werden; es ist im Anhang abgedruckt.

c) Das sogenannte Giftgesetz, der in jedem Bundesstaat durch Verordnung eingeführte Bundesratsbeschluß vom 29. November 1894 trifft detaillierte Bestimmungen über den Verkehr, die Aufbewahrung, Abgabe usw. der Farben, bestimmt auch, welche Farben im Verkehrssinne als giftig gelten sollen.

Vgl. Lebbin, Verkehr mit Arzneimitteln und Giften, Berlin 1900 und Lebbin, die Giftigkeit der Farbwaren, im amtlichen Auftrage, Berlin 1898.

d) Eine amtliche Untersuchungsvorschrift vom 10. April 1888 ist in Beiheft S. 200 ff. abgedruckt.

2. Kosmetika.

a) Farbengesetz.

Nach § 3 dürfen zur Herstellung von kosmetischen Mitteln (Mitteln zur Reinigung, Pflege oder Färbung der Haut, des Haares oder der Mundhöhle), welche zum Verkauf bestimmt sind, die im § 1 Abs. 2 bezeichneten Stoffe nicht verwendet werden.

Auf schwefelsaures Baryum (Schwerspat, blanc fixe), Schwefelcadmium, Chromoxyd, Zinnober, Zinkoxyd, Zinnoxyd, Schwefelzink, sowie auf Kupfer, Zinn, Zink und deren Legierungen in Form von Puder findet die Bestimmung aber nicht Anwendung.

b) Die in Ausführung des § 6 der Gewerbeordnung ergangene Kaiserliche Verordnung vom 22. Oktober 1901 trifft in § 1 sub. a. Bestimmung über die Verkaufsfreiheit der kosmetischen Mittel.

Danach dürfen sie im allgemeinen überall feilgehalten oder verkauft werden, sind jedoch auf die Apotheken beschränkt, wenn sie Kreosot, Phenylsalicylat, Resorcin oder solche Stoffe enthalten, die in Apotheken nur auf schriftliche Anweisung eines Arztes, Zahnarztes oder Tierarztes abgegeben werden dürfen.

E. Petroleum.

An **gesetzlichen Bestimmungen** ist außer den zu A. aufgeführten Stellen des Nahrungsmittelgesetzes noch eine besondere Kaiserliche Verordnung vom 24. Februar 1882 ergangen.

§ 1. Das gewerbsmäßige Verkaufen und Feilhalten von Petroleum, welches unter einem Barometerstande von 760 mm, schon bei einer Erwärmung auf weniger als 21 Grade des hundertteiligen Thermometers entflammbare Dämpfe entweichen läßt, ist nur in solchen Gefäßen gestattet, welche an in die Augen fallender Stelle auf rotem Grunde in deutlichen Buchstaben die nicht verwischbare Inschrift „Feuergefährlich" tragen.

Wird derartiges Petroleum gewerbsmäßig zur Abgabe in Mengen von weniger als 50 kg feilgehalten oder in solchen geringeren Mengen verkauft, so muß die Inschrift in gleicher Weise noch die Worte: „Nur mit besonderen Vorsichtsmaßregeln zu Brennzwecken verwendbar" enthalten.

§ 3. Diese Verordnung findet auf das Verkaufen und Feilhalten von Petroleum in den Apotheken zu Heilzwecken nicht Anwendung.

§ 4. Als Petroleum im Sinne dieser Verordnung gelten das Rohpetroleum und dessen Destillationsprodukte.

§ 2 trifft Anordnung über die Untersuchung von Petroleum. Vgl. das Beiheft S. 209 ff.

Reichsgericht. 1) Vom 20. März 1890. (220/90.)

Die Siphons (Ausflußhähne an Flaschen mit kohlensäurehaltigen Getränken und die mit einem solchen Hahne versehenen Flaschen selbst, aus welchen das eingefüllte künstliche Soda- oder Selterwasser durch den Gasdruck herausgetrieben wird, sobald man durch Druck auf den Knopf oder Hebel das Ventil öffnet) lassen sich weder nach dem Gesetze vom 14. Mai 1879, noch nach dem vom 20. Juni 1887 als Trinkgeschirre ansehen.

2) Vom 14. Oktober 1904. (1696/04.)

Aus dem Wortlaute des § 1 Abs. 1 Ziff. 1 des Ges. v. 25. Juni 1887 folgt, daß alle Teile der dort aufgeführten Gefäße, also auch Deckel und Scharniere, den gesetzlichen Anforderungen an die Legierung entsprechen müssen und daß Ausnahmen für bestimmte Teile, insbesondere solche, die mit dem Inhalt wenig oder gar nicht in Berührung kommen, im Gesetze nicht gemacht sind.

Anhang.

1. Gesetz, betreffend den Verkehr mit Nahrungsmitteln, Genußmitteln und Gebrauchsgegenständen.

Vom 14. Mai 1879. (R.G.Bl. 1879 S. 145.)

§ 1. Der Verkehr mit Nahrungs- und Genußmitteln, sowie mit Spielwaren, Tapeten, Farben, Eß-, Trink- und Kochgeschirr und mit Petroleum unterliegt der Beaufsichtigung nach Maßgabe dieses Gesetzes.

§ 2. Die Beamten der Polizei sind befugt, in die Räumlichkeiten, in welchen Gegenstände der in § 1 bezeichneten Art feilgehalten werden, während der üblichen Geschäftsstunden, oder während die Räumlichkeiten dem Verkehr geöffnet sind, einzutreten.

Sie sind befugt, von den Gegenständen der in § 1 bezeichneten Art, welche in den angegebenen Räumlichkeiten sich befinden, oder welche an öffentlichen Orten, auf Märkten, Plätzen, Straßen oder im Umherziehen verkauft oder feilgehalten werden, nach ihrer Wahl Proben zum Zwecke der Untersuchung gegen Empfangsbescheinigung zu entnehmen. Auf Verlangen ist dem Besitzer ein Teil der Probe amtlich verschlossen oder versiegelt zurückzulassen. Für die entnommene Probe ist Entschädigung in Höhe des üblichen Kaufpreises zu leisten.

§ 3. Die Beamten der Polizei sind befugt, bei Personen, welche auf Grund der §§ 10, 12, 13 dieses Gesetzes zu einer Freiheitsstrafe verurteilt sind, in den Räumlichkeiten, in welchen Gegenstände der in § 1 bezeichneten Art feilgehalten werden, oder welche zur Aufbewahrung oder Herstellung solcher zum Verkaufe bestimmter Gegenstände dienen, während der in § 2 angegebenen Zeit Revisionen vorzunehmen.

Diese Befugnis beginnt mit der Rechtskraft des Urteils und erlischt mit dem Ablauf von drei Jahren von dem Tage an gerechnet, an welchem die Freiheitsstrafe verbüßt, verjährt oder erlassen ist.

§ 4. Die Zuständigkeit der Behörden und Beamten zu den in §§ 2 und 3 bezeichneten Maßnahmen richtet sich nach den einschlägigen landesrechtlichen Bestimmungen.

Landesrechtliche Bestimmungen, welche der Polizei weitergehende Befugnisse als die in §§ 2 und 3 bezeichneten geben, bleiben unberührt.

§ 5. Für das Reich können durch Kaiserliche Verordnung mit Zustimmung des Bundesrats zum Schutze der Gesundheit Vorschriften erlassen werden, welche verbieten:

1. bestimmte Arten der Herstellung, Aufbewahrung und Verpackung von Nahrungs- und Genußmitteln, die zum Verkaufe bestimmt sind;
2. das gewerbsmäßige Verkaufen und Feilhalten von Nahrungs- und Genußmitteln von einer bestimmten Beschaffenheit oder unter einer der wirklichen Beschaffenheit nicht entsprechenden Bezeichnung;
3. das Verkaufen und Feilhalten von Tieren, welche an bestimmten Krankheiten leiden, zum Zwecke des Schlachtens, sowie das Verkaufen und Feilhalten des Fleisches von Tieren, welche mit bestimmten Krankheiten behaftet waren;
4. die Verwendnng bestimmter Stoffe und Farben zur Herstellung von Bekleidungsgegenständen, Spielwaren, Tapeten, Eß-, Trink- und Kochgeschirr, sowie das gewerbsmäßige Verkaufen und Feilhalten von Gegenständen, welche diesem Verbote zuwider hergestellt sind;
5. das gewerbsmäßige Verkaufen und Feilhalten von Petroleum von einer bestimmten Beschaffenheit.

§ 6. Für das Reich kann durch Kaiserliche Verordnung mit Zustimmung des Bundesrats das gewerbsmäßige Herstellen, Verkaufen und Feilhalten von Gegenständen, welche zur Fälschung von Nahrungs- oder Genußmitteln bestimmt sind, verboten oder beschränkt werden.

§ 7. Die auf Grund der §§ 5, 6 erlassenen Kaiserlichen Verordnungen sind dem Reichstag, sofern er versammelt ist, sofort, anderenfalls bei dessen nächstem Zusammentreten vorzulegen. Dieselben sind außer Kraft zu setzen, soweit der Reichstag dies verlangt.

§ 8. Wer den auf Grund der §§ 5, 6 erlassenen Verordnungen zuwiderhandelt, wird mit Geldstrafe bis zu einhundertfünfgig Mark oder mit Haft bestraft.

Landesrechtliche Vorschriften dürfen eine höhere Strafe nicht androhen.

§ 9. Wer den Vorschriften der §§ 2—4 zuwider den Eintritt in die Räumlichkeiten, die Entnahme einer Probe oder die Revision verweigert, wird mit Geldstrafe von fünfzig bis zu einhundertfünfzig Mark oder mit Haft bestraft.

§ 10. Mit Gefängnis bis zu sechs Monaten und mit Geldstrafe bis zu eintausendfünfhundert Mark oder mit einer dieser Strafen wird bestraft:

1. wer zum Zwecke der Täuschung im Handel und Verkehr Nahrungs- oder Genußmittel nachmacht oder verfälscht;
2. wer wissentlich Nahrungs- oder Genußmittel, welche verdorben oder nachgemacht oder verfälscht sind, unter Verschweigung dieses Umstandes verkauft oder unter einer zur Täuschung geeigneten Bezeichnung feilhält.

§ 11. Ist die im § 10 Nr. 2 bezeichnete Handlung aus Fahrlässigkeit begangen worden, so tritt Geldstrafe bis zu einhundertfünfzig Mark oder Haft ein.

§ 12. Mit Gefängnis, neben welchem auf Verlust der bürgerlichen Ehrenrechte erkannt werden kann, wird bestraft:

1. wer vorsätzlich Gegenstände, welche bestimmt sind, anderen als Nahrungs- oder Genußmittel zu dienen, derart herstellt, daß der Genuß derselben die menschliche Gesundheit zu beschädigen geeignet ist, ingleichen wer wissentlich Gegenstände, deren Genuß die menschliche Gesundheit zu beschädigen geeignet ist, als Nahrungs- oder Genußmittel verkauft, feilhält oder sonst in Verkehr bringt;
2. wer vorsätzlich Bekleidungsgegenstände, Spielwaren, Tapeten, Eß-, Trink- oder Kochgeschirr oder Petroleum derart herstellt, daß der bestimmungsgemäße oder vorauszusehende Gebrauch dieser Gegenstände die menschliche Gesundheit zu beschädigen geeignet ist, ingleichen wer wissentlich solche Gegenstände verkauft, feilhält oder sonst in Verkehr bringt.

Der Versuch ist strafbar.

Ist durch die Handlung eine schwere Körperverletzung oder der Tod eines Menschen verursacht worden, so tritt Zuchthausstrafe bis zu fünf Jahren ein.

§ 13. War in den Fällen des § 12 der Genuß oder Gebrauch des Gegenstandes die menschliche Gesundheit zu zerstören geeignet, und war diese Eigenschaft dem Täter bekannt, so tritt Zuchthausstrafe bis zu zehn Jahren, und wenn durch die Handlung der Tod eines Menschen verursacht worden ist, Zuchthausstrafe nicht unter zehn Jahren oder lebenslängliche Zuchthausstrafe ein.

Neben der Strafe kann auf Zulässigkeit von Polizeiaufsicht erkannt werden.

§ 14. Ist eine der in den §§ 12, 13 bezeichneten Handlungen aus Fahrlässigkeit begangen worden, so ist auf Geldstrafe bis zu 1000 Mk. oder Gefängnisstrafe bis zu sechs Monaten und, wenn durch die Handlung ein Schaden an der Gesundheit eines Menschen verursacht worden ist, auf Gefängnisstrafe bis zu einem Jahre, wenn aber der Tod eines Menschen verursacht worden ist, auf Gefängnisstrafe von einem Monat bis zu drei Jahren zu erkennen.

§ 15. In den Fällen der §§ 12—14 ist neben der Strafe auf Einziehung der Gegenstände zu erkennen, welche den bezeichneten Vorschriften zuwider hergestellt, verkauft, feilgehalten oder sonst in Verkehr gebracht sind, ohne Unterschied, ob sie dem Verurteilten gehören oder nicht; in den Fällen der §§ 8, 10, 11 kann auf die Einziehung erkannt werden.

Ist in den Fällen der §§ 12—14 die Verfolgung oder die Verurteilung einer bestimmten Person nicht ausführbar, so kann auf die Einziehung selbständig erkannt werden.

§ 16.*) In dem Urteil oder dem Strafbefehl kann angeordnet werden, daß die Verurteilung auf Kosten des Schuldigen öffentlich bekannt zu machen sei.

Auf Antrag des freigesprochenen Angeschuldigten hat das Gericht die öffentliche Bekanntmachung der Freisprechung anzuordnen; die Staatskasse trägt die Kosten, insofern dieselben nicht dem Anzeigenden auferlegt worden sind.

In der Anordnung ist die Art der Bekanntmachung zu bestimmen.

---

*) Abs. 3 ist durch Gesetz vom 29. Juni 1887 hinzugekommen.

Sofern infolge polizeilicher Untersuchung von Gegenständen der im § 1 bezeichneten Art eine rechtskräftige strafrechtliche Verurteilung eintritt, fallen dem Verurteilten die durch die polizeiliche Untersuchung erwachsenen Kosten zur Last. Dieselben sind zugleich mit den Kosten des gerichtlichen Verfahrens festzusetzen und einzuziehen.

§ 17. Besteht für den Ort der Tat eine öffentliche Anstalt zur technischen Untersuchung von Nahrungs- und Genußmitteln, so fallen die auf Grund dieses Gesetzes auferlegten Geldstrafen, soweit dieselben dem Staate zustehen, der Kasse zu, welche die Kosten der Unterhaltung der Anstalt trägt.

---

2. Gesetz, betreffend den Verkehr mit blei- und zinkhaltigen Gegenständen.

Vom 25. Juni 1887. (R.G.Bl. S. 273.)

§ 1. Eß-, Trink- und Kochgeschirr, sowie Flüssigkeitsmaße dürfen nicht

1. ganz oder teilweise aus Blei oder einer in 100 Gewichtsteilen mehr als 10 Gewichtsteile Blei enthaltenden Metallegierung hergestellt,
2. an der Innenseite mit einer in 100 Gewichtsteilen mehr als einen Gewichtsteil Blei enthaltenden Metallegierung verzinnt oder mit einer in 100 Gewichtsteilen mehr als 10 Gewichtsteile Blei enthaltenden Metallegierung gelötet,
3. mit Email oder Glasur versehen sein, welche bei halbstündigem Kochen mit einem in 100 Gewichtsteilen 4 Gewichtsteile Essigsäure enthaltenen Essig an den letzteren Blei abgeben.

Auf Geschirre und Flüssigkeitsmaße aus bleifreiem Britanniametall findet die Vorschrift in Ziffer 3 betreffs des Lotes nicht Anwendung.

Zur Herstellung von Druckvorrichtungen zum Ausschank von Bier, sowie von Siphons für kohlensäurehaltige Getränke und von Metallteilen für Kinder-Saugflaschen dürfen nur Metallegierungen verwendet werden, welche in 100 Gewichtsteilen nicht mehr als einen Gewichtsteil Blei enthalten.

§ 2. Zur Herstellung von Mundstücken für Saugflaschen, Saugringen und Warzenhütchen darf blei- oder zinkhaltiger Kautschuk nicht verwendet sein.

Zur Herstellung von Trinkbechern und von Spielwaren mit Ausnahme der massiven Bälle, darf bleihaltiger Kautschuk nicht verwendet sein.

Zu Leitungen für Bier, Wein oder Essig dürfen bleihaltige Kautschukschläuche nicht verwendet werden.

§ 3. Geschirre und Gefäße zur Verfertigung von Getränken und Fruchtsäften dürfen in denjenigen Teilen, welche bei dem bestimmungsgemäßen oder vorauszusehenden Gebrauche mit dem Inhalt in unmittelbare Berührung kommen, nicht den Vorschriften des § 1 zuwider hergestellt sein.

Konservenbüchsen müssen auf der Innenseite den Bedingungen des § 1 entsprechend hergestellt sein.

Zur Aufbewahrung von Getränken dürfen Gefäße nicht verwendet sein, in welchen sich Rückstände von bleihaltigem Schrote befinden. Zur Packung von Schnupf- und Kautabak, sowie Käse dürfen Metallfolien nicht verwendet sein, welche in 100 Gewichtsteilen mehr als einen Gewichtsteil Blei enthalten.

§ 4. Mit Geldstrafe bis zu einhundertundfünfzig Mark oder mit Haft wird bestraft:

1. wer Gegenstände der im § 1, § 2 Abs. 1 und 2, § 3 Abs. 1 und 2 bezeichneten Art den daselbst getroffenen Bestimmungen zuwider gewerbsmäßig herstellt;
2. wer Gegenstände, welche den Bestimmungen im § 1, § 2 Abs. 1 und 2, und § 3 zuwider hergestellt, aufbewahrt oder verpackt sind, gewerbsmäßig verkauft oder feilhält;
3. wer Druckvorrichtungen, welche den Vorschriften im § 1 Abs. 3 nicht entsprechen, zum Ausschank von Bier, oder bleihaltige Schläuche zur Leitung von Bier, Wein oder Essig gewerbsmäßig verwendet.

§ 5. Gleiche Strafe trifft denjenigen, welcher zur Verfertigung von Nahrungs- oder Genußmitteln bestimmte Mühlsteine unter Verwendung von Blei oder bleihaltigen Stoffen an der Mahlfläche herstellt oder derartig hergestellte Mühlsteine zur Verfertigung von Nahrungs- oder Genußmitteln verwendet.

§ 6. Neben der in den §§ 4 und 5 vorgesehenen Strafe kann auf Einziehung der Gegenstände, welche den betreffenden Vorschriften zuwider hergestellt, verkauft, feilgehalten oder verwendet sind, sowie der vorschriftswidrig hergestellten Mühlsteine erkannt werden.

Ist die Verfolgung oder Verurteilung einer bestimmten Person nicht ausführbar, so kann auf die Einziehung selbständig erkannt werden.

§ 7. Die Vorschriften des Gesetzes, betreffend den Verkehr mit Nahrungsmitteln, Genußmitteln und Gebrauchsgegenständen, vom 14. Mai 1879 (R.G.Bl. S. 145) bleiben unberührt. Die Vorschriften in den §§ 16, 17 desselben finden auch bei Zuwiderhandlungen gegen die Vorschriften des gegenwärtigen Gesetzes Anwendung.

§ 8. Dieses Gesetz tritt am 1. Oktober 1888 in Kraft.

---

3. Gesetz, betreffend die Verwendung gesundheitsschädlicher Farben bei der Herstellung von Nahrungsmitteln, Genußmitteln und Gebrauchsgegenständen.

Vom 5. Juli 1887. (R.G.Bl. S. 277.)

§ 1. Gesundheitsschädliche Farben dürfen zur Herstellung von Nahrungs- und Genußmitteln, welche zum Verkauf bestimmt sind, nicht verwendet werden.

Gesundheitsschädliche Farben im Sinne dieser Bestimmung sind diejenigen Farbstoffe und Farbzubereitungen, welche Antimon, Arsen, Baryum, Blei, Cadmium, Chrom, Kupfer, Quecksilber, Uran, Zink, Zinn, Gummigutti, Korallin, Pikrinsäure enthalten.

Der Reichskanzler ist ermächtigt, nähere Vorschriften über das bei der Feststellung des Vorhandenseins von Arsen und Zinn anzuwendende Verfahren zu erlassen.

§ 2. Zur Aufbewahrung oder Verpackung von Nahrungs- und Genußmitteln, welche zum Verkauf bestimmt sind, dürfen Gefäße, Umhüllungen oder Schutzbedeckungen, zu deren Herstellung Farben der im § 1 Absatz 2 bezeichneten Art verwendet sind, nicht benutzt werden.

Auf die Verwendung von
schwefelsaurem Baryum (Schwerspat, blanc fixe),
Barytfarblacken, welche von kohlensaurem Barym frei sind,
Chromoxyd,
Kupfer, Zinn, Zink und deren Legierungen als Metallfarben,
Zinnober,
Zinnoxyd,
Schwefelzinn als Musivgold,
sowie auf alle Glasmassen, Glasuren oder Emails eingebrannte Farben und auf den äußeren Anstrich von Gefäßen aus wasserdichten Stoffen
findet diese Bestimmung nicht Anwendung.

§ 3. Zur Herstellung von kosmetischen Mitteln (Mittel zur Reinigung, Pflege oder Färbung der Haut, des Haares oder der Mundhöle), welche zum Verkauf bestimmt sind, dürfen die im § 1 Abs. 2 bezeichneten Stoffe nicht verwendet werden.

Auf schwefelsaures Baryum (Schwerspat, blanc fixe), Schwefelcadmium, Chromoxyd, Zinnober, Zinkoxyd, Zinnoxyd, Schwefelzink, sowie auf Kupfer, Zinn, Zink und deren Legierungen in Form von Pulver findet diese Bestimmung nicht Anwendung.

§ 4. Zur Herstellung von zum Verkauf bestimmten Spielwaren (einschließlich der Bilderbogen, Bilderbücher und Tuschfarben für Kinder), Blumentopfgittern und künstlichen Christbäumen dürfen die im § 1 Abs. 2 bezeichneten Farben nicht verwendet werden.

Auf die im § 2 Abs. 2 bezeichneten Stoffe, sowie auf
Schwefelantimon und Schwefelcadmium als Färbemittel der Gummimasse,
Bleioxyd in Firnis,
Bleiweis als Bestandteil des sogenannten Wachsgusses, jedoch nur, sofern dasselbe nicht ein Gewichtsteil von 100 Gewichtsteilen der Masse übersteigt,
chromsaures Blei (für sich oder in Verbindung mit schwefelsaurem Blei) als Öl- oder Lackfarbe oder mit Lack- oder Firnisüberzug,
die in Wasser unlöslichen Zinkverbindungen, bei Gummispielwaren jedoch nur, soweit sie als Färbemittel der Gummi-

masse, als Öl- oder Lackfarben oder mit Lack- oder Firnisüberzug verwendet werden,

alle in Glasuren oder Email eingebrannten Farben

findet diese Bestimmung nicht Anwendung.

Soweit zur Herstellung von Spielwaren die in den §§ 7 und 8 bezeichneten Gegenständen verwendet werden, finden auf letztere lediglich die Vorschriften der §§ 7 und 8 Anwendung.

§ 5. Zur Herstellung von Buch- und Steindruck auf den in den §§ 2, 3 und 4 bezeichneten Gegenständen dürfen nur solche Farben nicht verwendet werden, welche Arsen enthalten.

§ 6. Tuschfarben jeder Art dürfen als frei von gesundheitsschädlichen Stoffen beziehungsweise giftfrei nicht verkauft oder feilgehalten werden, wenn sie den Vorschriften im § 4 Abs. 1 und 2 nicht entsprechen.

§ 7. Zur Herstellung von zum Verkauf bestimmten Tapeten, Möbelstoffen, Teppichen, Stoffen zu Vorhängen oder Bekleidungsgegenständen, Masken, Kerzen, sowie künstlichen Blättern, Blumen und Früchten dürfen Farben, welche Arsen enthalten, nicht verwendet werden.

Auf die Verwendung arsenhaltiger Beizen oder Fixierungsmittel zum Zweck des Färbens oder Bedruckens von Gespinnsten oder Geweben findet diese Bestimmung nicht Anwendung. Doch dürfen derartig bearbeitete Gespinnste oder Gewebe zur Herstellung der im Absatz 1 bezeichneten Gegenstände nicht verwendet werden, wenn sie das Arsen in wasserlöslicher Form oder in solcher Menge enthalten, daß sich in 100 Quadratzentimeter des fertigen Gegenstandes mehr als 2 Milligramm Arsen vorfinden. Der Reichskanzler ist ermächtigt, nähere Vorschriften über das bei der Feststellung des Arsengehalts anzuwendende Verfahren zu erlassen.

§ 8. Die Vorschriften des § 7 finden auch auf die Herstellung von zum Verkauf bestimmten Schreibmaterialien, Lampen- und Lichtschirmen, sowie Lichtmanschetten Anwendung.

Die Herstellung der Oblaten unterliegt den Bestimmungen im § 1, jedoch sofern sie nicht zum Genusse bestimmt sind, mit der Maßgabe, daß die Verwendung von schwefelsaurem Baryum (Schwerspat, blanc fixe), Chromoxyd und Zinnober gestattet ist.

§ 9. Arsenhaltige Wasser- oder Leimfarben dürfen zur Herstellung des Anstrichs von Fußböden, Decken, Wänden, Türen, Fenstern der Wohn- oder Geschäftsräume, von Roll-, Zug- oder Klappläden oder Vorhängen, von Möbeln und sonstigen häuslichen Gebrauchsgegenständen nicht verwendet werden.

§ 10. Auf die Verwendung von Farben, welche die im § 1 Abs. 2 bezeichneten Stoffe nicht als konstituierende Bestandteile, sondern nur als Verunreinigungen, und zwar höchstens in einer Menge enthalten, welche sich bei den in der Technik gebräuchlichen Darstellungsverfahren nicht vermeiden läßt, finden die Bestimmungen der §§ 2 bis 9 nicht Anwendung.

§ 11. Auf die Färbung von Pelzwaren finden die Vorschriften dieses Gesetzes nicht Anwendung.

§ 12. Mit Geldstrafe bis zu einhundertundfünfzig Mark oder mit Haft wird bestraft:

1. wer den Vorschriften der §§ 1 bis 5, 7, 8 und 10 zuwider Nahrungsmittel, Genußmittel oder Gebrauchsgegenstände herstellt, aufbewahrt oder verpackt, oder derartig hergestellte, aufbewahrte oder verpackte Gegenstände gewerbsmäßig verkauft oder feilhält;
2. wer der Vorschrift des § 6 zuwiderhandelt;
3. wer der Vorschrift des § 9 zuwiderhandelt, imgleichen wer Gegenstände, welche dem § 9 zuwider hergestellt sind, gewerbsmäßig verkauft oder feilhält.

§ 13. Neben der im § 12 vorgesehenen Strafe kann auf Einziehung der verbotswidrig hergestellten, aufbewahrten, verpackten, verkauften oder feilgehaltenen Gegenstände erkannt werden, ohne Unterschied, ob sie dem Verurteilten gehören oder nicht.

Ist die Verfolgung oder Verurteilung einer bestimmten Person nicht ausführbar, so kann auf die Einziehung selbständig erkannt werden.

§ 14. Die Vorschriften des Gesetzes, betreffend den Verkehr mit Nahrungsmitteln, Genußmitteln und Gebrauchsgegenständen, vom 14. Mai 1879 (R.G.Bl. S. 145) bleiben unberührt. Die Vorschriften in den §§ 16, 17 desselben finden auch bei Zuwiderhandlungen gegen die Vorschriften des gegenwärtigen Gesetzes Anwendung.

§ 15. Dieses Gesetz tritt mit dem 1. Mai 1888 in Kraft; mit demselben Tage tritt die Kaiserliche Verordnung, betreffend die Verwendung giftiger Farben, vom 1. Mai 1882 (R.G.Bl. S. 55) außer Kraft.

---

4. Gesetz, betreffend den Verkehr mit Butter, Käse, Schmalz und deren Ersatzmitteln.

Vom 15. Juni 1897. (R.G.Bl. S. 475.)

§ 1. Die Geschäftsräume und sonstigen Verkaufsstellen, einschließlich der Marktstände, in denen Margarine, Margarinekäse oder Kunstspeisefett gewerbsmäßig verkauft oder feilgehalten wird, müssen an in die Augen fallender Stelle die deutliche, nicht verwischbare Inschrift „Verkauf von Margarine", „Verkauf von Margarinekäse", „Verkauf von Kunstspeisefett" tragen.

Margarine im Sinne dieses Gesetzes sind diejenigen der Milchbutter oder dem Butterschmalz ähnlichen Zubereitungen, deren Fettgehalt nicht ausschließlich der Milch entstammt.

Margarinekäse im Sinne dieses Gesetzes sind diejenigen käseartigen Zubereitungen, deren Fettgehalt nicht ausschließlich der Milch entstammt.

Kunstspeisefett im Sinne dieses Gesetzes sind diejenigen dem Schweineschmalz ähnlichen Zubereitungen, deren Fettgehalt nicht ausschließlich aus Schweinefett besteht. Ausgenommen sind unverfälschte Fette bestimmter

Tier- oder Pflanzenarten, welche unter den ihrem Ursprung entsprechenden Bezeichnungen in den Verkehr gebracht werden.

§ 2. Die Gefäße und äußeren Umhüllungen, in welchen Margarine, Margarinekäse oder Kunstspeisefett gewerbsmäßig verkauft oder feilgehalten wird, müssen an in die Augen fallenden Stellen die deutliche, nicht verwischbare Inschrift „Margarine“, „Margarinekäse“, „Kunstspeisefett“ tragen. Die Gefäße müssen außerdem mit einem stets sichtbaren, bandförmigen Streifen von roter Farbe versehen sein, welcher bei Gefäßen bis zu 35 cm Höhe mindestens 2 cm, bei höheren Gefäßen mindestens 5 cm breit sein muß.

Wird Margarine, Margarinekäse oder Kunstspeisefett in ganzen Gebinden oder Kisten gewerbsmäßig verkauft oder feilgehalten, so hat die Inschrift außerdem den Namen oder die Firma des Fabrikanten, sowie die von dem Fabrikanten zur Kennzeichnung der Beschaffenheit seiner Erzeugnisse angewendeten Zeichen (Fabrikmarke) zu enthalten.

Im gewerbsmäßigen Einzelverkaufe müssen Margarine, Margarinekäse und Kunstspeisefett an den Käufer in einer Umhüllung abgegeben werden, auf welcher die Inschrift „Margarine“, „Margarinekäse“, „Kunstspeisefett“ mit dem Namen oder der Firma des Verkäufers angebracht ist.

Wird Margarine oder Margarinekäse in regelmäßig geformten Stücken gewerbsmäßig verkauft oder feilgehalten, so müssen dieselben von Würfelform sein, auch muß denselben die Inschrift „Margarine“ „Margarinekäse“ eingepreßt sein.

§ 3. Die Vermischung von Butter oder Butterschmalz mit Margarine oder anderen Speisefetten zum Zwecke des Handels mit diesen Mischungen ist verboten.

Unter diese Bestimmung fällt auch die Verwendung von Milch oder Rahm bei der gewerbsmäßigen Herstellung von Margarine, sofern mehr als 100 Gewichtsteile Milch oder eine dementsprechende Menge Rahm auf 100 Gewichtsteile der nicht der Milch entstammenden Fette in Anwendung kommen.

§ 4. In Räumen, woselbst Butter oder Butterschmalz gewerbsmäßig hergestellt, aufbewahrt, verpackt oder feilgehalten wird, ist die Herstellung, Aufbewahrung, Verpackung oder das Feilhalten von Margarine oder Kunstspeisefett verboten. Ebenso ist in Räumen, woselbst Käse gewerbsmäßig hergestellt, aufbewahrt, verpackt oder feilgehalten wird, die Herstellung, Aufbewahrung, Verpackung oder das Feilhalten von Margarinekäse untersagt.

In Orten, welche nach dem endgültigen Ergebnisse der letztmaligen Volkszählung weniger als 5000 Einwohner hatten, findet die Bestimmung des vorstehenden Absatzes auf den Kleinhandel und das Aufbewahren der für den Kleinhandel erforderlichen Bedarfsmengen in öffentlichen Verkaufsstätten, sowie auf das Verpacken der daselbst im Kleinhandel zum Verkaufe gelangenden Waren keine Anwendung. Jedoch müssen Margarine, Margarinekäse und Kunstspeisefett innerhalb der Verkaufsräume in besonderen Vorratsgefäßen und an besonderen Lagerstellen, welche von den zur Aufbewahrung von Butter, Butterschmalz und Käse dienenden Lagerstellen getrennt sind, aufbewahrt werden.

Für Orte, deren Einwohnerzahl erst nach dem endgültigen Ergebnis einer späteren Volkszählung die angegebene Grenze überschreitet, wird der Zeitpunkt, von welchem ab die Vorschrift des zweiten Absatzes nicht mehr Anwendung findet, durch die nach Anordnung der Landes-Zentralbehörde zuständigen Verwaltungsstelle bestimmt. Mit Genehmigung der Landes-Zentralbehörde können diese Verwaltungsstellen bestimmen, daß die Vorschrift des zweiten Absatzes von einem bestimmten Zeitpunkt ab ausnahmsweise in einzelnen Orten mit weniger als 5000 Einwohnern nicht Anwendung findet, sofern der unmittelbare räumliche Zusammenhang mit einer Ortschaft von mehr als 5000 Einwohnern ein Bedürfnis hierfür begründet.

Die auf Grund des dritten Absatzes ergehenden Bestimmungen sind mindestens sechs Monate vor dem Eintritte des darin bezeichneten Zeitpunktes öffentlich bekannt zu machen.

§ 5. In öffentlichen Angeboten, sowie in Schlußscheinen, Rechnungen, Frachtbriefen, Konossementen, Lagerscheinen, Ladescheinen und sonstigen im Handelesverkehr üblichen Schriftstücken, welche sich auf die Lieferung von Margarine, Margarinekäse oder Kunstspeisefett beziehen, müssen die diesem Gesetz entsprechenden Warenbezeichnungen angewendet werden.

§ 6. Margarine und Margarinekäse, welche zu Handelszwecken bestimmt sind, müssen einen die allgemeine Erkennbarkeit der Ware mittelst chemischer Untersuchung erleichternden, Beschaffenheit und Farbe nicht schädigenden Zusatz erhalten.

Die näheren Bestimmungen hierüber werden vom Bundesrat erlassen und im Reichs-Gesetzblatte veröffentlicht.

§ 7. Wer Margarine, Margarinekäse oder Kunstspeisefett gewerbsmäßig herstellen will, hat davon der nach den landesrechtlichen Bestimmungen zuständigen Behörde Anzeige zu erstatten, hierbei auch die für die Herstellung, Aufbewahrung, Verpackung und Feilhaltung der Waren dauernd bestimmten Räume zu bezeichnen und die etwa bestellten Betriebsleiter und Aufsichtspersonen namhaft zu machen.

Für bereits bestehende Betriebe ist eine entsprechende Anzeige binnen zwei Monaten nach Inkrafttreten dieses Gesetzes zu erstatten.

Veränderungen bezüglich der der Anzeigepflicht unterliegenden Räume und Personen sind nach Maßgabe der Bestimmung des Absatzes 1 der zuständigen Behörde binnen drei Tagen anzuzeigen.

§ 8. Die Beamten der Polizei und die von der Polizeibehörde beauftragten Sachverständigen sind befugt, in die Räume, in denen Butter, Margarine, Margarinekäse oder Kunstspeisefett gewerbsmäßig hergestellt wird, jederzeit, in die Räume, in denen Butter, Margarine, Margarinekäse oder Kunstspeisefett aufbewahrt, feilgehalten oder verpackt wird, während der Geschäftszeit einzutreten und daselbst Revisionen vorzunehmen, auch nach ihrer Auswahl Proben zum Zwecke der Untersuchung gegen Empfangsbescheinignng zu entnehmen. Auf Verlangen ist ein Teil der Probe amtlich verschlossen oder versiegelt zurückzulassen und für die entnommene Probe eine angemessene Entschädigung zu leisten.

§ 9. Die Unternehmer von Betrieben, in denen Margarine, Margarinekäse oder Kunstspeisefett gewerbsmäßig hergestellt wird, sowie die von ihnen bestellten Betriebsleiter und Aufsichtspersonen sind verpflichtet, der Polizeibehörde oder deren Beauftragten auf Erfordern Auskunft über das Verfahren bei Herstellung der Erzeugnisse, über den Umfang des

Betriebs und über die zur Verarbeitung gelangenden Rohstoffe, insbesondere auch über deren Menge und Herkunft zu erteilen.

§ 10. Die Beauftragten der Polizeibehörde sind vorbehaltlich der dienstlichen Berichterstattung und der Anzeige von Gesetzwidrigkeiten verpflichtet, über die Tatsachen und Einrichtungen, welche durch die Überwachung und Kontrolle der Betriebe zu ihrer Kenntnis kommen, Verschwiegenheit zu beobachten und sich der Mitteilung und Nachahmung der von den Betriebsunternehmern geheim gehaltenen, zu ihrer Kenntnis gelangten Betriebseinrichtungen und Betriebsweisen, so lange als diese Betriebsgeheimnisse sind, zu enthalten.

Die Beauftragten der Polizeibehörde sind hierauf zu beeidigen.

§ 11. Der Bundesrat ist ermächtigt, das gewerbsmäßige Verkaufen und Feilhalten von Butter, deren Fettgehalt nicht eine bestimmte Grenze erreicht oder deren Wasser- oder Salzgehalt eine bestimmte Grenze überschreitet, zu verbieten.

§ 12. Der Bundesrat ist ermächtigt,

1. nähere, im Reichs-Gesetzblatte zu veröffentlichende Bestimmungen zur Ausführung der Vorschriften des § 2 zu erlassen,
2. Grundsätze aufzustellen, nach welchen die zur Durchführung dieses Gesetzes, sowie des Gesetzes vom 14. Mai 1879, betreffend den Verkehr mit Nahrungsmitteln, Genußmitteln und Gebrauchsgegenständen (R.G.Bl. S. 145), erforderlichen Untersuchungen von Fetten und Käsen vorzunehmen sind.

§ 13. Die Vorschriften dieses Gesetzes finden auf solche Erzeugnisse der im § 1 bezeichneten Art, welche zum Genusse für Menschen nicht bestimmt sind, keine Anwendung.

§ 14. Mit Gefängnis bis zu sechs Monaten und mit Geldstrafe bis zu eintausendfünfhundert Mark oder mit einer dieser Strafen wird bestraft:

1. wer zum Zwecke der Täuschung im Handel und Verkehr eine der nach § 3 unzulässigen Mischungen herstellt;
2. wer in Ausübung eines Gewerbes wissentlich solche Mischungen verkauft, feilhält oder sonst in Verkehr bringt;
3. wer Margarine oder Margarinekäse ohne den nach § 6 erforderlichen Zusatz vorsätzlich herstellt oder wissentlich verkauft, feilhält oder sonst in Verkehr bringt.

Im Wiederholungsfalle tritt Gefängnisstrafe bis zu sechs Monaten ein, neben welcher auf Geldstrafe bis zu eintausendfünfhundert Mark erkannt werden kann; diese Bestimmung findet nicht Anwendung, wenn seit dem Zeitpunkt, in welchem die für die frühere Zuwiderhandlung erkannte Strafe verbüßt oder erlassen ist, drei Jahre verflossen sind.

§ 15. Mit Geldstrafe bis zu eintausendfünfhundert Mark oder mit Gefängnis bis zu drei Monaten wird bestraft, wer als Beauftragter der Polizeibehörde unbefugt Betriebsgeheimnisse, welche kraft seines Auftrages zu seiner Kenntnis gekommen sind, offenbart, oder geheimgehaltene Betriebseinrichtungen oder Betriebsweisen, von denen er kraft seines Auftrags Kenntnis erlangt hat, nachahmt, solange dieselben noch Betriebsgeheimnisse sind.

Die Verfolgung tritt nur auf Antrag des Betriebs-Unternehmers ein.

§ 16. Mit Geldstrafe von fünfzig bis zu einhundertfünfzig Mark oder mit Haft wird bestraft:

1. wer den Vorschriften des § 8 zuwider den Eintritt in die Räume, die Entnahme einer Probe oder die Revision verweigert;
2. wer die in Gemäßheit des § 9 von ihm erforderte Auskunft nicht erteilt oder bei der Auskunfterteilung wissentlich unwahre Angaben macht.

§ 17. Mit Geldstrafe bis zu einhundertfünfzig Mark oder mit Haft bis zu vier Wochen wird bestraft:

1. wer den Vorschriften des § 7 zuwiderhandelt;
2. wer bei der nach § 9 von ihm erforderten Auskunfterteilung aus Fahrlässigkeit unwahre Angaben macht.

§ 18. Außer den Fällen der §§ 14 bis 17 werden Zuwiderhandlungen gegen die Vorschriften dieses Gesetzes sowie gegen die in Gemäßheit der §§ 11 und 12 Ziff. 1 ergehenden Bestimmungen des Bundesrats mit Geldstrafe bis zu einhundertfünfzig Mark oder mit Haft bestraft.

Im Wiederholungsfall ist auf Geldstrafe bis zu sechshundert Mark, oder auf Haft, oder auf Gefängnis bis zu drei Monaten zu erkennen. Diese Bestimmung findet keine Anwendung, wenn seit dem Zeitpunkt, in welchem die für die frühere Zuwiderhandlung erkannte Strafe verbüßt oder erlassen ist, drei Jahre verflossen sind.

§ 19. In den Fällen der §§ 14 und 18 kann neben der Strafe auf Einziehung der verbotswidrig hergestellten, verkauften, feilgehaltenen oder sonst in Verkehr gebrachten Gegenstände erkannt werden, ohne Unterschied, ob sie dem Verurteilten gehören oder nicht.

Ist die Verfolgung oder Verurteilung einer bestimmten Person nicht ausführbar, so kann auf die Einziehung selbständig erkannt werden.

§ 20. Die Vorschriften des Gesetzes, betreffend den Verkehr mit Nahrungsmitteln, Genußmitteln und Gebrauchsgegenständen, vom 14. Mai 1879 (R.G.Bl. S. 145) bleiben unberührt. Die Vorschriften in den §§ 16, 17 desselben finden auch bei Zuwiderhandlungen gegen die Vorschriften des gegenwärtigen Gesetzes mit der Maßgabe Anwendung, daß in den Fällen des § 14 die öffentliche Bekanntmachung der Verurteilung angeordnet werden muß.

§ 21. Die Bestimmungen des § 4 treten mit dem 1. April 1898 in Kraft.

Im übrigen tritt dieses Gesetz am 1. Oktober 1897 in Kraft. Mit diesem Zeitpunkte tritt das Gesetz, betreffend den Verkehr mit Ersatzmitteln für Butter, vom 12. Juli 1887 (R.G.Bl. S. 375) außer Kraft.

---

5. Gesetz, betreffend die Schlachtvieh- und Fleischbeschau.

Vom 3. Juni 1900. (R.G.Bl. S. 547.)

§ 1. Rindvieh, Schweine, Schafe, Ziegen, Pferde und Hunde, deren Fleisch zum Genusse für Menschen verwendet werden soll, unterliegen vor und nach der Schlachtung einer amtlichen Untersuchung. Durch Beschluß des Bundesrats kann die Untersuchungspflicht auf anderes Schlachtvieh ausgedehnt werden.

Bei Notschlachtungen darf die Untersuchung vor der Schlachtung unterbleiben.

Der Fall der Notschlachtung liegt dann vor, wenn zu befürchten steht, daß das Tier bis zur Ankunft des zuständigen Beschauers verenden oder das Fleisch durch Verschlimmerung des krankhaften Zustandes an Wert wesentlich verlieren werde oder wenn das Tier infolge eines Unglücksfalls sofort getötet werden muß.

§ 2. Bei Schlachttieren, deren Fleisch ausschließlich im eigenen Haushalt des Besitzers verwendet werden soll, darf, sofern sie keine Merkmale einer die Genußtauglichkeit des Fleisches ausschließenden Erkrankung zeigen, die Untersuchung vor der Schlachtung und, sofern sich solche Merkmale auch bei der Schlachtung nicht ergeben, auch die Untersuchung nach der Schlachtung unterbleiben.

Eine gewerbsmäßige Verwendung von Fleisch, bei welchem auf Grund des Abs. 1 die Untersuchung unterbleibt, ist verboten.

Als eigener Haushalt im Sinne des Abs. 1 ist der Haushalt der Kasernen, Krankenhäuser, Erziehungsanstalten, Speiseanstalten, Gefangenanstalten, Armenhäuser und ähnlicher Anstalten sowie der Haushalt der Schlächter, Fleischhändler, Gast-, Schank- und Speisewirte nicht anzusehen.

§ 3. Die Landesregierungen sind befugt, für Gegenden und Zeiten, in denen eine übertragbare Tierkrankheit herrscht, die Untersuchung aller der Seuche ausgesetzten Schlachttiere anzuordnen.

§ 4. Fleisch im Sinne dieses Gesetzes sind Teile von warmblütigen Tieren, frisch oder zubereitet, sofern sie sich zum Genusse für Menschen eignen. Als Teile gelten auch die aus warmblütigen Tieren hergestellten Fette und Würste, andere Erzeugnisse nur insoweit, als der Bundesrat dies anordnet.

§ 5. Zur Vornahme der Untersuchungen sind Beschaubezirke zu bilden; für jeden derselben ist mindestens ein Beschauer sowie ein Stellvertreter zu bestellen.

Die Bildung der Beschaubezirke und die Bestellung der Beschauer erfolgt durch die Landesbehörden. Für die in den Armeekonservenfabriken vorzunehmenden Untersuchungen können seitens der Militärverwaltung besondere Beschauer bestellt werden.

Zu Beschauern sind approbierte Tierärzte oder andere Personen, welche genügende Kenntnisse nachgewiesen haben, zu bestellen.

§ 6. Ergibt sich bei den Untersuchungen das Vorhandensein oder der Verdacht einer Krankheit, für welche die Anzeigepflicht besteht, so ist nach Maßgabe der hierüber geltenden Vorschriften zu verfahren.

§ 7. Ergibt die Untersuchung des lebenden Tieres keinen Grund zur Beanstandung der Schlachtung, so hat sie der Beschauer unter Anordnung der etwa zu beobachtenden besonderen Vorsichtsmaßregeln zu genehmigen.

Die Schlachtung des zur Untersuchung gestellten Tieres darf nicht vor der Erteilung der Genehmigung und nur unter Einhaltung der angeordneten besonderen Vorschriftsmaßregeln stattfinden.

Erfolgt die Schlachtung nicht spätestens zwei Tage nach Erteilung der Genehmigung, so ist sie nur nach erneuter Untersuchung und Genehmigung zulässig.

§ 8. Ergibt die Untersuchung nach der Schlachtung, daß kein Grund zur Beanstandung des Fleisches vorliegt, so hat der Beschauer es als tauglich zum Genusse für Menschen zu erklären.

Vor der Untersuchung dürfen Teile eines geschlachtenen Tieres nicht beseitigt werden.

§ 9. Ergibt die Untersuchung, daß das Fleisch zum Genusse für Menschen untauglich ist, so hat der Beschauer es vorläufig zu beschlagnahmen, den Besitzer hiervon zu benachrichtigen und der Polizeibehörde sofort Anzeige zu erstatten.

Fleisch, dessen Untauglichkeit sich bei der Untersuchung ergeben hat, darf als Nahrungs- oder Genußmittel für Menschen nicht in Verkehr gebracht werden.

Die Verwendung des Fleisches zu anderen Zwecken kann von der Polizeibehörde zugelassen werden, soweit gesundheitliche Bedenken nicht entgegenstehen. Die Polizeibehörde bestimmt, welche Sicherungsmaßregeln gegen eine Verwendung des Fleisches zum Genusse für Menschen zu treffen sind.

Das Fleisch darf nicht vor der polizeilichen Zulassung und nur unter Einhaltung der von der Polizeibehörde angeordneten Sicherungsmaßregeln in Verkehr gebracht werden.

Das Fleisch ist von der Polizeibehörde in unschädlicher Weise zu beseitigen, soweit seine Verwendung zu anderen Zwecken (Abs. 3) nicht zugelassen wird.

§ 10. Ergibt die Untersuchung, daß das Fleisch zum Genusse für Menschen nur bedingt tauglich ist, so hat der Beschauer es vorläufig zu beschlagnahmen, den Besitzer hiervon zu benachrichtigen und der Polizeibehörde sofort Anzeige zu erstatten. Die Polizeibehörde bestimmt, unter welchen Sicherungsmaßregeln das Fleisch zum Genusse für Menschen brauchbar gemacht werden kann.

Fleisch, das bei der Untersuchung als nur bedingt tauglich erkannt worden ist, darf als Nahrungs- und Genußmittel für Menschen nicht in Verkehr gebracht werden, bevor es unter den von der Polizeibehörde angeordneten Sicherungsmaßregeln zum Genusse für Menschen brauchbar gemacht worden ist.

Insoweit eine solche Brauchbarmachung unterbleibt, finden die Vorschriften des § 9 Abs. 3 bis 5 entsprechende Anwendung.

§ 11. Der Vertrieb des zum Genusse für Menschen brauchbar gemachten Fleisches (§ 10 Abs. 1) darf nur unter einer diese Beschaffenheit erkennbar machenden Bezeichnung erfolgen.

Fleischhändlern, Gast-, Schank- und Speisewirten ist der Vertrieb und die Verwendung solchen Fleisches nur mit Genehmigung der Polizeibehörde gestattet; die Genehmigung ist jeder Zeit widerruflich. An die vorbezeichneten Gewerbetreibenden darf derartiges Fleisch nur abgegeben werden, soweit ihnen eine solche Genehmigung erteilt worden ist. In den Geschäftsräumen dieser Personen muß an einer in die Augen fallenden Stelle durch deutlichen Anschlag besonders erkennbar gemacht werden, daß Fleisch der im Abs. 1 bezeichneten Beschaffenheit zum Vertrieb oder zur Verwendung kommt.

Fleischhändler dürfen das Fleisch nicht in Räumen feilhalten oder verkaufen, in welchen taugliches Fleisch (§ 8) feilgehalten oder verkauft wird.

§ 12. Die Einfuhr von Fleisch in luftdicht verschlossenen Büchsen oder ähnlichen Gefäßen, von Würsten und sonstigen Gemengen aus zerkleinertem Fleische in das Zollinland ist verboten.

Im übrigen gelten für die Einfuhr von Fleisch in das Zollinland bis zum 31. Dezember 1903 folgende Bedingungen:

1. Frisches Fleisch darf in das Zollinland nur in ganzen Tierkörpern, die bei Rindvieh, ausschließlich der Kälber, und bei Schweinen in Hälften zerlegt sein können, eingeführt werden.

Mit den Tierkörpern müssen Brust- und Bauchfell, Lunge, Herz, Nieren, bei Kühen auch das Euter in natürlichem Zusammenhange verbunden sein; der Bundesrat ist ermächtigt, diese Vorschrift auf weitere Organe auszudehnen.

2. Zubereitetes Fleisch darf nur eingeführt werden, wenn nach der Art seiner Gewinnung und Zubereitung Gefahren für die menschliche Gesundheit erfahrungsgemäß ausgeschlossen sind oder die Unschädlichkeit für die menschliche Gesundheit in zuverlässiger Weise bei der Einfuhr sich feststellen läßt. Diese Feststellung gilt als unausführbar insbesondere bei Sendungen von Pökelfleisch, sofern das Gewicht einzelner Stücke weniger als 4 kg beträgt; auf Schinken, Speck und Därme findet diese Vorschrift keine Anwendung.

Fleisch, welches zwar einer Behandlung zum Zwecke seiner Haltbarmachung unterzogen worden ist, aber die Eigenschaften frischen Fleisches im wesentlichen behalten hat oder durch entsprechende Behandlung wieder gewinnen kann, ist als zubereitetes Fleisch nicht anzusehen; Fleisch solcher Art unterliegt den Bestimmungen in Ziffer 1.

Für die Zeit nach dem 31. Dezember 1903 sind die Bedingungen für die Einfuhr von Fleisch gesetzlich von neuem zu regeln. Sollte eine Neuregelung bis zu dem bezeichneten Zeitpunkte nicht zustande kommen, so bleiben die im Abs. 2 festgesetzten Einfuhrbedingungen bis auf weiteres maßgebend.

§ 13. Das in das Zollinland eingehende Fleisch unterliegt bei der Einfuhr einer amtlichen Untersuchung unter Mitwirkung der Zollbehörden. Ausgenommen hiervon ist das nachweislich im Inlande bereits vorschriftsmäßig untersuchte und das zur unmittelbaren Durchfuhr bestimmte Fleisch.

Die Einfuhr von Fleisch darf nur über bestimmte Zollämter erfolgen. Der Bundesrat bezeichnet diese Ämter sowie diejenigen Zoll- und Steuerstellen, bei welchen die Untersuchung des Fleisches stattfinden kann.

§ 14. Auf Wildpret und Federvieh, ferner auf das zum Reiseverbrauche mitgeführte Fleisch finden die Bestimmungen der §§ 12 und 13 nur insoweit Anwendung, als der Bundesrat dies anordnet.

Für das im kleinen Grenzverkehre sowie im Meß- und Marktverkehre des Grenzbezirkes eingehende Fleisch können durch Anordnung der Landesregierungen Ausnahmen von den Bestimmungen der §§ 12 und 13 zugelassen werden.

§ 15. Der Bundesrat ist ermächtigt, weitergehende Einfuhrverbote und Einfuhrbeschränkungen, als in den §§ 12 und 13 vorgesehen sind, zu beschließen.

§ 16. Die Vorschriften des § 8 Abs. 1 und der §§ 9 bis 11 gelten auch für das in das Zollinland eingehende Fleisch. An Stelle der unschädlichen Beseitigung des Fleisches oder an Stelle der polizeilicherseits anzuordnenden Sicherungsmaßregeln kann jedoch, insoweit gesundheitliche Bedenken nicht entgegenstehen, die Wiederausfuhr des Fleisches unter entsprechenden Vorsichtsmaßnahmen zugelassen werden.

§ 17. Fleisch, welches zwar nicht für den menschlichen Genuß bestimmt ist, aber dazu verwendet werden kann, darf zur Einfuhr ohne Untersuchung zugelassen werden, nachdem es zum Genusse für Menschen unbrauchbar gemacht ist.

§ 18. Bei Pferden muß die Untersuchung (§ 1) durch approbierte Tierärzte vorgenommen werden.

Der Vertrieb von Pferdefleisch sowie die Einfuhr solchen Fleisches in das Zollinland darf nur unter einer Bezeichnung erfolgen, welche in deutscher Sprache das Fleisch als Pferdefleisch erkennbar macht.

Fleischhändlern, Gast-, Schank- und Speisewirten ist der Vertrieb und die Verwendung von Pferdefleisch nur mit Genehmigung der Polizeibehörde gestattet; die Genehmigung ist jeder Zeit widerruflich. An die vorbezeichneten Gewerbetreibenden darf Pferdefleisch nur abgegeben werden, soweit ihnen eine solche Genehmigung erteilt worden ist. In den Geschäftsräumen dieser Personen muß an einer in die Augen fallenden Stelle durch deutlichen Anschlag besonders erkennbar gemacht werden, daß Pferdefleisch zum Verkauf oder zur Verwendung kommt.

Fleischhändler dürfen Pferdefleisch nicht in Räumen feilhalten oder verkaufen, in welchen Fleisch von anderen Tieren feilgehalten oder verkauft wird.

Der Bundesrat ist ermächtigt, anzuordnen, daß die vorstehenden Vorschriften auf Esel, Maulesel, Hunde und sonstige, seltener zur Schlachtung gelangende Tiere entsprechende Anwendung finden.

§ 19. Der Beschauer hat das Ergebnis der Untersuchung an dem Fleische kenntlich zu machen. Das aus dem Auslande eingeführte Fleisch ist außerdem als solches kenntlich zu machen.

Der Bundesrat bestimmt die Art der Kennzeichnung.

§ 20. Fleisch, welches innerhalb des Reichs der amtlichen Untersuchung nach Maßgabe der §§ 8 bis 16 unterlegen hat, darf einer abermaligen amtlichen Untersuchung nur zu dem Zwecke unterworfen werden, um festzustellen, ob das Fleisch inzwischen verdorben ist oder sonst eine gesundheitsschädliche Veränderung seiner Beschaffenheit erlitten hat.

Landesrechtliche Vorschriften, nach denen für Gemeinden mit öffentlichen Schlachthäusern der Vertrieb frischen Fleisches Beschränkungen, insbesondere dem Beschauzwang innerhalb der Gemeinde unterworfen werden kann, bleiben mit der Maßgabe unberührt, daß ihre Anwendbarkeit nicht von der Herkunft des Fleisches abhängig gemacht werden darf.

§ 21. Bei der gewerbsmäßigen Zubereitung von Fleisch dürfen Stoffe oder Arten des Verfahrens, welche der Ware eine gesundheitsschädliche Beschaffenheit zu verleihen vermögen, nicht angewendet werden. Es ist verboten, derartig zubereitetes Fleisch aus dem Ausland einzuführen, feilzuhalten, zu verkaufen oder sonst in Verkehr zu bringen.

Der Bundesrat bestimmt die Stoffe und die Arten des Verfahrens, auf welche diese Vorschriften Anwendung finden.

Der Bundesrat ordnet an, inwieweit die Vorschriften des Abs. 1 auch auf bestimmte Stoffe und Arten des Verfahrens Anwendung finden, welche eine gesundheitsschädliche oder minderwertige Beschaffenheit der Ware zu verdecken geeignet sind.

§ 22. Der Bundesrat ist ermächtigt,

1. Vorschriften über den Nachweis genügender Kenntnisse der Fleischbeschauer zu erlassen,
2. Grundsätze aufzustellen, nach welchen die Schlachtvieh- und Fleischbeschau auszuführen und die weitere Behandlung des Schlachtviehs und Fleisches im Falle der Beanstandung stattzufinden hat,
3. die zur Ausführung der Bestimmungen in dem § 12 erforderlichen Anordnungen zu treffen und die Gebühren für die Untersuchung des in das Zollinland eingehenden Fleisches festzusetzen.

§ 23. Wem die Kosten der amtlichen Untersuchung (§ 1) zur Last fallen, regelt sich nach Landesrecht. Im übrigen werden die zur Ausführung des Gesetzes erforderlichen Bestimmungen, insoweit nicht der Bundesrat für zuständig erklärt ist oder insoweit er von einer durch § 22 erteilten Ermächtigung keinen Gebrauch macht, von den Landesregierungen erlassen.

§ 24. Landesrechtliche Vorschriften über die Trichinenschau und über den Vertrieb und die Verwendung von Fleisch, welches zwar zum Genusse für Menschen tauglich, jedoch in seinem Nahrungs- und Genußwert erheblich herabgesetzt ist, ferner landesrechtliche Vorschriften, welche mit Bezug auf.

1. die der Untersuchung zu unterwerfenden Tiere,
2. die Ausführung der Untersuchungen durch approbierte Tierärzte,
3. den Vertrieb beanstandeten Fleisches oder des Fleisches von Tieren der im § 18 bezeichneten Arten

weitergehende Verpflichtungen als dieses Gesetz begründen, sind mit der Maßgabe zulässig, daß ihre Anwendbarkeit nicht von der Herkunft des Schlachtviehs oder des Fleisches abhängig gemacht werden darf.

§ 25. Inwieweit die Vorschriften dieses Gesetzes auf das in die Zollausschlüsse eingeführte Fleisch Anwendung zu finden haben, bestimmt der Bundesrat.

§ 26. Mit Gefängnis bis zu sechs Monaten und mit Geldstrafe bis zu eintausendfünfhundert Mark oder mit einer dieser Strafen wird bestraft:

1. wer wissentlich den Vorschriften des § 9 Abs. 2, 4, des § 10 Abs. 2, 3, des § 12 Abs. 1 oder des § 21 Abs. 1, 2 oder einem auf Grund des § 21 Abs. 3 ergangenen Verbote zuwiderhandelt;

2. wer wissentlich Fleisch, das den Vorschriften des § 12 Abs. 1 zuwider eingeführt oder auf Grund des § 17 zum Genusse für Menschen unbrauchbar gemacht worden ist, als Nahrungs- oder Genußmittel für Menschen in Verkehr bringt;
3. wer Kennzeichen der im § 19 vorgesehenen Art fälschlich anbringt oder verfälscht, oder wer wissentlich Fleisch, an welchem die Kennzeichen fälschlich angebracht, verfälscht oder beseitig worden sind, feilhält oder verkauft.

§ 27. Mit Geldstrafe bis zu einhundertfünfzig Mark oder mit Haft wird bestraft:

1. wer eine der im § 26 Nr. 1 und 2 bezeichneten Handlungen aus Fahrlässigkeit begeht,
2. wer eine Schlachtung vornimmt, bevor das Tier der in diesem Gesetze vorgeschriebenen oder einer auf Grund des § 1 Abs. 1 Satz 2, des § 3, des § 18 Abs. 5 oder des § 24 angeordneten Untersuchung unterworfen worden ist,
3. wer Fleisch in Verkehr bringt, bevor es der in diesem Gesetze vorgeschriebenen oder einer auf Grund des § 1 Abs. 1 Satz 2, des § 3, des § 14 Abs. 1, des § 18 Abs. 5 oder des § 24 angeordneten Untersuchung unterworfen worden ist,
4. wer den Vorschriften des § 2 Abs. 2, des § 7 Abs. 2, 3, des § 8 Abs. 2, des § 11, des § 12 Abs. 2, des § 13 Abs. 2 oder des § 18 Abs. 2 bis 4, ingleichen wer den auf Grund des § 15 oder des § 18 Abs. 5 erlassenen Anordnungen oder den auf Grund des § 24 ergehenden landesrechtlichen Vorschriften über den Vertrieb und die Verwendung von Fleisch zuwiderhandelt.

§ 28. In den Fällen des § 26 Nr. 1 und 2 und des § 27 Nr. 1 ist neben der Strafe auf die Einziehung des Fleisches zu erkennen. In den Fällen des § 26 Nr. 3 und des § 27 Nr. 2 bis 4 kann neben der Strafe auf die Einziehung des Fleisches oder des Tieres erkannt werden. Für die Einziehung ist es ohne Bedeutung, ob der Gegenstand dem Verurteilten gehört oder nicht.

Ist die Verfolgung oder Verurteilung einer bestimmten Person nicht ausführbar, so kann auf die Einziehung selbständig erkannt werden.

§ 29. Die Vorschriften des Gesetzes, betreffend den Verkehr mit Nahrungsmitteln, Genußmitteln und Gebrauchsgegenständen, vom 14. Mai 1879 (R.G.Bl. S. 145) bleiben unberührt. Die Vorschriften des § 16 des bezeichneten Gesetzes finden auch auf Zuwiderhandlungen gegen die Vorschriften des gegenwärtigen Gesetzes Anwendung.

§ 30. Diejenigen Vorschriften dieses Gesetzes, welche sich auf die Herstellung der zur Durchführung der Schlachtvieh- und Fleischbeschau erforderlichen Einrichtungen beziehen, treten mit dem Tage der Verkündigung dieses Gesetzes in Kraft.

Im übrigen wird der Zeitpunkt, mit welchem das Gesetz ganz oder teilweise in Kraft tritt, durch Kaiserliche Verordnung mit Zustimmung des Bundesrats bestimmt.

6. Gesetz, betr. den Verkehr mit Wein, weinhaltigen und weinähnlichen Getränken.

Vom 24. Mai 1901. (R.G.Bl. S. 175.)

§ 1. Wein ist das durch alkoholische Gärung aus dem Safte der Weintraube hergestellte Getränk.

§ 2. Als Verfälschung oder Nachahmung des Weines im Sinne des § 10 des Gesetzes, betreffend den Verkehr mit Nahrungsmitteln, Genußmitteln und Gebrauchsgegenständen, vom 14. Mai 1879 (R.G.Bl. S. 145) ist nicht anzusehen:

1. die anerkannte Kellerbehandlung einschließlich der Haltbarmachung des Weines, auch wenn dabei Alkohol oder geringe Mengen von mechanisch wirkenden Klärungsmitteln (Eiweiß, Gelatine, Hausenblase u. dgl.), von Tannin, Kohlensäure, schwefliger Säure oder daraus entstandener Schwefelsäure in den Wein gelangen; jedoch darf die Menge des zugesetzten Alkohols, sofern es sich nicht um Getränke handelt, die als Dessertweine (Süd-, Süßweine) ausländischen Ursprungs in den Verkehr kommen, nicht mehr als ein Raumteil auf einhundert Raumteile Wein betragen;
2. die Vermischung (Verschnitt) von Wein mit Wein;
3. die Entsäuerung mittelst reinen gefällten kohlensauren Kalkes;
4. der Zusatz von technisch reinem Rohr-, Rüben- oder Invertzucker, technisch reinem Stärkezucker, auch in wässeriger Lösung, sofern ein solcher Zusatz nur erfolgt, um den Wein zu verbessern, ohne seine Menge erheblich zu vermehren; auch darf der gezuckerte Wein seiner Beschaffenheit und seiner Zusammensetzung nach, namentlich auch in seinem Gehalt an Extraktstoffen und Mineralbestandteilen, nicht unter den Durchschnitt der ungezuckerten Weine des Weinbaugebiets, dem Wein nach seiner Benennung entsprechen soll, herabgesetzt werden.

§ 3. Es ist verboten die gewerbsmäßige Herstellung oder Nachahmung von Wein unter Verwendung:

1. eines Aufgusses von Zuckerwasser oder Wasser auf Trauben, Traubenmaische oder ganz oder teilweise entmostete Trauben, jedoch ist der Zusatz wässeriger Zuckerlösung zur vollen Rotweintraubenmaische zu dem in § 2 Nr. 4, angegebenen Zwecke mit den dort bezeichneten Beschränkungen behufs Herstellung von Rotwein gestattet;
2. eines Aufgusses von Zuckerwasser auf Hefen;
3. von getrockneten Früchten (auch in Auszügen oder Abkochungen) oder eingedickten Moststoffen, unbeschadet der Verwendung bei der Herstellung von solchen Getränken, welche als Dessertweine (Süd-, Süßweine) ausländischen Ursprunges in den Verkehr kommen. Betriebe, in welchen eine derartige Verwendung stattfinden soll, sind von dem Inhaber vor dem Beginne des Geschäftsbetriebs der zuständigen Behörde anzuzeigen;
4. von anderen als den im § 2 Nr. 4 bezeichneten Süßstoffen, ins-

besondere von Saccharin, Dulcin oder sonstigen künstlichen Süßstoffen;

5. von Säuren, säurehaltigen Stoffen, insbesondere von Weinstein und Weinsäure, von Bukettstoffen, künstlichen Moststoffen oder Essenzen, unbeschadet der Verwendung aromatischer oder arzneilicher Stoffe bei der Herstellung von solchen Weinen, welche als landesübliche Gewürzgetränke oder als Arzneimittel unter den hierfür gebräuchlichen Bezeichnungen (Wermutwein, Maiwein, Pepsinwein, Chinawein u. dgl.) in den Verkehr kommen;

6. Obstmost und Obstwein, von Gummi oder anderen Stoffen, durch welche der Extraktgehalt erhöht wird, jedoch unbeschadet der Bestimmungen im § 2, Nr. 1, 3, 4.

Getränke, welche den vorstehenden Vorschriften zuwider oder unter Verwendung eines nach § 2 Nr. 4 nicht gestatten Zusatzes hergestellt sind, dürfen weder feilgehalten noch verkauft werden. Dies gilt auch dann, wenn die Herstellung nicht gewerbsmäßig erfolgt ist.

Die Verwertung von Trestern, Rosinen und Korinthen in der Branntweinbrennerei wird durch die Bestimmungen des Abs. 1 nicht berührt, jedoch unterliegt sie der Kontrolle der Steuerbehörden.

§ 4. Es ist verboten, Wein, welcher einen nach § 2 Nr. 4 gestatteten Zusatz erhalten hat, oder Rotwein, welcher unter Verwendung eines nach § 3 Abs. 1 Nr. 1 gestatteten Aufgusses hergestellt ist, als Naturwein oder unter anderen Bezeichnungen feilzuhalten oder zu verkaufen, welche die Annahme hervorzurufen geeignet sind, daß ein derartiger Zusatz nicht gemacht ist.

§ 5. Die Vorschriften des § 3 Abs. 1 Nr. 1 bis 4, Abs. 2 finden auch auf Schaumwein Anwendung.

§ 6. Schaumwein, der gewerbsmäßig verkauft oder feilgehalten wird, muß eine Bezeichnung tragen, welche das Land und erforderlichenfalls den Ort erkennbar macht, in welchem er auf Flaschen gefüllt worden ist. Schaumwein, der aus Fruchtwein (Obst- oder Beerenwein) hergestellt ist, muß eine Bezeichnung tragen, welche die Verwendung von Fruchtwein erkennen läßt. Die näheren Vorschriften trifft der Bundesrat.

Die vom Bundesrat vorgeschriebenen Bezeichnungen sind auch in die Preislisten und Weinkarten sowie in die sonstigen im geschäftlichen Verkehr üblichen Angebote mit aufzunehmen.

§ 7. Die nachbenannten Stoffe, nämlich: lösliche Aluminiumsalze (Alaun und dgl.), Baryumverbindungen, Borsäure, Glyzerin, Kermesbeeren, Magnesiumverbindungen, Salizylsäure, Oxalsäure, unreiner (freien Amylalkohol enthaltender) Sprit, unreiner (nicht technisch reiner) Stärkezucker, Strontiumverbindungen, Teerfarbstoffe oder Gemische, welche einen dieser Stoffe enthalten, dürfen Wein, weinhaltigen oder weinähnlichen Getränken, welche bestimmt sind, anderen als Nahrungs- oder Genußmittel zu dienen, bei oder nach der Herstellung nicht zugesetzt werden.

Der Bundesrat ist ermächtigt, noch andere Stoffe zu bezeichnen, auf welche dieses Verbot Anwendung zu finden hat.

§ 8. Wein, weinhaltige und weinähnliche Getränke, welche, den Vorschriften des § 7 zuwider, einer der dort oder der vom Bundesrat gemäß § 7 bezeichneten Stoffe zugesetzt ist, dürfen weder feilgehalten noch verkauft, noch sonst in Verkehr gebracht werden.

Dasselbe gilt für Rotwein, dessen Gehalt an Schwefelsäure in einem Liter Flüssigkeit mehr beträgt, als sich in zwei Gramm neutralen schwefelsauren Kaliums vorfindet. Diese Bestimmung findet jedoch auf solche Rotweine nicht Anwendung, welche als Dessertweine (Süd-, Süßweine) ausländischen Ursprungs in den Verkehr kommen.

§ 9. Jeder Inhaber von Keller-, Gär- und Kelterräumen oder sonstigen Räumen, in denen Wein- oder Schaumwein gewerbsmäßig hergestellt oder behandelt wird, hat dafür zu sorgen, daß in diesen Räumen an einer in die Augen fallenden Stelle ein deutlicher Abdruck der §§ 2—8 dieses Gesetzes ausgehängt ist.

§ 10. Bis zur reichsgesetzlichen einheitlichen Regelung der Beaufsichtigung des Verkehrs mit Nahrungs- und Genußmitteln treffen die Landesregierungen darüber Bestimmung, welche Beamten und Sachverständigen für die in den nachstehenden Vorschriften bezeichneten Maßnahmen zuständig sind.

Diese Beamten und Sachverständigen sind befugt, außerhalb der Nachtzeit, und falls Tatsachen vorliegen, welche annehmen lassen, daß zur Nachtzeit gearbeitet wird, auch während dieser Zeit, in Räumen, in denen Wein, weinhaltige oder weinähnliche Getränke gewerbsmäßig hergestellt, aufbewahrt, feilgehalten oder verpackt werden, einzutreten, daselbst Besichtigungen vorzunehmen, geschäftliche Aufzeichnungen, Frachtbriefe und Bücher einzusehen, auch nach ihrer Auswahl Proben zum Zwecke der Untersuchung gegen Empfangsbescheinigung zu entnehmen. Auf Verlangen ist ein Teil der Probe amtlich verschlossen oder versiegelt zurückzulassen und für die entnommene Probe eine angemessene Entschädigung zu leisten.

Die Nachtzeit umfaßt in dem Zeitraume vom ersten April bis dreißigsten September die Stunden von neun Uhr abends bis vier Uhr morgens und in dem Zeitraume vom ersten Oktober bis einunddreißigsten März die Stunden von neun Uhr abends bis sechs Uhr morgens.

§ 11. Die Inhaber der im § 10 bezeichneten Räume sowie die von ihnen bestellten Betriebsleiter und Aufsichtspersonen sind verpflichtet, den zuständigen Beamten und Sachverständigen auf Erfordern Auskunft über das Verfahren bei Herstellung der Erzeugnisse, über den Umfang des Betriebs, über die zur Verwendung gelangenden Stoffe, insbesondere auch über deren Menge und Herkunft, zu erteilen sowie die geschäftlichen Aufzeichnungen, Frachtbriefe und Bücher vorzulegen. Die Erteilung von Auskunft kann jedoch verweigert werden, soweit derjenige, von welchem sie verlangt wird, sich selbst oder einem der im § 51 Nr. 1 bis 3 der Strafprozeßordnung bezeichneten Angehörigen die Gefahr strafgerichtlicher Verfolgung zuziehen würde.

§ 12. Die Sachverständigen (§ 10) sind, vorbehaltlich der Anzeige von Gesetzwidrigkeiten, verpflichtet, über die Tatsachen und Einrichtungen, welche durch die Aufsicht zu ihrer Kenntnis kommen, Verschwiegenheit zu beobachten und sich der Mitteilung und Nachahmung der von den

Gewerbetreibenden geheim gehaltenen, zu ihrer Kenntnis gelangten Betriebseinrichtungen und Betriebsweisen, solange als diese Betriebsgeheimnisse sind, zu enthalten. Sie sind hierauf zu beeidigen.

§ 13. Mit Gefängnis bis zu sechs Monaten und mit Geldstrafe bis zu dreitausend Mark oder mit einer dieser Strafen wird bestraft, wer vorsätzlich

1. den Vorschriften des § 3, abgesehen von der Bestimmung über die Anzeige gewisser Betriebe in der Nr. 3 des Abs. 1 oder den Vorschriften der § 5, 7, 8 oder
2. den Vorschriften des § 4 zuwiderhandelt.

Ist der Täter bereits einmal wegen einer der im Abs. 1 bezeichneten Zuwiderhandlungen bestraft, so tritt Gefängnisstrafe bis zu einem Jahre ein, neben welcher auf Geldstrafe bis zu 15000 Mark erkannt werden kann. Diese Bestimmung findet Anwendung, auch wenn die frühere Strafe nur teilweise verbüßt oder ganz oder teilweise erlassen ist, bleibt jedoch ausgeschlossen, wenn seit der Verbüßung oder dem Erlasse der letzten Strafe bis zur Begehung der neuen Straftat drei Jahre verflossen sind.

§ 14. Mit Geldstrafe bis zu eintausendfünfhundert Mark oder mit Gefängnis bis zu drei Monaten wird bestraft, wer den Vorschriften des § 12 zuwider Verschwiegenheit nicht beobachtet oder der Mitteilung oder Nachahmung von Betriebsgeheimnissen sich nicht enthält.

Die Verfolgung tritt nur auf Antrag des Betriebsunternehmers ein.

§ 15. Mit Geldstrafe von fünfzig bis zu einhundertfünfzig Mark oder mit Haft wird bestraft, wer den Vorschriftln der §§ 10 und 11 zuwider

1. den Eintritt in die Räume, die Besichtigung, die Einsicht in Aufzeichnungen, Frachtbriefe und Bücher oder die Entnahme von Proben verweigert;
2. die von ihm erforderte Auskunft nicht erteilt oder bei der Auskunftserteilung wissentlich unwahre Angaben macht oder die Vorlegung der Aufzeichnungen, Frachtbriefe und Bücher verweigert.

§ 16. Mit Geldstrafe bis zu 150 Mk. oder mit Haft wird bestraft.

1. wer die im § 3 Abs. 1 Nr. 3 vorgeschriebene Anzeige unterläßt;
2. wer Schaumwein gewerbsmäßig verkauft, feilhält oder anbietet, ohne daß den Vorschriften des § 6 genügt ist;
3. wer bei der nach § 11 von ihm erforderten Auskunftserteilung aus Fahrlässigkeit unwahre Angaben macht;
4. wer eine der im § 13 bezeichneten Handlungen aus Fahrlässigkeit begeht.

§ 17. Mit Geldstrafe bis zu 30 Mk. und im Unvermögensfalle mit Haft bis zu 8 Tagen wird bestraft, wer es unterläßt, der durch den § 9 für ihn begründeten Verpflichtungen nachzukommen.

§ 18. In den Fällen des § 13 Nr. 1 ist neben der Strafe auf Einziehung der Getränke zu erkennen, welche den dort bezeichneten Vorschriften zuwider hergestellt, feilgehalten, verkauft oder sonst in Verkehr gebracht sind, ohne Unterschied, ob sie dem Verurteilten gehören oder nicht; auch kann die Vernichtung ausgesprochen werden. In den Fällen des § 13 Nr. 2, des § 16 Nr. 2, 4 kann auf Einziehung oder Vernichtung erkannt werden.

Ist die Verfolgung oder Verurteilung einer bestimmten Person nicht ausführbar, so kann auf die Einziehung selbständig erkanntwerden.

§ 19. Die Vorschriften des Gesetzes vom 14. Mai 1879 bleiben unberührt, soweit die §§ 2 bis 11 des gegenwärtigen Gesetzes nicht entgegenstehende Bestimmungen enthalten. Die Vorschriften in den §§ 16, 17 des Gesetzes vom 14. Mai 1879 finden auch bei Zuwiderhandlungen gegen die Vorschriften des gegenwärtigen Gesetzes Anwendung.

§ 20. Der Bundesrat ist ermächtigt:

a) die Grenzen festzustellen, welche für die bei der Kellerbehandlung in den Wein gelangenden Mengen der in § 2 Nr. 1 bezeichneten Stoffe, soweit das Gesetz selbst die Menge nicht festsetzt, maßgebend sein sollen;

b) Grundsätze aufzustellen, welche gemäß § 2 Nr. 4 zweiter Halbsatz für die Beurteilung der Weine nach ihrer Beschaffenheit und Zusammensetzung, insbesondere auch für die Feststellung des Durchschnittsgehalts an Extraktstoffen und Mineralbestandteilen, maßgebend sein sollen.

§ 21. Der Bundesrat ist ermächtigt, Grundsätze aufzustellen, nach welchen die zur Ausführung dieses Gesetzes sowie des Gesetzes vom 14. Mai 1879 in Bezug auf Wein, weinhaltige und weinähnliche Getränke erforderlichen Untersuchungen vorzunehmen sind.

§ 22. Dieses Gesetzes tritt am 1. Oktober 1901 in Kraft. Mit diesem Zeitpunkte tritt das Gesetz, betreffend den Verkehr mit Wein, weinhaltigen und weinähnlichen Getränken, vom 20. April 1892 (R.G.Bl. S. 597) außer Kraft.

Auf Getränke, welche den Vorschriften des § 3 zuwider oder unter Verwendung eines nach § 2 Nr. 4 als übermäßig zu erachtenden Zusatzes wässeriger Zuckerlösung bereits bei Verkündung dieses Gesetzes hergestellt waren und innerhalb eines Monats nach diesem Zeitpunkte der zuständigen Behörde angemeldet worden sind, findet die Vorschrift im § 3 Abs. 2 bis zum 1. Oktober 1902 keine Anwendung, sofern die Vertriebsgefäße mit entsprechenden Kennzeichen amtlich versehen worden sind und die Getränke unter einer ihre Beschaffenheit erkennbar machenden oder einer anderweiten, sie von Wein unterscheidenden Bezeichnung (Tresterwein, Hefenwein, Rosinenwein, Kunstwein oder dergleichen) feilgehalten oder verkauft werden.

---

7. Süßstoffgesetz.

Vom 7. Juli 1902. (R.G.Bl. S. 253.)

§ 1. Süßstoff im Sinne dieses Gesetzes sind alle auf künstlichem Wege gewonnenen Stoffe, welche als Süßmittel dienen können und eine höhere Süßkraft als raffinierter Rohr- oder Rübenzucker, aber nicht entsprechenden Nährwert besitzen.

§ 2. Soweit nicht in den §§ 3 bis 5 Ausnahmen zugelassen sind, ist es verboten:

a) Süßstoff herzustellen oder Nahrungs- oder Genußmitteln bei deren gewerblicher Herstellung zuzusetzen;
b) Süßstoff oder süßstoffhaltige Nahrungs- oder Genußmittel aus dem Ausland einzuführen;
c) Süßstoff oder süßstoffhaltige Nahrungs- oder Genußmittel feilzuhalten oder zu verkaufen.

§ 3. Nach näherer Bestimmung des Bundesrats ist für die Herstellung oder die Einfuhr von Süßstoff die Ermächtigung einem oder mehreren Gewerbetreibenden zu geben.

Die Ermächtigung ist unter Vorbehalt des jederzeitigen Widerrufs zu erteilten und der Geschäftsbetrieb des Berechtigten unter dauernde amtliche Überwachung zu stellen. Auch hat der Bundesrat in diesem Falle zu bestimmen, daß bei dem Verkaufe des Süßstoffs ein gewisser Preis nicht überschritten werden, sowie ob und unter welchen Bedingungen eine Ausführ von Süßstoff in das Ausland erfolgen darf.

§ 4. Die Abgabe des gemäß § 3 hergestellten oder eingeführten Süßstoffs im Inland ist nur an Apotheken und an solche Personen gestattet, welche die amtliche Erlaubnis zum Bezuge von Süßstoff besitzen.

Diese Erlaubnis ist nur zu erteilen:
a) an Personen, welche den Süßstoff zu wissenschaftlichen Zwecken verwenden wollen;
b) an Gewerbetreibende zum Zwecke der Herstellung von bestimmten Waren, für welche die Zusetzung von Süßstoff aus einem die Verwendung von Zucker ausschließenden Grunde erforderlich ist;
c) an Leiter von Kranken-, Kur-, Pflege- und ähnlichen Anstalten zur Verwendung für die in der Anstalt befindlichen Personen;
d) an die Inhaber von Gast- und Speisewirtschaften in Kurorten, deren Besuchern der Genuß mit Zucker versüßter Lebensmittel ärztlicherseits untersagt zu werden pflegt, zur Verwendung für die im Orte befindlichen Personen.

Die Erlaubnis ist ferner nur unter Vorbehalt jederzeitigen Widerrufs und nur dann zu erteilen, wenn die Verwendung des Süßstoffs zu den angegebenen Zwecken ausreichend überwacht werden kann.

§ 5. Die Apotheken dürfen Süßstoff außer an Personen, welche eine amtliche Erlaubnis (§ 4) besitzen, nur unter den vom Bundesrate festzustellenden Bedingungen abgeben.

Die im § 4 Abs. 2 zu b genannten Bezugsberechtigten dürfen den Süßstoff nur zur Herstellung der in der amtlichen Erlaubnis bezeichneten Waren verwenden und letztere nur an solche Abnehmer abgeben, welche derart zubereitete Waren ausdrücklich verlangen. Der Bundesrat kann bestimmen, daß diese Waren unter bestimmten Bezeichnungen und in bestimmten Verpackungen feilgehalten und abgegeben werden müssen.

Die zu c und d genannten Bezugsberechtigten dürfen Süßstoff oder unter Verwendung von Süßstoff hergestellte Nahrungs- oder Genußmittel nur innerhalb der Anstalt (zu c) oder des Ortes (zu d) abgeben.

§ 6. Die vom Bundesrate zur Ausführung der Vorschriften in den §§ 3, 4 und 5 zu erlassenden Bestimmungen sind dem Reichstage bis zum 1. April 1903 vorzulegen. Sie sind außer Kraft zu setzen, soweit der Reichstag dies verlangt.

§ 7. Wer der Vorschrift des § 2 vorsätzlich zuwiderhandelt, wird, soweit nicht die Bestimmungen des Vereinszollgesetzes Platz greifen, mit Gefängnis bis zu 6 Monaten und mit Geldstrafe bis zu eintausendfünfhundert Mark oder mit einer dieser Strafen bestraft.

Ist die Handlung aus Fahrlässigkeit begangen worden, so tritt Geldstrafe bis zu einhundertfünfzig Mark oder Haft ein.

§ 8. Der Strafe des § 7 Abs. 1 unterliegen auch diejenigen, in deren Besitz oder Gewahrsam Süßstoff in Mengen von Mehr als 50 g vorgefunden wird, sofern sie nicht den Nachweis erbringen, daß sie den Süßstoff nach Inkrafttreten dieses Gesetzes von einer zur Abgabe befugten Person bezogen haben.

Ist in solchen Fällen den Umständen nach anzunehmen, daß der vorgefundene Süßstoff nicht verbotswidrig hergestellt oder eingeführt worden ist, so tritt statt der Strafe des § 7 Abs. 1 diejenige des Abs. 2 daselbst ein.

§ 9. In den Fällen des § 7 und § 8 ist neben der Strafe auf Einziehung der Gegenstände zu erkennen, mit Bezug auf welche die Zuwiderhandlung begangen worden ist

Ist die Verfolgung oder Verurteilung einer bestimmten Person nicht ausführbar, so kann auf die Einziehung selbständig erkannt werden.

§ 10. Zuwiderhandlungen gegen die auf Grund dieses Gesetzes erlassenen und öffentlich oder den Beteiligten besonders bekannt gemachten Verwaltungsvorschriften werden mit einer Ordnungsstrafe von einer bis zu dreihundert Mark geahndet.

§ 12. Der Reichskanzler ist befugt, von dem Tage der Publikation dieses Gesetzes ab den einzelnen Fabriken den von ihnen herzustellenden Höchstbetrag von Süßstoff vorzuschreiben.

§ 13. Dieses Gesetz tritt mit dem 1. April 1903 in Kraft. Mit diesem Zeitpunkte tritt das Gesetz, betreffend den Verkehr mit künstlichen Süßstoffen, vom 6. Juli 1898 (R.G.Bl. S. 919) außer Kraft.

---

8. Brausteuergesetz v. 3. Juni 1906.

(R.G.Bl. S. 675.)

§ 1. Zur Bereitung von ungärigem Biere darf nur Gerstenmalz, Hopfen, Hefe und Wasser verwendet werden. Die Bereitung von obergärigem Biere unterliegt derselben Vorschrift, es ist jedoch hierbei auch die Verwendung von anderem Malze und von technisch reinem Rohr-, Rüben- oder Invertzucker, sowie von Stärkezucker und aus Zucker der bezeichneten Art hergestellten Farbmitteln zulässig.

Für die Bereitung besonderer Biere sowie von Bier, das nachweislich zur Ausfuhr bestimmt ist, können Abweichungen von der Vorschrift im Abs. 1 gestattet werden.

Die Vorschrift im Abs. 1 findet keine Anwendung auf die steuerfreie Haustrunkbereitung (§ 9).

§ 2. Die Brausteuer wird von dem zur Bierbereitung verwendeten Malze und Zucker erhoben. Unter Malz wird alles künstlich zum Keimen gebrachte Getreide verstanden. Der dem obergärigem Biere nach Abschluß des Brauverfahrens und außerhalb der Braustätte zugesetzte Zucker unterliegt nicht der Brausteuer. Der Bundesrat ist befugt, den Zucker von der Brausteuer gänzlich frei zu lassen.

Als Zucker im Sinne dieses Gesetzes sind die im § 1 Abs. 1 bezeichneten Zuckerstoffe einschließlich der daraus hergestellten Farbmittel zu verstehen.

§ 3. Die Brausteuer kann auch von dem zur Bereitung bierähnlicher Getränke verwendeten Malze und Zucker erhoben werden. Die Herstellung solcher Getränke kann unter Steueraufsicht gestellt, auch kann die Verwendung von anderen Malzersatzstoffen als Zucker verboten werden. Die näheren Bestimmungen trifft der Bundesrat.

Andere als die am Schlusse des § 1 Abs. 1 bezeichneten, zur Herstellung von Bier oder bierähnlichen Getränken bestimmten Zubereitungen (Bierextrakte und dergleichen) dürfen nicht in den Verkehr gebracht werden.

§ 37. Wer andre als die nach § 1 zulässigen Stoffe zur Bereitung von Bier verwendet, mitverwendet oder dem fertigen, zum Absatze bestimmten Biere zusetzt oder solche Stoffe zu verwenden, mitzuverwenden oder zuzusetzen unternimmt, verfällt, soweit nicht nach anderen Gesetzen eine höhere Strafe verwirkt ist, in ein Geldstrafe von fünfzig Mark bis fünftausend Mark.

Die Strafe ist schon dann verwirkt, wenn unzulässige Ersätze oder Zusatzstoffe in irgend einer unter Steueraufsicht stehenden Räumlichkeit (§ 33) vorgefunden werden, sofern nicht nachgewiesen wird, daß die Stoffe ausschließlich zu anderen Zwecken als der Bierbereitung bestimmt sind.

Neben der Geldstrafe hat die Einziehung der noch vorhandenen Ersatz- oder Zusatzstoffe oder des mit solchen Stoffen bereiteten oder versetzten Bieres und der Umschließungen einzutreten ohne Rücksicht darauf, wem die Gegenstände gehören.

Stehen der Einziehung tatsächliche Hindernisse entgegen, so ist dem Schuldigen die Erlegung des Wertes der Gegenstände oder, wenn dieser nicht zu ermitteln ist, die Zahlung einer Geldsumme von zehn Mark bis eintausend Mark aufzuerlegen.

Die Vorschriften im Abs. 1, 3 und 4 finden auch auf Zuwiderhandlungen gegen ein gemäß § 3 Abs. 1 erlassenes Verbot sowie auf die Verbreitung von Zubereitungen der im § 3 Abs. 2 bezeichnete Art Anwendung. Im letzteren Falle hat sich die Einziehung auf die verbotswidrig in den Verkehr gebrachten Zubereitungen zu erstrecken.

§ 48. Treffen mit einer Zuwiderhandlung gegen die Bestimmungen dieses Gesetzes andere strafbare Handlungen zusammen, oder ist mit der Defraudation eine Verletzung besonderer Vorschriften dieses Gesetzes verbunden, so finden die Vorschriften des Strafgesetzbuchs (§§ 74 bis 78) Anwendung.

Im Falle mehrerer oder wiederholter Zuwiderhandlungen gegen dieses Gesetz, die nicht in Defraudationen bestehen, soll, wenn die Zuwiderhandlungen derselben Art sind und gleichzeitig entdeckt werden, die Strafe gegen denselben Täter, sowie gegen mehrere Täter und Teilnehmer zusammen nur in einmaligem Betrage festgesetzt werden.

Sachregister.

(Die Zahlen verweisen auf die Seiten.)

A.

B.

C.

D.

H.

L.

M.

N.

O.

S.

T.

W.

Z.

Druck von A. Rietz & Sohn in Naumburg a. S.

FSC
www.fsc.org
MIX
Papier | Fördert gute Waldnutzung
FSC® C083411

Kolibri 360 GmbH
Ferdinand-Jühlke-Straße 7
99095 Erfurt, Deutschland
produktsicherheit@kolibri360.de